主城山区高速铁路大型枢纽改造工程设备配套与施工综合技术研究

代敬辉　吴忠良　李远富　著

西南交通大学出版社
·成都·

图书在版编目（CIP）数据

主城山区高速铁路大型枢纽改造工程设备配套与施工综合技术研究 / 代敬辉，吴忠良，李远富著. —成都：西南交通大学出版社，2020.6
ISBN 978-7-5643-7423-5

Ⅰ.①主… Ⅱ.①代… ②吴… ③李… Ⅲ.①山区铁路 – 高速铁路 – 铁路枢纽 – 技改工程 – 研究 – 西南地区 Ⅳ.①U291.7

中国版本图书馆 CIP 数据核字（2020）第 070148 号

主城山区高速铁路大型枢纽改造工程
设备配套与施工综合技术研究

代敬辉　吴忠良　李远富　著

出 版 人	王建琼
策划编辑	万　方
责任编辑	姜锡伟　韩洪黎
封面设计	何东琳设计工作室
出版发行	西南交通大学出版社 （四川省成都市金牛区二环路北一段 111 号 西南交通大学创新大厦 21 楼）
邮政编码	610031
发行部电话	028-87600564　028-87600533
网　　址	http://www.xnjdcbs.com
印　　刷	四川玖艺呈现印刷有限公司

成品尺寸	210 mm × 285 mm
印张	29.5
插页	1
字数	709 千
版次	2020 年 6 月第 1 版
印次	2020 年 6 月第 1 次
定价	280.00 元
书号	ISBN 978-7-5643-7423-5

图书如有印装质量问题　本社负责退换
版权所有　盗版必究　举报电话：028-87600562

《主城山区高速铁路大型枢纽改造工程设备配套与施工综合技术研究》编委会

主　　编　代敬辉

副 主 编　吴忠良　李远富

编　　委　郭　斌　姚云晓　曹义华　李开兰　樊　敏
　　　　　　李　财　李怀龙　但晓荣　金　潇　刘心武
　　　　　　叶礼宁　王东振　邱钰峻　黄振岐　但鹏飞
　　　　　　刘跃伟　曾凡伟　王立东　马文通　刘大伟
　　　　　　张建国　刘英杰　龙　云　张辉辉　赵　涛
　　　　　　胡晋军　任　权　房海军　毛　斌　刘永刚
　　　　　　孙　炎　刘　锋　曹辉辉　刘鹏民　孙缘飞
　　　　　　牛　斌

前言

本书是主城山区高速铁路大型枢纽改造工程设备配套与施工综合技术研究与工程实践的创新成果。它以西南地区最大的主城山区高速铁路车站——重庆西站改造工程为研究背景，着重阐述了山区高速铁路大型枢纽改造工程中的各种施工设备配套技术以及施工综合技术研究与实践经验成果。

渝黔铁路重庆枢纽改造工程内容十分丰富，包括重庆枢纽范围内既有重庆东站改造为重庆西站、既有重庆西编组站改造为动车所及客车整备场（铺架基地位于既有重庆西编组站内）。按照重庆枢纽"客货分线、客内货外"的总体规划，所有新建工程要待货运分流后方可实施，其难度在全国铁路枢纽改造工程中居首。该工程项目技术复杂、系统性强、专业协调难度大、工程施工风险高、组织管理困难，其难度主要体现在以下几个方面：一是征拆工作量大，用地困难，且费用高。二是线路繁多，标准不一。车站内不同速度标准线路并存，需路、桥、轨、站、四电等多专业通力合作，衔接配合。三是受外界影响大，不确定因素多。四是铺架工作量大、线下线上接口多。多个施工单位交叉作业，监督管理单位多，需做好沟通配合；路、桥、隧交替频繁，铺架施工难度大；使用设备多，施工工艺及方法不同，施工组织难度大。五是路基调配量大、防护类型多、站前站后接口多。六是结构物分散、过渡段多、质量控制难。七是施工现场地形、地质情况复杂。

面对如此艰险复杂的铁路枢纽改造工程施工任务，如何紧紧围绕保障铺架工程顺利施工这一关键和主线，研究既有线关停方案与实施步骤，规划与布置铺架基地，优选合理的铺架技术方法，选用经济配套的适用设备，优化设备物流组织方案，优选线下施工方案等综合技术问题就成为该工程实施成败的关键。该工程的实施必须满足大型枢纽多单位、多工序、多工种交叉作业，多种梁型架设，多组道岔组拼和铺设，轨排和长钢轨的存放、组装、铺设等要求。因此，本课题研究侧重于主城山区高速铁路大型枢纽改造工程设备配套相关技术方案的论证与优化，以及各种单项工程施工综合技术等方面。本课题是一项复杂的系统工程，必须用系统工程的理论与方法展开研究，研究中主要采用了系统动力学原理、灰色系统理论、多目标粒子群优化方法及施工风险管理与控制理论等理论与方法。

全书共分为四部分，包括基于系统动力学模型的山区高速铁路大型枢纽关停优化与过渡改造方案技术研究，基于灰色系统理论的山区高速铁路大型枢纽铺架基地一体化规划布置与建造技术优化研究，基于多目标粒子群优化算法的山区高速铁路大型枢纽铺架设备配套与施工关键技术研究，山区高速铁路大型枢纽工程成套关键施工技术研究。

本书取材丰富、内容翔实、观点新颖、图文并茂，可供从事铁路工程技术工作的科研、设计、施工和养护管理人员参考使用，同时可作为高等院校铁道工程、铁路运输以及相关专业的参考书，也可供政府部门或企业有关管理人员参考查阅。

本书在撰写过程中，紧密结合课题研究与实施过程中采用的大量技术文献和研究成果，吸取了世界各国高速铁路枢纽规划设计和工程建设的实践经验与方法，在此谨向这些文献和成果的作者表示衷心感谢。

在课题研究、成果总结以及书稿撰写过程中，研究人员及编撰人员开展了卓有成效的工作，付出了辛勤的劳动，在此致以诚挚谢意。

主城山区高速铁路枢纽改造工程施工涉及铁路铺架施工机械设备优化配置专业技术、运输组织管理知识、铁路工程（路基、轨道、桥梁、隧道、站场）施工专业技术、工程施工组织方案优化、项目风险管理理论等学科知识，专业涵盖面非常广，其理论和方法体系以及实践应用仍在不断研究和探索之中，虽然作者在全书的系统性、整体性、前瞻性和实用性等方面付出了极大努力，但由于水平和时间有限，疏漏与不足之处在所难免，恳请读者批评指正。

作　者

2019 年 12 月

目录

研究背景 ··· 001

第 1 章

基于系统动力学模型的山区高速铁路大型枢纽关停优化与过渡改造方案技术研究 ·································· 003

1.1 绪 论 ··· 003
1.2 重庆枢纽站场改造工程背景分析 ··· 007
1.3 重庆枢纽站场关停优化与过渡改造施工组织研究 ··· 012
1.4 系统动力学基本原理及其在工程中的应用 ··· 032
1.5 重庆枢纽改造工程系统动力学模型 ·· 040
1.6 结 论 ··· 107

第 2 章

基于灰色系统理论的山区高速铁路大型枢纽铺架基地一体化规划布置与建造技术优化研究 ·················· 110

2.1 绪 论 ··· 110
2.2 山区高速铁路大型枢纽制、存、运、铺各工序流程研究 ······························ 114
2.3 山区高速铁路大型枢纽铺架基地选址规划研究 ·· 141
2.4 山区高速铁路大型枢纽铺架基地一体化规划布置研究 ·································· 149
2.5 山区高速铁路大型枢纽铺架基地建造技术优化研究 ····································· 182
2.6 技术创新点 ··· 199
2.7 结 论 ··· 199

第 3 章

基于多目标粒子群优化算法的山区高速铁路大型枢纽铺架设备配套与施工关键技术研究 ·················· 201

3.1 绪 论 ··· 201

  3.2 铺架设备及施工组织方案优化模型 …………………………… 204
  3.3 结　论 ……………………………………………………………… 277

第 4 章

山区高速铁路大型枢纽工程成套关键施工技术研究 …………………… 280

  4.1 绪　论 ……………………………………………………………… 280
  4.2 山区高速铁路大型枢纽站场路基施工技术方案研究 ………… 283
  4.3 山区高速铁路大型枢纽边坡工程施工技术方案研究 ………… 316
  4.4 山区高速铁路大型枢纽工程土石方施工调配方案研究 ……… 353
  4.5 山区高速铁路大型枢纽工程轨道施工技术研究 ……………… 370
  4.6 山区高速铁路大型枢纽轨道控制网 CPⅢ测量技术研究 …… 395
  4.7 山区高速铁路邻近营业线桥梁桩基施工方案比选研究 ……… 406
  4.8 山区高速铁路复杂干扰环境下桥梁施工资源
    配置及安全管理研究 …………………………………………… 413
  4.9 结　论 ……………………………………………………………… 449

参考文献 ………………………………………………………………………… 452

附录　混合离散粒子群算法 MATLAB 代码 ……………………………… 455

  附图 1 方案一平面布置图
  附图 2 方案二平面布置图
  附图 3 方案三平面布置图
  附图 4 铺轨基地总体平面布置图
  附图 5 渝黔铁路土建 2 标平面布置及铺架顺序示意图

研究背景

重庆至贵阳铁路扩能改造工程（以下简称渝黔铁路）是在既有渝黔铁路基础上进行的扩能改造工程，渝黔铁路站前工程2标段（YQZQ-2）位于渝黔铁路最大枢纽工程——重庆枢纽范围内，枢纽内既有重庆东站将改造为西南地区最大的客运枢纽系统——重庆西站，既有重庆西编组站将改造为动车所及客车整备场，铺架基地位于既有重庆西编组站内。按照重庆枢纽"客货分线、客内货外"的总体规划，所有新建工程要待货运分流后方可实施，其改造难度在全国铁路枢纽中居首。此工程具有如下特点：

（1）征拆工作量大，用地困难。本标段处于重庆城乡接合部，纵跨沙坪坝、九龙坡、大渡口等3个区的10多个村镇，沿线房屋、厂房遍布，需拆迁房屋面积超过 10^6 m²，征拆环境复杂、手续烦琐，且周边已有总体规划，临时用地征用困难、征用成本高。

（2）线路繁多，标准不一。线下工程涉及12条线路，新建线路执行客货共线200 km/h标准，其他线路执行160 km/h以下普通铁路标准。车站内不同速度标准线路并存，需路、桥、轨、站、四电等多专业通力合作，加强衔接配合。

（3）受外界影响大，不确定因素多。主线16 km中有13 km邻近或跨越既有线，须既有线停运后方可施工，同时既有重庆西编组站搬迁、规模缩小变更、货运线分流时间未定，这些都严重影响了绝大部分工程的进展。此外，往大里程方向铺架至童西线过程中，铺架时间还受其线下工程进展制约。

（4）铺架工作量大，线下线上接口多。工程共架设T梁2 014片、道岔梁3片，正线铺轨114.616 km，站线铺轨96.084 km，且伸入相邻的渝黔1标和成渝代建十七局管段内，与中铁十二局、中铁七局、中铁八局、通号公司、中铁大桥局、中铁电气化局、武汉电气化局等单位交叉作业，业主、监理、施工单位众多，需做好沟通配合。同时，路、桥、隧交替频繁，铺架施工难度大，铺轨过程间插T梁架设、长轨更换，使用设备多，施工工艺及方法不同，增大了施工组织难度。

（5）路基调配量大、防护类型多、站前站后接口多。此工程共弃方约 5.05×10^6 m³，可利用方少，外借AB组填料 3.25×10^5 m³，土石调配量大、运距远。采取防护类型10

多种（深路堑、高路堤、陡坡路基，边坡防护类型有挡土墙、抗滑桩、锚杆框架、截水骨架、预加固桩、坡脚桩板墙、路肩锚索桩板墙等），地基处理5种［换填、柱锤冲扩桩、水泥搅拌桩、CFG（水泥粉煤灰碎石桩）桩、旋喷桩等］。路基工程与综合接地、电缆沟槽、管线过轨、接触网支柱基础、声屏障基础等站后工程的接口复杂，须统一设计、同步施工。

（6）结构物分散、过渡段多、质量控制难。工程共有桥梁22座、涵洞38座，分布在12条线上，形成大量路桥、路涵过渡段，填筑质量控制难。

（7）地形、地质复杂。线路沿线沟坎多，既有路狭窄，地层主要为泥岩夹砂岩，临时工程布置和材料运输困难。

由此可见，工程实施难度大、不可控因素多、线路交错布置、新铺线路多、物流组织难、构筑物类型多、施工工序复杂、交叉干扰多、安全风险大，而铺架工程是能否保质、保量、按期完工的关键和主线。因此，需紧紧围绕铺架工程这条主线，就既有线关停步骤、铺架基地规划布置、铺架方法选取、配套设备选用、设备物流组织优化、线下施工方案选择等技术进行综合研究，从而满足大型枢纽多单位、多工序、多工种交叉作业，多种梁型架设，多组道岔组拼和铺设，轨排和长钢轨存放、组装、铺设等要求。为此，"主城山区高速铁路大型枢纽改造工程设备配套与施工综合技术研究"也就应运而生，该技术是一项复杂的系统工程，采用2012版新型T梁，架梁和轨排铺设同步进行，最后换铺长钢轨，首次尝试进行无缝线路锁定，填补了大型枢纽设备配套与施工技术的空白。

第1章 基于系统动力学模型的山区高速铁路大型枢纽关停优化与过渡改造方案技术研究

铁路建设的高速发展、工程技术的不断更新，必然引起枢纽车站的升级改造，而枢纽是交通重地，受征拆、运输影响，不可确定因素多，多为分步关停，给施工组织、物流组织带来了极大困难，工期、安全、质量压力大。因此，开展大型枢纽车站工程改造技术研究具有很强的紧迫性和必要性。

1.1 绪 论

1.1.1 研究目的及意义

基于系统动力学模型的山区高速铁路大型枢纽关停优化与过渡改造方案技术研究，能为我国枢纽车站工程施工方法的借鉴和创新提供先例，为大型枢纽车站工程站改提供科学依据并起到指导作用，推动铺架施工技术在类似工程中的应用。

这一技术的研究与推广能产生显著的社会效益和经济效益。社会效益方面，能减少对交通等方面的干扰，节约经济成本；经济效益方面，能优化设备投入，加快施工进度，节省工程费用。

1.1.2 国内外研究现状

1. 大型枢纽过渡改造方案研究现状

在国外铁路行业中，铁路货运和客运的运输距离通常较短，运输能力完全满足于现有的运量需求，因此在进行站场改造的时候，开设天窗的时间都比较长，一般情况下为4～6 h，或者长于这个时间。此外，国外对线路进行大修作业和检测的时候一般均使用大型养路机械施工，覆盖率可达到100%，在对铁路进行作业时，使用效率较高，同时在有充足天窗时间的条件下，更加充分地保证了大型机械的使用效率，使在站场改造过程中的运输和施工都得到了充分的保证。日本东海道新干线在进行营业线改造初期，计划将开行货车的时间定在夜间，但是白天铁路客运量较大，对运输能力的利用很高，同时在夜间必须对线路进行施工以保证白天列车运行的安全，所以计划很快就被放弃。因此，日本将东海道新干线的运输定位于客运，将站场施工或日常维修等工作全部放在夜晚，这样不仅施工时间得到了保证，而且施工期间的运输能力也得到了一定的保证。奥地利的改造维修一般选择在夜间开天窗，先进行清筛，然后再集中几天进行换枕、换轨。维修根据列车情况选择在夜间开天窗或白天开天窗施工。天窗时间有一周的长期封锁，也有一昼夜的短期封锁。德国铁路运用大型机械作业，实行夜间长时间封锁施工，在特别繁忙的干线上一次封锁时间较短，采用每夜封锁一次的方法，为充分发挥大型机械作业效率提供条件。

在对我国铁路枢纽站场过渡改造研究中，赵勇军结合具体改造工程实例，详细介绍了站场改造的技术准备、施工方案等技术内容。付国成通过对既有站的站场进行改造施工的实践中，从专业的角度充分总结了在线路方面对站场进行改造和施工组织的经验。崔志刚将邯郸长治铁路站改扩能工程施工作为实际的案例，对既有站场改造施工的共性特征和在施工中遇到的难点进行了着重分析和总结。唐士焕介绍了既有大型铁路站场的改造施工，对施工方案进行了总结，同时结合如何缩短拆铺道岔的封锁时间，以及在封锁插铺道岔施工期间的指挥经验进行了详细的总结和研究。杨旭东对铁路站场施工过渡方案的几种实用方法和施工中的具体问题的解决办法进行了介绍。毕江海在对既有站场改造的实际施工过程中，根据线路的专业方面，对站场进行改造的技术方案，以及在进行站场改造中的施工组织的经验进行了总结。陈俊对胶济铁路墨站组提速道岔换铺施工过程中的几个难点（如破底换砟、道岔纵横移动等）进行了分析。吴刚对铁路站场进行施工改造过程中信号设备的过渡问题进行了讨论，同时根据减少对既有线运输的干扰原则，对其信号设备过渡方案进行了研究。杨孝舜介绍了一些解决施工与运输之间矛盾的实例，并提出了建议。邱爽认为在对既有站场进行改造施工之前需要做好对现状的调查，包括既有设备完好程度、施工环境等方面；同时在制订施工改造方案时要征求运输部门的建议，对站场进行合理过渡改造施工。张兵对在增建襄渝二线工程的施工中采用"单元模块"施工的方案进行了研究。白晓春对在营业线站改中的传统方法和"单元式"施工法进行了分析对比，并对"单元式"施工法的施工进行了具体分析。王辉介绍了一种高效实用的站场改造施工综合技术，对类似工程具有较强的指导和借鉴作用。蒋国良对大准铁路在营业线施工组织方面的经验和做法进行了详细介绍。叶文亮对如何在保证运营的前提下，实现信号系统的平稳过渡，最终完成站改施工进行了详细的阐述。张小军对如何最大限度地降低或消除营业线施工组织安全风险的措施进行了研究。倪钢对营业线施工安全督察员的安全管理措施进行了研究。张润文结合复杂站场改造施工，从五个方面对其进行了系统的阐述。肖小科针对技术方案制定了安全风险卡控措施，实现了施工安全风险的有效控制。徐新利综合分析了各种不利因素，并依据施工过渡方案编制原则，合理采用6个过渡施工阶段，取得了良好的施工效果。朱怀银通过对站场改造施工难点、风险机理和主要存在问题的阐述，分析安全问题成因，提出了安全控制措施。汪洋分析了运营影响因素，结合设计方案，提出了运输组织调整方案和施工过渡建议措施。张剑通过对朔黄铁路肃宁北站既有线路的设备现状及其作业情况进行分析，根据其分析结果得到了制约肃宁北站运输能力的原因，然后在改造施工的方案中提出了相应的建议施工措施。张乐诚分别从工程投资、实施难度、确保运输安全以及运输与施工兼顾等方面进行了论述分析，制定出了合理的施工过渡方案，确保站场改造施工的顺利进行。刘向东从朔黄铁路肃宁北站现在的设备和作业情况入手，找出了肃宁北站制约通过能力的因素，并从作业组织和设备改造两个方面找出了解决问题的方法。曹广河对铁路既有线施工过程中处理施工与运输的关系做了有益的尝试并进行了分析和研究。

2. 系统动力学应用研究现状

1956年，美国麻省理工学院的Forrester教授创立了系统动力学（SD）方法，并在20世纪70年代至80年代获得迅猛发展，并且渐臻成熟，20世纪90年代至今是其广泛应用与传播阶段，系统动力学在一系列社会经济系统问题研究中的应用取得了令人瞩目的成果。

系统动力学在创立之初被称为工业动力学，主要应用于企业管理领域，解决如原材料的供应、生产、库存、销售、市场等问题。20世纪60年代，系统动力学应用范围逐步扩大，其中最著名的是Forrester教授应用系统动力学从宏观层面研究城市的兴衰问题。此外，系统动力学还应用于研究人、自然资源、生态资源、经济、社会相互关系的模型中，如"捕食者和被捕者"关系模型、"吸毒和范围"关系模型等。显然，系统动力学的应用范围已超越工业动力学的范畴，几乎遍及各类系统，深入各个领域，因此更名为系统动力学。其中，在企业管理、项目管理方面的应用主要有：P.E.D.Love等介绍了哪些因素可能会影响项目管理系统，采用个案研究和系统动力学的方法来观察影响项目主要性能的因素；Sang Hyun Lee等介绍了系统的动态规划和控制方法（DPM），提出了一个新的建模框架，将系统动力学与基于网络的工具结合，把系统动力学作为一个战略项目管理和基于网络的工具；胡斌、章德宾等从系统动力学角度研究了企业生命周期变化中不同因素的影响，分析了企业成长过程和主要影响，通过建立SD模型，有效模拟了企业生命周期的演化过程，为管理者进行企业组织管理提供决策支持；齐丽云引入系统动力学的相关概念和理论，对企业内部的知识传播进行量化模型构建，提出了三个量化模型，模拟得出企业可以通过适当调整一些因素得到所期望的知识接受者的知识势能曲线；蒋春燕以系统动力学为基础，提出发展探索式与利用式学习的两种路径，一是通过知识存量、企业特定的不确定性和绩效差距动态结合探索式与利用式学习，二是系统地考察中国新兴企业两种重要的资源（社会资本和企业家精神）对探索式与利用式学习的动态关系产生的影响。

通过文献分析，发现系统动力学在众多研究领域中得到应用，其中在项目管理中的应用可归纳为预测、管理、优化与控制等。因此，本子课题采用系统动力学方法实现对工程项目的指导。

1.1.3 研究内容

渝黔铁路土建 2 标段位于重庆铁路枢纽内，受征拆困难、铁路关停推迟、动车所变更周期长等因素影响，前期工程进展缓慢，工程能否按期完工，将直接关系到渝黔铁路能否按期开通。针对渝黔铁路引入重庆枢纽工程范围内既有铁路、车站无法按期关停，工程无法按期实施的现状，为妥善解决建设与运输的矛盾，满足建设与运输需要，开展了如下研究：

一是研究重庆西编组站、重庆东站、中梁山站、跳磴站、梨树湾站，以及襄渝东线、襄渝西线、小梨线等三条专用线的既有铁路、车站关停方案，提出最佳分步关停步骤，将既有线对工程的影响降到最小，并确保达成工期目标，实现效益最大化。

二是根据分步关停步骤，提出过渡改造方案，降低实施难度，保证工程建设与货物运输两不误。

1.1.4 研究方法

山区高速铁路枢纽站场改造工程中的影响因素构成了一个十分复杂的系统，其表现为庞大的规模、复杂的结构，系统内的因素通过相互影响、渗透和作用，呈现出极其复杂的运动规律。这类系统具有一些共同的特点，例如都需要进行比较、选择或优化决策，一般具有自律性且由于系统中所存在的因果关系而形成反馈机制，其原因和结果相互作用并具有多样性和复杂性，因而造成非线性多重反馈结构。系统内部的动态结构与反馈机制决定系统的行为模式和特性，其由于受到内外动力及制约因素的作用，按照一定的规律发展、演化。系统动力学自从 1956 年被提出以后，就被广泛应用于各行各业，它是一种能够实现定性与定量相结合的方法论，能系统地分析社会经济问题。

在山区高速铁路大型枢纽改造工程中，一方面要保证工程按期甚至提前完成，就必须有足够的天窗时间，这样就必然会影响正常的运输组织；另一方面要保证运输任务顺利地完成，就必须减少天窗时间，但是这样又会影响施工工期。因此，施工与运输就发生了矛盾，这一对非常现实的矛盾给运输部门的运输组织和工务、电务、供电等部门的施工组织，都带来了很大的压力和困难，矛盾解决得完全与否是直接影响运输安全和运输效益的大问题。同时，施工还受施工场地、人力、资源的限制，要让整个站改工程施工在工期、成本等方面同时达到最优，而工期、成本与限制条件又相互联系、相互制约、相互影响。由此可见，站改施工是由铁路各个部门、各个单位相互配合的一项综合性系统工程，它是多专业、多环节、多步骤、系统性、较复杂的施工项目。对于处理复杂和动态系统内部结构之间这种相互矛盾、相互制约、相互联系的关系，系统动力学显示出高效高精度、细节性复杂、动态性复杂和时间性复杂等多重优势。运用系统动力学研究一个复杂系统时，通常对系统的结构和功能同时进行考虑，并运用重复交叉考察系统结构及功能的方法，建立能够较好地反映实际系统的模型。以定性分析为先导，定量分析为支撑，定性分析与定量分析两者相互结合，螺旋上升，一一解决问题,辅助决策者实施决策。从系统方法论来说,系统动力学是结构的方法、功能的方法和历史的方法的统一。它基于系统论,吸收了控制论、信息论的精髓,能够将经济系统、施工组织系统和交通运输系统之间的繁复关系进行形象化的逻辑描述,并通过系统仿真的方式,将逻辑图形转化为可视性强的数据图表,从而实现定性研究向定量研究的科学过渡。

研究表明,对于山区高速铁路大型枢纽改造工程这类复杂的系统而言,传统的系统方法论已不能用来处理此类问题。因此,无法通过使用传统方法来建立精确定量模型以设计、分析和预测系统。根据多年的实践证明,研究人员认识到这类复杂系统的定量方法需要半理论半经验,需从经验型假设、猜想或判断出发。这种经验型假设无法用科学方法来证明,只能通过经验型的数据来验证其确定性。因此,本章通过以经验型假设作为出发点,采用系统动力学的方法研究本章所描述的问题,从而得出所需结论。

1.2 重庆枢纽站场改造工程背景分析

1.2.1 重庆枢纽改造工程概况

重庆枢纽改造工程位于重庆铁路枢纽内,北接成渝代建新双碑隧道(铺架至童西线路所),南至新白沙沱长江特大桥,正线全长 16.832 km。线路纵跨重庆沙坪坝、九龙坡、大渡口三个行政区,重庆西动车所变更后,新建、改建铁路 12 条 57.087 km、车站 4 座(重庆西站、动车所及客车整备场、中梁山站、梨树湾机务折返段)、桥梁 22 座 13.5 km、隧道 2 座(石梯沟单线隧道 2 155 m、华岩隧道明挖双洞 385 m)、路基土石方 $1.019\ 4\times 10^7\ m^3$、制架梁 2 017 片,铺轨 210.7 km(正线 114.616 km、站线 96.084 km),铺道岔 279 组,铺道砟 $5.18\times 10^5\ m^3$。重庆铁路枢纽总布置如图 1.1 所示。

本标段施工内容主要包括线下工程和铺架工程两部分。

(1)线下工程,共涉及 12 条铁路。其中,重庆西进站前梨树湾联络线改建 1.094 km,重庆西进站前既有歌乐山联络线改建 1.146 km,重庆西进站前既有襄渝线改建 1.221 km,童家溪至重庆西客车联络线 0.086 km,渝黔客车正线 16.832 km,预留渝昆线 2.464 km,渝昆动车左线 5.614 km,渝黔动车左线 9.347 km,渝黔动车右线 5.827 km,中梁山支线改建 3.191 km,中梁山进机务段线改造 1.676 km,小梨线电气化改造 8.156 km,共计 56.654 km。

(2)铺架(含制架梁、铺轨、桥面系)工程,包括以上 12 条线路,以及童西线童家溪至重庆西客车联络线 LtD1K0+000~LtD1K21+176,右线 LtYDK0+000~LtYD1K5+260,歌乐山至双碑线路所左、右联络线 LnZDK0+000~LnZDK0+700、LnYDK0+000~LnYDK0+102.377,新白沙沱长江特大桥,等。

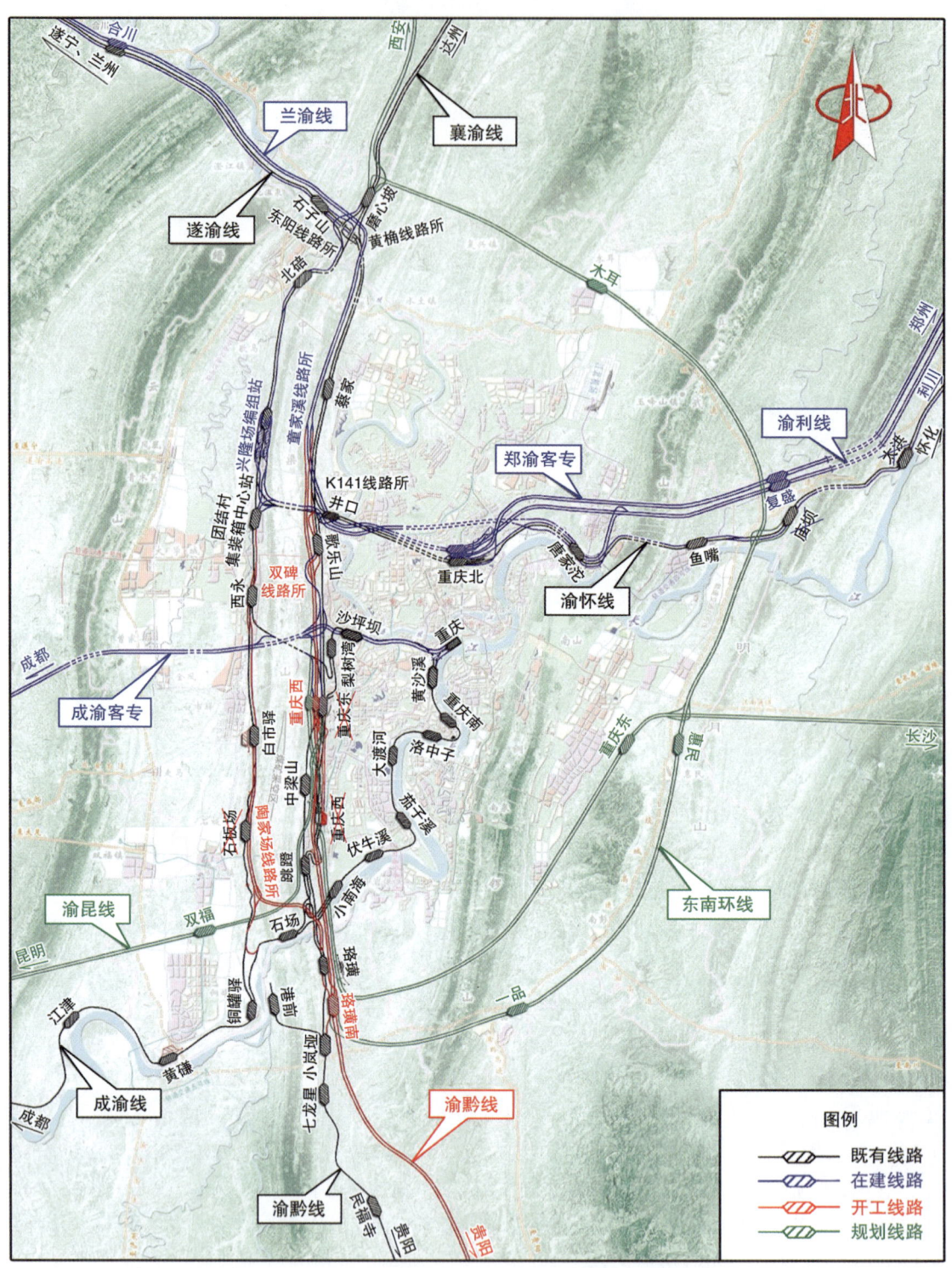

图 1.1 重庆铁路枢纽总布置示意图

1.2.2 重庆西站改造工程概况

重庆西站位于重庆市沙坪坝区原重庆东站站址上,东邻内环快速凤中立交,西靠中梁山山脉，南接华岩旅游风景区，北邻渝昆高速西环立交，距重庆江北国际机场 40 km，距重庆北站（龙头寺火车站）17 km，距重庆站（菜园坝火车站）12 km，是以铁路为主，集长途汽车、公交、轨道等多种交通方式于一体的综合交通枢纽，建成后将是西南地区最大的客运枢纽系统。按照规划设计，重庆西站站房最高聚集人数可达 15 000 人，总规模约为 1.2×10^5 m^2，设渝昆场、渝黔场、渝长场，共 15 台 31 线（预留渝长场 4 台 8 线），站前土石方 3.6×10^6 m^3、铺轨 25 km、铺道岔 112 组，接发车能力 381 对/d，建成后客流量每年可达 4 218 万人次。

根据重庆枢纽总图规划，渝黔新建的重庆西客站位于既有重庆东站站址上。既有重庆东站是襄渝线上的中间站，设有集装箱货场及商专、粮专、油专、危专等多条专用线。新建重庆西客站近期设 11 个站台、到发线 23 条（含正线 4 条），从东至西布置办理既有成渝、襄渝等客车作业场（预留渝昆引入条件），设 5 个站台、到发线 11 条（含正线 2 条）；办理渝黔及兰渝客车作业场，设 6 个站台、到发线 12 条（含正线 2 条）。靠山侧预留渝长场 4 个站台及相应到发线的场地条件。郑万引入枢纽车辆机务布局调整后，机车检修作业调整至车站北端的梨树湾车站，重庆西站北端设机车走行线贯通梨树湾机务折返段，车辆及动车检修车场设于车站南端，南端设动车走行线连接重庆西动车所及客车整备所。重庆西站平面布置如图 1.2 所示。

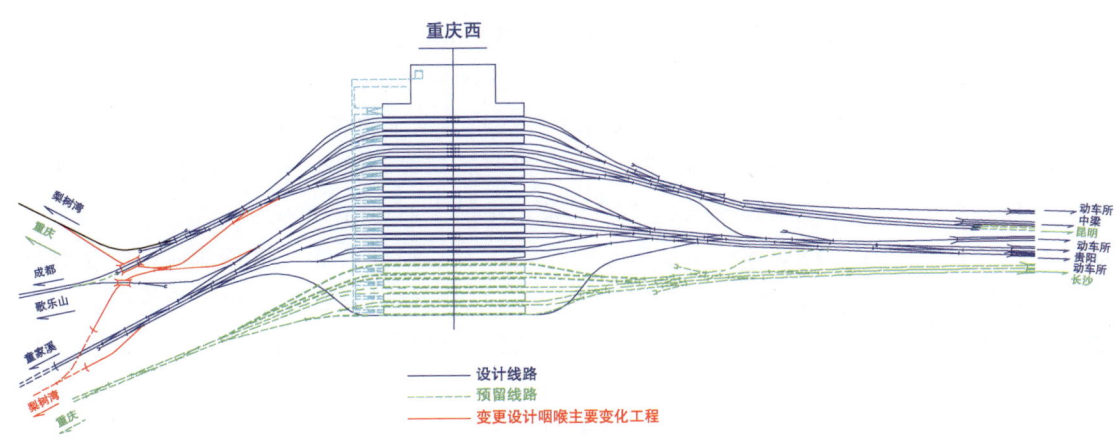

图 1.2　重庆西站平面布置图

1．改造难点

车站在既有运营线上进行由货转客的布局改造，一方面需结合各货运站的建设及开通运营的时序考虑车站过渡方案，另一方面需结合原铁路总公司、铁路局枢纽对各站、段、专用线的关停时机进行设计，制定切实可行的过渡方案。

根据目前枢纽布局，重庆西渝贵场及渝昆场均有普速客车作业，短期内无法实现普客与动车的分场设置，根据车站客运设施布局，客机整备作业点设于重庆西北端的梨树湾，为避免机车调车作业切割渝贵、渝昆正线，在重庆西北端需设置重庆西至梨树湾的机车走行线。

2. 解决方案

为做好重庆西站过渡施工方案，设计过程中，站场专业牵头多次组织站前站后各专业集中办公及方案会审，多次与原铁路总公司、路局、建设单位沟通协调，最终制定了施工过渡方案。方案要求提前开工建设货运系统，压缩货运系统施工工期，将既有东站范围内的货运集装箱作业搬迁至团结村及白市驿，专用线还建至白市驿车站。将货运系统建设工期由5年压缩至1.5年，确保2014年6月30日开通货运系统，2014年年底将客站主体工程建设区域的货运设施搬迁完毕。结合兰渝线兴隆场编组站项目建设时序，2014年年底同步将重庆西编组站功能搬迁至兴隆场编组站，逐步关停重庆西编组站相关设备。

为避免机车调车作业切割渝黔、渝昆正线，在渝昆下行方向，利用既有重庆西至梨树湾联络线作为机车走行通道。上行线方向径路与渝黔下行合并后，以立交的形式分两个方向下穿重庆西至歌乐山联络线及渝黔正线，从而使走行线进路灵活，避免切割。

1.2.3 重庆西动车运用所及客车整备所改造工程概况

重庆西动车运用所及客车整备所位于原重庆西编组站，设计占地面积约3 000亩（1亩≈666.67 m²），纵向最长5.3 km，横向最宽约321 m，按存车场、洗车场、检修库场、整备场4个场呈北南布置，设计动车存车线34条（其中兼人工补洗线3条）、预留24条，临修及不落轮镟线各1条、外皮洗刷线2条，普速客车整备线8条（其中4线设棚）、预留7条，车底停留线4条、预留4条，临修线及不落轮镟线2条，车底交换线3条、备用车存放线5条、检修库线8条、预留8条。站前土石方4.38×10⁶ m³、铺轨60 km、铺道岔137组，建成后将成为西南地区第一个动车及普速客车综合整备基地，不仅满足郑万高铁引入重庆枢纽始发终到动车组的一级修、二级修、临修和存放作业需求，而且同时满足重庆枢纽普速客车整备作业需求，近期可以存放68列动车（标准组），远期可存放116列动车（标准组）。

既有重庆西编组站改为动车运用所及客车整备所（见图1.3），并与车站之间设4条走行线，近期实施3条，预留1条。客车整备所内设客车车底整备线6条，客车车底存车线2条，普客临修线1条；动车运用所内设动车检查库线4条，动车临修线1条，洗车线2条，不落轮镟线1条，存车线20条。

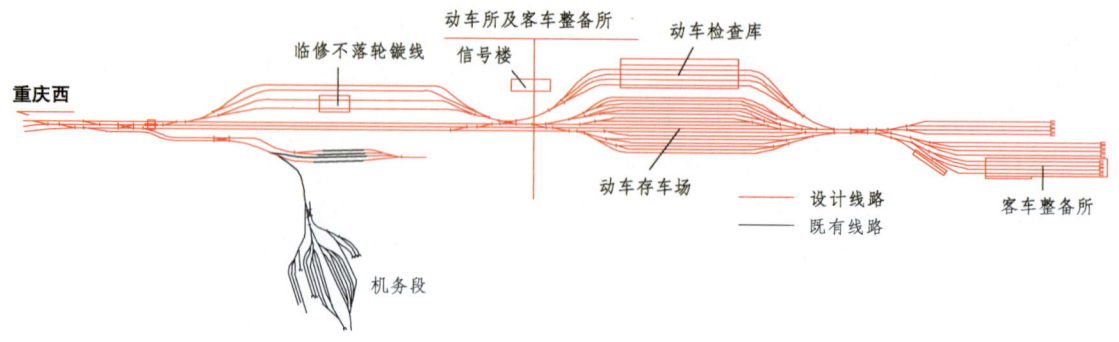

图1.3 重庆西动车运用所及客车整备所平面布置图

1.2.4 梨树湾机务折返段改造工程概况

由于重庆西动车所规模扩大,原重庆西编组站内保留的机务第二整备所同时停用,需对机务段另行选址。货车外迁后,梨树湾车站及相关专用线相应外迁,在梨树湾车站原位新建梨树湾机务折返段(见图 1.4)成为较好的站址方案。同时,新增重庆西至梨树湾机车走行线,结合渝昆引入重庆枢纽方案,机走线预留动车径路条件。

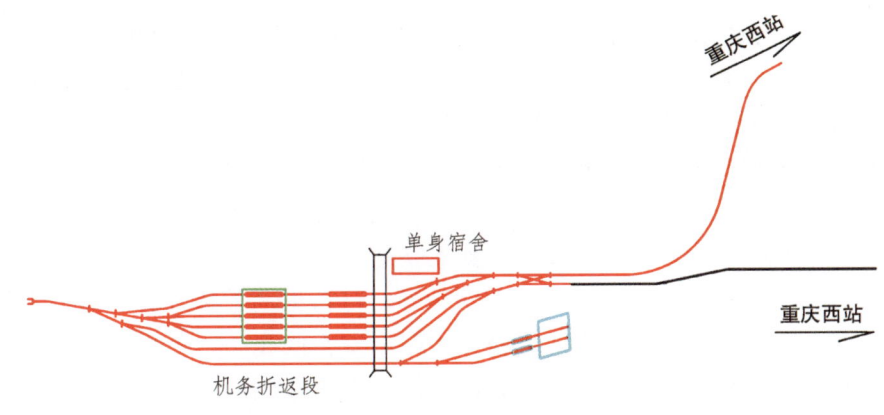

图 1.4 梨树湾机务折返段示意图

1.2.5 中梁山车站改造工程概况

中梁山车站(见图 1.5)为小梨线上会让站,既有小梨线为非电气化铁路,车站设到发线 3 条(含正线 1 条)、存车线 2 条、货物线 2 条,贵阳端接中国物资公司铁路专用线,车站为中梁山煤电气公司办理煤、钢材、木材等货运作业及枢纽内小运转作业。车站西北方向 1 道外侧设有一悬臂式龙门吊,且货物作业繁忙。南端设横跨股道输送煤炭的渡槽。

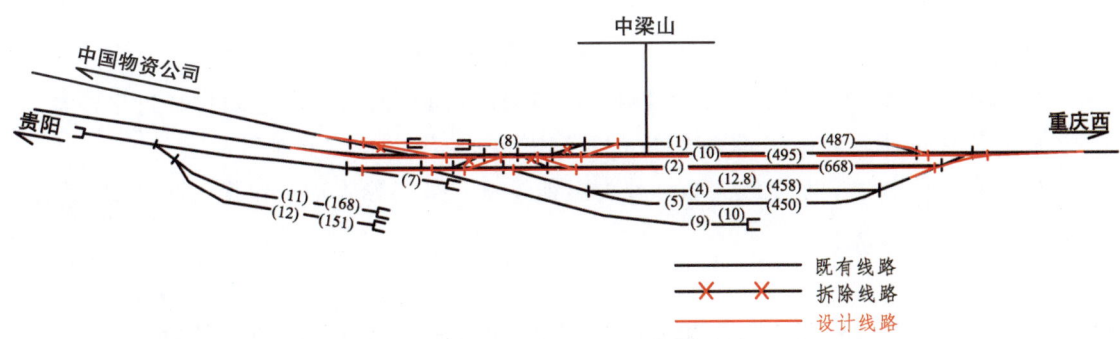

图 1.5 中梁山车站示意图

1.3 重庆枢纽站场关停优化与过渡改造施工组织研究

1.3.1 大型枢纽站场关停与过渡改造方案的优化原则

（1）服务运输的原则：最大限度地减少施工对运输的干扰，保证运输安全畅通，尤其是保证正线、客运的安全运营畅通，保证影响民生基础设施生产的相关专用线的安全畅通。

（2）各专业结合的原则：将运输、工务、电务、牵引供电等通盘纳入总体方案考虑。一般来说，工务作为施工主体，电务信号专业配合施工，接触网随线路位移发生改造。同时也要注意，改造线路附近是否有通信、电力、车辆等设备，如果有则纳入方案考虑。信号是与工务封锁施工结合最为紧密的专业，小到导线连接、绝缘安置，大到电务过渡、更换联锁，施工方案编制需充分考虑对电务的影响，尽量考虑一次进入相应施工区域，减少电务过渡，最重要的是要考虑减少电务更换信号联锁软件的大型封锁施工。减少工务和电务施工的互相干扰，对电务工程考虑充分，可以提高效率，提高方案审批及实施成功率，减少内耗，提高配合效果，间接减少配合安全隐患。[1]

（3）减少大型封锁过渡，尽量利用天窗时间进行改造的原则：除线路拨移、机捣、拆插道岔、焊轨等需要"大点"的封锁，尽量结合工务天窗一起进行施工，减少对运输的影响。

（4）站场、区间、相邻站结合的原则：枢纽站必须考虑本站施工对邻站的影响，并且通常大型封锁施工时相邻站要同步实施。电务过渡或电务更换联锁，相邻站、区间通常需要配套修改闭塞区间及临站联锁。[2]

（5）永临结合的原则：方案设计要满足运输组织需要，在施工无法一次性达成目标的时候，需要采取临时过渡，避免一次性转线工作量过大。

（6）平面与纵断结合的原则：重点是临时便线设置时，必须考虑串联的两条线的高差是否具备实施的条件。

（7）新老结合，利旧优先的原则：钢轨、轨枕规格满足设计时，可以考虑既有设备利旧。

（8）合理优化设计方案，减少施工工作量，降低难度。

（9）随时保留一条运营线作为工程材料专用线，同时保留汽车运输材料进出通道。

（10）优化设计，将施工难度大的大机停留线移位至综合维修工区。

（11）调整牵出线平面曲线关系，减少拆铺线路、路基等施工工作量，同时部分线路利旧。

1.3.2 大型枢纽站场关停与过渡改造方案的影响因素

根据站场改造施工所具有的特点和要求可知，影响既有线、既有站点关停及过渡改造方案的因素较多，尤其是对于较大的、复杂的提速工程来说，这些影响因素更多、更复杂。影响站场关停、过渡改造方案的主要因素如下。[3]

1. 运输组织

首先，施工时间受到运输的制约。为了保证不间断的运输，施工作业并不是在任何时间都能进行的，封锁线路的天窗时间也不是需要多长就能安排多长的。其次，施工作业受到行车的干扰。有的施工作业虽然不需要封锁线路就能够进行，但当列车通过施工区段时就必须中断作业，工作时断时续，施工有效时间不多。最后，施工在通车线路上或其近旁进行，随时随地要注意不能妨碍通车，工作面受很大限制，同时施工人员又必须随时注意列车通过时的施工安全。这些都极大地影响着施工效率。

2. 施工组织

施工组织不合理，劳动力、施工机械调配不当，施工平面布置不合理等都将影响施工计划的顺利执行。站场改造施工是一项复杂的系统工程，其关停优化、过渡改造方案优化的影响因素较多，如何组织协调好这些因素是工程能否顺利完成的关键。物资供应、人员保障、运力支持、自然环境等，任何一项因素出现问题，都会直接导致整个工程进度的滞后。

3. 物资供应

在站场改造施工期间，供应物资种类繁多，比如钢轨、道岔、枕木、道砟、水泥、木材等，而且供应量巨大，这就增加了物资供应工作的复杂性和艰巨性，同时也使得物资供应工作的质量直接影响施工的进度。施工过程中，物资的供应管理要严格按照工程建设部门事先指定的办法执行，各单位要严禁使用不合格产品，监理单位要加大对物资材料的质量监督力度，参与物资材料的检验，严把材料使用的质量关。在严把质量关的同时，物资供应部门要制定针对物资供应短时间内加大的应急方案，以应对工期出现变动或其他特殊情况的发生。

4. 人员保障

任何一项工程的施工，都要有一定数量的施工人员来保证施工的顺利进行，站场改造工程的施工更是如此。尤其是在单位时间内工作量要做调整的时候，施工人员数量如何得到保障就成了控制工程施工进度和施工质量的关键因素。

5. 相关单位的影响

工程项目的主要施工单位对施工进度起决定性作用，但是业主、设计单位、运输部门、银行信贷部门、材料设备供应部门、水电供应部门，以及政府的有关主管部门等也都可能给施工的某些方面造成困难而影响施工进度。其中，设计单位出图不及时或图纸有错误以及有关部门或业主变动设计方案是影响施工进度的最大因素。材料和设备不能按期供应，或质量、规格不符合要求，都将使施工中断。资金不能保证也会使施工中断或进度减慢。这些都会影响到相关既有站点、既有线关停方案的变动及过渡改造方案的调整。

6. 技术失误

施工单位采用技术措施不当，施工中发生技术事故，应用新技术、新材料、新结构缺乏经验，不能保证质量等都会影响施工进度，进而影响到既有线、既有站点的关停及过渡改造方案的调整。

7. 自然环境及意外事件

施工地段的水文地质条件，如地质断层、地下障碍物、软弱地基以及恶劣的气候（如暴雨、高温和洪水等）都会对施工进度产生影响，造成临时停工或破坏已完成的工程。因此，铁路建设单位在进行施工组织设计的时候要充分考虑到环境对施工的影响，做好应付各种环境变化的准备，以保证工程能按期按质完成。此外，施工中如果出现意外的事件，如战争、严重自然灾害、火灾、重大工程事故、工人罢工等也都会影响施工进度，进而影响到既有线、既有站点的关停及过渡改造方案的调整。

1.3.3　大型枢纽关停与过渡改造施工的难点

铁路是一个不断发展和延伸的网络，在新的铁路建成后它必然要用站改工程施工引入到既有车站的路网中，车站的股道会拨移，大量的道岔会移动和更换，而既有的客车必须在规定的时间到达和出发，既有货车的到发对数也不能有大的变动，有新的铁路引入必然会对既有线路的运输产生影响，如何减小对铁路运输的干扰影响，同时又让整个站改工程施工在工期、成本、资源等方面进一步改善和调整，这一直是铁路部门工程施工中的一个难点和重点。站改施工是由铁路各个部门各个单位相互配合的一项综合系统工程，它是多专业、多环节、多步骤、系统性强、较复杂的施工项目，它的施工网络计划的优化和控制相当关键。铁路部门一直缺乏一种科学的方法来指导站改工作，多年来一直是靠经验和协调来制定站改方案，经常发生由于施工方案不详细、有遗漏、有冲突等原因造成延时事故，打乱了运输秩序，给铁路带来了经济损失和负面影响。尽管一些站改方案能较好地兼顾各种约束，但没有综合考虑劳力的配置、道岔的再利用等优化目标，增加了工程的成本，还有可优化的空间。近年来，大量的客运专线的修建，同样要引入既有的车站，大量的站改工程施工方案需要一个科学的方法来指导。

既有线站场改造施工的特点是既要加快工程进度，又要保证运营安全。由于既有站场改造施工多为尽可能保持营运设备正常运转状态下的组织施工，既要保证工程进度又不能影响运输生产，使得施工单位面临诸多困难，归纳起来主要有以下几点。[4]

1. 行车干扰大

既有站场要点封闭施工前，预铺道岔及轨排、清筛换枕、施工备料、路基帮宽，以及线路养护等工作均受列车运行的干扰。对于运输业务繁忙的车站而言，干扰更大，安全形势更严峻。

2．时间紧迫

铁路是国家经济的大动脉，计划外中断行车所造成的经济损失是不可估量的。线路封闭要点施工计划一旦确定，就必须在限定的时间内按时或提前完成施工任务，决不允许拖延滞后。

3．场地受限

既有站场改造施工时，施工现场杂布各种既有设备，施工单位既不能破坏正在使用的设备，又不能使新设备、材料侵入限界，影响运输安全，致使施工单位的材料堆码、旧料撤除、道岔预铺及滑移工作极为被动。要点施工过程中，人员机具更是排布不开，各个施工班组相互干扰，影响站场的施工作业效率、施工安全及正点开通。

4．既有设备状态不明

既有线正常运营状态下有其完整的设备。站场改造中一旦改动既有线，既有设备也需作相应的调整，比如轨道电路的调整、既有信号设备的移设等。同时，由于多年来的人员变动、设备更换等种种原因，施工单位不可能对既有工务、电务等部门的设备状态调查了解得极为清楚，特别是地下管线的径路和数量往往很难确认。这些都导致施工单位的换枕清筛、开挖土方、铺设电缆等工作存在极大的安全隐患。

5．受施工区段限制

在站场改造施工中，需要分步、分段封闭施工，而工务、电务的施工是在同一区段、同一范围，并且在站场改造施工过渡完毕后，开通的全部是新设备，过渡时间短，任务集中。[5]

6．地方干扰大

与新线施工相比，既有站场多在人员集中的村镇，施工过程中常常会因各种原因受到干扰，施工单位往往要为道路交通、征地拆迁等工作耗费极大的精力，施工进度极易停滞不前。对于工期的延误，地方干扰常常是很重要的因素。

1.3.4　大型枢纽关停与过渡改造施工需要防范与注意的问题

在站场改造施工过程中，拆迁是大型既有铁路枢纽站场改造过程中的主要制约因素，为达到工期目标，必须保证征拆在施工方案工期节点内完成。重庆西站占用了站场改造的大量时间和资源投入，因此对于这类站场改造，前期应先由建设单位组织，由设计部门统一确定必须拆除的生产办公房屋，实施中由生产办公房屋使用单位、房产管理部门及施工单位相互配合共同完成。采取简化可行的过渡方案，通过大拆大改可以减少改造施工对重庆西站运营生产的影响。站场改造的前提条件是拆除车辆段的专用线和站舍以及既有调车场和到发场，由于既有车辆段的线路和房屋较多，新建站场扩建大部分股道均在此范围内,因此重庆西站首先采取新建大型临时设施过渡取代原设计新建客整所方案,将拆除车辆段的车体整备功能移出。然后,拆停既有调车场,把调发功能转到其他站,重庆西站不再进行调车编组,拆除既有的客货到发场,将既有站货运到发功能转到其他站,同时客运到发能力减少 30%,以缓解客运过渡期间客流过大的压力。

1.3.5 站场改造施工中工程、运输、电务各专业的配合

既有站场改造中工程、运输、电务各专业的安排及要求如下。

1. 工程部门

既有站场改造是一项复杂的综合性施工过程,施工专业有路基、桥涵、线路、房建、通信、信号、电力等,各专业施工互相配合、互相制约,同时还互相干扰。由于既有站场改造是在不中断运输的条件下进行的,因此拆迁就是大事,既要满足施工需要,又要保证既有站场设备正常使用,是搞过渡还是以新代旧,这就涉及运输和电务两个部门之间的协调。在国家资金不足的情况下,应尽量减少大过渡,尽量安排以新代旧或小过渡来解决这个矛盾。一般以线路施工为主体把整个施工过程划分为四个阶段。[6]

第一阶段是外围阶段。这一阶段施工和运输不发生直接关系,但必须沟通外围施工部分和既有站场设备的连接,以解决正常施工及大量卸料问题。通常采用的办法是在正、站线上插入临时道岔,纳入既有站场的联锁条件中,专供工程使用。为保证这阶段施工的正常进行,对部分影响施工的障碍要求及时拆迁。

第二阶段是旧站场信联闭设备停用前阶段。该阶段施工与运输相互有一定的干扰,工程需要在既有正线、站线上提前插入正式道岔,插完后将道岔直股钉死,有的需要恢复直股轨道电路,对既有信号、联锁希望尽可能多做些过渡,其目的是尽量把第三阶段的工作提前到第二阶段施工。这一阶段中要求电务配合大量的工作,都是在旧设备条件下进行过渡的。

第三阶段是旧站场信联闭设备停用阶段。对工程施工来讲,这一阶段是关键阶段。对既有站场的咽喉区进行改造,要集中一切力量在封锁方案规定的时间内保质保量完成施工任务,这要求运输部门必须保证封锁点的兑现,同时确保每天所需材料按时到达。在这一阶段中还要对运输需要使用的道岔有关专业配合安装带柄标志,部分专业如房建、通信、电力、信号的移交要求接收单位给予配合。

第四阶段是收尾阶段。该阶段新站场设备总体开通使用。

对于工程部门来讲,要求四个阶段能均衡生产,尽量避免临时集中大量劳力。

2. 运输部门

增建复线工程和站场扩建是由于既有设备满足不了运输需要而进行的,往往是对运输卡脖子的区段进行扩能建设,因此运输部门既欢迎站场改造,又很难满足工程所必需的施工封锁及大量的路料运输,希望能做些过渡,既能保证运输不受干扰,又能保证施工正常进行,但由于资金原因又往往不能实现。

在工程施工的第一阶段，要求工程部门对工程的到料提前做出计划，并做好场地和卸车安排，保证随到随卸随运走，不压车皮。为保证运输秩序的正常，工程卸料和工程施工不应影响旅客上下车及货物的正常接发。对临时道岔，要求有完善可靠的信号、联锁条件，确保行车安全。既有行车设备尽量不动，必须拆除的要有过渡或移设，不得影响使用。

第二阶段，要求工程部门和电务部门密切配合，确保站场信号、联锁设备正常使用，保证行车安全。尽管是临时性的过渡，施工质量也要有保证，设备状态也要有绝对的可靠性和安全性。

第三阶段，对于运输部门来讲是易出事故阶段，该阶段车站接发车全部是人工操作，发生行车事故及挤岔事故的概率最大，要求工程部门尽量缩短该阶段的工期。同时，要求工程部门确保运输指挥的通信畅通无阻，新建的房屋设备要保证行车人员工作和休息使用，要求安设柄标志的道岔状态良好、操纵灵活，区段站对机车出入库经路要给予保证。

第四阶段，要求所有施工项目配套投入使用。

对于运输部门来讲，总的要求是保运输、保安全。

3．电务部门

凡是新设备均由工程部门施工，对于既有设备的过渡，一律由分局电务段施工。由于旧设备年代已久，设备状态比较脆弱，电务部门希望少做过渡，尽量不要触动既有设备。第一阶段主要是通信、电力线路的移设，要求尽量以新代旧。第二阶段信号配合较多，希望工作量尽量减少，过渡时间尽量短。第三阶段要求工程部门轨道和电气集中同时交工，以保证新的信联闭设备的完好使用。

1.3.6　关停方案的构成

1．建议关停方案

（1）重庆东站部分。

2014年7月31日，重庆东站货场全部关停，进行重庆西站渝昆场、渝黔场（部分）建设。

2014年9月30日，关停重庆东站油专、粮专、商专，襄渝西线及其到发线，仅保留小梨线和襄渝东线，进行重庆西站渝昆、渝黔场南咽喉路基施工。

2015年6月30日，关停襄渝东线及小梨线（重庆东至中梁山站段），进行重庆西站渝黔场、渝长场建设。

（2）重庆西编组站部分。

2014年7月30日，兴隆场编组站全面投运后，7月31日重庆西编组站编组场范围搬迁，关闭既有重庆西站编组站及出发场25股道，保留南疏Ⅰ、Ⅱ线，同时襄渝东线（后接南疏Ⅰ线）先暂时关停，保留襄渝西线（后接南疏Ⅱ线）及5条到发线运行，使用襄渝东线及峰前场9线作为南北货运通道，进行预制梁场建设。

2014年9月30日，重庆机务段、重庆西车辆段搬迁完成后，关停重庆西编组站襄渝西线（后接南疏Ⅱ线）及5条到发线，仅保留襄渝东线（后接南疏Ⅰ线），进行渝黔客车线和铺架基地建设。

2015年6月30日，陶家场增建Ⅱ线通车，襄渝东线（后接南疏Ⅰ线）南北货运通道彻底关停。

（3）既有小梨线部分。

中梁山站（不含）到跳蹬站（不含）段，已办理完相关手续，现场也已具备施工条件。

2. 实际关停方案

（1）重庆东站：2014年11月2日，关停重庆东站货场，保留襄渝东线（后接南疏Ⅰ线）及5条到发线，3条专用线（油专、商专、粮专），小梨线中梁山站（不含）—重庆东站（含）—梨树湾站（含）段，至2016年2月29日关停。

（2）重庆西编组站：2014年12月1日，重庆西车辆段搬迁后，关停重庆西站编组场及出发场、峰前场其余线路及襄渝东线（后接南疏Ⅰ线），保留襄渝西线（后接南疏Ⅱ线）作为货运通道，待12月28日对襄渝东线（后接南疏Ⅰ线）进行信号联锁改造后，关停襄渝西线（后接南疏Ⅱ线），并保留峰前到达场9线及襄渝东线（后接南疏Ⅰ线），作为南北货运通道。2015年10月29日，陶家场至大碑间增建二线建成开通后，永久关停南疏Ⅰ线。

（3）中梁山站：既有小梨线跳蹬站（不含）—中梁山站（不含）段2014年9月1日停运，进行线路改造，2015年10月29日恢复通车。中梁山站—重庆西机务段2016年2月29日开通，襄渝东线及重庆东站5条到发线，3条专用线（油专、商专、粮专），小梨线中梁山站（不含）—重庆东站（含）—梨树湾站（含）段同步关停。中梁山站改于2017年6月1日完成。

（4）童西线路所：左、右线2017年9月19日接轨完成。

1.3.7 过渡改造方案的构成（各个站场）

1. 重庆西编组站过渡改造拆除方案

（1）总体方案与步骤。

根据《成都铁路局关于重庆枢纽下一阶段建设施工和运输生产组织方案会议纪要》（成铁办会议纪要第106期）精神，既有重庆西站于2014年9月26日关闭，2015年6月30日前保留跳蹬站—重庆西站—重庆东站的南疏Ⅰ线后接襄渝东线，完成重庆东站闭塞设备改造，实现重庆东站与跳蹬站直接办理闭塞，并在重庆西到达场东侧正线设置有人值守线路所，为彻底关闭重庆西站提供条件。

2014年9月28日，由渝黔公司组织工务、电务、通信、供电、建筑、车站、车务等多个站段在渝黔公司召开既有重庆西站拆除施工协调会。结合具体施工要求，计划暂时保留襄渝西线，利用襄渝西线作为跳蹬至重庆东的通道，暂停使用襄渝东线，对襄渝

第1章 基于系统动力学模型的山区高速铁路大型枢纽关停优化与过渡改造方案技术研究

东线、南疏Ⅰ线的接触网进行改造,在到达场增设线路所、改造道岔,待改造完成后,开通襄渝东线、南疏Ⅰ线,关闭原站内信号连锁,关闭襄渝西线、南疏Ⅱ线,列车走襄渝东线、南疏Ⅰ线,完成重庆西站过渡改造,按顺序拆除站内其他停用设备。具体措施如下:

第一步:锁定南疏Ⅱ线与南疏Ⅰ线间关联道岔(见图1.6)。列车从跳蹬走襄渝南疏Ⅱ线、襄渝西线通道进入重庆东站,保留南疏Ⅱ线、襄渝西线信号,利用天窗点锁闭南疏Ⅱ线的2#、8#道岔正位,关闭反位,保留直股道岔,封死曲股道岔,对道岔进行锁死、钉死、钩死,封闭南疏Ⅰ线、襄渝东线,如图1.7所示。计划于2014年12月1日,利用一个天窗点,在60 min内完成改造。

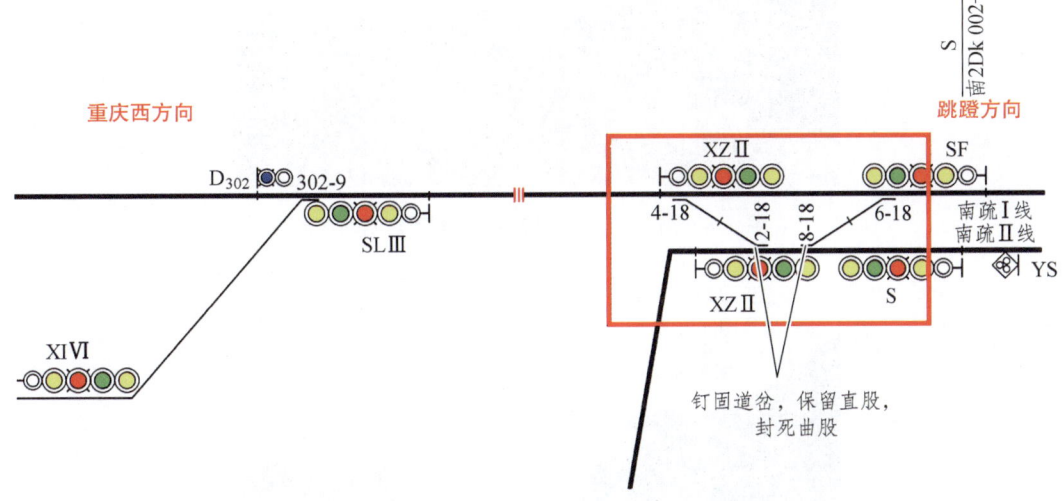

图1.6 锁定南疏Ⅱ线与南疏Ⅰ线间关联道岔

图1.7 锁死、钉死道岔示意图

第二步:接触网迁改。封闭南疏Ⅰ线、襄渝东线,对南疏Ⅰ线、襄渝东线接触网进行改造,单独挂网。

南疏Ⅰ线后接襄渝东线在编组站范围(K837+300~K0+480)与编组场1~5线共用接触网立柱及承力索15对,到达场(K835+360~K836+190)与7~9线共用接触网立柱16对,到达场接触网环状如图1.8所示。

对南疏Ⅰ线后接襄渝东线重庆西站范围的接触网（见图1.9）进行封闭改造，拆除编组站内1~5线接触网，保留正线东侧接触网立柱对襄渝东线单独挂网，拆除到达场与7~9线接触网，保留正线接触网供电。完成改造后，彻底关闭襄渝西线，开通南疏Ⅰ线后接襄渝东线线路。计划于2014年12月1日—31日进行封闭改造施工。

图1.8　峰前到达场襄渝东线接触网现状

图1.9　重庆西编组站东场襄渝东线接触网现状

第三步：增建有人值守线路所，完成信号改造。

2014年12月1日—31日：只保留襄渝西线、南疏Ⅱ线通道上的信联闭设备及出发场相关控制设备，停用拆除出发场内其他信联闭设备，停用拆除到达场、驼峰场、车辆段各场（段）信联闭设备，停用机务段信联闭设备，对襄渝东线、南疏Ⅰ线信号设备实施封闭改造，新建有人值守线路所。

南疏Ⅰ线、襄渝东线的7组道岔6-18、4-18、302-9、304-9、152-9、101-9，拆除相应道岔，更换为直股钢轨，按照2015年6月30日前保留进入机务段的通路要求，保留301#道岔，同时在新建线路所设计相应道岔信号联锁关系。

2015年1月1日—2015年6月30日：启用襄渝东线、南疏Ⅰ线通道及新建有人值守线路所信联闭设备，停用拆除襄渝西线、南疏Ⅱ线通道上的信联闭设备及出发场相关控制设备。

第四步：电务信号设备拆除。剩余准备拆除的电务信号设备（见图1.10）在拆除前完成设备调查工作，配合电务部门在组合架关掉拆除设备控制电源空开，切断室外被拆设备联系线，拆除现场信号设备，最后拆除其他设备。

图 1.10　信号机

第五步：通信设备拆除（改造）。通过与通信段对现场通信设备的调查，在红线范围内的干线光缆西跳方向共有 5 条，上桥方向共有 4 条，其中有信号闭塞的干线光缆 7 条，铁路主干光缆 1 条，中国国家广电重庆主干光缆 1 条。在重庆西出发场站台电缆沟（见图 1.11）内与红线范围内，因干线光电缆需继续使用且至 2015 年 6 月 30 日之前不影响渝黔土建施工计划，暂时对电缆沟沿线设置警示标识予以保护，如需机械跨越电缆沟地段架垫钢板予以保护，避免破坏电缆槽盖板，与电缆沟相邻的两股铁路只拆除轨道部分，对道砟以下部分暂时保留以避免因施工不当破坏通信光电缆。为避免因施工不当导致电缆破坏，计划新布放从通信楼至到达场 8 芯光缆 2 条，7×4 电缆一条，地区电缆 20 对一条作为应急备用，避免因电缆破坏危及行车信号。场内通信电话除保留线路所电话外，其他通信电话全部废除。

图 1.11　通信光缆、电缆沟

第六步：工务部分拆除。到达场除保留编组场Ⅳ-1 线、Ⅳ-25 线、西场Ⅱ-5 线、Ⅱ-6 线、联络线、牵引线作为轨料装车线及今后梁场装梁线，其余线路逐条拆除，使用人工配合装载机倒运至西场 DK9+000～DK9+600 区间堆放，使用西场Ⅱ-6 线，编组场

Ⅳ-1 线作为装车线，利用火车平车运输轨料，经停运的襄渝西线将轨料运离重庆西站。到达场保留Ⅰ-2 线、Ⅰ-6 线、Ⅰ-9 线，其余线路逐条拆除，使用人工配合装载机就近倒运至保留的线路两侧，使用Ⅰ-2 线、Ⅰ-6 线、Ⅰ-9 线作为装车线，经到达场襄渝西线运离重庆西站。完成线路拆除后，使用装载机、挖掘机、自卸车将道砟集中存放至DK9+000～DK9+230 编组站区间内。保留线路到2016 年底完成铺架工程后全部拆除。

第七步：场内水电线路拆除。保留场内通信、信号等设备的供电线路及配电箱，对施工场地内要继续使用的线路进行改移，在施工场地以外架设新的线路，由供电部门配合完成线路改移。其余闲置配电箱及线路在办理完施工安全、配合协议后，由供电部门断开相应配电线路，逐步拆除配电箱、灯柱、灯塔等（见图1.12、图1.13）。

图1.12　站场内既有变电设备

图1.13　场内灯架

第八步：场地内建筑计划在上述设备完成拆除后，使用机械对红线范围内的房屋进行破拆。

（2）总体工期安排。

2014 年12 月1 日—2015 年2 月28 日完成部分拆除，2015 年7 月1 日—2016 年12 月31 日完成全部设备拆除。

2014 年12 月1 日—31 日完成接触网迁改、线路所建设、过渡通信线路架设、编组场轨道拆除等。

2014年12月1日—2015年2月28日完成停用供电设备、停用信号设备、轨道等设备的拆除。

2015年7月1日—2016年12月31日完成重庆西全部既有设备的拆除。

2．重庆东站过渡改造拆除方案

（1）总体方案与步骤。

根据《成都铁路局关于重庆枢纽下一阶段建设施工和运输生产组织方案会议纪要》（成铁办会议纪要第106期），渝黔公司"重庆东站既有设施、设备拆除协调会"的要求，为重庆西客站（重庆东原址修建）及重庆动车所（重庆西原址修建）封闭施工创造条件，确保渝黔铁路建设工期，组织编制《重庆东站货场拆除施工方案》。渝黔新建的重庆西客站位于既有重庆东站站址上，既有重庆东站是襄渝线上的中间站，设有集装箱货场并有多条专用线在重庆东接轨。东站货场（见图1.14）四周设有货场围墙，东临东站9#到发线、牵出线，货9线距离围墙1.5 m，西邻华玉路，北邻联远物流公司，南邻中集物流公司。

图1.14 东站货场现状

2014年9月15日，由渝黔公司组织召开重庆东站既有设施、设备拆除协调会，根据会议精神与重庆西站，重庆供电段、电务段、工务段，成都通信段，铁通公司等多家单位对现场实际情况进行核查，计划东站货场内所有建筑全部废除，关闭货场内所有供电、通信设备。货调楼信号机需在货场拆除前搬迁至东站调度楼内，引入货调楼的信号电缆同步改移至东站调度楼内。

结合以上调查情况制定步骤如下：

第一步：配合重庆西站将货调楼保留信号机及信号电缆迁改至东站调度楼内，原信号光缆由东站货场信号楼架空引入货调楼，再由货调楼下穿东站引入东站调度楼。废除东站货场货调楼前，将光缆沿东站货场信号楼引出，沿货8线以北仓库后架设光缆至东站围墙处，与原线路熔接，完成信号迁改。重庆东站货场货调楼迁改如图1.15、图1.16所示。

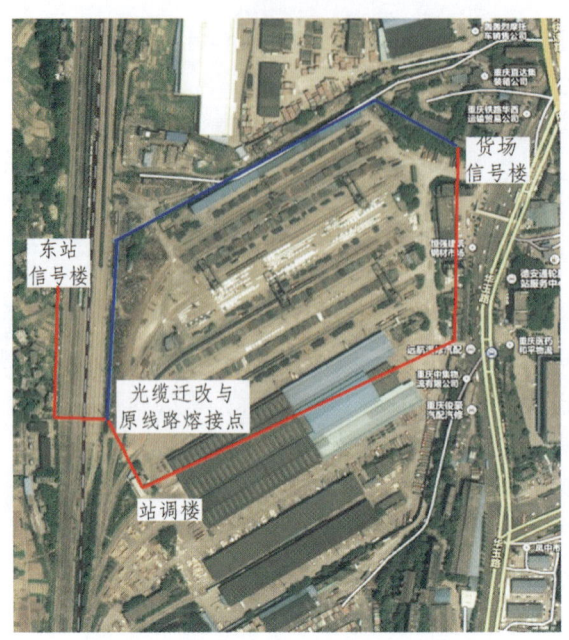

图 1.15　货调楼及信号光缆迁改方案

（注：红线代表原光缆布置，蓝线代表迁改方案）

图 1.16　货调楼光缆现状

第二步：由设计院向电务段提供关于东站 2# 道岔（见图 1.17）关闭通往货场的曲股保留直股的技术联系单，由电务段关闭 2# 道岔曲股，保留直股。

图 1.17　东站 2# 道岔现况

第三步：工务、电务专业拆除施工。在拆轨施工前，完成路料清点，与工务段、电务段办理资产对接手续。在重庆东站设置驻站员、防护员，H1# 道岔处设置车挡、防溜枕木，如图 1.18 所示。按照由道岔端向车挡段拆除的顺序，逐条拆除重庆东站货场轨道、道岔。扣配件、道岔扳道机、枕木等小型物资，使用卡车通过场内道路以汽运的方式交还设备管理单位。钢轨堆码至货 9 线线路一侧，等待东站关停后统一使用轨道车收回。

图 1.18　H1# 道岔车挡设置位置

第四步：通信、供电专业施工。在拆除施工前，完成东站货场内既有通信、供电设施（见图 1.19、图 1.20）清点，与通信段、供电段办理资产对接手续；与相关站段沟通，确认引入货场内的通信、供电线路已经断开；同步拆除货场内的灯塔、滑触线及支架，拆除通信信号房至货调楼的通信电缆，拆除通信设备；将既有设备按清单交还设备管理单位，办理设备交接手续。

图 1.19　货场内既有通信设备

（a）　　　　　　　　　　　　　　　（b）

图 1.20　货场内既有供电设备

第五步：场内建筑拆除施工。在拆除施工前，完成东站货场内既有建筑（见图1.21）的调查，并与建筑段等房屋管理单位进行对接；拆除建筑内西站所属设备，如监控探头等，集中存放，统一交还西站设备管理单位回收；其他专业设备拆除完成后，货场内建筑、道路等结构结合施工需要使用破碎机、挖掘机、吊装等设备逐步拆除。

图1.21　场内既有库房及东站设备

（2）总体工期安排。

2014年10月15日—2014年12月14日完成东站货场内拆除。

2014年10月15日—19日完成货调楼迁改，计划工期5天。

2014年10月20日—2014年11月3日完成轨道拆除，计划工期15天。

2014年11月4日—13日完成通信、供电拆除，计划工期10天。

2014年11月14日—2014年12月14日完成既有建筑拆除，计划工期31天。

3．重庆东站专用线过渡改造拆除方案

（1）总体方案与步骤。

重庆东站粮专、油专、商专经牵出线进入，均已停用且无车辆进出，其中油专为有信号控制道岔及调车信号机调车，粮专、商专均为手扳道岔及人工调车。危险品专用线经小梨线22#道岔进入，后经20#道岔、D22信号机进出危险品专用线。综合考虑，拆除粮专、油专、商专及牵出线QK0+300至车挡；考虑危险品专用线与供电线共用20#、22#道岔进出，因此拆除1#道岔与危险品专用线。所有专用线内无供电、通信设备及线缆。重庆东站粮专、油专、商专及危险品专用线拆除段落区间分别如图1.22、图1.23所示。

结合现场情况制定步骤如下：

第一步：断开专用线与运营线路的连接。由于所有专用线均已停用，因此在拆除油专、粮专、商专之前，在52#道岔岔前牵出线QK0+300处设置车挡及防溜枕木，同时设置隔离栅栏，隔离专用线与既有线的连接，如图1.24所示。

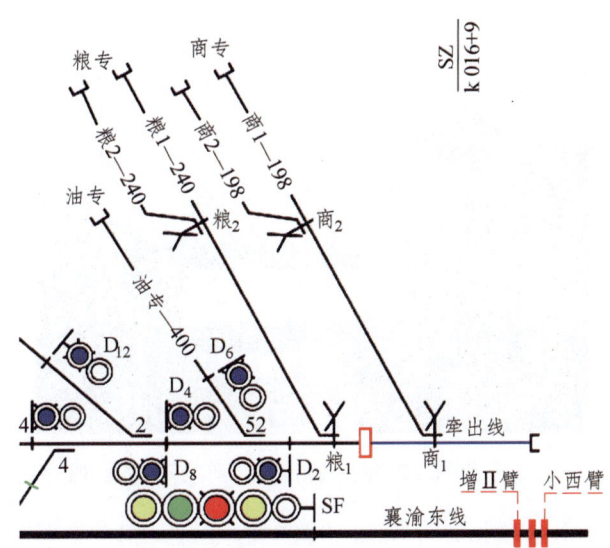

图 1.22　东站商专、粮专、油专专用线拆除段落区间

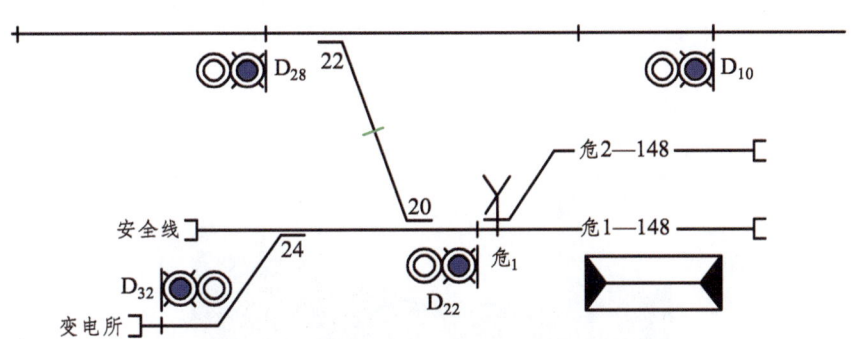

图 1.23　东站危险品专用线拆除段落区间

图 1.24　52# 道岔岔前隔离栅栏设置位置

在危险品专用线 20# 道岔岔前 50 m 处设置车挡及防溜枕木，同时设置隔离栅栏，隔离危险品专用线与既有线的连接（变电所维修轨道车可以正常进出），如图 1.25 所示。

图 1.25　危险品专用线 20#道岔岔前临时车挡及防护栅栏设置位置

第二步：解除油专道岔联锁，停用油专调车信号机及相关信号设备。2015 年 5 月 1 日，利用一个天窗点，请电务段配合停用专用线内 D6# 调车信号机、52# 道岔信号联锁及相关信号箱盒、迁出线 QK0＋300 后的轨道电路，其余粮 1#、粮 2#、商 1#、商 2#、危 1#、危 2# 为手扳道岔无信号联锁，如图 1.26 所示。

图 1.26　粮专 1# 手扳道岔现场

第三步：解除信号联锁后，拆除封闭区段内的 4 条专用线（粮专、油专、商专、危险品专用线），拆除专用线轨道、道岔、扳道机等设施。轨枕、扣配件等小宗物资由汽车运输回收，钢轨集中码放，等待重庆东站拆除施工时，采用轨道车统一回收交还产权单位。

上述所有步骤均在与各相关站段、处室签订安全协议后，按照监管施工的要求组织施工。考虑目前襄渝东线的运营安全，牵出线临时车挡后的轨道只拆除扣配件，钢轨、枕木原地放置，待 2015 年 6 月 30 日东站全部停用后再行转运。其他专用线距离正在运行的襄渝东线较远，距离襄渝东线最近的油专 52# 道岔也有 11.6 m 且有隔离栅栏，施工过程按照监管施工组织拆除，不会影响既有铁路运营。

（2）总体工期安排。

2015年5月1日—31日完成东站专用线拆除。

2015年5月2日—5日完成信号拆除，计划工期3天。

2015年5月1日—31日完成轨道拆除，计划工期15天（具体施工日期待与各产权管理单位协商达成一致后，相应顺延）。

4．襄渝线重庆东—重庆西—跳蹬过渡改造拆除方案

（1）总体方案。

根据《成都铁路局建设处关于研究渝黔铁路、重庆西站建设需封闭部分既有线的会议纪要》（会议纪要第114期），2015年9月20日关闭南疏Ⅰ线、襄渝东线跳蹬站（不含）—重庆东线路所（含）—重庆东（不含）区间线路，关闭重庆东站站内到发线，保留两股道作为小梨线跳蹬站（含）—中梁山站（含）—重庆东（含）—梨树湾站（含）的通道。结合文件精神及施工要求，制定了以下关停思路。首先，2015年9月20日永久关闭南疏Ⅰ线跳蹬（不含）—重庆东线路所（含）区间线路，永久关闭襄渝东线、重庆西线路所（含）—重庆东（含）区间线路，永久停用重庆东站接触网，重庆东变电所上西供电臂、曾二供电臂退出运行。列车经小梨线跳蹬站—中梁山站—重庆东站进入梨树湾车站，重庆东站过渡改造最终保留站内1线、2线作为中梁山—梨树湾的通道，拆除其他线路。待梨树湾车站停用后，关闭重庆东站，拆除重庆东站全部设备，拆除小梨线重庆东站（含）—中梁山车站（不含）—中梁山车站1#道岔岔前的轨道及信号设备。

针对重庆西线路所引入机务段的机走线与重庆西线路所同步关闭，而小梨线引入机务段的机走线无法开通的问题，考虑利用重庆西铺架基地工程线接原重庆西站内机走1线机务段暂时使用，待中梁山站改完成后，再由小梨线经机走线进入机务段。

（2）实施步骤（见图1.27）。

第一步：2015年10月1日利用天窗点对8#、22#、42#、40#道岔进行钉死、钩死、锁死，保留直股，封闭曲股；对5#、7#道岔保留曲股，封闭直股，1#、3#道岔保留直股，封闭曲股，对道岔进行钉死、钩死、锁死。站内保留50#、11#、9#、27#、29#道岔定、反位表示，1/3#、8#、22#、42#、40#道岔保留定位表示，5/7#道岔保留反位表示，其余道岔及道岔信号、轨道电路等全部停用。保留1、2线及1、2线通往梨树湾、中梁山通道的轨道电路及信号机等，其余信号设备全部关停。利用天窗将站内所有接触网及跳蹬站（不含）—重庆东站（含）区间的接触网停电，重庆东变电所退出运行，拆除重庆东站、重庆东—重庆西、重庆西—跳蹬区间接触网及支柱，拆除重庆东—梨树湾区间1锚段、安全线接触网，拆除重庆东—西永区间东永供电臂接触网、重庆东—歌乐山区间接触网。永久关闭南疏Ⅰ线跳蹬（不含）—重庆西线路所（含）区间线路、信号、接触网等，永久关闭襄渝东线重庆西线路所（含）—重庆东（含）区间线路、信号、接触网等，永久停用重庆东站接触网，重庆西线路所退出运行，拆除重庆西线路所。列车经小梨线跳蹬站—中梁山站—重庆东站进入梨树湾车站。

第二步：2015年10月1日—2015年11月30日，拆除站内及关闭区间轨道、信号、供电设备，完成拆除物资的移交。

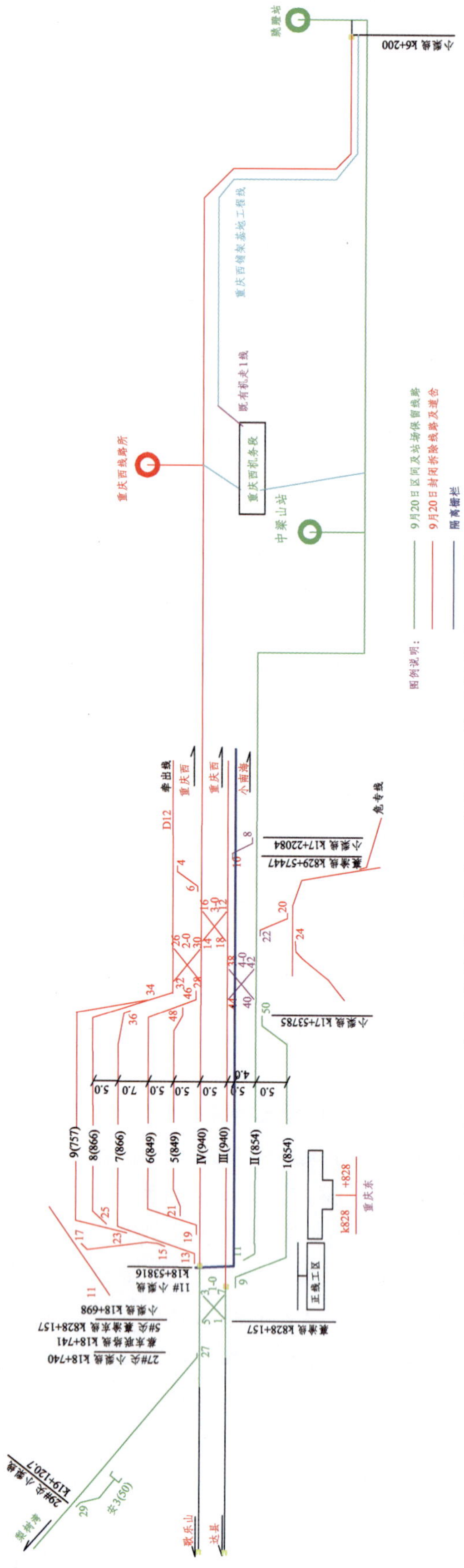

（a）襄渝线重庆东—重庆西—跳蹬拆除施工示意图

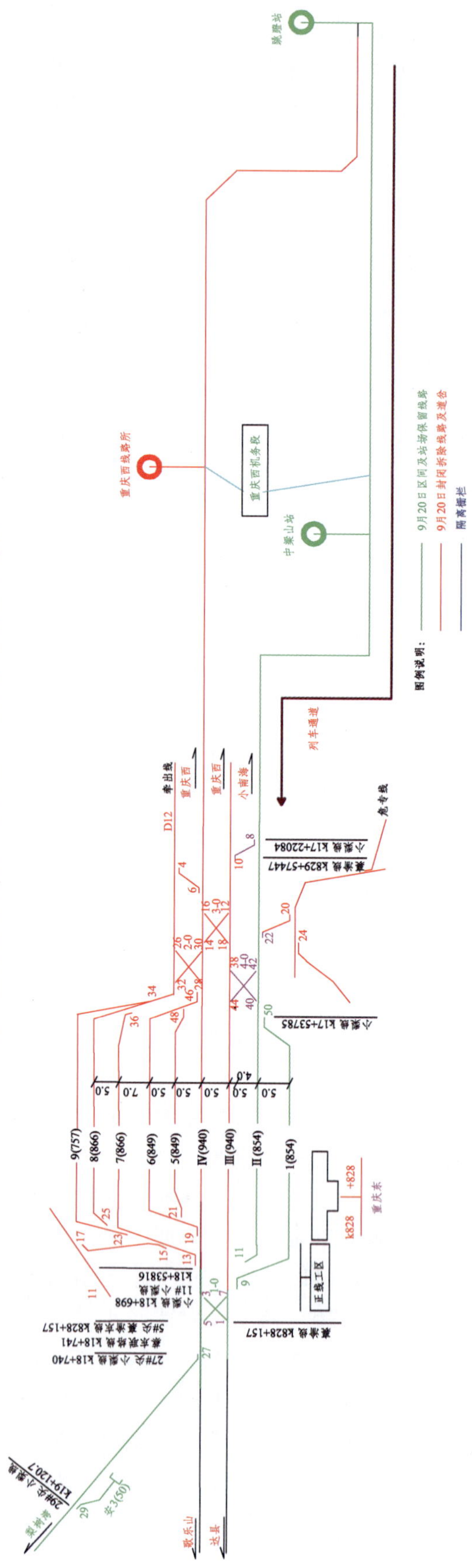

（b）施工步骤一

第1章 基于系统动力学模型的山区高速铁路大型枢纽关停优化与过渡改造方案技术研究

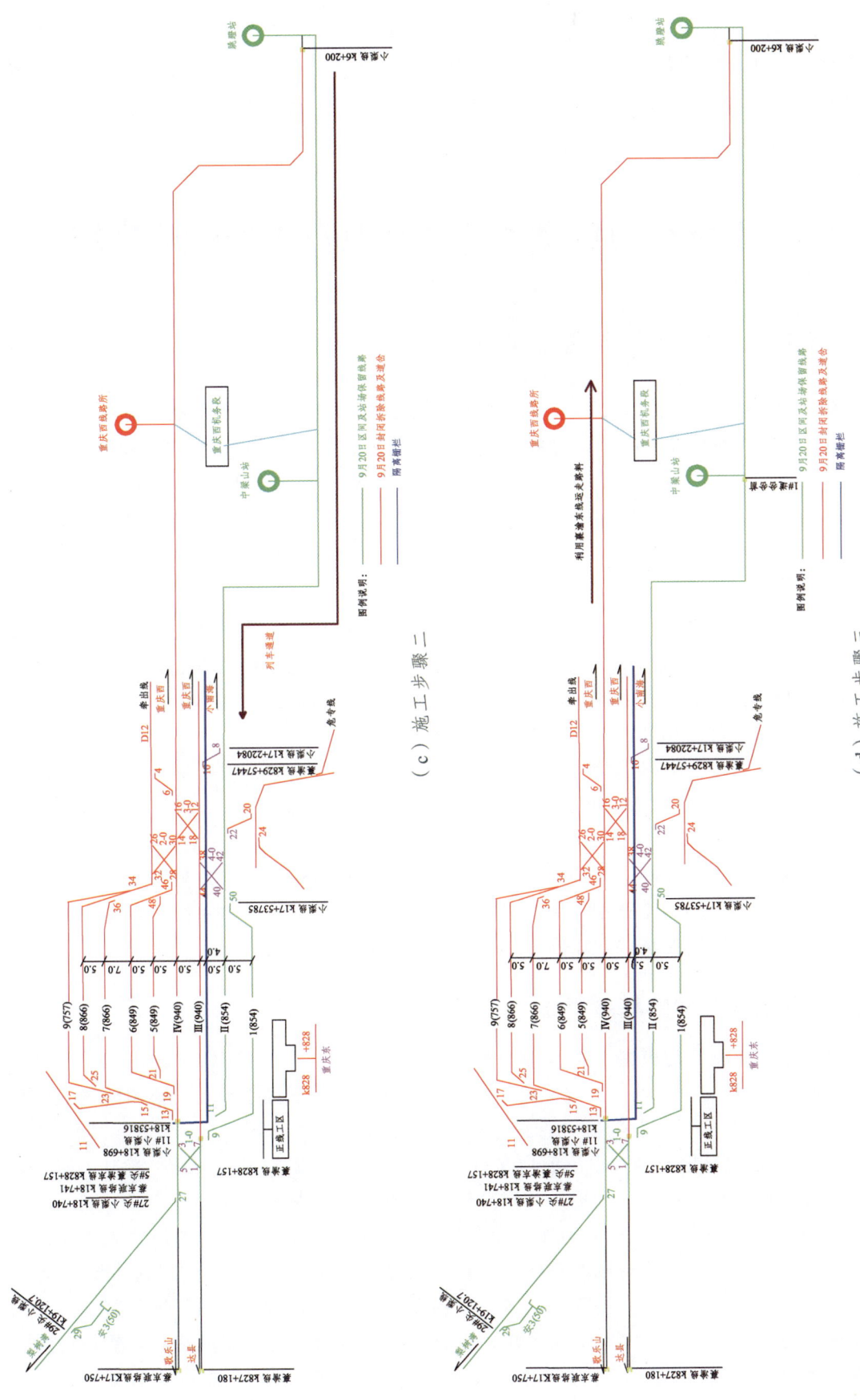

图1.27 襄渝线重庆东—重庆西—跳磴过渡改造拆除方案示意图

第三步：在梨树湾车站停用后，关闭重庆东站，关闭重庆东—中梁山间的小梨线，拆除重庆东站全部设备，同时拆除小梨线中梁山站（不含）—重庆东站（含）区间轨道及信号设备，对重庆东站—中梁山站间的小梨线进行封闭拆除改造。

1.4 系统动力学基本原理及其在工程中的应用

1.4.1 系统动力学基本原理

系统动力学是一种能够实现定性与定量相结合的方法论，能系统地分析社会经济问题。该方法以系统反馈控制理论为基础，用计算机仿真技术定量地研究系统发展，是系统科学中的一门分支学科。[7]系统动力学认为，系统内部的动态结构与反馈机制决定系统的行为模式和特性，其由于受到内外动力及制约因素的作用，按照一定的规律发展、演化。

1．系统动力学的方法特点

（1）系统动力学从系统微观结构的研究出发，依照其结构及功能的相互作用构建模型，将不可定量的系统内部关系及可定量的数据与动态变化趋势联系起来。

（2）把社会经济系统中的一切运动假象作为流动的运动。在实际中，不同的组织、社会、经济系统都是由单元的联合及信息反馈组合形成的。

（3）系统结构和动态趋势可以根据对主要的回路性质的分析进行进一步的认识，通过对系统进行逐一地分类和简化，以清晰地认识和体现系统内部和外部因素以及因素之间的关系。

（4）对于处理多回路、高阶数和非线性复杂系统问题时，尤其是处理非高精度复杂系统问题时，系统动力学特别适用。采用计算机仿真技术动态模拟系统，以观察系统在不同组织形态、不同经济参数以及不同政策因素输入时所表现的行为和趋势。

2．系统动力学的基本概念

（1）系统、模拟与模型。

"系统"在系统动力学中的定义为一个由相互联系、相互区别、相互影响的各组分有机地连接在一起，为达到某种功能而形成的一个综合体。

"模拟"是指对把握客观事物的内在机制、行为和过程的虚拟。一般在模拟之前先要对真实事物行为和过程进行分析，并用简化的模型表达行为和过程。

"模型"是指通过分析客观事物与系统诸元素的内在联系，用简化的形式表达客观事物和系统的行为和过程所形成的替代物。它通过模拟客观事物与系统的内部结构来表现客观事物和系统诸元素之间的联系。客观事物和真实系统的内在联系是极其复杂的，为了使模拟能够实现，首先必须简化系统，也就是模拟事物的主要构成部分，然后再通过各种计算机技术或数学方法使该模型表现出该客观事物和真实系统的动态行为。

（2）因果关系图。

在系统动力学模拟仿真时，构建符合系统内在机制模型的最重要环节是正确分析系统内部变量之间的因果关系。正确的因果关系是对客观现实系统内部机制和变量间联系的反映，是建立 SD 模型的根本。如图 1.28 所示，圆圈以及内部的字母表示系统中的变量，字母表示变量名，单向箭头称为因果链表示因果关系的方向，从 A 指向 B。因果关系只表征变量间的逻辑关系，不表示变量间

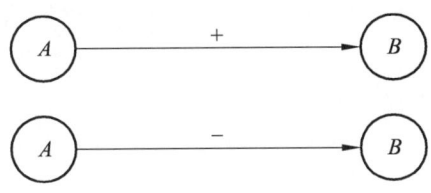

图 1.28　因果关系链

数量和时间的关系。也就是说，变量 A、B 之间的数量变化和时间延迟都不会对变量 A、B 之间的逻辑关系产生改变。变量之间的因果关系分为正因果关系和负因果关系，且仅此两种关系。当 A 增加导致 B 增加，称为正因果关系；当 A 增加导致 B 减少，称为负因果关系。

（3）反馈环。

因果关系环也叫反馈环，是多个因果关系链首尾相连而形成的闭合回路。在因果反馈环中，没有终点和起点也没有因和果，因为反馈环是一个封闭的环。因果关系键分为正键和负键，一个因果反馈环中有偶数个负键称为正反馈环。反之，一个因果反馈环中存在奇数个负键则成为负反馈环。[8]如图 1.29 所示，左图反馈环包含两个负键，则该反馈环为正反馈环，当 A 增加时，B 也增加，则 C 减少，继而导致 A 会持续增加；右图反馈环包含一个负键，个数为奇数，则该反馈环为负反馈环，当 A 增加时，B 也增加，则 C 减少，继而导致 A 也减少。所以，正反馈环会导致系统内部活动加强，达到自我强化的效果；负反馈环会导致系统内部活动减弱，产生自我调节的效果。一个系统的相对平衡稳定主要是依靠负反馈环的调节特性来维持。

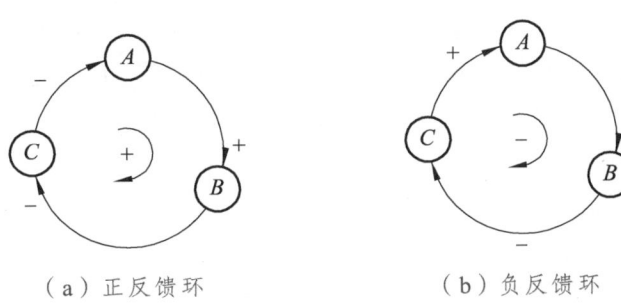

（a）正反馈环　　　（b）负反馈环

图 1.29　反馈环

（4）变量（要素）。

系统动力学模型中的变量主要包括状态变量（也叫积累变量、水平变量）、流率变量、辅助变量、外生变量及常数等。

状态变量具有积累效果，它的值等于该时间点之前所有时间内数量的累加，是表示状态变量的积累状态。

流率变量就是状态变量在单位时间内的变化程度，是直接决定状态变量值的变量，反映状态变量的变化速度。流率变量有三种状态：① 流入率和流出率均不恒等于零，流出率和流入率同时对状态变量产生影响；② 流入率和流出率两者之中有一个为零，即对

状态变量产生影响的只有流入率或流出率；③ 流入率和流出率综合为合流率。

辅助变量也称为过渡变量，起到中介传递的作用，它的数值由它前端的变量所决定，同时它又对其后端的变量产生影响。

外生变量是出现在反馈环中的，外生变量可能会随时间变化，也可能不随时间变化，但是这种变化不是由于系统中其他变量所导致的。

常量是指在模拟时间内不会随时间变化而产生数值变化的量。

（5）流图。

流图是指把各种变量用相应的符号表示变换因果关系的图。流图中的状态变量 $LEV(t)$ 的公式为 $LEV(t)=LEV(t-\Delta t)+\Delta t \times RAT(t-\Delta t)$。流图相对于因果关系图的区别在于，流图不只是单反应变量的逻辑关系，而是对系统更深入、更详细的描述，既能表示结构形式，又能表达数学关系。

3．系统动力学的建模步骤

系统动力学模型的建立步骤如图1.30所示，归纳起来大致可分为以下三个步骤。[9]

（1）分析系统结构。

① 以建模的目的为依据初步划定系统的界限，确定内、外生变量及输入量，将与所研究问题具有最密切关系的重要变量划入系统边界。

② 在过往经验、历史资料及一般常识的基础上确定系统行为参考模式。

③ 对系统的变量以及变量之间的关系进行分析，并定义变量和确定变量种类。

④ 确定回路以及回路之间的反馈耦合关系，初步确定主回路及其性质，并画出系统的因果关系图。

（2）构建系统动力学模型方程。

系统因果关系图所表示的模型含义通常是模糊的，因此，要将模型结构转化成为数学方程式，把非正规化的概念构思转化成为规范性的模型，由此构建能够利用计算机模拟的方程，以研究系统动力学模型假设中所隐含的动力学特征。具体步骤如下：

① 建立流位方程；

② 建立流率方程；

③ 建立辅助变量方程。

（3）实施仿真及政策分析。

以系统动力学理论为指导，利用计算机仿真模拟程序模拟模型，并对模拟结果进行政策分析，对系统进行深入的剖析。

利用系统模拟进行政策分析，根据研究目的确定政策参数，组合不同政策制订模拟方案，根据计算机所模拟的政策方案，得到仿真结果。对比分析这些仿真结果，根据其真实程度及可行性，向决策者推荐可行方案。

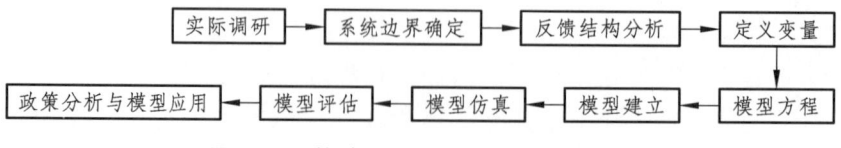

图1.30 构建系统动力学模型的步骤

1.4.2 山区高速铁路大型枢纽系统动力学模型的建立

1. 建模的目的及前提条件

（1）建模目的。

本章的建模目的基于以下几点。

① 对山区高速铁路大型枢纽改造工程内部的运行机制及外部影响因素进行分析，简化和量化相关内部因素，建立相应的系统动力学模型，模拟仿真铁路枢纽改造工程工期控制系统，通过从认识影响该项目系统工期的因素开始，确定该工程系统中各影响因素或指标之间的重要程度及相互影响关系，从而为项目系统的工期、费用控制做出一定的决策指导。

② 模拟站点、既有线关停与货物运输、工程质量、费用效益的复杂关系以及相互影响程度。通过调整既有站点、既有线关停步骤，根据对关停步骤的模拟仿真，得出其对工期、质量和成本综合目标的影响，以寻求找到既有线关停的最佳步骤，使其达到对货物运输和工程费用、工程质量的最优，并为既有线、既有站点的关停优化方案提供相应的理论支持和方法根据。

（2）建模的前提条件。

模型的建立需要一定的前提条件，以此所构建的模型要既能较好地描述实际系统，又不至于有某些过于复杂的细节而增加工作量和影响模拟精度。建设项目从立项到交付使用，其间过程非常复杂和漫长，任何建模方法都不可能建立一个与实际项目完全符合的模型。正如上文分析到，山区高速铁路大型枢纽改造工程系统是典型的复杂系统，由多个子系统组成，各子系统间互相影响、互相制约，从而构成了一个关系错综复杂的大系统。本章构建的是建设项目工期控制模型，为突出研究目的，集中主要精力于问题和矛盾，所以只选择了与工期管理相关的影响因素。为了更方便地研究模型的本质结构，做出相关假设如下：

假设①：本章研究的主要是站场改造项目从开工到施工再到完工的过程，不包括前期设计阶段和后期的交付阶段，即假设这些阶段都能正常完成，不影响所研究的内容。

假设②：项目是以工作包为基本单元而组成的，工作包之间具有同质性，每个工作包在项目中以相同的方式流动。

假设③：在建立工期控制系统动力学模型时，需要考虑人力资源，并要考虑施工过程中所需要的建筑材料及安装设备等对既有线的占用及对施工进度的影响。

假设④：工程上发现质量缺陷问题时一般有三种处理方案，分别是修补、返工、不处理，假设本模型出现的质量缺陷工程量一律按照返工处理。

假设⑤：假设在建设项目施工过程中外部环境相对稳定，如建筑企业的组织结构、施工技术等外部因素在施工过程中不会有重大改变。

假设⑥：本章所建模型是在假设设计符合要求，环境条件良好，机械设备运行良好，材料达标的条件下建立的。

2. 系统结构分析

（1）系统的基本结构。

系统结构包含两层意思，首先是组成系统的各单元，其次是指诸单元间的作用与相互关系。系统动力学用一阶反馈回路描述系统基本结构，根据其原理，应用流图工具将工程项目的动态过程抽象为如图1.31所示的基本结构。

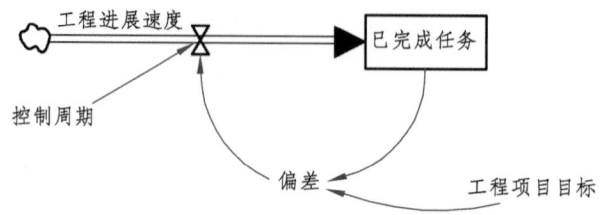

图 1.31　工程项目系统动力学模型的基本结构

该基本结构清晰地表达了工程项目系统中两种流的性质、方向、快慢和积累。双线箭线"⇒"描述的是物质生产过程，连接"已完成任务"和"工程进展速度"之间的单线箭线"→"描述了信息反馈过程。"流"中的不同要素用状态变量、速率变量、辅助变量和常量等四种基本变量描述，各变量的含义如下：

① 状态变量（Level Variable，简记为 L）："已完成任务"为状态变量，描述的是工程项目系统的积累效应，在图中用矩形框标识。状态变量是描述工程项目系统的核心变量，反映的是工程项目的动态行为即工程项目系统中完工任务等积累量随时间变化的过程。

② 速率变量（Rate Variable，简记为 R）："工程进展速度"为速率变量，描述的是工程系统中积累效应变化的快慢，在图中用符号"⧖"标识。"工程进展速度"是工程项目进度控制决策机制的反映，由工程项目目标和目标实际执行情况之间的"偏差"和"控制周期"共同决定。

③ 辅助变量（Auxiliary Variable，简记为 A）："偏差"为辅助变量，表达如何根据状态变量计算速率变量的决策过程，是状态变量和速率变量之间信息传递和转换过程的中间变量。

④ 常量（Constant，简记为 C）："控制周期"为常量，其在工程进度控制过程中是相对不变的量，也称为外生变量。

工程项目系统包含若干相互作用的反馈回路，反馈回路的交叉、相互作用形成了系统的总功能，工程项目系统动力学模型则是在图1.31中基本结构基础上的扩展和丰富。

（2）系统的变量方程。

在对系统结构做定性分析的基础上，需进一步建立变量方程来定量描述系统结构，以便在计算机上进行仿真模拟。工程项目系统动力学模型中，不同类型变量的方程表达方式不同。上述工程项目系统动力学模型的基本结构中，不同变量的方程基本形式如下：

L：已完成任务 = 已完成任务(t_0) + $\int_{t_0}^{t}$ 工程进展速度$(t)\mathrm{d}t$

R：工程进展速度(t) = 偏差(t)/控制周期

A：偏差(t) = 工程项目目标 − 已完成任务(t)

C：控制周期＝时间常数 T

上述方程经差分化处理，就可以利用计算机以一定时间步长对其进行递推计算，从而得到各个变量随时间变化的曲线，即系统的动态变化过程。

3．系统边界

根据系统动力学的定义，系统的边界是指该系统研究的范围，它规定了形成特定动态行为所应包含的最小数量单元。本章构建工程项目建设工期、成本和质量综合目标优化的系统动力学模型应该将影响项目工期、成本、质量的相关因素考虑在内。

因此，首先对工期的影响因素进行分析，工程项目在实施过程中受着多种因素的影响，在系统动力学的研究中可以重点研究对工程项目实施影响程度比较深的因素，忽略影响力比较小的因素。通过大量查阅文献，并以实际工程为基础得出影响项目工期的因素如下：劳动力的数量和质量、材料的数量和质量、施工机械的数量和质量、工序间的相互影响关系、进度目标、返工压力、天气气候、各项技术改进措施、工程质量、生产效率、变更的产生和发现、科技创新和项目周边环境。[10]

其次，对项目成本的影响因素进行分析，工程项目成本是指工程项目从设计到完成全过程中所耗用的各种费用的总和。根据建模的目的，仅仅考虑工程项目在实施过程中的实施成本，即为完成工程项目的各个组成部分所耗用的各项费用总和，包括实施过程中所耗费的生产资料转移的价值和活动耗费所创造的价值中以工资和附加费的形式分配给劳动者的个人消费金（人工费、材料费、机械使用费、其他直接费和管理费等）。因此，可总结出影响工程项目成本的主要因素[11]如下：

（1）工程项目的范围。

工程项目的范围规定了完成工程项目所需要完成的工作内容，这些工作要消耗相应的资源，工程项目范围越大需要做的工作越多，消耗的资源越多，项目的成本越高。

（2）工程项目的质量。

工程项目成本的多少与质量的高低密切相关，质量方面的成本可以分为质量故障成本和质量保证成本。其中，质量故障成本是指由于项目的质量低下而引起故障，造成的损失或者为了恢复功能而引起的花费。可见，工程项目质量越低，则故障成本越高，反之，则故障成本越低。质量保证成本是指为保证和提高质量而采取相关的保证措施而耗用的开支，如购置设备、改善检测手段等。工程项目质量越高、越可靠，则需要这方面的支出就越大，也就是工程项目质量保证成本越高，反之，质量保证成本就越低。

（3）工程项目的工期。

在一般情况下，每个工程项目都有一个最佳的进度工期。若由于各种原因，需要缩短工期，则需要采用一些赶工措施，如加班、加大资源的投放强度、高价进料、高价雇佣劳动力和租用设备，这势必会增加工程项目的成本，即进度安排时间少于必要工期时成本会增加。反之，当进度安排时间长于最佳安排时间时，由于计时固定成本随着时间的增加而增加，工程项目的成本也要增加。最佳工期是最低成本下持续工作的时间，在计算最低成本时，一定要确定出实际的持续时间分布状态和接近可以实现的最低成本。工程项目最佳工期如不限定，成本会随着工期的变动而增加。

（4）资源价格。

在工程项目范围确定的情况下，资源数量可以确定，单位资源价格越高，工程项目成本也越高。

（5）管理水平。

在工程项目进行过程中，较高的管理水平可以减少失误，降低工程项目成本。除此之外，在工程项目实施过程中还存在扰民、人员伤亡、政府部门罚款等不可预见的因素，也会导致工程项目成本增加。因此，在项目实施过程中要注意相关因素的控制与管理，力求将工程项目成本降到最低。

最后，对项目质量的影响因素进行分析，施工项目质量的影响因素主要有五大方面，即人员素质、材料、机械、方法和环境。只有严格控制这些因素，才能确保工程项目产品的最终质量。从人员素质、材料、机械、方法、环境等五个方面对工程项目的质量进行分析。[12]

（1）人员素质。

人员素质即在项目建设过程中参与进来的施工者、管理者的素质。人员素质对工程项目质量的影响主要有两个方面的定义，一是工程项目质量的决策者、管理者和实施者个人的意识和能力对质量的影响；二是从事项目策划、决策和实施的建设单位、设计单位、咨询机构、施工单位等实体组织对工程项目质量的影响。项目的实施主要是通过人的活动来完成，人的素质，即人的思想水平、文化水平、技术水平、管理能力、身体素质以及所做出的决策等都将直接和间接地对工程的质量造成影响。

（2）材料。

原材料、半制品、设备是组成项目实体的基础，这方面约占项目投资的60%。施工的物质条件必不可少，那就是原材料的获取，没有原材料就没有施工。工程质量的好坏受原材料直接影响，材料好，最终的工程质量才有可能好。原材料质量差，不符合施工要求，最终的工程质量便无法达到合同及标准要求。原材料质量从出厂到施工也受诸多方面的影响，比如产品合格率、是否经过检验、运输过程是否按照要求运输、仓库保管是否合理等都会影响原材料的质量进而影响项目结构的耐久性和抗震性等相关性能。

（3）机械。

机器设备对工程质量的影响巨大，机器质量的优劣，直接影响其使用功能，进而影响工程项目的质量。施工机械是项目施工机械化的基础，是当代施工建设中不可缺少的设施，施工机械的先进性、机具组合的合理性直接影响项目的施工进度和工程的施工质量。

（4）方法。

方法的因素就是采取的施工工艺及技术措施水平。工程项目的进度控制、质量控制和成本控制三大目标能否顺利实现取决于项目的施工工艺和施工方法。因此，在工程施工中，必须根据工程项目的实际特点，编制合理的施工方案，采取先进的施工工艺、技术措施，完成工程的质量目标。

（5）环境。

环境的因素指的是施工现场的自然环境、作业环境以及协调配合的管理环境。工程质量的好坏很多时候都受环境的影响，比如地质情况、水温情况、气象温度、噪声大小、照明强弱、污染程度等。环境因素属于不可抗力的因素，人为不能改变，属于外部因素，因此对工程的质量产生了许多复杂的影响，如大风、暴雨、酷暑、地震等能对工程质量产生最直接的破坏，很多都具有毁灭性。对于项目本身而言，一般上一道工序产生的结果对于下一道工序来说就是一个环境，上一阶段的分部分项工程建成后的工程实体就成了下一阶段分部分项工程的外部环境。因此，工程施工过程中要结合项目自身的特点和既有环境的情况，合理防范对工程质量产生影响的环境因素。

选择恰当的系统边界是构建系统动力学模型的第一步。根据上述对工程项目工期、质量和成本影响因素的分析，最终得到了用内生因素、外生因素和不考虑因素来描述的模型系统边界。

内生因素：项目进展、进度目标、变更的产生和发现、质量问题的产生、发现和处理、生产效率、投入资源、工作质量、进度压力、工作之间的相互影响、项目的范围等。

外生因素：工作任务时间约束、劳动力调整延迟、平均质量、工作稳定性、质量问题处理延迟、变更处理延迟、质检可靠性、工作任务内外部敏感性、工作初始计划工期等。

不考虑因素：安全因素、环境因素、天气因素、资金因素等。

1.4.3 Vensim PLE 软件

Vensim PLE 软件（见图 1.32）是一款容易操作、功能强大的系统动力学建模软件。运用 Vensim PLE 软件构建模型时，首先建立模型中所需要用的变量，再用绘图工具中的有向箭头连接变量，建立流图，然后再利用方程输入工具输入模型各个变量之间的方程和参数，数据全部输入且检验模型完整无误后，即可运行模型。Vensim PLE 软件的工作过程如图 1.33 所示。

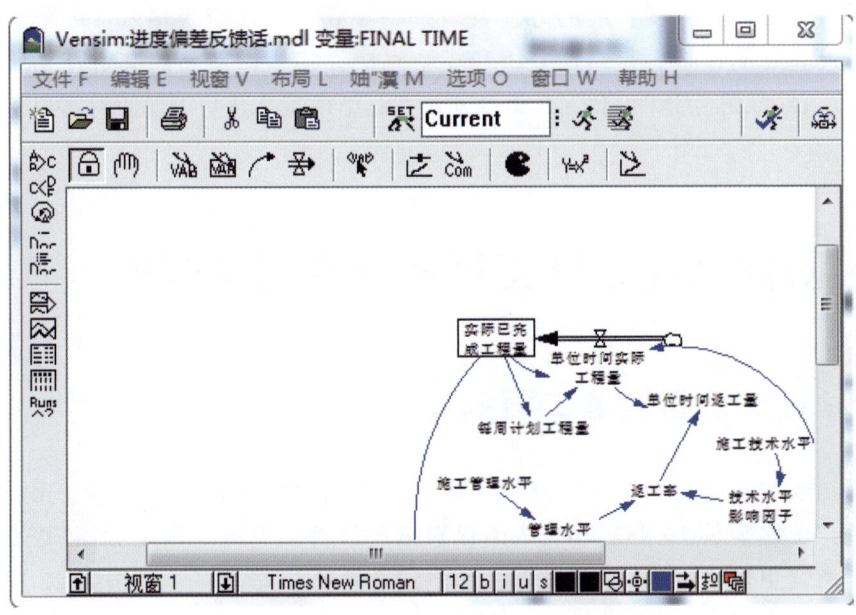

图 1.32　Vensim PLE 软件的工作界面

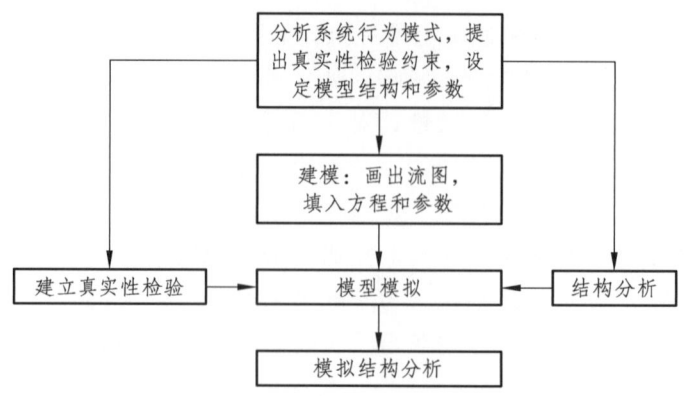

图 1.33　Vensim PLE 软件的工作过程

Vensim PLE 软件模拟结果信息输出功能丰富，包括原因树、使用树、原因图、走势图、运行过程详细数据以及模型中的方程等。模拟结果图表可以直接输出，可以对多次模拟的结果进行对比。另外，在构建模型的时候，软件也可以输出原因树图形，协助分析系统因果关系。

Vensim PLE 软件可以对模型进行检验，有单位检验和真实性检验两种方式。对于已建立模型中的一些主要变量，事先提出对其合理性的基本要求，在已经建立的模型中加入合理约束要求，通过模拟即可得到与实际情况较为符合的仿真曲线，即可判断已建立模型的真实性和合理性，从而对模型进行参数优化和调整修改。

用 Vensim PLE 软件解决实际问题的步骤如下：

（1）明确问题，分析系统，确定与问题有关的主要变量，并建立系统各主要变量之间的因果关系。

（2）确定速率变量、状态变量和辅助变量，并明确各变量之间的关系，并建立系统的流图，确立方程表达式。

（3）在软件中，将各变量间的方程表达式、参数、初始值等输入，并确认无误。

（4）对已建立的模型进行结构分析和模型真实性检验，然后对其进行仿真模拟。

（5）对仿真结果进行分析，提出政策及建议并总结模型构建中出现的问题和模型的不足。

1.5　重庆枢纽改造工程系统动力学模型

1.5.1　重庆枢纽改造工程概况

重庆枢纽改造工程位于重庆铁路枢纽内，北接成渝代建新双碑隧道，南至新白沙沱长江特大桥，正线全长 16.832 km。线路纵跨重庆沙坪坝、九龙坡、大渡口三个行政区，重庆西动车所变更后，新建、改建铁路 12 条 57.087 km、车站 4 座、桥梁 22 座 13.5 km、隧道 2 座，路基土石方 1.02×10^7 m³，制架梁 2 017 片，铺轨 210.7 km，铺道岔 279 组，铺道砟 5.18×10^5 m³。

第1章 基于系统动力学模型的山区高速铁路大型枢纽关停优化与过渡改造方案技术研究

为了方便建模，可将涉及的工程量归类如下：

（1）重庆西编组站的工作内容：重庆西编组站既有铁路设施拆除、梁场和铺架基地建设、动车所及客车整备场建设。

（2）重庆东站的工作内容：重庆东站既有铁路设施拆除（包括拆除东站货场和专用线）、渝昆场建设、渝黔场建设、渝湘场建设。

（3）两个比较小的站场改造：中梁山车站站场改造、梨树湾站场改造。

将新建或改造部分的线路合并入各个站场，如表1.1所示。

表1.1 各站（含）段改造内容统计

站场	合并线	工作内容
重庆东站	重庆东站三条专用线	东站货场拆除
		东站专用线拆除
	重庆西进站前既有歌乐山联络线改建、重庆西进站前既有襄渝线改建、预留渝昆线、渝昆动车左线	渝昆场建设
	渝黔客车正线（2 km）、童家溪至重庆西客车联络线、渝黔动车左线、渝黔动车右线	渝黔场（含渝湘场）建设
重庆西编组站	襄渝东线（重庆东站到重庆西编组站）、襄渝西线（重庆东站到重庆西编组站）及重庆西编组站5条到发线、南疏Ⅰ线（重庆西编组站到跳磴站）、南疏Ⅱ线（重庆西编组站到跳磴站）	重庆西编组站既有铁路设施拆除
		梁场和铺架基地建设
		动车所及客车整备所建设
中梁山站	中梁山支线改建、小梨线电气化改造等工程量、小梨线（重庆东站到中梁山站）（拆除）、小梨线到既有重庆西机务段的连接线、小梨线（中梁山站到跳磴站）	中梁山站场改造
梨树湾站	重庆西进站前梨树湾联络线改建	梨树湾站场改造
	小梨线（梨树湾站到重庆东站）（既有铁路设施拆除）	

在整个工程建设中，需要关停的站场或线路包括重庆东站货场、襄渝东线（歌乐山站到重庆东站）及其重庆东站5条到发线、襄渝西线（歌乐山站到重庆东站）及其重庆东站到发线、襄渝东线（重庆东站到重庆西编组站）、襄渝西线（重庆东站到重庆西编组站）及重庆西编组站5条到发线、南疏Ⅰ线（重庆西编组站到跳磴站）、南疏Ⅱ线（重庆西编组站到跳磴站）、小梨线（梨树湾站到重庆东站）、小梨线（重庆东站到中梁山站）、小梨线到既有重庆西机务段的连接线、小梨线（中梁山站到跳磴站）、重庆东站三条专用线（油专、粮专和商专）。

涉及关停的线路或站场简化图如图1.34所示。

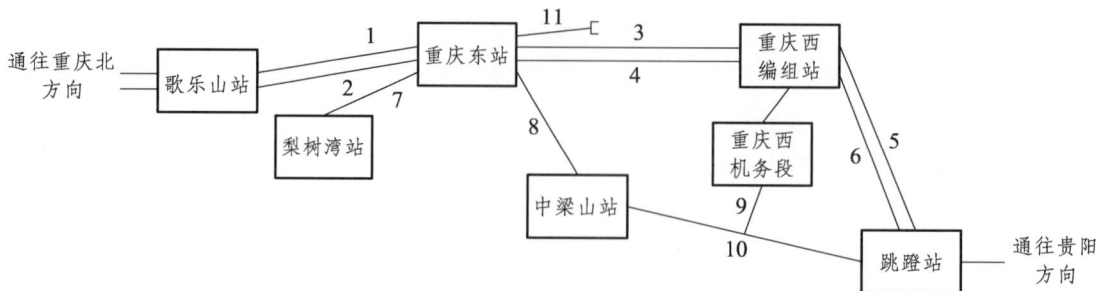

1—襄渝东线（歌乐山站到重庆东站）及其重庆东站5条到发线；2—襄渝西线（歌乐山站到重庆东站）及其重庆东站到发线；3—襄渝东线（重庆东站到重庆西编组站）；4—襄渝西线（重庆东站到重庆西编组站）及重庆西编组站5条到发线；5—南疏Ⅰ线（重庆西编组站到跳蹬站）；6—南疏Ⅱ线（重庆西编组站到跳蹬站）；7—小梨线（梨树湾站到重庆东站）；8—小梨线（重庆东站到中梁山站）；9—小梨线到既有重庆西机务段的连接线；10—小梨线（中梁山站到跳蹬站）；11—重庆东站三条专用线（油专、粮专和商专）。

图1.34 涉及关停的站场、线路位置简化图

1.5.2 重庆枢纽改造进度控制系统动力学模型的建立

上述工程量所分的三个模块，在建立系统动力学模型时将其分为三个子系统，即重庆西编组站工作内容子系统、重庆东站工作内容子系统和两个小站场工作内容子系统。每个子系统根据线路站场的关停影响再分为相应的子任务系统。

1. 重庆西编组站工作内容子系统

重庆西编组站的工作内容子系统包括重庆西编组站既有铁路设施拆除、梁场和铺架基地建设、动车所及客车整备所建设等三个子任务系统，如图1.35所示。

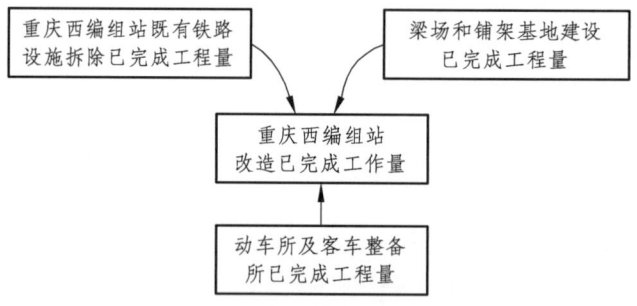

图1.35 重庆西编组站工作内容子系统

因此，重庆西编组站工作内容子系统又可划分为重庆西编组站既有铁路设施拆除已完成工程量、梁场和铺架基地已完成工程量与动车所及客车整备所已完成工程量三个子任务系统。

（1）重庆西编组站既有铁路设施拆除已完成工程量子系统。

由于重庆西编组站关停延迟，导致在本模型分析中，实际施工开始时间从第31天开始。将重庆西编组站既有铁路设施拆除工作内容简化为8个步骤，如表1.2所示。

第 1 章 基于系统动力学模型的山区高速铁路大型枢纽关停优化与过渡改造方案技术研究

表 1.2 重庆西编组站既有铁路设施拆除施工步骤工作内容及代号

代号	施工内容	工作包个数
1	锁定南疏Ⅱ线与南疏Ⅰ线间关联道岔	10
2	接触网迁改	175
3	增建有人值守线路所,完成信号改造	24
4	电务信号设备拆除	35
5	通信设备拆除(改造)	175
6	工务部分拆除	900
7	场内水电线路拆除	35
8	场地内建筑计划上述设备完成拆除后,使用机械对红线范围内房屋进行破拆	75

重庆西编组站既有铁路设施拆除施工计划费用及消耗人力资源数据如表 1.3 所示。

表 1.3 重庆西编组站既有铁路设施拆除施工计划费用及人力等基础数据

代号	人工费/(元/d)	材料费/(元/d)	机械费/(元/d)	措施费/(元/d)	间接费/(元/d)	所需人力/(人/d)	天数/d
1	1 500	500	25	200	500	5	2
2	2 100	3 600	1 250	0	1 000	7	25
3	1 200	0	55	0	400	4	6
4	1 500	0	38	0	500	5	7
5	2 100	3 800	1 250	0	1 500	7	25
6	6 000	0	120	0	1 500	20	45
7	1 500	0	350	0	500	5	7
8	1 500	0	1 500	0	700	5	15

建立重庆西编组站既有铁路设施拆除工作内容子系统如图 1.36 所示。

根据重庆西编组站施工组织计划费用和市场的各部分预算,项目施工的材料费总计 61.4 万元,人工费 300 元/(d·人),机械费总计 30 万元,工程总计划成本为 300 万元,整个工程的预计工期为 124 d。

通过系统动力学仿真实验,当不采取控制措施时,工程工期为 151 d,超出了原定计划 124 d 完工的施工要求。所以,需要通过采取激励措施、增加人工和增加工作时间的方式来降低进度压力、缩短工期,同时又需要降低施工总成本、控制施工风险发生的概率。

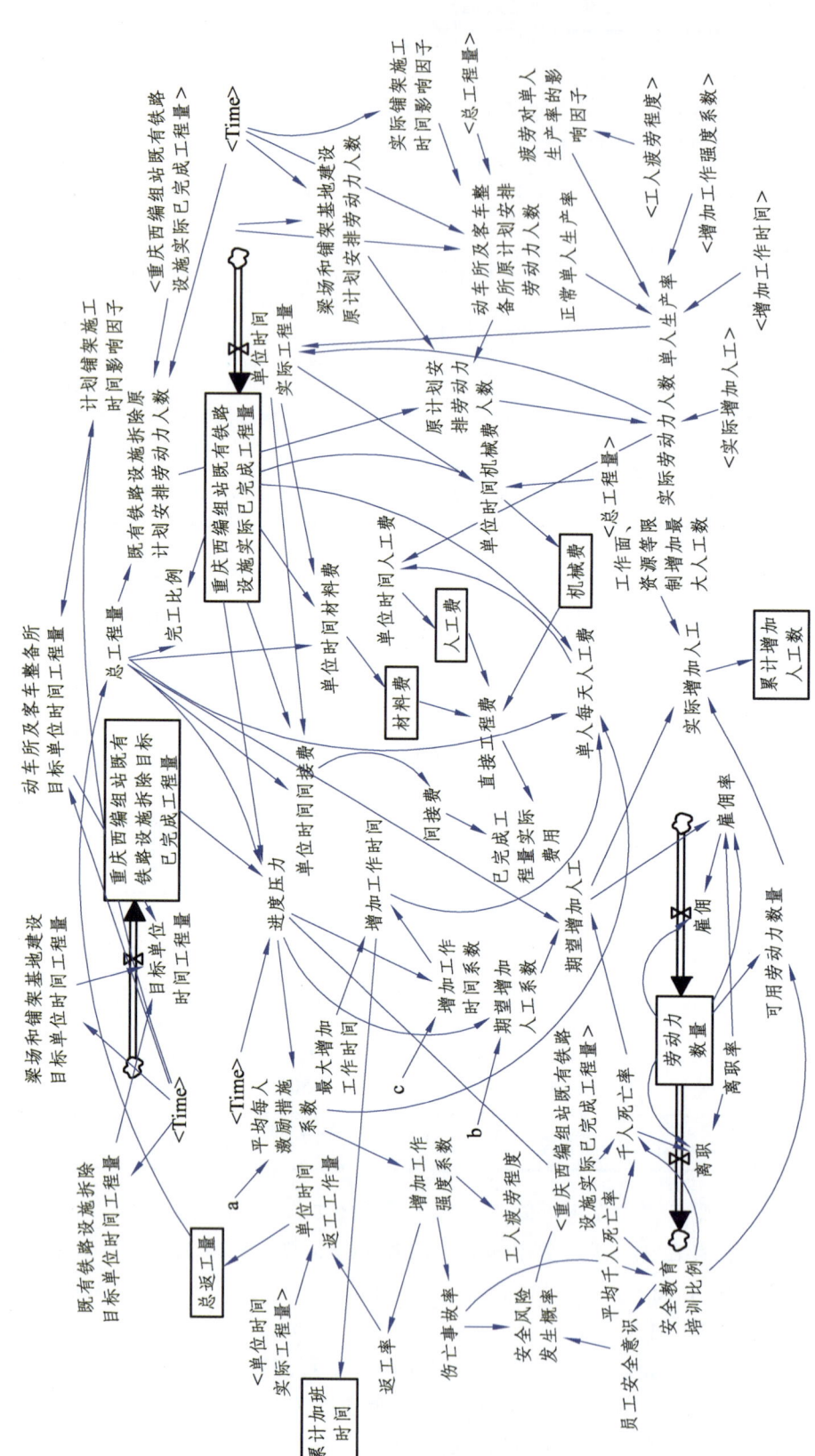

图 1.36 重庆西编组站既有铁路设施拆除工作内容子系统

通过 a、b、c 的值来仿真施工过程中不同控制措施下的施工工期、费用、最大安全风险概率和总返工量，如表 1.4～1.6 所示。

表 1.4 激励措施控制

a 值	工期/d	费用/万元	最大安全风险概率/%	总返工量/工作包
0	151	283.899	1.622	4.61
0.25	149	292.974	1.688	5.69
0.5	146	300.729	1.944	8.44
0.75	141	313.632	2.396	13.45
1	137	323.268	2.987	22.63
2	137	362.901	5.903	91.98
3	138	382.371	6.561	117.71
4	138	412.665	6.591	124.27
10	138	611.721	6.634	136.26

表 1.5 增加人工控制

b 值	工期/d	费用/万元	最大安全风险概率/%	总返工量/工作包	日均增加人工数/人
0	151	283.899	1.622	4.61	0
0.25	139	296.076	1.732	6.89	1
0.5	131	303.699	1.961	11.62	1.8
0.75	124	312.642	2.053	13.23	2.5
1	119	319.308	2.365	15.62	3.2
2	107	340.791	2.861	17.65	4.9
3	100	360.096	2.721	20.32	6.1
4	97	376.464	2.938	25.23	6.6
10	93	409.959	2.643	26.53	7.5

表 1.6 增加工作时间控制

c 值	工期/d	费用/万元	最大安全风险概率/%	总返工量/工作包	日均加班时间/h
0	151	283.899	1.622	4.61	0
0.25	142	287.199	1.669	10.69	0.58
0.5	136	292.017	2.003	13.65	1.11
0.75	132	297.693	2.105	14.26	1.62
1	126	305.943	2.438	16.58	2.19
2	122	333.168	2.965	19.33	3.93
3	119	336.303	3.232	26.52	4.38
4	117	339.042	3.363	29.89	4.61
10	115	341.583	3.621	36.52	4.85

通过上表绘制出不同控制措施下工期的变化趋势图、总返工量的变化趋势图、费用的变化趋势图和安全风险发生概率的变化趋势图，如图 1.37～1.40 所示。

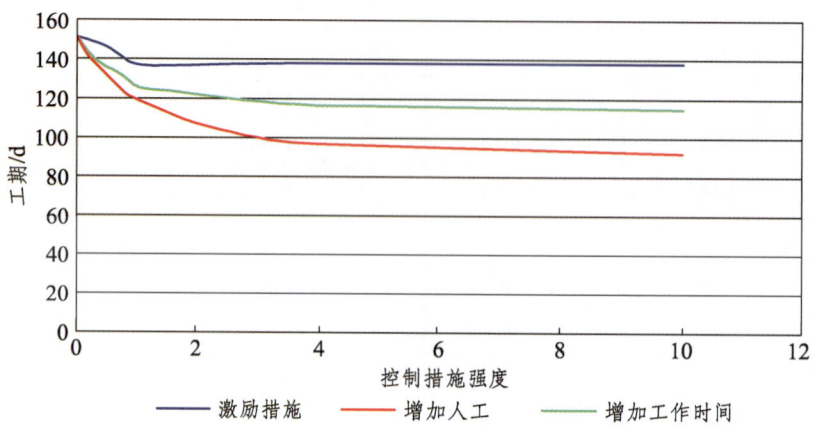

图 1.37　不同控制措施下的工期变化

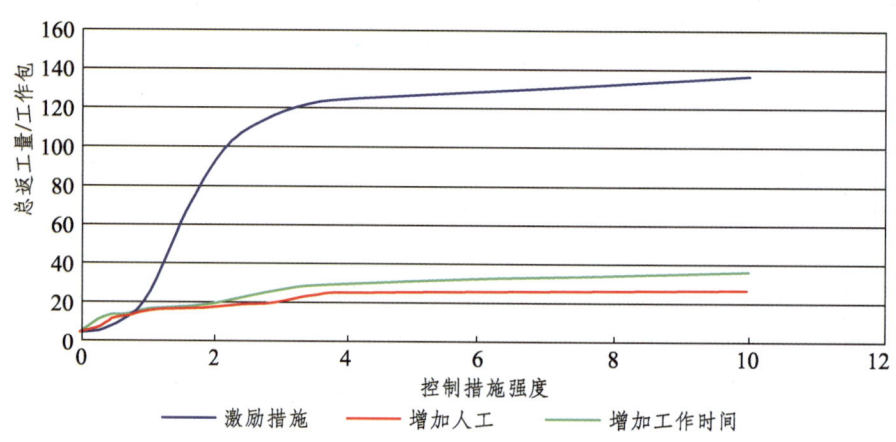

图 1.38　不同控制措施下的总返工量变化

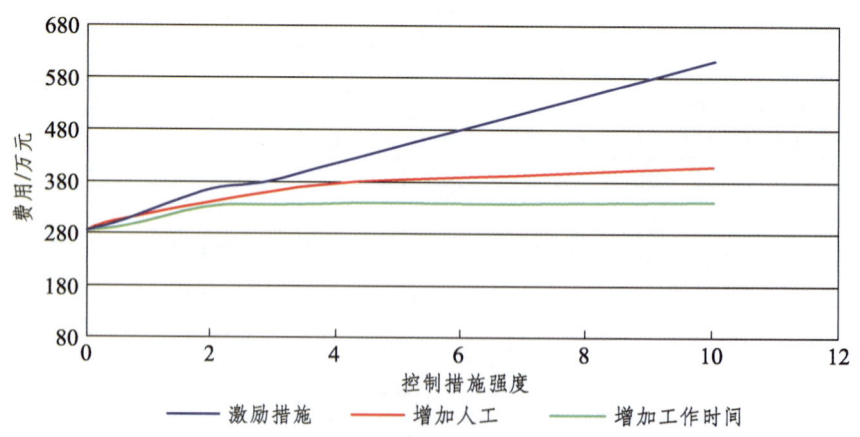

图 1.39　不同控制措施下的费用变化

第1章 基于系统动力学模型的山区高速铁路大型枢纽关停优化与过渡改造方案技术研究

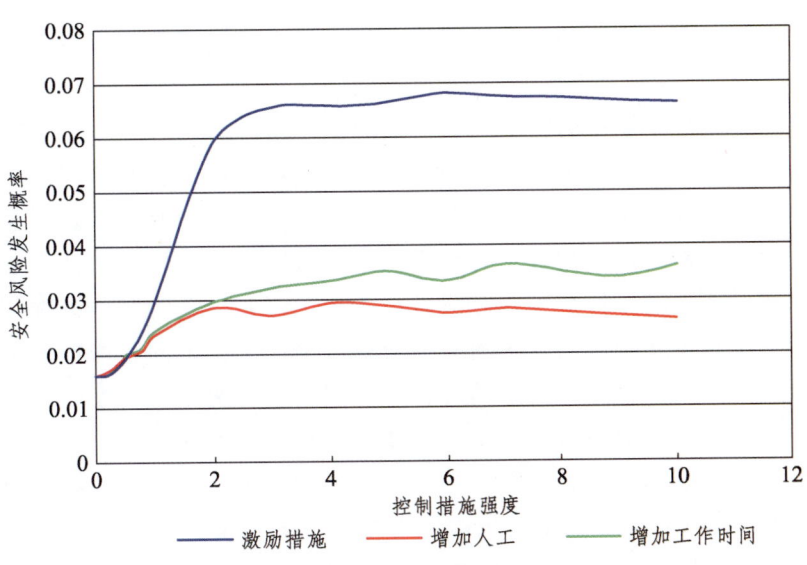

图 1.40 不同控制措施下的安全风险发生概率变化

由不同控制措施下的工期和总返工量变化趋势图可知：

① 通过激励措施、增加人工和增加工作时间等三种方式都能够很好地缩短工期。其中，采用增加人工和增加工作时间均能将工期缩短至计划工期内，但通过采取激励措施增大工人的工作强度方式使得工人的出错率大为增加，返工量急剧增长，一定程度上抑制了工程工期的缩短，因此采取激励的方式最多能将工期缩短至 138 d，不能将工期缩短至计划工期之内。

② 采取增加人工和增加工作时间的方式引起工程的总返工量较为接近，均处在一个较低的水平，因此返工量对两者缩短工期的反馈抑制程度较小。但是长时间加班会导致员工疲劳从而对单人生产率的抑制反馈作用较大，因此采取增加人工缩短工期的效果最为显著，最大可以将工期缩短至 93 d，其次是增加工作时间，最大可将工期缩短至 115 d。

由不同控制措施下的费用变化趋势图可知：

① 当三种控制措施的强度较小时，三种控制措施下的工程费用较为接近，因此当工程工期不太紧张时，从费用角度考虑，三种控制方式都可以采用。

② 随着三种控制措施强度的增加，三者的费用增长幅度出现差异。其中，采取激励措施费用增加最快，增加人工次之，增加工作时间增长最慢。由于有最大增加人工数和最大增加工作时间的限制，增加人工和增加工作时间的工程费用趋于稳定，增加人工趋于 410 万元左右，增加工作时间趋于 341 万元左右。

③ 当采取较强的控制措施时，推荐采取增加工作时间和增加人工的方式，不推荐采取增加激励措施的方式。

由不同控制措施下的安全风险发生概率变化趋势图可知：

通过加大采取激励措施、增加人工和增加工作时间等三种控制措施的强度都会导致工程安全风险增大。由于采取激励措施控制时，工人工作强度的提高加剧了工人的疲劳和出错率，导致风险发生的概率大为增加。当采取较大的激励措施控制强度时，安全风险稳定在 6.6% 上下，存在较大的安全隐患。因为增加工作时间也会导致工人产生一定程度的疲劳，所以采用增加工作时间的方式其工程安全风险发生的概率略高于增加人工的方式。因此,从工程安全风险发生的概率角度,推荐采用增加工作时间和增加人工的方式。

综上所述,工程在不管控的状态下的工期为 151 d,远远超出了所要求的工程工期,所以需对施工方案进行调整来加快施工速度、缩短工期。由仿真实验得出的结果来看,从工期的角度,增加人工降低工期的幅度最为显著,增加工作时间次之,采取激励措施增加工作强度效果最差;从工程费用的角度,采取激励措施增加工作强度工程费用增长幅度最大,增加人工次之,增加工作时间最小;从工程安全风险发生概率的角度,采取激励措施增加工作强度安全风险发生的概率最高,增加工作时间和增加人工均处在一个较低的水平。因此,为了使工程工期满足计划工期,同时费用不至过高,工程的安全风险发生的概率最低,推荐采用增加人工和增加工作时间的方式。

由于该工程的计划费用上限为 320 万元,所以为了保证重庆西编组站既有铁路设施拆除能在 124 d 以内准时完工,推荐采用以下两种控制方案。

方案一:通过增加人工,每天平均增加人工约 2.5 人。

该方案条件下,能有效将工期缩短至 124 d,整个工程预计施工费用为 312.64 万元,同时最大安全风险发生概率为 2.053%,处在一个较低的水平,预计总返工量为 13.23 个工作包。满足工程实际要求,可以采用。

方案二:通过增加工作时间。

在全体施工人员在 8 h 正常施工时间以外,全体员工通过加班的方式来推进整个工程的进程。考虑每天加班时间为 4 h。

该方案条件下,能够将工期缩短至 122 d,整个工程预计施工费用为 333.17 万元,同时最大安全风险发生概率为 2.965%,处于一个较低的水平,预计总返工量为 3.93 个工作包。满足工程实际要求,可以采用。

由于当前市场专业性施工人员供应短缺,难以在较短时间内招到合适的工人;较长时间的加班又会加剧工人的疲劳,工人疲劳的累积加大了工程施工风险发生的概率,同时一定程度上降低了施工速度。综合考虑方案一与方案二,建立方案三,工程在前 60 d 之内采取加班策略,每天加班 4 h,60 d 以后采取增加人工的策略,平均每天增加 3 个人。

方案三的工程比例和工程费用仿真结果如图 1.41、图 1.42 所示。

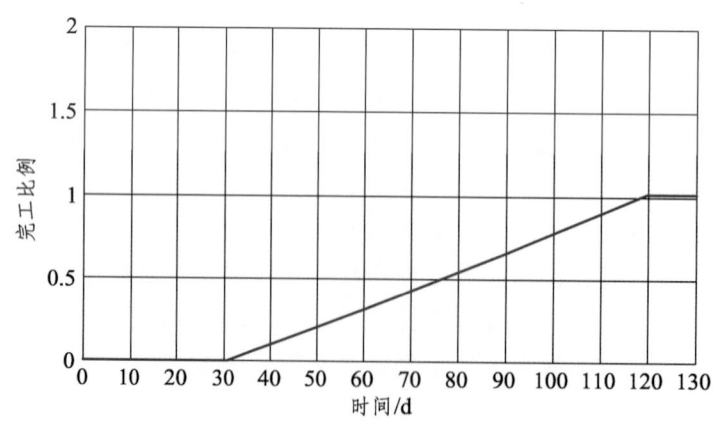

图 1.41 方案三的工程比例仿真结果

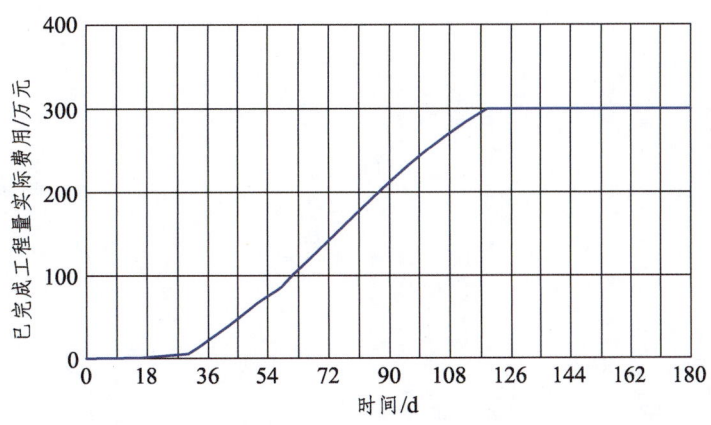

图 1.42 方案三的工程费用仿真结果

方案三下的工程工期为 119 d，工程费用 300.2 万元，此时工程安全风险发生概率也处在一个较低的水平，相同条件下优于方案一和方案二，拟推荐为最佳施工控制方案。

（2）梁场和铺架基地已完成工程量子系统。

本标段轨道工程的施工内容为全线轨道工程（不含无砟道床施工）、大型临时设施和过渡工程，包括底层道砟摊铺、长轨铺设、道岔铺设、补砟、机养、钢轨焊接及放散锁定、轨道精调、道床整形等所有轨道工程方面的工作内容。本标段采用重型轨道标准，有砟轨道，铺设 60 kg/m 新轨，跨区间无缝线路。重庆西动车所内铺设支承块无砟轨道 5.584 km。正线铺轨 112.075 km、站线铺轨 51.071 km，其中有砟轨道 138.926 km、无砟轨道 24.22 km（含新双碑隧道铺轨）。铺设碎石道砟 3.71×10^5 m³，其中底砟 3.91×10^4 m³、一级道砟 3.32×10^3 m³。铺道岔 201 组，其中单开道岔 197 组，渡线道岔 4 组。

铺架基地规划占地 3.53×10^4 m²，对应渝黔客车线 D2K7+514～DK8+350 段内，设置 6 台 16 t 龙门吊。其中，有轨枕存放区（100 m×8.5 m）、轨枕锚固生产区（50 m×17.5 m）、硫黄砂浆生产区（10 m×7 m）、已锚固轨枕存放区（100 m×17.5 m）、两处工具轨存放区（100 m×2 m）、轨排生产区（100 m×13.5 m）、轨排存放区（400 m×17.5 m）、道岔存放区（86 m×17.5 m），以及预留第二存砟场（286 m×11.5 m）和 32 对 2 t 群吊的长钢轨存放区（550 m×11.5 m）等共 9 个功能区，设计调车线 4 条（工具轨排装车线 1 条，长钢轨装卸车线 1 条，存调车线 1 条，轨料卸车线 1 条），预计可存轨 150 km、轨排 6 km、轨枕 5 万根。另外，在铺轨基地南侧对应于 DK8+918～DK9+272 处设第一存砟台，占地 3.2×10^4 m²，设计预存砟 1.5×10^5 m³（装卸线 2 条、装梁线 1 条，进料线 1 条）。生活营区分 3 处总共使用面积 4.23×10^3 m²，其中紧靠营区 1 旁的库房作为硫黄砂浆和扣配件原材料存放区。

梁场和铺架基地建设计划费用及消耗人力资源数据如表 1.7 所示。

表 1.7 梁场和铺架基地建设计划费用及消耗人力资源数据

平均人工费/(元/d)	平均材料费/(元/d)	平均机械费/(元/d)	平均措施费/(元/d)	平均间接费/(元/d)	平均所需人力/(人/d)	计划天数/d
16 900	162 500	37 943	3 420	8 400	65	160

建立梁场和铺架基地建设工作内容子系统如图 1.43 所示。

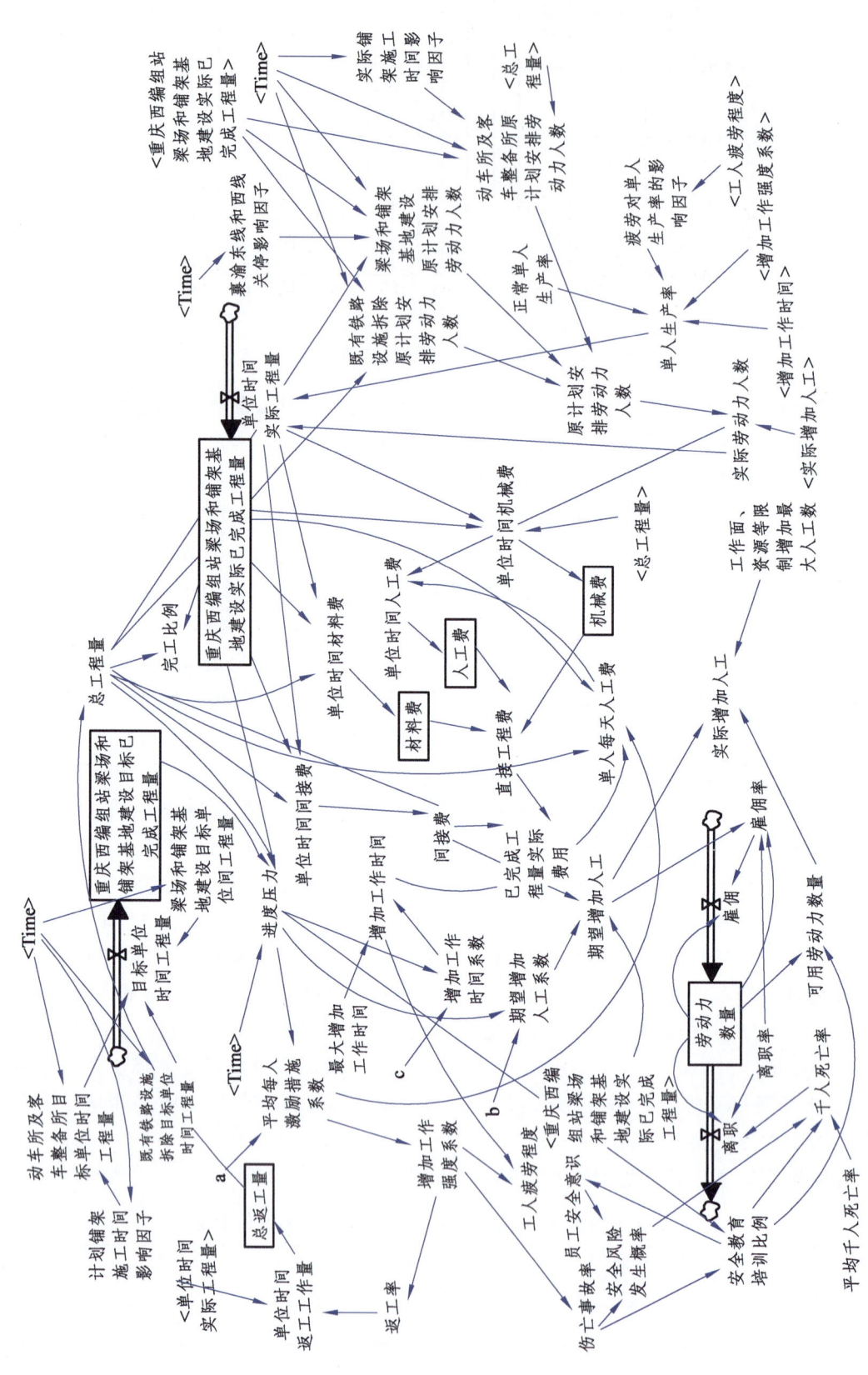

图 1.43 梁场和铺架基地建设工作内容子系统

根据梁场和铺架基地建设施工组织计划费用和市场的各部分预算，项目施工的材料费总计 709 万元，人工费 260 元/(d·人)，机械费总计 165 万元，工程总计划成本为 1 000 万元，整个工程的预计工期为 160 d。

通过系统动力学仿真实验，当不采取控制措施时，工程工期为 198 d，超出了原定计划的 160 d，需降低进度压力、缩短工期，同时又需要降低施工总成本、控制施工风险发生的概率。

通过 a、b、c 的值来仿真施工过程中不同控制措施下的施工工期、费用、最大安全风险概率和总返工量，如表 1.8～1.10 所示。

表 1.8 激励措施控制

a 值	工期/d	费用/万元	最大安全风险概率/%	总返工量/工作包
0	198	1 007.232	1.622	29.28
0.25	196	1 071.103	1.688	80.69
0.5	195	1 138.591	1.944	170.56
0.75	193	1 204.052	2.396	220.55
1	188	1 266.771	2.987	256.42
2	185	1 390.929	5.205	398.65
3	180	1 497.350	5.556	509.21
4	174	1 590.742	5.628	605.98
10	172	1 876.808	5.983	1 250.68

表 1.9 增加人工控制

b 值	工期/d	费用/万元	最大安全风险概率/%	总返工量/工作包	平均每天增加人工/人
0	198	1 007.232	1.622	29.28	0
0.25	185	1 017.862	1.732	38.44	3.3
0.5	176	1 042.207	1.961	66.59	6.1
0.75	168	1 057.419	2.557	99.18	8.6
1	163	1 063.217	2.991	136.85	10.4
2	156	1 118.734	3.769	165.56	13.1
3	154	1 163.903	3.791	186.35	13.9
4	153	1 213.342	3.952	253.01	14.2
10	152	1 375.405	4.283	468.56	14.7

表 1.10 增加工作时间控制

c 值	工期/d	费用/万元	最大安全风险概率/%	总返工量/工作包	平均每天增加工作时间/h
0	198	1 007.232	1.622	29.28	0
0.25	188	1 006.094	1.669	56.96	0.42
0:5	181	1 029.165	2.003	100.29	0.79
0.75	175	1 045.193	2.626	156.32	1.13
1	171	1 057.107	3.037	193.16	1.44
2	163	1 060.287	3.253	210.58	2.61
3	160	1 077.338	3.602	265.54	3.55
4	158	1 098.348	3.661	305.64	4.06
10	156	1 216.895	3.923	652.31	4.72

通过上表绘制出不同控制措施下工期的变化趋势图、总返工量的变化趋势图、费用的变化趋势图和预计安全风险发生概率的变化趋势图，如图 1.44～1.47 所示。

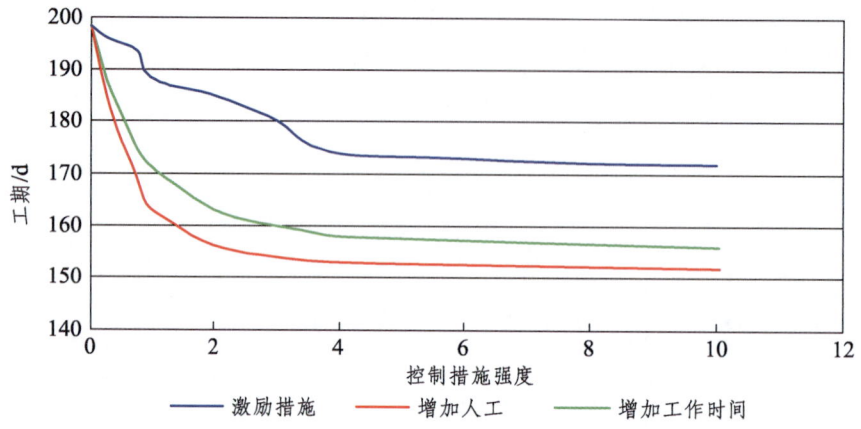

图 1.44　不同控制措施下的工期变化

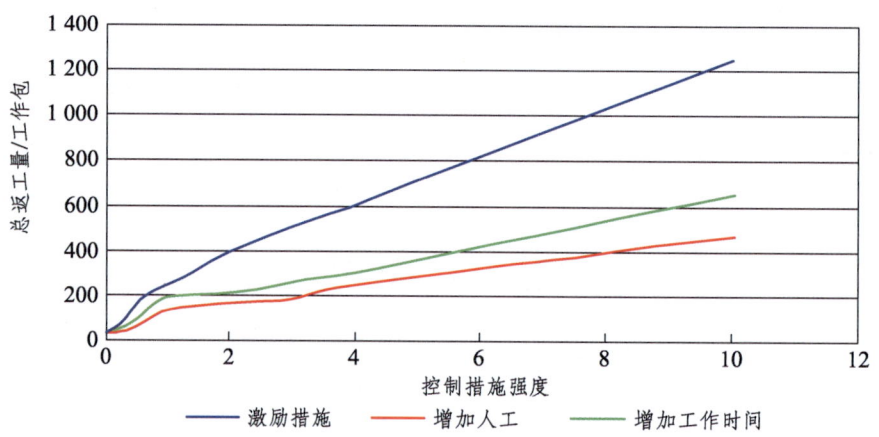

图 1.45　不同控制措施下的总返工量变化

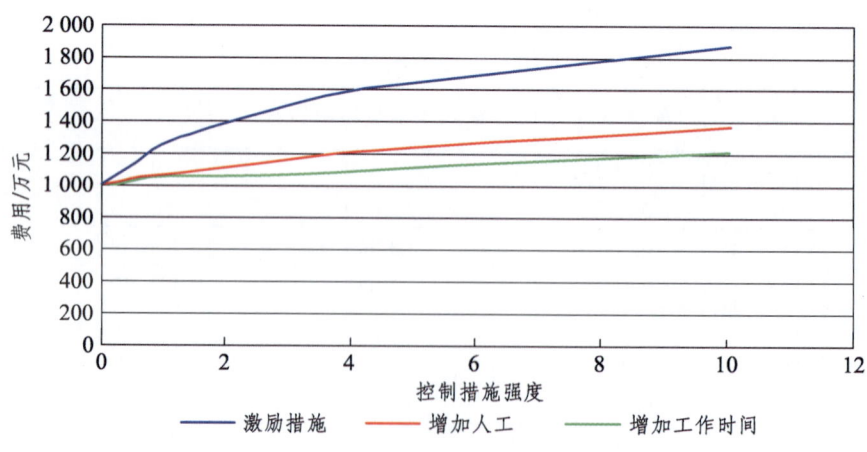

图 1.46　不同控制措施下的费用变化

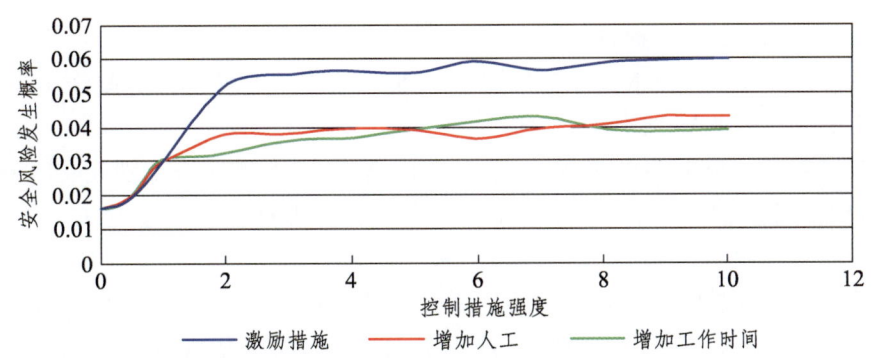

图 1.47 不同控制措施下的安全风险发生概率变化

由不同控制措施下的工期和总返工量变化趋势图可知：

通过调节三种控制措施的强度，工期随控制措施强度的变化趋势大致相同，控制强度较小时工期降低幅度较大，控制强度较大时工期降低幅度逐渐减小。但横向对比三种控制措施来看，激励措施由于伴随着大量的返工量，缩短工期的能力最弱，最多能将工期缩短至 172 d，不能将工期缩短至计划工期之内。增加人工和增加工作时间在返工量的增长方面较为接近，缩短工期的幅度也较为接近，但增加人工略强于增加工作时间，增加人工最多能将工期缩短至 152 d，增加工作时间最多能将工期缩短至 156 d。

由不同控制措施下的费用变化趋势图可知：

随着控制措施强度的加大，三种控制措施下的工程费用都呈现出了增长趋势。其中，采取激励措施控制下，工程费用增长幅度最大，当控制措施强度为 10 时工程费用高达 1 876 万元。增加人工和增加工作时间在费用的增长方面较为接近，增加人工略高于增加工作时间。从费用角度考虑，不宜采取激励措施增加工作强度的方式加快施工进度。

由不同控制措施下的工程安全风险发生的概率变化趋势图可知：

加大三种控制措施的强度均会导致工程安全风险发生的概率逐渐增大，最后趋于一个较为稳定的水平。其中，采取激励措施增加工作强度安全风险发生的概率最大，趋于稳定时安全风险发生的概率在 5.9% 上下波动。增加人工和增加工作时间安全风险发生的概率变化趋势较为接近，稳定时都在 4.0% 上下波动。当控制措施强度较小时，三者的工程安全风险发生的概率基本一致，从安全风险的角度考虑出发，三种控制措施均可以采用。当需要施加较大的控制措施强度时，宜采取增加人工和增加工作时间的方式。

综上所述，由于襄渝东线和襄渝西线未能全部关停，对工程施工速度造成了影响，工程在不管控状态下，工期为 198 d，远远超出了计划的 160 d。所以需对施工方案进行调整来加快施工速度、缩短工期。由以上分析可知，宜采取增加人工和增加工作时间的方式对工程进行控制。

由于梁场和铺架基地建设计划费用上限为 1 100 万元，所以为了保证梁场和铺架基地建设能在 160 d 内完工不延误后期渝黔铁路铺架工程的正常进行，推荐采用以下两种控制方案。

方案一：通过增加人工，每天增加人工约 13.1 人（$a=2$）。

该方案条件下，能有效将工期缩短至 156 d，整个工程预计施工费用为 1 118.7 万元，同时最大安全风险发生概率为 3.769%，处在一个较低的水平，满足工程实际要求，可以采用。

方案二：通过增加工作时间（$b=3$）。

全体施工人员在 8 h 正常施工时间以外，通过加班的方式来推进整个工程的进程，考虑每天加班时间为 3.55 h。

该方案条件下，能够将工期缩短至 160 d，整个工程预计施工费用为 1 077 万元，同时最大安全风险发生概率为 3.602%，处于一个较低的水平，满足工程实际要求，可以采用。

此工程施工人员需要具备和工种相匹配的专业素质，市场上短时间内难以招到合适的专业施工技术人员。另外，仅仅依靠现有工人持续长时间加班虽可以减少工期，但施工效率会随着加班时间的增长而衰减，且工程安全风险发生的概率也会大大增加。因此，综合考虑方案一、方案二与当前市场实际状况，建立方案三，工程初期采取增加工作时间方式，每天加班 3.5 h，持续一个月，一个月以后增加人工，每天在原计划安排劳动力的基础上增加 13 人，不再加班，持续三个月，剩下的工程在原计划安排劳动力的基础上增加 13 人，同时采取每天加班 3.5 h 的方式，直到完工。

将方案三数据代入系统动力学模型，通过仿真实验，得到如图 1.48 和图 1.49 所示的工程完工比例和工程费用仿真结果。

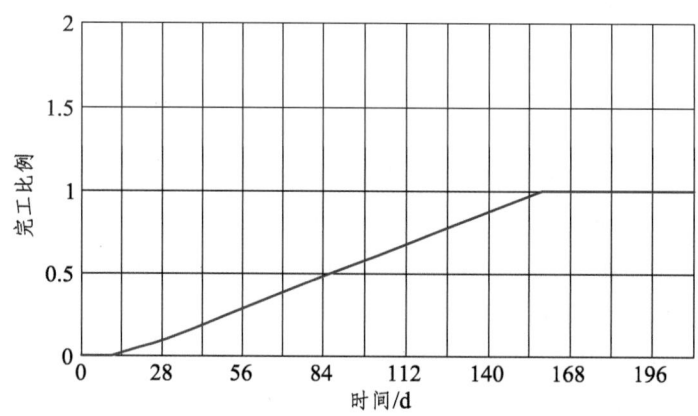

图 1.48　方案三的工程完工比例仿真结果

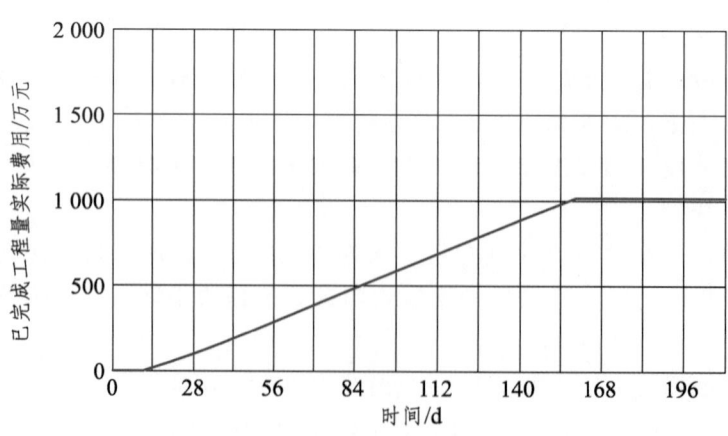

图 1.49　方案三的工程费用仿真结果

由方案三仿真结果可知,方案三的完工工期为 159 d,工程费用为 1 009 万元,保证了在规定工期 160 d 内完成施工,同时工程费用较方案一和方案二都小,推荐作为最佳施工控制方案使用。

(3)动车所及客车整备所已完成工程量子系统。

① 主要施工任务:支挡 3.6×10^4 m³,土石方 2.59×10^6 m³(挖方约 5.44×10^5 m³,填方约 2.04×10^6 m³),地基处理 1.55×10^5 m,涵洞 10 座,排水沟槽 32 km。

② 存车场:对应施工里程 J4K0+000~J4K2+100 段,该场线下主要剩余支挡圬工方 3.8×10^3 m³,土石方 1.88×10^6 m³(挖方约 2.17×10^5 m³,填方约 1.66×10^6 m³),地基处理 108.132 km(水泥搅拌桩 22 km、CFG 桩 58.498 km、柱锤冲扩桩 27.634 km),涵洞与框架桥 4 座。总工期计划 6 个月,其中地基处理 2 个月,涵洞 4 个月,支挡与填筑 6 个月。

③ 洗车场:对应施工里程 J3K1+500~J3K3+000 段,该场主要位于新建梁场与铺架基地范围,线下主要剩余支挡圬工方 1.07×10^3 m³,土石方 2.47×10^5 m³(挖方 1.57×10^5 m³,填方约 9.0×10^4 m³),地基处理 25.654 km,涵洞 3 座。

④ 预留检修库场:对应施工里程 J3K3+000~J3K3+800 段,该场线下主要剩余支挡圬工方 1.1×10^4 m³,土石方 2.2×10^5 m³(挖方约 1×10^5 m³、填方约 1.2×10^5 m³),地基处理 11.506 km,涵洞 2 座。

⑤ 客车整备场:对应施工里程 J5K0+000~J5K0+900 段,该场线下主要剩余支挡圬工方 2.05×10^4 m³,土石方 2.4×10^5 m³(挖方约 7.0×10^4 m³,填方约 1.7×10^5 m³),地基处理 1×10^4 m,涵洞 1 座。

⑥ 附属工程:主要指边坡、电缆槽、水沟、过轨等。

重庆西编组站动车所及客车整备所施工工作内容及代号如表 1.11 所示。

表 1.11 重庆西编组站动车所及客车整备所施工工作内容及代号

代号	施工内容	工作包个数
1	存车场对应施工里程 J4K0+000~J4K2+100 段施工	11 256
2	洗车场对应施工里程 J3K1+500~J3K3+000 段施工	9 895
3	预留检修库场 J3K3+000~J3K3+800 段施工	11 498
4	客车整备场 J5K0+000~J5K0+900 段施工	16 997

重庆西编组站动车所及客车整备所平均施工计划费用如表 1.12 所示。

表 1.12 重庆西编组站动车所及客车整备所平均施工计划费用

人工费 /(元/d)	材料费 /(元/d)	机械费 /(元/d)	措施费 /(元/d)	间接费 /(元/d)	人力 /(人/d)
26 780	47 199	11 021	3 420	8 400	103

建立重庆西编组站动车所及客车整备所工作内容子系统如图 1.50 所示。

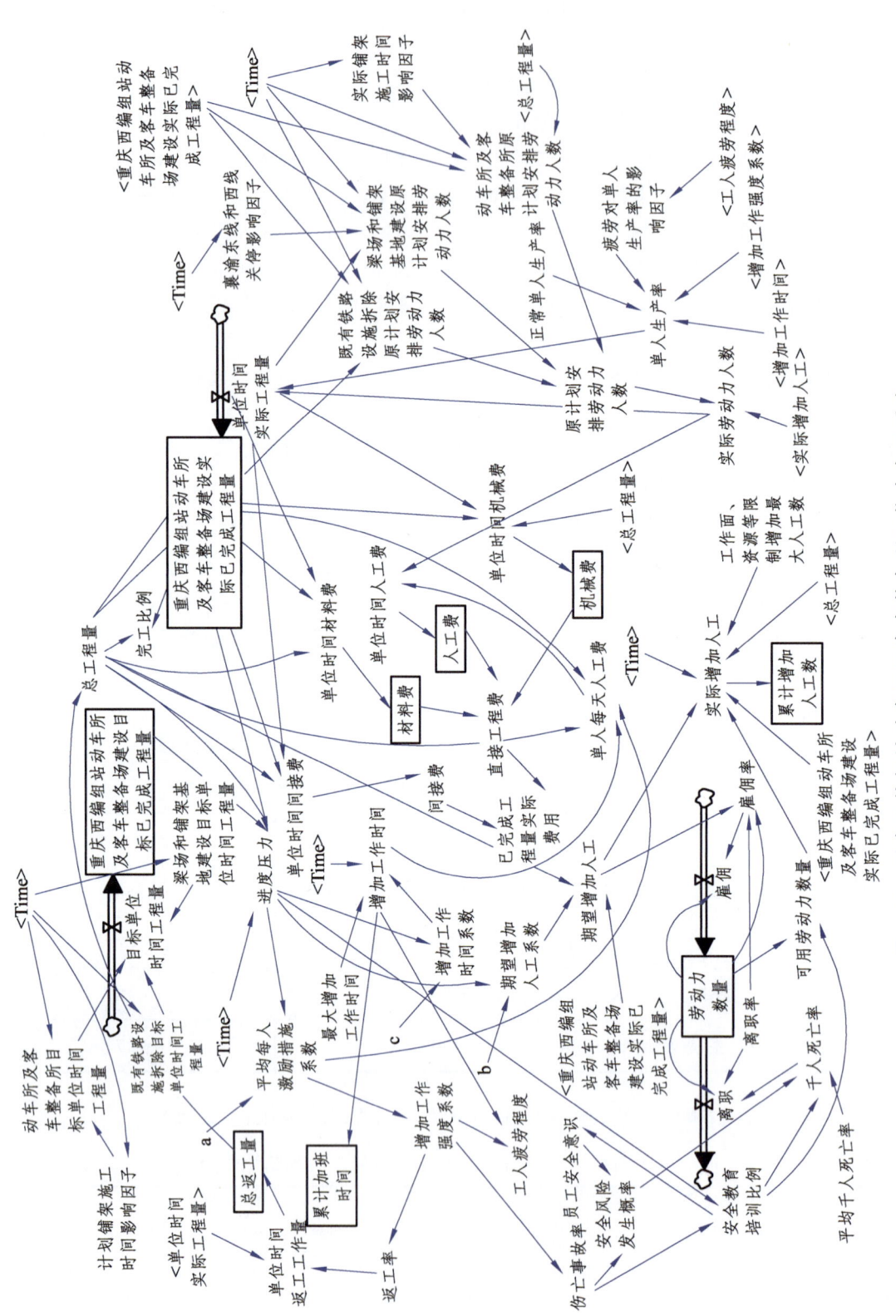

图1.50 重庆西编组站动车所及客车整备所工作内容子系统

根据重庆西编组站施工组织计划费用和市场的各部分预算，项目施工的材料费总计 2 275 万元，人工费 260 元/（d·人），机械费总计 696 元，工程总计划成本为 4 668 万元，整个工程的预计工期为 450 d。

通过系统动力学仿真可知，重庆西编组站施工总工期为 498 d，超出了原定计划的 450 d 完工要求。本工程通过采取激励措施、增加人工和增加工作时间的方式来缩短工期，同时又需要降低施工总成本，控制施工风险发生的概率。

通过 a、b、c 的值来仿真施工过程中不同控制措施下的施工工期、费用和最大安全风险概率和总返工量，如表 1.13～1.15 所示。

表 1.13 激励措施控制

a 值	工期/d	费用/万元	最大安全风险概率/%	总返工量/工作包
0	498	36 644.54	1.622	163.86
0.25	490	37 518.01	1.750	214.71
0.5	465	37 968.16	2.398	413.81
0.75	456	38 570.46	3.853	950.18
1	452	39 733.86	5.384	1 866.01
2	456	41 307.98	5.031	2 456.26
3	459	44 967.22	5.618	2 965.34
4	468	50 395.83	5.326	3 646.35
10	499	78 018.48	5.647	5 865.46

表 1.14 增加人工控制

b 值	工期/d	费用/万元	最大安全风险概率/%	总返工量/工作包	日均增加人工/人
0	498	36 644.54	1.622	163.86	0
0.25	444	36 968.30	1.689	163.61	12.4
0.5	430	37 092.03	1.985	163.82	16.3
0.75	425	37 309.39	2.464	206.35	17.6
1	423	37 416.85	2.562	352.16	18.3
2	419	37 770.56	2.648	563.18	19.4
3	418	37 892.69	3.041	846.25	19.7
4	417	37 970.13	2.949	1 065.29	19.9
10	416	42 704.02	4.249	2 635.17	20.2

表 1.15 增加工作时间控制

c 值	工期/d	费用/万元	最大安全风险概率/%	总返工量/工作包	日均增加工作时间/h
0	498	36 644.54	1.622	163.86	0
0.25	454	37 135.04	1.958	163.59	1.0
0.5	429	37 845.95	2.068	163.91	1.9
0.75	417	38 793.52	2.264	199.35	2.9
1	409	39 807.36	2.461	225.15	3.9
2	398	40 810.78	2.812	365.13	5.4
3	394	41 069.79	3.265	431.88	5.9
4	393	41 273.02	3.359	586.24	6.2
10	389	45 277.08	3.356	1 063.56	6.7

通过上表绘制出不同控制措施下工期的变化趋势图、总返工量的变化趋势图、费用的变化趋势图和预计安全风险发生概率的变化趋势图，如图 1.51～1.54 所示。

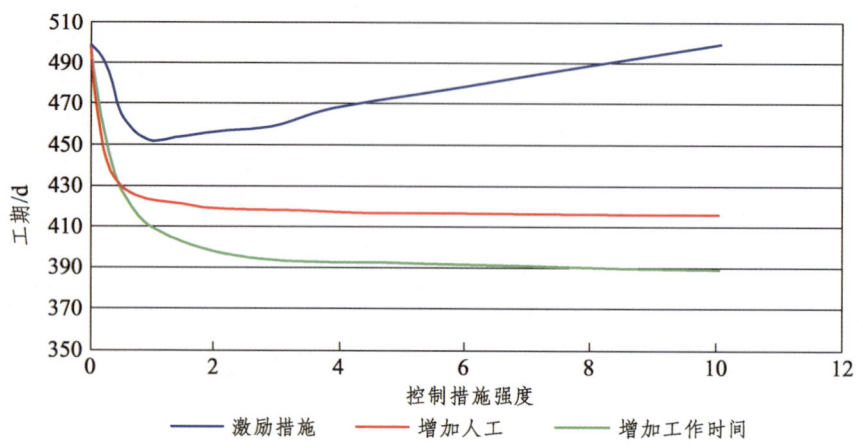

图 1.51　不同控制措施下的工期变化

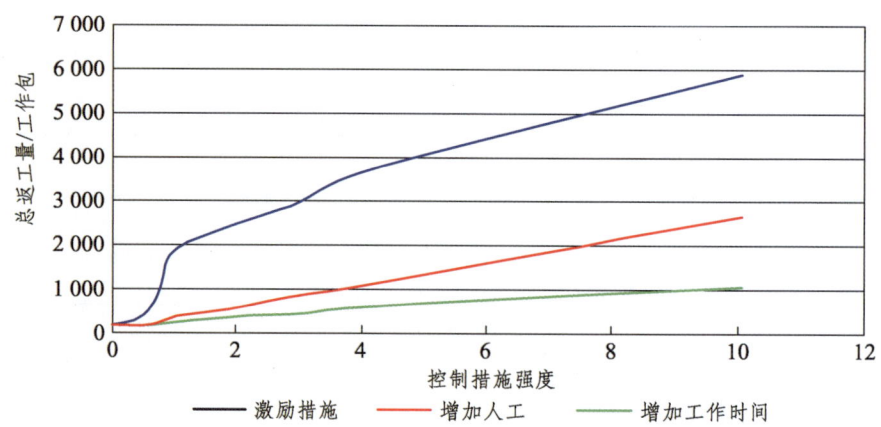

图 1.52　不同控制措施下的总返工量变化

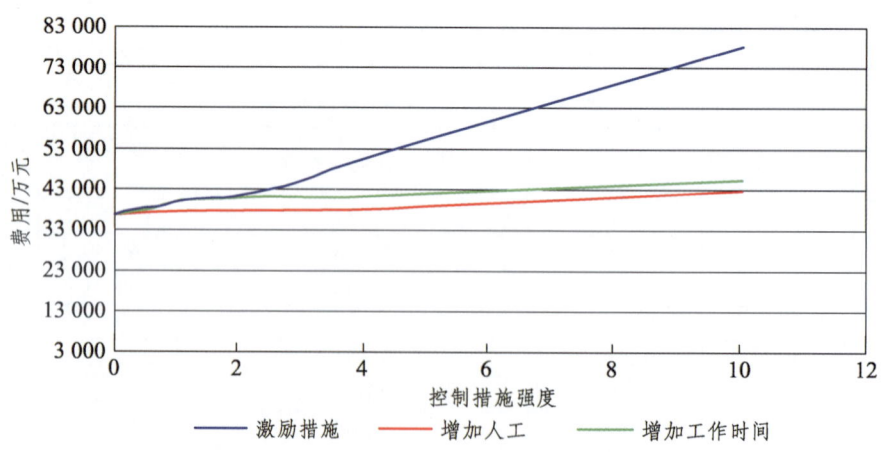

图 1.53　不同控制措施下的费用变化

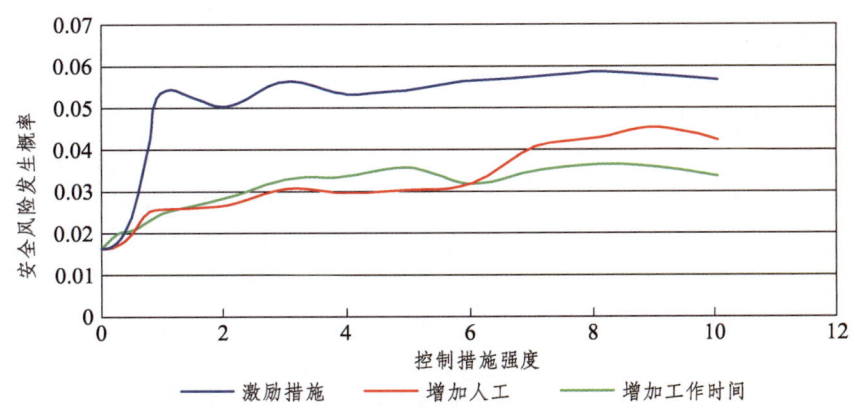

图 1.54 不同控制措施下安全风险发生的概率变化

由不同控制措施下的工期和总返工量变化趋势图可知：

① 由于重庆西编组站动车所及客车整备所的整体施工难度稍大，工程中会带来很大的返工作业，但增加工作时间整体造成的返工量仅 1 063.56 个工作包，很好地控制了整体工程量，极大地缩短了工期。由于人员管理等各方面的影响，通过增加人工造成工程的返工量达到了 2 635.17 个工作包，返工量最大的是通过激励控制措施，达到了 5 865.46 个工作包。

② 通过增加人工和增加工作时间两种方式可以很好地将工期缩短，且能够满足既定工期要求。其中，增加工作时间效果最佳，最多能将工期缩短至 389 d；增加人工控制措施次之，可将工期缩短至 416 d。然而，通过激励措施由于有极大的返工量，控制措施程度较强时会导致整个工期变长，对整个工程工期进行控制不能满足既定要求，后面的分析便不考虑控制措施对于整个工程带来的影响。

由不同控制措施下的费用变化趋势图可知：

① 增加人工和增加工作时间均会带来工程费用的增加，当控制强度较小时，工程费用的增速较为接近。因此，在工程工期不紧张的情况下，在费用方面的影响较为一致。

② 增加人工的整体费用要比增加工作时间带来的费用增长要小一些，通过增加人工控制措施导致整个工程费用达到 42 704.02 万元，而通过增加工作时间为 45 277.08 万元。

由不同控制措施下的安全风险发生概率变化趋势图可知：

通过增加人工和增加工作时间措施强度都会导致工程安全风险增大。增加工作时间和增加人工在控制程度较低时，安全风险发生的概率呈现较为一致的上升趋势，但仍然处于较低水平，在 3.5% 以下呈波动性上升。当控制措施强度较大时，增加人工的安全风险发生的概率高于增加工作时间，最高为 4.518%。从工程安全风险发生的概率角度，推荐采用增加工作时间和增加人工的方式。

由于中间有客车整备场建设的工程变更增加的 4 216 个工作包，以及计划施工进度估算程度不足等原因，工程在不管控的状态下的工期为 498 d，远远超出了所要求的工程 450 d 工期。由仿真实验得出的结果来看，从工期的角度，增加工作时间降低工期的幅度最为显著，增加人工次之；从工程费用的角度，增加人工效果最好，其实是增加工作时间；从工程安全风险发生概率的角度，增加工作时间略优于增加人工。

由于该工程的计划费用上限为 37 000 万元，所以为了保证重庆西编组站动车所及客车整备所的建设能在 450 d 以内准时完工，推荐采用以下两种控制方案。

方案一：通过增加人工，平均每天在原计划人力安排基础上增加人工 12.4 人（$a=0.25$）。

该方案下，可以有效将工期缩短至 444 d，整个工程预计施工费用为 36 968 万元，安全风险发生概率为 1.689%，此时安全风险发生概率很低，满足工程的实际要求，推荐采用。

方案二：通过增加工作时间。

全体施工人员在 8 h 正常施工时间以外，通过加班的方式来推进整个工程的进程，考虑每天加班时间为 1.9 h（$b=0.5$）。

该方案条件下，能够将工期缩短至 429 d，整个工程预计施工费用为 37 846 万元，同时最大安全风险发生概率为 2.068%，处于一个较低的水平，满足工程实际要求，可以采用。

由于当前市场专业性施工人员供应短缺，难以在较短时间内招到合适的工人，且客车整备场建设的工程变更增加的 4 216 个工作包对工程整体进度造成较大影响，长时间加班又会使工人疲劳产生累积，加剧了工程施工风险发生的概率，同时一定程度上降低了施工速度。综合考虑，建立方案三，工程在前 60 d 之内采取加班策略，每天加班 2 h，60 d 以后采取增加人工的策略，平均每天增加 13 个人。220 d 以后在原来增加施工人员的基础上进行加班，每天加班 2 h。

将方案三带入系统动力学模型，得到如图 1.55 和图 1.56 所示的仿真结果。

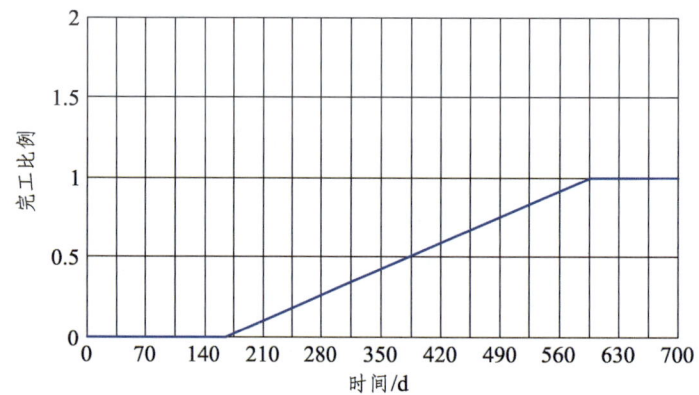

图 1.55　方案三的完工比例仿真结果

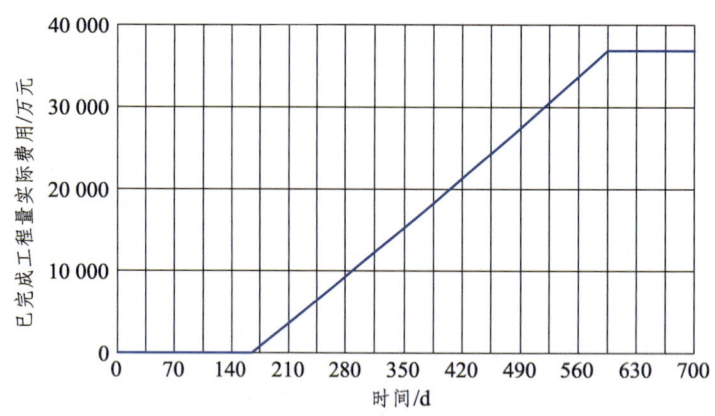

图 1.56　方案三的工程费用仿真结果

通过仿真实验，方案三下工程在第 598 天完成，抛去起初由于铺架施工延误的 165 d 工期，方案三下的实际工程工期为 433 d，工程费用为 36 859 万元，此时工程安全风险发生的概率也处在一个较低的水平，相同条件下与方案一和方案二相比，费用最优，工期仅比方案二多出 4 d。因此，推荐方案三为最佳施工控制方案。

2. 重庆东站工作内容子系统

重庆东站工作内容子系统包括重庆东站既有铁路设施拆除（包括拆除东站货场和专

用线）、渝昆场建设、渝黔场（含渝湘场）建设等三个子任务系统，如图1.57所示。

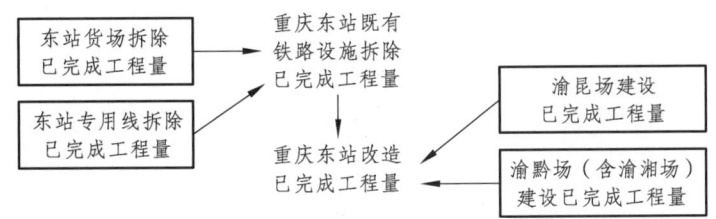

图1.57 重庆东站工作内容子系统

因此，重庆东站内容工作子系统又可分为重庆东站既有铁路设施拆除已完成工程量、渝昆场建设已完成工程量、渝黔场（含渝湘场）已完成工程量等三个子任务系统。

（1）重庆东站既有铁路设施拆除已完成工程量子系统。

重庆东站既有铁路铁路设施拆除包括东站货场拆除和东站专用线拆除。

① 东站专用线拆除工程概况及总体方案步骤。

重庆东站粮专、油专、商专经牵出线进入，目前均已停用且无车辆进出，其中油专为有信号控制道岔及调车信号机调车，粮专、商专均为手扳道岔，人工调车，危险品专用线经小梨线22#道岔进入危险品专用线，后经20#道岔，D22信号机进出危险品专用线。综合考虑，拆除粮专、油专、商专及牵出线QK0＋300至车挡；考虑危险品专用线与供电线共用20#、22#道岔进出，因此拆除危1#道岔与危险品专用线。所有专用线内无供电、通信设备及线缆。（重庆东站商专、粮专、油专专用线及危险专用线拆除段落区间分别见图1.22、图1.23）

将重庆东站专用线拆除工作内容简化为三个步骤，如表1.16所示。

表1.16 重庆东站专用线拆除工作内容

工作代号	施工内容
1	断开专用线与运营线路的连接；由于所有专用线均已停用，因此在拆除油专、粮专、商专之前，在52#道岔岔前牵出线QK0＋300处设置车挡及防溜枕木同时设置隔离栅栏，隔离专用线与既有线的连接；在危险品专用线20#道岔岔前50 m处设置车挡及防溜枕木，同时设置隔离栅栏，隔离危险品专用线与既有线的连接（变电所维修轨道车可以正常进出）
2	解除油专道岔联锁、停用油专调车信号机及相关信号设备。5月1日利用一个天窗点，请电务段配合停用专用线内调车信号机D6#，52#道岔信号联锁及相关信号箱盒、迁出QK0＋300后的轨道电路，其余粮1#、粮2#、商1#、商2#、危1#、危2#为手扳道岔无信号联锁
3	解除信号连锁后，拆除封闭区段内的4条专用线（粮专、油专、商专、危险品专用线）拆除专用线轨道、道岔、扳道机等设施，轨枕、扣配件等小宗物资由汽车运输回收，钢轨集中码放，等待重庆东站拆除施工时，采用轨道车统一回收交换产权单位

重庆东站专用线拆除施工计划费用及消耗人力资源数据如表1.17所示。

表1.17 重庆东站专用线拆除施工计划费用及消耗人力资源数据

工作代号	人工费/(元/d)	材料费/(元/d)	施工机械使用费/(元/d)	措施费/(元/d)	间接费/(元/d)	所需人力/(人/d)	所需天数/d
1	3 000	350	1 350	1 000	1 500	10	12
2	3 600	480	1 500	1 300	1 800	12	3
3	6 000	0	560	150	2 100	20	11

建立重庆东站专用线拆除工作内容子系统如图1.58所示。

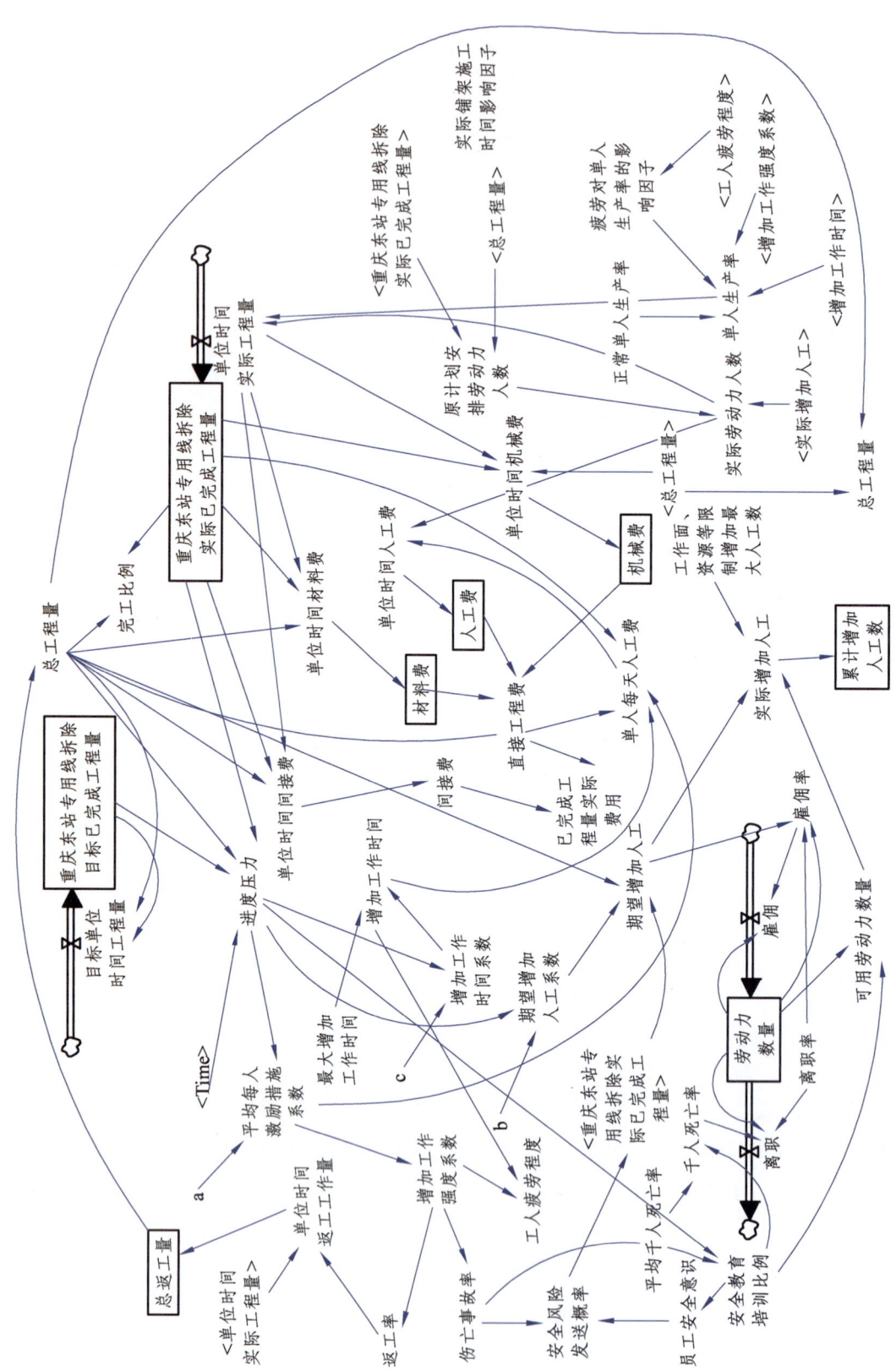

图 1.58 重庆东站专用线拆除工作内容子系统

根据重庆东站专用线拆除施工组织计划费用和市场的各部分预算,项目施工的材料费总计 19.7 万元,人工费 300 元/(d·人),机械费总计 155 万元,工程总计划成本为 750 万元,工程费用上限为 780 万元。整个工程的预计工期为 30 d。

通过系统动力学仿真实验,当不采取控制措施时,工程工期为 27 d,在原定计划 30 d 内完工。工程完工总费用为 737.2 万元,在合理计划费用范围之内。因此,此项工程不需要采取进度控制措施。工程完工比例仿真结果和工程费用仿真结果如图 1.59 和图 1.60 所示。

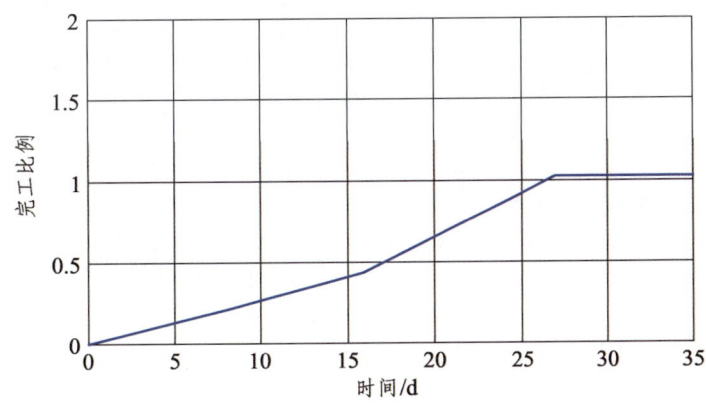

图 1.59　工程完工比例仿真结果

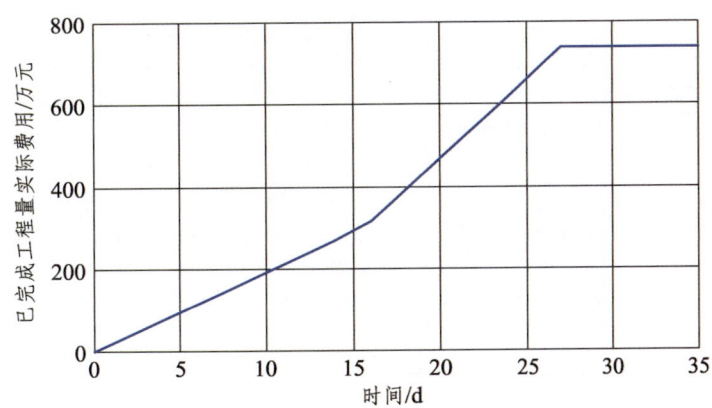

图 1.60　工程计划完工费用仿真结果

② 东站货场拆除工程概况及方案步骤。

根据《成都铁路局关于重庆枢纽下一阶段建设施工和运输生产组织方案会议纪要》(成铁办会议纪要第 106 期),渝黔公司《重庆东站既有设施、设备拆除协调会》的要求,为重庆西客站(重庆东原址修建)及重庆动车所(重庆西原址修建)封闭施工创造条件,确保渝黔铁路建设工期,组织编制《重庆东站货场拆除施工方案》。渝黔新建的重庆西客站位于既有重庆东站站址上,既有重庆东站是襄渝线上的中间站,设有集装箱货场并有多条专用线在重庆东接轨。东站货场四周设有货场围墙,东临东站 9# 到发线、牵出线,货 9 线距离围墙 1.5 m,西临华玉路、北临联远物流公司,南临中集物流公司。

2014 年 9 月 15 日,由渝黔公司组织召开重庆东站既有设施、设备拆除协调会,根据会议精神与重庆西站,重庆供电段、电务段、工务段,成都通信段,铁通公司等多家单位对现场实际情况进行核查,计划东站货场内所有建筑全部废除,关闭货场内所有供电、通信设备。货调楼信号机需在货场拆除前搬迁至东站调度楼内,引入货调楼的信号电缆同步改移至东站调度楼内。

将重庆东站货场拆除工作内容简化为四个步骤,如表1.18所示。

表1.18 重庆东站货场拆除施工步骤工作内容及代号

工作代号	施工内容	工作包
1	信号迁改施工。配合重庆西站将货调楼保留信号机及信号电缆迁改至东站调度楼内,原信号光缆由东站货场信号楼架空引入货调楼,再由货调楼下穿东站引入东站调度楼;废除东站货场货调楼前,将光缆沿东站货场信号楼引出沿货8线以北仓库后架设光缆至东站围墙处,与原线路熔接,完成信号迁改	414
2	工务、电务专业拆除施工。与工务段、电务段办理资产对接手续;在重庆东站设置驻站员、防护员,H1#道岔处设置车挡、防溜枕木;重庆东站货场轨道、道岔逐条拆除,按照由道岔端向车挡段拆除的顺序。扣配件、道岔扳道机、枕木等小型物资使用卡车通过场内道路以汽运的方式交还设备管理单位。钢轨堆码至货9线线路一侧,等待东站关停后统一使用轨道车收回	300
3	通信及供电专业拆除施工。在拆除施工前,完成东站货场内既有通信、供电设施清点,与通信段、供电段办理资产对接手续;与相关站段沟通,确认引入货场内的通信、供电线路已经断开;同步拆除货场内的灯塔、滑触线及支架,拆除通信信号房至货调楼的通信电缆,拆除通信设备;将既有设备按清单交还设备管理单位,签订设备交接手续	315
4	场内建筑拆除施工。在拆除施工前,完成东站货场内既有建筑的调查,并与建筑段等房屋管理单位进行对接;拆除建筑内西站所属设备,如监控探头等,集中存放,统一交还西站设备管理单位回收;其他专业设备拆除完成后,货场内建筑、道路等结构结合施工需要使用破碎机、挖掘机、吊装等设备逐步拆除	375

重庆东站货场拆除施工计划费用及消耗人力资源数据如表1.19所示。

表1.19 重庆东站货场拆除施工计划费用及消耗人力资源基础数据

工作代号	人工费/(元/d)	材料费/(元/d)	施工机械使用费/(元/d)	措施费/(元/d)	间接费/(元/d)	所需人力/(人/d)	所需天数/d
1	6 900	3 600	1 500	500	1 500	23	18
2	6 000	0	1 800	200	1 200	20	15
3	6 300	0	1 000	200	1 200	21	15
4	7 500	0	2 200	200	1 700	25	15

建立重庆东站货场拆除工作内容子系统如图1.61所示。

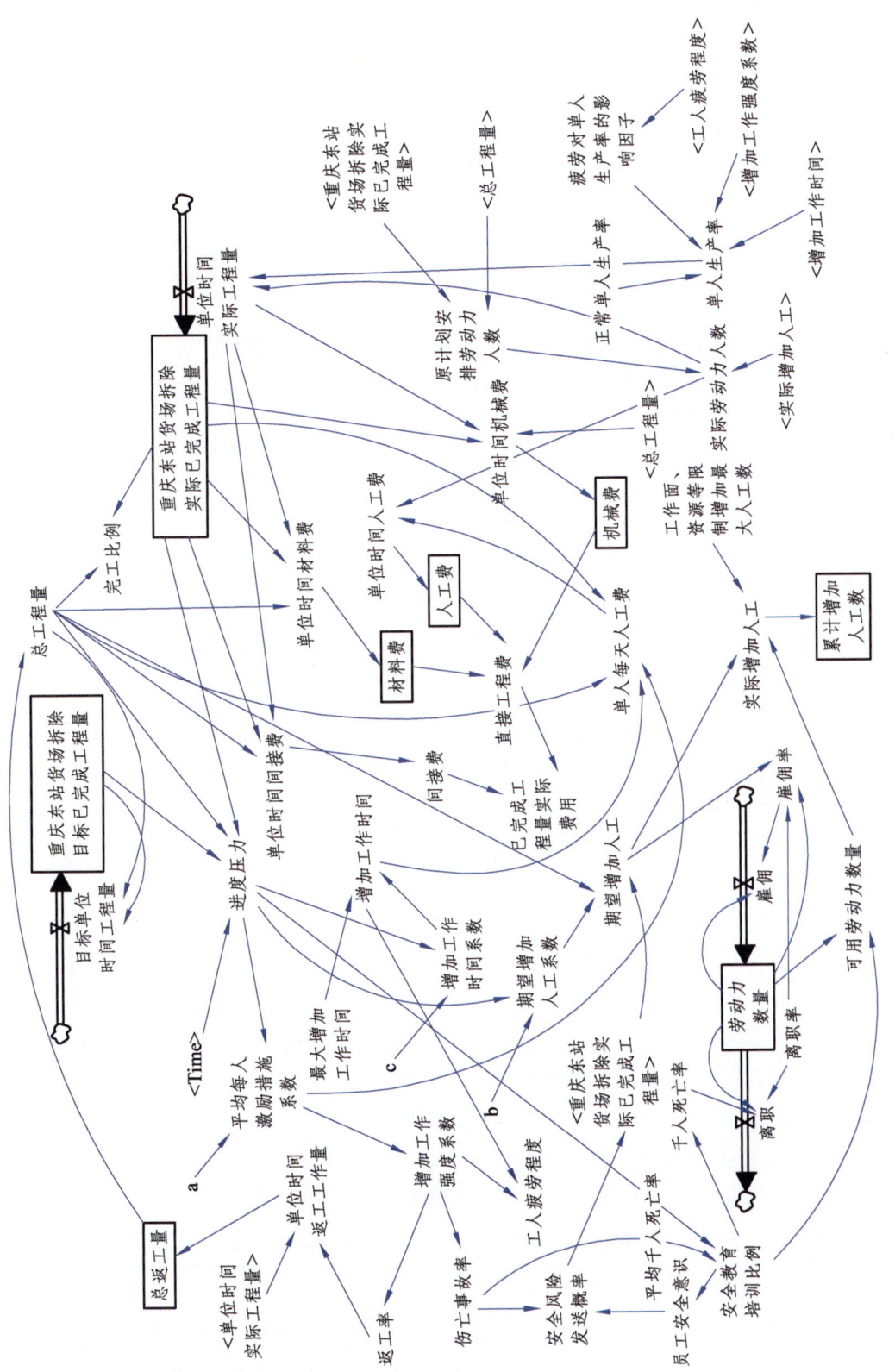

图 1.61 重庆东站货场拆除工作内容子系统

根据重庆东站货场拆除施工组织计划费用和市场的各部分预算,项目施工的材料费总计 168 万元,人工费 300 元/(d·人),机械费总计 312 万元,工程总计划成本为 1 805 万元,工程费用上限为 2 160 万元。整个工程的预计工期为 65 d。

通过系统动力学仿真实验,当不采取控制措施时,工程工期为 64 d,在原定计划 65 d 内完工。工程完工总费用为 2 125.03 万元,在合理计划费用范围之内。因此,此项工程不需要采取进度控制措施。工程完工比例仿真结果和工程费用仿真结果如图 1.62 和图 1.63 所示。

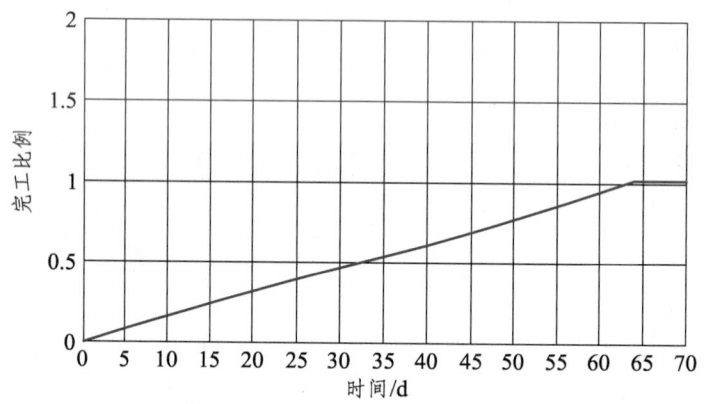

图 1.62 工程完工比例仿真结果

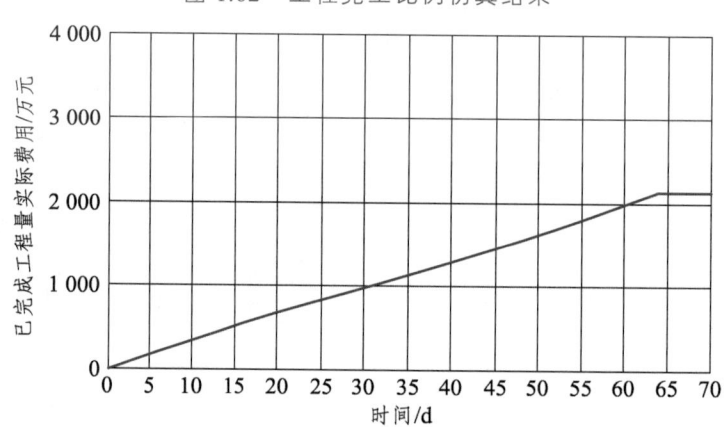

图 1.63 工程完工费用仿真结果

(2)渝黔场(含渝湘场)建设已完成工程量子系统。

① 渝黔场:北咽喉影响渝黔正线的挖方 $2.3×10^5$ m³,填方 $1×10^5$ m³,不影响渝黔正线剩余挖方 $5×10^5$ m³;站房区域剩余填方 $1×10^5$ m³,站台墙 4 210 m。

② 渝湘场:挖方 $1.1×10^5$ m³,填方 $3×10^4$ m³。

③ 附属工程:主要指电缆槽、过轨、边坡防护、绿化等。

渝黔场(含渝湘场)建设施工计划费用及消耗人力资源数据如表 1.20 所示。

表 1.20 渝黔场(含渝湘场)建设施工计划费用及消耗人力资源基础数据

人工费 /(元/d)	材料费 /(元/d)	施工机械使用费 /(元/d)	措施费 /(元/d)	间接费 /(元/d)	所需人力 /(人/d)	所需天数/d
23 400	48 820	11 399	3 420	8 400	90	480

建立渝黔场(含渝湘场)建设施工工作内容子系统如图 1.64 所示。

第1章 基于系统动力学模型的山区高速铁路大型枢纽关停优化与过渡改造方案技术研究

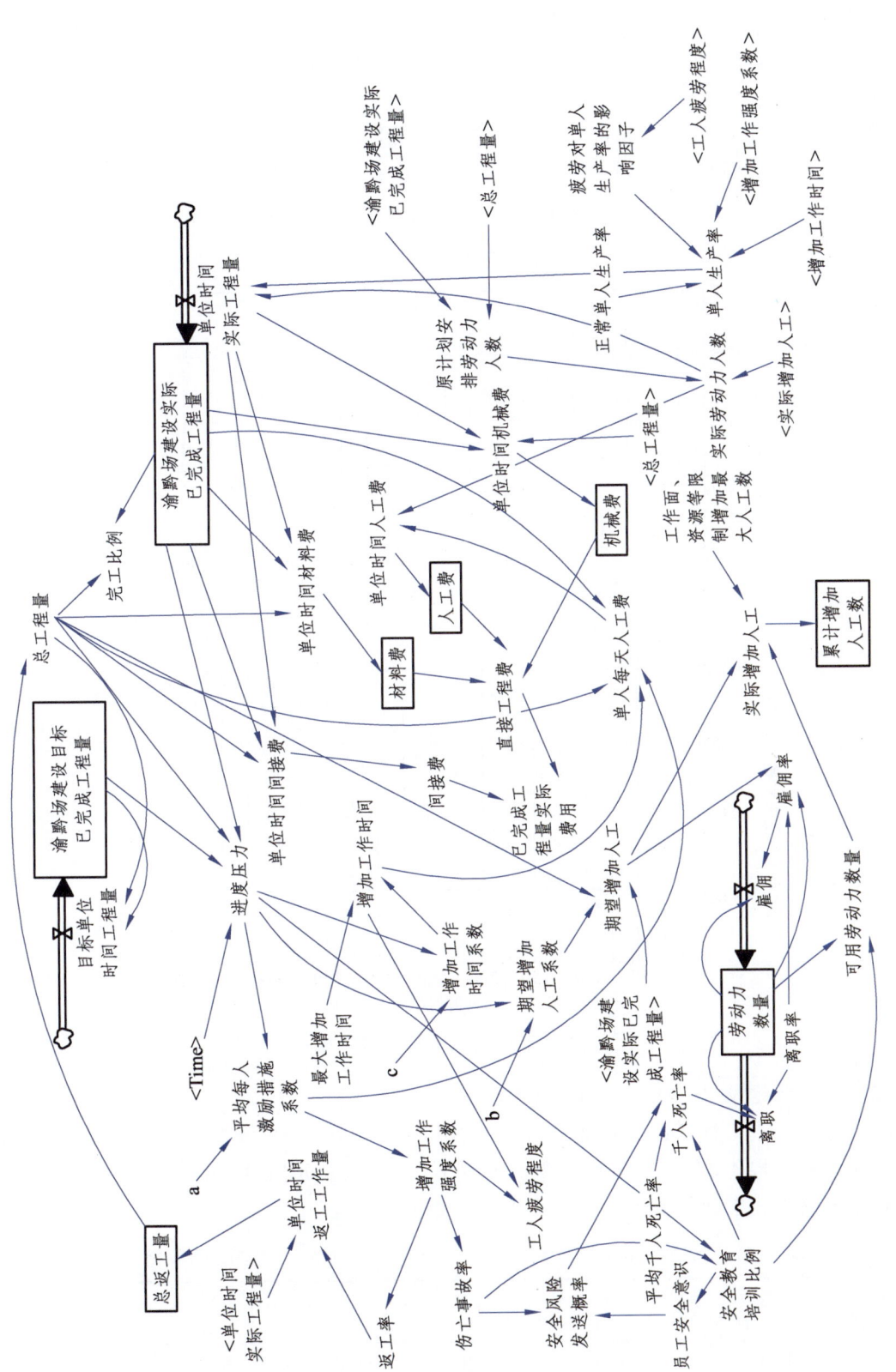

图 1.64 渝黔场（含渝湘场）建设工作内容子系统

根据渝黔场（含渝湘场）建设施工组织计划费用和市场的各部分预算，项目施工的材料费总计 10 300 万元，人工费 260 元/(d·人)，机械费总计 3 123 万元，工程总计划成本为 19 900 万元，工程费用上限为 21 000 万元。整个工程的预计工期为 480 d。

通过系统动力学仿真实验，当不采取控制措施时，工程工期为 468 d，在原定计划 480 d 内完工。工程完工总费用为 19 973 万元，在合理计划费用范围之内。因此，此项工程不需要采取进度控制措施。工程完工比例仿真结果和工程费用仿真结果如图 1.65 和图 1.66 所示。

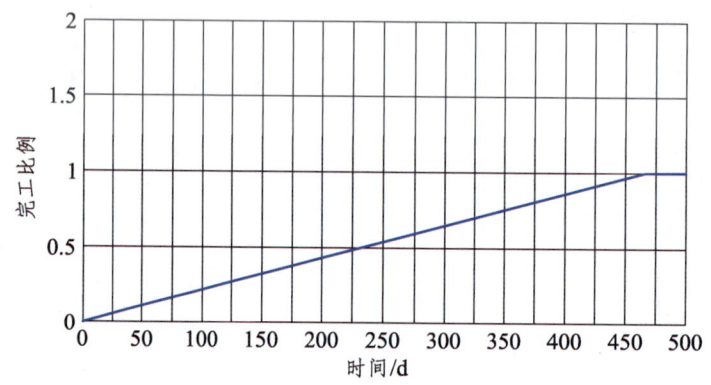

图 1.65 工程完工比例仿真结果

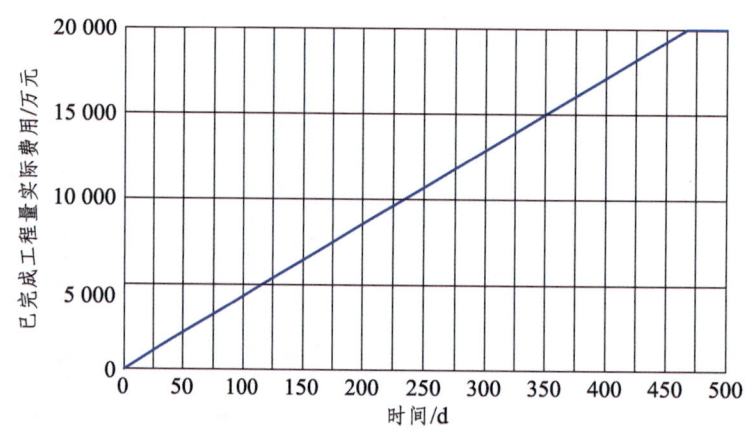

图 1.66 工程完工费用仿真结果

（3）渝昆场建设已完成工程量子系统。

渝昆场已完成工程量：北咽喉挖方 $2.7×10^4$ m^3，填方 $8×10^4$ m^3；站房区域剩余填方 $3×10^4$ m^3，站台墙 1 090 m；南咽喉剩余挖方 $1.7×10^5$ m^3，填方 $3×10^4$ m^3。

渝昆场建设施工计划费用及消耗人力资源数据如表 1.21 所示。

表 1.21 重庆东站货场拆除施工计划费用及消耗人力资源基础数据

人工费/(元/d)	材料费/(元/d)	施工机械使用费/(元/d)	措施费/(元/d)	间接费/(元/d)	所需人力/(人/d)	所需天数/d
23 400	45 867	10 710	3 420	8 400	90	496

建立渝昆场施工工作内容子系统如图 1.67 所示。

第1章 基于系统动力学模型的山区高速铁路大型枢纽关停优化与过渡改造方案技术研究

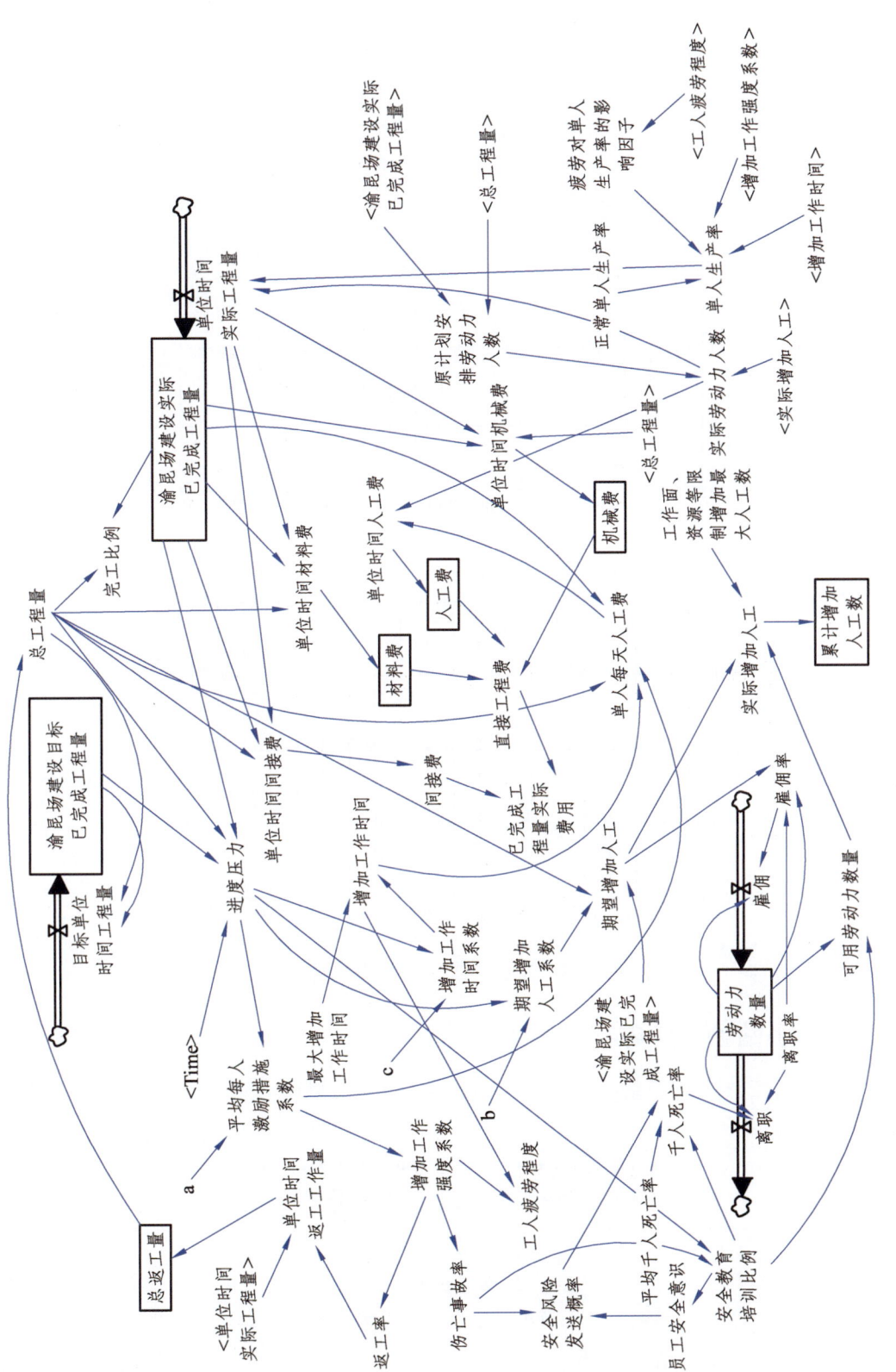

图 1.67 渝昆场建设工作内容子系统

根据渝昆场建设施工组织计划费用和市场的各部分预算，项目施工的材料费总计 8 054 万元，人工费 260 元/（d·人），机械费总计 2 481 万元，工程总计划成本为 16 000 万元，工程费用上限为 16 500 万元。整个工程的预计工期为 500 d。

通过系统动力学仿真实验，当不采取控制措施时，工程工期为 498 d，在原定计划 500 d 内完工。工程完工总费用为 15 960 万元，在合理计划费用范围之内。因此，此项工程不需要采取进度控制措施。工程完工比例仿真结果和工程费用仿真结果如图 1.68 和图 1.69 所示。

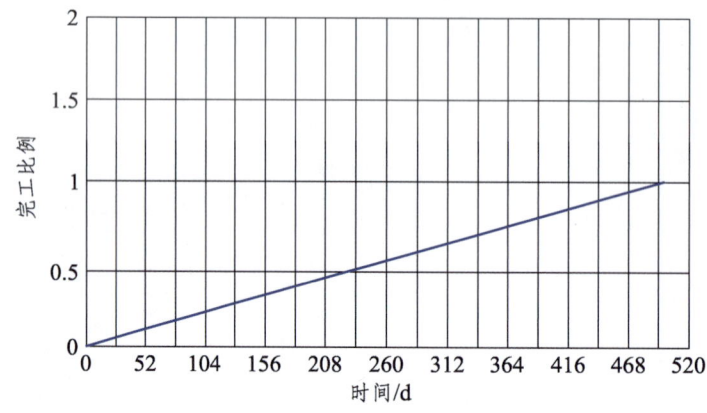

图 1.68　工程完工比例仿真结果

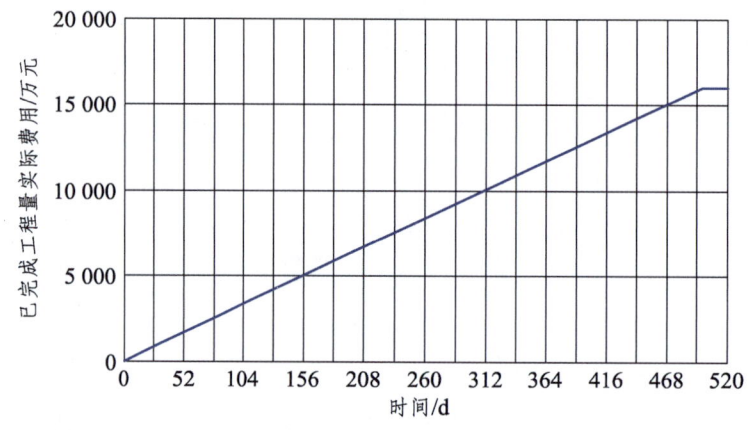

图 1.69　工程完工费用仿真结果

3．两个小站场工作内容子系统

两个小站场工作内容子系统包括中梁山站站场改造、梨树湾站站场改造两个子系统，如图 1.70 所示。

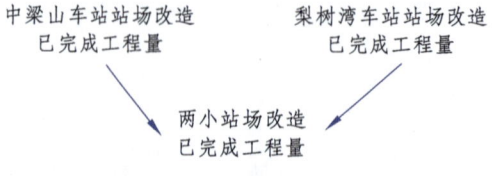

图 1.70　两小站改造工作内容子系统

因此，两个小站场工作内容子系统又可划分为中梁山站站场改造已完成工程量和梨树湾站站场改造已完成工程量两个子任务系统。

(1) 中梁山站站场改造已完成工程量子系统。

中梁山站里程为 XLK11+300～XLK12+700，现车站共设 5 股道（含正线），其中正线 1 条（Ⅱ线），存车线 3 条（3、4、5 线），到发线 1 条（1 线）。正线（Ⅱ）道由 43 kg 轨道换成 60 kg 轨道，位于正线上的 5 组 9 号道岔改为 12 号道岔，在新建 1#道岔岔前至 XLK12+900 段线路向东拨移 0.5 m，新建 1#道岔岔尾至新建 16#道岔岔尾区段正线线路由原线路位置向东调整 4.0 m。1 道将原 3#道岔至新建 12#道岔区段线路拆除，新铺设线路距原线路间距向东调整 4.0 m。调整到发线与正线之间线路间距，满足规范要求，即保持 3 道部分位置不变，在对应正线里程 XLK11+780 至新建 2#道岔岔尾间线路间距增大至 2 m，并拆除原有车挡，在对应正线里程 XLK12+176 处设置车挡。新建 9# 安全线，起点新 3# 道岔，有效长度 50 m，终点设置车挡。中梁山站站场改造施工平面布置如图 1.71 所示。

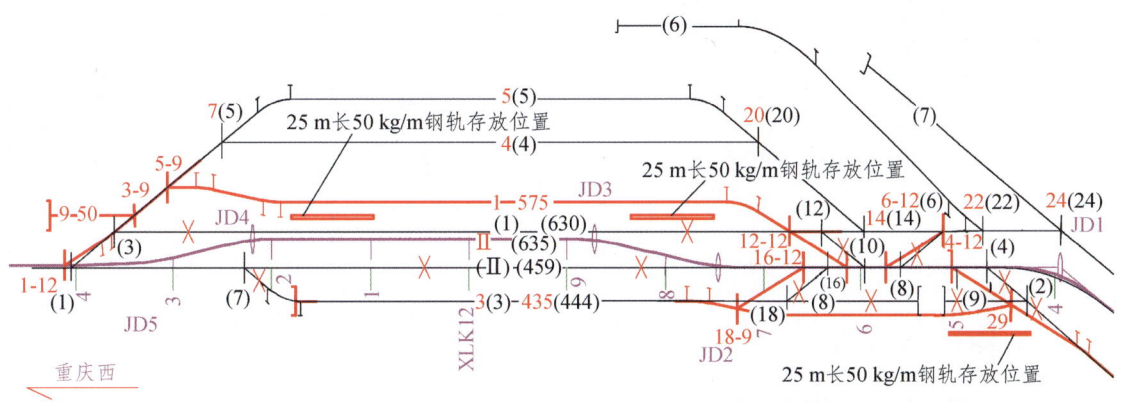

图 1.71 中梁山站站场改造施工平面布置图

根据过渡改造工程量及站场区间股道封锁时间顺序将项目工作分解为 12 个工作任务，如表 1.22 所示。

表 1.22 中梁山车站站场改造施工内容

工序	施工内容	工作包/个
A	完成三电迁改，开挖电缆沟，敷设光电缆及站后各专业施工准备	90
B	拆除原 1 线封锁区间线路，拆除原 12#道岔，填筑新 1 线路基；铺设新 12#道岔	75
C	要点插铺新 5#道岔；拆除 3#道岔，并进行岔区路基换填	12
D	拆除原 8、9 线线路，完成新 3 线路基换填，预铺新 10#、新 16#、新 8#、新 4#、新 6#道岔	48
E	填筑新 9 线线路路基，铺设新 9 线轨枕及钢轨，封锁拆除原 1#、3#道岔及区间线路，铺设新 1#、新 3#道岔，并进行岔区路基换填，铺设新 1#道岔岔前线路	40
F	要点将现有 14#、20#道岔移至原位置，同时恢复现有道岔处线路	12
G	拆除 10#道岔，并进行岔区路基换填，要点插铺新 10#道岔，插铺 XJ1#道岔	60
H	拆除原Ⅱ线线路，完成新Ⅱ线路基换填以及线路改造施工，长钢轨铺设，大机养道等施工	400
I	要点插铺新 16#、新 18#道岔并进行岔区路基换填。要点插铺新 8#道岔。拆除原 8#、6#道岔，并进行岔区路基换填。要点将现有 22#道岔移至原位置，同时恢复现有道岔处线路	800
J	拆除原 4#、2#道岔，并进行岔区路基换填，插铺新 2#、4#道岔	400
K	进行 XLK11+300 至 4#道岔岔尾段线路分段改造施工	30
L	验收新Ⅱ线，完成后开通新Ⅱ、3 线，至此全站站改完毕	5

中梁山车站施工计划费用及消耗人力资源数据如表 1.23 所示。

表 1.23 中梁山车站施工计划费用及消耗人力资源基础数据

工作代号	人工费/(元/d)	材料费/(元/d)	施工机械使用费/(元/d)	措施费/(元/d)	间接费/(元/d)	所需人力/(人/d)
A	2 700	530	130	260	425	9
B	4 200	0	0	200	600	5
C	11 000	0	13 150	100	450	12
D	1 200	0	0	0	300	2
E	3 000	4 700	1 360	240	400	5
F	3 600	10 400	1 360	240	300	6
G	18 000	1 725	225	1 500	73	30
H	12 000	960	68	120	600	20
I	120 000	45 000	5 600	1 000	1 500	200
J	60 000	23 000	3 000	550	1 500	200
K	1 800	9 600	1 650	120	900	6
L	1 500	9 600	1 650	120	600	5

通过分析各部分的工作情况和实际工程需要，根据市场的各部分工程预算，中梁山车站站场改造项目的材料费总计 40 万元、人工费 300～600 元/(d·人)、机械租用费为 10 万元，工程总计划成本为 170 万元，整个工程的预计工期为 107 d。预计人员安排如图 1.72 所示。

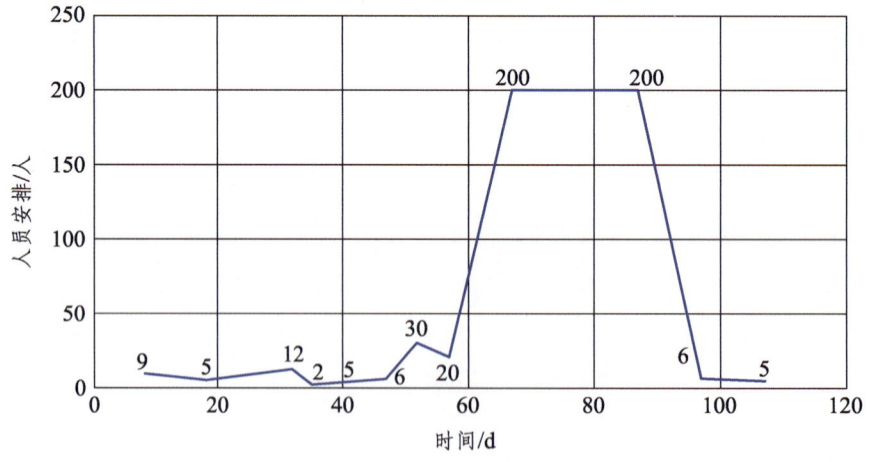

图 1.72 中梁山车站站场改造人员安排

工程项目的四大目标是安全、进度、质量、成本，四者相互对立统一。加快施工进度，将会增加成本，影响质量和安全；提高工程质量将会影响进度和增加成本投入；节约成本将会影响质量和安全，拖延进度。因此，施工过程中对项目进行动态控制是相当重要的。

由于施工成本的影响因素极为复杂，本章以研究目的为出发点，做了一些适当的假设，确定研究的系统边界。本课题是动态控制施工，所以在建模过程中不考虑经济环境、政治环境、自然灾害、物价上涨等因素的影响。

安全风险管理的目标是为了实现铁路系统在日常生产过程中的安全，实现铁路安全可持续地发展，并将这一目标落实到职工的日常工作中去，及时发现并排除工作中存在的安全风险，采取相应的对策措施减少事故的损失。面向的对象主要是可能导致人员伤亡或财产损失的风险事故。

根据中梁山车站站场改造工程，依据工作分解结构原理，针对工程项目中不同性质的工作任务，统一假定每人每小时能够实际完成的工作量为 0.125 个工作包，每天正常工作时间按 4 h 计算。由于站场改造工程根据工作内容可分为迁改工程、拆除道岔、铺轨、填筑路基等，所以将各个工作代号的工作量进行划分，同时为了方便建模，将上述工序简化为三个步骤，如表 1.24 所示。

表 1.24 简化工序后的计划费用及人力资源基础数据

步骤	包含工序内容	日均人工费/元	日均材料费/元	日均机械费/元	日均间接费/元	日均人力/人
第一步	A	2 700	530	390	425	9
第二步	B+C+D+E+F+G	7 083.33	2 577.08	1 487.50	858.20	10.29
第三步	H+I+J+K+L	32 711.50	11 646.15	1 841.54	1 003.85	62.88

确定中梁山车站站场改造模型的初始值和方程式后，运行 Vensim，得到模型仿真界面如图 1.73 所示。

通过以上模型，对中梁山车站进行施工仿真分析，将施工总体费用、施工总工期、施工安全风险指标进行总体计算，通过施工控制措施来控制整个工程的施工进度。

当工程产生进度压力时，管理者对各种控制措施的偏好程度不同，而且对采取同一种控制措施的意愿强烈度也不同，因此需要对不同条件下的进度压力进行分析。在此模型中定义管理者对采取激励措施、采取增加人工和增加工作时间的三种控制措施的意愿强烈度分别为 a、b、c，并定义方程如下：

平均每人激励措施系数 $=a\times$ 进度压力

期望增加人工系数 $=b\times$ 进度压力

增加工作时间系数 $=c\times$ 进度压力

进度压力 =（目标已完成工程量－已完成工程量）/总工程量

日均加班时间（小时），指全体施工人员在 8 h 正常施工时间以外的工作时间。累计增加人工（人），指在整个施工进程中，每天增加施工作业人员的总和。

设定通过采取激励措施增加工作强度的方式中每人最大奖励额度为 200 元/d；通过采取增加人工方式中每天增加人数上限为 15 人；通过增加工作时间方式中每天加班上限为 5 h。总工程量为 1 972 个工作报包，当前进度的初始值为 0，结合案例数据，离职率设定为 0.025。

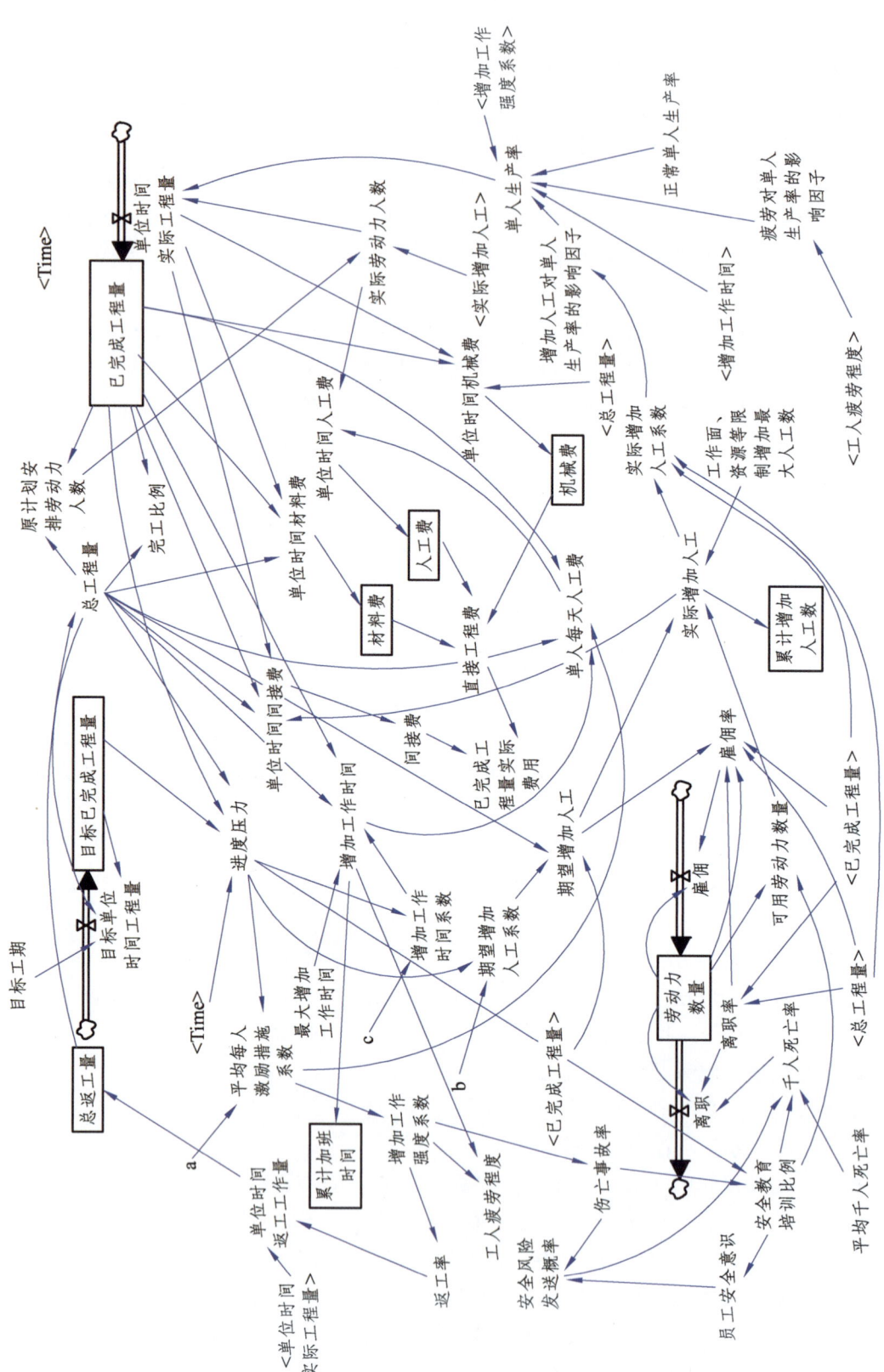

图 1.73　中梁山站站场改造系统动力学模型流图

通过系统动力学仿真得到结果如图 1.74 所示,当不采取控制措施时,工程总工期为 122 d,超出了原始计划 107 d 完工的施工要求。因此,需要通过采取激励措施、增加人工和增加工作时间的方式来降低进度压力、缩短工期,同时又需要降低施工总成本、控制施工风险发生概率。

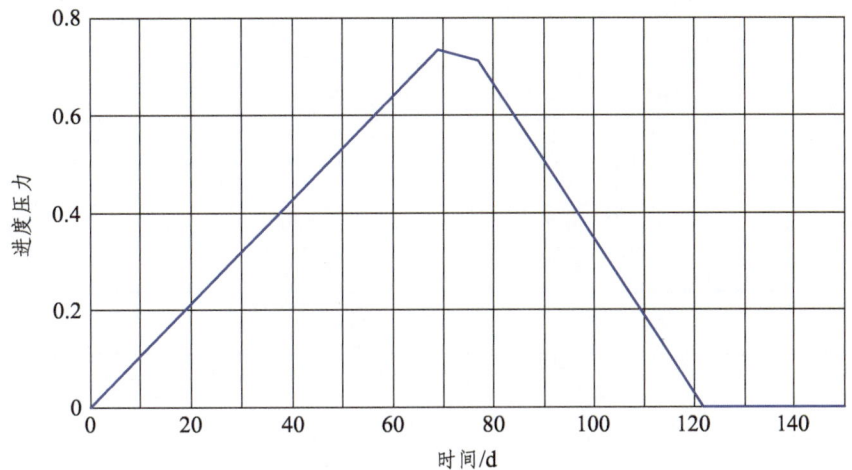

图 1.74　中梁山车站不控制条件下的进度压力

通过 a、b、c 的变化对中梁山车站站场改造进行仿真得出不同控制措施下的总工期、总费用、最大安全风险概率、总返工量和进度压力最大值如表 1.25～1.28 所示。

表 1.25　激励措施控制

a 值	工期/d	费用/万元	最大安全风险概率/%	总返工量/工作包
0	122	158.149	1.622	6.414
0.25	120	167.252	1.760	8.449
0.5	114	169.673	2.430	15.466
0.75	109	172.805	3.885	32.864
1	107	180.156	6.517	61.143
2	104	211.271	6.541	60.925
3	103	242.031	6.561	168.858
4	103	273.273	6.586	181.561
10	102	455.896	6.631	205.077

表 1.26　增加人工控制

b 值	累计增加人工/人	工期/d	费用/万元	最大安全风险概率/%	总返工量/工作包
0	0	122	158.149	1.622	6.414
0.25	111.7	113	168.370	1.569	6.351
0.5	194.9	107	178.497	1.896	6.354
0.75	262.0	102	184.083	1.988	6.401
1	317.1	99	190.846	2.265	6.397
2	448.7	90	205.688	2.623	6.373
3	522.0	85	212.699	2.559	6.412
4	549.8	82	216.140	2.546	6.419
10	729.1	78	242.780	2.610	6.416

表 1.27 增加工作时间控制

c 值	日均加班时间/h	工期/d	费用/万元	最大安全风险概率/%	预计总返工量/工作包
0	0	122	158.149	1.622	6.414
0.25	0.719	112	170.977	1.750	6.363
0.5	1.349	105	181.839	2.237	6.331
0.75	1.991	103	198.039	2.678	6.371
1	2.585	101	212.489	3.083	6.346
2	3.792	97	238.351	3.396	6.389
3	4.212	96	244.509	3.687	6.343
4	4.404	95	247.379	3.779	6.354
10	4.749	95	254.511	3.521	6.405

表 1.28 各简化工序平均增加人工折合数

b 值	第一步（A）	第二步（B+C+D+E+F+G）	第三步（H+I+J+K+L）
0.25	1 人	1 人	4 人
0.5	1 人	1 人	7 人
0.75	1 人	2 人	10 人
1	2 人	2 人	12 人
2	4 人	6 人	15 人
3	6 人	9 人	15 人
4	6 人	10 人	15 人
10	10 人	15 人	15 人

通过上表绘制出不同控制措施下的工期变化趋势图、费用变化趋势图和安全风险发生概率的变化趋势图，如图 1.75～1.77 所示。

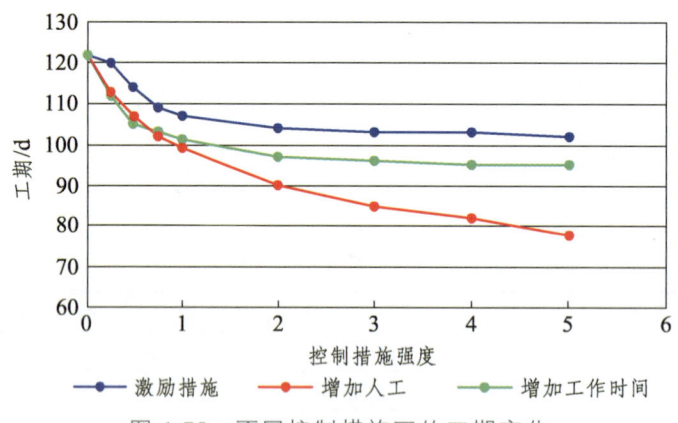

图 1.75 不同控制措施下的工期变化

由不同控制措施下的工期变化趋势图可知：

① 通过激励措施、增加人工和增加工作时间三种方式都能够很好地缩短工期，且都能将工期缩短至 107 d 以内。

② 增加人工的效果最为明显，可以迅速缩短工期，最大可以将工期缩短至 78 d。

③ 增加工作时间效果其次，当增加工作时间不长时，效果与增加人工差不多，但是

长时间加班会导致员工疲劳和协调困难,对单人生产率产生抑制反馈作用,加班时间过长比增加人工的效果要差一些,最大可以将工期缩短至 95 d。

④ 通过激励措施,增加工作强度的方式也可以较好的缩短工期,但由于增加工作强度会急剧加快员工疲劳,施工质量不佳,致使返工量快速增加。所以效果比增加人工和增加工作时间都要差很多。通过激励措施最大可以将工期缩短至 102 d。

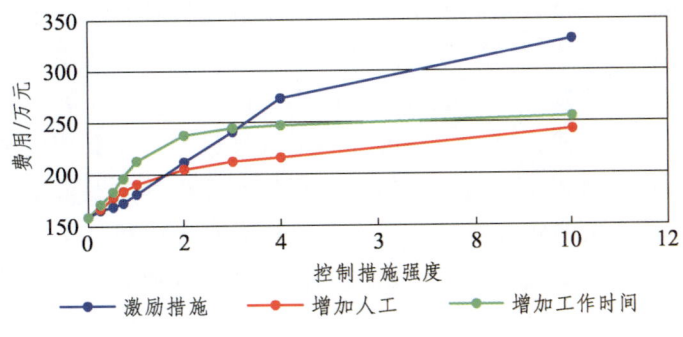

图 1.76　不同控制措施下的费用变化

由不同控制措施下的费用变化趋势图可知:

① 通过激励措施、增加人工和增加工作时间等三种方式会致使工程费用不同程度的上升。

② 当控制措施程度较小时,三种方式对于工程费用的变化率较为一致,三种方式都可以采用。

③ 在较强的控制措施条件下,通过激励措施导致的成本增加最大,最高可达 188 万元;通过控制增加人工和增加工作时间导致的成本增加较为一致,最高为 95 万元。推荐采用增加人工或者增加工作时间。

④ 当控制程度较为适中时,增加人工和激励措施对于工程费用的增加比增加工作时间低很多,推荐采用增加人工和激励措施的方式。

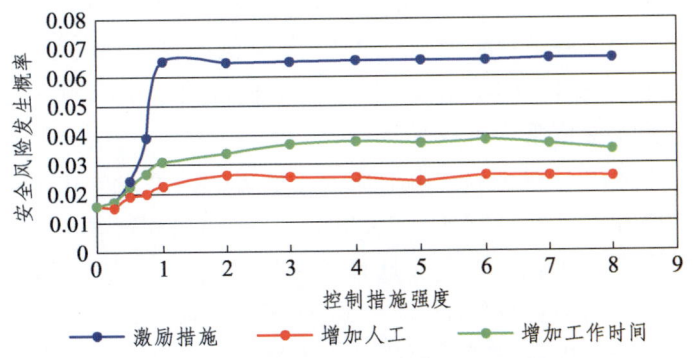

图 1.77　不同控制措施下安全风险发生的概率变化

由不同控制措施下安全风险发生的概率变化趋势图可知:

通过激励措施、增加人工、增加工作时间三种措施都会导致安全风险不同程度的增大。由于采用激励措施控制时,增加工作强度会急剧加快员工疲劳,导致风险发生概率迅速提升,当采用较大的激励措施控制条件时,安全风险发生概率在 6.5% 左右波动,存在很大的安全隐患。然而,增加人工和增加工作时间时,风险发生概率在一个较低的水平上波动,因此推荐增加人工和增加工作时间。

综上可知，由于原施工计划 122 d 远远超出工程实际要求进度，需要对施工方案进行相应地调整来加快施工速度、缩短总工期。通过系统动力学模型对中梁山站站场施工过程的仿真可以看出，通过激励措施、增加人工以及增加工作时间等三种措施都能够很好地将工期缩短至工程实际要求的 107 d 以内，但同时也会造成工程费用和施工安全风险不同程度的增加。其中，增加人工缩短工期的效果最好，费用增加较为缓慢，同时安全风险的发生概率也在一个较低的水平值上下波动，比较符合实际工程的需要，推荐采用这种模式。对于工期减少比较明显的是增加工作时间，但其费用增加也较大，考虑到该方式对于工程安全风险发生概率的影响也较小，所以也可以作为推荐方案使用。效果最差的是激励措施，该方式在对于工期的控制上效果最差，还会造成工程费用的急剧增加，同时安全风险发生概率也很高，不作为工程的实际推荐方案使用。

结合中梁山站场改造的实际状况，由于激励措施对于工程施工缩短工期效果并不显著，还造成费用和风险的快速增长。所以，中梁山站场改造方案主要采取增加人工和增加工作时间这两种推荐的控制措施。

由于该站场的计划费用上限为 210 万元，所以为了保证中梁山车站站场改造能在 107 天以内准时完工，推荐采用以下两种控制方案。

方案一：通过增加人工。

A 工序每天增加人工 4 人，B、C、D、E、F、G 工序每天增加人工 6 人，H、I、J、K、L 工序每天增加人工 15 人。

该方案条件下，能有效将工期缩短至 90 d，整个工程预计施工费用为 205.688 万元，同时最大安全风险发生概率为 2.627%，处在一个较低的水平，预计总返工量为 6.373 个工作包。满足工程实际要求，可以采用。

方案二：通过增加工作时间。

全体施工人员在 8 h 正常施工时间以外，通过加班的方式来推进整个工程的进程。考虑每天加班时间为 2 h。

该方案条件下，能够将工期缩短至 103 d，整个工程预计施工费用为 198.039 万元，同时最大安全风险发生概率为 2.678%，处于一个较低的水平，预计总返工量为 6.371 个工作包。满足工程实际要求，可以采用。

比较方案一与方案二，方案一采用增加人工的方式能够最大化地提高工程进度，与不采取进度控制策略相比，工期提前了 26.23%，但费用也相对偏高，与不采取进度控制策略相比，费用增加了 30.06%。方案二选择了工人加班策略，在工作时间延长从而加快工作速度的同时，长时间加班也使工人产生了疲劳，从而降低了生产效率，对工作速度产生了一定的负面影响。提高进度的幅度逊于方案一，但费用相对优于方案一。

在对比分析了两个方案的工作进展预测结果及成因后，需结合现实状况选择较为合理可行的进度控制策略。方案一完全依赖增加人工的方式控制工程进度能够满足按期完成工作的要求，但由于当前的劳动力市场存在供应短缺现象，难以在短时间内招到合适的专业施工人员。方案二完全依赖增加工作时间的方式加快工程进度，加班策略尽管不宜长期采纳，但可以收到立竿见影的效果，并且该项策略不会受到其他因素的影响。工程初期工程进度压力较小，到中后期时，需避免在进度压力较大时增加过多工作时间对施工速度产生反馈抑制作用，综合考虑上述因素，建立方案三，即在前 45 d 以内采取加班策略，每天加班 2 h，45 d 以后采取增加劳动力人数的策略，平均每天增加 7 人。

通过对该方案进行仿真实验，得到方案三工程完工比例和工程费用的仿真结果，如图 1.78 和图 1.79 所示。

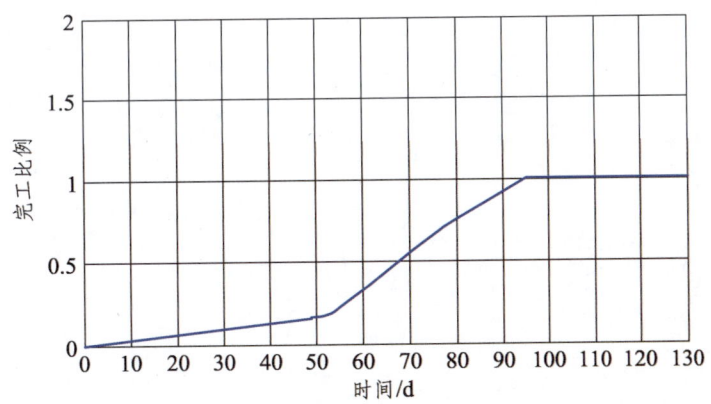

图 1.78　方案三的工程完工比例仿真结果

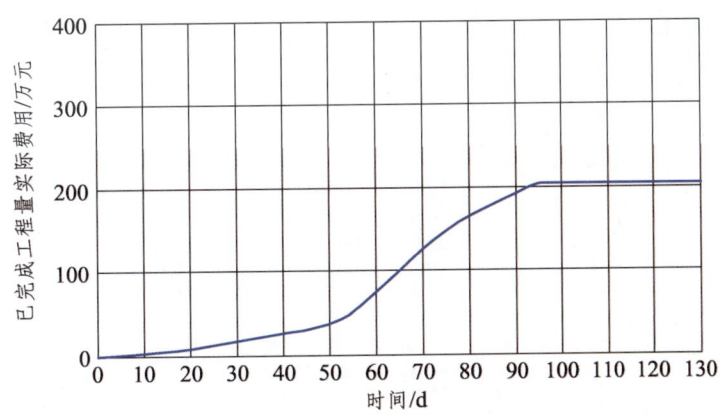

图 1.79　方案三的工程费用仿真结果

仿真结果显示，方案三下的完工工期为 92 d，工程费用为 204.403 万元。工期和费用相对比较折中，可以推荐作为合理方案。

（2）梨树湾站站场改造已完成工程量任务子系统。

梨树湾机务折返段，站场设计起讫里程 K22+100～K23+500，全长 1.4 km。有砟线路铺轨长度 2.99 km，其中机车出入线 2 条（机 1 线、机 2 线），机走线 2 条（机 3 线、机 4 线），电力机车整备待班线 4 条（机 5 线、机 6 线、机 7 线、机 8 线），备用机车停留线 1 条（机 9 线），临修库线 2 条（机 10 线、机 11 线），尾线 1 条（机 12 线）；道砟方量 6 865 m³，其中一级道砟 5 394 m³，底砟 847 m³，顺坡补充道砟 624 m³；无砟线路铺轨长度 1.027 km，其中洗刷线（机 3 线）、轮对检测线（机 11 线）、临修线（机 10 线）、整备线（机 5 线～机 8 线）根据机务要求设置无砟轨道结构。

梨树湾站站场改造施工计划费用及消耗人力资源数据如表 1.29。

表 1.29　梨树湾站站场改造施工计划费用及消耗人力资源数据

人工费/(元/d)	材料费/(元/d)	机械费/(元/d)	措施费/(元/d)	间接费/(元/d)	所需人力/(人/d)	计划天数/d
7 800	152 685	35 651	3 420	8 400	30	153

建立梨树湾站站改工程工作内容子系统如图 1.80 所示。

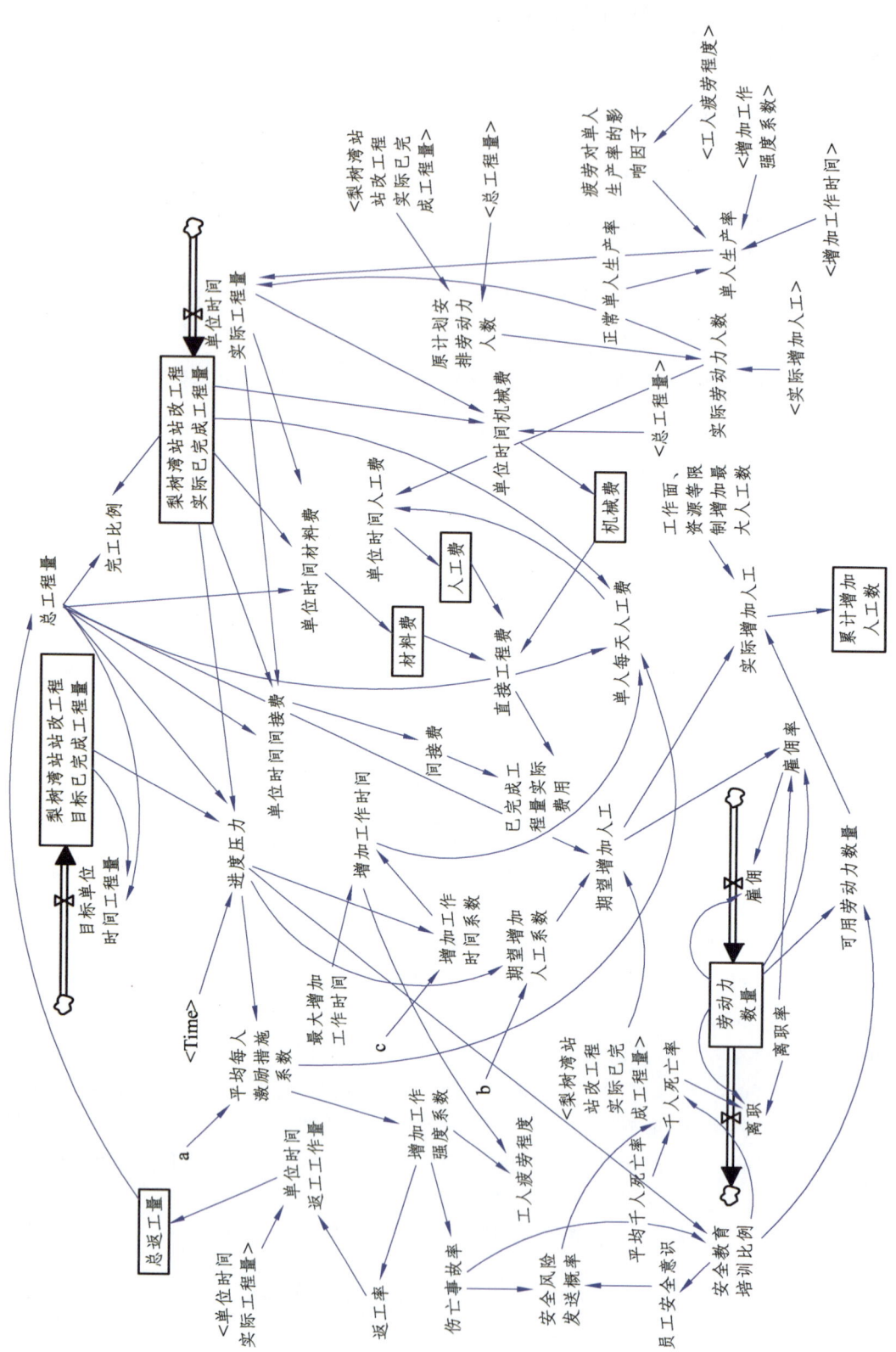

图 1.80 梨树湾站场改造工作内容子系统

根据梨树湾站施工组织计划费用和市场的各部分预算,项目施工的材料费总计为 2 275 万元,人工费 260 元/(d·人),机械费总计为 582.158 万元,工程总计划成本为 3 098.544 万元,工程费用上限为 3 300 万元。整个工程的预计工期为 153 d。

通过系统动力学仿真实验,当不采取控制措施时,工程工期为 150 d,满足原定计划 153 d 内完工的施工要求。工程完工费用为 3 119.34 万元,在计划工程费用合理范围之内。因此不需要采取进度控制措施即可顺利完工。梨树湾站站改工程计划完工比例仿真结果和计划完工费用仿真结果如图 1.81 和图 1.82 所示。

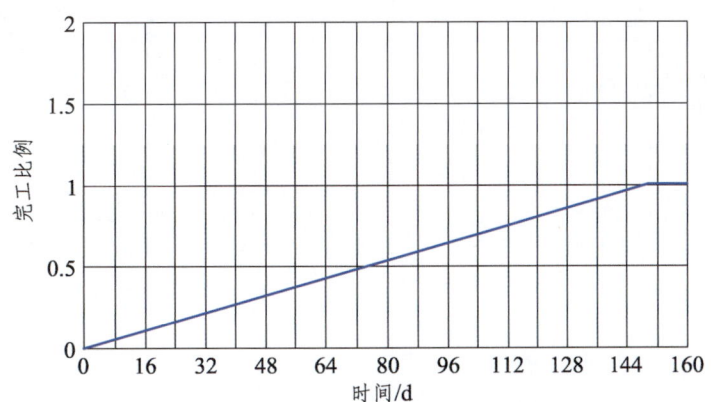

图 1.81　梨树湾站站改工程计划完工比例仿真结果

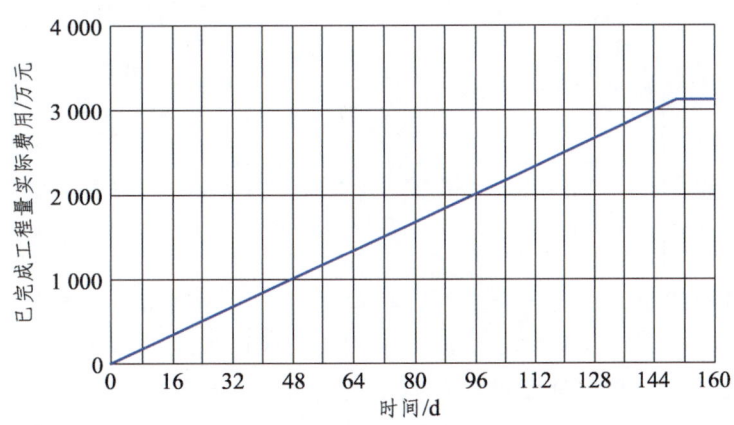

图 1.82　梨树湾站站改工程完工费用仿真结果

4. 进度控制系统动力学模型小结

在大型枢纽站场改造项目中,良好的工程控制方案对合理控制工程进度、费用和安全风险是至关重要和不可缺少的。本章根据站场施工中面临的诸多因素建立了系统动力学模型,并对重庆东站、重庆西编组站、中梁山站、梨树湾站等站场改造施工控制进行了仿真研究,最后为各个站场施工拟定出了较为合理的施工控制方案,如表 1.30 所示。

表 1.30　各站场最终推荐的工程进度控制方案

站场	工作内容	增加工作时间	增加人工	效果
重庆东站	东站货场拆除	按原计划施工,不需增加工作时间	按原计划施工,不需增加人工	预计工程可按期完工,费用在计划费用范围之内
	东站专用线拆除	按原计划施工,不需增加工作时间	按原计划施工,不需增加人工	预计工程可按期完工,费用在计划费用范围之内
	渝昆场建设	按原计划施工,不需增加工作时间	按原计划施工,不需增加人工	预计工程可按期完工,费用在计划费用范围之内
	渝黔场（含渝湘场）建设	按原计划施工,不需增加工作时间	按原计划施工,不需增加人工	预计工程可按期完工,费用在计划费用范围之内
重庆西编组站	重庆西编组站既有铁路设施拆除	前60天每天加班4小时	60天以后在原计划人力安排基础上平均每天增加3人	预计工期比不管控状态缩短了32天,满足了计划工期,预计费用比计划费用高出0.43%,在合理范围之内
	梁场和铺架基地建设	前一个月每天加班3.5小时,中间3个月不加班,3个月以后每天加班3.5小时	前一个月不增加人工,以后在原人力安排基础上平均每天增加13人	工期比不管控状态缩短了39天,满足了计划工期的要求,费用比计划费用高出0.929%,在合理范围之内
	动车所及客车整备所建设	前60天内每天加班2小时,接下来一段时间不再加班,直到第220天以后每天加班2小时	60天以后平均每天增加人工13人	工期比不管控状态缩短了65天,满足了计划工期的要求,费用比计划费用高出3.89%,在合理的范围之内
中梁山站	站场线路改造	在前45天以内采取加班策略,每天加班2小时	45天以后采取增加劳动力人数的策略,平均每天增加7人	工期比不管控状态缩短了30天,满足了计划工期的要求,费用比计划费用高出20.24%
梨树湾站	站场线路改造、机务段建设	按原计划施工,不需增加工作时间	按原计划施工,不需增加人工	预计工程可按期完工,费用在计划费用范围之内

这里需要说明的是,针对各个单项工程拟定的进度控制策略方案是在保证工程计划工期的基础上,综合考虑工程完工费用、工程安全风险发生的概率得出的。站场改造过程中,实际制约因素、长期进度目标和短期进度目标都会影响到管理者对进度控制策略的选择。例如,站场改造施工过程中发生的既有线路、站场的关停以及变更决策需要渝黔公司、成都铁路局各处、中铁二院和施工单位各参与方协同完成,由于存在多种不可控因素,处理决策时间过长也会对工程工期产生重大影响。事实上,工程项目中存在大量的关停决策和变更决策,如果通过各参与方之间的协调配合能缩短决策时间,则会大幅降低决策时间过长对工程进度的影响。但此模型立足于施工方的角度对工程进行控制,由于缩短关停及工程变更决策时间并非施工单位一方所能决定,所以在此模型中,并没有将缩短决策时间列为施工进度控制措施。为了保持劳动力队伍的稳定以及市场上专业性施工人员紧缺的现状,短期内可能会采取增加工作时间策略,当进度压力过大时,为了赶工期才会不得不大规模增加劳动力、采取激励措施增加工作强度的方式。因此,管理者可能会根据实际需求采纳不同的控制策略。然而,模型的价值在于帮助管理者对不

同的策略予以分析和评价，为管理者的控制决策提供依据，并帮助管理者认识到哪些措施可以真正对工程进度起到积极作用以及实际情况中制约工程进展的瓶颈何在，并通过模型试验找到提高项目进度绩效的突破口。此外，上述模型制定的策略是在关注项目长期表现上提出的战略性和方向性指导，而在制定短期细节的项目控制策略方面，模型还可以为采取纠偏措施提供定量的指导，例如究竟增加多少比例的劳动力和加班多长时间才能够弥补实际进度与进度目标的偏差。

1.5.3 重庆枢纽改造关停系统动力学模型的建立

1. 关停模型的建立

在枢纽改造过程中，既有线、既有站场的关停与工程施工相互影响、相互干扰。系统动力学用一阶反馈回路描述系统基本结构，根据其原理，应用流图工具将既有线、站的关停与受其影响的工程施工动态过程抽象为如图1.83 所示的基本结构。

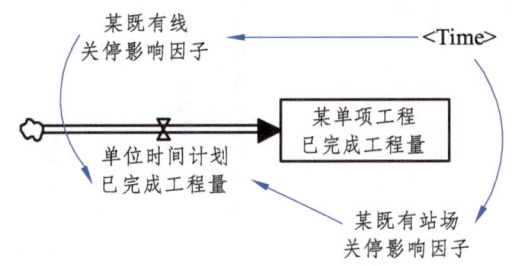

图 1.83　关停模型基本结构

具体的相互影响关系如下：

单项工程已完成工程量＝已完成工程量(t_0)＋$\int_{t_0}^{t}$单位时间计划已完成工程量$(t)dt$

当既有线、既有站场关停时，定义其关停影响因子为 1；当既有线、既有站场开通运营时，定义其关停影响因子为 0。其方程如下：

某既有线关停影响因子＝IF THEN ELSE（a＜Time＜b，1，0）

某既有站场关停影响因子＝IF THEN ELSE（c＜Time＜d，1，0）

时间节点 a、b、c、d 与拟定的关停方案有关。

单项工程已完成工程量的施工速率用"单位时间计划已完成工程量"来表示，"单位时间计划已完成工程量"受既有线与既有线站场关停影响因子与单项工程之间的逻辑关系的影响。为简化起见，各个单项工程的逻辑关系，在本模型中只考虑完成—开始关系，既有线、站场的关停影响因子对单项工程施工速率即"单位时间计划已完成工程量"的影响系数用 0～1 的参数来表示，即单位时间已完成工程量＝IF THEN ELSE（某既有线或既有站场关停影响因子＝1，单位时间计划已完成工程量，影响系数×单位时间计划已完成工程量）；当影响系数为 1 时表示既有线、站场的开通运营对原计划施工速率不产生影响；当影响系数为 0 时表示单项工程的施工速率由于既有线、站场的开通运营而完全不能施工；当影响系数为 0～1 时，表示既有线、站场的开通运营对单项工程的施工速率产生一定的影响，降低了施工速率。影响系数根据工程实践和咨询专家来确定。因此，施工速率的基本方程为：单位时间实际已完成工程量＝影响系数×单位时间计划已完成工程量。基于各个单项工程的基本结构，建立枢纽改造系统关停总模型，由四个部分组成，包括线路改造或新建工作内容部分、重庆西编组站工作内容部分、重庆东站工作内容部分、三个站场改造工作内容部分，如图 1.84～1.87 所示。

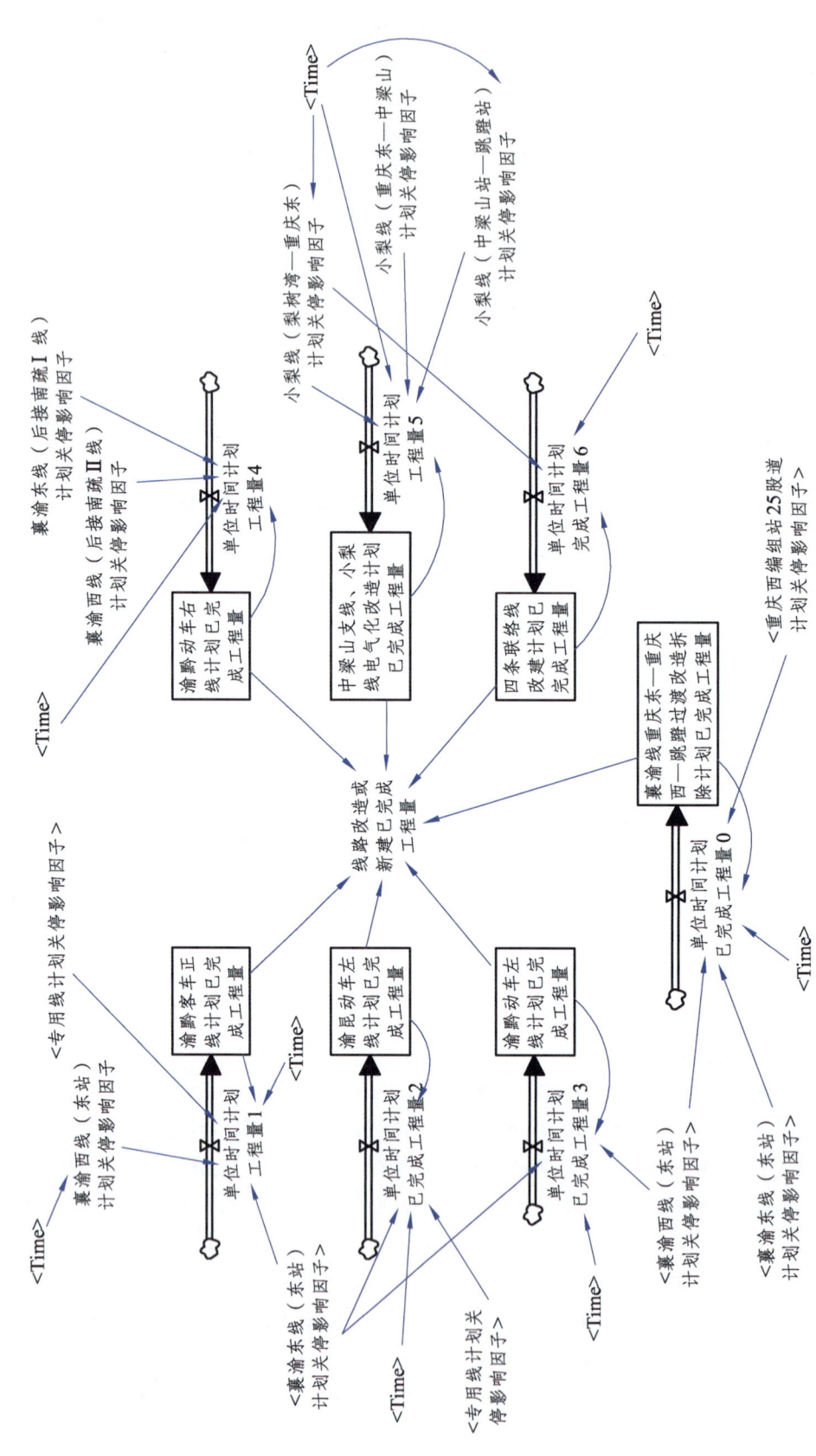

图1.84 线路改造或新建工作内容部分

第1章 基于系统动力学模型的山区高速铁路大型枢纽关停优化与过渡改造方案技术研究

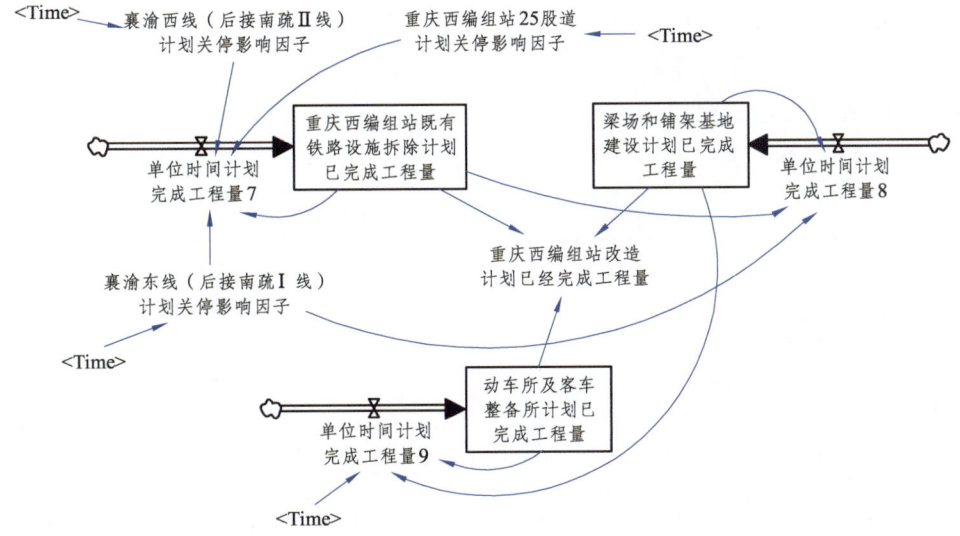

图 1.85　重庆西编组站工作内容部分

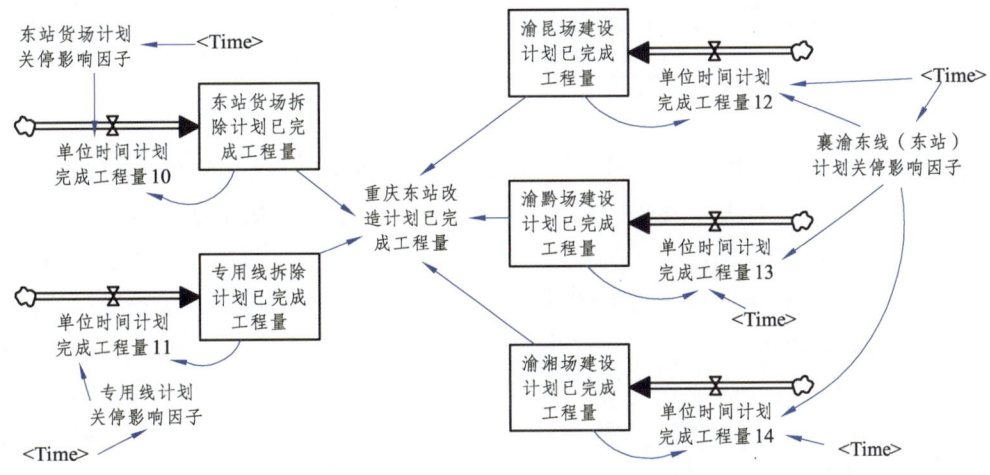

图 1.86　重庆东站工作内容部分

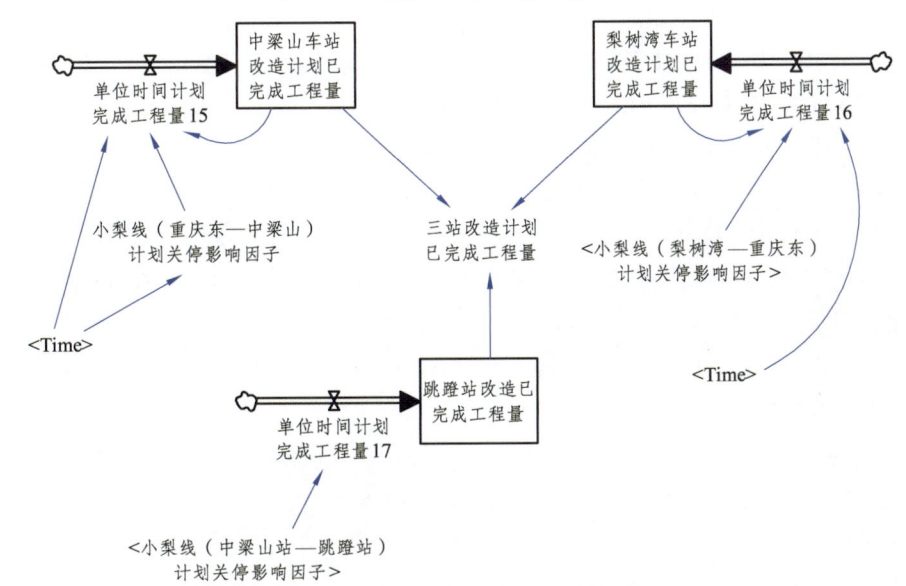

图 1.87　三站改造工作内容部分

在线路改造或新建关停模型中，又分为渝黔客车正线、渝昆动左、渝黔动左、渝黔动右、中梁山支线改建和小梨线电气化改造、四条联络线改建、襄渝线重庆东—重庆西—跳蹬过渡改造拆除等 7 个单项工程，既有线、站的关停与否对上述单项工程的相互影响关系如表 1.31 所示。

表 1.31　单项工程对应的关停线路

单项工程	影响施工的既有线或站场
渝黔客车正线	襄渝西线
	襄渝东线后接南疏 1 线、专用线
渝黔动车右线	襄渝东线、襄渝西线
渝昆动车左线	襄渝东线、专用线
渝黔动车左线	襄渝西线、襄渝东线
中梁山支线、小梨线电气化改造	小梨线（中梁山到跳蹬、重庆东至中梁山）
4 条联络线	小梨线（梨树湾到重庆东）
襄渝线重庆东—重庆西—跳蹬站过度改造拆除	襄渝东线、襄渝西线

建立线路改造或新建工作内容关停系统模型中单项工程的施工速率方程如下：

渝黔客车正线：单位时间已完成工程量 1＝IF THEN ELSE（渝黔客车正线计划已完成工程量<＝10122，IF THEN ELSE（襄渝西线（东站）计划关停影响因子＝1:AND:Time>＝60，37.35，0），IF THEN ELSE（渝黔客车正线计划已完成工程量<＝32529，IF THEN ELSE（襄渝东线（东站）计划关停影响因子＝1:AND:Time>＝361:AND:专用线计划关停影响因子＝1,51.16,0),0))

渝昆动左：单位时间已完成工程量 2＝IF THEN ELSE（渝昆动车左线计划已完成工程量<＝9000，IF THEN ELSE（专用线计划关停影响因子:AND:襄渝东线（东站）计划关停影响因子:AND:Time>=333,33.1,0),0)

渝黔动左：单位时间计划已完成工程量 3＝IF THEN ELSE（渝黔动车左线计划已完成工程量<＝3780，IF THEN ELSE（襄渝西线（东站）计划关停影响因子＝1：AND：Time>＝60，21，0），IF THEN ELSE（渝黔动车左线计划已完成工程量<＝14070，IF THEN ELSE（襄渝东线（东站）计划关停影响因子＝1:AND:Time>＝333,23.55,0),0))

渝黔动右：单位时间计划工程量 4＝IF THEN ELSE（渝黔动车右线计划已完成工程量<＝525,IF THEN ELSE（襄渝东线（后接南疏 1 线）计划关停影响因子＝1:AND:襄渝西线（后接南疏 2 线）计划关停影响因子＝1:AND:Time>＝568,21,0),IF THEN ELSE（渝黔动车右线计划已完成工程量<＝588，IF THEN ELSE（襄渝东线（后接南疏 1 线）计划关停影响因子＝1:AND:襄渝西线（后接南疏 2 线）计划关停影响因子＝1:AND:Time>=732,21,0),0))

中梁山支线、小梨线电气化改造：单位时间计划工程量 5＝IF THEN ELSE（中梁山支线、小梨线电气化改造计划已完成工程量<＝5400，IF THEN ELSE（小梨线（中梁山站—跳蹬站）计划关停影响因子＝1：AND：小梨线（梨树湾—重庆东）计划关停影响因子＝1:AND:小梨线（重庆东—中梁山）计划关停影响因子＝1:AND:Time>=0,22.5,0),0)

四条联络线改建：单位时间计划完成工程量6＝IF THEN ELSE（四条联络线改建计划已完成工程量<=98103,IF THEN ELSE（小梨线（梨树湾—重庆东）计划关停影响因子＝1:AND:Time>=515,170.03,0),0)

襄渝线重庆东至重庆西至跳蹬过渡改造拆除：单位时间计划已完成工程量0＝IF THEN ELSE（襄渝线重庆东至重庆西至跳蹬过渡改造拆除计划已完成工程量<=1869,IF THEN ELSE（襄渝东线（东站）计划关停影响因子＝1:AND:襄渝西线（东站）计划关停影响因子＝1:AND:重庆西编组站25股道计划关停影响因子＝1:AND:Time>=333,31.15,0),0)

在重庆西编组站工作内容部分关停模型中，又分为重庆西编组站既有铁路设施拆除、梁场和铺架基地建设和动车所及客车整备所建设等三个单项工程，既有线、站的关停与否对上述单项工程的相互影响关系如表1.32所示。

表1.32 重庆西编组站单项工程与既有线、站的相互影响关系

单项工程	影响施工的既有线或既有站场
既有铁路设施拆除	襄渝西线、襄渝东线、重庆西编组站及出发场25股道
梁场和铺架基地建设	襄渝东线（后接南疏1线）
动车所及客车整备所建设	无

建立重庆西编组站工作内容关停系统模型中单项工程的施工速率方程如下：

重庆西编组站既有铁路设施拆除：单位时间计划完成工程量7＝IF THEN ELSE（襄渝东线（后接南疏1线）计划关停影响因子＝1:AND:重庆西编组站25股道计划关停影响因子＝1:AND:襄渝西线（后接南疏2线）计划关停影响因子＝1，IF THEN ELSE（重庆西编组站既有铁路设施拆除计划已完成工程量<=244，12,IF THEN ELSE（重庆西编组站既有铁路设施拆除计划已完成工程量<=1429,30,0)),0)

梁场和铺架基地建设：单位时间计划完成工程量8＝IF THEN ELSE（重庆西编组站既有铁路设施拆除计划已完成工程量>=1429；AND：襄渝东线（后接南疏1线）计划关停影响因子＝1，IF THEN ELSE（梁场和铺架基地建设计划已完成工程量<=7735,65,0),0)

动车所和客车整备所建设：单位时间计划完成工程量9＝IF THEN ELSE（Time>=670，IF THEN ELSE（动车所及客车整备所计划已完成工程量<=31209,103,0),0)

在重庆东站工作内容部分关停模型中，又分为重庆东站货场拆除、东站专用线拆除、渝昆场建设、渝黔场建设和渝湘场建设等五个单项工程，既有线、站的关停与否对上述单项工程的相互影响关系如表1.33所示。

表1.33 重庆东站单项工程与既有线、站的相互影响关系

单项工程	影响施工的既有线或既有站场
东站货场拆除	重庆东站货场
东站专用线拆除	重庆东站专用线
渝昆场建设	襄渝东线
渝黔场建设	襄渝东线
渝湘场建设	襄渝东线

建立重庆东站工作内容关停系统模型中单项工程的施工速率方程如下：

东站货场拆除：单位时间计划完成工程量10＝IF THEN ELSE（东站货场计划关停影响因子＝1，IF THEN ELSE（东站货场拆除计划已完成工程量<=414,23,IF THEN ELSE（东站货场拆除计划已完成工程量<=714,20,IF THEN ELSE（东站货场拆除计划已完成工程量<=1029,21,IF THEN ELSE（东站货场拆除计划已完成工程量<=1404,25,0)))),0)

东站专用线拆除：单位时间计划完成工程量11＝IF THEN ELSE（专用线计划关停影响因子＝1,IF THEN ELSE（专用线拆除计划已完成工程量<=120,10,IF THEN ELSE（专用线拆除计划已完成工程量<=156,12,IF THEN ELSE（专用线拆除计划已完成工程量<=376,20,0))),0)

渝昆场建设：单位时间计划完成工程量12＝IF THEN ELSE（襄渝东线（东站）计划关停影响因子＝1,IF THEN ELSE(Time>=393,IF THEN ELSE（渝昆场建设计划已完成工程量<=20070,90,0),0),0)

渝黔场建设：单位时间计划完成工程量13＝IF THEN ELSE（襄渝东线（东站）计划关停影响因子＝1,IF THEN ELSE（Time>=333，IF THEN ELSE（渝黔场建设计划已完成工程量<=35550,90,0),0),0)

渝湘场建设：单位时间计划完成工程量14＝IF THEN ELSE（襄渝东线（东站）计划关停影响因子＝1，IF THEN ELSE（Time>=333,IF THEN ELSE（渝湘场建设计划已完成工程量<=45650,50,0),0),0)

在三站改造工作内容部分关停模型中，又分为中梁山车站改造、梨树湾车站改造、跳蹬站改造等三个单项工程，既有线、站的关停与否对上述单项工程的相互影响关系如表1.34所示。

表1.34 三站改造单项工程与既有线、站的相互影响关系

单项工程	影响施工的既有线或既有站场
中梁山车站改造	小梨线［重庆东—中梁山（含）］
梨树湾车站改造	小梨线（梨树湾—重庆东）
跳蹬站改造	小梨线［中梁山（不含）—跳蹬］

建立三站改造工作内容关停系统模型中单项工程的施工速率方程如下：

中梁山车站改造：单位时间计划完成工程量15＝IF THEN ELSE（小梨线（重庆东—中梁山）计划关停影响因子＝1,IF THEN ELSE（Time>=920,IF THEN ELSE（中梁山车站改造计划已完成工程量<=177,7,IF THEN ELSE（中梁山车站改造计划已完成工程量<=337,4,IF THEN ELSE（中梁山车站改造计划已完成工程量<=1972,117,0))),0),0)

梨树湾车站改造：单位时间计划完成工程量16＝IF THEN ELSE（小梨线（梨树湾—重庆东）计划关停影响因子＝1,IF THEN ELSE(Time>=1002,IF THEN ELSE（梨树湾车站改造计划已完成工程量<=4590,30,0),0),0)

跳蹬站改造：单位时间计划完成工程量17＝IF THEN ELSE（小梨线（中梁山站—跳蹬站）计划关停影响因子＝1,0,0)

2. 计划关停方案制定的原因及过程

重庆枢纽襄渝线南北方向货运通道主要有：① 从磨心坡—北碚—兴隆场编组站—团

结村集装箱中心—西永—重庆东—跳蹬—珞璜南；② 从磨心坡—北碚—兴隆场编组站—团结村集装箱中心—西永—白市驿—跳蹬—珞璜南。此外，在施工期间从重庆东站到跳蹬站之间有两条货运通道，即重庆东—重庆西编组站—跳蹬，重庆东—中梁山—跳蹬。重庆枢纽运输通道如图1.88所示。

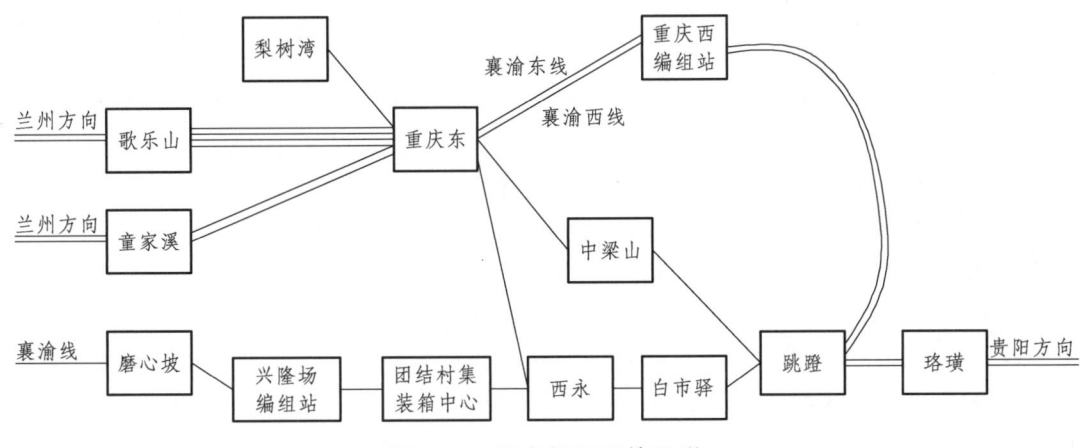

图1.88 重庆枢纽运输通道

渝黔土建2标工程处于重庆枢纽范围内，与多条既有铁路临近、交叉或侵占，主要包括襄渝东线（后接南疏Ⅰ线）、襄渝西线（后接南疏Ⅱ线）、既有小梨线、米轨专用线、既有重庆东站、重庆西编组站、中梁山站等多条既有线或站场改造。为了保证重庆枢纽南北货运通道的运输需求，根据原投标施组，原计划于2013年10月重庆西编组站搬迁至兴隆场后开始进行梁场和铺架基地建设，2014年6月底货运分流至白市驿后，管段内所有既有铁路停运并全面展开施工。

由于南北货运量增加，在通道②中陶家场未增建2线前尚未能满足货运需求。因此，需保留通过①中西永—重庆东—跳蹬货运通道，而此通道又有梨树湾—重庆东—重庆西—跳蹬和梨树湾—重庆东—中梁山—跳蹬两个子通道，重庆东—重庆西—跳蹬中有襄渝东线（后接南疏Ⅰ线）和襄渝西线（后接南疏Ⅱ线）相连接，保留通道①后工程管段大部分地段将处于既有线施工范围，不同既有线对工程施工的影响程度不同，大大影响了施工效率和施工进度。因此，为了保证运输需求同时兼顾工程工期要求，研究既有线及既有站场如何分步关停具有重要的现实意义。鉴于此，制定了计划关停方案如下：

由于2014年9月26日至2014年12月26日要进行为期3个月的成渝客专中梁山隧道建设施工，所以拟定2014年9月26日至2014年12月30日关闭西永—四所—重庆东列车通道，并同步关停重庆西站（至2017年12月30）进行动车所等铁路建设，在此期间关停重庆东站货场，保留专用线。2014年9月26日进行西永站拨接施工，开通兴珞线西永—白市驿下行线，且兴珞线全部达速。

在关闭重庆西编组站后，需将重庆西机务段机车整备、检修功能搬迁至兴隆场机务段，为避免进出库检修机车与施工和客货列车通道的交叉干扰，2014年9月26日至2017年12月30日对重庆西机务段实施关停。同时，重庆西编组站车辆段在2014年10月9日前全部搬迁至兴隆场，段内车辆全部迁出。

为减少施工对枢纽装卸车影响以及满足2015年春运需要，在封闭重庆东、重庆西站进行重庆西客站和动车所相关建设时，需要保留枢纽重庆东—重庆西—跳蹬—珞璜列车通道，重庆西站襄渝东线、南疏Ⅰ线，重庆东站1~7线作为重庆东、梨树湾、中梁山车站剩余装卸车进出通道。

关闭西永—四所—重庆东列车通道后，枢纽运输组织方案调整如下：

（1）请求总公司支持实施枢纽减量控量措施。西永—四所—重庆东列车通道关闭后，枢纽南北通道能力将由现88对（西永—四所—重庆东和兴珞线）减至（兴珞线）48对，与现有56.5对（货车50.5＋客车5对＋行包1对）的通过需求存在8.5对的缺口。因此，由货运处协调总公司给予支持，一是对原经安康东支点到成都局（达州口接入）石门坎以南、宜宾南以南，昆明局各站重车（日均约3列）、重庆老枢纽各站重车（到站重庆南、大渡口、茄子溪、伏牛溪，日均约5列）迂回经焦柳、沪昆线、大龙口运输；二是对到达重庆新老枢纽卸车按现量（日均1 227辆）控制，确保枢纽通畅。

（2）枢纽内客车径路调整。枢纽内客车径路由原经兴隆场—西永—四所—重庆西改经兴隆场—团结村—陶家场（渝黔货车外绕线）运行。

（3）枢纽作业车移动顺畅保障措施。一是积极推进枢纽小运转列车提吨减线工作，采用HXD1C机车替代现有SS3型机车，将牵引定数由2 800 t提升至4 000 t，则枢纽南北交换的小运转至少减少2对；二是精细化调度指挥，减少摘挂列车或枢纽小运转列车欠轴以及单机开行占用通道能力；三是固化枢纽小运转开行方案，机务、货运、车辆、车站要加强配合，实现枢纽小运转按图开行；四是重庆车辆段要细化客车车辆运用、检修计划，减少重庆北至重庆站空客车移动。

成渝客专中梁山隧道建成后，为满足2015年春运需要，拟定于2014年12月31日恢复西永—四所—重庆东列车运行通道，同时断开西永—白市驿下行线。

（1）重庆东站部分。

① 2014年7月31日，重庆东站货场全部关停，进行重庆西站渝昆场、渝黔场（部分）建设。

② 2014年9月30日，关停重庆东站油专、粮专、商专、襄渝西线及其到发线，仅保留小梨线和襄渝东线，进行重庆西站渝昆、渝黔场南咽喉路基施工。

③ 2015年6月30日，关停襄渝东线及小梨线（重庆东至中梁山站段），进行重庆西站渝黔场、渝湘场建设。

（2）重庆西编组站部分。

① 2014年7月30日，兴隆场编组站全面投运后，7月31日重庆西编组站编组场范围搬迁，7月31日关闭既有重庆西站编组站及出发场25股道，保留南疏Ⅰ、Ⅱ线，同时襄渝东线（后接南疏Ⅰ线）先暂时关停，保留襄渝西线（后接南疏Ⅱ线）及5条到发线运行，使用襄渝东线及峰前场9线作为南北货运通道，进行预制梁场建设。

② 2014年9月30日，重庆机务段、重庆西车辆段搬迁完成后，关停重庆西编组站襄渝西线（后接南疏Ⅱ线）及5条到发线，仅保留襄渝东线（后接南疏Ⅰ线），进行渝黔客车线和铺架基地建设。

③ 2015年6月30日，陶家场增建Ⅱ线通车，襄渝东线（后接南疏Ⅰ线）南北货运通道彻底关停。

绘制各条线路在多时间节点的关停示意图，如图1.89所示。其中，上行线表示线路在此时间段内关停，停止运营，可以进行相关工程的施工；下行线表示线路在此时间段内运营，受此线路影响的工程不能在此时间段内施工。

第1章 基于系统动力学模型的山区高速铁路大型枢纽关停优化与过渡改造方案技术研究

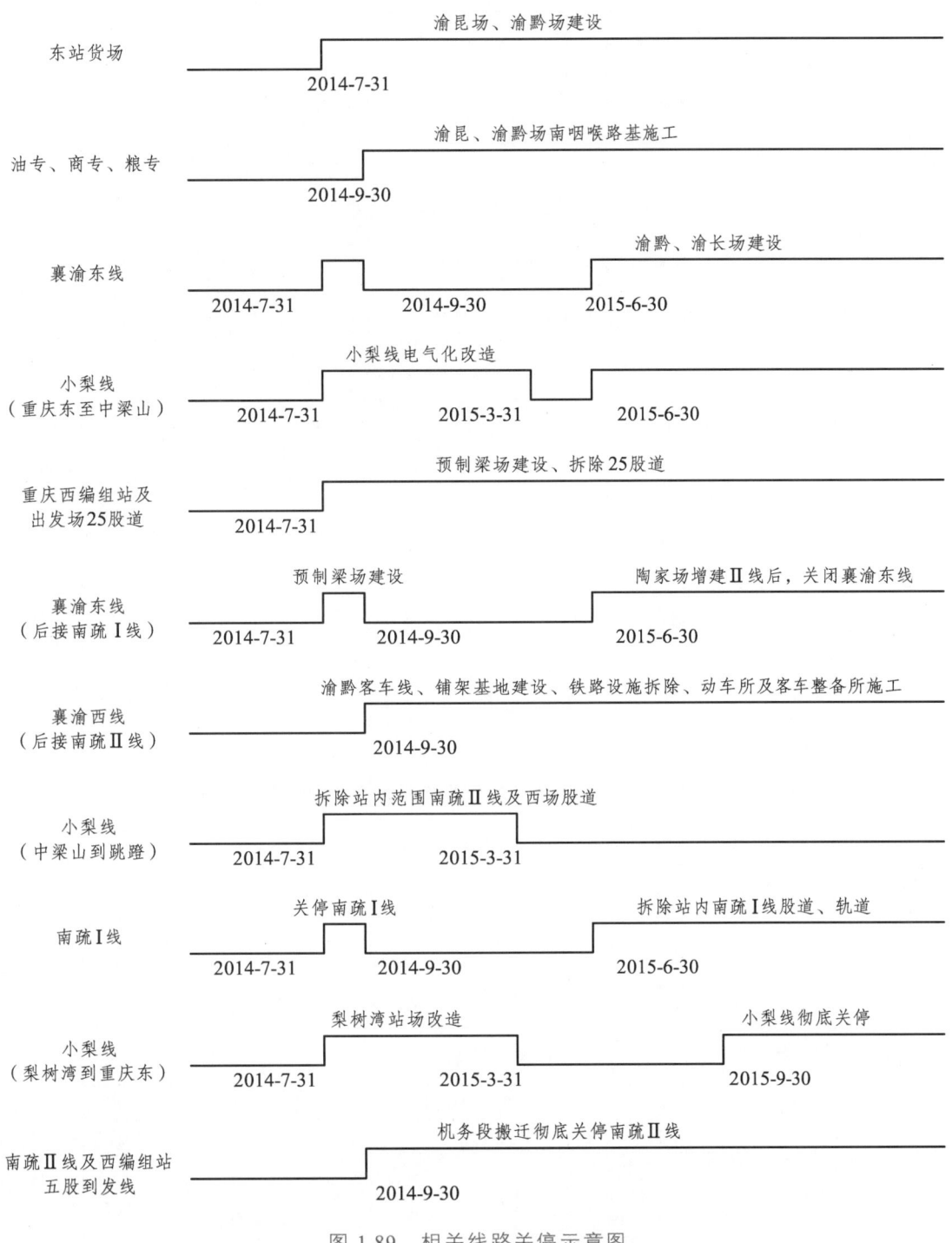

图 1.89　相关线路关停示意图

3. 计划关停方案仿真研究

在计划关停方案下,各项分项工程的施工参数如表 1.35 所示。

表 1.35 关停总模型施工参数

工作内容子系统	工作模块	关停影响线路	开始时间	施工内容	工作量/工作包	人员安排/人
重庆东站	东站货场	东站货场线路	2014年8月1日	信号迁改	414	23
				工务电务拆除	714	20
				通信及供电拆除	1 029	21
				场内建筑拆除	1 404	25
	东站专用线	油专、粮专、商专、危险品专用线	2014年9月30日	专用线与营业线隔离	120	10
				解除专用线信号设备	156	12
				拆除专用线	376	25
	渝黔场	襄渝东线	2015年6月30日	路堑开挖、边坡防护、站房施工等	35 550	90
	渝昆场		2015年8月30日	路堑开挖、边坡防护、站房施工等	20 070	90
	渝湘场		2015年6月30日	路堑开挖、边坡防护、站房施工等	45 650	50
重庆西编组站	既有铁路设施	襄渝西线、襄渝东线、重庆西编组站及出发场25股道	2014年8月1日	设备拆除	1 429	26
	梁场和铺架基地		2015年6月30日	基地建设	7 735	65
	动车所及客车整备所梁场、铺架基地		2016年10月1日	场地、设备拆除	31 209	103
两个站场改造	中梁山站场	小梨线（中梁山到跳蹬）	2017年2月10日	迁改、拆除、路基换填	1 972	11
	梨树湾站场	小梨线（梨树湾到重庆东）	2017年5月1日	整备场、机务段建设	4 590	30
线路改造或新建	渝黔客车正线	襄渝西线	2014年9月30日	铺轨、路基施工等	10 122	37
		襄渝东线后接南疏Ⅰ线、专用线	2015年7月1日	铺轨、路基施工等	22 407	51
	渝黔动车右线	襄渝东线、襄渝西线	2016年8月9日	铺轨、路基施工等	588	21
	渝昆动车左线	襄渝东线、专用线	2015年6月30日	铺轨、路基施工等	9 000	33
	渝黔动车左线	襄渝西线	2014年10月1日	铺轨、路基施工等	3 780	21
		襄渝东线	2015年6月30日	铺轨、路基施工等	14 070	24
	中梁山支线、小梨线	小梨线（中梁山到跳蹬、重庆东至中梁山）	2014年8月1日	铺轨电气化改造、路基施工等	5 400	23
	4条联络线	小梨线（梨树湾到重庆东）	2016年1月23日	铺轨、路基施工等	98 103	170

将施工参数输入重庆枢纽改造工程项目进度控制关停总模型，利用 Vensim PLE 软件进行仿真，得到各子系统的施工过程如图 1.90～1.93 所示。

第 1 章　基于系统动力学模型的山区高速铁路大型枢纽关停优化与过渡改造方案技术研究

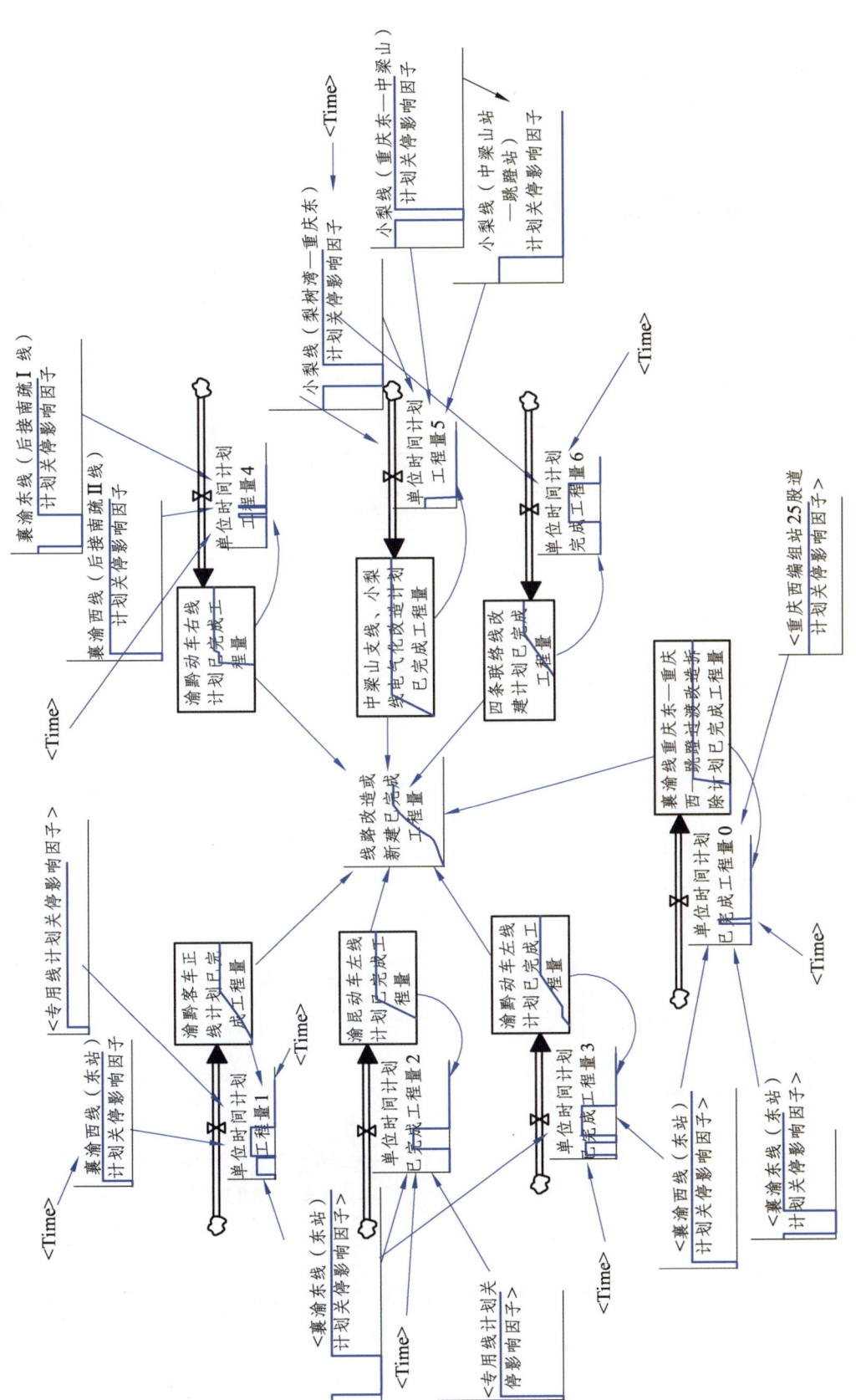

图 1.90　计划关停方案下线路改造或新建工作内容子系统仿真图

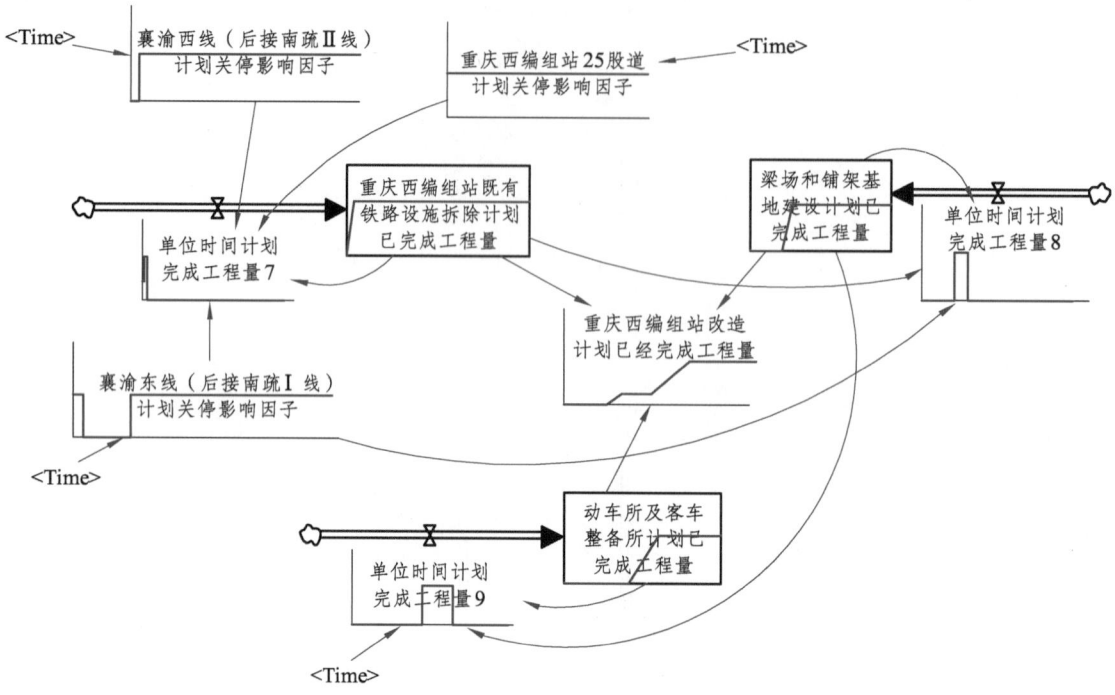

图 1.91 计划关停方案下重庆西编组站工作内容子系统仿真图

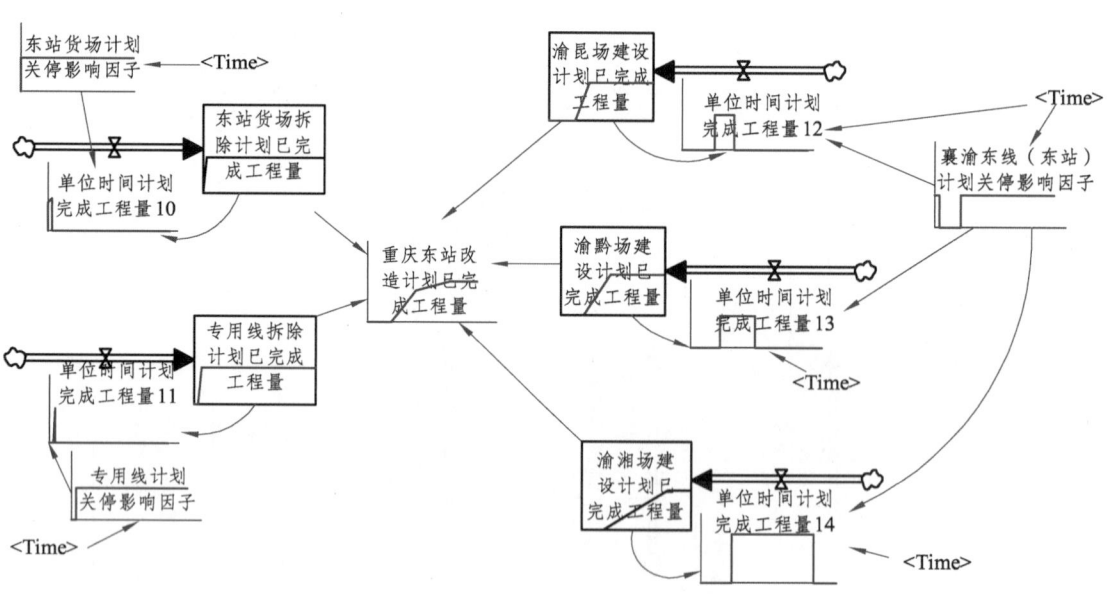

图 1.92 计划关停方案下重庆东站工作内容子系统仿真图

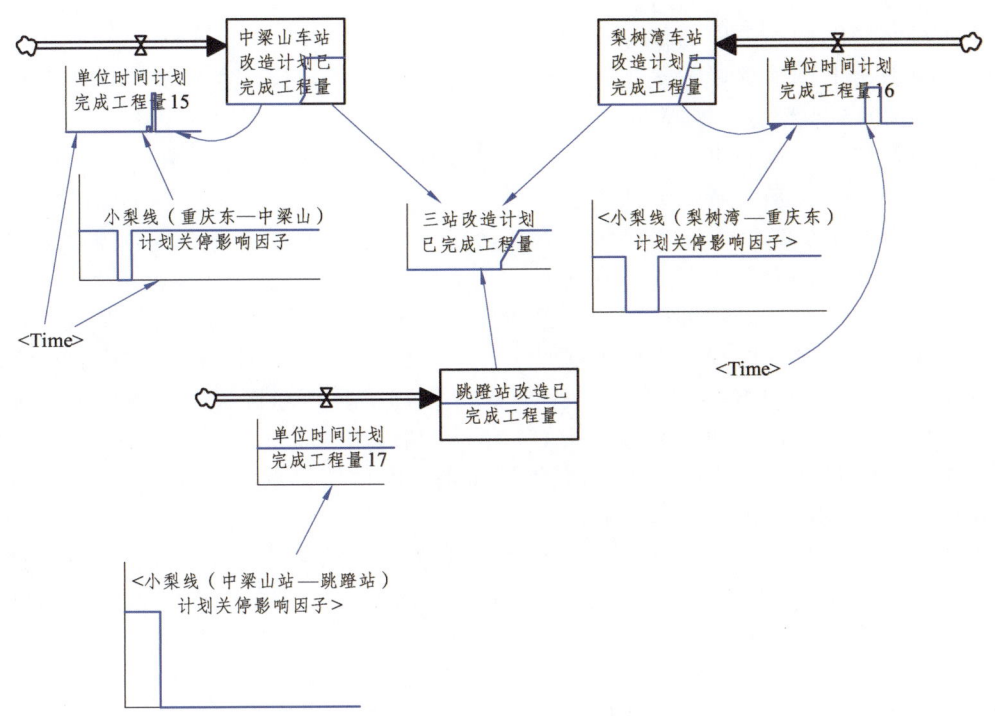

图 1.93　计划关停方案下三站改造工作内容子系统仿真图

由各个子系统工作内容累加即可得到总工程的工程进度仿真结果如图 1.94 所示，在计划关停方案下工程的总工期为 1 248 d。

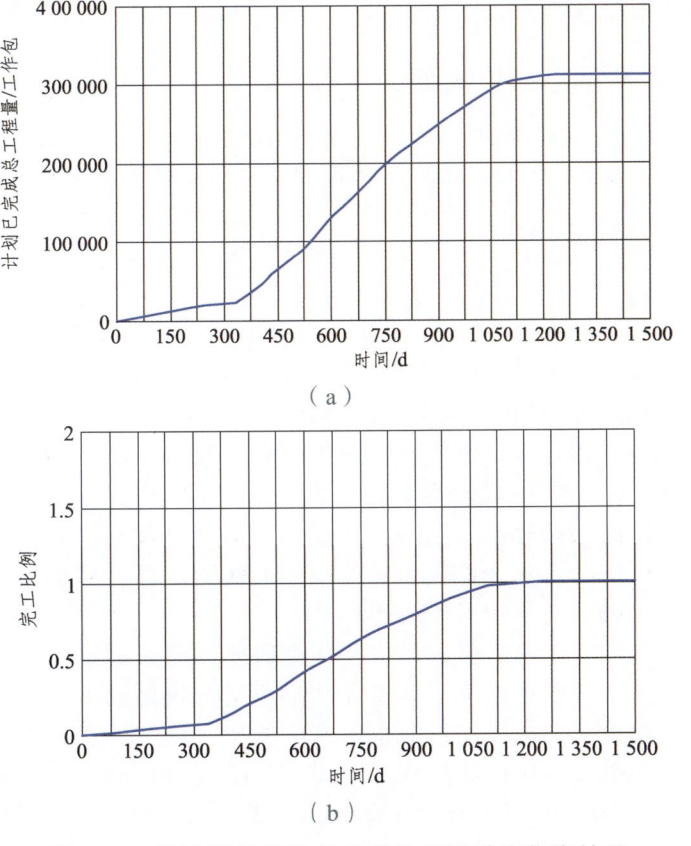

图 1.94　总计划关停下总工程的工程进度仿真结果

某些线路未能按时关停的部分原因如下：

（1）审查会上运输处就方案中关停范围及时序提出了异议，主要是考虑机车作业、运输能力及 2015 年春运运能等。

（2）机车作业问题：重庆枢纽现有四对客车在重庆西站交会及换机车，同时关闭重庆西峰前场 7、8、9 道，货车无法交会。

（3）既有牵引变电所拆除后影响既有线运营的问题：关停襄渝西线前需对襄渝东线进行信号联锁改造等多次未达成一致意见。

（4）关于重庆西站内燃机车检修转移问题：机务处要求保留机务段机车检修功能需保留进出通道。《成都铁路局关于重庆枢纽下一阶段建设施工和运输生产组织方案》第 106 期会议纪要明确，2014 年 9 月 26 日关闭西永—四所—重庆东区段 3 个月实施成渝客专中梁山隧道建设施工，并同步关停重庆西站（至 2017 年 12 月 30 日），2014 年 9 月 26 日至 2017 年 12 月 30 日（即渝黔铁路联调联试前）停止使用重庆西机务段，由机务处制定过渡期间重庆西机务段承担的检修功能转移方案，由此产生的过渡工程费用由渝黔公司负责协调解决。提出需完成重庆东站闭塞设备改造，实现重庆东站与跳蹬站直接办理闭塞，并在重庆西峰前场东侧正线设置有人值守线路所，为彻底关闭重庆西站提供条件。

（5）重庆西编组站编组场未能按时搬迁，导致编组场内线路未能及时关停。

（6）小梨线（中梁山—跳蹬）未能及时关停的原因：相关关停手续办理缓慢，各部门未能及时协同合作，导致下发关停文件延迟近一个月。

（7）梨树湾站及其专用线未能及时关停的原因：成都铁路局与重庆众友实业有限公司、重庆金村物流有限公司、中石化润滑油有限公司重庆分公司等铁路专用线业主签订了相关合同，需要同 3 条专用线业主进行衔接，协助专用线业主做好货运功能转移方案，利用团结村、白市驿等货运站场消化现有的 120 万吨/年的运能。

4．中间调整关停方案仿真研究

在实际工程中，由于成都铁路局与重庆众友实业有限公司、重庆金村物流有限公司、中石化润滑油有限公司重庆分公司签订了相关合同，需要使用重庆东货运站以及专用线和梨树湾货运站，但团结村、白市驿等货运站尚未形成大规模的货运能力，所以重庆东站货场及专用线和梨树湾站不能如期关停。因此对计划关停方案进行调整，东站货场拟定于 2014 年 8 月 31 日关停，油专、粮专和商专拟定于 2015 年 9 月 30 日关停，危专拟定于 2015 年 4 月 30 日关停，小梨线（重庆东—中梁山）拟定于 2015 年 6 月 30 日关停，小梨线（梨树湾—重庆东）拟定于 2015 年 9 月 30 日关停，梨树湾站及其专用线拟定于 2015 年 9 月 30 日关停。同时，通道①后工程管段大部分地段将处于既有线施工范围，不同既有线对工程施工的影响程度不同，重庆西编组站部分站线及出发场 25 股道拟定于 2014 年 9 月 30 日关停。

枢纽南北需保"双通道"。成渝客专隧道施工结束后，恢复西永—四所—重庆东列车通道，原则上重庆枢纽经兴隆场编组站发往成渝、川黔以及梨树湾、重庆东、中梁山及重庆老枢纽的客货列车经西永—重庆东—重庆西—跳蹬运行，成渝、川黔及老枢纽开往兴隆场编组站方向的客货列车经兴珞线运行。

进一步调整枢纽货运办理站业务，持续推进研究彻底关停重庆东站货运业务，一方面为重庆西客站（重庆东原址修建）及重庆动车所（重庆西原址修建）封闭施工创造条件，确保渝黔铁路建设工期；另一方面也为重庆枢纽"内客外货"格局奠定基础。

为保证渝黔铁路引入重庆枢纽工程于 2017 年 12 月 30 日建成开通，拟定 2015 年 6 月 30 日至 2017 年 12 月 30 日彻底封闭重庆东—重庆西—跳蹬列车运行通道，实施为期 30 个月的重庆西客站、动车所及相关线路建设施工。为确保重庆枢纽南北通道能力，关

第 1 章 基于系统动力学模型的山区高速铁路大型枢纽关停优化与过渡改造方案技术研究

闭重庆东—重庆西—跳蹬间列车通道前,须完成陶家场至大碑线路所双线建成投用,并同步完成西永站站改和西永—白市驿下行线自闭改造。为达成枢纽装卸目标,关闭重庆东—重庆西—跳蹬间列车通道前,须完成跳蹬至中梁山(含)电气化改造、线路升级施工。

为保证工程工期和和货物运输,襄渝东线(后接南疏Ⅰ线)和襄渝西线(后接南疏Ⅱ线)需暂时关停一条线路,保留一条从重庆东—重庆西编组站—跳蹬站的货运通道,考虑到襄渝东线对工程施工的影响较大,因此调整计划关停方案,拟定襄渝东线于 2014 年 8 月 31 日至 2014 年 9 月 30 日时间段内关停,在此期间保留襄渝西线通道,2014 年 9 月 30 日襄渝西线关停,襄渝东线开通运营。

小梨线(中梁山—跳蹬)由于关停手续办理缓慢,各部门未能及时协同合作,导致下发关停文件延迟,因此调整计划关停方案,拟定小梨线(中梁山—跳蹬)于 2014 年 9 月 1 日至 2015 年 10 月 29 日关停。

第一次调整后的关停方案如图 1.95 所示。

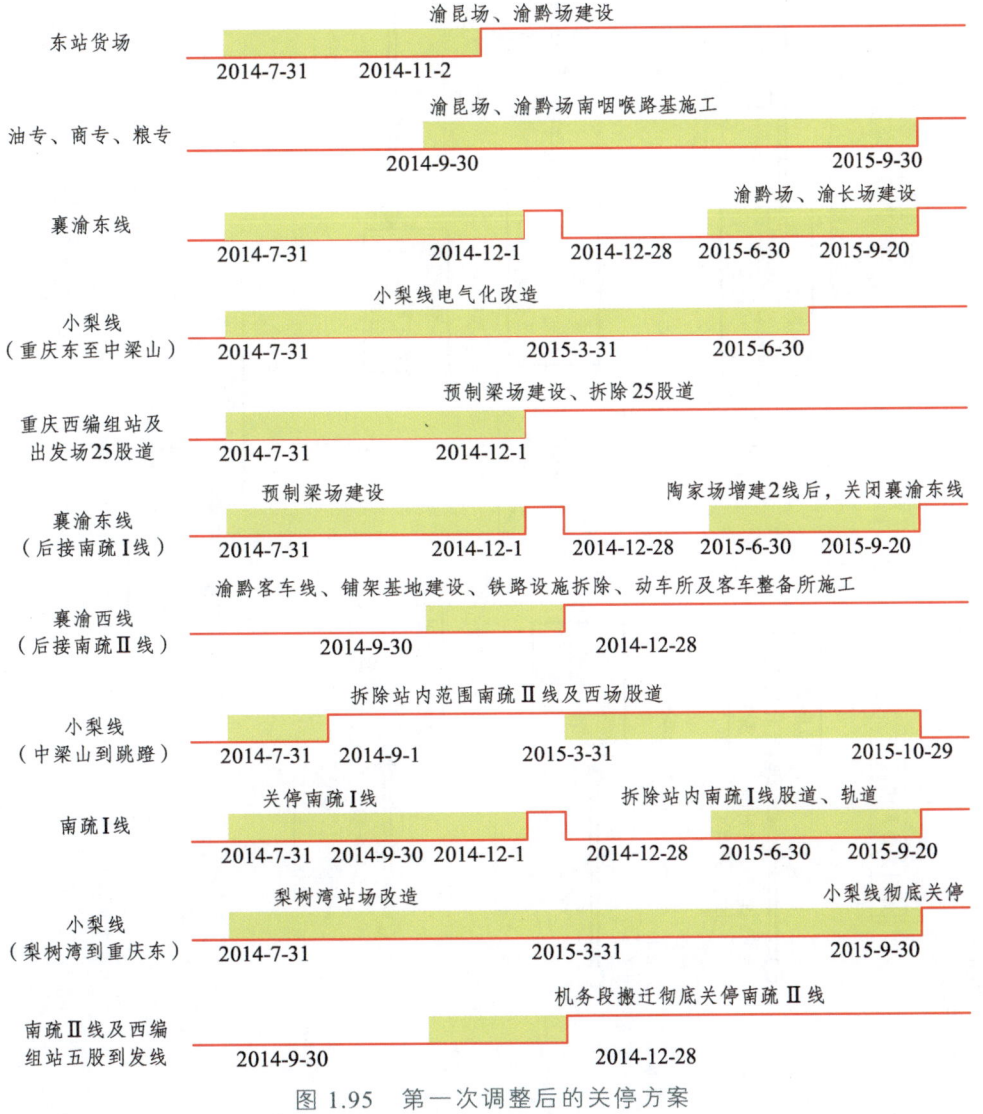

图 1.95　第一次调整后的关停方案

将第一次调整后的施工参数输入重庆枢纽改造工程项目进度控制关停总模型,利用 Vensim PLE 软件进行仿真,得到各子系统的施工过程如图 1.96～1.99 所示。

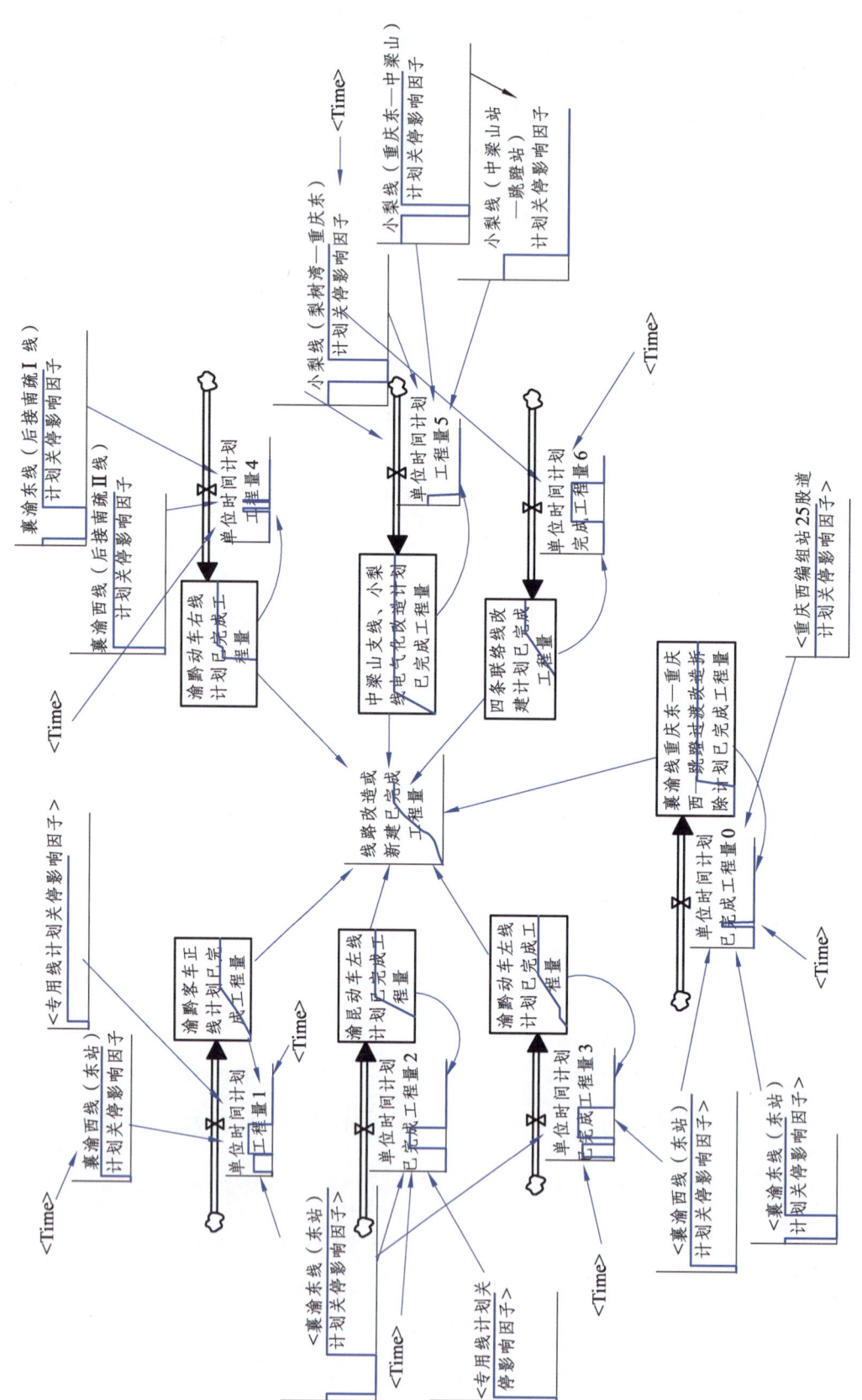

图 1.96 第一次调整方案下线路改造或新建工作内容子系统仿真图

第 1 章 基于系统动力学模型的山区高速铁路大型枢纽关停优化与过渡改造方案技术研究

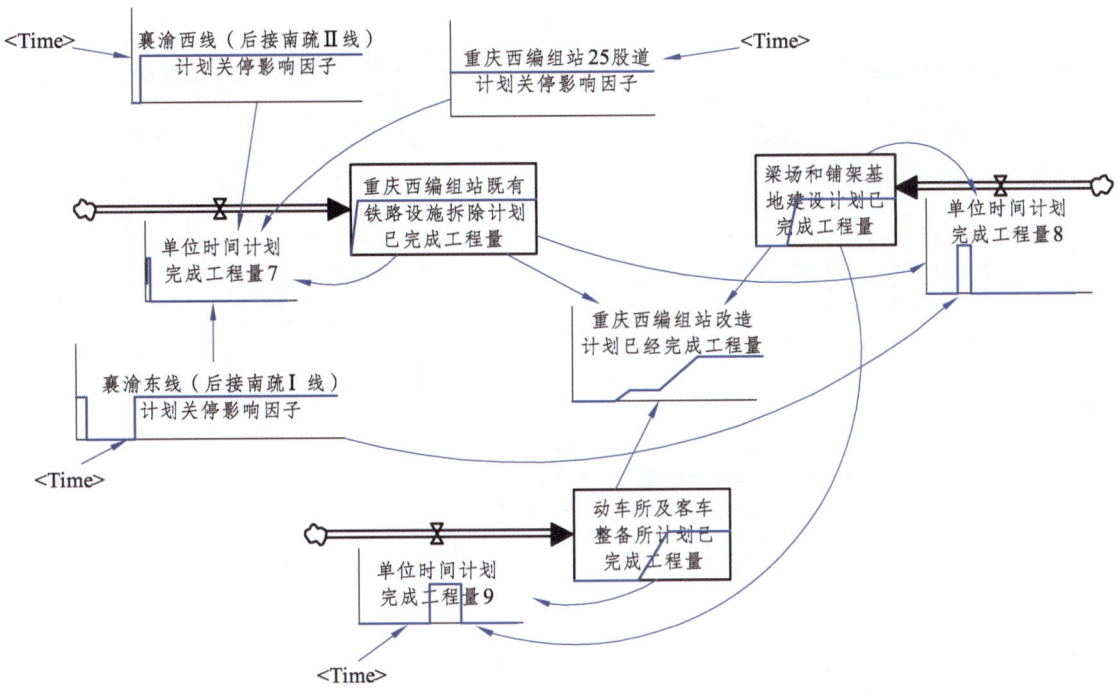

图 1.97　第一次调整方案下重庆西编组站工作内容子系统仿真图

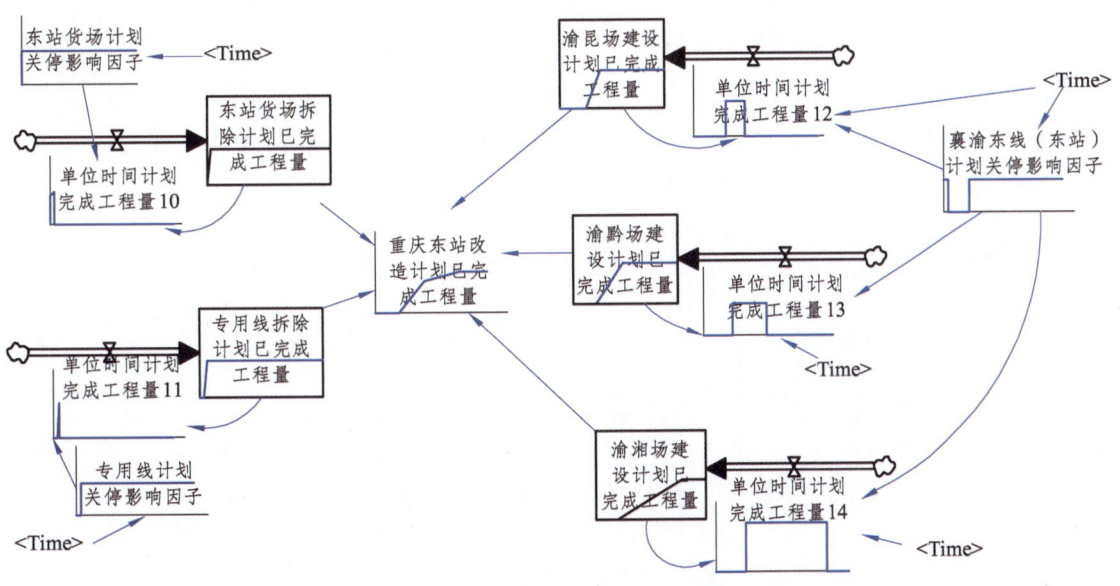

图 1.98　第一次调整方案下重庆东站工作内容子系统仿真图

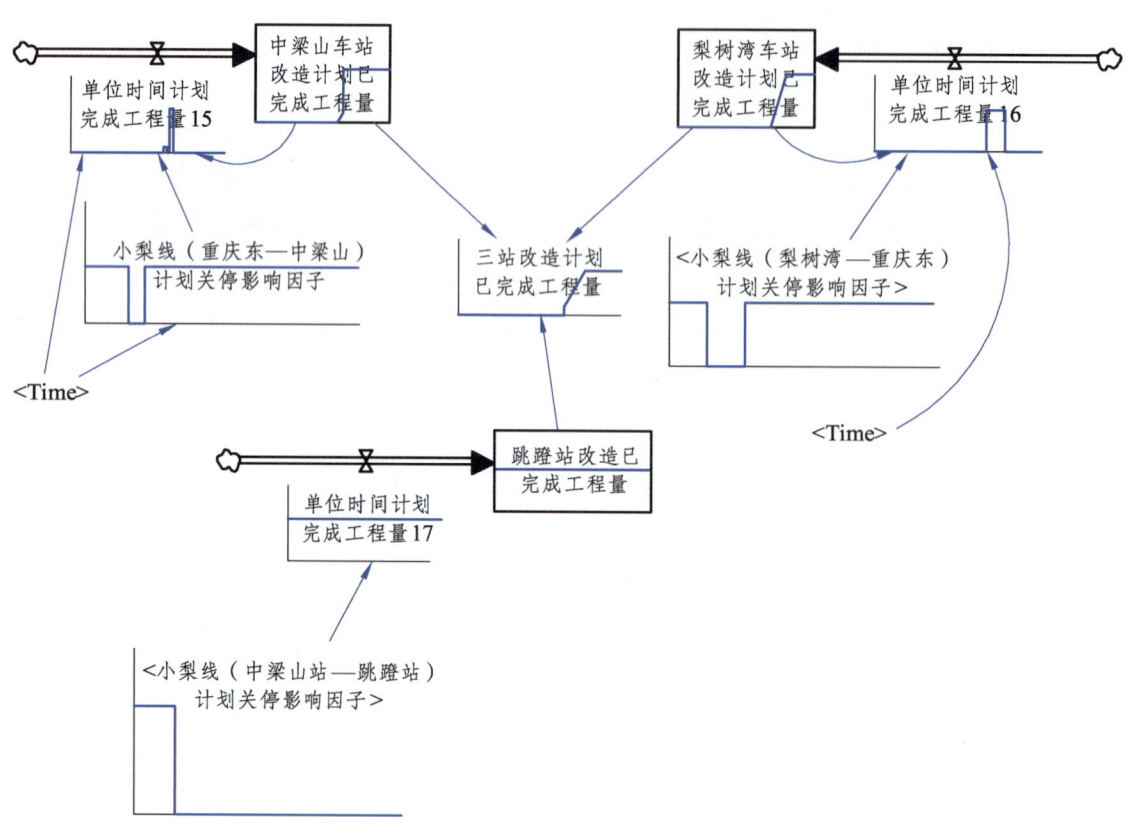

图 1.99　第一次调整方案下三站改造工作内容子系统仿真图

将第一次调整后的关停方案带入系统动力学模型，运行后的仿真结果如图 1.100 所示，得到的工程完工工期为 1 429 d。

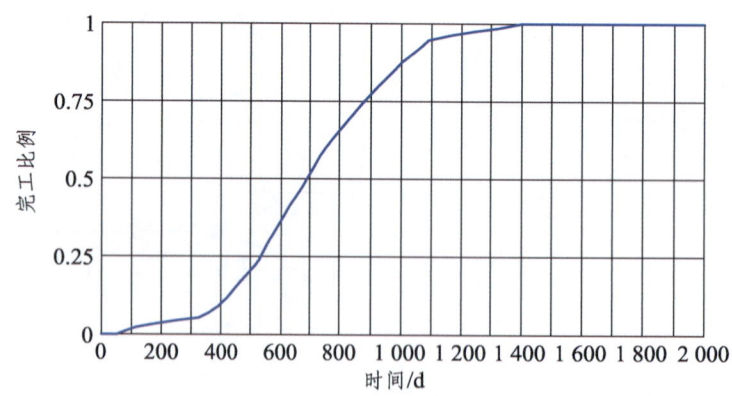

(a)

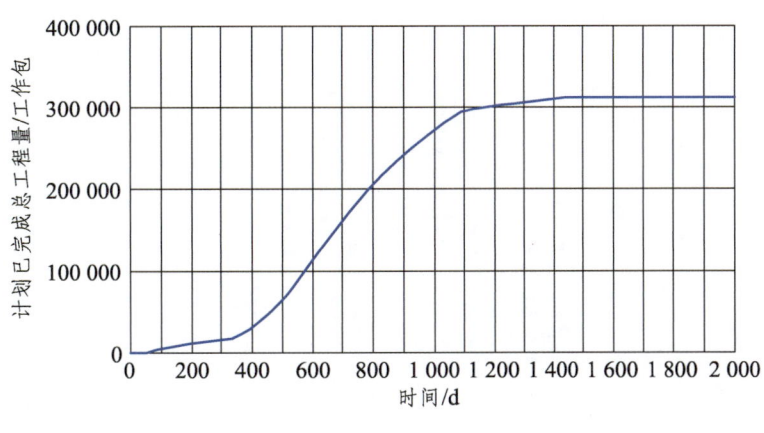

（b）

图 1.100　第一次调整方案下工程完工比例和计划已完成总工程量仿真结果

5．最终关停方案仿真研究

为了充分利用新建大碑至陶家场线路所双线通道能力，所有客货列车均经兴珞线运行，成渝下行、川黔上行以及回兴隆场站的客货列车运行至大碑线路所后，经兴珞上行线运行；兴隆场发至成渝上行、川黔下行以及重庆老枢纽的客货列车均经兴珞下行线运行至大碑线路所后再分线运行。

2015 年 9 月 30 日以前，重庆东站货场、襄渝东线（后接南疏Ⅰ线）、襄渝西线（后接南疏Ⅱ线）、重庆西编组站站线及出发场线路 25 股道、小梨线（中梁山—跳磴）已实现了关停，但油专、粮专、商专和危专，小梨线（梨树湾—中梁山）仍未实现关停，结合运输及工程进度实际情况，拟定这些线路在 2016 年 2 月 29 日后全部关停。

将第二次调整后的施工参数输入重庆枢纽改造工程项目进度控制关停总模型，利用 Vensim PLE 软件进行仿真，得到各子系统的施工过程如图 1.101～1.104 所示。

最终拟定的关停方案如图 1.105 所示。

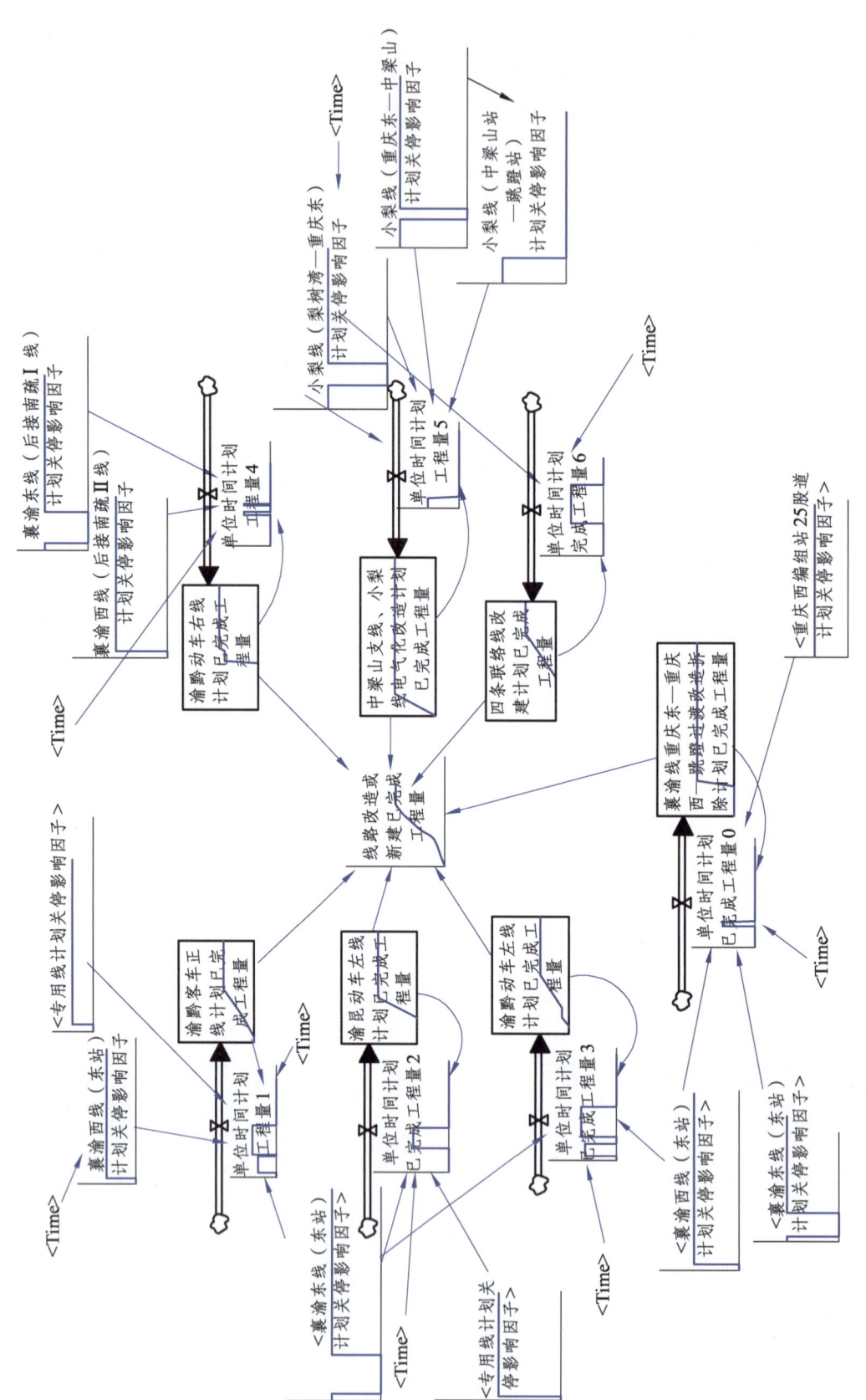

图 1.101　第二次调整方案下线路改造或新建工作内容子系统仿真图

第1章 基于系统动力学模型的山区高速铁路大型枢纽关停优化与过渡改造方案技术研究

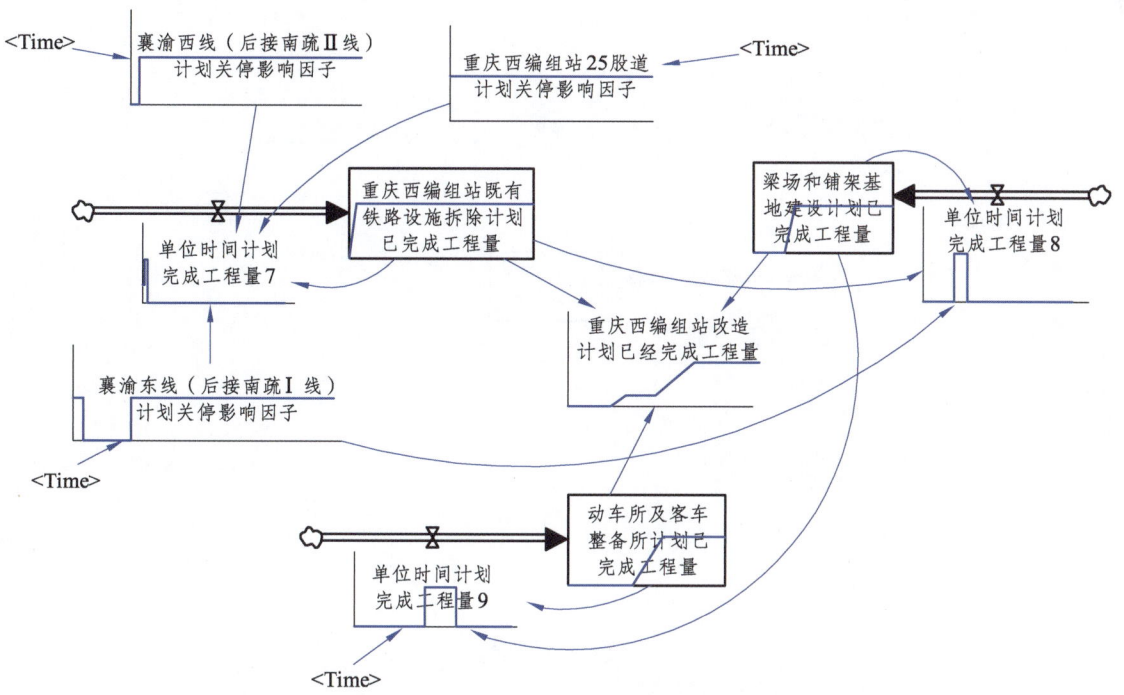

图 1.102 第二次调整方案下重庆西编组站工作内容子系统仿真图

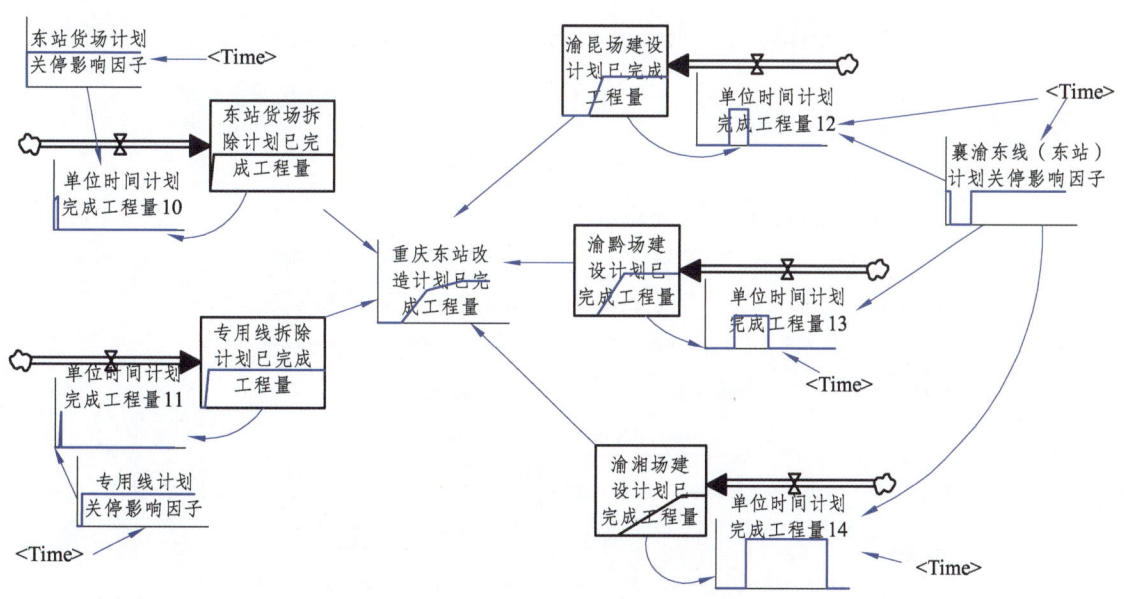

图 1.103 第二次调整方案下重庆东站工作内容子系统仿真图

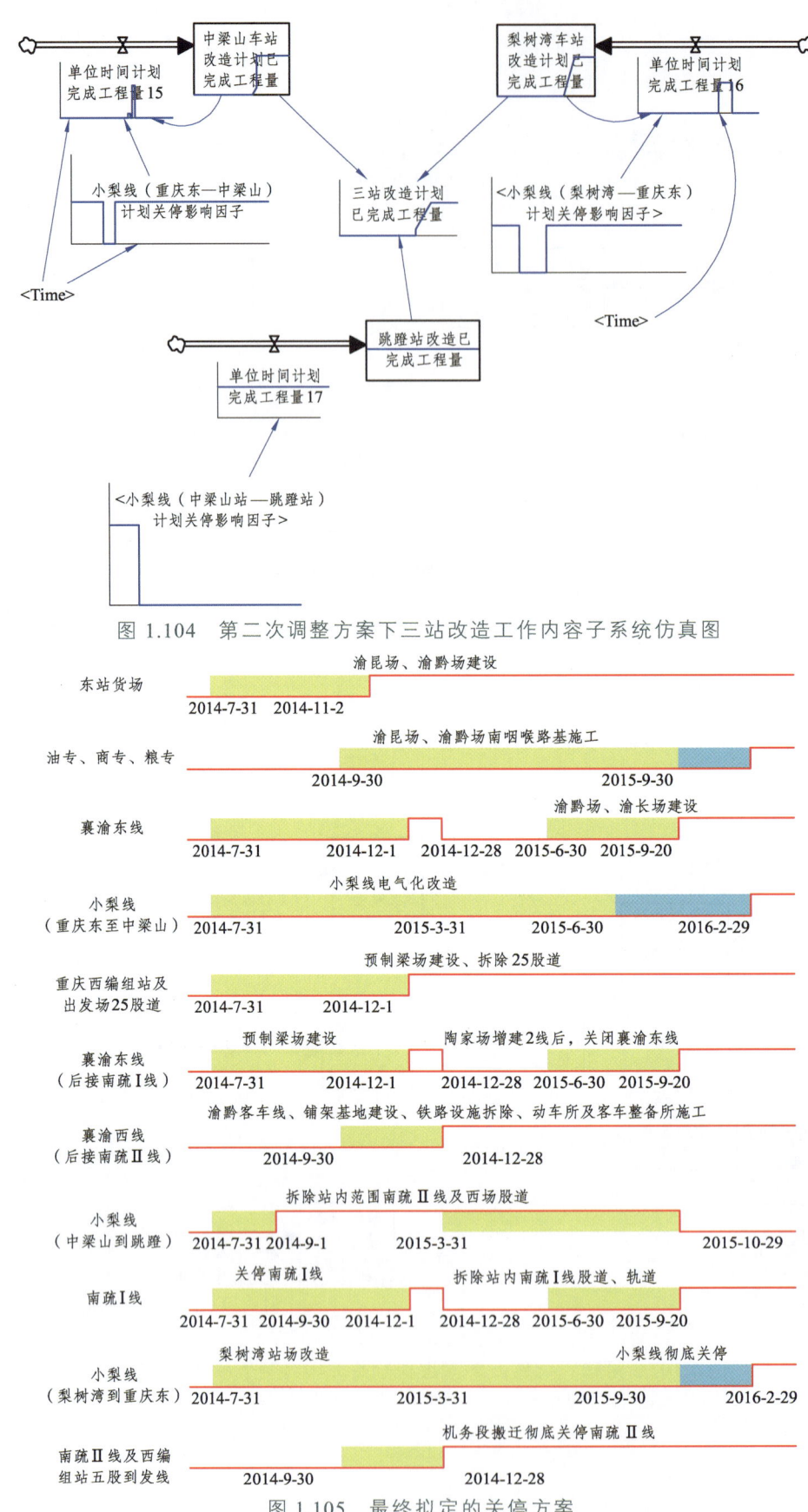

图 1.104　第二次调整方案下三站改造工作内容子系统仿真图

图 1.105　最终拟定的关停方案

将最终拟定的关停方案带入系统动力学模型,运行后的仿真结果如图 1.106 所示,运行得出的工程完工工期为 1 647 d。

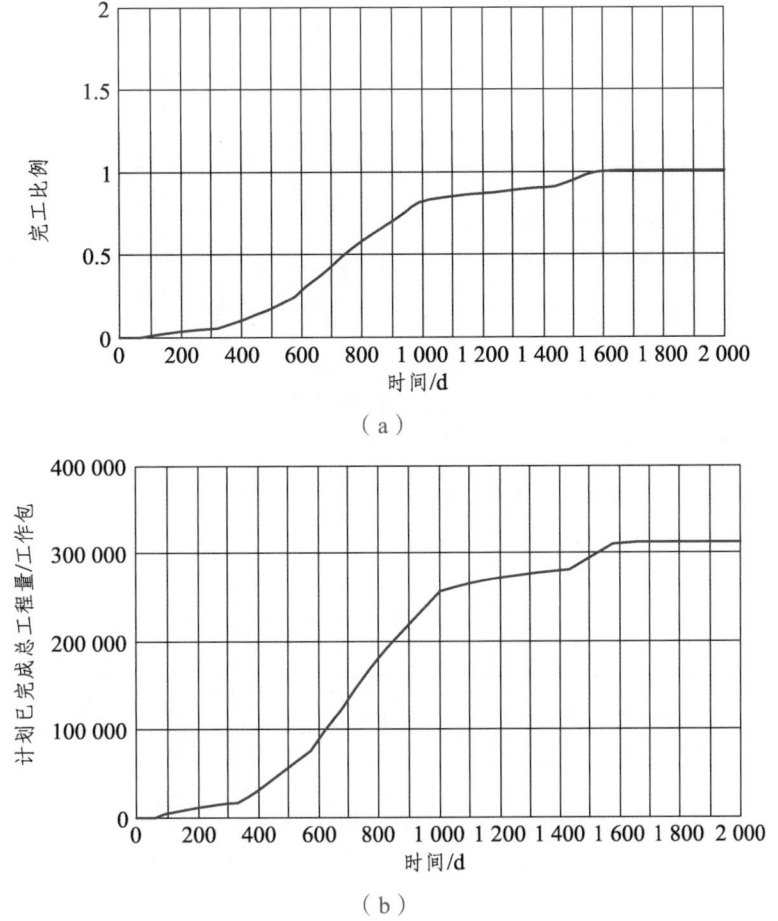

图 1.106　最终关停方案的工程完工比例和计划已完成总工程量仿真结果

6. 枢纽关停系统动力学模型小结

将重庆枢纽中涉及的线路或站场关停方案汇总如表 1.36 所示。

表 1.36　关停方案汇总

关停的线路或站场	影响的施工内容	计划关停时间段	中间调整关停时间段	最终关停时间段
东站货场线路	东站货场拆除、渝昆场建设、渝黔场建设	2014 年 7 月 31 日至永久	2014 年 11 月 2 日至永久	2014 年 11 月 2 日至永久
油专、商专、粮专	东站专用线拆除,渝昆、渝黔南咽喉路基施工	2014 年 9 月 30 日至永久	2015 年 9 月 30 日至永久	2016 年 2 月 29 日至永久
襄渝东线	渝昆、渝黔、渝湘场建设,重庆西编组站既有铁路设施拆除,梁场和铺架基地建设,动车所及客车整备所建设,渝黔客车正线、渝黔动右、渝昆动左、渝黔动左	2014 年 7 月 31 日至 2014 年 9 月 31 日;2015 年 6 月 30 日至永久	2014 年 12 月 1 日至 28 日;2015 年 9 月 20 日至永久	2014 年 12 月 1 日至 28 日;2015 年 9 月 20 日至永久

续表

关停的线路或站场	影响的施工内容	计划关停时间段	中间调整关停时间段	最终关停时间段
小梨线（重庆东至中梁山）	小梨线电气化改造	2014年7月31日至2015年3月31日；2015年6月30日至永久	2015年6月30日至永久	2016年2月29日至永久
重庆西编组站及出发场25股道	重庆西编组站既有铁路设施拆除，梁场和铺架基地建设，动车所及客车整备所建设	2014年7月31日至永久	2014年12月1日至永久	2014年12月1日至永久
襄渝东线（后接南疏Ⅰ线）	梁场和铺架基地建设，渝黔客车正线建设，专用线拆除	2014年7月31日至2014年9月30日；2015年6月30日至永久	2014年12月1日至28日；2015年9月20日至永久	2014年12月1日至28日；2015年9月20日至永久
襄渝西线（后接南疏Ⅱ线）	渝黔客车正线、梁场和铺架基地建设、重庆西编组站铁路设施拆除、动车所及客车整备所建设、渝黔动右、渝黔动左	2014年9月30日至永久	2014年12月28日至永久	2014年12月28日至永久
小梨线（中梁山到跳蹬）	中梁山站场改造、中梁山支线改造	2014年7月31日至2015年3月31日	2014年9月1日至2015年10月29日	2014年9月1日至2015年10月29日
南疏Ⅰ线	渝黔客车正线、南疏Ⅰ线拆除	2014年7月31日至2014年9月30日；2015年6月30日至永久	2014年12月21日至28日；2015年9月20日至永久	2014年12月21日至28日；2015年9月20日至永久
小梨线（梨树湾到重庆东）	梨树湾站场改造，4条联络线改建	2014年7月31日至2015年3月31日；2015年9月30日至永久	2015年9月30日至永久	2016年2月29日至永久
南疏Ⅱ线及西编组站五股到发线	南疏Ⅱ线拆除，重庆西编组站既有铁路设施拆除，梁场和铺架基地建设，动车所及客车整备所建设	2014年9月30日至永久	2014年12月28日至永久	2014年12月28日至永久

在重庆至贵阳铁路扩能改造工程中，既有线和既有站场的关停与工程施工会相互影响。既有线的关停会给既有线的正常运输带来干扰，既影响运输效率，也影响运输安全。同时，线路关停具有封锁施工的计划性、组织结构的复杂性、多工种和多单位的共同参与、对运输生产的干扰性强、封锁时间有限性等特点。因此，良好的工程控制对合理控制工程进度、费用和安全风险是至关重要和不可缺少的。本章根据关停中面临的诸多因素建立系统动力学模型，并对渝黔客车正线、渝昆动左、渝黔动左、渝黔动右、中梁山支线改建和小梨线电气化改造、四条联络线改建、襄渝线重庆东—重庆西—跳蹬过渡改造拆除等7个单项工程的站场改造施工控制进行了仿真研究。

本系统动力学关停模型中，重点考虑了重庆枢纽襄渝线南北方向货运通的运输需求。保留通道①中西永—重庆东—跳蹬货运通道（包含两个子通道），但不同既有线对工程施工的影响程度不同，保证重庆东—重庆西—跳蹬中有襄渝东线和襄渝西线相连接，从而使运输与施工的相互影响程度降到最低。因此，在保证运输需求的同时兼顾工程工期要求，减小施工对枢纽装卸车影响以及满足 2015 年春运需求，恢复西永—四所—重庆东列车运行通道，同时断开西永—白市驿下行线。制定了第一次关停方案。

但是，由于机车作业、运输能力及 2015 年春运运能、重庆西站内燃机车检修转移出现问题、相关关停手续办理缓慢、各部门未能及时协同合作、专用线同业主方签订的合同等原因导致大部分线路未能如期关停。为了更好地对整个系统工程进行动态控制，通过系统动力学关停模型，进行相应的数据调整，又分别在 2014 年国庆节前和 2016 年春节前对剩下的工程进行了两次方案调整。通过动态控制对整个工程进行实时模拟仿真，从而较好地把握工程进度，在保证工程质量和工程费用的情况下尽量缩短工期。因此，加强既有线关停施工组织是铁路运输生产中重要的内容。

1.5.4 效果分析

通过上述对枢纽改造各个工程进度控制模型和枢纽关停模型的模拟仿真可知，利用系统动力学模型能够客观实际地反映工程项目自身的演变趋势。

由于重庆枢纽改造工程前期延误造成后期工程工期严重紧张，因此建立了各个工程进度控制系统动力学模型，让项目管理人员能够预先判断管理决策对项目产生的影响，更快、更全面地了解项目进展情况。最终为各个单项工程推荐了较为合理的工程施工控制方案，不仅满足了工程工期要求，且工程费用和工程安全风险发生的概率都控制在了合理的范围之内。实践证明，利用系统动力学模型分析能够较好地对工程项目进度进行控制，此模型对同类工程具有较好的借鉴意义。

在重庆枢纽改造过程中，各条既有线、既有站场的关停或者运营与整个枢纽中各个单项工程的施工任务相互影响，因此如何既保证既有线的运输需求又保证在合同工期内完成工程任务，关停方案制定的复杂性和调整的艰巨性不言而喻。系统动力学擅长于描述系统中各部分结构之间的相互影响关系，因此，站在施工方的角度，为了更清晰地表达关停控制对工程的影响，建立了枢纽关停系统动力学模型，这在枢纽关停优化研究中尚属首次。由于各种原因，既有线和既有站场未能按计划关停方案如期关停，因此需对计划关停方案进行调整，经过两次调整形成了最终关停方案。通过将系统动力学模型引入枢纽关停优化研究当中，清晰地将不同关停方案下整个工程项目的发展趋势呈现给决策者，便于决策者及时对关停方案进行调整以满足工程要求。最终为决策者提供了较为合理的关停方案，大体上在保证既有线运行的前提下如期完成了工程任务，实现了较好的效果，对未来大型枢纽改造工程关停优化研究具有很大的参考价值。

1.6 结　论

本章依托重庆枢纽站场改造工程，以对工程项目的进度控制为目的，在充分分析了进度压力、工作时间、工作人员数量、工程费用、工程质量和安全风险概率等多方面因素的基础上，利用系统动力学方法建立了站场改造工程进度控制模型和关停模型，并通过方案仿真，为项目管理者提供了一定的决策支持。本章的研究价值和创新点如下。

1．研究价值

（1）理论价值：复杂工程项目的管理一直是项目管理领域的热点。目前，我国的相关研究尚处于发展阶段，且主要集中在项目复杂性认识和复杂项目管理模式的探讨方面，尚缺乏对复杂项目目标控制方法和工具的研究。本章引进系统动力学的理论和方法，结合站场改造工程的知识和经验，提出了一种适于复杂工程项目进度控制的系统动力学仿真方法。该方法与传统方法相比，在方法论上有了较大突破，促进了复杂项目管理理论体系的构建。在项目管理科学大发展的时代背景下，本研究有利于促进项目管理学科和相关前沿学科和交叉学科的融合，有利于推动项目管理学科的创新和发展。

（2）实践价值：随着铁路建设领域投资的高速增长，复杂铁路工程项目不断增多，受多种潜在因素的影响，大型铁路工程项目进度目标失控问题比较严重。然而，针对这种复杂的大型系统，在因素影响分析和模型构建方面都存在较大难度，这无疑对铁路站场改造施工领域带来了挑战。

鉴于传统方法对复杂工程项目进度控制的支持作用犹显不足，本章构建了能够描述项目实施过程中项目工作与主要进度影响因素之间和工作与工作之间的相互关系的系统动力学模型，通过对该模型的仿真实验，可为不确定环境下复杂铁路工程项目的进度计划进行控制，并可为进度控制策略的选择提供决策支持。

2．创新点

（1）通过分析运输组织、施工组织管理、物资供应、人员保障以及相关单位的影响等因素，建立一个了涵盖工程项目范围、质量、工期、费用、管理水平，以及安全风险等多因素的进度控制系统动力学模型。鉴于站场改造工程中各因素的不确定性和动态性，本章在参考了大量工程实际和系统动力学分析模型的基础上，对山区高速铁路大型枢纽改造工程过程内部的运行机制及外部影响因素进行分析，以综合性、客观性、可度量性、可操作性为原则，简化和量化相关内部因素，逐步分析关停后的各站场和线路的过渡改造方案，建立起了工程施工过程子系统、工程项目表现子系统以及综合目标评价子系统，从而为项目系统的工期、费用控制做出一定的决策指导。

（2）在保证限定的安全风险条件下，利用 Vensim PLE 软件对铁路站场和线路改造工程中的工程进度和费用进行仿真研究。通过分析增加人工、增加工作时间和加强激励措施等方法以及采纳不同的控制策略组合对工程进行综合性仿真评估，提出了针对性的指导方案，为采取纠偏措施提供了定量的指导。

（3）通过分析既有站场、既有线关停与货物运输、工程质量、费用效益的复杂关系以及相互影响建立了枢纽改造关停系统动力学模型。通过调整既有站场、既有线关停步骤并对调整步骤进行仿真研究，找到了在多约束条件下既有线关停的合理步骤，使其达到了对货物运输和工程费用、工程质量的最优，为既有线、既有站点的关停优化方案提供了相应的理论支持和方法根据。

（4）由于在工程中面临春运导致运输需求急剧增加，须保留货运通道，受到机车作业困难、各部门协调难等多种因素约束和限制，因此，站在施工方的角度，为了更清晰地表达关停控制对工程的影响，通过系统动力学模型勾勒出的各部分结构之间的相互影响关系，建立了枢纽关停系统动力学模型，这在枢纽关停优化研究中尚属首次。将不同关停方案下整个工程项目的发展趋势更清晰地呈现给决策者，便于决策者及时对关停方案进行调整以满足工程要求。最终为决策者提供了较为合理的关停方案，大体上在保证既有线运输的前提下如期完成了工程任务，取得良好的效果，对未来大型枢纽改造工程关停优化研究具有很大的参考价值。

第2章 基于灰色系统理论的山区高速铁路大型枢纽铺架基地一体化规划布置与建造技术优化研究

铺架基地是由铺轨基地与预制梁场在同侧合并设置组成的大型临时建筑设施,主要承担着铁路铺轨架梁工程施工的路料存放和供应任务,其规划布置很大程度决定了制梁、存梁、架梁与铺轨的效率与能力,研究其规划选址、平面布置以及建造技术具有重要的现实意义。

2.1 绪 论

2.1.1 研究目的及意义

由于本标段的铺架工程数量大,且沿线多为低山丘陵区,地势起伏大,地形狭长,不宜布置大型枢纽站铺架基地。同时,由于项目在前期受到征地拆迁困难、铁路关停时间延迟等因素影响,施工工期十分紧张。因此,如何利用既有的重庆西编组站,不仅要实现制梁、存梁、架梁与铺轨的有机结合,还要满足总体施工工期的要求,尽可能保证生产能力最大化、拆除量与生产成本最小化,铺架基地的规划选址和平面布置是否合理就起到至关重要的作用。

本章主要结合灰色系统理论对山区高速铁路大型枢纽铺架基地的一体化选址规划与平面布置等问题进行研究,并对铺架基地建设过程中采用的施工工艺优化方案进行分析总结,可以为今后类似山区地形预制梁场和铺轨基地等大型临时建设工程提供参考借鉴。

2.1.2 国内外研究现状

长期以来,许多研究机构和一线施工企业进行了大量的理论分析和实际生产论证,以期寻求施工方案优化的主要方向和实施重点。在分析论证过程中始终遵循以社会效益和经济效益为中心，同时兼顾生产工期、工程质量、安全施工等诸多因素。通过综合分析和认真比选，目前国内外普遍采用的优化重点主要在于确立铺架基地的位置与生产规模。铺架基地作为整体施工的组织场地和物资集散地，其位置和规模将对整体铺架施工产生重大的影响，对其位置和规模的优化，一直都是方案优化的主要方向，优化成果也成为保障施工顺利开展的首要前提。

因此，在施工方案优化过程中，需对铺架基地的位置和生产规模进行细致调查，同时综合分析工程面临的施工任务，尤其是分析梁体、轨枕生产速度与主体铺架施工需求之间的动态关系，最终确定铺架基地的规模。确保梁体、轨枕的生产速度和运输通道能够与铺架施工相匹配，保障前方铺架施工的顺利开展。[13]

目前，针对铺架基地选址及平面布置的研究还比较滞后，还停留于定性分析研究，缺乏系统性的研究和先进的研究成果，研究范围有一定的局限性，大多数场地布置的研究都是对施工场地进行布置，从事铺架基地的专题研究还不是很多。

从现有可查的文献资料来看，其中多为综述性文章，只是提到了铺架基地选址及布置过程中需要注意的问题，没有针对一体化选址布置方案优化评价的研究。同时，影响其规划布置的因素多为定性因素，定量的评价分析模型不太适用，研究结果不具备通用性。因此，国内相关研究尚不成熟，需要进一步研究的地方还很多。[14]

2.1.3 研究内容

（1）首先对铺架基地所承担的制梁、存梁、架梁与铺轨等各个工序任务进行详细拆分并进行说明，将铺架基地在整体工程项目中所参与的全部建设内容进行分析总结，为之后的研究提供理论支撑与实例验证。

（2）通过对铺架基地的选址规划研究，结合永临结合要求系统地提出了铺架基地的选址原则，分析确定预制梁场与铺轨基地选址的影响因素。再运用灰色系统理论的数学模型，实现对铺架基地一体化选址方案的比选评价，在满足施工需要与工期要求的同时最大限度地提高施工效率、减少拆除量、节约建设成本。

（3）确定铺架基地平面布置的原则与工作内容，结合系统布置设计方法（SLP）确定铺架基地的一体化平面布置与分区规划方案，然后根据项目实际情况进行布置调整，设计出多套可行的布置方案。最后对得到的可行方案运用多目标灰靶决策方法进行对比计算，从而得出最优布置方案。

（4）根据既有设施，通过理论计算，合理分配了人员、材料、机械、场地等资源，实现资源的最大化使用率。

（5）对铺架基地建设中优化采用的建造工艺技术进行总结，并从社会效益、经济效益两方面与传统施工方案进行对比分析，证明施工方案优化的合理性。

2.1.4 研究方法

1. 灰色系统理论产生的背景和意义

人们在社会活动、经济活动或科学研究过程中，经常会遇到信息不完全的情形。例如，在农业生产中，即使是播种面积、种子、化肥、灌溉条件等信息完全明确，但由于劳动力技术水平、气候条件、市场行情等信息不明确，仍然难以准确地预计出产量、产值；再如价格体系的调整或改革，常常因为缺乏民众心理承受力的信息，以及某些商品价格变动对其他商品价格影响的确切信息而步履维艰。这就促使各种研究不确定性信息的理论及方法逐步产生。

随着科学技术的发展和人类社会的进步，人们对各类系统不确定性的认识逐步深化，不确定性系统的研究也日益深入。20世纪后半叶，在系统科学和系统工程领域，各种不确定性系统理论和方法不断涌现。扎德教授于20世纪60年代创立的模糊数学，邓聚龙教授于20世纪80年代创立的灰色系统理论，帕拉克教授于20世纪80年代创立的粗糙集理论，王光远教授于20世纪90年代创立的未确知数学等，都是不确定性系统研究的重要成果。这些成果从不同角度、不同侧面论述了描述和处理各类不确定性信息的理论和方法。[15]

1982年，中国学者邓聚龙教授创立的灰色系统理论，是一种研究少数据、贫信息不确定性问题的新方法。灰色系统是一门研究信息部分清楚、部分不清楚并带有不确定性现象的应用数学学科。它以部分信息已知、部分信息未知的小样本、贫信息不确定性系统为研究对象，主要通过对部分已知信息的生成、开发，提取有价值的信息，实现对系统运行行为、演化规律的正确描述和有效监控。在客观世界中，大量存在的不是白色系统（信息完全明确），也不是黑色系统（信息完全不明确），而是灰色系统。[16]

经过30多年的发展，目前有许多国家及国际组织的知名学者从事灰色系统的理论和应用研究工作。灰色系统理论应用于工业、农业、社会、经济、能源、交通、地质、石油、气象、水利等众多领域，成功地解决了大量的实际问题。[17]

2．灰色系统理论的概念和基本思想

客观世界中很多实际问题，其内部的结构、参数以及特征并未全部被人们了解，也不可能像研究白箱问题那样将其内部机理研究清楚，只能依据某种思维逻辑与推断来构造模型。这类部分信息已知而部分信息未知的系统，称之为灰色系统。表2.1介绍了灰色系统与黑色系统和白色系统的区别。[17]

表2.1 几种系统的比较

概念	白色系统	黑色系统	灰色系统
区别	信息完全明确的系统	信息未知的系统	部分信息明确，部分不明确的系统

（1）三种不确定分析方法的比较。

概率统计、模糊数学和灰色系统理论是三种最常用的不确定系统研究方法，其研究对象都具有某种不确定性，是它们共同的特点。正是研究对象在不确定性上的区别，才派生了这三种各具特色的不确定学科。

模糊数学着重研究"认识不确定"问题，其研究对象具有内涵明确、外延不明确的特点。比如"年轻人"内涵明确，但要你划定一个确定的范围，在这个范围内是年轻人，范围外不是年轻人，则很难办到了。[16]

概率统计研究的是"随机不确定"现象，考察具有多种可能发生的结果的随机不确定现象中每一种结果发生的可能性的大小，要求大样本，并服从某种典型分布。[18]

灰色系统理论着重研究概率统计和模糊数学难以解决的"小样本，贫信息"不确定性问题，着重研究外延明确、内涵不明确的对象。例如，到 2050 年，中国要将总人口控制在 15 亿到 16 亿之间，这"15 亿到 16 亿之间"是一个灰概念，其外延很清楚，但要知道具体数值，则不清楚。[15]

上述三种不确定性方法的比较如表 2.2 所示。

表 2.2　三种不确定性方法的比较

项目	灰色系统	概率统计	模糊数学
研究对象	贫信息不确定	随机不确定	认知不确定
基础集合	灰数集	康托集	模糊集
方法依据	信息覆盖	映射	映射
途径手段	灰序列算子	频率统计	截域
数据要求	任意分布	典型分布	隶属度可知
侧重	内涵	内涵	外域
目标	现实规律	历史统计规律	认知表达
特色	小样本	大样本	凭经验

（2）灰色系统理论的基本思想。

灰色系统理论是通过对原始数据的挖掘与整理来寻求其变化规律的。这是一种就数据寻找数据的现实规律的途径，称之为灰色序列生成。灰色系统理论认为，尽管客观系统表象复杂、数据离乱，但它总是有整体功能的，因此必然蕴含某种内在规律，关键在于如何选择适当的方式去挖掘它和利用它。一切灰色序列都能通过某种生成弱化其随机性，显现其规律性。

3. 灰色系统理论的内容

灰色系统理论经过 30 多年的发展，已基本建立起一门新兴学科的结构体系。其主要内容包括以灰色朦胧集为基础的理论体系，以灰色关联空间为依托的分析体系，以灰色序列生成为基础的方法体系，以灰色模型（GM）为核心的模型体系，以系统分析、评估、建模、预测、决策、控制、优化为主体的技术体系。灰色朦胧集、灰色代数系统、灰色方程、灰色矩阵等是灰色系统理论的基础，从学科体系自身的优美、完善出发，这里有许多问题值得进一步研究。[16]

4. 系统布置设计方法（SLP）

19 世纪 60 年代初，Richard Muther 将系统工程概念和系统分析方法应用于工厂布置，提出以作业单位物流、非物流因素分析为主线，采用一套表达力极强的图例符号和简明表格，通过结构化、条理化的程序设计模式进行设施规划的方法，即系统布置设计方法（SLP）。[19]

这种方法要建立一个相关图，表示各部门的密切程度。相关图类似于车间之间的物流图，要用试算法进行调整，直到得到满意方案为止，然后就要根据建筑的容积来合理地安排各个部门。这种方法不仅适用于工厂和生产系统设计，还可以用于医院、学校、百货商店、办公楼等设施的设计。[20] 施工场地系统布置设计（SLP）程序图如图 2.1 所示。

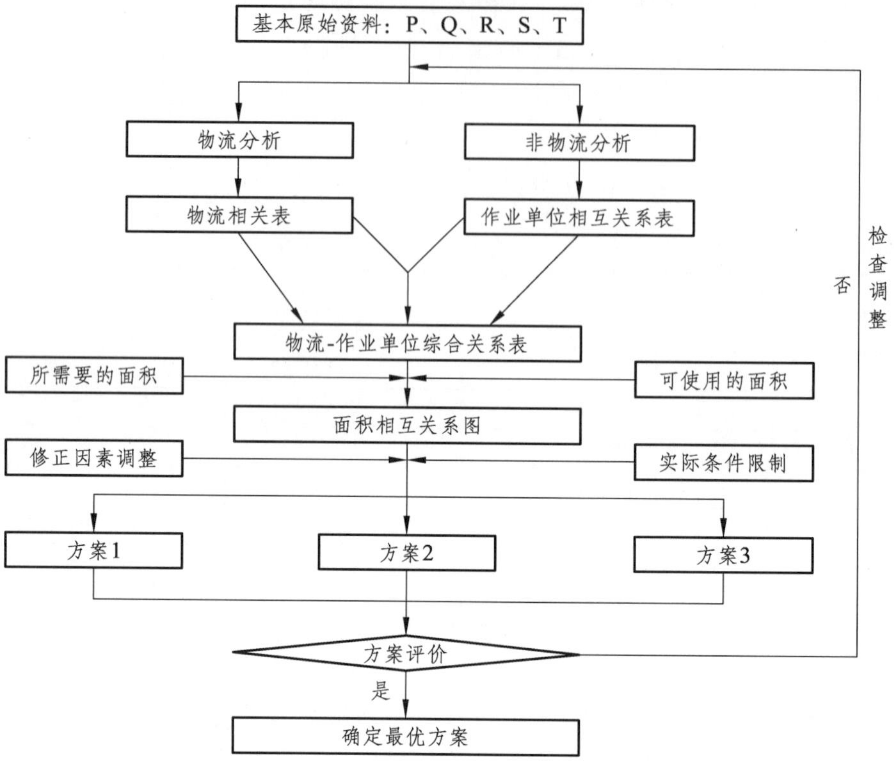

图 2.1　施工场地设施系统布置设计（SLP）程序图

2.2　山区高速铁路大型枢纽制、存、运、铺各工序流程研究

2.2.1　制梁方案

1．制梁工期安排

考虑现场施工条件和工期要求，并根据实际情况及总体进度安排，建场及试生产时间为 2014 年 12 月 1 日至 2015 年 8 月 11 日，取证时间为 2015 年 8 月 11 日，正式制梁时间为 2015 年 8 月至 2017 年 3 月，计划架梁时间为 2015 年 11 月 11 日至 2017 年 3 月 31 日，2015 年 7 月 15 日换铺完。

2．制梁工艺流程

本标段共预制 T 梁 2 017 片（含童西线及新白沙沱长江特大桥），其中 32 m 梁 1 861 片（含 128 片有声屏障梁），24 m 梁 156 片（含 8 片有声屏障梁），32 m 道岔梁 3 片。T 梁预制工艺流程如图 2.2 所示。

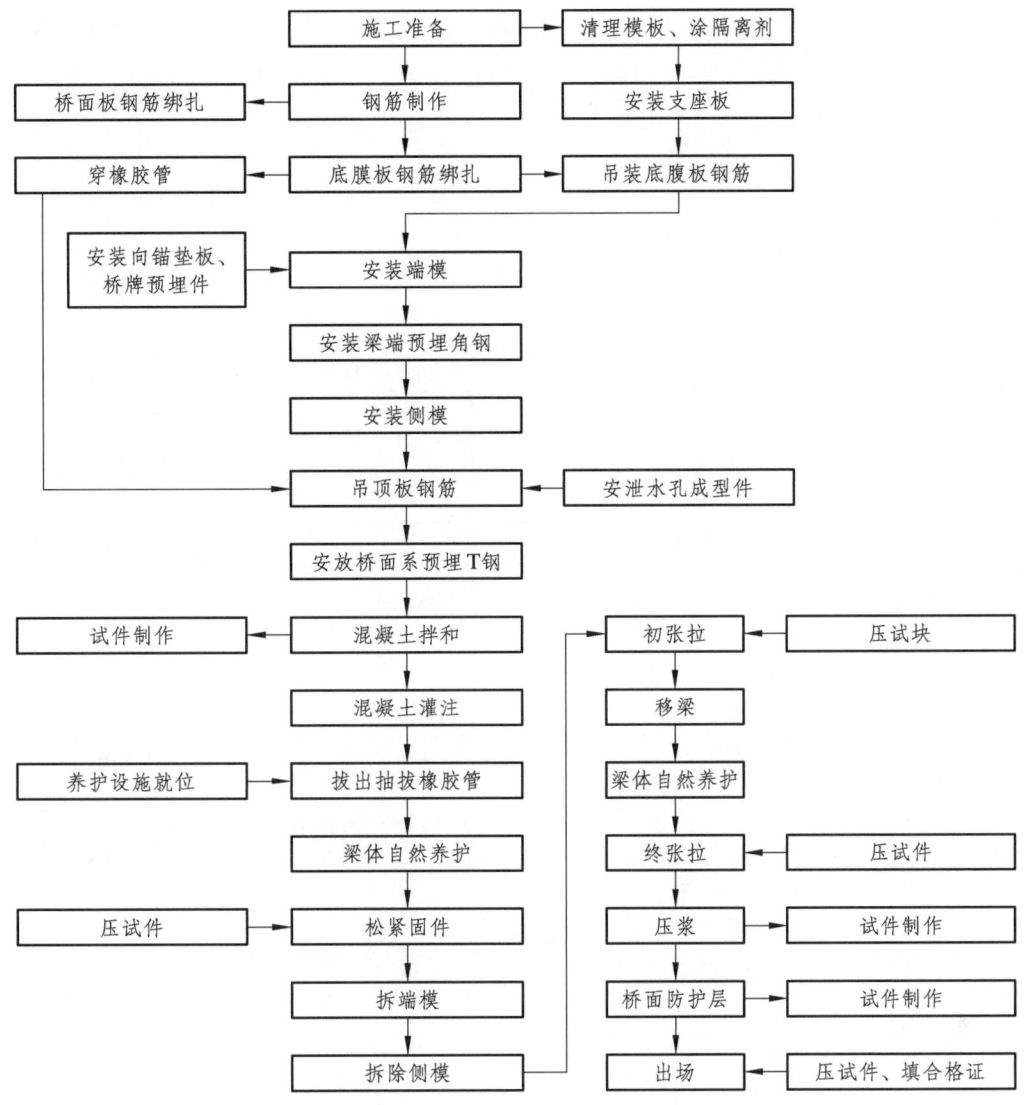

图 2.2　T 梁预制工艺流程

3．制梁材料管理

物资设备部负责材料与构件供应管理工作，按照发包人要求组织材料、构件的供应和现场物资管理，包括材料与构件的计划、采购、仓储、运输和供应。

（1）进场（入库）物资分类存放，上盖下垫，堆码整齐，标识清楚，干净卫生，达到发包人规定要求。

（2）对构成工程主体的各类物资，将按照 ISO9000 质量体系标准，严格物资的采购程序，从质量、价格、运距、供应能力、企业信誉和售后服务等方面选择合格供应商，解决好对供货方的管理问题，与中标供应商签订供货合同，组织供应。

（3）本工程材料需求量大，必须确定长期稳定的采购、供应渠道，确保材料充足供应，同时派材料人员进驻料源地组织供应。材料运输采用单位和社会车辆共同组织运输，实施优势互补，均衡运输。

（4）进场物资按照有关技术标准和合同规定进行外观检查和数量验收，检验验收质量证明书等相关资料。所有进场物资全部取样检测,经现场监理工程师和技术试验部门检验合格后方可投入使用,保证材料质量第一,杜绝不合格的物资进入工地。

(5)对新材料和紧缺的材料必须提前组织供货,以适应市场变化。

(6)梁场设置小型的材料储备场地。

4. 制梁设备配置

制梁设备配置如表2.3所示。

表2.3 重庆西制梁场机械设备配置

序号	机械设备名称	数量	型号
1	柴油发电机	1台	400 kW
2	100 t龙门吊	2台	MG100 t/10 t-30 m
3	柴油发电机	1台	350 kW
4	静载试验台	1套	
5	10 t龙门吊	4套	24 m跨
6	10 t龙门吊	2台	24 m跨
7	拌和站	2座	HLS90
8	装载机	2台	ZL50B
9	张拉千斤顶	8台	YCW300B
10	全电子汽车衡	1台	150 t
11	电焊机	7台	400 A
12	对焊机	2台	150 kW
13	钢筋调直机	3台	
14	钢筋弯曲机	17台	3 kW
15	混凝土振捣棒	18台	1.5 kW
16	混凝土振捣棒	25台	2.2 kW
17	T梁模板	24套	32.6 m
18	T梁模板	2套	24.6 m/32 m
19	附着式振捣器	2套	
20	卷扬机	5台	
21	农用车	5台	
22	压浆台车(自动计量)	2套	
23	钢筋切断机	5/6台	3 kW/4 kW
24	水泵	3台	
25	前卡式千斤顶	2台	

5. 制梁劳动力组织

劳动力组织采用架子队管理模式,根据工程进度计划,架子队安排及任务划分如表2.4所示。

第2章 基于灰色系统理论的山区高速铁路大型枢纽铺架基地一体化规划布置与建造技术优化研究

表 2.4 重庆西制梁场制梁架子队安排及任务划分

序号	施工组名称	管理人员/人	专业人员/人	工人/人	任务划分
1	基础建设工班	4	6	90	负责梁场土建工程施工
2	混凝土/模板工班	4	6	50	负责制梁过程中的模板安装、拆卸、修理和混凝土浇筑、养护等
3	钢筋工班	6	10	65	负责制梁过程中的钢筋的下料、弯制、绑扎、吊装及预埋件制安装等
4	张拉、压浆工班	4	6	30	负责制梁过程中的穿束、张拉、压浆、封端等
5	电工班	2	4		负责场地内电力设施的使用、维护以及发电机的使用维护
6	混凝土搅拌站工班	2	2	12	负责混凝土的拌和、运输等
7	起重移梁工班	8	42	10	负责钢筋笼、梁体的提、运
8	防水工班	4	4	22	负责梁体的防水层施工
9	杂工班	3		30	负责梁场的杂工
	合 计	37	80	309	

2.2.2 存梁方案

1．顶落梁

操作工序为：两端放置油顶→油顶上加支垫→两端交替顶梁→放钢轨→放平板车→两端交替落梁→加木撑支护→移梁→存梁。

顶落梁采用液压千斤顶，每端一台液压千斤顶，其标记载质量选在实际受载量 1.2 倍以上。顶落梁施顶位置必须符合以下规定：

（1）梁梗纵向：施顶中心至梁端的距离不应小于支座中心至梁端的距离，并不得大于设计允许的悬臂长度。

（2）梁梗横向：千斤顶头部外缘距梁梗混凝土外缘应保持 100 mm 以上的距离。

（3）横隔板处不得施顶。

顶落梁时千斤顶头部垫扩大传力面积的支垫（如硬木块、钢板等），混凝土与钢板、钢板与钢板之间放置木片或麻袋片等防止互相滑动。千斤顶底座放在结实可靠的基础上。

边顶边垫，边落边撤保险木板（或木楔），使梁的脱空距离保持在 1~3 cm，两端交替进行，严禁同时起落。两端高差不得过大，未施顶一端的全部质量落在稳固的支垫结构上，同端千斤顶作业时保持同步。

设置保险枕木垛，紧随桥梁起落加高或降低。落梁时用木板、木楔等调整间隙，使梁底与垛间保持不超过 20 mm 的距离，顶梁时不允许留间隙。中途停止工作时，应将空隙立即用木楔打紧，防止意外事故发生。

在梁两端的两侧用木撑支护并随梁的起落调整斜撑位置，确保梁体处于稳定状态。防止千斤顶偏斜，或受到意外撞击时突然翻倒。

施顶人员应选择具有一定工作经验的人担任，操作要平稳，起落顶要缓慢，且随时都要注意千斤顶有无异常现象，防止因为千斤顶的问题而引起事故的发生。

2. 梁的存放及防护

（1）单层存梁。

① 桥梁存放应按规格类型分区配对存放，同一孔两片梁的制造日期不超过 5 天。

② 桥梁就位后，最外侧的桥梁两端应采用 ϕ15 mm 的圆木或方木成 45° 支撑于存梁台座与桥梁上翼缘根部，并用抓钉将撑梁木与防滑木板钉牢。[21]

（2）双层存梁。

① 第二层桥梁存放前，在第一层桥梁两端的桥面对应于存梁台座支撑面位置铺设 2 根枕木，并使其处于水平状态（桥面 2% 的横向排水坡采用杂木板垫平），以保证第二层桥梁与下层桥梁的中心线重合且梁端悬出长度相同。

② 第一层桥梁两侧最外边的桥梁不能进行重叠存梁，以满足上层外侧桥梁支撑条件，确保存放安全。

③ 必须待下层桥梁桥面砂浆层强度达到 100% 设计强度后方可实施双层存梁。

④ 第二层桥梁的支撑加固方法同单层存梁。

⑤ 桥梁存放完毕后，应在上层最外侧的两片桥梁端头悬挂铅垂线，设专人看护，观察其变化情况。

3. 龙门吊起落梁

起吊前由班组长仔细检查吊具、钢丝绳有无伤痕，卷扬机刹车是否可靠，门吊走行系统是否正常，在确认一切正常的情况下方可使用。

采用龙门吊起落梁，钢丝绳一端固定在起梁扁担上，另一端由梁底穿过后固定在起梁扁担上。在梁的另一端重复上一操作，如图 2.3 所示。

图 2.3　龙门吊提梁

钢丝绳捆梁时，应在梁下缘加设铁瓦，上部钢丝绳与梁体之间加设木板，防止钢丝绳损坏梁体。[22]

吊梁高度以能过障碍物为度，梁体在起吊过程中应保持顶面平衡，禁止梁体倾斜吊装。

4. 人工移梁

将运梁小车（宽 40 cm，由 2 cm 厚的钢板制作）放入梁底，并穿好钢轨，运梁小车上每端放置两个 5 cm 厚的橡胶垫，以防 T 梁边角磨损。

用两根方木将 T 梁支撑在运梁小车上,然后用木屑将方木和运梁小车楔实,以防梁车在运行时因受力冲击而产生 T 梁侧翻。移梁轨道必须平滑、顺直、支承牢固。

无论移梁、存梁,梁之两端要有可靠的斜撑确保梁体稳定。

移梁、顶梁时,千斤顶顶点垫木板防滑和顶伤梁体,移梁小车与梁底之间垫木板防滑。拖拉移梁时,牵引钢丝绳滑车转角内侧严禁站人,钢丝绳延长线 2 m 内也严禁站人。

移梁时梁两端台车走行速度应同步,且不得过快,顶梁时要保持梁体平衡,同时梁两端高差不得超过 100 mm,应同起同落,务必防止梁体扭斜和倾倒,如图 2.4 所示。

在 T 梁运行时,安排专职安全员在一侧指挥,口号、手势必须统一规范。利用钢丝绳和存梁区支撑墩端头的地锚将梁沿移梁道移至存梁区。

梁体存放在台座上时,两端应垫以道木找平,严防两端支点水平面不一致将梁体扭坏,平日应指派专人检查。[23]

图 2.4 移梁

5. T 梁的检验出场

T 梁成品出场前,对 T 梁的外观质量(包括混凝土表面、预埋件表面等)、施工记录、质保书资料、混凝土强度(梁体封端、压浆等)、静载试验(抗裂、挠度)、梁体混凝土弹性模量测试等进行验收,并确认出场 T 梁的编号与设计要求的待架桥孔编号正确无误。

产品检查与验收成立专门小组,由监理工程师、质检人员、技术人员、测试人员组成,产品检查与验收严格按有关规定的检验项目、质量要求和检验频次进行,并进行预制梁的型式检验。采取逐孔检查验收,其验收记录作为验交的依据,各项指标全部合格后方可出厂。

T 梁的静载抗裂性试验是混凝土结构性能试验的主要内容,是检验桥梁性能的重要技术手段。通过混凝土梁静载弯曲抗裂试验检验静载弯曲抗裂系数和在静活载作用下梁体竖向挠度值。制梁场在混凝土梁生产初期和生产过程中,按照规定进行检验。[24]

2.2.3 运梁方案(童西线)

1. 童西线运输方案变更

(1)方案变更背景。

由于原运输方案中作为运梁通道的童西线新双碑隧道因征拆原因无法按期贯通,导致童西线无法按原铺架方向和时间正常开展。为确保渝黔铁路按期开通,2016 年 4 月 14 日,经铁路总公司工管中心、成都铁路局、渝黔铁路公司现场办公研究,决定绕开新双碑隧道,采用国铁运输方案,以提早完成童西线铺架工程。

(2)变更后运输方案。

预制梁与路料在梁场与铺架基地装车加固、列检后,采用铁路运输至歌乐山站后,再经歌乐山站站内 3 线进入童西线田家园双线大桥完成上线,为确保运营安全,拟利用歌乐山站 3 线引出的歌乐山至双碑线路所右线联络线在运输路材、路料过程中办理为工程线。

2. 桥梁装车组织

铁路 T 梁运输主要有两种方式,一种为采用多台运梁车运梁,实现给架桥机直接喂梁;另外一种为 DL1 大型铁路运输专用车组运输,到达现场后采用倒装龙门架倒装至运梁车上后实现给架桥机喂梁。

本标段桥梁设计跨度为 24 m 和 32 m 两种,采用 TJ180 型架铺机架梁,T 梁前期采用两套轨道运梁车运输,后期运距较远采取租用铁路专用运梁平板车运梁,通过倒装龙门架倒装到轨道运梁车上运到架铺机进行架设,如图 2.5 所示。

图 2.5 T 梁运输

3. 运梁路径

设计以下两种运输路径方案。

(1)由中铁十八局九龙坡制梁场—既有襄渝东线—渝昆动车左线—重庆西客站—原蔡东线(原重庆东至歌乐山)—芭蕉沟线路所 1# 道岔—井西联络线上行线—歌乐山站—歌双右线进入田家园大桥上童西线工程线铺架施工现场,向北架设完成,再调头架设至新双碑隧道进口。

(2)由九龙坡制梁场经重庆西工程线进入跳蹬,利用国铁运输至歌乐山车站,再经歌乐山车站进入歌乐山至双碑线路所右线联络线进入童西线工程线铺架施工现场。

综合以往施工经验,第一种方案对铁路干扰相对较小,但受线下施工影响,最快能在 10 月 1 日实现 T 梁、路材、路料的运输,根据路局及相关单位意见,拟采用第一种方案的运梁路径进行运输,如图 2.6 所示。

第2章 基于灰色系统理论的山区高速铁路大型枢纽铺架基地一体化规划布置与建造技术优化研究

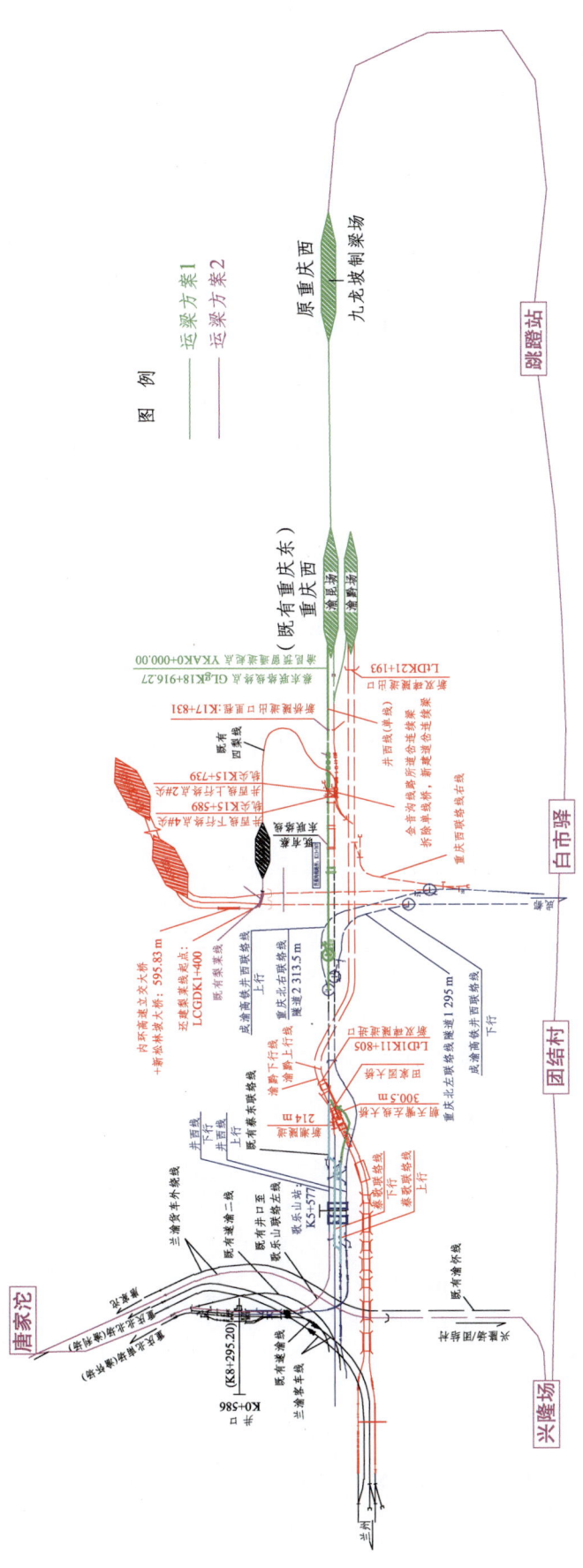

图 2.6 渝西线预制梁场料运输路径平面图

4. 运行段落划分

在运输 T 梁和路材、路料过程中，分为 3 个段落区间，其中 2 段为施工工程线，1 段为国有铁路运营管理。

由中铁十八局九龙坡制梁场—渝昆动车左线—重庆西客站渝昆场—原蔡东线（至井西联络线芭蕉沟线路所 1#道岔岔后设置安全线道岔处）为运输通道的第一条区段，该区段属工程线，命名为十八局九龙坡制梁场至歌乐山站工程线，如图 2.7 所示。

井西联络线芭蕉沟线路所 1# 道岔（岔后设置安全线道岔处）—歌乐山站—歌乐山至双碑线路所右线联络线（十七局施工完成段落的车挡处）为第二区段，该区段属国有铁路运营管理部分。

歌乐山车站至双碑线路所右线联络线（车挡后设置安全线道岔处）进入童西线工程线铺架施工现场为运输通道的第三区段，该区段属工程线，命名为中铁十八局歌乐山站至童西线工程线，如图 2.8 所示。

5. 装梁运输方案

由机车把装好的桥梁车送到跳蹬车站，办理起票手续，货运员对桥梁装载加固进行货检，列检对车辆进行技术检查，符合运输过轨要求后，车站提报挂运申请，由跳蹬站始发运至歌乐山站（终到站）；安排内燃机车从童西线歌双右线到歌乐山站取桥梁重车，折返回童西线歌双右线进行架梁施工作业，架梁完毕；安排机车牵引运梁空车到歌乐山站送空，车底循环使用，完成一次取重送空桥梁车组作业循环。

6. 路材路料运输方案

道砟由道砟发运车站使用铁路专用敞车或风动卸砟车装载道砟编组运输至歌乐山站经歌双右线进入童西线进行长钢轨换铺，空车由歌双右线进入歌乐山站空车返回。

轨枕由成都中铁八局轨枕场装车，由铁路运输至歌乐山站经歌双右线进入童西线进行长钢轨换铺，空车由歌双右线进入歌乐山站空车返回。

长钢轨在成都石板滩焊轨厂使用 T11 长钢轨运输车装车运输至歌乐山站经歌双右线进入童西线进行长钢轨换铺，空车由歌双右线进入歌乐山站空车返回。

7. 运输时间与货物数量

计划运输时间为 2016 年 10 月 1 日至 2017 年 3 月 31 日。货物数量如下：

（1）铁路 T 梁：共计 555 片，其中 32 m 桥梁 494 片、24 m 桥梁 58 片、32 m 道岔桥梁 3 片。

（2）500 m 长钢轨：42.858 km。

（3）铁路道砟：设计道砟方量约为 58 640 m^3。

（4）轨枕：用量 68 582 根。

8. 桥梁、物料装车组织

铁路 T 梁计划采用 DL1 型预制梁运输专用车运输，500 m 长轨采用 T11 长轨运输车运输，道砟采用道砟运输车运输。

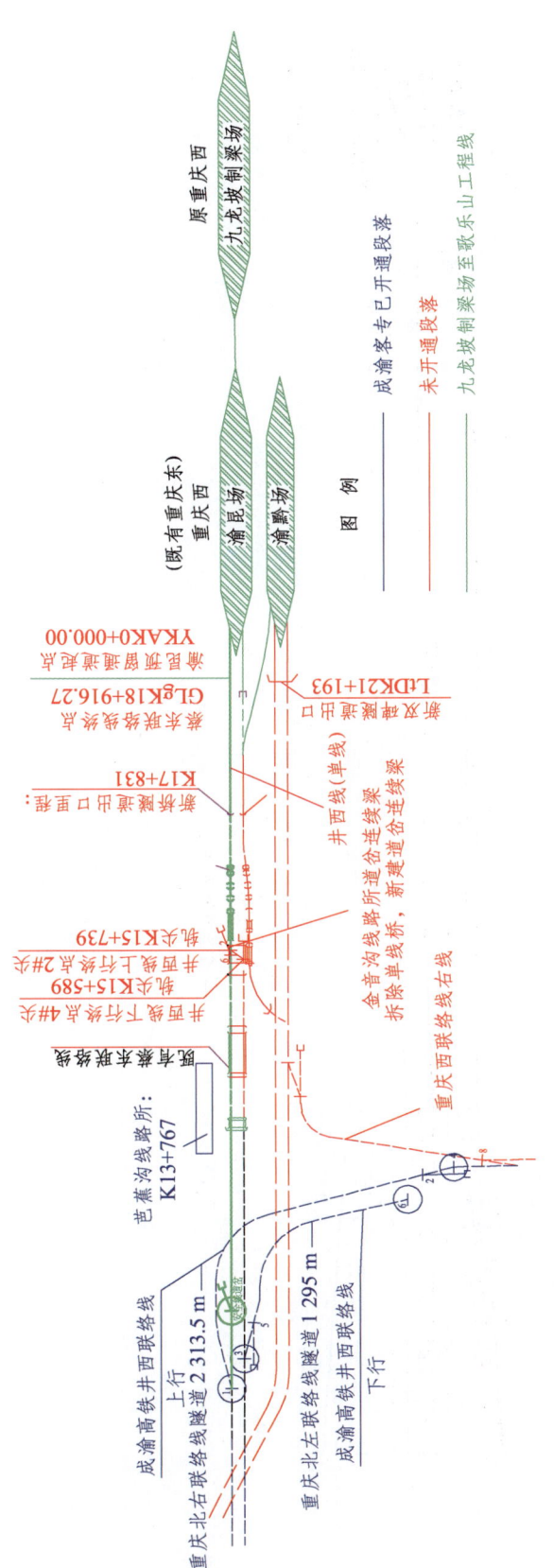

图 2.7 九龙坡制梁场至歌乐山工程线路平面示意图

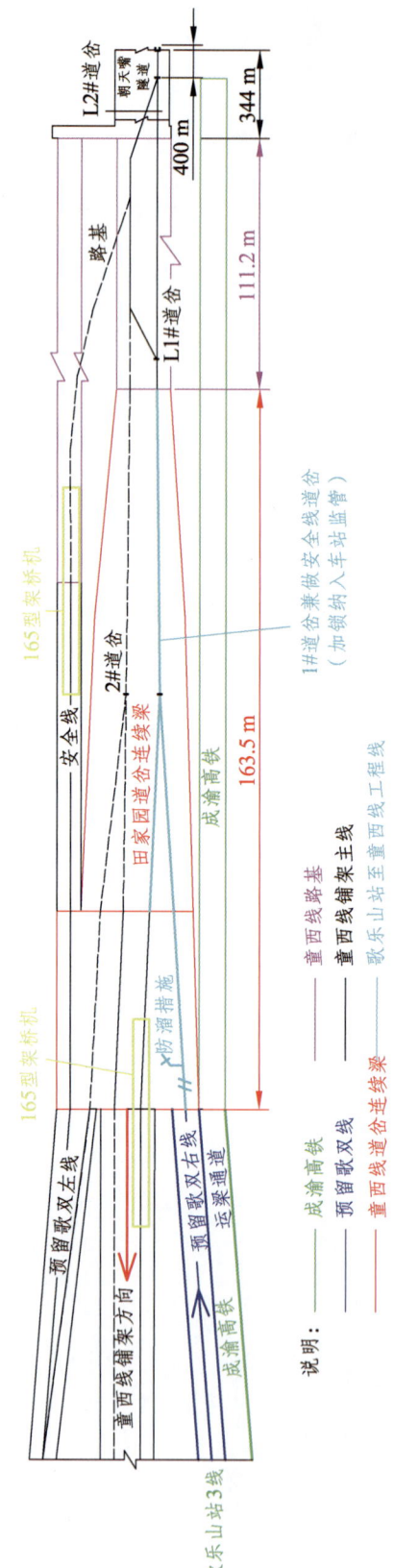

图 2.8 歌乐山至童西线工程线示意图

(1) T梁运输计划（预计发运车次49次）。

32 m桥梁：采用机车＋DL1型24辆（8片）（首次拉运6片）。

24 m桥梁：采用机车＋NX70型12辆（8片）。

(2) 长钢轨运输计划。

T11运输车一次最大运轨能力为14 km铺轨线路，结合现场情况，预计发运T11长轨车4次。

(3) 道砟运输计划。

道砟采用铁路敞车或风动卸砟车结合汽车混合运输的方式，计划铁路发运道砟 6×10^4 m³，发运车次60次。

(4) 轨排运输计划。

25 m轨排采用N17、NX17系列13 m木地板平车，与T梁运输车进行连挂运输。

9. 运梁操作要点

(1) 运梁通道驳接施工。

T梁在梁场完成预制，需打通由梁场至施工现场的运梁通道，既有线路与桥台间一般需驳接线路并插铺道岔，运梁通道曲线半径不能小于180 m，坡度不大于2%，曲线长最小满足80 m，限界满足距线路中心2.5 m以上。

(2) T梁装梁及运输施工。

铁路T梁装梁一般采用预制梁场龙门吊提梁至装梁线上停放的运梁车来实现，装梁前安装好支座。以正式工程线作为T梁架设运输便线，利用运梁平车运梁至桥前200 m处通过倒装龙门架倒装梁至轮式运梁车上运梁至架设地点。为做好桥梁的装车运输工作，保证桥梁的铺架要求，T梁装车应成立相应的装梁小组，负责管理和实施T梁的运输协调、安排等，相关运梁设备如图2.9～2.11所示。

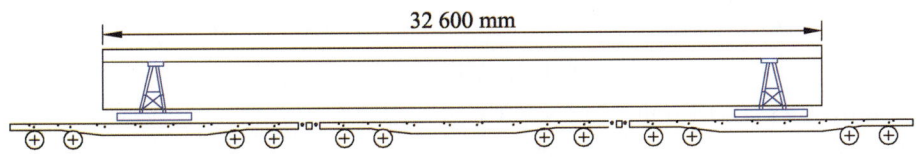

图2.9 DL1大型铁路运输专用车组

图2.10 TT180倒装龙门架

图2.11 TY180型T梁专用运梁车

2.2.4 铺架方案

铺架方案是施工组织设计的主要内容之一,所以优化设计铺架方案能有效统筹工料机资源配置,以便科学合理地安排施工工序,组织施工。

1. 线路概况

中铁十八局集团担负施工的渝黔铁路土建 2 标,北接成渝代建新双碑隧道(铺架至童西线路所),南至新白沙沱长江特大桥,正线全长 16.832 km,设计速度 200 km/h,国铁Ⅰ级双线铁路,主要承重结构按 100 年使用要求设计。线路纵跨重庆沙坪坝、九龙坡、大渡口等三个行政区,新建、改建铁路 12 条 57.087 km、桥梁 22 座 13.5 km,路基土石 43.619 km,制架梁 2 017 片,铺轨 210.7 km(正线 114.616 km、站线 96.084 km),铺道岔 279 组、道砟 51.8×10^4 m³。

2. 主要工程数量

(1)预制梁部分:双线 32 m T 梁 1 488 片,24 m T 梁 104 片,单线 32 m T 梁 370 片、24 m 梁 52 片,32 m 道岔梁 3 片,共架设桥梁 49 座,共 2 017 片。

(2)轨道部分:正线铺轨 114.6 km,站线铺轨 96.084 km,轨枕 28 698 根,扣件 28698 组;铺设碎石道砟 51.8×10^5 m³(底砟 5.2×10^4 m³、一级道砟 4.66×10^5 m³);铺设道岔 279 组(单开道岔 269 组,渡线道岔 10 组);拆除既有铁路 102.19 km、拆除道岔 211 组,CPⅢ建网 85.624 km。

3. 铺架内容划分

本标段铺架工程分铺轨与架梁两项内容,共涉及以下三大部分。

第一部分:童西线童家溪至重庆西客车联络线 LtD1K0+000～LtD1K21+176,右线 LtYDK0+000～LtYD1K5+260,歌乐山至双碑线路所左、右联络线 LnZDK0+000～LnZDK0+700、LnYDK0+000～LnYDK0+102.377。

第二部分:新白沙沱长江特大桥等。

第三部分:线下工程施工的铁路线共 57.087 km,包括重庆西进站前梨树湾联络线改建,重庆西进站前既有歌乐山联络线改建,重庆西进站前既有襄渝线改建,童家溪至重庆西客车联络线,渝黔客车正线,预留渝昆线,渝昆动车左线,渝黔动车左线,渝黔动车右线,中梁山支线改建,小梨线电气化改造,等。

4. 总体铺架施工方法

本标段铺架工程按专业划分为架梁和轨道两部分。其中,架梁又分为架梁、湿接缝及横向张拉、桥面系 3 个施工单元;轨道又分为底砟铺设、预铺面砟、轨排铺设、道岔(护轮轨)铺设、上砟整道、大机养护、长轨换铺、现场焊接、轨道粗调、放散锁定、钢轨打磨及轨道检测等 12 个施工单元。另外,正线还需布设 CPⅢ网。

本标段桥隧间路基相对较短,大部分在 2 km 以内,双线桥梁并置,正线及动走线、改建线采用 1 台 TJ180 型铺架一体机（可一次架设双线 4 片梁），T 梁架设与 25 m 轨排铺设同步进行，随后换铺 500 m 长钢轨的方法。路基道砟采用汽车预铺底层道砟的方式，桥梁预铺砟采取在铺架基地提前上砟的方式，上砟整道采用 5 次上砟、3 次大机捣的方法。桥梁湿接缝、上砟整道、换铺长轨、应力放散和锁定、轨道精调及路容整理在铺轨后随即进行，在铺轨完成后 3 个月完成上砟整道、换铺长轨、应力放散和锁定施工、轨道精调。站线及重庆西站进站联络线、道岔采用人工铺轨方法。

铺架施工工艺流程如图 2.12 所示，具体铺架施工工艺流程如下：

（1）轨排生产：在铺架基地内将 25 m 短轨组装成轨排，由平板车运至现场铺设。

（2）架梁及轨排铺设：前期采用两台专用轮对式运梁车经铁路工程线向现场运输 T 梁，同时完成给架铺一体机的喂梁，再使用 TJ180 型架铺一体机进行架梁作业，1 孔 T 梁架设完成后，铺设短轨排，架铺机采用步履式跨步过孔进行下一循环。

（3）调头方案：由于标段内线路较多，架铺一体机需进行频繁调头，通过现场考察，架铺机调头采取运梁车驮运行驶返回重庆西铺架基地，利用重庆西停用机务段三角形折返线实现架铺一体机调头。

（4）长钢轨焊接：长轨条采取由攀钢购买 100 m 定尺轨运至成都石板滩焊轨基地焊成 500 m 的钢轨。

（5）长轨换铺：长钢轨采用换铺法施工，先用工具轨在基地组装成轨排，运至前方用架铺一体机铺设，铺设一个区间普通线路，线路经捣固整形稳定后，再将 500 m 长钢轨运至普通轨铺设地段，用长轨放送车将钢轨卸至线路两侧，采用人工拨轨进行长轨更换，然后进行无缝线路的上砟整道、焊接、线路锁定、线路精整等工作。

（6）采用滚筒法和综合放散法进行无缝线路的施散锁定，最后对线路进行静态检测、竣工验收。

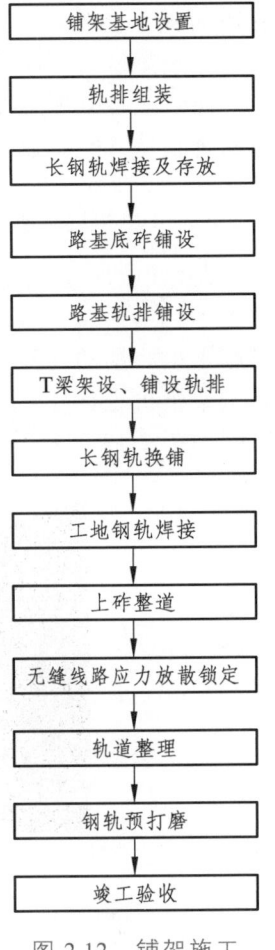

图 2.12 铺架施工工艺流程

5．工程特点与难点

（1）标段内线路繁多、设计标准不一，梁体、轨料类型多、数量大。

（2）铺架线路上下交叉，沿线路、桥、隧分布较密，安全风险大。

（3）铺架采用换铺方法施工，架梁、铺轨相互制约，需统筹安排。

（4）站场内铺轨量大，站前、站后，线上、线下交叉作业，协调难度大。

（5）首尾铺至相邻标段，交叉作业多、交接手续复杂、协调工作量大。

6．总体进度计划安排

根据总体工期和阶段工期要求，2015 年 11 月 15 日至 2017 年 3 月 31 日为架梁铺轨阶段。

中铁十八局渝黔土建 2 标实际于 2015 年 11 月 11 日开始自张家湾大桥向大里程标段尾新白沙沱长江特大桥方向进行 T 梁架设和轨排铺设。

进度指标：架梁 4~8 片/d，机械铺轨 1 km/d，预铺底砟 1.5 km/d。

7. 铺架工程总体劳动力配置

根据工程规模及工期要求，安排 1 个运架梁队、1 个铺轨队共 2 个作业队伍承担本标段的施工任务。

运架梁队计划配置 85 人，负责运梁、架梁、轨排运输、短轨排铺设等。

铺轨队计划配置 180~450 人，负责轨排组装、轨枕锚固、换铺长轨、整道、补砟、道岔铺设等。根据施工进展，随时调整施工人数。

8. TJ180 步履式架桥机架设铁路 T 梁施工工法

大型枢纽改造工程往往客货共线、线路数量多、单双线并存、桥间转换频繁、调头次数多，为安全、高效完成 T 梁架设及轨排铺设，结合工程特点、工期安排，对目前铁路施工中应用的几种架桥机进行经济、技术、工效等比选和研究后，最终选取 TJ180 步履式架桥机进行标段 T 梁架设及轨排铺设，以取得较好的社会效益和经济效益，现场施工图如图 2.13 所示。

图 2.13 T180 步履式架桥机架设 T 梁现场施工图

（1）工法特点。

① 可实现双线 T 梁一次架设，更加安全、高效。

该工法可实现在吊梁状态下整机自动横移，落梁到达设计位置，一次完成双线桥梁单孔 4 片 T 梁架设，与墩顶顶推移梁法相比，更为安全、高效。轨排铺设无须为保证边梁架设偏移铺设轨排，轨排可按照设计中线一次性铺设到位。

② 可采用多种运梁方式配合，多种铺架方式穿插使用更加灵活多样。

运距较近时，可采用多台轮轨式运梁车或汽车炮循环倒替的方式运梁、喂梁；运距较远时，可采用 DL1 型平车组运梁，通过倒装龙门架倒装到运梁车后实现给架桥机喂梁。双线架梁时，可采用一次铺架双线 T 梁、轨排，也可视施工情况预留一侧线路为施工作业通道，一次架设双线 T 梁，仅铺设单侧轨排，无需对设备进行调整。

③ 可进行灵活的调头、转场、过隧。

可实现架桥机无轨道自主调头，也可通过运梁车驮运调头，还可以使用汽车驮运完成调头，方式多种、使用范围广。短距离转场可采用爬行或汽车炮驳运或运梁车驳运方式，长距离转场可采用轮轨式运梁车驳运。架桥机驾驶室可旋转，整机外形满足过隧需要，过隧时无须拆卸部件，可实现整机驮运过隧。

（2）施工工艺流程。

T180 步履式架桥机架设 T 梁施工工艺流程如图 2.14 所示。

第 2 章 基于灰色系统理论的山区高速铁路大型枢纽铺架基地一体化规划布置与建造技术优化研究

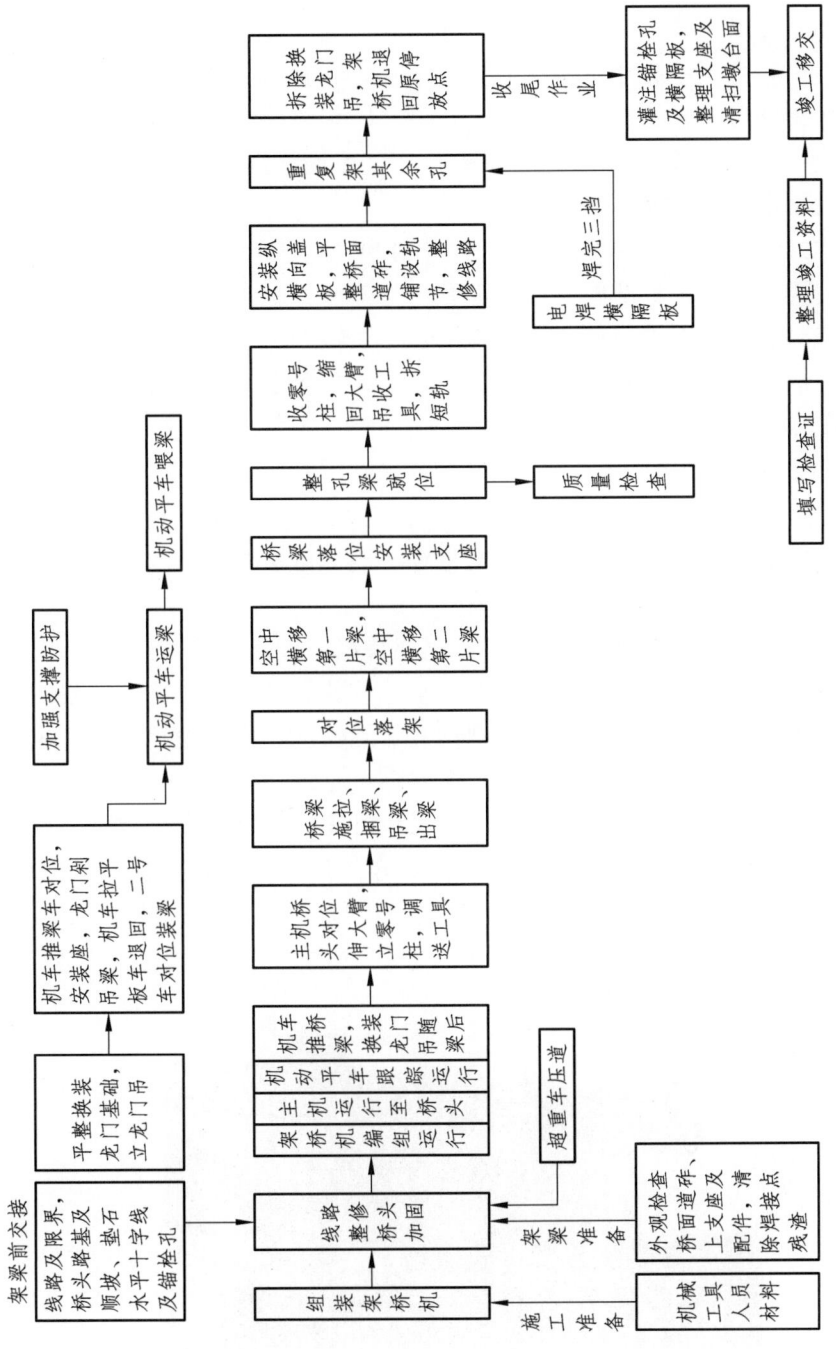

图 2.14 T180 步履式架桥机架设 T 梁施工工艺流程

9. 操作要点

（1）桥头压道与加固。

① 采用机车对桥台尾进行超重车压道，机车轴重不得小于架桥机最大轴重的1.1倍，前方压上桥台1 m，后方压到架桥机后轮组停留处以外50 m，以1～3 km/h速度行驶，压到无明显下沉（最后三个往返每一往返的轨道左右水平偏差不得大于2 mm，总下沉量不得大于5 mm），压道不得小于三个往返，并派专从配合整道。当遇到大雨或长时间未架梁或线路大抬道时，需重新压道。

② 根据现场情况，临时增加轨撑、轨距拉杆、护轨等措施，对桥头轨道加固。

（2）架桥机正常孔跨架梁施工。

① 架桥机对位（立2#、3#柱），伸大臂、立0#柱、1#柱。

架桥机开到桥头，架桥机准确停在轨面画出的停车标记上，安放止轮器和放风制动（必要时安装制动铁鞋）。大臂带着0号柱前伸到前方墩（台）上，0号柱支撑面填平垫实。对位作业完成后，将2号柱插销全部拨出，使大臂处于一端支于0号柱，一端支于1号柱的完全简支状态。

② 立龙门架并倒装桥梁。

在架桥机对位的同时，进行换装桥梁的作业。机车推送运梁平板车前进至倒装龙门架下停止。桥梁由龙门架吊起，拉出装梁平板车，然后运梁车进入龙门吊吊起桥梁的下方对位，把梁倒装到运梁车上。

运梁车的支撑杆外翻，并且前小车和后小车连接好后驶入起吊梁片的倒装龙门架中，当前小车行驶至接梁位置时，停车制动（手制动）放置铁鞋，防止前小车溜放。摘开连接装置，后小车单独驶至接梁位置，停车制动并放置铁鞋。倒装龙门架放下梁片至运梁车上，梁片重心应落在台车纵向中心线上，偏差不得超过20 mm。在曲线上装梁时，可使梁片中心与台车纵向中心线略成斜交，注意在运梁车的支撑平台上放置一块橡胶垫或一些木枕，以保护梁片和防止滑动，梁片落在前小车上时，梁前端应超出运梁转向架2～3 m，如施工条件限制，可按照规范调整其最大悬出位置。调节支撑平台上两侧支撑杆上的销轴和千斤顶，顶紧梁片，如图2.15所示。

图2.15 立龙门架并倒装桥梁

③ 运梁车运梁。

TY180轮轨式运梁车用于中国铁路标准轨距1 435 mm的工程线上行驶，运输通桥

（2005）2201 型、通桥（2005）2101 型铁路混凝土梁。其主要与 TJ180 型架桥机配合完成架梁作业，采用跨装式运输，拖拉喂梁方式。

运输梁片前，确认前小车和后小车上的支撑顶紧后，放开铁鞋，松开制动，启动前小车和后小车开始进行行驶。运梁车运送梁片时，应在两台车上分别安排专人监护，预防梁片支撑松动。

④ 拖梁、捆梁、吊梁、出梁。

运梁车运梁至架桥机尾部，行驶至架桥机主机 2 号柱时，前小车停车并制动。由架桥机的前吊梁小车吊起梁的前吊点处，前吊梁小车与后小车配合送梁前行至后吊梁小车与梁的后吊点可起吊处停止前移，后小车停车并制动，后吊梁小车起吊梁片保持梁片水平。前后吊梁小车前行至落梁位置。运梁车退出架桥机。

钢丝绳与桥梁底两转角接触处，在捆紧时安放护梁铁瓦。捆梁完成后，指挥起吊司机开始起吊。起吊时，注意左右两侧卷扬机升降速度一致，钢丝绳有无跳槽和护梁铁瓦有无串动情况。桥梁吊离支承面 20~30 mm 时，暂停起吊，对各重要受力部位和关键处进行观察，确认没有问题时才能继续起吊，如图 2.16 所示。

图 2.16　架桥机捆梁、吊梁、出梁示意图

⑤ 移梁、落梁、墩台移梁。

大臂顶面的两台吊梁小车，配合后面的小车拖吊起来，利用移梁扁担将梁体横移到设计位置，落下桥梁，安放支座。

架桥机上拖梁小车运梁前进，使梁的前端到达第一台吊梁小车下面，把梁的前端吊起，把梁后端顶起，拖梁小车后移，使梁后端落在拖梁小车上，再次运梁前进，使梁的后端到达第二台吊梁小车下面，把梁的后端吊起。

TJ180 桥机是通过 1# 柱和 2# 柱的走行机构和前后曲梁的横移机构实现横向调整梁片的。走行机构可在横移轨道范围内实现整机横移。走行机构行至横移轨道两端时，单双线架桥均可实现一次落梁到位，如图 2.17 所示。

⑥ 梁体就位。

架设第一片梁时，由于 TJ180 型架桥机具有横移梁的功能，梁体通过移梁扁担横移到恰当位置，梁片直接落到支撑垫石的支座上；架设第二片梁时，梁片落下，通过移梁卷扬机的微调，架设到设计位置。

(a)　　　　　　　　　　(b)　　　　　　　　　　(c)

图 2.17　架桥机移梁、落梁示意图

安放支座前应清除支承垫石表面的杂物，并按设计要求在支承垫石上放出支座十字中线，在胸墙上放出桥梁中心线，安放支座时使支座中心线和十字中线对齐，桥梁中线和设计中线对齐。当桥梁在支座上落实后，立即打好支撑。桥梁落位后，及时焊接连接板，用电焊机焊接牢固，将两片梁连成整体。[25] 架梁步骤如下：

a. 运梁车驮运梁片至架桥机的尾部，用前起重天车吊起梁的前吊点处。

b. 前起重天车与后运梁车配合送梁前行至后起重天车与梁的后吊点可起吊处停止前移，后起重天车起吊梁片保持梁片水平。

c. 前后天车驱动前行至落梁位置，落梁至离墩台面 100～200 mm 时整机停止落梁，安放好支座，梁体落下。边梁架设时，利用曲梁上的横移油缸推动曲梁、主梁，精确对位调整落梁。

d. 调整主梁的横向位置，架桥机恢复架梁状态。

架梁完成效果如图 2.18 所示。

(a)

(b)

图 2.18　架梁完成效果（水泥厂路双线特大桥）

10．架梁材料、设备和劳动力配置

架梁施工所需主要材料为灌浆料、支座及配件。其中，支座及配件严格按照设计提供类型、规格、数量进行配置和安装，灌浆料根据设定配合比现场配制、灌注。架梁施工采用的主要机械设备如表 2.5 所示。

表 2.5　主要机械设备

序号	设备名称	设备型号	单位	数量	用　途
1	架桥机	TJ180	台	1	T 梁架设
2	运梁车	TY180	台	3	T 梁运输
3	起道机		台	4	运梁通道维护
4	T 梁运输车	DL1	套	1	T 梁运输（在长距离的时候使用）
5	拨道机		台	4	运梁通道维护
6	倒装龙门架	TT180	台	1	倒装 T 梁
7	电焊机		台	5	横向联结焊接

架桥机劳力组织如表 2.6 所示。

表 2.6　架桥机劳力组织

序号	工种	主要作业内容	人数
1	领工员	架梁现场总指挥	1
2	司机	一号车走行、起吊、指挥	3
3	司机	二号车走行、二号车发电、指挥	3
4	司机	内燃机发电	1
5	电工	接线、检修电器	1
6	电焊工	电焊桥梁联结板	3
7	修理工	机械设备修理	2
8	工班长	架梁指挥	1
9	司机	龙门吊起吊	1
10	线路工	二号车押运，运行中检查支撑	3
11	线路工	1 号车捆梁	4
12	线路工	墩顶移梁，安放支座	8
13	线路工	龙门吊倒装桥梁、轨排	5
14	质检员	现场质量检查、指导	2
15	安全员	现场安全检查	2
16	合　计		40

11．铺设计划

轨道铺设计划是施工组织设计的中心，它在对工程概况和施工特性进行剖析的基础上，确定了铺设程序和顺序、施工起点流向，以及铺轨、铺砟、铺道岔等分部分项工程的施工办法和施工机械。

采取预铺道砟、轨排铺设、架梁穿插进行的方式，先对渝黔动车左线天灯堡左线2号大桥前大里程方向进行道砟、轨排铺设，然后结合架梁情况，跟进进行道砟预铺、轨排铺设。渝黔动车右线、渝昆动车左线、中梁山支线改建同样采用渝黔动车左线的方法，中梁山支线改建完成后对小梨线进行轨排铺设。渝黔正线先从DK9+223.5向小里程方向进行架梁跟进道砟、轨排铺设，再对渝黔客车正线 DK9+223.5～D1K17+098.35 由小里程向大里程进行架梁跟进道砟、轨排铺设。在渝黔正线新白沙沱长江特大桥架梁受桥梁墩台影响期间，对重庆西进站前既有歌乐山联络线改建、梨树湾联络线改建、重庆西进站前既有襄渝线改建、重庆西站渝昆预留通道进行道砟、轨排铺设。最后对童西线（含歌乐山至双碑所左右联络线、兰渝共建）进行架梁、道砟预铺、轨排铺设。

12．铺设方法

标段内正线采用换铺法施工，即在铺架基地组装短轨排，使用架铺机铺设到线路上，经过补砟整道，换铺长钢轨，回收工具轨继续组装轨排，循环施工。正线 60 kg/m 的 100 m 定尺钢轨先在石板滩长轨焊轨厂加工为 500 m 的长钢轨，运输至铺设好短轨排的施工现场进行卸放、换铺。

（1）底层道砟预铺。

采用自卸车运输道砟，挖掘机摊铺，机械碾压，厚度一般控制在 150 mm。

（2）轨排组装施工方法。

轨排在基地采用固定式台座生产，龙门吊配合人工进行散枕、布枕、安装短钢轨、扣配件，采用架铺机进行铺设。固定式台座优势在于可根据施工进度要求随时增加施工台座调节施工进度，施工现场如图 2.19 所示。

图 2.19 轨排组装现场

轨排生产施工工艺流程如图 2.20 所示。

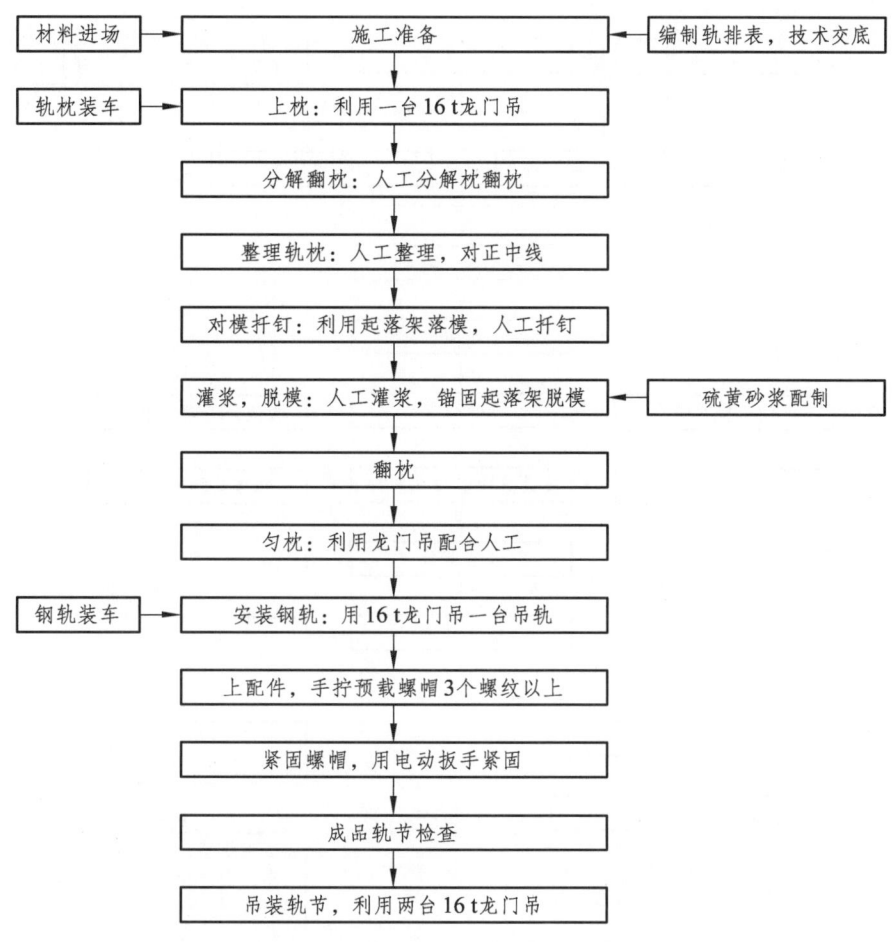

图 2.20 轨排生产施工工艺流程

（3）机械铺轨施工方法。

由于采用 TJ180 型架铺一体机，因此机械铺轨与架梁沿铺架方向一并完成，完成桥梁架设后或在路基段到达可以铺轨的状态后，由运梁车驮运轨排至现场，行至架铺机下，架铺机前后吊梁起吊轨排、同步纵移到达铺排位置，前后吊梁同时下落，完成轨排铺设，上连接夹板；架铺机再进行第二双线的轨排吊装、纵移，完成纵移后，架铺机通过横移轨道横移至第二双线，到达第二双线铺轨位置，轨排下落完成轨排铺装，架铺机过孔前移，进行下一组轨排铺设。后期运距较远时，轨排运输利用火车平板车运输至现场，通过倒装龙门架给运梁车倒装轨排，运梁车喂送轨排，完成轨排铺设。

机械铺轨的施工工艺流程如图 2.21 所示。

（4）上砟整道施工方法。

第一次上砟整道：在铺设轨排之后立即进行，卸砟车卸砟，上砟量为总上砟量的 40%，人工配合与小型捣固机具整道，起道量为 80～100 mm，目标是消除反超高、空吊板、三角坑等影响行车安全的隐患，保障工程列车的行车安全，同时保证枕底有一定厚度的道砟，为大型养路机械施工提供条件。

第二次上砟整道：上砟量为总上砟量的 40%，大型养路机械整道，起道量为 60～80 mm，使线路初步平顺，初步稳定线路。

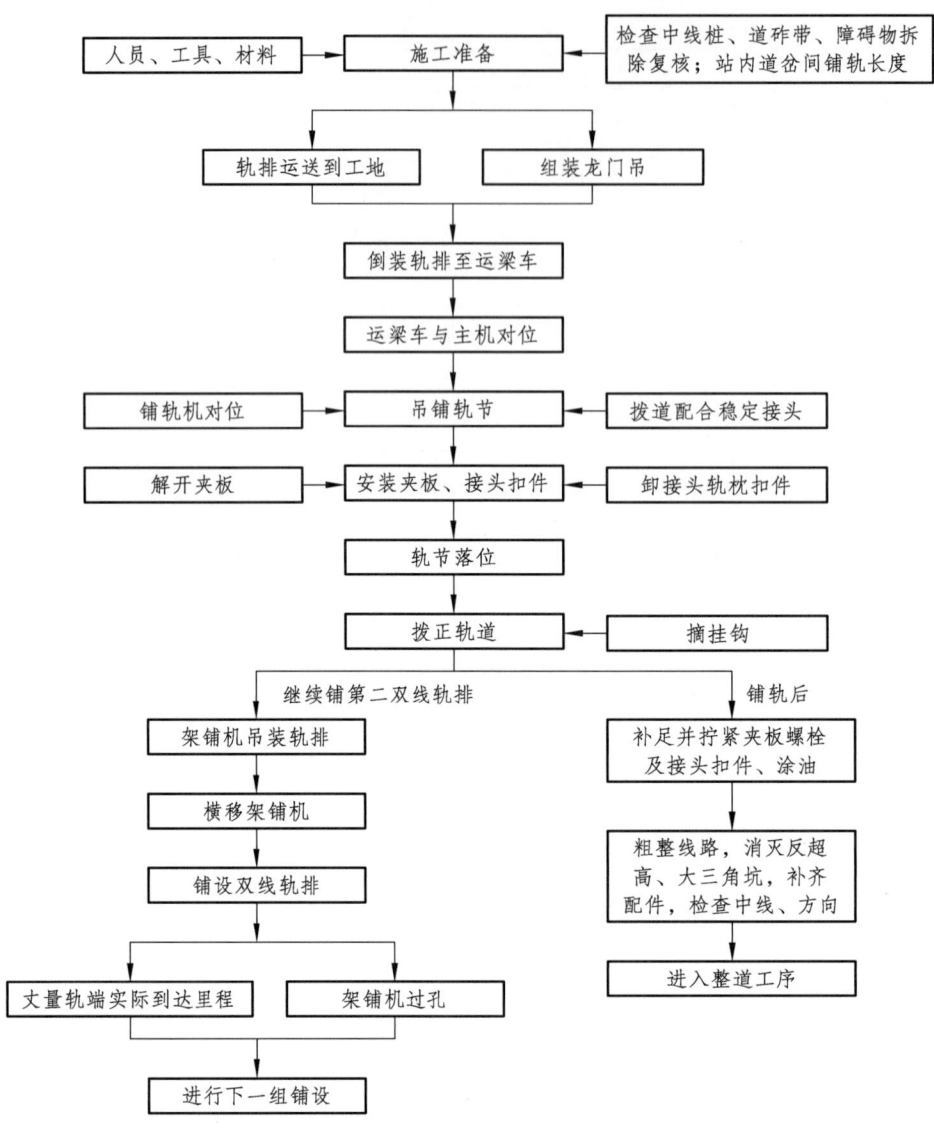

图 2.21 机械铺轨施工工艺流程

第三次上砟整道：上砟量为总上砟量的 10%，起道量为 60～80 mm，大型养路机械整道，目标是使轨道进一步抬高，曲线地段外股超高基本成形，线路基本平顺，道床基本稳定。

第四次上砟整道：上砟量为总上砟量的 10%，起道量为 30～50 mm，大型养路机械整道，目标是使轨面达到设计标高，线路平顺，道床稳定，使轨道几何尺寸和道床参数满足线路锁定的要求。

第五次上砟整道：上砟整道在线路锁定之后进行，为线路的最后一次上砟整道，属精细整道，起道量 20 mm 左右，目标是消除线路局部的小量不平顺，使线路完全达到设计文件和验收规范的要求，直线平直、曲线圆顺。[26]

大型养路机械包括机械化整道机组、道岔捣固车、收轨车、钢轨打磨车。机械化整道机组由起拨道抄平捣固车、配砟整形车、轨道动力稳定车组成，如图 2.22 所示。

（a）线路捣固车　　　　　（b）SPZ配砟整形车　　　　（c）WD-32型动力稳定车

图 2.22　机械化整道机组组成

（5）换铺长钢轨施工方法。

首先在重庆西铺架基地将 25 m 轨生产成短轨排，利用新建铁路将已组装好的轨排运至铺轨现场，利用架铺机将短轨排铺设在线路上，然后上砟整道，待线路整修平顺后将短轨拆除，换铺长轨条。换铺时将长轨运至普通轨铺设地段，用 T11 长轨列车将钢轨卸至线路两侧，更换长钢轨，如图 2.23 所示。

（a）　　　　　　　　　　（b）　　　　　　　　　　（c）

图 2.23　长钢轨换铺施工现场

（6）单元轨焊接。

正线现场单元节焊接采用工地移动焊轨机进行接触焊，道岔处可采用铝热焊，施工前必须进行型式试验，确保钢轨焊接质量。焊接完毕后，立即进行焊头表面平直度检测和超声波探伤，若有问题，及时处理。[27]

单元轨焊接换铺施工工艺流程如图 2.24 所示，焊轨施工如图 2.25 所示。

（7）应力放散及线路锁定。

在应力放散前全面对轨道进行检测，检测项目有轨道几何尺寸、轨面标高、线路中线位置、枕下道床刚度、横向阻力、铝热焊接质量等，通过全面的质量检测，确认线路已达到初步稳定，方可准备进行线路锁定施工。

应力放散采用滚筒法进行，同时了解当地轨温的变化规律，确定锁定施工时间。

根据设计文件及相关规范要求，埋设位移观测桩并编号。单元轨节实际锁定轨温要在设计锁定轨温范围内，左右股单元轨节锁定轨温之差不大于 3 °C，前后单元轨节锁定轨温之差不大于 5 °C，同段无缝线路各单元轨节实际最高与最低锁定轨温相差不超过 10 °C。钢轨应力放散与线路锁定施工工艺流程如图 2.26 所示。

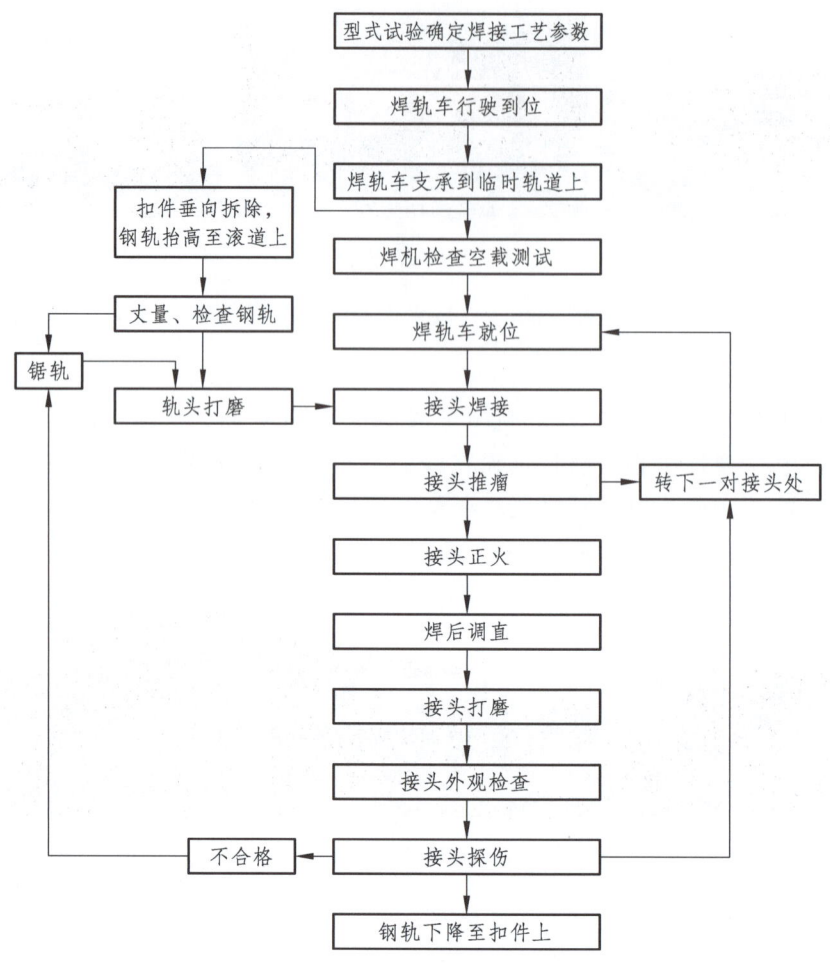

图 2.24 单元轨焊接换铺施工工艺流程

图 2.25 单元轨焊接施工现场

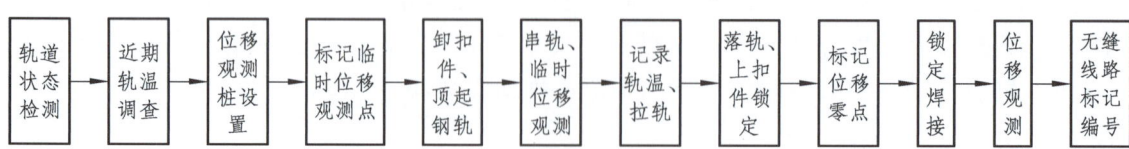

图 2.26 钢轨应力放散与线路锁定施工流程

（8）轨道调整及打磨精调。

线路锁定后，对轨道进行检查，对无缝线路铺设质量进行全面综合地检测。对于道床参数达不到要求地段，首先补足道砟，重新锁定。最后，为了消除钢轨轧制过程中形成的原始不平顺和轨面擦伤，避免钢轨细小缺陷的进一步发展，获得较佳的轨头外形，提高列车运行舒适度，用钢轨打磨车进行钢轨打磨。[28] 现场如图 2.27～2.29 所示。

图 2.27　小 K 车补砟

图 2.28　线路打磨车打磨钢轨

（a）

（b）

（c）

图 2.29　线路精调

（9）站场的施工方案。

标段内新建重庆西客站、重庆西动车所及客车整备场，既有车站改造 3 个，分别为中梁山车站改造、关闭二线路所、跳磴站。站内有缝线路全部采用人工铺轨，无缝线路采取先人工铺设工具轨，再用长钢轨车换铺长钢轨，道岔全部采用人工配合吊车铺设，如图 2.30、图 2.31 所示。

（10）无砟轨道施工方法。

按照设计要求，在动车所及客车整备所内部分库线采用弹性支撑块式整体道床结构。整体道床施工的基本工序为：清洗基底→设置中线控制桩和可调标桩→安设道床钢筋网→吊装轨排→支承块悬挂→轨排组装→调试、联结、精调→安设伸缩缝沥青板→道床混凝土灌注（抹面成型）养生→拆除轨排→进入下个工作循环。

弹性整体道床施工工艺流程如图 2.32 所示。

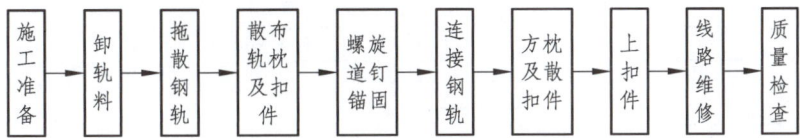
图 2.30　人工铺轨工艺流程

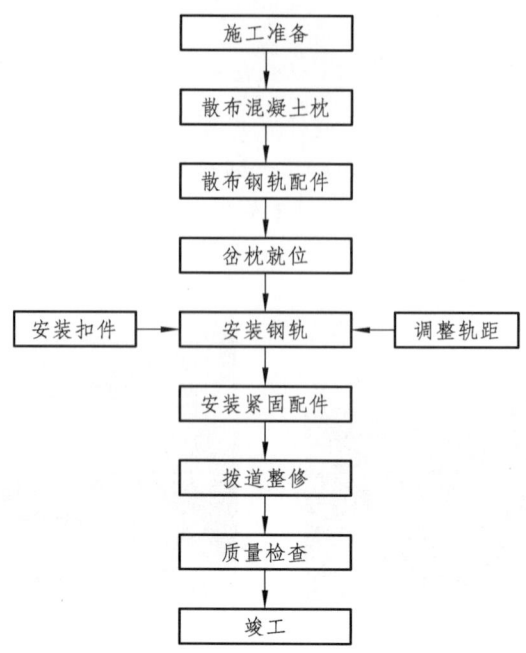

图 2.31 铺岔铺设工艺流程

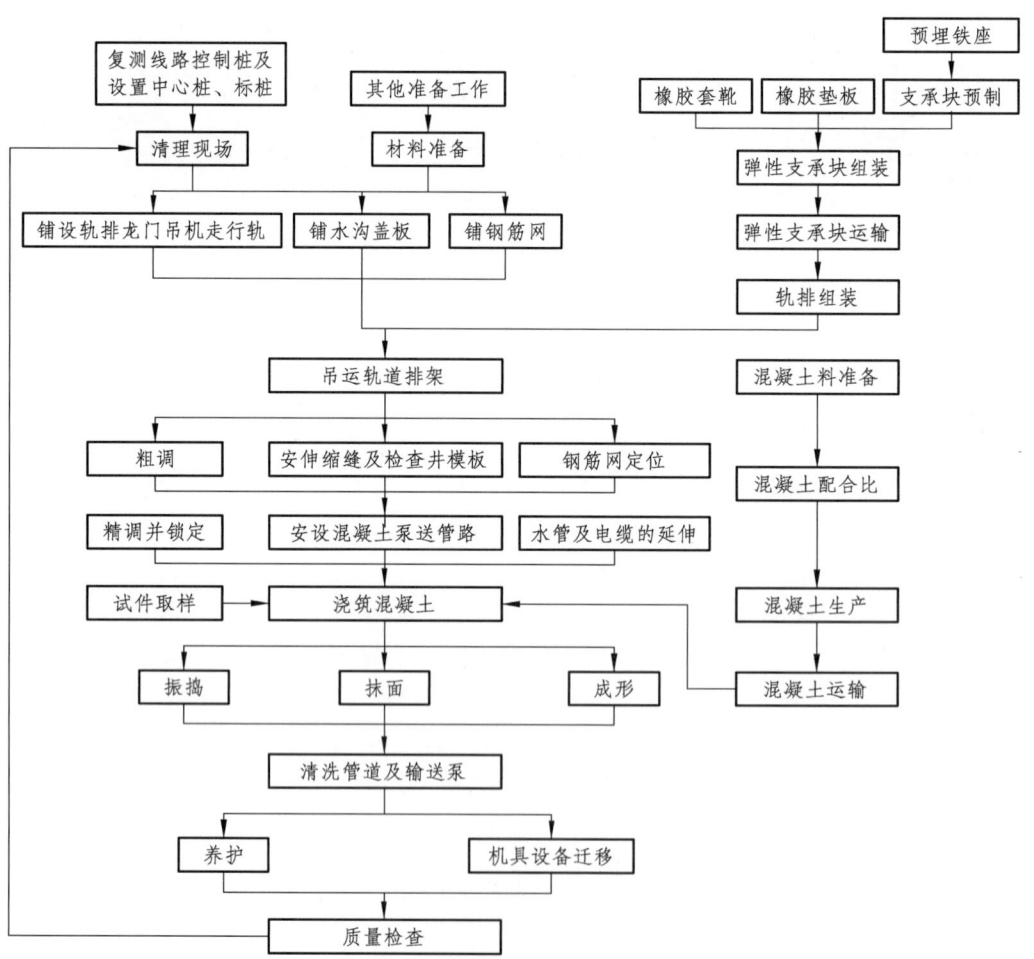

图 2.32 弹性整体道床施工工艺流程

2.3 山区高速铁路大型枢纽铺架基地选址规划研究

2.3.1 工程概况

根据重庆枢纽总体规划,渝黔土建 2 标梁场和铺架基地位于重庆西编组站内,待编组站搬迁至兴隆编组站后,建设梁场和铺架基地。当渝黔 2 标铺架工程全部完成后,拆除梁场和铺架基地并建设动车所及客车整备场,未建场前的编组站如图 2.33 所示。

图 2.33 梁场、铺架基地未建场前的编组站

2.3.2 铺架基地选址原则

铺架基地的主要选址原则如下:

(1) 铺轨基地要具有与既有线相连的较为通畅的便利条件,相对较好的自然设场条件在既有车站拟扩建线路的一侧,方便既有车站非正线股道插入基地专用线道岔(衔接运营线便捷),且干扰小、引入线路短,有利于做好防溜措施,降低安全风险。[29]

(2) 结合当地发展规划,力求地势平坦、地基基础良好、少占农田,减少前期拆迁和场地平整费用,根据工期和铺架要求统筹规划,合理确定基地规模,降低工程造价。

(3) 在选择铺架基地位置时,应考虑永临结合原则,充分利用预留工程、铁路货场、站坪、维修基地的场地,建设项目完工后,恢复所用场地的原来用途。做不到永临结合的,铺轨基地和制存梁场应尽量避开不良地质地段,且远离生态环境敏感区。

(4) 建设工作应能避免对当地群众生产、生活的干扰和影响,做到安全、文明、和谐统一。

(5) 应结合现场实际,从综合角度出发,尽可能优化选址方案,从而节约建设成本,为后续工作提供便利,为前方铺架工程的顺利开展奠定基础。

本项目合理安排工期,将临时工程设置建在永久用地范围内,充分利用了不同阶段工程项目工期进度的时间差,节省了大量土地和工程造价,并减少了临时占地引起的生态环境破坏。制梁场设置在原重庆西编组站内,利用原重庆西编组站的到达场改建成铺轨基地，利用编组场内原有的轨道、场地、设备等，实现了铺架基地的一体化。在制梁、铺轨结束后拆除铺架基地，作为重庆西站动车所的建设用地。

2.3.3 铺架基地选址方案综合评价研究

铺架基地的位置选择不但影响到运输材料的效率，而且将直接影响到后续工程的安排、施工质量及总工期。同时，从经济费用的方面来说，所设场地的征地拆迁费用、建场所需的建设费用、物料运输的费用等将直接影响到建设工程投资。所以，铺架基地应根据工期要求，结合工程量、供料情况、运输条件、地形条件等因素，经技术经济比选后合理确定设置方案、建设标准和规模。这是铁路工程建设外业调查和施工组织设计的关键内容之一，也是保证铁路工程建设顺利进行的重要环节。因此，如何选择铺架基地的位置，使其既满足工期要求，又保证投资成本不会过高，是个十分值得研究的问题。

由于影响铺架基地选址的因素很多，而对这些因素评价的数据主要来自以往的经验和决策者的主观判断，其评价结果会导致影响因素之间关系不够明确，使指标评价体系具有灰色性。同时，传统的施工决策模型不能准确地反映出评价信息中存在的模糊性，以致最终评估结果出现偏差。所以，需要选择一种新的数学模型能更好地反映出评价过程中人为决策时的灰色性和模糊性，从而保证铺架基地选址方案评价结果的合理性与有效性。

1．铺架基地选址方案评价的方法

（1）模糊综合评判法。

模糊综合评判法是根据模糊数学的隶属度理论把定性评价转化为定量评价，即对受到多种因素影响的对象做出一个总体的评价。它具有结果清晰、系统性强的特点，能较好地解决模糊的、难以量化的问题。

（2）灰色模糊综合评价法。

灰色模糊综合评价法是一种在"贫信息"情况下，评判模糊因素现象或事物的方法。该方法将不易定量描述的因素定量化，并在评价该因素的隶属等级状况的基础上，利用灰色系统理论中占有重要地位的可能度函数来刻画一个灰数对其取值范围内不同数值的偏爱程度，对各数据点隶属于某灰类或灰数的程度进行定量描述。

本研究主要提出利用灰色可能度函数实现指标信息的透明化，并借助模糊理论计算综合评价值，建立基于灰色聚类与模糊综合评判相结合的综合评价模型，对研究铺架基地选址问题有较好的适用性，为进行铺架基地选址方案的评价，提供了一种更为合理、准确的研究方法。

2．评价指标的建立原则

（1）科学性原则：指标的选取是否科学，直接关系到评价结果的合理性，评价指标的选取必须能正确反映和评价铺架基地选址。

（2）通用性原则：为了使评价的结果对不同的对象具有可比性，并保证评价模型的广泛适用性，构建的指标体系必须具有一定的通用性。

（3）目的性原则：在选取指标前需要对本研究的研究目的非常明确，这样选取的指标才会对研究是有意义的，才能得出有效的结果。

（4）可操作性原则：所选指标应有数据可比性、量化可能性，而且能对评价项目的总体水平给出定性和定量评价。同时，在实际应用中便于操作。

3．铺架基地选址方案评价的影响因素

铺架基地选址评价问题是一个涉及许多影响因素的多目标决策问题，评价指标体系的构建应遵循科学性、通用性、目的性及可操作性等基本原则，并尽可能地综合考虑各个影响因素。

根据铺架基地自身特点，在总结相关研究成果的基础上，从定性和定量两个角度分别进行了处理，更加贴近于工程实际应用。本章选择影响选址方案评价的定性因素为场地设施条件，其中包括交通运输条件、临时用地条件、原有设备可利用程度、永临结合程度；定量要素可归纳为工期计划与工程费用两大类进行处理，其中工期计划包括了铺架基地建设工期与铺架施工工期，工程费用包括预制梁和轨料的运输费用、铺架基地建设费用。

4．评价指标体系的建立

根据评价指标体系建立的原则和对影响因素的分析，利用层次分析法构造一个各因素之间相互联结的层次结构模型，建立了铺架基地选址评价指标体系层次结构，将其分为3个层次，即目标层、准则层和指标层（子准则层），如图2.34所示。

（1）目标层：表示评价所要达到的目标，将铺架基地方案综合评价作为目标。

（2）准则层：表示选址方案综合评价的几个并列构成要素。根据上文的分析，将工期计划、工程费用、场地设施条件作为准则层。

（3）指标层：表示构成准则层的每个评价要素的基本评价点。准则层中不同的并列要素有相应指标。

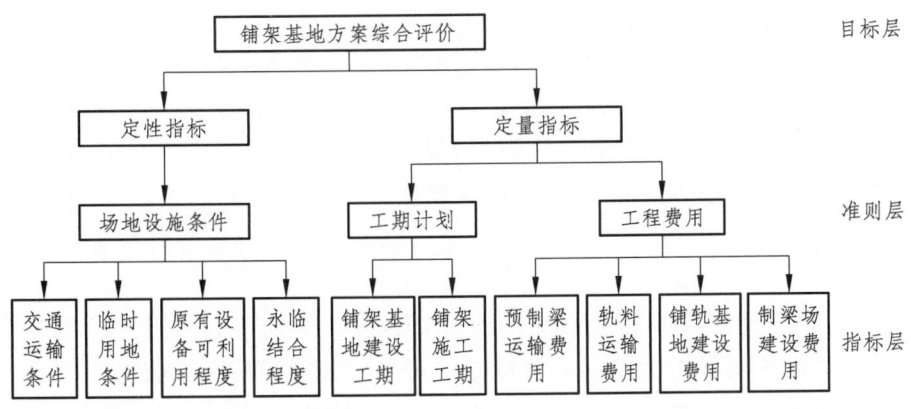

图 2.34　铺架基地选址评价指标体系

5．确定评价指标权重

评价指标体系建立后，按照层次分析法的步骤，根据资料数据、专家意见和分析人员的认识，分别构造判断矩阵，进行层次排序和一致性检验，得到所需各评价指标的权重。

（1）确定评价因素集。

在对铺架基地选址方案的评价时，每个指标都反映了影响某一方面的特征，所以它是一个受多个相互独立的因素影响的二级综合评判问题。因此，在确立因素集 U 中的各元素后，再按照其各自的属性分为3个子集，如图2.35所示。

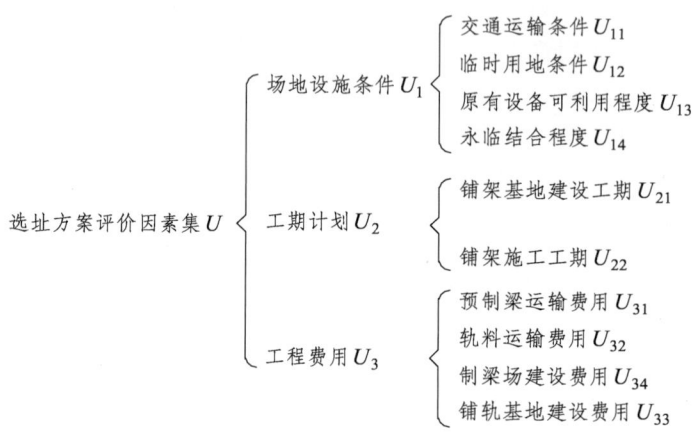

图 2.35 选址方案评价指标体系

（2）确定各指标的权重。

① 在层次分析法中，相对重要程度的判断是通过指标间的两两对比来确定的，所构建判断矩阵如下：

$$U = \begin{bmatrix} u_{11} & u_{12} & \cdots & u_{1j} \\ u_{21} & u_{22} & \cdots & u_{2j} \\ \vdots & \vdots & \ddots & \vdots \\ u_{i1} & u_{i2} & \cdots & u_{ij} \end{bmatrix} \tag{2-1}$$

式中，u_{ij} 取 0.5、0.6、0.7、0.8、0.9，分别表示指标 U_i 相对于指标 U_j 的重要程度，分别对应同等重要、稍微重要、明显重要、重要得多、极端重要，且满足 $u_{ii}=0.5$，$u_{ij}+u_{ji}=1$。

② 构建完各判断矩阵后，先进行单层次排序，即计算同一层次内指标相对上一级的重要程度所确定的权重，计算判断矩阵的最大特征根 $\lambda_{\max}$ 与对应的特征向量（$a_1, a_2, \cdots, a_i$），a_i 作为因素 u_i 的重要度系数，即指标权重值。

③ 先根据各子因素集 U_i 所对应的各一级指标的重要程度确定其各自二级权重 A_i 为 $A_i=(a_{i1},a_{i2},\cdots,a_{ij})$。

④ 再对影响选址的各因素集 U_i（场地设施条件、工期计划、工程费用）进行相对重要性大小的估测，同样由上述权重计算方法可得一级指标层综合权重为得到各因素的权重 $A=(a_1, a_2, a_3)$。同时由权数的定义可知，应对特征向量 A_i 与 A 进行归一化处理。

⑤ 在计算最大特征根的时候需要对其进行一致性检验以确保计算的可靠性。取一致

性指标 CI 和随机一致性指标值 RI 之比 CR 为一致性检验判别式 $CR=CI/RI$。

2.3.4 基于灰色聚类与模糊综合评判的铺架基地选址方案研究

1. 确定评价灰类及可能度函数

灰类可能度函数的选择及确定是灰色聚类的关键环节之一，将直接影响评价结果的准确性。本章提出在可能度函数选择方面采用基于端点混合可能度函数，适用于各灰类边界清晰但最可能属于各灰类的点不明的情形。

（1）确定灰类。

各铺架基地选址方案有 j 个指标（$j=1, 2, \cdots, m$），划分为 k 个级别（$k=1, 2, \cdots, h$）。根据级别特征，把指标 j 的取值范围划分为相应的 h 个灰类，各灰类的取值区间为 $[x_j^1, x_j^2]$，$[x_j^2, x_j^3]$，$\cdots$，$[x_j^h, x_j^{h+1}]$。

（2）确定可能度函数。

对第 1 个灰类采用半降三角函数，第 h 个灰类采用半升三角函数，其余中间各个灰类采用经典三角可能度函数，计算公式如下：

第 1 个灰类：

$$f_j^1(x_{ij}) = \begin{cases} \dfrac{\lambda_2 - x_{ij}}{\lambda_2 - \lambda_1}, & x_{ij} \in [\lambda_1, \lambda_2) \\ 1, & x_{ij} \in [x_j^1, \lambda_1) \\ 0, & x_{ij} \notin [x_j^1, \lambda_2) \end{cases} \tag{2-2}$$

第 k 个灰类：

$$f_j^k(x_{ij}) = \begin{cases} \dfrac{x_{ij} - \lambda_{k-1}}{\lambda_k - \lambda_{k-1}}, & x_{ij} \in [\lambda_{k-1}, \lambda_k) \\ \dfrac{\lambda_{k+1} - x_{ij}}{\lambda_{k+1} - \lambda_k}, & x_{ij} \in [\lambda_k, \lambda_{k+1}) \\ 0, & x_{ij} \notin [\lambda_{k-1}, \lambda_{k+1}) \end{cases} \tag{2-3}$$

第 h 个灰类：

$$f_j^h(x_{ij}) = \begin{cases} \dfrac{x_{ij} - \lambda_{h-1}}{\lambda_h - \lambda_{h-1}}, & x_{ij} \in [\lambda_{h-1}, \lambda_h) \\ 1, & x_{ij} \in [\lambda_h, x_j^{h+1}) \\ 0, & x_{ij} \notin [\lambda_{h-1}, x_j^{h+1}) \end{cases} \tag{2-4}$$

式中，λ_k 对于第 1 个灰类与第 h 个灰类，采取灰类的转折点（以属于灰类最大可能性为依据），对中间灰类分别取指标允许范围的中心值 $\lambda_k = (x_j^k + x_j^{k+1})/2$。

根据式（2-2）～（2-4）分别计算待评价各指标的可能度函数。

（3）灰色评价系数的计算。

用 y_{ije} 表示第 e 类评价灰类的灰色评价系数 $y_{ije} = \sum_{u=1}^{t} f(x_{iju})$，式中 t 为评审专家人数，将 h 大灰类数值进行综合，进而得到灰色评价总系数 $y_{ij} = \sum_{e=1}^{h} y_{ije}$。

（4）灰色评价权矩阵的计算。

用 r_{ije} 表示第 e 类评价灰类的灰色评价权 $r_{ije} = \dfrac{y_{ije}}{y_{ij}}$，本研究灰类确定为 h 个等级，将各灰类评价权进行综合，得到灰色评价权向量 $\boldsymbol{R}_{ij} = (r_{ij1}, r_{ij2}, \cdots, r_{ijh})$，进而得到灰色评价权矩阵 $\boldsymbol{R}_i$。

$$\boldsymbol{R}_i = \begin{bmatrix} r_{i1} \\ r_{i2} \\ r_{i3} \\ \vdots \\ r_{ij} \end{bmatrix} = \begin{bmatrix} r_{i11} & r_{i12} & r_{i13} & \cdots & r_{i1h} \\ r_{i21} & r_{i22} & r_{i23} & \cdots & r_{i2h} \\ r_{i31} & r_{i32} & r_{i33} & \cdots & r_{i3h} \\ \vdots & \vdots & \vdots & \ddots & \vdots \\ r_{ij1} & r_{ij2} & r_{ij3} & \cdots & r_{ijh} \end{bmatrix} \tag{2-5}$$

2．铺架基地选址方案综合评价的计算步骤

为了较好地评价选址的满意程度，可将评价灰类确定为 5 个等级 $V = \{$很好，好，较好，较差，差$\}$，并规定档次指标值 v 如下：

（1）当 $8 \leqslant v \leqslant 10$ 时，评价为很好；

（2）当 $6 \leqslant v < 8$ 时，评价为好；

（3）当 $4 \leqslant v < 6$ 时，评价为较好；

（4）当 $2 \leqslant v < 4$ 时，评价为较差；

（5）当 $0 \leqslant v < 2$ 时，评价为差。

根据档次指标值可得 $\lambda_1 = 9$，$\lambda_2 = 7$，$\lambda_3 = 5$，$\lambda_4 = 3$，$\lambda_5 = 1$。

首先，对每个子因素 U_i 的灰色评价权矩阵集 $\boldsymbol{R}_i$ 分别进行一级综合评判。则 U_i 的一级综合评价向量 $\boldsymbol{B}_i$ 为 $\boldsymbol{B}_i = \boldsymbol{A}_i \times \boldsymbol{R}_i = (b_{i1}, b_{i2}, \cdots, b_{ih})$，同时对 b_{ik} 进行归一化处理，使得 $\sum_{k=1}^{h} b_{ik} = 1$。

其次，对评判结果进行更高一层的综合评判，即对铺架基地选址进行二级综合评判。每个 U_i 都是影响选址的一个因素，$\boldsymbol{B}_i$ 进行归一化处理得到 $\boldsymbol{B}_i$ 为其对应的单因素评判向量，又可构成一个单因素评判矩阵 $\boldsymbol{R} = \begin{bmatrix} \boldsymbol{B}_1 & \boldsymbol{B}_2 & \boldsymbol{B}_3 \end{bmatrix}^\mathrm{T}$。

在铺架基地选址方案中，对影响其选址的各一级因素 U_i 的权重 $\boldsymbol{A}$，于是得到铺架基地选址 U 的二级综合评价向量 $\boldsymbol{B} = \boldsymbol{A} \times \boldsymbol{R} = (b_1, b_2, \cdots, b_h)$。

最后，对灰类划分的 5 个等级按"灰水平"赋值，灰类等级值向量用 $\boldsymbol{U}$ 表示，即 $\boldsymbol{U} = (9, 7, 5, 3, 1)$，得到灰色综合评价值为 $\boldsymbol{G} = \boldsymbol{B} \times \boldsymbol{U}^\mathrm{T}$。将计算结果与评判等级相对应，判定铺架基地选址方案的优劣等级。

3．工程应用分析

铺架基地选址方案是否合理，需要对本工程项目的实际情况进行灰色模糊综合评价研究。

4．利用模糊综合评价进行评价分析

（1）邀请铺架基地施工决策经验比较丰富的 10 位专家进行打分，确定各个指标的相对重要程度，并采用层次分析法确定各因素的权重 A 如表 2.7 所示。

表 2.7　指标权重

一级指标	A_i	二级指标	a_{ij}
场地设施条件 U_1	0.26	交通运输条件 u_{11}	0.17
		临时用地条件 u_{12}	0.38
		原有设备可利用程度 u_{13}	0.25
		永临结合程度 u_{14}	0.20
工期计划 U_2	0.38	铺架基地建设工期 u_{21}	0.49
		铺架施工工期 u_{22}	0.51
工程费用 U_3	0.36	预制梁运输费用 u_{31}	0.41
		轨料运输费用 u_{32}	0.27
		铺轨基地建设费用 u_{33}	0.13
		制梁场建设费用 u_{34}	0.19

（2）由确定模糊评价的判断矩阵 R 如表 2.8、表 2.9 所示。

表 2.8　铺架基地选址方案指标专家评分表

一级指标	二级指标	专家打分									
		第1位	第2位	第3位	第4位	第5位	第6位	第7位	第8位	第9位	第10位
U_1	u_{11}	9	8	9	10	8	9	9	9	8	9
	u_{12}	10	10	10	9	9	8	10	9	9	9
	u_{13}	9	10	10	9	9	9	9	8	8	8
	u_{14}	6	6	8	8	9	10	3	3	3	3
U_2	u_{21}	8	8	10	9	9	10	7	7	7	7
	u_{22}	7	7	10	9	9	10	7	7	6	7
U_3	u_{31}	7	6	10	10	10	9	5	4	5	5
	u_{32}	6	6	9	9	9	10	7	6	5	5
	u_{33}	7	8	10	9	10	10	9	7	6	7
	u_{34}	9	9	10	10	10	10	9	10	9	9

表2.9 灰色评价权矩阵

一级指标	二级指标	很好	好	较好	较差	差
U_1	u_{11}	0.85	0.15	0	0	0
	u_{12}	0.95	0.05	0	0	0
	u_{13}	0.85	0.15	0	0	0
	u_{14}	0.3	0.2	0.1	0.4	0
U_2	u_{21}	0.45	0.55	0	0	0
	u_{22}	0.4	0.55	0.05	0	0
U_3	u_{31}	0.4	0.15	0.4	0.05	0
	u_{32}	0.4	0.25	0.35	0	0
	u_{33}	0.55	0.4	0.05	0	0
	u_{34}	1	0	0	0	0

（3）综合评判 $\boldsymbol{B}=\boldsymbol{A}\times\boldsymbol{R}$，灰色综合评价值 $G=\boldsymbol{B}\times\boldsymbol{U}^{\mathrm{T}}$，$G=7.778$，如表2.10所示。

（4）因为 $6\leqslant v=7.778<8$，则该选址方案各指标的综合评判结果为好，说明该铺架基地方案所选地理位置是好的。

表2.10 模糊综合评价计算表

指标	U_1				U_2		U_3			
	u_{11}	u_{12}	u_{13}	u_{14}	u_{21}	u_{22}	u_{31}	u_{32}	u_{33}	u_{34}
权数	0.17	0.38	0.25	0.20	0.49	0.51	0.41	0.27	0.13	0.19
B_i	(0.778, 0.122, 0.020, 0.080, 0)				(0.425, 0.550, 0.025, 0, 0)		(0.534, 0.181, 0.265, 0.020, 0)			
权数	0.26				0.38		0.36			
B	(0.556, 0.306, 0.110, 0.028, 0)									

5. 工程实际选址

本项目最终选择将铺架基地设置在原重庆西编组站内，利用原编组场内的轨道、场地与设备等，实现了铺架基地的一体化与资源的再利用。当铺架工程全部施工完成后，拆除铺架基地，作为重庆西站动车所的建设用地。此方案将临时工程设置建在永久用地范围内，充分利用了不同阶段工程项目工期进度的时间差，同时节省了大量土地和工程投资，并大幅度降低临时占地对生态环境的破坏程度。

6. 小 结

本节通过对铺架基地选址方案的评价研究分析，得出了以下结论。

（1）首先，利用层次分析法综合考虑了影响铺架基地选址的定量与定性因素及其评价指标的模糊属性，建立了基于铺架基地选址问题的灰色聚类与模糊综合评判相结合的综合评价模型，通过结合以往施工经验与工程实际数据，可以在某些数据不太明确或不易定量的情况下，为铺架基地的选址方案提供良好的评判依据，有其实际应用的价值。

（2）其次，在对实际工程案例进行分析计算时，最终实际建设方案与评价结果一致，证明了本研究提出的针对铺架基地选址方案的评价指标的有效性和可靠性，得到的判断结果也具有实践性和参考性。说明将数学模型计算方法运用到铺架基地选址问题中，得出的结果比较可靠，可以应用在实际工程项目并指导施工建设。

2.4 山区高速铁路大型枢纽铺架基地一体化规划布置研究

施工现场平面布置是对施工组织设计中涉及的场地进行功能区域的划分，并安排好水平方向和垂直方向的交通组织，合理布局施工生产生活场地、材料的堆放和加工场地等，综合规划后将其反应在平面联系上的过程。[30]

铺轨基地与预制梁场的规模大小及布置形式应受项目的铺轨数量、预制梁的数量、建设工期、施组方案、地形地质条件、对外交通运输条件、材料供应等各种因素的综合影响。经经济技术和多方面综合比选和优化，从而确定铺架基地布置方案。

2.4.1 铺架基地规划布置研究意义

铺轨基地和制存梁场的平面布置是影响铁路铺架方案的重要因素。对于施工组织来说，铺轨基地和制存梁场的布设是否合理，能否满足铺架方案的要求，不但影响到运输材料的效率，而且影响到全线铺架方案的施工组织安排。在经济投资方面，所设场地的征地拆迁量和挖填土方量及地质条件将直接影响到工程建设费用。同时，合理的设计布置现场道路还可以很好地保障施工作业安全。

2.4.2 铺架基地平面布置设计原则

（1）最短距离原则：尽量使各区域间的物资、人员移动距离最短，减少物料运输成本，使之能以最快的速度、最小的代价满足各部分的需求，从而极大地提高整个系统的效率，并实现整体运作的有序性。[31]

（2）系统优化原则：要充分考虑对布置产生影响的所有相关因素，并运用系统分析的方法求得系统的整体优化方案。

（3）布局优化原则：要充分考虑物流因素和非物流因素的综合影响，应尽量使物流量大、关系密切的功能区靠近，其他功能区可布置得较远一些。同时，还要避免或减少物资的迂回运输和倒流运输等不合理现象，使得设施的各功能区布局合理，实现全局优化。[31]

（4）资源利用率最大化原则：由于土地资源匮乏，提高土地利用率是现代平面布置规划的重要目标。因此，设施在空间场所内的布置，必须力求有效利用现有资源，使得布局更加紧凑，节约土地。

（5）柔性化原则：要充分考虑到未来场地的发展扩大，适当留有空间以备将来设施的调整和扩展，同时还要考虑好该预留空间的布置位置。

2.4.3 铺架基地布置形式及其功能划分

1. 铺架基地布置形式

铺轨基地和制存梁场场地的布设可采用2种形式，一种是铺轨基地和制存梁场合并设置；另一种是铺轨基地和制存梁场分别设置。对于山区高速铁路大型枢纽项目，采用铺轨基地及制存梁场在同侧有机结合进行一体化合并设置，从而构成铺架基地。这种一体化布置形式有作业灵活、基地调车方便等优势。

2. 铺架基地功能划分

制梁场按功能划分共设置7个区域，包括制梁生产区、钢筋加工区、混凝土拌和区、梁体整修区、存梁区、提梁装车区、生活办公区。

铺轨基地则包括轨枕存放区、轨枕锚固生产区、硫黄砂浆生产区、已锚固轨枕存放区、工具轨存放区、轨排生产区、轨排存放区、道岔存放区和预留第二存砟场等9个功能区。

2.4.4 制梁场平面布置

1. 制梁场功能区划分

（1）制梁区作为预制梁场的主要组成部分，预制梁的生产和各种关键性的机械设施布置都主要集中于这一区域。

（2）存梁区是用来存放预制梁的区域，一般桥梁架梁是每隔一段时间进行一次集中架设，在每次架设之前预制梁都是存放在规定的区域之内的。预制梁完成之后就吊运至存梁区存放，如图2.36所示。

图 2.36　单、双层存梁区

（3）钢筋加工区是将原材料钢筋按成品梁的设计要求加工成需要的形状和尺寸的区域，该区域还具有堆放成品钢筋的功能，如图2.37所示。

图2.37　钢筋半成品存放区

（4）混凝土拌和区是将组成混凝土的原料按设计要求加工成需要的成品混凝土的区域，内部详细布置如图2.38所示。

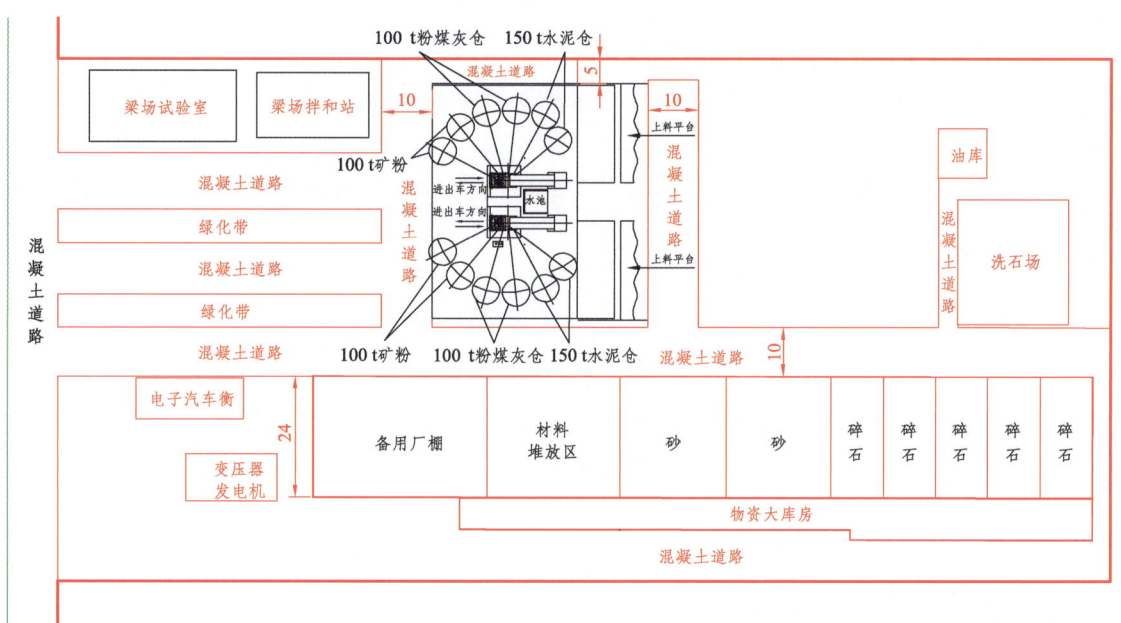

图2.38　混凝土拌和区

（5）生活办公区是梁场职工生活、休息、学习和娱乐的场地。

2．制梁场功能区的空间关系分析

（1）制梁区与其他功能区的空间关系。

制梁区是制梁场的重要组成部分，也是物流最繁忙的活动场地。通常情况下，钢筋加工区与存梁区应靠近制梁区布置，便于钢筋等物料搬运至制梁区以及梁预制完成之后便于龙门吊等吊运器械吊运至存梁区存放。同时，为了便于混凝土运输，混凝土拌和区也通常靠近制梁区布置。此外，为了避免工作产生的噪声对职工生活的影响，生活办公区应尽量远离制梁区。

(2) 运输通道与功能区的空间关系。

运输便道是用于与外界以及工程主体施工区联系的通道。运输通道一般应采用环形布置，制梁所需的原材料、设备等物资需要通过运输通道送到各个功能区，一般设置两个出口，一进一出。对于只需设置一个出口的情况，应对道路宽度进行测算，以满足大型梁的运输的特殊要求。

(3) 生活区与其他功能区的关系。

生活区应远离混凝土拌和区和制梁区，以减少工作噪声对职工休息的影响，同时可以保证安全施工，尽量布置在梁场周围，既可以减少占地面积又可以当做围墙，节约建设费用。[14]

3．制梁场的设置步骤

(1) 根据制梁施工工艺要求和移梁、运梁工序，结合制梁数量和工期计划确定制梁台座与存梁台座数量，合理布置生产区、存梁区、运梁便线、材料存放区，最后布置搅拌站位置及砂石料存放场地。[32]

(2) 生产区的钢筋制作、绑扎、模板安装、浇注、养护、拆模、张拉压浆等整体为流水线设计，方便施工。[20]

(3) 根据制梁场的场地形状和拟投入的提、运梁设备，选择横列式或纵列式布置台座。[32]

(4) 制、存梁台座数量的确定，需要根据制梁数量、工期要求、架梁速度，并结合场地大小等条件，通过仔细计算确定。

(5) 制、存梁区域的位置关系固定后，就可以综合安排其他区域和设施的位置。各区域功能尽量单一，减少施工交叉干扰。

4．制梁施工工艺流程

制梁施工工艺流程为：前期准备工作→台座施工铺底模→底肋板钢筋及波纹管的安装→预应力束孔道检查→安装侧模→绑扎面板钢筋→检查签证→浇筑混凝土→制作试块→混凝土养护、拆模→穿入钢绞线→预应力张拉、压浆、封端→起吊运输至存梁区。[33]

5．梁体的移动及运输

(1) 梁体的提升。

制梁区：顶落梁采用液压千斤顶，每端一台液压千斤顶，交替起梁到预定高度。

存梁区：龙门吊横跨装车线以吊梁上车。

(2) 梁体在梁场内横向移动。

梁体采用卷扬机配合旱船，用钢丝绳和存梁区支撑墩端头的地锚做横向移动，将梁沿移梁道移至存梁区。

(3) 出梁。

T梁制梁台座平行于装车线路，移梁道兼作存梁台座垂直于装车线路。在T梁验收后即可用龙门吊提起，利用装车线装载停放在运梁平车上。

6. 制存梁台座和梁场的布置方式

梁场布置方式的确定主要根据采用的提梁设备和地形条件而定。不同的布置形式对地形、场地规划与占地数量以及配置的主要设备的要求也不一样。

制梁台座和存梁台座主要有横列式和纵列式两种布置方式。

(1) 横列式布置是台座的长度方向垂直于线路，制梁台座与存梁台座平行设置，出梁方向与梁体纵向中心线方向垂直，横列式布置方式比较适合于梁场远离线路的情况。

(2) 纵列式布置是台座的长度方向顺线路走向，钢筋绑扎、制梁、存梁、提梁上车等区域首尾相接，出梁方向与梁体纵向中心线一致，纵列式比较适合于梁场靠近线路的情况。[34]

7. 制梁场布置形式与主要特点

(1) 横列式。

① 提高了制梁的生产效率，确保了制梁台座形成有规律的流水作业循环。

② 存梁数量大。

③ 人工移梁安全性差并且费用过高。

④ 运梁线投入费用偏高。

(2) 纵列式。

① 存梁区纵向紧临生产区，运梁距离短，存梁便利。

② 安全程度较高，提高了劳动效率，大大节省了运梁工费。

③ 在取梁时，用龙门吊可轻松地从存梁区取梁。

④ 临时用地少。

8. 制梁场布置形式的确定

(1) 由于出梁方式限制，出梁要利用既有的西站线路，只能垂直其布置。同时，由于现场地形限制，原编组站地形狭长，不利于采用横列式布局。

(2) 再考虑到优先利用既有站房设备，梁场的拌和站利用维修车间站房做料库，同时要兼顾制梁工艺要求，台座交错布置利于操作作业。

综上所述，最终在布置制梁场时选用纵列式布置形式。

9. 制梁场规模

梁场的规模应根据所生产的梁数量、制架梁工期、梁的生产周期、存梁周期等综合确定，而生产能力取决于生产工艺要求的时间、架梁进度及施工总工期等多种因素确定的台座数量。按照梁场平面布置的要求，影响制存梁场规模的因素主要是制梁区和存梁区的面积，因此制存梁台座数量和配置方式将决定梁场的规模。

10. 确定制、存梁台座数量

制梁台座的数量取决于制梁周期和效率及工期要求，制梁设备配置情况，制梁工序，存梁台座数量，架梁起止时间，等。

存梁台座数量的确定受多种因素的影响，如制梁进度、制梁台座数量、轮回周期、架梁开始时间、架梁速度、运梁通道是否通畅等。

平面布置之前,首先要确定制、存梁台座数量,根据台座规模确定梁场占地等。

(1)制梁台座数量的确定。

制梁台座的数量应结合制梁设备配置状况、制梁工序、制梁周期及梁场每天产能等因素综合确定。其具体方法如下:

九龙坡制梁场根据 T 梁预制数量及架梁工期计划,月平均生产 T 梁 160 片,如表 2.11 所示。按照以往施工经验,T 梁底模的周转循环周期在 5 d 左右,每片梁生产进度值如表 2.12 所示。制梁台座配置数量计算公式如下:

$$S = n \times (T/24) \times \delta \tag{2-6}$$

式中 S——制梁台座数量(个);

n——梁场生产能力(孔/d);

T——每孔 T 梁预制台座循环时间(h);

δ——历史经验施工干扰系数,参考其他同等级线路上的预制梁施工经验取 1.3。

将数据代入式(2-6)中,可得制梁台座数量 $S = 4 \times (120/24) \times 1.3 = 26$(个)。

表 2.11 制架梁计划(含童西线) 单位:片

项目		2015 年							2016 年						小计
		5月	6月	7月	8月	9月	10月	11月	12月	1月	2月	3月	4月	5月	6月	7月	
制梁	月生产	30	160	160	160	160	160	130	140	140	160	160	160	160	137		2 017
	生产合计	30	190	350	510	670	830	960	1 100	1 240	1 400	1 560	1 720	1 880	2017	2 017	
架梁	月架梁				108	176	90	60	130	196	196	284	232	182	182	181	2 017
	架梁累计				108	284	374	434	564	760	956	1 240	1 472	1 654	1836	2 017	
存梁	总数	30	190	350	402	386	456	526	536	480	444	320	248	226	183	0	

表 2.12 每片(24 m、32 m)T 梁预制进度指标

序号	施工工序	工序施工时间/h	制梁台座占用时间/h	备注
1	底、侧模整修及预埋件安装	4	4	安装支座板、接地端子等
2	梁体钢筋绑扎	6		在绑扎胎具上绑扎
3	顶板钢筋绑扎	6		在绑扎胎具上绑扎
4	外模打磨和涂油	4		
5	梁体钢筋笼吊装及调整	6	6	在底模上施工
6	端模、外模安装及调整	6	6	
7	顶板钢筋笼吊装	6	6	
8	桥面预埋件的安装	6	6	
9	各部位检查调整	6	6	
10	混凝土浇筑	2	2	
11	养护	72	72	自然养护
12	拆除端模及外模	3	3	
13	初张拉	5	5	包含预应力穿束
15	T 梁移出台座	2	2	人工移梁
	合计	134	118	

根据上述计算，为保证产量梁场需设置 26 个制梁台座（考虑到共用台座降低利用系数）。由于 24 m T 梁数量不是很集中，仅设置 2 个 24 m/32 m 制梁台座。根据计量计划及生产进度计划确定存梁规模及占地面积，预计最高存量数为 536 片，考虑到不利系数，设置最大存量数为 560 片。

（2）制梁台座的布置。

① 制梁台座并排或交错布置。

② 根据内模吊入或爬入方式的不同，2 套内模可共用 1 个内模存放区。

③ 台座间距要考虑布料机、罐车及提梁机等的布置和通行。

（3）存梁台座数量的确定。

存梁台座的数量应根据梁在存梁台座上最少存放时间及梁场每天产能确定。存梁台座数量要根据计划开始制梁日期到开始架设日期之间需存梁数量和架梁期间最大存梁数量来确定。存梁台座的数量计算公式如下：

$$n = V \times K \tag{2-7}$$

式中　n——存梁台座的数量（个）；

　　　V——梁场制梁速度（榀/d）；

　　　K——梁在存梁台座上最少存放时间（d），无特殊要求时，$K=30$ d。

（4）存梁台座的布置。

① 为节约用地，存梁台座可采用高低重叠存梁，但需要根据架梁顺序安排好存放位置，避免二次倒梁，也可采用双层存梁。

② 双层存梁时需要考虑与存梁台座高度及提梁机高度的匹配。

③ 根据提梁机的净高度设置高低、存梁台座的高度。

11．制梁场各功能区面积的确定

根据制梁台座和存梁台座的数量，同时结合每榀梁的长和宽，并考虑一定的间隙系数，便可以计算出制梁区和存梁区的占地面积。再根据根制梁生产能力，合理确定其他各功能的占地面积。

（1）制梁区的面积。

考虑单个制梁台座与外侧轨道龙门间的安全距离及纵向台座间的距离；移梁考虑搬运梁机的横向轮胎宽度，运输过程中还需预留外侧的安全距离及水沟距离。制梁区的面积就为单个制梁台座占地面积与制梁台座数量的乘积。

（2）存梁区的面积。

在进行存梁布置时，还要考虑横排间隔和纵向距离；另外，两侧应保持安全距离。存梁区的面积就为单个存梁台座占地面积与存梁台座数量的乘积。

（3）钢筋加工区的面积。

考虑梁场的队伍设置，梁场采用 2 个队伍，便于管理，所以钢筋绑扎制作区分设于两端，便于日常管理。根据成品钢材的长度和加工区需摆放钢筋对焊机、切断机、弯曲机和调直机的需要，以及半成品的堆放，确定钢筋加工区的长度和宽度。

(4)生活办公区的面积。

按梁场生产规模和机械化程度确定生产人员的数量、生产人员和管理人员。按不同标准确定居住面积,从而确定生活办公区面积。

2.4.5 铺轨基地平面布置

1. 铺轨基地的任务

铺轨基地主要承担以下主要任务。

(1)接收并储存轨料。

铺轨基地与既有铁路相连,能对通过铁路运输来的轨枕、钢轨、道岔、连接零件等按要求进行分类存放。

(2)生产轨排、焊接长钢轨。

在常规铁路或采用换铺法铺设无缝线路的铺轨基地要设置轨排拼装车间,将钢轨、轨枕、连接零件等组装成成品轨排。在铺设无缝线路的铺轨基地应设置长钢轨焊接车间,将标准轨或100 m定尺钢轨焊接成长度250～500 m的长钢轨。基地同时应设置相应的轨排存放区、长钢轨存放区及装车场。

(3)组装道岔。

基地应设置道岔存放区,负责组装半成品道岔。

(4)存放道砟。

当基地平面条件许可时,可设置大型的道砟存放与装车场地;当基地条件不允许时,道砟存放与装车场地不设在基地内,可根据实际情况,设在前方车站附近或区间某一利于存放与装车的位置。

(5)指挥调度。

铺轨施工大量采用机械化作业,站间距长,区间多动力作业。基地内应设有指挥调度中心,进行基地内及区间施工作业、行车组织的统一指挥调度。

(6)提供补给及生活设施。

基地应能对工程列车、铺架机械进行加油、检测等作业,设置各种起吊装卸设备,以便进行轨料的装卸,满足铺架机械的组装与解体以及机车、车辆的整备和编组要求。[35]

2. 铺轨基地设置的一般原则

(1)铺轨基地的位置应根据其所承担的施工范围、铺架工程量大小、对既有线运营的影响、当地的气象环境、水文地质、工程地质、公路及铁路运输和建材、地材、工业品市场、基地工程量大小等因素进行统筹考虑而确定。

(2)铺轨基地位置一般应选在铺轨起点或已铺地段终点附近,与运营线路干扰小、列车进出方便、引入线路短的平坦开阔地段,最好能靠近区段站,且应尽量与新铺线路在既有站的一侧。

(3)应尽可能利用新建或扩建站场的新增股道,出入铺轨基地的联络线的限制坡度及最小曲线半径最好与正线标准相同。

（4）铺轨基地应分为轨料存放区、轨排拼装区、焊轨生产线、长轨存放区和居住区等几大部分。各区的位置应在提高生产效益的前提下，统一协调地灵活运用。

（5）铺轨基地设施应充分利用既有的各项设备和当地水源、电源、以及运输道路等。

（6）铺轨基地的设计规模要根据工程规模、进度要求和使用年限分期分批安排，通盘考虑，按经济、技术比选后决定。既要满足铺轨架梁要求并留有余地，又不能过多增加占地和资金。

3．铺轨基地的能力与规模

铺轨基地的能力一般用经济供应半径来衡量。一个基地向前方供应轨排，最经济的供应距离称为经济供应半径。传统上认为经济供应半径是指当基地建设费与轨排运输比轨料运输多耗费用相等时的运距则为经济半径，即当供应距离大于经济供应半径时，基地原则上应向前迁移。

在实际工作中，不能单纯用计算的办法来确定供应半径。必须考虑每条线路的具体情况，如工期的缓急、长途运输轨排的装载方式、铺轨机的类型、倒装站的情况、机车车辆的供应情况、通信方式、项目管理的能力、迁建基地所需的时间等。根据实践经验和现行状况为了减少车辆占用，保证运输安全、加快铺架进度，供应半径一般认为以200～300 km 为宜。

4．铺轨基地的平面布置

铺轨基地一般由轨料存放区、轨排生产区、轨排存放区、长钢轨焊接车间及存放区、成品梁存放区、列车到发编组线以及机务整备线等组成。场地的平面布置，应根据现场地形，因地制宜，力求紧凑。以机车取送材料方便，调车作业顺利，轨料存储场与轨排生产区方向一致，标准轨存放，长钢轨焊接及存放方向一致等为原则，并据计划铺轨进度、每天需要的产量，结合项目实际情况，确定轨排生产作业线方式及轨料、轨排、长钢轨的存放能力。

铺轨基地的规模由拟划分的功能区和各功能区所设的股道数来确定，并综合考虑生产作业流程、机械设备的装卸和所需材料设备的存放等因素，然后确定功能区的布置和股道布设。铺轨基地平面布置具体步骤如下：

（1）确定铺轨基地与既有线、新建客运专线的接轨点和连接线，即牵入牵出线。

（2）确定铺轨基地的进出场道路。

（3）根据确定的存料面积和股道数，划定各功能区。

5．铺轨基地功能区的划分与布置

拟建的铺轨基地，按照建设工程施工工序及特点，可以将场地划分为主生产区域和辅助配套设施区域两部分，两个区域要通过场内道路连通。主生产区域包括轨料存放区、轨排生产和存放区、长钢轨存放区、基地车场和机务整备线等。辅助配套设施区域包括装卸机械设备和配套组装区、机械修理仓库、油料储存库、供水供电设施、日常生活设备、通信信息设备、排水管道等。

（1）轨料存放场地的布置。

轨料存放场地的规模与布置，应根据铺轨进度、基地距轨料来源地的距离、组装作业线的类型、轨料运输情况等统筹确定。铺轨基地存放轨料的数量，一般应保证铺轨计划日进度的十倍左右或至少满足一个区间的轨料。

场内轨料的堆放，应周密考虑，合理安排，尽量减少倒装、搬运。要缩短运距，以节省劳力、节省资金。还应便于将各种轨料向组装车间运送，简化作业手续。为了便于轨料的装卸、搬运，场内应同时设置龙门吊行走线及进料车的股道。

（2）轨排拼装车间的布置。

轨排拼装车间是常规铺轨基地的核心，常规基地所有股道的布置都必须以满足轨排拼装的要求为准，在长钢轨焊接与轨排拼装并存的基地，股道的设置应两者兼顾。轨排拼装车间的布置应按照进料、轨排拼装及轨排装车的顺序考虑，一般应设有进料线、组装作业线和装车线。进料线和装车线分设于组装作业线的两侧。进料线连接轨料场，以便于向组装车间迅速供料。装车线连接轨排储备场和车站站线，以便于运出轨排和回运空车，放置组装用的机具设备，以便进行组装作业。

（3）轨排存放场的设置。

轨排存放区是为了保证轨排能连续不断地供应前方铺设而设置的。轨排储备场地要求平坦坚实，以免底层轨排受压损坏变形或轨排倾倒。场地大小视铺轨计划与组装能力而定，一般应储存 10 km 左右的轨排。

（4）长钢轨焊接车间及存放区的设置。

长钢轨焊接车间及存放区是一次性长钢轨铺设和短轨排换铺长钢轨基地的核心。长钢轨焊接车间应按照标准轨存放区、焊接车间、长钢轨存放区的顺序考虑。在附近有路局焊轨厂，且运输比较方便时，长钢轨焊接车间和存放区也可不设置。长钢轨焊接车间及存放区的大小由待焊标准轨长度、长轨条的长度、焊轨工艺要求、施工工程数量和施工工期等因素决定。

6．生产和存放区的设计规模

这里所说的生产和存放区包括轨排生产区，轨料、长轨、轨排、道岔、轨枕和道砟存放区等，其中轨料存放区包括扣配件、工具轨存放场。生产和存放区的规模应根据所承担的铺轨作业量、供料计划、生产工序等，计算出其理论设计最小值。生产和存放区与所设股道结合后的实际规模应不低于计算出的理论设计最小值。

（1）生产区所需面积计算公式如下：

$$F_s = Qlb/n \tag{2-8}$$

式中　F_s——生产区所需面积（m²）；

　　　Q——每天铺轨长度（km）；

　　　l——单位生产线长度（m）；

　　　b——单位生产线宽度（m）；

　　　n——单位生产线能力（km）。

（2）存放区所需面积计算公式如下：

$$F_c = AQH\alpha/MP \tag{2-9}$$

式中　F_c——存放区面积（m²）；

　　　A——计划存放时间（d）；

　　　Q——每天铺轨长度（km）；

　　　H——单位铺轨公里所用货物数量；

　　　α——供料不均匀系数，一般取值 1.0～1.5，具体数值根据材料而定；

　　　M——存放货位列数；

　　　P——单位面积货物堆放量。

7．股道布设

铺轨基地场内一般要设到达线、发送线、编组线和机车走行线等。每类线路需要布设的股道数量，要根据所设铺轨基地的轨料到发量和不均衡系数，通过计算和实际情况来确定。同时要合理利用场地和节约投资，满足铺轨工程的需要。

生产和存放区的各条股道长度，应根据所对应的区域面积、装卸的机械，以及所需材料的种类和数量来确定。铺轨基地的详细布置以股道的规划分布为中心展开，股道的布置应满足以下要求。

（1）股道布置合理，尽量减少基地内调车作业，尽量减少材料的倒运。

（2）股道的数量和有效长度，应满足其功能需要。

（3）股道的技术标准，应符合现行铁路规范要求。

（4）股道之间的距离，除了预留材料存放场地、龙门吊走行线、主要设备设施的位置外，还要预留安全作业距离。

（5）连接各股道的道岔，应满足通行工程列车的需要。

2.4.6　传统平面布置方式存在的问题

（1）现场临时设施的布置不合理。仅凭经验布置，没有采用科学的布置方法，存在诸多不合理的现象。许多施工单位在设计平面布置时对项目的整体规划不够清楚，因而不能充分地利用原有建筑或新建的建筑来减少临时设施的建设数量，造成了施工平面布置的不合理，导致了临时设施的建设、拆除等产生过多的费用和工时，增加了工程的成本。

（2）现场道路设计不合理。大部分施工现场平面布置不能对临时道路做到合理的设计，这不仅不能方便施工人员及车辆的通行，也导致了施工效率的低下。另外，施工临时道路的设计还应该综合考虑日后永久道路的建设，最大限度地减少企业的施工总成本。

（3）不满足施工工艺流程的要求。由于施工场地的布置不够合理，导致现场的物流不顺畅，出现人与物，物与物的交通的相互交叉、相互干扰，造成整个项目的实施困难，导致项目施工工期的延长，企业施工成本的增加。[30]

2.4.7 基于 SLP 的铺架基地一体化平面布置研究

施工场地平面布置并非只是把单个的设施布置在最合适的位置，而是为了使得场地平面布置系统总体效果最佳。所以，应对施工位置布置有影响的所有因素进行定量和定性的分析，妥善处理它们之间的关系。为了便于对布置方案进行评价，也要对方案进行量化。根据密切程度的不同赋予权重，然后试验不同的布置方案，最后计算得出得分最高且布置合理的方案。

1. 铺架基地布置形式特点

铺架基地平面布置实质上是设施布局问题的一类，因此可按一般的设施布局问题进行描述，即有 n 个待布置的布局块，将这些布局块按照一定的原则布置在已知平面上，使其在满足约束条件下达到既定目标。但是预制梁场与铺轨基地有其独特性，通过统计分析以往铁路建设项目中铺架基地的平面布置方案，总结起来主要有以下特点。

（1）预制梁场与铺轨基地的主要功能区如制梁区、存梁区、轨排生产区、长钢轨存放区等均设计成矩形，其他各功能区也可粗略地看成是矩形。

（2）铺架基地的布局方式是典型的平行式多行布局，即各功能区在平面上呈多行布置，并各行尽可能平行。这样布置有利于各功能区间的运输便道尽量呈直线布置，方便预制梁、钢轨以及各类原材料在场内的运输。

（3）优先考虑关键区域的设计和布置。例如，根据预制梁场的制、存梁区占地面积大的特点，优先考虑关键区域沿场地规划的某一方向上布置，且相对位置固定，以保证整个梁场的布局合理。

为了方便对铺架基地进行平面布置，针对以上特点，本章做如下假设。

（1）铺架基地的征地面积和各功能区的形状均为矩形。

（2）将场内道路所占面积按比例分摊到其他功能区，不再考虑道路的影响。

2. 铺架基地总体规划布置的限制条件

（1）对于制存梁场，其对场地地基要求较高、占地面积大，需要综合考虑工期、铺架顺序、桥梁运架进度等方面的因素，合理规划存梁区、龙门吊装梁区以及运梁专用线等，为后期装梁提供便利条件。

（2）对于道砟存放区，尽量选择场地平整、地基扎实的区域，降低临建工程量，节约成本。存砟场的设置要符合标准化建设要求，将场地用混凝土硬化，设置好排水坡度，有足够的存储能力满足现场需求。

（3）对于基地专用线，股道建设数量与长度应与生产实际相结合，既能符合日常工作量要求，又要为后期抢产留有余地。同时，满足铺架作业大型机械停留、编组需求；专用线考虑动力换端，提高生产效率；铺设安全线，做好车挡、脱轨器等防溜措施。[29]

（4）应尽可能多线平行流水作业，各个流水作业区应做到流程简单方便，且各个作业面相对较独立，以避免作业面之间的相互影响。

（5）材料堆放区、搅拌站等与生产相关的设备应尽量靠近生产区，尽量减少中间环节作业量，提高工作效率。危险区应远离人员生活和工作区域，减少安全事故隐患。同时，办公生活区应尽量远离噪声区、粉尘区，创造良好的办公生活环境。

3．基于SLP的平面布置步骤

在进行场地平面布置设计前，需要分析布置哪些区域，确定生产产品的品种（P）、产量（Q）、制作工程（R）、辅助设施（S）、时间（T）等原始资料。

同时，在利用系统平面布置方法时，物流与非物流共同影响布置设计，但影响结果却不同。在建筑工程项目施工场地内，各个作业单位之间主要以物流流动为主，而施工场地内的辅助设施则主要以非物流为主。

4．物流分析

物流属于定量分析，是区域间的物质运输，是一种可计算的量，各设施之间的相互关系用物流强度进行表示，最终得到各功能区之间的物流相互相关表。

物流强度等级可按照物流线路比例或承担的物流量比例来确定。采用A、E、I、O、U五个等级表示，其中对于不存在固定物流的作业单元对，可将其物流强度定为U级，其他物流强度等级如表2.13所示，物流相互关系如表2.14、表2.15所示。

表2.13 物流强度等级比例划分

物流等级强度	符号	物流路线比例	承担的物流量比例
超高物流强度	A	10%	40%
特高物流强度	E	20%	30%
较大物流强度	I	30%	20%
一般物流强度	O	40%	10%
不存在固定物流	U		

表2.14 物流相互关系（梁场）

作业单位名称	制梁生产区	梁体整修区	存梁区	混凝土拌和区	钢筋加工区	提梁装车区
制梁生产区		O	A	E	E	O
梁体整修区	O		I	O	O	I
存梁区	A	I		U	U	A
混凝土拌和区	E	O	U		U	U
钢筋加工区	E	O	U	U		U
提梁装车区	O	I	A	U	U	

表 2.15 物流相互关系（铺轨基地）

作业单位名称	轨枕存放区	轨枕锚固生产区	硫黄砂浆生产区	已锚固轨枕存放区	工具轨存放区	轨排生产区	轨排存放区	道岔存放区	预留第二存砟场
轨枕存放区		A	E	A	E	A	I	O	O
轨枕锚固生产区	A		A	E	E	I	I	O	O
硫黄砂浆生产区	E	A		E	E	I	I	O	O
已锚固轨枕存放区	A	E	E		E	I	I	O	O
工具轨存放区	E	E	E	E		A	E	O	O
轨排生产区	A	I	I	I	A		A	O	O
轨排存放区	I	I	I	I	E	A		O	O
道岔存放区	O	O	O	O	O	O	O		O
预留第二存砟场	O	O	O	O	O	O	O	O	

5．非物流分析

非物流分析属于定性分析，研究的是施工区域间的相互关系密切程度，主要包括工艺流程有利于生产、易于管理、方便生活的程度，在施工流程中互相协调的程度，满足安全、防火和环保方面的要求等，并对影响作业区域之间关系的因素进行逐一分析。根据各相关因素的影响，为了与物流能集结综合，将各个作业单位相互关系密切程度等级也划分为 A、E、I、O、U 五个级别，相关程度高的区域在布置时应尽量紧邻或接近，而相关程度低的区域则不宜接近。非物流关系级别如表 2.16 所示，非物流相互关系如表 2.17、表 2.18 所示。

表 2.16 非物流关系级别

序号	作业单位间关系密切程度	等级符号
1	绝对要求靠近	A
2	关系特别密切，要求靠近	E
3	关系比较密切，需要靠近	I
4	关系一般密切，一般靠近	O
5	关系不密切，可以靠近	U

表 2.17　非物流相互关系（梁场）

作业单位名称	制梁生产区	梁体整修区	存梁区	混凝土拌和区	钢筋加工区	提梁装车区
制梁生产区		E	A	E	E	I
梁体整修区	E		A	O	O	U
存梁区	A	A		E	I	A
混凝土拌和区	E	O	E		E	O
钢筋加工区	E	O	E	E		U
提梁装车区	I	U	A	O	U	

表 2.18　非物流相互关系（铺轨基地）

作业单位名称	轨枕存放区	轨枕锚固生产区	硫黄砂浆生产区	已锚固轨枕存放区	工具轨存放区	轨排生产区	轨排存放区	道岔存放区	预留第二存砟场
轨枕存放区		A	E	A	I	I	O	U	U
轨枕锚固生产区	A		A	A	E	I	I	U	U
硫黄砂浆生产区	E	A		E	I	O	O	U	U
已锚固轨枕存放区	A	A	E		E	O	O	U	U
工具轨存放区	I	E	I	E		A	E	U	U
轨排生产区	I	I	O	O	A		A	U	U
轨排存放区	O	I	O	O	E	A		U	U
道岔存放区	U	U	U	U	U	U	U		U
预留第二存砟场	U	U	U	U	U	U	U	U	

6. 作业单位综合相互关系表

在 SLP 中，将物流和非物流相互关系进行加权综合，可以得到区域之间的综合相互关系表。根据实际情况进行分析，对布局影响大的物流，其权值就赋予得大一些，反之权值就要小一些。假设取 A＝4、E＝3、I＝2、O＝1、U＝0，得到量化后的物流相关表和非物流相互关系表。再规定物流关系与非物流关系的比值为 2∶1，将两种关系级值进行集结加权相加即得出了综合关系级值，如表 2.19 所示。

表2.19 量化物流与非物流相互关系

序号	两作业单位间	作业单位间关系密切程度				综合关系	
		物流关系		非物流关系			
		等级	分值	等级	分值	等级	分值
1	1-2	A	4	A	4	A	12
2	1-3	U	0	U	0	U	0
…	…						
$n(n-2)/2$							

注：表中 $n(n-2)/2$ 为总的单位作业对，其中 n 为作业单位数目。

铺架基地总平面布置是从各区域间综合相互关系密切程度出发，安排各作业之间的相对位置，根据综合相互关系级别高低按顺序先后来确定不同级别作业单元的位置，而同一级别的作业单元按综合接近程度的分值高低顺序来进行布置。[36]

通过前面分析计算得出综合相互关系密切程度量化值后，将量化值采用同物流、非物流相同的等级划分规定进行划分，分别为 A、E、I、O、U。综合相互关系的等级及其对应的分值如表2.20所示，综合相互关系表如表2.21、表2.22所示。

表2.20 综合相互关系等级

关系等级	对应分值
A	11~12
E	9~10
I	6~8
O	3~5
U	1~2

表2.21 综合相互关系（梁场）

作业单位名称	制梁生产区	梁体整修区	存梁区	混凝土拌和区	钢筋加工区	提梁装车区
制梁生产区		E9	A12	E9	E9	I8
梁体整修区	E9		A12	O5	O3	I6
存梁区	A12	A12		E9	E9	A12
混凝土拌和区	E9	O5	E9		I7	O3
钢筋加工区	E9	O3	E9	I7		O4
提梁装车区	I8	I6	A12	O3	O4	

表 2.22 综合相互关系（铺轨基地）

作业单位名称	轨枕存放区	轨枕锚固生产区	硫黄砂浆生产区	已锚固轨枕存放区	工具轨存放区	轨排生产区	轨排存放区	道岔存放区	预留第二存砟场
轨枕存放区		A12	E9	A12	I8	E10	O5	U2	U2
轨枕锚固生产区	A12		A12	E10	E9	I6	I6	U2	U2
硫黄砂浆生产区	E9	A12		E9	I8	O5	O5	U2	U2
已锚固轨枕存放区	A12	E10	E9		E9	O5	O5	U2	U2
工具轨存放区	I8	E9	I8	E9			E9	U2	U2
轨排生产区	E10	I6	O5	O5	A12		A12	U2	U2
轨排存放区	O5	I6	O5	O5	E9	A12		U2	U2
道岔存放区	U2	U2	U2	U2	U2	U2	U2		U2
预留第二存砟场	U2	U2	U2	U2	U2	U2	U2	U2	

7. 方案的设计

结合工程实际情况和场地限制对区域面积相关图进行修正和调整，得到多个可行方案，淘汰一些价值不大的方案，留下三个最为可行的方案。

方案一：因为经实地测量，拌和站放在驼峰侧填挖方量较大，不经济，所以淘汰（方案一平面布置见附图 1）。

方案二：（1）拌和站布置在左侧，钢筋加工区位于中间位置。（2）拌和站位于左侧的原因是由于梁场位于重庆西站编组站的靠近驼峰一侧。（3）钢筋加工区位于中间，考虑采用一支包工队，以便于管理（方案二平面布置见附图 2）。

方案三：（1）优先利用既有站房设备，梁场的拌和站利用维修车间站房作料库。（2）梁场采用 2 支队伍，钢筋绑扎制作区分设于两端，以便于日常管理（方案三平面布置见附图 3）。

2.4.8 基于多目标加权灰靶决策模型的铺架基地平面布置方案比选研究

1. 灰靶决策

灰靶决策是灰色系统理论中解决多指标决策问题的方法之一，多用于解决生产过程中的技术评估以及项目选择问题。灰靶决策的主要思想是在没有标准模式的条件下，对指标集进行测度变换得到统一量纲的欧氏空间，即灰靶。所有决策对象都在该灰靶上分布。在灰靶中找到一个靶心作为标准模式，然后将灰靶中诸决策点与靶心点进行比较，求出不同的靶心距，通过比较靶心距来确定排序。

事件、对策、目标、效果称为决策四要素。将需要研究、解决的问题或需要处理的事物以及一个系统行为的现状等统称为事件。事件是我们进行决策的起点。某一研究范围内事件的全体称为该研究范围内的事件集，记为 $A = \{a_1, a_2, \cdots, a_n\}$，其中 $a_i(i = 1, 2, 3, \cdots, n)$ 为第 i 个事件。相应的所有可能的对策全体称为对策集，记为 $B = \{b_1, b_2, \cdots, b_m\}$，其中 $b_j(j = 1, 2, \cdots, m)$ 为第 j 种对策。事件集 $A = \{a_1, a_2, \cdots, a_n\}$ 与对策集 $B = \{b_1, b_2, \cdots, b_m\}$ 的笛卡尔积 $A \times B = \{(a_i, b_j) | a_i \in A, b_j \in B\}$ 称为局势集，记作 $S = A \times B$。对于任意的 $a_i \in A, b_j \in B$，称为 (a_i, b_j) 局势，记作 $s_{ij} = (a_i, b_j)$。[37]

$S = \{s_{ij} = (a_i, b_j) | a_i \in A, b_j \in B\}$ 为决策方案集，$u_{ij}^{(k)}$ 为决策方案 s_{ij} 在 k 目标下的效果值，则称 $u_{ij}^{(k)}: S \mapsto R$ 或 $s_{ij} \mapsto u_{ij}^{(k)}$ 为 S 在 k 目标下的效果映射。

2. 多目标加权灰靶决策模型

平面布置并非只是把单个的设施布置在最合适的位置，而是为了使得场地平面布置系统总体效果最佳。所以，应对布置有影响的所有因素进行定量和定性的分析，再通过对方案进行量化，从而便于对布置方案进行评价，最后计算得出得分最高且布置合理的方案。

在方案的评价指标中，由于各个目标之间的不可公度性和矛盾性，不能简单地把多个目标归并为一个目标，用求解单一目标决策的方法求解多目标决策。所以，在对制梁场的布置方案进行对比分析时，应采用多目标加权灰靶决策模型。其算法步骤如下：

第一步：根据事件集 $A = \{a_1, a_2, \cdots, a_n\}$ 和对策集 $B = \{b_1, b_2, \cdots, b_m\}$ 构造决策方案集 $S = \{s_{ij} = (a_i, b_j) | a_i \in A, b_j \in B\}$。

第二步：确定决策目标 $k = 1, 2, \cdots, s$。

第三步：确定各目标的决策权 $\eta_1, \eta_2, \cdots, \eta_s$。

第四步：对目标 $k = 1, 2, \cdots, s$，求相应的目标效果样本矩阵。

$$\boldsymbol{U}^{(k)} = (u_{ij}^{(k)}) = \begin{bmatrix} u_{11}^{(k)} & u_{12}^{(k)} & \cdots & u_{1m}^{(k)} \\ u_{21}^{(k)} & u_{22}^{(k)} & \cdots & u_{2m}^{(k)} \\ \vdots & \vdots & \ddots & \vdots \\ u_{n1}^{(k)} & u_{n2}^{(k)} & \cdots & u_{nm}^{(k)} \end{bmatrix} \quad (2\text{-}10)$$

第五步：设定目标效果临界值。

第六步：求 k 目标下一致效果测度矩阵。

$$\boldsymbol{R}^{(k)} = (r_{ij}^{(k)}) = \begin{bmatrix} r_{11}^{(k)} & r_{12}^{(k)} & \cdots & r_{1m}^{(k)} \\ r_{21}^{(k)} & r_{22}^{(k)} & \cdots & r_{2m}^{(k)} \\ \vdots & \vdots & \ddots & \vdots \\ r_{n1}^{(k)} & r_{n2}^{(k)} & \cdots & r_{nm}^{(k)} \end{bmatrix} \quad (2\text{-}11)$$

第七步：由 $r_{ij} = \sum_{k=1}^{s} \eta_k \cdot r_{ij}^{(k)}$ 计算综合效果测度矩阵。

$$\boldsymbol{R} = (r_{ij}) = \begin{bmatrix} r_{11} & r_{12} & \cdots & r_{1m} \\ r_{21} & r_{22} & \cdots & r_{2m} \\ \vdots & \vdots & \ddots & \vdots \\ r_{n1} & r_{n2} & \cdots & r_{nm} \end{bmatrix} \quad (2\text{-}12)$$

第八步：确定最优对策 b_{j_0} 或最优决策方案 $s_{i_0 j_0}$。

3．铺架基地平面布置影响因素分析

预制梁场与铺轨基地设计布置应本着满足铺架工程建设需要，力求技术先进、经济合理，通过统筹规划设计，以达到工效快、质量高、资源利用率高和建场费用低的目的。同时，实现这一要求的设计布置方案很多，这就要求从多方面来考察方案的合理性、经济性和科学性。根据布置原则，铺架基地设计布置时应考虑如下影响因素。[14]

（1）交通条件。

现场生产过程中需要运送大量的原材料、半成品和成品，交通便捷不仅可以提高生产效率，而且可以节约生产成本、保证安全生产。交通条件包括以下三方面。

① 对外交通。

现场预制梁场生产所需要的各种物资能够顺畅地送往场内相关的功能区，尽量避免或减少二次搬运。

② 内部交通。

按照生产工艺要求，相关功能区之间存在材料运送的问题，如混凝土要从混凝土加工区运送到制梁区，加工的钢筋要从钢筋加工区运送到制梁区，成品梁要从制梁区移至存梁区等，场内运输应以运输距离最小为目标。

③ 起运要求。

首先，特殊运输工具要能够驶入龙门吊下，例如通过龙门吊将存梁区的预制梁装载到特殊运输工具上；其次，特殊运输工具要能够从龙门吊下驶出，将预制梁运往需要架梁处。现场预制梁场设计布置时要充分考虑特殊的运输工具对道路的要求。

（2）工作环境。

工作环境是指职工在生产和生活中所处的环境，主要包括以下三个方面。

① 生产安全性。

在生产过程中存在着施工风险，在加强安全生产管理的同时，要在铺架基地设计布置上杜绝影响安全生产的隐患，如龙门吊下不要设置人行便道等。

② 生活条件。

在进行现场预制梁场设计布置时，需提高职工的人均居住水平，尽量使生活区远离混凝土搅拌区和制梁区，以减少工作噪声对职工休息的影响。

③ 生产便利程度。

根据预制梁生产工序的要求，合理安排各个功能区的空间布置，尽量缩短工艺之间的流水线路，避免倒流作业，使生产在时间上和空间上相统一。

(3) 资源利用。

① 机械化程度。

设计布置中应尽量使大型物件通过龙门吊运送，原材料能够自动卸载，以不断提高生产机械化程度。

② 土地利用率。

铺架基地设计布置应因地制宜，布置力求紧凑，不同的设计布置方案，其土地利用率会有差别。

③ 梁台座和模具等利用率。

预制梁台建设成本高，使用周期长，占地面积大，同时预制梁台一旦建成，就很难变更，若在生产过程中重新布置或改造预制梁台必然浪费大量的人力、物力，增加预制梁的生产成本，延误生产与铺架工期。因此，在多种规格预制梁生产的情况下，应合理设计，有效衔接，保证利用率。

(4) 生产成本。

铺架基地生产成本包括租地费用、场地平整费用以及设备运行和劳动力成本等。

① 租地费用。

由于现场预制梁生产场地属于施工临时用地，一般采用临时租用的方式获取土地使用权，不同的设计布置方案因用地面积不同，其租地费用明显不同。

② 场地平整费用。

不同的设计布置方案不仅租地费用不同，在地形较复杂的情况下，不同的用地面积还会造成场地平整费用的差异。

③ 设备运行和劳动力成本。

不同的设计布置方案因其机械化程度不同，造成设备损耗以及劳动力数量上的不同，其成本也有差异。

2.4.9 梁场临建方案

在保留下来的两个方案中，通过结合多目标灰靶决策模型，考虑合理的影响因素，对施工场地区域布置方案进行综合评价，从而得出最优的方案。

1. 梁场总体平面布置规划

本标段设置 1 座 T 梁预制场，负责本标段所有 T 梁和道岔梁预制任务。本制梁场设于原重庆西站和编组站内渝黔客车线 DK9+272.3～DK9+957 附近（预计范围新建渝黔动车左线 YQDZK6+918～YQDZK7+763.72），总占地面积为 $9.683\times10^4 \text{ m}^2$，计为 145.2 亩。

(1) 总平面布置规划。

总平面布置规划本着和出梁线路垂直交叉的原则布置梁场场地。预制场布置 2 台 100 t 龙门吊横跨装车线以吊梁上车。T 梁采用卷扬机配合旱船做横向移动。生产台座采用纵列式布置，T 梁制梁台座、存梁台座均平行于装车线路，移梁道兼作存梁台座垂直于装车线路。

（2）功能区划分。

预制场设置七个区，包括生活办公区、制梁生产区、钢筋加工区、混凝土拌和区、单层存梁和梁体整修区、双层存梁区、提梁装车区。

2．制梁生产区规划

根据《渝黔铁路土建2标剩余工程施工组织设计》中排定的工期目标，制梁场设制梁台座26个，其中32 m T梁台座24个，32 m、24 m共用制梁台座2个。

制梁区设置24 m跨10 t龙门吊4台用于吊装梁体钢筋骨架，模板的移动、装拆，配合混凝土浇筑及制梁区相关设备的移动。

3．存梁区规划

存梁区分为单层存梁区和双层存梁区，移梁道兼做存梁。存梁规模根据《渝黔铁路土建2标剩余工程施工组织设计》中安排的铺架工期计划来编排的梁场存制梁关系统计表计算，经综合比选确定为538片，最大存梁能力560片。

梁场布置30 m跨100 t龙门吊2台，用于T梁的装车和双层存梁区的移运梁。24 m跨10 t龙门吊2台用于配合防水层施工以及整备区设备的移动吊装等。

4．混凝土拌和区规划

梁场设HZS90混凝土搅拌站2座，配置2台HZS90拌和机（拌和站1.843×10^3 m^2），合计理论生产能力60 m^3/h，日高峰混凝土拌和量可达1 440 m^3/d。优先利用既有站房设备，梁场的拌和站利用维修车间站房做料库。砂石料存放场利用现有重庆西检修车间雨篷，设120 m^3储水池1个。拌和站设置如图2.39所示。

图2.39　建设中的混凝土拌和站

5．生活办公区规划

人员生活办公用房采用原重庆西站既有房屋，包括原重庆西站办公楼及宿舍区。场内生活区与办公区分别设置。生活办公用房为原重庆西站办公楼，施工人员住房采用原重庆西站公务、站务人员宿舍楼。其中，工人住宿区按照6人/间计算，预计最多可以容纳270人；场部按照4人/间计算，预计最多可以容纳80人，如图2.40所示。

图 2.40　利用重庆西站房屋作为生活办公用房

6. 梁场道路及硬化

制梁场道路分为场外进场便道和场内道路。场外进场便道和场内道路需要通行大、重型运输车辆，受荷较大，场外进场便道距离较长，路面结构设计为混凝土道路，路面主宽度 5 m，场内道路设计为路面主宽度 7 m，路面基层采用 10 cm 厚的砂砾石垫层，路面面层采用 20 cm 厚的水泥混凝土路面。

梁场内设置横向水泥路一条，路宽 7 m，混凝土厚度为 0.2 m；纵向水泥路 3 条，混凝土厚度 0.2 m；拌和站硬化道路宽 10 m，混凝土厚度 0.2 m；进场道路宽度为 7 m，混凝土厚度 0.2 m；其余硬化混凝土厚度为 0.15 m。制梁场实际平面布置如图 2.41 所示。

图 2.41　制梁场现场平面布置示意图

2.4.10　铺轨基地临建方案

铺轨基地要具有与既有线相连的较为通畅的便利条件，相对较好的自然设场条件，能充分发挥现代化成套施工装备的技术优势，以保证轨道及相关工程施工的顺利进行，如图 2.42 所示。

第2章 基于灰色系统理论的山区高速铁路大型枢纽铺架基地一体化规划布置与建造技术优化研究

图 2.42 铺轨基地现场布置图

1. 铺轨基地引入

铺轨基地计划由襄渝西线引出。铺轨基地通过新铺铺架联络线直接与既有襄渝正线连接,作为新建渝黔线 YQZQ-2 标段的铺轨通道,在既有襄渝线与新铺铺架联络线连接的线路(L8)直接进入铺轨基地作为进料通道。为保证既有线的行车安全及封闭性,在襄渝线 223#道岔后接联络线时需打开防护栅栏,施工过程中派驻专人防护,防止闲杂人员进入。

2. 铺轨基地优化

由于基地建设在重庆西站到达场内,原重庆西达到场内线路已全部拆除。为达到利益最大化,节省成本,基地内存调车线、装卸车线、长钢轨装卸线、道砟装卸车线、装梁车线、进料车线均按照实际需要新铺 P50 钢筋混凝土枕线路,铺设线路所需材料均利用原重庆西站到达场拆除拆料。

3. 铺轨基地总体平面布置规划

铺轨基地设置在原重庆西编组站内,与梁场并排布置,设 3 股轨道、10 组道岔,预计可存轨 150 km、轨排 6 km、轨枕 5 万根。共设调车线 4 条(包括工具轨排装车线 1 条、长钢轨装卸车线 1 条、存调车线 1 条、轨料卸车线 1 条)。

铺轨基地规划占地 53 亩,对应渝黔客车线 D2K7+514～DK8+350 段内,设置 6 台 16 t 龙门吊,包括车辆调头区(50 m×17.5 m)、轨枕存放区(75 m×14.5 m)、轨枕锚固生产区(25 m×8.5 m)、硫黄砂浆生产区(25 m×6 m)、已锚固轨枕存放区(50 m×14.5 m)、扣配件存放区(103 m×2.8 m)、轨排生产区(103 m×6 m)、工具轨存放区(103 m×4 m)、轨排存放区(448 m×14.5 m)、道岔存放区(85 m×14.5 m)、预留第二存砟场(286 m×11.3 m)、32 对 2 t 群吊的长钢轨存放区(550 m×10.355 m)等 12 个功能区,设计调车线 4 条(工具轨排装车线 1 条、长钢轨装卸车线 1 条、存调车线 1 条、轨料卸车线 1 条),预计可存轨 150 km、轨排 6 km、轨枕 5 万根。

生活营区分 3 处总共使用面积 4 234.6 m^2,其中营区 1 旁边的硫黄砂浆原材料存放库房距离硫黄砂浆生产区 10 m。另外,在对应渝黔客车线 DK8+918～DK9+272 线路南侧设第一存砟台,占地 $3.2×10^4\ m^2$,设计预存砟 $15×10^4\ m^3$(装卸线 2 条、装梁线 1 条、进料线 1 条)。在长钢轨存放区北侧预留设置第二存砟场对应于 DK7+514～DK7+800 处,占地 $3.33×10^3\ m^2$,存储道砟 6 500 m^3。铺轨基地布置如图 2.43 所示。

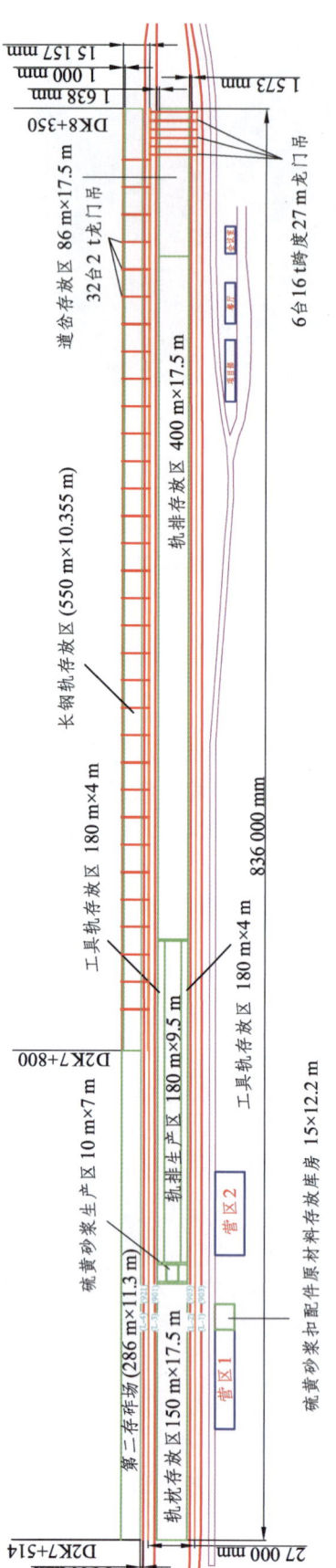

图 2.43 铺轨基地布置图

4. 轨道工程设置规划

铺轨基地正线新铺线路，结合其场地长度及位置，考虑铺轨基地的设置面积，尽量做到经济且满足铺轨基地建设需要。

根据图纸设计对基地内轨道进行优化布置，工程轨道都是利用重庆西站到达场既有轨道，根据需要改动部分道岔，根据龙门吊行走轨道要求建设行走路线，根据设计图纸进行放样，定出线路走形，采用人工铺设轨道，铺设后利用液压式捣机将线路养护达到行走条件，如图2.44所示。

（a） （b）

图 2.44 场内运输线

5. 轨枕、道岔及岔枕存放场规划

轨枕、道岔及岔枕存放场位于跨度 27 m 的 16 t 移动门吊间内，长 836 m、宽 17.5 m。存放场利用既有线路既有 3 道、4 道、5 道线基床作为地基基础，并在基床上建设轨排存放台座、轨枕存放台座以及道岔存放台座，如图 2.45、图 2.46 所示。

（a） （b）

图 2.45 轨排存放区

图 2.46 轨枕存放区、轨枕锚固区

场内存放能力：轨枕存放 18 km，工具轨存放 20 km，道岔及岔枕存放 30 组，轨排存放 30 km。

6. 焊轨场规划

石板滩焊轨基地内设置两条焊轨生产线，日生产能力最高可达 10 km，有 500 m 长轨运输列车 5 列，由石板滩焊轨基地运输长轨至重庆西站铺轨基地需要 4～5 d，可满足铺轨时长钢轨供应需要。现场受征地限制，不设焊轨场。

7. 长轨存放场

长轨存放场设置于既有 7 道左侧，长 550 m，宽 11.5 m。长轨存放区采用间隔为 10 m 的混凝土存轨台位，经水泥砂浆找平后，存储长轨，地面采用自然地面状态。存轨台位存轨高度按 8 层考虑，第一层存储 50 根钢轨，依次向上每层减少 2 根，顶层存储 36 根，可存储 500 m 长轨 86 km。经调查，成都局石板滩焊轨基地可临时存储 500 m 长钢轨 50 km 左右，铺轨前共计可存储 500 m 长钢轨 136 km，可满足前期铺轨施工需要。

长钢轨存放场设 32 台固定龙门吊，台座间距 21 m，每台龙门吊设置 6 个基础台座，合计 192 个台座。台座长 0.5 m、宽 0.5 m、高 1 m，采用 C30 钢筋混凝土浇筑，纵横向箍筋采用 ϕ16 钢筋。龙门吊右端在临 1 道右侧距线路中心 2.5 m 处，另一端在长轨装卸线左侧 18.5 m 处。

8. 基地生活区规划

工区驻地和铺轨基地生活区位于铺轨基地西面，基地生活区利用原重庆西站到达场工务段房屋，用水采用原工务段的自来水，用电采用原工务段用电，通过基地内施工道路与长轨存放场及轨枕、扣配件存放区、机具料库连接。工区驻地及铺轨基地生活区场所设施都能满足标准化要求，如图 2.47 所示。

生活营区分 3 处总共使用面积 4 234.6 m²，营区 1 旁边库房作为硫黄砂浆和扣配件原材料存放区（硫黄砂浆原材料存放库房距离硫黄砂浆生产区 10 m）。

图 2.47 员工宿舍

铺轨基地总体布置如图 2.48 所示。（平面图见附图 4）

图 2.48 铺轨基地现场总体布置

2.4.11 基于熵权灰色关联评价方法的存轨基地建设方案比选研究

现有的研究主要以定性角度分析建设方案的优劣，但缺少利用数学计算模型对方案进行综合分析比较，从而验证方案的合理性与适用性。所以，本章选择利用熵权灰色关联方法对方案进行对比分析，通过计算的结果来考虑建设长轨存放基地的必要性和其建设价值。这有助于控制投资成本，提高经济效益，让建设方案得到进一步的优化，使其达到最大的利用程度。

1．研究意义

存轨基地由于占地广、投资大的特点，是轨道工程实施的前提与重点。其建设方案的优劣，对轨道工程的施工进度、工程投资影响巨大。不仅如此，它还在一定程度上影响整条高速铁路的施工顺序与总工期。[38]

2．研究目的

（1）控制经济成本，提高经济效益。
（2）进一步优化方案，使其达到最大利用率。
（3）比较和分析两个方案建设长轨存放基地的价值。
（4）综合考虑是否有建设长轨存放基地的必要性。

3．铺轨基地概况

重庆至贵阳铁路扩能改造工程是在既有渝黔铁路基础上进行的扩能改造工程，YQZQ-2 标段位于渝黔铁路最大枢纽工程——重庆枢纽范围内。

铺轨基地建设在原重庆西站到达场内，占地 84 亩，与梁场并排布置，设 3 股轨道、

10 组道岔，共设调车线 4 条。铺架工程包含制架梁、铺轨、桥面系等工程，共涉及 12 条线路（共计 57.087 km）以及线路间的联络线和新白沙沱长江特大桥等。

本标段总计铺轨 210.7 km，其中无缝线路 134.16 km。

设计生产能力：日生产轨排 2 km，工具轨 60 km。

4．评价指标体系建立的原则

存轨基地建设方案比选问题是一个涉及许多影响因素的多目标决策问题，评价指标体系的构建应遵循科学性、通用性及可操作性等基本原则，并尽可能地综合考虑各个影响因素。

5．评价指标的选择

结合存轨基地自身特点，在总结相关研究的基础上，本研究选择从施工作业能力、经济费用和其他影响因素等三个角度对存轨基地建设方案进行评价并分别进行处理，使建立的评价指标体系更加贴近于工程实际应用。

（1）施工作业能力。

影响存轨基地建设方案比选的施工作业能力可归纳为循环作业能力、供应换铺需求能力、长钢轨储存能力三个方面。

（2）经济投资费用。

建设方案的经济费用包括总体运输费用（包含二次运输费用），存轨基地建设费用，管理费用（包括人力管理费用与场地储存费用），机械租赁与保养费用。

（3）其他影响因素。

其他影响存轨基地建设方案的因素可简单概括为施工的可控程度（包括换铺时间的把控、对工期变化延误的控制程度、对长轨供应的控制能力等），施工工艺复杂程度，安全风险程度。

6．评价指标的规范化处理

由于存在各评价指标的实际含义和量纲不相同的情况，直接采用评价指标值进行比较，难以体现出评价结果的优劣。为确保指标的等效性、同序性，需要对初始数据进行规范处理。规范化处理的目的是消除量纲的影响，使得任何指标之间均可进行对比。

针对不同类型的指标，需要采用不同的处理方法。评价指标体系可划分为成本型（越小越好）和效益型（越大越好）两种类型。针对不同类型的评价指标，可采取对应的规范化处理方法，统一将其归一化为隶属于[0，1]区间的极大型指标。

对于成本型指标：

$$x_{ij} = \frac{x_{0j}}{x'_{ij}} = \frac{\min(x'_{ij})}{x'_{ij}} \tag{2-13}$$

对于效益型指标：

$$x_{ij} = \frac{x'_{ij}}{x_{0j}} = \frac{x'_{ij}}{\max(x'_{ij})} \tag{2-14}$$

式中　x_{ij}——评价对象 i 的指标 j 经规范化处理后的标准值；

x'_{ij}——评价对象 i 的指标 j 的原始值；

x_{0j}——m 个方案中指标 V_i 的相对最优值。

7. 评价指标体系的建立

根据评价指标体系建立的原则和对建设方案影响因素的分析，利用层次分析法构造一个各因素之间相互联结的层次结构模型，建立了存轨基地建设方案评价指标体系层次结构，将其分为目标层、准则层和指标层 3 个层次，如图 2.49 所示。

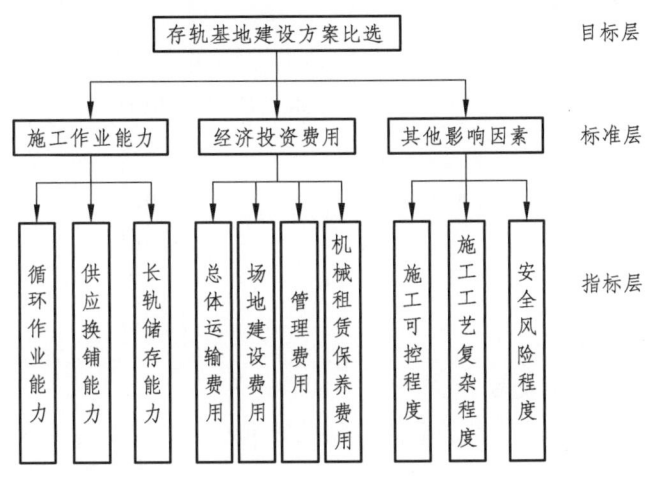

图 2.49　存轨基地建设方案比选评价指标体系

8. 熵权灰色关联分析方法

（1）灰色关联分析。

灰色关联分析是一种系统分析方法。灰色关联是指事物之间的不确定关联或系统因子之间、因子对主行为之间的不确定关联。灰色关联分析是灰色系统分析和处理随机量的一种方法，也是一种数据到数据的映射。它以灰色系统的灰色过程为基础，是动态过程发展态势的量化分析，主要研究动态过程，采用的是曲线几何形状分析比较的方法，认为几何形状越接近则变化发展态势越接近，关联度就越大。[39]

灰色关联度的优点是对样本量的大小没有要求，也不需要数据呈现某种典型的分布规律，计算量小。因此，灰色关联分析作为灰色系统理论中的一种关系度量方法被广泛地使用。

（2）熵权法。

在评价指标体系中，每个评价指标的重要程度都不相同，必须合理地赋予其不同的权重。熵权法就是把评价中各个待评价单元的信息进行量化与综合后的方法。当某项评价指标上的熵值小，则说明该评价指标提供的有效信息量较大，即该评价指标的权重也较大。熵权法计算步骤简单，避免了人为因素的影响。

（3）熵权灰色关联分析法。

对存轨基地建设方案进行选择和排序时，灰色关联分析不能区分评价指标之间的权重关系且评价值具有一定主观性，而熵权法是一种客观赋值法，用熵来确定权重将使结果更加客观。因此，采用熵权法和灰色关联分析相结合的综合评价方法对存轨基地的建设方案比选问题进行研究。

9．比选步骤

利用熵权灰色关联分析方法解决建设方案比选问题，可以求出每个方案的各项指标的关联程度，再计算每个方案的综合关联度，通过比较综合关联度值的大小，则可得到最优方案。基于熵权灰色关联分析的方案比选步骤如下：

（1）存轨基地建设方案的数据采集。

对经过初选后的建设方案共有 m 个，聘请专家组进行评价，并对评价指标进行归一化处理，得到最终的备选方案在 10 个评价指标下的评价矩阵如下：

$$\boldsymbol{X} = \begin{bmatrix} x_1(1) & x_1(2) & x_1(3) & \cdots & x_1(10) \\ x_2(1) & x_2(2) & x_2(3) & \cdots & x_2(10) \\ x_3(1) & x_3(2) & x_3(3) & \cdots & x_3(10) \\ \vdots & \vdots & \vdots & \ddots & \vdots \\ x_m(1) & x_m(2) & x_m(3) & \cdots & x_m(10) \end{bmatrix} \tag{2-15}$$

（2）利用熵权法进行客观赋权。

步骤1：计算第 i 个指标下第 j 个评价值的比重。

$$P_{ij} = \frac{x_{ij}}{\sum_{j=1}^{m} x_{ij}} \tag{2-16}$$

步骤2：计算第 i 个指标的熵值。

$$e_i = -k \sum_{j=1}^{m} P_{ij} \ln p_{ij} \quad \left(若 k = \frac{1}{\ln m}, 则 0 \leq e_i \leq 1 \right) \tag{2-17}$$

步骤3：计算第 i 个指标的差异系数 g_i。

对于给定的 e_i 越大，指标评价值的差异性越小，则指标在综合评价中所起的作用越小。定义差异系数 $g_i = 1 - e_i$，则当指标 g_i 越大时，指标越重要。

步骤4：定义权数。

$$w_{ij} = \frac{g_i}{\sum_{j=1}^{m} g_i} \tag{2-18}$$

（3）参考数列的选择。

在利用灰关联度对存轨基地的建设方案进行比选的过程中，可以将每个备选方案的评价向量作为比较数列。同时，希望最终所选择的方案在每个评价指标下的评价值越大越好。所以，在选参考数列时，可以选择每个评价指标中的最大值，从而构成相应的参考数列：$X_0 = [x_0(1) \quad x_0(2) \quad x_0(3) \quad \cdots \quad x_0(10)]$，其中 $x_0(j) = \max\limits_{i=1,2,3,\cdots,m} x_i(j) \ (j = 1, 2, 3, \cdots, 10)$。

(4) 计算备选方案与理想方案各评价值之间的关联系数。

定义参考数列与比较数列的关联系数如下：

$$\xi_i(k) = \frac{\min\limits_{s}\min\limits_{t}|x_0(t)-x_s(t)| + \rho\max\limits_{s}\max\limits_{t}|x_0(t)-x_s(t)|}{|x_0(k)-x_i(k)| + \rho\max\limits_{s}\max\limits_{t}|x_0(t)-x_s(t)|} \tag{2-19}$$

式中　$\xi_i(k)$——评价对象 x_i 对评价标准 x_0 在第 k 个指标上的关联系数；

　　　ρ——分辨系数，$\rho \in [0,1]$，ρ 越大，分辨率越大，一般取 0.5；

　　　$\min\limits_{s}\min\limits_{t}|x_0(t)-x_s(t)|$——两级最小差；

　　　$\max\limits_{s}\max\limits_{t}|x_0(t)-x_s(t)|$——两级最大差。

(5) 计算备选方案与理想建设方案的灰关联度。

最后，对每个备选方案的各个评价指标与理想方案指标的关联系数取均值，即可得到每个备选方案与理想建设方案之间的灰关联度。

$$r_i = \frac{1}{n}\sum_{k=1}^{n}w_i\xi_i(k) \tag{2-20}$$

式中，r_i 为第 i 个评价对象对理想对象的灰色加权关联度。

(6) 排序并择优。

改进后的灰关联度 r_i，体现了理想存轨基地建设方案的评价向量 X_0 与备选存轨基地建设方案 X_1 在 10 个评价指标下的接近程度。因此，在对存轨基地建设方案进行最终比选的过程中，可以基于熵权灰关联度进行排序，通过比较大小，取灰关联度最大的一个备选方案作为最终的存轨基地的建设方案。

10．工程实例

(1) 方案一：设置长钢轨存放基地进行换铺。

① 首先用普通内燃机平板车运输长钢轨，从石板滩出发运至长钢轨存放基地，待铺轨一定数量时再租用长轨换铺车将长钢轨运输到现场换铺。装满一车长钢轨 24 km 需要 4～6 h，运输到现场卸轨需要 2 h。当铺轨完成 40 km 时，再租用普通换铺机进行换铺。一次运输过程大概需要 8～12 h，所以将 40 km 全部运输到现场大概需要 3～5 d。同时集中运输可以减少普通换铺机的租赁费用，另外铺轨基地还有 20 km 的工具轨，完全满足换铺的需要，可达到高效循环作业。

② 存储能力：采用间隔为 5 m 的混凝土存轨台位，存轨台位存轨高度按 8 层考虑，可存储 500 m 长轨 86 km。石板滩焊轨基地可临时存储 500 m 长钢轨 50 km 左右，共计可存储 500 m 长钢轨 136 km，可满足铺轨施工需要。

③ 换铺能力：每日可以换铺 3 km，但要结合轨排生产能力和工具轨数量等综合考虑，使其达到合理循环作业。经计算能达到循环利用，工具轨为 60 km，日产轨排 2 km，轨排生产可以积攒到 40 km 再进行换铺一次且可以实现互不干扰作业。最主要的是可以更有把握自主掌控施工进度。

④ 长轨存放的力学检算：按存轨 12 层做力学检算。其中，长轨存放区是由土方填筑而成，采用重载压路机碾压，路基基地承载力不低于 0.4 MPa。长轨存放按 5 m 间距

布置存轨台座，存轨台座混凝土在原地面开挖后浇筑，共 101 个存轨台座，厚 0.5 m，宽 1.2 m，钢轨直接存储在存轨台座上。

上下底座表面受压力 $\sigma = 0.439\,2/1.2 = 0.37$ (MPa)，不超过混凝土和基地的容许承载力。

⑤ 人员投入分配：包括建设投入、管理投入人员，如表 2.23 所示。

表 2.23　作业人员组织表

序号	职务	人数	职责	备注
1	现场负责人	1	负责施工现场指挥安排	
2	技术员	2	测量、确定桩位、技术交底	
3	质检员	1	质量检查	
4	工人	20	施工	含班长
5	操作手	11	龙门吊群操作手	
6	工班长	1	负责龙门吊群操作指挥安排	

（2）方案二：不设置长轨存放基地。

① 首先是生产轨排，架梁铺轨，达到一定量时，再用 T11 长轨运输车从石板滩焊接基地运输到现场进行换铺。运输车满载 56 根/车，约合换铺 14 km，保证尽可能地满载可以减少成本支出。石板滩焊轨基地内设置两条焊轨生产线，日生产能力最高可达到 10 km，有 500 m 长轨运输列车 5 列。同时工具轨为 60 km，日生产轨排 2 km，也可以满足生产的需求。

② 运输及卸车：所有长钢轨通过 T11 长轨运输车运输至现场换铺，考虑满载。112 km 铺轨线路需使用 9 次长轨运输车运输，其中小梨线 6 km 需要单运输一次，剩余 106 km 可以分为 7 次满载共 98 km 和 1 次 8 km 进行运输。

③ 换铺能力：石板滩焊轨基地内设置两条焊轨生产线，日生产能力最高可达到 10 km，有 500 m T11 长轨运输列车 2 列，2 列 250 m 运输车。由石板滩运输至重庆西完成一个循环理论为 10 天左右，理论上也可满足铺轨时长钢轨供应需要。

11．方案对比分析

（1）利用工程经验定性分析（见表 2.24）。

表 2.24　存轨基地建设方案优劣分析

方案	方案一	方案二
优势	① 长钢轨存储量大； ② 不受石板滩焊接基地的存储量影响； ③ 换铺时间能更好地自行把控，具有可控性； ④ 长轨运输到存轨基地只需要普通的内燃机车头（既便宜又很容易预约），再租赁普通的换铺机就可以集中安排，节省了分批多次租赁费用	① 节省存轨基地建设费用； ② 不需要投入人力去管理长轨存放问题； ③ 长轨直接从焊接基地运输到现场换铺，工艺简单
劣势	① 建设基地占地面积大，投资费用比较高； ② 长钢轨运输需要二次运输费用； ③ 存轨基地需要配备人员管理运行，需要长期支付人工管理费和机械保养费，而且安全风险大； ④ 工艺相对复杂	① 换铺时间不可控； ② 各种因素导致工期耽误，与焊轨公司商定的时间产生冲突； ③ 若工期延误超 3 个月，存放在焊轨公司需要收取保管费

第2章 基于灰色系统理论的山区高速铁路大型枢纽铺架基地一体化规划布置与建造技术优化研究

本施工段由于有建设长轨基地的计划并将其设置于重庆西编组场内，后期重庆西动车所施工需拆除长轨基地，存在二次施工费用，同时基地内长钢轨运输需要二次转运费用从而导致工程投资过大，而且长轨基地使用周期较短、占地面积大，还受现场长度距离限制。为了避免这些不可控因素，满足工程质量，确保施工能按照工期顺利结束，因此选择不建设长轨存放基地。

（2）利用改进的灰色关联评价方法分析。

① 邀请专家对存轨基地建设方案进行打分，对数据进行规范化处理，如表2.25所示。

表2.25 存轨基地建设方案对比分析表

方案		方案一	方案二
施工作业能力	循环作业能力	0.8	0.7
	供应换铺能力	0.8	0.6
	钢轨储存能力	0.8	0.6
经济费用	机械租赁保养费用	0.3	0.7
	总体运输费用	0.5	0.8
	场地建设费用	0.3	0.8
	管理费用	0.6	0.8
其他因素	施工可控程度	0.8	0.6
	施工工艺复杂程度	0.3	0.7
	安全风险程度	0.5	0.8

② 利用熵权法计算得到各指标权重为：0.008，0.028，0.028，0.222，0.073，0.29，0.028，0.028，0.222，0.073。

③ 理想方案的评价值采用每个评价指标下所有备选方案评价值的最大值构成理想评价向量，即 $X_0 = (0.8\ 0.8\ 0.8\ 0.7\ 0.8\ 0.8\ 0.8\ 0.8\ 0.7\ 0.8)$。

③ 各备选配送中心评价值的关联系数如表2.26所示。

表2.26 各备选配送中心评价值的关联系数

方案	指标									
	A1	A2	A3	A4	A5	A6	A7	A8	A9	A10
C1	1	1	1	0.38	0.45	0.33	0.56	1	0.38	0.45
C2	0.71	0.56	0.56	1	1	1	1	0.56	1	1

两个备选方案灰色关联度依次为 $r_1 = 0.043$，$r_2 = 0.096$。

通过计算得到灰色关联度排序为 C1 < C2，因此选择方案2作为推荐方案。

12．小　结

两种分析比较方法得到的结果一致，均以选择不建设存轨基地作为推荐方案。说明以熵权法为基础建立的灰色关联度决策模型在实际解决存轨基地建设方案选择问题中，不仅摆脱了传统的定性分析方式，还能更科学全面地考虑到主客观信息，从而使得结果更加合理精确，最终可以应用到实际工程项目中并指导施工建设。

2.5 山区高速铁路大型枢纽铺架基地建造技术优化研究

2.5.1 客货共线 T 梁箱型试验架静载试验施工工法

1. 背 景

随着我国山区高速铁路的迅猛发展，桥梁的需求数量与长度日趋增大，由工厂预制梁体的生产方式因其突出优势，在铁路梁部施工中一直占有主导地位。但是，由于材料、工艺、运营、维护等因素影响，工程预制梁体也会有"生、老、病、死"这几种形态。因此，出场前采用科学的检测手段和方法，试验其受力状况是否符合设计和规范要求，是判断梁体质量，保证其设计寿命、安全服役与运营安全并发挥最大经济效益的关键。

静载试验就是一种可以模拟梁体实际工作状态和承载能力，并直接提供应力、应变数据的检测手段。中铁十八局集团渝黔铁路土建 2 标项目经理部对 SJ08 箱型试验架在客货共线 T 梁的静载试验中的应用进行归纳和总结，形成了施工工艺工法，可以为今后类似工程提供参考借鉴，试验现场如图 2.50 所示。

图 2.50 静载试验

2. 工法特点

SJ08 箱型静载试验架与传统的门式反重力静载试验架相比，具有以下特点。

（1）构造简单、拆装灵活、方便快捷。试验架由主梁、上横梁、下横梁、平衡螺栓及 8 组加载螺栓组成，主梁、上横梁、下横梁均为钢板焊接成型箱形结构。

（2）外形美观、运输方便、吊装灵活、安全可靠。主梁分三段制造，三段之间采用高强螺栓连接。

（3）结构强度高、稳定性强、适用性好。考虑结构自重，最大垂直变形为 27.7 mm、最大应力为 132 MPa，而传统的门式试验架稳定性差，对地基处理要求严格，一旦受力不均匀，试验架就可能倾向一侧，且不能真实地反映出梁体的承载能力、应变等技术指标。

（4）可循环利用、经济合理。尽管箱型静载试验架费用较高，但其性能稳定，可循环利用次数多，每次分摊费用较低。

3. 适用范围

SJ08 箱型静载试验架可配合提升高度大于 8 m、起重量大于 20 t 的门式起重机完成 16 m、20 m、24 m、32 m T 型梁的静载试验。

4. 工艺原理

SJ08 箱型静载试验架的基本原理是利用千斤顶产生的力来模拟梁体在静荷载作用下所受的力，力作用在试验 T 梁和试验架主梁上，通过上横梁、拉杆和下横梁传到圆柱面钢支座上，以实现自平衡，从而达到检测梁体挠度和抗裂性的目的。箱型试验架的主梁和试验 T 梁之间设置加载用的千斤顶，上横梁与下横梁间采用 8 根 M55×6 螺栓组传递试验荷载。

静载试验检测梁体静载弯曲抗裂系数和竖向挠度值两项指标，静载弯曲抗裂系数决定了 T 梁张拉过程中预应力施工质量，静活载作用下梁体竖向挠度值体现出 T 梁混凝土施工过程中，其强度、弹性模量等对 T 梁实体的质量影响。

5. 施工工艺流程及操作要点

（1）静载试验准备。

① 主梁连接：现场安装应按照制造时标注的编号连接相应的连接板，连接时必须保证连接孔完全对正。

② 平整硬化场地：一般根据认证和操作要求，需要 40 m×20 m 的矩形场地，并采用混凝土硬化处理。根据梁长在两端支座位置用混凝土浇筑长 2 m、宽 1.5 m、高 1.0 m 的台座，两端高差不得超过 2 mm，表面平整。

③ 机具准备和校核：备足静载试验所需试验架、钢丝绳、油泵、千斤顶、螺杆、梯子、支座等机具，进行外观质量、设备精度、工作荷载和进场合格证明检查，并按照规定精度对千斤顶、油表、放大镜等进行校核，龙门吊提前就位。

④ 人员分工和演练：根据静载试验流程，对参与人员进行分工，并提前进行演练。

⑤ 试验参数、技术资料准备：根据静载试验规程、试验梁施工图纸，计算静载弯曲理论值，并复核无误。根据试验流程，准备加载记录表、挠度记录表、加载时间记录表等表格，以及笔、计算器等。

⑥ 试验梁体准备：静载试验应在梁体终张拉 30 d 后进行，不足 30 d 时应由设计方检算确定。根据验标要求，对梁体外观和实测实量项目逐项检查，合格后方可作为试验梁。

⑦ 附属设施准备：旗子、扩音器、标识牌、防雨棚、桌椅、警戒线、斜撑、水准仪等。

（2）安装下横梁。

下横梁放置在两端试验梁台座中心线上，中心距为梁跨距离，下横梁承载着全部试验架及T型梁重量，因此要求静载试验台座高差不大于2 mm。

（3）安装钢支座。

支座设置在试验梁台座中心线上，且跨距与试验T梁相符。在支座上画出中心线，以便与试验梁中心线对正重合。安装支座时应检查支座高差不大于2 mm，支座形式不得摆错，安装到位后解除支座约束。

（4）安装试验T梁。

将试验T梁用100 t龙门吊吊至试验台座上时，对中后，在梁顶面画出腹板中心、跨中及支座中心线。由跨中沿腹板中心线画出跨中4 m、8 m共5个点作为梁体加载的中心点。在腹板两侧距跨中4 m、8 m点处用黑铅笔做好标记，如图2.51所示。

静载试验梁就位时应确保梁底面与地面净空1.5～1.6 m。

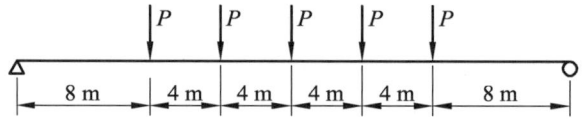

图2.51 32 m梁体加载点布置示意图

（5）体系连接固定。

在试验T梁两端与下横梁纵横向对应位置安放上横梁，用8根高强螺杆连接上、下横梁和主梁，并用扭矩扳手调整主梁与横梁连接的高强螺栓，保证高强螺栓受力均匀（旋紧力为1 000 N·m）。

静载试验架由主梁、下横梁、吊带、上横梁组成，在组装时要求接头连接牢固、横平竖直。

安装反力主梁时确保拉杆不得与梁体预留孔刚蹭。为避免梁体偏载，试验架主梁纵横向中心与试验梁纵横向中心偏差不大于10 mm。

（6）安装千斤顶、油表、油泵。

在每一加载点铺设砂垫层、钢垫板，钢垫板用水平尺找平后，移入千斤顶，千斤顶、油表及油泵一一对应，且千斤顶按编号从小到大顺序置于各加载点，并以醒目标识标出千斤顶与油表对应编号，粘贴在油泵前端。油泵应按顺序进行编号，便于使用。各千斤顶中心与反力架主梁中心纵横向偏差均不大于10 mm，且应垫实两者之间的空隙。

（7）安装测量挠度支架。

在梁体跨中和支座中心两侧分别安装磁吸座百分表进行挠度测量。百分表吸座固定支架采用角钢制作，固定支架应牢固、稳定，且不受加载时试验台座变形的影响。百分表表头不得直接接触梁底混凝土，即测量点混凝土底面粘贴40 mm×40 mm左右的玻璃片。在相应测量点的梁体腹板中部粘贴百分表编号及表号（表侧面钢印号）标识。

（8）试验梁初始裂纹检查和标识。

加载前梁场技术人员、安质人员采用10倍放大镜对梁体跨中两侧1/2跨度范围内的下缘和梁底面进行外观检查。对初始裂纹（表面收缩裂纹和表面损伤裂纹）及局部缺陷用蓝色铅笔详细描出。[40]

（9）加载方法和步骤。

① 试验梁的加载分两个循环进行。以加载系数 K 表示加载等级，加载系数 K 是加载试验中梁体跨中承受的弯矩与设计弯矩之比。试验准备工作结束后梁体承受荷载状态为初始状态。基数级下梁体跨中承受的弯矩指梁体质量与二期恒载质量对跨中弯矩之和。[40] 全预应力梁各循环的加载等级如下：

第一加载循环：初始状态→基数级（持荷 3 min）→0.60（3 min）→0.80（3 min）→静活载级（3 min）→1.00（20 min）→静活载级（1 min）→0.60（1 min）→基数级（1 min）→初始状态（10 min）

第二加载循环：初始状态→基数级（持荷 3 min）→0.60（3 min）→0.80（3 min）→静活载级（3 min）→1.00（5 min）→1.05（5 min）→1.10（5 min）→1.15（5 min）→1.20（20 min）（最大控制荷载）→1.10（1 min）→静活载级（1 min）→0.60（1 min）→基数级（1 min）→初始状态。

当在第二加载循环中不能判断是否已出现受力裂缝时，必须进行受力裂缝验证加载，验证加载从第二加载循环卸载至静活载级后开始。

验证加载：静活载级（5 min）→1.00（5 min）→1.05（5 min）→1.10（5 min）→1.15（5 min）→1.20（5 min）→1.10（1 min）→静活载级（1 min）→0.60（1 min）→基数级（1 min）→初始状态。

注：若基数级大于 0.6 级，则取消 0.6 级，改为 0.7 级。

② 由负责人发布命令开始加载，每个千斤顶由油泵司机操作油泵进行加载，加载监控员配合油泵司机控制加载速度达到规定荷载值（各千斤顶宜同速、同步），并读取及记录千斤顶加载油表读数。梁上安排 2 人观察千斤顶的行程是否到位及偏移。

③ 在规定保持荷载时间内，负责加载及油压表测读人员密切注视油压变化，并随时予以校正。加载和卸载速度均不宜过快，以每秒钟不超过 3 kN 为宜。各千斤顶宜同速、同步达到同一荷载值。

④ 每级加载后均应仔细检查梁体下缘和梁底有无裂纹出现。如出现裂纹或（和）初始裂纹的延伸，应用红铅笔标注，并注明荷载等级，量测裂纹宽度。

⑤ 每级加载后均应测量梁体跨中和支座中心截面两侧竖向位移变化，以同一截面的两侧平均值分别作为相应截面的竖向位移量或支点沉降量。挠度测量应在每级加载持荷即将结束前进行，每个加载循环的挠度值为跨中截面的竖向位移量减去支座沉降影响量即为该级荷载下的实测挠度值。

⑥ 加载试验过程中设专人监控梁顶加力千斤顶情况，并及时纠偏，如发生较大偏移，及时通知静载试验技术总负责人。对每级加载下的实测挠度值，应仔细复核，发现异常立即查明原因。加载过程中设专人采用水准仪对反力架线性变化情况进行监控，监控重点为跨中、反力架主梁接头位置。如有异常情况，及时通知静载试验技术总负责人。

⑦ 在试验前和试验过程中，有专门安全负责人详细检查并指导各项安全操作，防止发生事故。

⑧ 按表格要求及时填写试验记录，如图 2.52 所示。

(a)　　　　　　　　　　　　(b)

图 2.52　现场试验观测记录数据

（10）加载计算。

根据《预应力混凝土铁路桥简支梁静载弯曲试验方法及评定标准》（TB/T 2092—2003）附录 A 预应力混凝土铁路桥简支梁静载弯曲试验加载计算单中的公式列表计算。

（11）结果验证。

实测静活载挠度值合格评定标准：$\psi_{f实测}/L \leqslant 1.05 f_{设计}/L$，在 $K_f = 1.2$ 加载等级下持荷 20 min，梁体下缘底面不能出现受力裂纹或下翼缘侧面（包括倒角、圆弧过渡段）的受力裂纹延伸至梁底边现象，方能评定抗裂合格。

静载试验工艺流程如图 2.53 所示。

6．材料与设备

静载试验主要材料与设备如表 2.27 所示。

7．质量控制

（1）试验架进场后，应检查试验架无变形、损伤和锈蚀，钢丝绳不得有锈蚀、损伤、打环、弯折、扭结和松散现象。

（2）必须进行静载弯曲试验的条件。

① 采用新结构、新材料、新工艺进行试生产时。

② 生产条件有较大变动时。

③ 出现影响结构承载能力的缺陷时。

④ 交库技术资料不全，或对资料发生怀疑时。

⑤ 正常生产条件下，同类别、同跨度 60 片或连续三个月产量（三个月产量不足 60 片时）计 1 批，每批抽检 1 片。抽检原则：以双代单、以难代易、以低代高，以弱代强、以劣代优。

（3）试验时需具有试验台座、加力架、千斤顶、油泵、标准油压表等加力设备和计量仪器，其工作能力控制在 1.5～2.5 倍最大试验荷载之间。

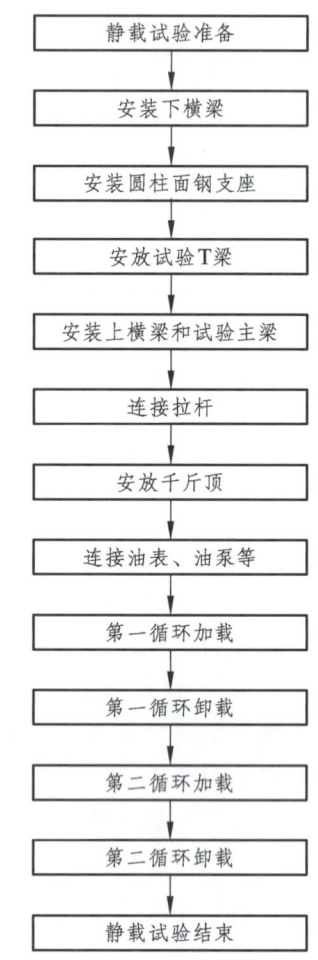

图 2.53　静载试验工艺流程

表 2.27　静载试验主要材料与设备

序号	名　　称	数量	单位	规格、型号	备　注
1	静载试验台座	1	对	长 2 m、宽 1.5 m、高 1.0 m	32、24 共用试验台座
2	千斤顶	6	台	200 t	备用 1 台
3	油泵	6	台	双油路 ZB2×40	备用 1 台
4	0.25 级防振精密压力表	6	块	—	备用 1 块
5	大里程百分表（0～50 mm）	7	块	—	备用 1 块
6	磁性百分表座	6	个	—	—
7	10 倍放大镜	4	个	—	—
8	电子裂缝观测仪	1	个	10 倍	—
9	扩音器	1	个	—	—
10	秒表	2	个	—	—
11	红蓝铅笔	10	支	—	—
12	玻璃片及玻璃胶	6	个	—	3 cm×3 cm
13	支座	2	个	—	圆柱面钢支座
14	静载试验架	1	套	—	箱型试验架
15	水准仪	1	台	S6	—
16	钢尺	2	把	50 m/5 m	配弹簧拉力计
17	扩音器	1	个	—	—

（4）试验台座要能保证试验梁跨度、支承方式、加载状态符合试验加载计算图式要求，且有足够的刚度和稳定性，加载点间距 4 m，且对称布置。

（5）加载用千斤顶校验系数应不大于 1.05；压力表应采用防振型，其精度等级应不低于 0.4 级，最小刻度值应大于 0.2 MPa，表盘量程应在工作最大油压的 1.25～2.0 倍之间；挠度测量采用 0～50 mm 量程百分表，其最小分度值 0.01 mm；用于观察裂缝的普通放大镜放大倍数不低于 10 倍，直径不小于 50 mm；量测裂缝宽度应使用刻度放大镜，其放大倍数应不低于 10 倍，最小分度值不大于 0.02 mm；测量距度用钢卷尺，其最小分度值应不大于 1 mm；弹簧式拉力测力计的最小分度值不大于 2%F.S，示值误差应力 ±1%F.S。

（6）箱型试验架应符合相关技术标准，并且技术人员要熟悉现场环境、了解试验架的结构、原理、性能以及试验步骤和方法。

（7）静载试验应严格按照《预应力混凝土铁路简支梁静载弯曲试验方法及评定标准》（TB/T 2092—2003）进行，所静载的试验梁必须保证实测静活载挠度值（$f_{实测}$）为静活载级下实测挠度值减去基数级下实测挠度值。实测静活载挠度值合格评定标准：$\psi_{f实测}/L \leqslant 1.05 f_{设计}/L$，在 $K_f=1.2$ 加载等级下持荷 20 min，梁体下缘底面不能出现受力裂纹或下翼缘侧面（包括倒角、圆弧过渡段）受力裂纹延伸至梁底边现象，方能评定抗裂合格。

8. 安全措施

（1）吊装作业时，操作人员持证上岗，机械安全鉴定合格，状况良好，由专人指挥，严格按照操作规程作业，严禁人员在下面行走或站立。

（2）上下试验T梁应搭设安全作业扶梯，所有作业人员戴安全帽。

（3）作业场地周边设临时围护警戒，防止无关人员进入。

（4）试验梁必须设防风、防倾支护（每片梁用8根方木在梁两侧进行支护）。

（5）仪器、仪表和电器应有防雨、防晒措施。

（6）试验架各部位、千斤顶安放位置要上下、左右对应，加载速度均匀，并安排专人看守，发现异常及时汇报。

（7）上下横梁连接要加双螺母，外露丝扣量不小于2个，并用铁锤轻击，保证受力均匀。

9. 环保措施

（1）对试验作业场地进行适当硬化处理，防止刮风扬尘和水土流失。

（2）加强对油泵、千斤顶等设备的维修保养，并采取垫沙防止漏油污染环境措施。

（3）尽量采取低噪声设备，控制喊话音量，降低噪声污染。

（4）施工区域在当天试验完成后，要做到设备清、场地净。

10. 效益分析

从经济方面来看，SJ08箱型静载试验架（见图2.54）自重60 t，造价40万元；而门式静载试验架（见图2.55）自重12 t，造价9万元，反力架基础混凝土用量500 m³，造价15万元，总造价24万元，使用次数大概为8次，8次之后需换新的试验架。以渝黔土建2标九龙坡制梁场为例，该梁场总共2 207片T梁，每60片梁做一次静载试验，需做37次，采用门式试验架总造价为60万元，相比之下，采用一个SJ08型箱式试验架即可全部完成，总造价最多为40万元，循环次数多、节能环保、经济合理。

图2.54 箱型静载试验架

图2.55 门式静载试验架

同时，SJ08箱型静载试验架构造简单、拆装方便、吊装灵活、安全可靠，加之循环利用次数多，稳定性好，对于今后山区高速铁路桥梁长、预制梁多、梁场大的发展趋势来说，推广前景广阔、社会效益显著。

11. 应用实例

渝黔土建2标九龙坡制梁位于重庆市既有重庆西编组站内,负责重庆枢纽内2 017片后张法预应力混凝土简支T梁施工任务。张家湾双线大桥为首架段第一座桥,桥梁全长295.7 m,孔跨布置为1×24 m+8×32 m,每孔由4片T梁(两边、两中)组成。根据铺架施工安排,按照《预应力混凝土铁路桥简支梁静载弯曲试验方法及评定标准》(TB/T 2092—2003)及作业准备、工艺流程要求,硬化作业场地,进行人员、设备、技术准备。

2015年7月15日,根据梁场局级认证要求,采用SJ08箱型静载式试验架对JLP32Q-0001(B)梁体进行了静载试验,试验结果为:挠跨比1/3291＜1.05×(1/2395)=1/2281,满足设计要求,梁体在最大控制荷载K_f=1.20级作用下,持荷20 min,梁体下缘底部边角及底板未发现任何受力裂纹,静载弯曲试验合格。

2015年8月11日,根据梁场部级认证要求,采用SJ08型箱式试验架对JLP32Q-0030(B)梁体进行了静载试验,如图2.56所示。试验结果显示,挠跨比为1/3 083＜(1/2 395)×1.05=1/2 281,满足设计要求,梁体在最大控制荷载K_f=1.20级作用下,持荷20 min,梁体未发现任何受力裂纹,静载弯曲试验合格。

静载试验是梁场认证检查的否决项,上述2次静载试验均安全、高效完成,试验结果全部合格,确保了梁场认证的顺利通过。实践证明,SJ08箱型静载试验架在梁场静载试验中运用是成功、可靠的,值得大力推广。

(a)

(b)

图2.56 部级梁场认证静载试验

12. 小　结

静载试验作为桥梁结构整体检测的一种,将静止的荷载作用在桥梁指定的位置,对桥梁的静力位移、静力应变、裂纹等参数进行测试,从而对桥梁结构在荷载作用下的工作性能及使用能力及时做出评定。

由于山区高速铁路项目的桥梁跨度长、预制梁数量多、梁场规模大,中铁十八局集团渝黔铁路土建2标项目经理部在预制梁的静载试验过程中采用的SJ08箱型静载试验架不仅构造简单、拆装方便、吊装灵活、安全可靠、稳定性好、循环利用率高,而且相比于传统的门式反重力试验架，SJ08 箱型静载试验架在很大程度上减少了建设投资成本，并能产生更好的经济效益。最后，结合试验数据可以说明，SJ08 箱型静载试验架应用到静载试验是十分合理并且可行的。

2.5.2　山区高速铁路大型枢纽铺架基地施工方案优化研究

1．T 梁预制横向预应力孔道成型

（1）方案 1。

① 方案：采用 ϕ65 波纹管预埋成型；属于一次性利用，且市场上没有合适长度，需整根买回，再进行下料，易浪费，单片梁需要消耗约 32.4 m，九龙坡制梁场 2 017 片梁，共需要消耗波纹管 71 506.8 m；

② 工期：2015 年 5 月—2016 年 10 月；

③ 总成本：梁场需要消耗 ϕ65 波纹管 71 506.8 m。每米费用 7 元，总费用 71 506.8×7＝500 547.6 元。

（2）方案 2。

① 方案：采用钢管成孔；可多次循环利用，只需要配备 26 片梁的量即 842.4 m；

② 工期：2015 年 5 月—2016 年 10 月；

③ 总成本：梁场需要消耗 ϕ65 钢管 842.4 m。每米费用 10 元，总费用为 842.4×10＝8 424 元。

（3）方案对比分析。

采用 ϕ65 钢管成孔后，节约成本 492 123.6 元，预控效果良好，如图 2.57 所示。

图 2.57　T 梁预制横向预应力孔道成型

2．T 梁预制钢筋笼橡胶棒穿入

（1）方案 1。

① 方案：采用人工穿入，作业时需多人共同协作才能完成，且容易出现忽快忽慢的

现象，导致抽拔棒引头穿错孔道，影响预应力孔道质量；

② 工期：2015年5月—2016年10月；

③ 总成本：人工穿入单片梁需8个人工，每个人工每天150元，每天按生产4片梁计算，梁场生产2 017片T梁需要552天，总费用为552×8×150＝662 400元。

（2）方案2。

① 方案：采用卷扬机拉抽拔棒穿入，优化了人工穿棒时用力不均，忽快忽慢等弊端现象，卷扬机省时省人力且同步性强，可保证孔道质量；

② 工期：2015年5月—2016年10月；

③ 总成本：卷扬机单片梁需2个人工，每个人工每天150元，每天按生产4片梁计算，梁场生产2 017片T梁需要552天，总费用为552×2×150＝82 800元。

（3）方案对比分析。

采用卷扬机拉抽拔棒穿入后，节约成本579 600元，预控效果良好，如图2.58所示。

（a）

（b）

图2.58 T梁预制钢筋笼橡胶棒穿入

3．龙门吊接触网用电

（1）方案1。

① 方案：采用老式电缆线随龙门吊走动盘旋，且需要配专人盯控电缆线，防止电缆线打结，影响龙门吊正常工作；

② 工期：2015年5月—2016年10月；

③ 总成本：梁场制梁区龙门吊轨道650 m，有4台龙门吊，每台龙门吊按配置350 m

电缆线计算，总费用为 350×4×45＝63 000 元。

（2）方案 2。

① 方案：采用高架裸露接触式用电，不仅节省了材料，还大大降低了人员触电的安全隐患；

② 工期：2015 年 5 月—2016 年 10 月；

③ 总成本：采用高架裸露接触式用电后只需配置 700 m 长电缆线，总费用为 700×45＝31 500 元。

（3）方案对比分析。

采用高架裸露接触式后，节约成本 31 500 元，预控效果良好，如图 2.59 所示。

图 2.59　龙门吊接触网用电

4．钢绞线穿孔

（1）方案 1。

① 方案：采用人工编束穿入，作业时需先下料然后进行编束，多人协作方能顺利穿入孔道内，费时费力；

② 工期：2015 年 5 月—2016 年 10 月；

③ 总成本：人工编束穿入，单片梁需 4 个人工，每个人工每天 150 元，每天按生产 4 片梁计算，梁场生产 2 017 片 T 梁需要 552 天，总费用为 552×4×150＝331 200 元。

（2）方案 2。

① 方案：采用自动穿束机穿入，避免了人工编束穿入时用力不均，忽快忽慢等问题，自动穿束机省时省人力且同步性强；

② 工期：2015 年 5 月—2016 年 10 月；

③ 总成本：自动穿束机单片梁需 2 个人工，每个人工每天 150 元，每天按生产 4 片梁计算，梁场生产 2 017 片 T 梁需要 552 天，总费用为 552×2×150＝155 600 元。

（3）方案对比分析。

采用自动穿束机，节约成本 165 600 元，预控效果良好，如图 2.60 所示。

(a)

(b)

图 2.60 钢绞线穿孔

5．横向移梁

（1）方案 1。

① 方案：梁场有 16 道横向移梁道，每道移梁道配置 2 台 100 t 龙门吊，16 道×2 台＝32 台；

② 工期：2015 年 5 月—2016 年 10 月；

③ 总成本：每台 100 t 龙门吊价格 80 万元，总费用：32×80＝2 560 万元。

（2）方案 2。

① 方案：每道移梁道配置一台 10 t 卷扬机，梁场横向 16 道移梁道配置 6 台卷扬机，就能满足施工需要；

② 工期：2015 年 5 月—2016 年 10 月；

③ 总成本：每台 10 t 卷扬机价格 6 万元，总费用：6×6＝36 万元。

（3）方案对比分析。

采用卷扬机后节约成本 2 524 万元，预控效果良好，如图 2.61 所示。

（a）

（b）

图 2.61 钢绞线穿孔横向移梁

2.5.3 C50聚乙烯醇纤维混凝土力学性能与工程应用研究

1. 概 述

聚乙烯醇纤维混凝土是一种新型复合材料，与普通混凝土相比，聚乙烯醇纤维混凝土具有优良的抗拉、抗弯、耐冲击、抗疲劳、高韧性等性能。目前聚乙烯醇纤维混凝土已广泛应用于梁体桥面，因此，本章对聚乙烯醇纤维混凝土的基本力学性能进行试验研究，研究掺加不同掺量聚乙烯醇纤维混凝土对混凝土力学性能（抗压强度、劈拉强度）的影响。

2. 材料使用情况

聚乙烯醇纤维混凝土的材料使用情况如表 2.28 所示。

表 2.28　原材料使用表

材　料	材料来源	材料种类
水　泥	重庆拉法基水泥有限公司	P·O 42.5
粉煤灰	重庆华珞粉煤灰开发有限责任公司	F 类 I 级
纤　维	西安万达工程材料有限公司	聚乙烯醇纤维
细集料	湖南洞庭湖	河砂（细度模数 2.6～3.2）
粗骨料	重庆市大渡口区小南海碎石场	5～20 mm 碎石
外加剂	北京建恺混凝土外加剂有限公司	JKPCA-01（缓凝型）
水	九龙坡制梁场	地下水

3. 技术要求

（1）设计强度等级：C50。
（2）混凝土抗渗等级：$\geqslant$P20。
（3）抗冻等级：$\geqslant$F200。
（4）坍落度要求：（180±20）mm。
（5）使用环境要求：T2 环境，设计使用年限 100 年，电通量 $\leqslant$1 000 C。
（6）胶凝材料及水胶比要求：水泥用量不宜小于 400 kg/m³，胶凝材料总量不应超过 500 kg/m³，掺合料的最大掺量不大于水泥用量的 25%，最大水胶比为 0.35。
（7）使用部位：现浇桥面及其他。

4. 配合比计算过程

（1）确定配制强度。

根据 $F_{cu,o}=f_{cu,k}+1.645\sigma$ 计算配制强度，根据施工水平，确定标准差为 6.0。

配制强度计算如下：

$$F_{cu,o}=50+1.645\times 6.0=59.9（\text{MPa}）$$

（2）试验采用计算配合比。

① C50 配合比选定。

在满足设计和施工要求条件下，本着经济合理的原则确定适当配合比用于施工（水泥：粉煤灰：纤维：河砂：碎石：外加剂：水 = 420：70：1.5：718：1 027：5.39：140）。经检测，抗压强度、抗渗、抗冻和电通量等指标均满足要求。

② 确定材料用量。

根据混凝土实测表观密度对混凝土配合比材料用量进行调整，确定每方材料用量，调整后配合比每方材料用量如表 2.29 所示。

表 2.29 配合比每方材料用量

配合比序号	容重/(kg/m³)	材料用量/(kg/m³)						水胶比	掺合料掺量
		水泥	纤维	粉煤灰	细集料	粗集料	外加剂	水		
PB-5-1	2 380	425	1.5	75	710	1 030	5.50	135	0.27	16.5%
PB-5-2	2 380	420	1.5	70	718	1 027	5.39	140	0.29	16.7%
PB-5-3	2 380	400	1.5	72	710	1 040	5.19	155	0.33	18.0%

③ 配合比拌和物性能试验。

聚乙烯醇纤维混凝土试件的制作采用 60 L 强制式单卧轴搅拌机拌和，1 m×1 m 混凝土振动台振动成型，24 h 后拆模，放入养护室内，在（20±2）°C 环境下进行标准养护。在 3 d、7 d、28 d 进行抗压强度和劈裂抗拉强度试验。

配合比拌和物性能试验结果如表 2.30 所示。

表 2.30 拌和物性能试验结果统计

配合比序号	坍落度/mm		扩展度/mm		含气量/%		泌水率	凝结时间	
	初始	1 h	初始	1 h	初始	1 h		初凝	终凝
PB-5-1	175	165	520	505	3.5	3.2	0	6 h 15 min	8 h 00 min
PB-5-2	180	175	545	520	3.4	3.2	0	6 h 30 min	8 h 20 min
PB-5-3	190	180	555	540	3.5	3.1	0	7 h 05 min	9 h 00 min

（3）力学性能试验。

① 抗压强度试验。

立方体抗压强度是按《混凝土结构工程施工质量验收规范》（GB 50204—2002），制作的边长为 150 mm 标准立方体试件，在温度为（20±2）°C，相对湿度为 95% 以上的潮湿环境条件下，经 28 d 养护，采用标准试验方法测得的混凝土极限抗压的强度，用 f_{cu} 表示，立方体抗压强度试验结果按式（2-21）进行计算。

$$f_{cu} = \frac{F}{A} \tag{2-21}$$

② 劈裂抗拉试验。

用劈裂试验方法间接测定混凝土的抗拉强度有很多优点，最主要的是试验方法简单、容易操作、试验结果分散性较小、比较可靠。试验之后，可根据由理论推导出来的计算公式求出混凝土的抗拉强度，称为劈裂抗拉强度。劈裂抗拉强度的公式为

$$f_{ts} = \frac{2P}{\pi A} = 0.637 \frac{F}{A} \tag{2-22}$$

按上述三个配合比进行力学性能试验，试验结果如表 2.31 所示。

表 2.31 力学性能试验结果统计

配合比序号	抗压强度/MPa			劈拉强度/MPa
	3 d	7 d	28 d	28 d
PB-5-1	45.4	56.1	63.9	4.21
PB-5-2	40.7	51.0	61.6	3.73
PB-5-3	36.4	47.5	55.8	3.57

（4）总碱含量、氯离子含量及三氧化硫含量计算。

混凝土及其原材料中氯离子、碱含量及三氧化硫会影响混凝土的耐久性能。

采用标准检测方法对混凝土中各种原材料的氯离子、碱含量及三氧化硫进行检测，并依据计算公式计算出混凝土中的氯离子、碱含量以及三氧化硫的含量，由于原材料的级别和使用要求不同，对混凝土原材料的氯离子、碱含量及三氧化硫检测技术要求参照产品标准。

① 原材料碱含量、氯离子含量及三氧化硫含量（见表 2.32）。

表 2.32 原材料碱含量、氯离子含量及三氧化硫含量统计

材料名称	规格型号	产地	碱含量	氯离子含量	三氧化硫含量
水泥	P·O42.5	重庆拉法基	0.42%	0.007%	2.46%
粉煤灰	F 类 I 级	重庆华珞	1.24%	0.007%	1.48%
纤维	聚乙烯醇纤维	西安万达工程	—	—	—
细骨料	河砂	湖南洞庭湖	—	未检出	0.2%
粗骨料	5～20 mm 碎石	重庆市小南海	—	未检出	0.2%
外加剂	JKPCA-01（缓凝型）	北京建恺	2.20%	0.03%	2.73%
水	自来水	九龙坡制梁场	32.11 mg/L	22.69 mg/L	43.02 mg/L

② 总碱含量、氯离子含量及三氧化硫含量计算（见表 2.33）。

表 2.33 总碱含量、氯离子含量及三氧化硫含量计算结果统计

配合比序号	总碱含量/(kg/m³)	氯离子含量占胶凝材料总量/%	三氧化硫含量占胶凝材料总量/%	技术要求	结论
PB-5-1	2.58	0.014	1.50	碱含量≤3.0 kg/m³ 氯离子含量占胶凝材料总量≤0.06% 三氧化硫含量占胶凝材料总量≤4.0%	符合要求
PB-5-2	2.54	0.014	1.49		符合要求
PB-5-3	2.43	0.014	1.50		符合要求

5．试验结果分析

掺入纤维后，混凝土的抗压强度随着纤维的掺入有增加的趋势，但是增加得不明显，然而劈拉强度随着纤维掺量的增加而显著增长。PVA 纤维的加入犹如在混凝中掺入纤维

筋，这些纤维筋抑制了混凝土开裂的过程，增强了混凝土的断裂韧性，在一定程度上提高了混凝土的劈拉强度。

在混凝土拌和物中掺入高强高弹模PVA纤维，由于高强高弹模PVA纤维之间的相互缠绕，使得混凝土的和易性明显降低。同时，由于纤维的掺入，在混凝土基体中增加了巨大的表面积，需要更多的水泥砂浆和水包裹在纤维表面，从而导致拌和物坍落度的降低。

6. 工程应用分析

在实际工程应用中，聚乙烯醇纤维混凝土在以下方面更具优势。

（1）在混凝土抗压强度相同的情况下，聚乙烯醇纤维混凝土的水泥使用量更小，而聚乙烯醇掺入量较少，相比水泥，成本不高，可以有效地节约成本。

（2）聚乙烯醇纤维混凝土的劈裂强度大大强于普通混凝土，可以有效防止早期开裂，避免出现外观、质量方面的问题，而且其抗压强度上升得更快，可以更早地进行车辆行走，保证施工进度。

（3）聚乙烯醇纤维混凝土拥有更好的耐久性，其抗渗性能、抗冻性能、抗氯离子性能均高于普通混凝土，为建设百年工程提供了更为良好的基础保证。

但是，在现场施工时，应针对聚乙烯醇纤维混凝土保塌性能较差的问题采取以下控制措施。

（1）在混凝土外加剂中增加缓凝成分，以减缓聚乙烯醇纤维混凝土初凝时间，提高其和易性、流动性和保塌性，保证混凝土良好的状态。

（2）在混凝土罐车上增加防晒措施，可安装防晒网，减少聚乙烯醇纤维混凝土中水分的蒸发，使其到达施工现场时仍具良好的流动性。

（3）在聚乙烯醇纤维混凝土拌制时，可按照设计配合比坍落度上限进行拌制，使得聚乙烯醇纤维混凝土在长距离的运输过程中有足够的坍落度损失空间，保证聚乙烯醇纤维混凝土具有良好的和易性、抗压强度和劈裂强度，便于进行现场施工。

7. 小　结

本章通过对不同掺量配制的PVA纤维混凝土进行抗压强度与劈裂抗拉试验，分析PVA纤维对混凝土性能的影响，同时计算碱含量、氯离子含量及三氧化硫含量，确保混凝土的耐久性能满足规范要求，保证试验的合理性与正确性。最后，对试验的数据进行整理分析得到了以下结论。

（1）混凝土中掺入适量的PVA纤维对混凝土的强度性能无负面影响，混凝土拌和物能够保持良好的工作性能，而且会使强度有一定程度的提高。

（2）在纤维增加到较高掺量时，可以采用调整减水剂、砂率、水泥用量和水灰比等方法来增加坍落度、降低稠度，保证PVA纤维混凝土具有良好的和易性。但这些方法会给纤维混凝土带来一些不利影响，如加大成本、增加收缩和降低强度等。如何继续在这方面能有所改善，是需要进一步研究的课题。

2.6 技术创新点

（1）山区高速铁路大型枢纽制存架铺一体化基地规划布置。

将预制梁场与铺轨基地合并设置，不仅要从总体的角度考虑铺架基地的选址安置、平面布置与资源配置等问题，还要从既有资源利用、运输费用、施工效率、场地限制等多方面因素考虑制存梁场与铺轨基地的相互影响和联系，从而实现铺架基地一体化地进行建设、生产、运转等工作内容，达到资源的最大利用程度。

（2）基于灰色聚类与模糊综合评判的铺架基地选址方案研究。

结合本项目为分析对象，对选址方案的影响因素进行了细致的说明，对备选方案进行系统阐述，利用灰色关联分析与模糊综合评判方法对铺架基地的选址备选方案进行综合评价，并从定性与定量结合的角度比较方案的适用性与合理性，弥补了传统以经验分析为主的选址决策的缺陷，有利于铺架基地建设的合理规划与布局，进而有利于促进施工单位按期保质完成工程建设目标。

（3）基于SLP与多目标加权灰靶决策的铺架基地平面布置研究。

将系统布置设施方法（SLP）运用到本项目的平面布置研究，能够很好地解决建筑施工现场平面布置中存在的经验布置问题。该方法通过物流分析反映出建筑中最为关心的成本问题，同时根据非物流评价因素得到各作业单位关系密切程度，做到施工现场平面布置的整体性、系统性和全面性。该方法能快速寻找合理满意的布局方案，并能以直观可视化的图形显示结果，降低建筑成本，减少二次搬运带来的浪费，同时大大提高了作业效率，为建筑施工现场平面布置提供了重要参考依据。

（4）客货共线T梁箱型试验架静载试验施工工法。

采用了构造简单、拆装灵活、安全可靠、结构强度高、稳定性强、适用性好、可循环利用的SJ08箱型静载试验架，不仅提高了工效还节约了成本。最后结合现场实际应用与经济效益分析验证该技术是合理且适用的。

（5）C50聚乙烯醇纤维混凝土力学性能与工程应用研究。

通过多组实验分析，发现混凝土中掺入适量的PVA纤维能够保持良好的工作性能，而且会使强度有一定程度的提高。但是在纤维增加到较高掺量时，C50聚乙烯醇纤维混凝土的保坍性能较差，可以采用调整减水剂、砂率、水泥用量或水灰比等方法来增加坍落度、降低稠度，从而保证PVA纤维混凝土具有良好的和易性。可以将该方法应用到实际工程中。

2.7 结 论

本章主要研究工作及结论如下：

（1）首先对与山区高速铁路大型枢纽铺架基地密切相关的制梁方案、存梁方案、运梁方案，以及架梁与铺轨方案等各个环节的工程任务做出详细说明，从一体化施工的角度对预制梁场与铺轨基地进行了分析，为铺架基地的选址规划与平面布置提供了实例计算研究。

（2）依据山区高速铁路大型枢纽铺架基地选址原则，从场地设施条件、工期计划与工程费用三个方面建立了选址评价指标体系，用 AHP 给出评价体系中指标的相对权重，再利用灰色聚类与模糊综合评判结合的综合评价方法对铺架基地选址方案评价问题进行建模，并根据实际工程项目进行分析计算，得到的计算结论与实际建设方案一致，验证了此研究思路与方法的合理性与可行性。

（3）结合系统布置方法（SLP）对山区高速铁路大型枢纽铺架基地的平面布置规划进行研究，通过分析铺架基地的功能区域和作业流程，充分考虑各个功能区的内在联系和相互影响，结合技术人员的实践经验和工程实际情况，根据作业单位之间相互关系的密切程度决定作业单位之间距离的远近，合理安排各作业单位的位置。最后采用多目标灰靶决策方法对得到的方案进行优选评估，从中选取最优方案并进行详细平面布置设计，极大地提高了平面分区布置方案的科学性与合理性。

（4）对铺架基地建设中优化采用的 SJ08 箱型静载试验架、C50 聚乙烯醇纤维混凝土、钢管成孔、卷扬机拉抽拔棒、龙门吊接触网用电、钢绞线自动穿束机、卷扬机横向移梁等建造工艺技术进行总结说明，并从社会效益和经济效益两方面与传统施工方案进行对比分析，验证了施工工艺优化措施的适用性与优越性。

第 3 章 基于多目标粒子群优化算法的山区高速铁路大型枢纽铺架设备配套与施工关键技术研究

随着我国内需的不断扩大、财政政策的积极实施，铁路建设得到快速发展，综合运输体系也在不断完善。根据《中长期铁路网规划》（2016 年版），[41]我国将在 2020 年建成投资一批重大标志性项目，铁路网规模将达到 15 万千米，覆盖 80% 以上的大城市；2025 年，网络覆盖进一步扩大，铁路网规模将达到 17.5 万千米左右；2030 年，基本实现内外互联互通，区际多通道畅通。在我国铁路客运和综合交通运输快速发展的大背景下，越来越多的省份和城市将大型铁路综合客运枢纽的建立或者既有铁路枢纽改造成为大型铁路综合客运枢纽纳入城市交通规划需求当中，同时也对大型铁路枢纽的建设提出了很高的要求。

3.1 绪 论

3.1.1 研究目的及意义

铺架工程作为铁路枢纽建设中的重要环节，面对大型铁路枢纽建设愈发复杂的工程状况，如何选择铺架设备、确定铺架方法、制定施工方案，从而适应工程需求，保证工期目标的实现十分重要。一方面铺架方案的选择关系着整个铁路的总体进度目标以及各工点完工目标的确定，另一方面施工次序、铺架设备、铺架方法等施工方案的改变对于整个项目的成本也有着较大影响。特别是面对既有铁路枢纽改造成为大型铁路综合枢纽这样施工难度大、不可控因素多的大型枢纽铺架工程，如何优化铺架顺序，确定铺架设备、铺架方法，合理利用既有线，减少对线下工程的影响，并保证铺架工程工期目标的实现十分值得研究。

3.1.2　国内外研究现状

长期以来,许多研究机构和一线施工企业进行了大量的理论分析和实际生产论证,以期寻求施工方案优化的主要方向和实施重点。在分析论证过程中,始终遵循以社会效益和经济效益为中心,同时兼顾生产工期、工程质量、安全施工等诸多因素,归纳出了一些行之有效的解决施工难题的方法,为施工方案的制定和优化积累了丰富的素材。

通过综合分析和认真比选,目前国内外普遍采用的优化重点主要有以下几个方面。[13,27,42]

（1）确立铺架基地的位置与生产规模。

铺架基地作为整体施工的组织场地和物资集散地,其位置和规模将对整体铺架施工产生重大的影响。对其位置和规模的优化,一直都是方案优化的主要方向,优化成果也成为保障施工顺利开展的首要前提。

因此,在施工方案优化过程中,需对铺架基地的位置和生产规模进行细致调查,同时综合分析工程面临的施工任务,尤其是分析梁体、轨枕生产速度与主体铺架施工需求之间的动态关系,最终确定铺架基地的规模,特别是制梁场、轨枕场及走行部分的规模。确保梁体、轨枕的生产速度和运输通道能够与铺架施工相匹配,保障前方铺架施工的顺利开展。

（2）验证施工及运输机械的投入数量。

既有线扩能改造过程中的铺架施工主要特点在于施工线路长,可开辟的铺架口位置多,同时处于运营状态的既有线可以建立铺架基地与前方铺架施工之间的运输通道。因此,开辟的铺架口数目以及与之相配套的施工、运输机械的投入数量成了方案优化的另一重点。

通过对整体工程概况的综合分析,确立铺架口的开辟位置及数目,投入与之相配套的施工及运输机械,在施工过程中可以最大幅度地减少因铺架口单一而产生的停工现象,为铺架施工抵抗外界因素的干扰提供了较大的缓冲能力。同时,多铺架口集中施工,可以最大幅度地减少工期,降低生产成本,实现生产效益的最大化。

（3）论证消除运营干扰的施工时机。

既有线扩能改造施工的整体过程始终伴随着既有线的正常运营,其运营过程给铺架施工带来了一定的难题,尤其在山区高速铁路施工过程中,由于交叉点多而显得更加突出和明显。合理地把握干扰情况下的施工生产时机,成为方案优化的一个重要方面。优化成果在确保安全生产的同时,对保障施工的延续性具有重要的意义。

目前,国外对产生干扰部分的施工主要选择天窗点施工,其优点在于利用施工天窗可以尽量避免对既有线正常运营的干扰,但同时对施工机械的性能和施工人员的素质提出了更高的要求,也不利于进行大规模施工作业的开展。因此,在方案优化过程中,需综合分析增建二线和既有线正常运营之间的冲突关系,统筹安排站改、便线、临岔等过渡工程的施工时机,采用封锁要点,集中生产的模式消除运营干扰,保障施工的延续性。达到缩短工期、安全生产的目的。

3.1.3 研究内容

重庆枢纽内线路繁多、设计标准不一,梁体、轨料类型多、数量大,线路上下交叉,沿线桥、隧密布,首尾铺至相邻标段,交叉作业多、交接手续复杂、接口界面多、协调工作量大,受制因素多,导致线下工程进展缓慢,铺架工期保证困难。为了实现铺架工期总目标,制定出合理的铺架施工方案,结合现场实际,对以下内容进行充分研究。

(1)对"边铺边架方案""先架后铺方案"两种铺架方案的特点进行对比分析,并根据重庆枢纽扩能改造工程的具体工程条件进行选择。

(2)对常用铺设方法的工艺流程、工法特点、适用条件进行分析,并结合重庆枢纽扩能改造铺架工程具体工程实际进行铺设方法的选择。

(3)针对山区高速铁路枢纽铺架工程的复杂性,根据具体工程限制性条件,建立起架桥机关于工程适应性和效用性的指标评价体系,最后根据重庆枢纽扩能改造铺架工程选择出最优铺架设备以保证复杂铺架工程工期目标的实现。

(4)针对大型铁路枢纽线路条件复杂、转线调头频繁的特点,建立起求解最优铺架顺序和走行路径的优化模型,研究如何优化铺架顺序,合理利用既有线进行走行、转场、调头,减少对线下工程的影响,保证铺架工程的顺利进行和工期目标的实现。

(5)对交叉线路的转线方案和利用龙门吊进行跨既有线施工的方案特点、适用条件进行分析,根据实际工程情况选择适宜的方案,绕开了线下未施工区段进行转线和跨既有线施工。

(6)由于新双碑隧道不能按期贯通,研究如何绕行新双碑隧道,制定出合理的物料运输路径,保证铺架工期。

3.1.4 研究方法

针对大型铁路枢纽铺架方案的优化研究,主要采用以下 3 种方法进行研究。

1. 文献及系统分析法

通过搜集和阅读国内外大量相关文献,准确、全面了解所研究问题的系统知识和理论。对相关研究成果进行整理、汇总,形成较为全面、准确的认知,有助于理解和解决研究中的关键问题,为分析解读、归纳总结、逻辑演绎具体的学术研究提供坚实、系统的理论支撑。对系统要素进行综合分析,找出问题的研究方法,应用系统分析思路,将铺架优化问题作为一个系统进行研究,分析其在不同工程环境下的内涵和特征,探索有效的优化方法。

2. 数学模型法

数学模型法也被称为模拟法,是根据问题原型的主要特征,创建一个数学模型或应用一个适合的数学模型,然后通过模型来评价或者模拟研究内容的一种方法。尝试基于枢纽铺架工程特点建立评价体系和优化模型对铺架设备进行选择。尝试基于图论建立铺架线路网络,并基于粒子群算法,以工期优化为目标建立起求解最优铺架顺序和走行路径的优化模型。尝试基于最短路径算法建立运输路径优化模型。从不同的研究角度，层层深入，构建枢纽铺架方案优化模型。

3．实验仿真与实证分析法

实证分析法不同于理论推演，它以事实为出发点进行研究，在构建相关模型和设计模型求解算法后，对工程项目实例进行验证分析，以分析和判断运用研究成果解决工程实际问题的可行性和可靠性。立足于实验，通过实验结果分析、验证求解算法的有效性。针对构建的数学模型，基于铺架施工中可能遇到的各种问题，不断对问题的求解算法进行测试、调试和修改完善，直至得到满意的优化结果，使算法具备较高的准确性和运算效率。

3.2 铺架设备及施工组织方案优化模型

3.2.1 施工方案优化思路

铺架施工作为铁路建设过程中承前启后的一个里程碑式的关键工序，是即将看到建成曙光的实质性施工阶段，是使铁路提早发挥社会效益和经济效益的一个重要建设环节，铺架工序也是施工主线安排其他下部结构工程施工工期的红线。因此，合理设定铺架开始时间、铺架工期和提高铺架速度对铁路提早建成投运有积极和直接的促进作用。铺架在铁路建设中的重要性也对合理安排铁路工程各工点各工序施工提出要求，下部结构施工须为铺架施工尽早开始并连续进行提供条件，铺架也应采取有效措施来提高施工速度以满足既定的开通目标。

下部结构和铺架工程的标段规划是从铁路建设项目的战略和大政方针层面考虑的。根据项目规模和计划建设周期，结合下部结构情况，合理划分下部结构和铺架工程标段，总工期是目标，以铺架工期来控制和明确各线下工程标段工期，再依据铺架任务量设置铺架工作面，采用一处或多处平行推进来提高全线铺架速度使项目在计划工期内完成。

每个工程项目都有其特点，要结合项目总体规划和现场情况确定铺架总体方案，是边铺边架还是先架后铺，是单向顺序铺架还是先一端铺架再调头完成另一端，是长轨直铺还是换铺，都要根据项目建设目标、现场情况、施工单位技术水平和现有铺架设备情况来统筹考虑和确定，还需统筹考虑下部结构进度和梁场设置来安排，以铺架能尽早开始和连续铺架为原则，减少相互干扰和铺架停滞。

具体优化思路如下：

（1）确立铺架方法，选定和增加铺架设备。

（2）确定铺架施工主线、施工顺序和运输方案，发挥远程运输优势，变单口铺架为多口同步铺架，后续施工同步推进的生产模式。

（3）因时而动，进行便线、临岔施工，确定运输路径，保障新铺架口的建立及区间铺架通道的畅通。

3.2.2 铺架方案

铺架方案是施工组织设计的主要内容之一，所以优化铺架方案能有效统筹工料及资源配置，以便科学合理地安排施工工序，组织施工。铺架方案一般分为"边铺边架方案"和"先架后铺方案"两种。[43]

1. 边铺边架

（1）铁路简支 T 梁边铺边架方案（传统施工工法）：一般梁场与铺轨基地合并设置为铺架基地，根据每天计划的铺轨架梁任务，一次将临时轨排、T 梁通过工程列车运输到铺架工地附近，再通过龙门架倒装到架桥机 2 号平车上，2 号平车倒运至架桥机下喂梁架设。

（2）方案的优缺点：优点是最适合既有线或靠近既有线施工，对既有线行车安全可控度高，梁场设置数量最少。缺点是架梁方向单一、工作面少、施工周期长，铺架段落桥梁下部无法展开均衡施工。目前，主要采用 TJ165 型铁路架桥机作业，该型铁路架桥机最适合单线铺架工程。

（3）施工进度：架设简支 T 梁每日按两班制，新建双线 4 单线孔/日，新建单线 3 单线孔/日。既有线旁架单线桥梁，线间距＜5.0 m 时，1 孔/d（要点施工，需根据规定计列要点施工增加费）；线间距≥5.0 m 时，3 孔/d。

（4）简支 T 梁运输组织：32 m 简支 T 梁采用特种平板车装运，两辆 DL1 型大吨位预制梁运输专用车负重，一辆 DNX17K 型平车在中间作为游车，三车一组运输一片梁，24 m 和 20 m T 梁采用普通平板车装运。

（5）施工组织模式：边铺边架施工方案又有两种施工组织模式，一种施工组织模式为单向单机单架（广泛使用的传统施工工法），另一种施工组织模式为单向双机双架，与传统施工工法基本相同，但现场使用较少，一般在简支 T 梁架设工程量巨大，抢工期的情况下使用。单向双机双架施工方式单向采用 2 台架桥机架梁，加快施工进度，即 1 台 TJ165 型架桥机先单架左线，另 1 台架桥机右线跟进，2 台架桥机相隔 2～10 孔，2 台架桥机按 9～10 单线孔/d 的施工进度架梁。双线桥采用双机架设 T 梁可以加快施工进度，减少梁场的设置，但单向双机架梁时，前面 1 台架桥机架设 2 片 T 梁后不能完成横向预应力钢筋张拉、加固，只是完成横隔板焊接就进行架桥机过孔作业，违反了《铁路架桥机架梁暂行规程》（国铁科法〔2017〕30 号）的规定，设计不予推荐。

2. 先架后铺

（1）铁路简支 T 梁架铺分离方案：梁场与铺轨基地相对独立设置，在梁场供应范围首先完成 T 梁架设，后进行轨道工程的施工。

（2）方案的优缺点：优点是架梁方向不单一、工作面多，施工工期短。缺点是梁场设置多一些，T 梁运架施工组织与边铺边架方案基本相同，T 梁由轴线车从梁场取梁运输至龙门架后返回梁场进行下一轮取梁运输，胶轮汽车（俗称"炮车"）通过龙门架倒装后倒运至架桥机下喂梁架设。目前，主要采用 DJ180 型公铁两用架桥机作业。

（3）施工进度：架设简支 T 梁每日按两班制，新建双线 4 单线孔/d，新建单线 4 单线孔/日。先架后铺方案，其功效主要受制于轮式运梁车运梁，DJ180 型公铁两用架桥机最适合新建双线架梁工程。

(4) 简支 T 梁运输组织：简支 T 梁从梁场至工点采用轴线车运输，一次运输一片梁。双线正式工程可作为 T 梁运输道路，轴线车可以掉头。单线正式工程可作为 T 梁运输道路，但在单线上，需要掉头时，应在适当位置对单线路基进行加宽，宽度不小于 10 m，加宽长度不小于 15 m。

3．方案选择

渝黔铁路引入重庆枢纽，铺架基地设计位于既有重庆西编组站内，充分利用既有编组站，实现梁场与铺轨基地一体化布置。对于梁场与铺轨基地一体化布置的铺架基地适用于边铺边架的铺架方案，且该工程为重庆枢纽站的扩能改造，枢纽内线路繁多，可充分利用既有线进行铺架，而边铺边架方案最适合既有线或靠近既有线施工。因此，选择"边铺边架"方案作为该工程铺架方案。由于"边铺边架"方案存在架梁方向单一、工作面少、施工周期长，以及铺架段落桥梁下部无法展开均衡施工的缺点，因此在施工顺序及铺架设备选择方面应着重以工期优化为目标。

3.2.3 铺设方法

轨道铺设办法可分为人工铺轨和机械铺轨。机械铺轨是将轨道铺设基地组装好的轨排，用轨排列车运至铺设地点，再用铺轨机铺设到预铺道砟的路基上。主要铁路干线上都采用这种铺设办法。人工铺轨主要适用于便线、专用线等铺轨工程量较小的工程。[44] 无缝线路的常用长钢轨机械铺设方法主要有单枕连续法和换铺长钢轨法。

1．人工铺轨

（1）工法特点。

能够充分利用工作面，速度快，不需要建设铺轨基地等大型临时设施和配备大型铺轨机械设备，费用较低。

（2）适用范围。

该法适用于工程量较小的专用线、站线及局部线路改造，以及工期紧、任务重，抢速度、保工期的情况。

（3）工艺原理。

充分利用施工现场展开工作面，将空间的优势转化为时间的优势从而创造经济效益。

（4）施工工艺流程。

铺轨时利用既有或已铺线路，把钢轨、轨枕及配件卸至施工路段附近，先采用履带式拖拉机或汽车将钢轨配对拖拉散开后拨到两侧路肩上，再用汽车或四轮拖拉机将轨枕及配件分段卸散，然后分段铺设。人工铺设施工工艺流程如图 3.1 所示。

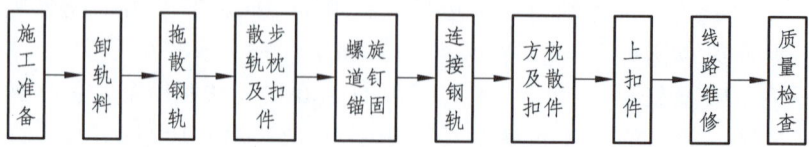

图 3.1　人工铺设施工工艺流程

2. 换铺法

（1）施工工艺。

在铺架基地使用工具轨拼装 25 m 轨节，工程列车将轨节运送至工程线铺轨地点，使用铺轨机铺设 25 m 轨节，当铺设工具轨达到一列长轨车长钢轨长度时，长轨运输车将厂焊长钢轨卸至新线两侧砟肩上，现场采用铝热焊将 500 m 长轨条焊接成 1 500 m 单元轨条，机养达标后经轨道检测，道床阻力达标后，在锁定轨温时拆除新铺线路上 1 500 m 单元轨节长度范围内普通线路扣件，利用轨道车牵引换轨小车将砟肩上单元轨节换铺至线路上，现场进行单元轨节的应力放散及锁定。工艺流程如图 3.2 所示。

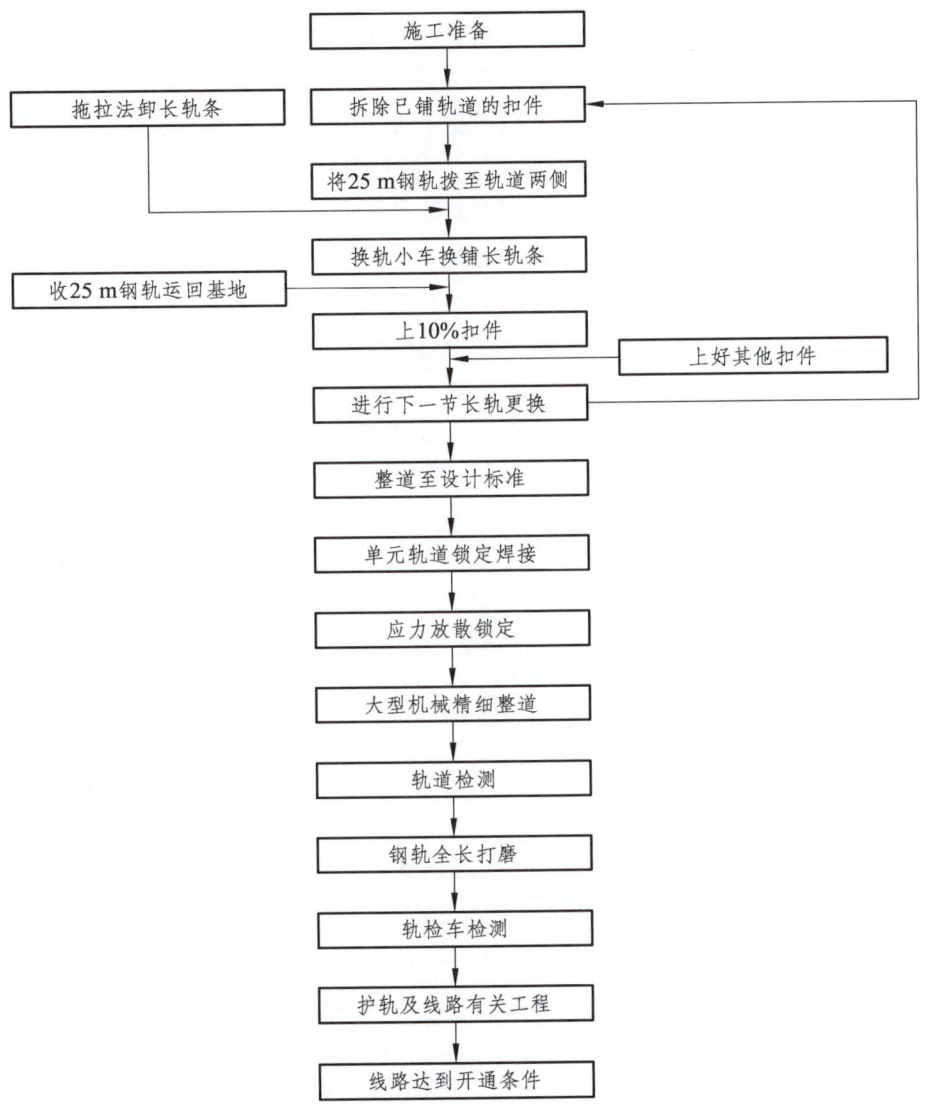

图 3.2　长钢轨换铺法工艺流程

（2）施工要点。

① 铺设长轨前作业。

拨顺并串动长轨条，使其始端拨入线路后与原钢轨位置吻合。对卸轨中造成的钢轨硬弯进行校直后用 1 m 行尺，测量其矢度控制在 0.5 mm 以内。设置好施工防护后拆除部分扣件，可以采用隔一根卸二根的办法，但不得花卸。拨顺轨条，利用撞轨器使单元轨节始、终端到位。用方尺检查确认新单元轨节始点到位。要特别重视预留好新轨拨入后的缩短量（即长轨端部与原钢轨重叠），通常按 20～30 mm 掌握，原则是宁多勿少。

② 换长轨施工作业。

拆除剩余的轨枕扣件和其他保留设施，每 25 m 轨保留中间一根轨枕扣件及接头处轨枕扣件不松动，待施工列车通过后，换轨作业车临近前再松开拆下，以确保施工列车及换轨作业车运行安全。

拆开换轨起点钢轨接头，装有换轨小车的轨道车进入施工区间，在起点位置停车，先卸拨旧轨小车，后卸拨新轨小车，使拨新轨小车在行车方向前方旧轨上行驶作业，拨旧轨小车随后在新轨上行驶作业。将轨道车与拨新轨小车连接后，轨道车向终端合拢方向行驶适当距离，使拨新轨小车恰停在起点处。用起道机将新轨抬起，轨端装上梭头，引导新轨进入小车前方的铲轨槽内。轨道车牵引拨新轨小车缓慢前进，将钢轨引进拨新轨龙口并引导通过龙口。当达到与线路上旧轨相平时，将旧轨一端拨向两侧砟肩，然后再用撬棍将新轨一端拨入承轨台，与线路上既有轨相连。将拨旧轨小车推向换轨起点，与拨新轨小车连挂，将旧轨引入拨旧轨小车龙口并引导通过龙口。轨道车徐徐前进，待拨新轨小车驶离起点 75 m 时立即停下，在轨温达到锁定轨温时，将新轨 50 m 范围内轨枕扣件上好，防止新轨串动，调整拨入的新轨与既有轨轨缝，使其在铝热焊设计轨缝范围时，开始进行工地焊接作业。同时，安排人员在换轨小车后上扣件并将旧轨拨到线路两侧摆放新轨的位置上。

3．单枕连续法

（1）施工工艺。

单枕连续法铺设无缝线路采用专用铺轨机、辅助动力机、拖拉机、云枕龙门吊、轨-枕双层运输车组成的铺轨机组，在布放轨枕的同时将焊好的长钢轨收入承轨槽中，并安装扣件，一次完成长钢轨的铺设的方法。施工流程如图 3.3 所示。

（2）施工要点。

① 铺轨前作业。

采用摊铺机在路基机床表面摊铺 15 cm 厚的底砟，并进行碾压。摊铺后在线路中心挑槽，槽宽 30 cm、深 5 cm，保证摊铺后底层道砟表面平整度用 3 m 靠尺测量≤10 mm，密度≥1.6 g/cm^2。同时，在铺轨基地采用闪光焊将 100 m 无孔钢轨焊接成 500 m 长的钢轨，经过正火、粗磨、校直、细磨、探伤等工序确保焊头质量达到设计及规范的要求。

② 铺设无缝线路作业。

轨-枕双层运输车在基地装载长钢轨和轨枕，由机车推送至铺轨现场，与铺轨机连挂；在已摊铺好的底层道砟上，拖拉机将长钢轨拖至待铺线路两侧；铺轨机布枕的同时将长钢轨收到承轨槽内组装成长轨轨道；分层卸砟并进行整道使线路达到初期稳定状态；然后采用工地焊将长轨轨道焊成 1 500 m 的单元轨道后，进行应力放散、锁定成无缝线路；在对线路进行 2～3 遍精细整道以确保轨道几何参数和力学参数达到"验标"要求；最后对线路进行打磨、检测以及线路有关工程的施工。

第3章 基于多目标粒子群优化算法的山区高速铁路大型枢纽铺架设备配套与施工关键技术研究

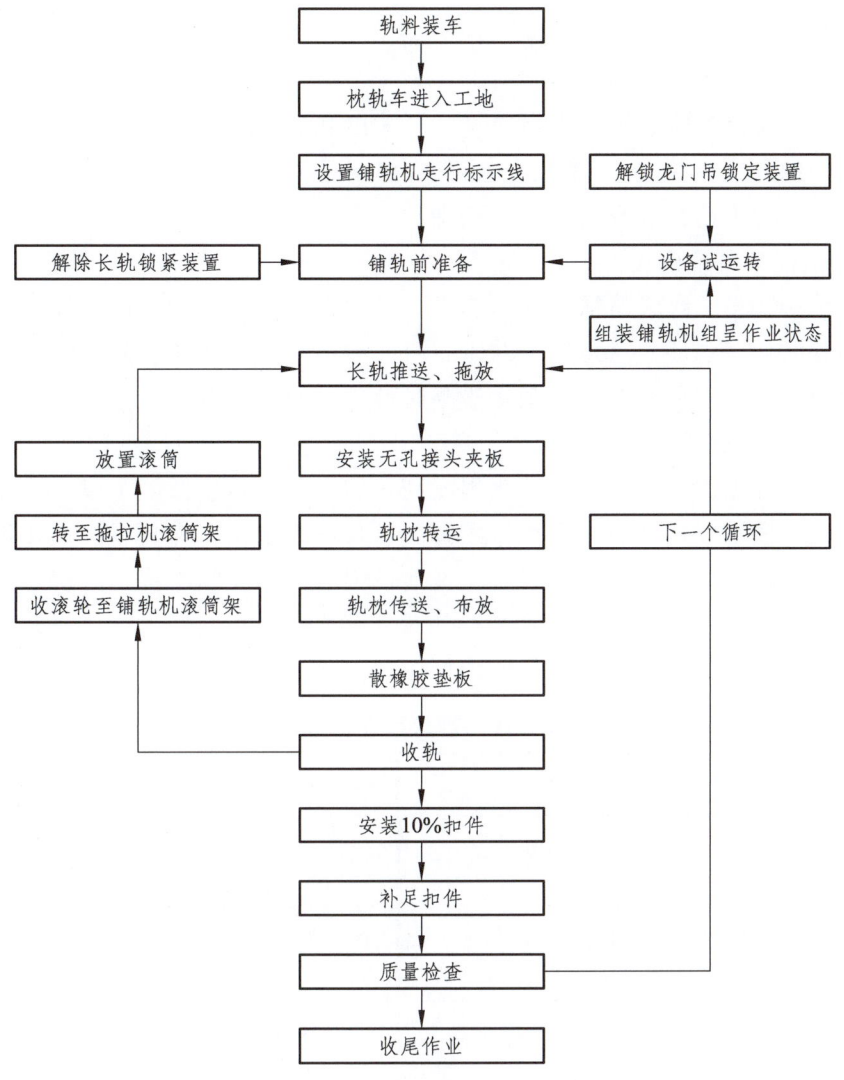

图 3.3 单枕连续法施工流程

4．方案选择

（1）换铺法与单枕连续法的对比。

① 施工机械设备。

单枕连续法需一次性铺设无缝线路，对施工设备及技术以及现场施工条件有较高的要求。施工机械比较如表 3.1 所示。

表 3.1 施工机械比较

施工方法	单枕连续法铺设无缝线路	换铺法铺设无缝线路
施工机械	架桥机预先架设线路所有桥梁	铺轨机铺设 25 m 轨节
	摊铺机摊铺底砟	架桥机架设经过桥梁
	轨-枕双层运输车运输长钢轨及轨枕、配件	长钢轨运输车运输长钢轨
	长钢轨铺轨机组采用单枕连续铺设法连续布枕法铺轨	工具轨回收车回收工具轨
	大型机械化养路设备进行机械化捣固、配砟整形、稳定作业	大型机械化养路设备进行机械化捣固、配砟整形、稳定作业

② 铺架基地。

a. 单枕连续法铺架基地建设。

一次性铺设无缝线路的铺架基地建设，应考虑基地焊轨生产线。以 300 m 长钢轨为例，焊轨生产线长度≤300 m，长轨存放区≤300 m，同时由于焊轨生产线焊轨设备要求高，需建设临时生产房屋，导致间接投资增加。

b. 换铺法铺架基地建设。

使用换铺法铺设无缝线路铺架基地建设，只需在基地建设轨节拼装场及轨料存放区即可，轨节拼装线最长不过 300 m，占地面积远远小于一次性铺设无缝线路铺架基地，同时拼装轨节可以在室外作业，无须建设临时性生产房屋。[45]

③ 主要施工作业指标。

单枕连续法施工工艺先进、机械化程度高、施工劳动强度低，可以一次完成长轨轨道铺设，在大区段连续铺轨施工中可以发挥其优势；换铺法同样具有机械化程度高、施工效率高等特点，且有设备投入小、施工灵活性强、对既有线干扰小等优点，可以很好地适应"边铺边架"的施工方案，尤其是其对既有线干扰小的特点可以更好地适用于既有线增建二线的建设中。主要施工作业指标比较如表 3.2 所示。

表 3.2 主要施工作业指标比较

项 目	单枕连续法	项 目	换铺法
无缝线路铺设	1.5 km/d	轨排钉联	1.5 km/d
基地钢轨焊接	1.5 km/d	铺设 25 m 轨排	1.5 km/班
		换铺长轨	1.5 km/d
架梁	4 孔/d（全天双班倒施工）	架梁	4 孔/d（全天双班倒施工）
单元焊	1.5 km/d	单元焊	1.5 km/d
应力放散及锁定	1.5 km/d	应力放散及锁定	1.5 km/d

④ 经济指标。

从经济角度考虑，虽然两种施工方法的经济指标相差不多，但在既有线增建二线工程中，如采用单枕连续法铺设无缝线路，必须以长轨换铺法作为辅助施工方法，同时大临等辅助设施也要增加，从而导致投资加大。因此，从经济角度出发，在既有线增建二线工程中应首先考虑换铺法铺设无缝线路。

（2）人工铺轨与机械铺轨比较。

① 工具轨。

铺设 25 m 工具轨主要有人工铺轨和机械铺轨两种方法，人工铺轨和机械铺轨对比如表 3.3 所示。

表 3.3　工具轨铺轨方式对比

	人工铺轨（汽车运输轨料）	机械铺轨
设备工机具	汽车（运输轨料）、吊车、装载机、小型挖掘机、枕木锚固机具、小型轨道起拨道机具、撬棍等	铺轨机组、轨排运输平板、枕木集中锚固设备、集中拼装轨排设备
施工组织及效率	铺轨队配置 40～50 人，每班可完成 600 m 轨排铺设	铺轨队配置 30 人，每班可完铺设轨排 2 km。运距 0～120 km，可配 2 列轨排运输车，运距 120～300 km 配 3 列轨排运输车
施工成本	（1）轨料运输：汽车运输枕木一般由业主供应至现场，不考虑运费。工具轨运费以基地距离为依据。 （2）现场卸枕、散枕、轨枕上桥。 （3）现场散拨工具轨、入槽。 （4）枕木硫黄锚固。 （5）工具轨入槽、连接。	（1）设备调遣、拼装费用。 （2）机械铺轨现场施工费用。 （3）轨排组装。 （4）铁路运输费用。 （5）基地龙门吊、轨排生产线设备费用
工艺特点	组织灵活，对铺轨基地规模要求不高，不受路基连续交验影响，可多点施工	当单工作面施工速度较快，施工质量稳定，路基必须连续交验，施工组织的停窝工对施工成本影响较大
适用范围	适合于规模≤60 km、车站、既有线、临近既有线、无铺轨基地等铺轨项目	适合于规模≥60 km、路基可连续交验、能够提供稳定工作量并且没有铺轨基地的铺轨项目

人工铺轨成本比较稳定，工程量增减对人工铺轨单价影响较小，随运输距离延长，扣件、工具轨的运输费用增加使人工铺轨单价略有提升。然而运输费用在机械铺轨中占比较大，提高工作面生产和运输效率，减少设备窝工，是降低机械铺轨费用的主要措施。机械铺轨适合于规模大于 60 km 以上的项目。

② 换铺长轨。

工具轨铺设到一定长度后，经初步整道后即可进行长轨换铺。长钢轨置换 25 m 工具轨的方法又分为人工换铺和机械换铺两种。人工换铺和机械换铺对比如表 3.4 所示。

表 3.4　换铺长轨方式对比

	人工换铺	机械换铺
设备工机具	撬棍、螺丝机、收轨台车	换轨台车、撬棍、螺丝机、收轨台车
施工组织及效率	长轨放送队 25 人，日放送 1 列车 6 km 长轨。 换轨队 50 人，日换铺 1.5～2 km 长轨。 收轨队 12 人，日回收 2 km 工具轨	长轨放送队 25 人，日放送 1 列车 6 km 长轨。 换轨队 30 人，日换铺 6 km 长轨。 收轨队 12 人，日回收 2 km 工具轨
施工成本	长轨运输和放送费用 人工换铺长轨费用 回收工具轨费用	长轨运输和放送费用 机械换铺长轨费用 回收工具轨费用
工艺特点	组织灵活，可多点同时施工，对行车干扰小	施工效率高，需要统一协调指挥
适用范围	新线施工	新线、既有线施工

机械和人工换铺长轨都包含长轨运输、长轨放送、工具轨回收等相同工序，不同

之处在于长轨置换工具轨的方式，人工换铺是采取撬棍撬拨置换，机械换铺利用换轨车连续置换。机械换铺相比人工换铺费用较低，在条件允许的情况下，应尽量选择机械换铺。

（3）方案选择。

由于换铺法具有机械化程度高、施工效率高等特点，且具有设备投入小、施工灵活性强、对既有线干扰小等优点，可以很好地适应"边铺边架"的施工方案，尤其对既有线干扰小的特点使得换铺法可以更好地适用于既有线增建二线的建设中。然而，单枕连续法对铺架基地、施工设备及技术以及现场施工条件要求更高，从而施工成本更高。因此，对于重庆枢纽扩能改造铺架工程应选择换铺法进行铺设，而对工程量较小的专用线应采用人工铺设，以便能够充分利用工作面快速完工。机械换铺相比人工换铺费用更低，施工效率更高，且适用于既有线施工，因此选择机械换铺法施工。

3.2.4　铺架设备选择

架桥机就是将预制好的梁片放置到预制好的桥墩上去的设备。架桥机属于起重机范畴，因为其主要功能是将梁片提起，然后运送到位置后放下。在公路、铁路轨道上行驶，用于整跨架设小跨梁的桥梁施工机械。因其架桥工效高，在中国铁路桥梁标准设计中，多考虑以它架设为设计原则。架桥机机身庞大，超出铁路运输限界，须解体运送，到达工地后，再组装使用。

确定铺架组织方式后，进行设备选型，铺架设备有其适用条件，不同项目内容和运输条件对设备也有不同要求，需相互匹配，设备选型得当对铺架施工很重要，当有些条件不满足时，要改进设备来满足这些特定条件或增强设备的某些功能，然后根据实际需要配置相关配套设备，使各种设备匹配组合后功效达到最优。

架桥机是铺架方案确定的重点之一，其类型的选择会严重影响铺架工期。架桥机应根据具体铺架施工方案进行选择，选择适宜的铺架设备可以大大缩短工期。桥隧比高的工程应选择过孔、过隧能力高的架桥机；转线、调头频繁的铺架方案应选择调头、转场能力高的架桥机。此外，架桥机的选择同样受到梁型、作业坡度、曲线半径、作业场地、运输、起重量等诸多因素的限制。同时，工期与成本是选择铺架设备与否的决定性因素。

架桥机的选择需要综合工程需求、场地限制、施工方案等多方面因素进行考量。[46]现有研究大都着重于架桥机的设计优化及施工技术，而对于架桥设备的选择，缺乏系统性研究。[47]因此，对于具体铺架工程如何进行铺架设备选择的研究十分必要。

1. 架桥机的分类

我国架桥机的产生与发展均受到国外主流架桥机结构形式的影响，特别是随着架桥机在高速铁路施工中的推广应用，架桥机的设计、制造与施工技术在我国得到了充分的发展。架桥机类型的划分目前还没有统一的标准，国内对其称谓较为繁杂，如图3.4 所示。

第3章 基于多目标粒子群优化算法的山区高速铁路大型枢纽铺架设备配套与施工关键技术研究

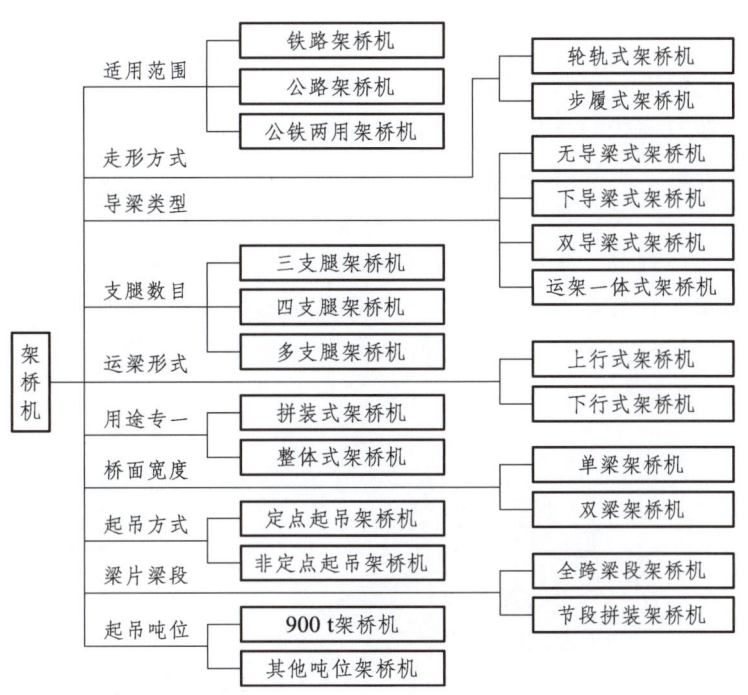

图 3.4 架桥机的分类

架桥机按导梁方式可分为无导梁式架桥机、下导梁架桥机、双导梁式架桥机和运架一体式架桥机。[48]

（1）无导梁式架桥机。

优点：运架梁为平行作业；过跨作业简便，可以方便地架设首孔梁和末孔梁，对墩台无特殊要求；自行行走进入或脱离架梁工位；在不做任何改动的情况下，可架设小于前支腿、中支腿净跨的任意跨度箱梁。

缺点：过孔作业时呈大悬臂状态，纵向倾覆力矩较大；自重过大，曲线架梁操作困难。

（2）下导梁架桥机。

优点：结构紧凑、自重轻、效率高、对曲线及斜交桥梁架设适应性好，架桥机横移功能能够实现全副梁片一次落梁到位。架桥机架桥过程简支受力，广泛用于桥面宽度较大，且要求一次铺装完成的桥梁。架桥机的自重轻、结构简单、稳定性好，运架梁为平行作业。吊梁天车采用定点起吊的方式，既避免了吊重走行，又回避了运梁车向架桥机喂梁时吊梁天车和驮梁小车的同步问题。

缺点：主梁承载能力小，整机横向稳定性差。下导梁承载导致其质量过大，架设第一孔和最后一孔梁时，需大吨位吊车和运输车辆配合施工，并且每孔梁需要纵移导梁。在架桥过程中，遇到大跨度的连续梁或架设钢混梁时，无法整孔跨越架设，需整机拆卸跨孔，费工费时。

（3）双导梁式架桥机。

优点：运架梁为平行作业，支撑状态仅处于一孔梁之上，受力简单，自身结构轻巧；易适应曲线和坡道工况下的架桥施工；通过支撑在桥墩上的辅助导梁自行向前过孔，整机稳定，安全稳定系数高；可通过运梁车驮运实现短途运输，简单拆解即可驮运通过高速铁路双线隧道。整机横向稳定性好，安全性高，特别是箱型结构主梁的架桥机成为专用架桥机设计主流。

缺点：首末孔架设、变跨比较费时；不能在隧道口架梁；工地桥间施工转移时需拆除导梁，辅助作业时间较长，施工不便利；抗风能力差。

双导梁式架桥机其主导梁通常采用三角桁架、贝雷片拼装和箱型结构等形式。三角桁架主梁基本杆件轻、易于加工、经济性好，主梁采用销式连接，易于安装和拆卸，且风载荷小，环境适应性强。如图 3.5 所示为三角桁架式主梁架桥机。贝雷片式主梁结构简单，组合结构系统性好，互换性强，具有容易组装等特点，如图 3.6 所示为贝雷片式主梁架桥机。箱型结构主梁具有结构件轻、易于加工、安全可靠、抗扭刚度大的特点，如图 3.7 所示为箱型结构主梁架桥机。

图 3.5　三角桁架式主梁架桥机

图 3.6　贝雷片式主梁架桥机

图 3.7　箱型结构主梁架桥机

（4）运架一体式架桥机。

优点：可自行进入或脱离架梁工位；将以往由吊梁、运梁和架梁三台设备完成的工作集中在一套设备上完成。不需拆解即可转移架桥工地及穿过隧道，实现在隧道口架桥；不需拆解，原地180°调头转向；自重轻，降低了燃油消耗；可减少现浇梁工段和许多附加设施，节省施工成本。

缺点：每孔梁架设均需纵移导梁，并且导梁纵移是在吊梁工况下进行，不仅需要较大的驱动力，而且增加了作业的不安全因素；在架设首孔末孔梁时，需大吨位吊车和运输车辆配合施工；运架梁为顺序作业，既要架梁又要回梁场运梁，架梁效率较低。

（5）其他架桥机分类。

架桥机可按走行方式分为步履式架桥机和车轮式架桥机。

① 步履式架桥机。

步履式架桥机（见图3.8）整机采用跨步行进，依靠4个支腿作为架桥机的支撑结构，通过相互有序的换步实现架桥机纵移。架桥机主要由主梁、中部液压支腿、尾部液压支腿、前部台车、中部台车、辅助支腿、吊梁小车、电控系统等组成。不需在桥面上铺设纵移轨道，架桥机载荷作用在已架梁的端头，桥面荷载合理，采用支点游动支撑适应不同跨径桥梁的安装，采用铺设全断面横移轨道，架桥机架设梁边梁一次到位。

图3.8 步履式架桥机

② 轮行式架桥机。

轮行式架桥机整机纵移时利用安装在支腿上的行走轮移动。行走轮有钢轮＋钢轨式和轮胎式两种。钢轮＋钢轨式行走架桥机（见图3.9）由安装在架桥机支腿上的钢轮行走在铺设在梁面上的钢轨上，该方式结构简单、可靠性高。轮胎式行走架桥机（见图3.10）由安装在支腿上的轮胎轮直接行走在梁面上，优点是移动速度快、施工效率高，缺点是结构复杂、成本高。

架桥机还可按过孔方式分为悬臂过孔架桥机和辅助导梁式架桥机。

图 3.9 钢轮 + 钢轨式行走架桥机

图 3.10 轮胎式行走架桥机

① 悬臂过孔式架桥机。

悬臂过孔式架桥机（见图 3.11）是架桥机过孔时，架桥机提梁小车后移到架桥机最后端或采用配重方式使架桥机自身重心后移，主梁前端悬空，架桥机中腿支撑和后支腿驱动行进过孔，架桥机过孔到达指定位置后，前支腿前行到下一桥墩支撑。悬臂过孔架桥机的特点是结构简单，过孔动作少，应用广泛，但对架桥机过孔安全性要求较高。

图 3.11 悬臂过孔式架桥机

② 辅助导梁式架桥机。

辅助导梁式架桥机（见图 3.12）是架桥机利用辅助导梁过孔，过孔时架桥机前行走支腿走行在辅助导梁上。辅助导梁式架桥机近年在高速铁路 900 t 箱梁架设上广泛得到应用。辅助导梁式架桥机由双主梁、鼻梁、前支腿、后支腿（也称 O 形腿）、走行支腿、提梁小车、辅助导梁、辅助吊具、走行系统、电控系统、液压系统等组成。优点是架桥机过孔时安全性高,但缺点是结构复杂、过孔步骤多、效率较低。

图 3.12 辅助导梁式架桥机

2．评价指标

(1) 指标选取原则。

在选取评价指标和建立评价指标体系时需要充分考虑铺架设备的特点,并遵循以下原则。

① 科学性原则。科学性原则指的是指标的选取和体系的建立需要以科学的方法为指标、以事实为依据,只有建立在科学基础上的理论才是有意义的。

② 全面性原则。全面性原则指的是评价体系中指标的选取要全面,收集的信息要全面。对铺架设备选择的影响因素很多,且铺架设备类型众多,评价指标上必有不同之处,因此本章主要研究的是铺架设备的共性之处,并考虑施工需求全面选取指标。

③ 目的性原则。在选取指标前需要对研究目的非常明确,这样选取的指标才对研究是有意义的,才能得出有效的结果。本章铺架设备的选取目的是为了缩短工期减小成本,因此铺架设备评价指标应与工期成本影响因素紧密相关。

④ 可操作性原则。可操作性原则要求选取的指标可以应用于指标体系的建立,使指标体系结构条理化、层次化。在全面性的原则下,还要控制指标的数量,避免指标重叠进而影响了评价结果的准确性和真实性。同时,还要考虑到数据收集和指标值度量的可行性。

(2) 评价指标体系。

① 适应性指标。

铺架设备的选择范围受到铺架工程、铺架方式、梁型、作业场地等因素的限制,[49]因此选取限制因素作为铺架设备适应该铺架工程的指标,该适应性指标的取值用 0 和 1 表示,若该架桥机适应性指标满足铺架工程要求则该指标值取 1,否则取 0。当所有指标值均为 1 时,则该铺架设备满足铺架工程需求,可再对其在铺架工程中的效用进行评价;若存在一项指标取值为 0,则该铺架设备不满足工程需求,需从铺架设备选择范围内淘汰。选取适应性指标如下:

a. 适应梁型：铺架设备能够铺架工程所需铺架的梁型。

b. 轨排铺设：铺架设备能够满足铺设施工方案铺设轨排的类型，即适应"边架边铺"或"先架后铺"的施工方案。

c. 作业坡度：铺架设备最大铺架作业坡度和走行坡度满足工程场地作业需求。

d. 曲线半径：铺架设备能够铺架的曲线桥最小曲线半径和运输能够通过的最小曲线半径满足工程需求。

e. 起重量：铺架设备额定起重量满足工程需铺架梁型最大重量要求。

f. 作业场地限制：铺架设备作业尺寸满足铺架场地限制要求。

② 效用性指标。

铺架设备满足所有适应性指标后，需对铺架设备在具体铺架工程中的效用情况进行评价。铺架设备的技术参数能直观反映铺架设备的最大效用，因此选取对工期成本有关的技术参数作为定量描述铺架设备效用的指标。但铺架设备的使用程度还会受到铺架工程特点、铺架人员作业能力、作业环境等诸多因素的影响，因此技术参数不能完全准确地对铺架设备效用情况进行评价，需选取主要影响工期成本的铺架设备功能需求作为定性指标，一方面，对定量指标的不确定性进行完善，另一方面，体现具体铺架工程需求，以对具体铺架工程中铺架设备的效用进行评价。

a. 定量指标：架桥效率、成本（机械、人工）、吊梁横移能力（速度、偏移量）、吊梁纵移速度、运梁速度。

b. 定性指标：转场能力、调头能力、过孔能力、过隧能力、养护维修。

具体铺架设备选择评价指标体系如图3.13所示。

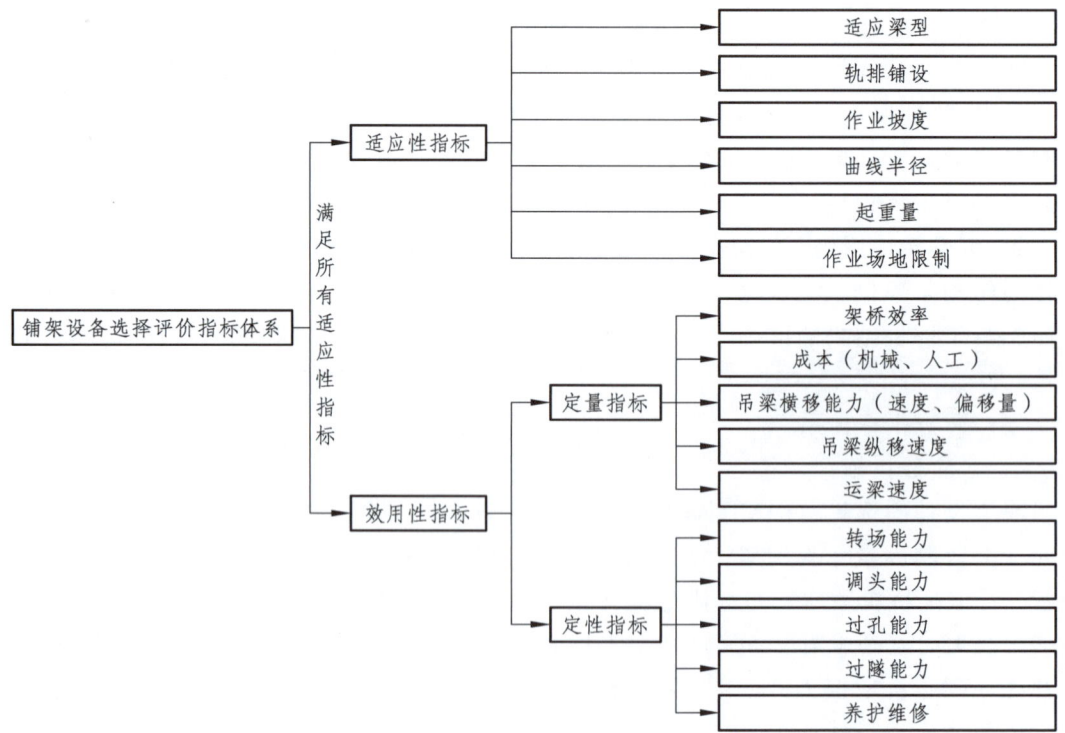

图 3.13　铺架设备选择评价指标体系

（3）评价指标量化及规范化处理。

由于各评价指标的实际含义和量纲存在不相同的情况，直接采用评价指标值进行比较难以体现出评价结果的优劣。为确保指标的等效性、同序性，便于对指标进行分析，需要对初始数据进行规范化处理。

规范化处理的目的是消除量纲的影响，使得任何指标之间均可进行对比。根据不同的性质，评价指标可大致划分为定性和定量两类，针对不同类型的指标，需要采用不同的处理方法，常用的方法有等级量化、灰色量化、规范化、功效系数法等。

① 定性指标的量化及规范化处理。

充分考虑到实际运用的简便性，本章采用专家咨询法和集值统计结合的方法对定性指标进行量化处理。集值统计是基于经典统计和模糊统计的延伸运用，在经典统计中，每次样本试验中得到的是空间中的某一确定的点，而集值统计得到的是样本空间中的模糊子集。该子集可以认为是某一评价者对某一指标得出的一个范围估计。由目标所有架桥机中定性评价指标的评价最优的架桥机作为该评价指标的最优评价基准，以此为基准对所有架桥机的定性评价指标进行量化，且量化取值 $y \in [0,1]$，取值越大，指标评价越优。假设有 n 个评价指标，l 个评价者，其中第 k 个评价者 $l_k(k=1,2,\cdots,l)$ 对某一评价指标 $u_j(j=1,2,\cdots,n)$ 的评定结果稳定在一个范围内，记为 $[y_{k1}, y_{k2}]$，且 $[y_{k1}, y_{k2}] \in [0,1]$。据此可形成一个集值统升序列：$\{[y_{11}, y_{12}],[y_{21}, y_{22}],\cdots,[y_{k1}, y_{k2}],\cdots,[y_{l1}, y_{l2}]\}$，则指标 u_j 的评定值 x_j 取为

$$x_j = \frac{\frac{1}{2}\sum_{k=1}^{l}[(y_{k1})^2 - (y_{k2})^2]}{\sum_{k=1}^{l}(y_{k1} - y_{k2})} \tag{3-1}$$

② 定量指标的规范化处理。

定量评价指标体系可划分为成本型（越小越好）和效益型（越大越好）2 种类型。针对不同类型的评价指标，可采取对应的规范化处理方法，统一将其归一化为隶属于 $[0,1]$ 区间的极大型指标。

对于成本型指标：

$$x_{ij} = \frac{x_{0j}}{x'_{ij}} = \frac{\min(x'_{ij})}{x'_{ij}} \tag{3-2}$$

对于效益型指标：

$$x_{ij} = \frac{x'_{ij}}{x_{0j}} = \frac{x'_{ij}}{\max(x'_{ij})} \tag{3-3}$$

式中　x_{ij}——评价对象 i 的指标 j 规范化处理后的标准值；

x'_{ij}——评价对象 i 的指标 j 的原始值；

x_{0j}——m 个规划方案中指标 V_i 的相对最优值。

3. 基于组合赋权的灰色关联评价模型

（1）模型选取。

目前采用的评价方法有很多，由于不同评价方法的原理和特点不同，导致其适用的范围也有很大的差距。常用的评价方法有模糊综合评价法、层次分析法、逼近理想解的排序法、主成分分析法、灰色关联分析法、神经网络方法等，其方法的对比分析[50]如表3.5所示。

表3.5 评价方法对比

评价方法	优 点	缺 点	适用范围
模糊综合评价法	综合问题的各种可能性给出不同层次的问题解，规避了传统方法中的唯一解	未解决评价指标间信息的相关性导致的重复问题	决策中撞击系统、消费者偏好问题、证券投资分析等
层次分析法	逻辑性强、灵活度高、运用简便、评价结果精确度较高	主观因素影响大、且评价对象的因素有限	经济效益分析、成本效益决策、资源分次序等
逼近理想解的排序法	充分利用所构建问题中包含的信息，侧重考察评价对象与理想方案的距离	同等看待所有的评价指标	评价指标间无重要性区别的方案比选
主成分分析法	全面性、可比性、客观合理性	单纯依据大量统计数据，未反映客观发展状况	评价对象的分类问题
灰色关联分析法	试验中所需样本相对较小，能够处理不确定的灰色问题	未能反映评价对象的绝对水平	信息提供不完全或不确定的方案评估
神经网络方法	具备自适应性和容错能力，可处理非线性和非凸性的复杂系统	结果不够精确，且需要大量的样本统计数据	城市综合发展水平评估、银行贷款项目等

工期和成本是铺架设备选择的决定性因素，而不同铺架设备与不同铺架工程之间对工期成本的影响因素繁杂，具有灰色性和不确定性，因此评价指标的确定具有灰色性。此外，所有评价指标因素间也并非是绝对独立和完全不相干，相互之间也是实际存在不很明确的关系，这也是一种灰色关系。然而，铺架工程的作业场地、铺设梁型、起重量需求等因素会直接限制铺架设备的选择范围，使选择范围大大缩小，从而使各指标样本数量较少。另外，铺架设备使用程度也会受到工程、作业环境、施工人员能力等因素限制，能否最大程度发挥其功能具有不确定性。以上特点说明，对于铺架设备选择的评价体系实际是一个灰色系统，适用于灰色关联的方法进行评价。

各种评价方法各有优劣，灰色关联的方法也有一些缺陷，为综合考虑各方面因素，全面反映铺架设备的铺架水平，将各种不同的评价思想组合构建为新的评价方法，实现优势互补、扬长避短，最终使其功能得到改进和扩展，不断完善直至适应评价对象。基于铺架设备多指标评价的灰色性、数据小样本和不确定性的特点，对比各种评价方法，综合理想解法（TOPSIS）和灰色关联投影法的思想进行铺架设备综合评价具有很强的全面性和实用性，因此综合两者进行评价。

（2）赋权法选择。

对于任何评价系统而言，合理确定评价指标的权重尤为重要。目前常用的权重确定方法有主观赋权法、客观赋权法与组合赋权法。主观赋权法是根据专家的知识经验做出主观判断，没有考虑评价对象提供的信息；客观赋权法则充分利用了已有的信息，避免了人为因素的误差，但在某种程度上却忽视了指标本身的重要性；组合赋权法则是将以上两种方法进行综合考虑，能够更加全面、准确地描述评价对象的实际情况。常用赋权法的优缺点[51]如表3.6所示。

表 3.6　各种赋权法优缺点

类型	名称	使用条件	优点	缺点
主观赋权法	专家打分法	指标个数不多，相关专家知识结构较完整	计算过程简单，评价过程透明	当评价指标过多时，专家难以准确打分
	层次分析法	指标个数不多，且每一准则层包含指标个数相差不大	层次清晰，使复杂的问题简化	计算量大，容易出现判断矩阵一致性失效问题
	序关系分析法	各评价指标处于同一层次	方法简便，对指标个数没有限制	受决策个人喜好程度影响较大
	基于粗集理论属性重要度赋权法	指标个数不多	用决策表的形式表示指标属性重要度，清晰直观	得出的权值偏单一化，有时权值为0，偏差较大
客观赋权法	变异系数法	评价样本不能过少，且不同样本间同一指标值要存在一定差异	数学理论比较完善，计算过程简单合理	需要样本数据，无法对定性指标赋权，缺乏指标间的横向比较
	熵值法	同上	计算步骤比较简单	同上，理论背景较复杂
	CRITIC法	同上	体现指标差异和指标间冲突性	计算过程相对复杂
	简单关系函数赋权法	评价对象具有等级划分标准	能够根据指标的不同等级赋予不同权重	指标级别差，则权值过高，有时与客观实际偏离

铺架设备效用性评价指标有定性指标和定量指标两类，定量指标虽然大多由铺架设备技术参数确定，但是不能准确全面地反映铺架设备的效用，其效用更多受到工程特征和铺架方案的影响。因此，根据其样本信息得到的客观权重也不能完全体现各指标对铺架设备的影响权重。然而，主观权重更能反映铺架设备的工程需求。因此，需要将主观客观综合考虑确定指标权重。铺架设备评价指标不多，又各指标数据样本大小的差异和各指标间具有灰色关系，[52]因此采用模糊层次分析法（FAHP）确定主观权重，CRITIC（Criteria Importance Though Intercrieria Correlation）法确定客观权重。

据此，本章提出了模糊层次分析法确定主观权重，CRITIC法确定客观权重的FAHP-CRITIC法确定指标权重，该方法在求取组合权重时将两种方法的中间过程有机结合，更适用于工程实际运用。

(3) 模糊层次分析法确定主观权重。

层次分析法（AHP）是目前运用最为广泛的主观赋权法，其一般通过明确问题、建立层次分析结构模型、构造判断矩阵、层次单排序、层次总排序等五个步骤计算不同层次指标对于总目标的组合权重。AHP 具有简洁、实用等优点，在多目标决策中得到了越来越广泛的运用，它的关键环节在于建立判断矩阵，该方法的分析效果很大程度上取决于判断矩阵的科学性和合理性，但是在实际运用中它还存在一些局限性。

随着模糊数学新的研究成果日趋成熟，AHP 理论也与模糊数学知识结合起来，发展形成了模糊层次分析法，并运用于多目标方案决策中，理论和实践证明该新方法克服了 AHP 存在的不足，较好地解决了问题。本章根据提供信息的主观性、不精确性和不完全性，运用 FAHP 来计算分级指标的主观权重。采用 FAHP 确定主观权重的步骤与 AHP 基本一致，仅在构造判断矩阵、由判断矩阵求权重和一致性检验的方法等三个方面存在不同，根据研究需要，下面重点介绍这三个方面。

① 模糊互补判断矩阵的建立。

在 FAHP 中，采用一个指标比另外一个指标的重要程度来进行指标间的定量比较判断，据此可以得到模糊判断矩阵，如果该判断矩阵具有性质 1 和性质 2，则称之为模糊互补判断矩阵。

性质 1：$a_{ii}=0.5,\ i=1,2,\cdots,n$；

性质 2：$a_{ij}+a_{ji}=1,\ i,j=1,2,\cdots,n$。

为了定量描述任意两个指标关于某一准则的相对重要度，通常可采用如表 3.7 所示的标度法进行量化标度。

表 3.7 模糊层次分析法（标度法）

标　度	定　义	具体含义
0.5	同等重要	两指标同等重要
0.6	稍微重要	一指标比另一指标稍微重要
0.7	明显重要	一指标比另一指标明显重要
0.8	重要得多	一指标比另一指标重要得多
0.9	极端重要	一指标比另一指标极端重要
0.1，0.2，0.3，0.4	反比较	若指标 a_i 与指标 a_j 相比较得到判断 a_{ij}，则指标 a_j 与指标 a_i 相比较得到判断 $a_{ji}=1-a_{ij}$

根据上表所示的标度方法，对指标进行两两比较，可以得到模糊互补判断矩阵为

$$A=\begin{bmatrix} a_{11} & a_{12} & \cdots & a_{1n} \\ a_{21} & a_{22} & \cdots & a_{2n} \\ \vdots & \vdots & \ddots & \vdots \\ a_{n1} & a_{n2} & \cdots & a_{nn} \end{bmatrix} \quad (3\text{-}4)$$

② 权重的计算。

计算模糊互补判断矩阵权重的计算公式为

$$w_i = \frac{\sum_{j=1}^{n} a_{ij} + \frac{n}{2} - 1}{n(n-1)} \quad (i=1,2,\cdots,n) \tag{3-5}$$

该公式将模糊一致性判断矩阵中的判断信息充分包含在内，计算量小且易于实现，在实际运用中非常方便。

③ 模糊互补判断矩阵的一致性检验。

根据式（3-5）得出的权重是否合理，还需要通过判断矩阵的一致性检验。若结果显示偏移量过大，则说明是不可靠的，利用模糊互补判断矩阵的相容性来检验一致性的方法如下：

假设矩阵 $A=(a_{ij})_{n \times n}$ 和 $B=(b_{ij})_{n \times n}$ 均为模糊判断矩阵，将 $I(A,B)=\frac{1}{n^2}\sum_{i=1}^{n}\sum_{j=1}^{n}|a_{ij}-b_{ij}|$ 称作 A 和 B 的相容性指标。假设 $W=(w_1,w_2,\cdots,w_n)^T$ 是模糊判断矩阵 A 的权重向量，其中 $\sum_{i=1}^{n}w_i=1, w_i \geq 0 (i=1,2,\cdots,n)$，令 $w_{ij}=w_i-w_j+0.5 (\forall i,j=1,2,\cdots,n)$，则将 n 阶矩阵 $W^*=(w_{ij})_{n \times n}$ 称作判断矩阵 A 的特征矩阵。

用值 δ 表示决策者的态度，当满足 $I(A,W^*) \leq \delta$ 时，可认为判断矩阵是一致性的。δ 越小表示决策者对模糊判断矩阵的一致性要求越高，δ 一般取 0.1。

（4）CRITIC 法确定客观权重。

CRITIC 赋权法以两个基本概念为基础，一是对比强度，借鉴标准离差法的思想，认为若同一指标的所有分级指数差别越大，即标准差越大，则蕴含的信息量越大；二是分级指标之间的冲突性，指标之间的冲突性是以指标之间的相关系数为基础，如两个指标之间具有较强的正相关，说明两个指标冲突性较低。

① 指标处理。

以标准差 σ_j 来衡量各个分级指标的变异性，σ_j 越大，指标变化就越大，对结果影响也越大，且各对象之间的取值差距越大。标准差为

$$\sigma_j = \sqrt{\frac{1}{n-1}\sum_{i=1}^{n}(x_{ij}-\overline{x_j})^2} \quad (j=1,2,\cdots,m) \tag{3-6}$$

式中，$\overline{x_j}$ 表示 n 个样本中指标 X_j 的平均值。

指标之间的冲突性是以指标之间的相关性为基础的，因此用相关系数 r_{ij} 来衡量指标间的冲突性。其中 r_{ij} 表示指标 X_i 和指标 X_j 之间的相关性，如两个指标之间具有较强的正相关，说明两个指标冲突性较低。指标 X_j 和其他指标的冲突性量化指标为

$$R_j = \sum_{i=1}^{m}(1-r_{ij}) \quad (j=1,2,\cdots,m) \tag{3-7}$$

式中，r_{ij} 为

$$r_{ij} = \frac{\sum_{i=1}^{n}(x_i-\overline{x_i})(x_j-\overline{x_j})}{\sqrt{\sum_{i=1}^{n}(x_i-\overline{x_i})^2 \sum_{i=1}^{n}(x_j-\overline{x_j})^2}} \quad (j=1,2,\cdots,m) \tag{3-8}$$

由 r_{ij} 组成的相关系数矩阵为

$$\boldsymbol{R} = \begin{bmatrix} r_{11} & r_{12} & \cdots & r_{1m} \\ r_{21} & r_{22} & \cdots & r_{2m} \\ \vdots & \vdots & \ddots & \vdots \\ r_{m1} & r_{m2} & \cdots & r_{mm} \end{bmatrix} \tag{3-9}$$

② 权重确定。

设 C_j 表示指标 X_j 所包含的信息量，其公式为

$$C_j = \sigma_j \sum_{i=1}^{m}(1-r_{ij}) = \sigma_j R_j \quad (j=1,2,\cdots,m) \tag{3-10}$$

C_j 越大表示指标 X_j 所包含的信息量越大，则该指标的相对重要性也就越大。由 C_j 可以得到指标 X_j 的客观权重值为

$$W_j = \frac{C_j}{\sum\limits_{j=1}^{m} C_j} \quad (j=1,2,\cdots,m) \tag{3-11}$$

（5）FAHP-CRITIC 法确定综合权重。

FAHP 将复杂的多目标决策系统划分为有序的递阶层次结构，使决策者能够更加直观灵活地处理问题，虽然其充分考虑到信息的主观性和不精确性，但是模糊判断矩阵终究还是依靠专家来确定的，难以避免人为因素带来的误差，所以采用 FAHP 获得主观权重的精度依然不高。

采用 CRITIC 得出的客观权重，充分采纳了决策过程中指标提供的信息量，反映了指标间的灰色关系。但也正是由于权重的确定完全依靠数据的关系，当实际数据较为特殊时，可能会出现次要因素权重很大的不合理现象，所以采用 CRITIC 获得的客观权重也可能有所缺陷。

由于两种方法分别求得的权重均可能出现较大误差，所以将 FAHP 求得的主观权重 β_i 和 CRITIC 得出的客观权重 γ_i 综合，得出组合权重。目前较为常用的是采用线性加权等简单的组合方法，这类方法仅仅只是将两种方法的最底层指标的权重计算结果进行简单综合，并没有充分将计算过程有机结合起来，若出现两种方法计算出的指标权重值相差很大的情况，此时的综合权重将难以体现指标的实际重要度。鉴于此，在求取组合权重时，考虑将两种方法的中间过程有机结合起来，形成一种新的 FAHP-CRITIC 法来确定分级指标权重。

FAHP-CRITIC 法确定分级指标权重的步骤如下：

① 假设指标层有 n 个指标，通过 FAHP 的模糊互补判断矩阵求得各指标的权重为 $B = \{\beta_1, \beta_2, \cdots \beta_n\}$，通过 CRITIC 法求得各指标的权重为 $R = \{\gamma_1, \gamma_2, \cdots \gamma_n\}$。

② FAHP 求得的各指标权重 B 与 CRITIC 法求得的指标权重 R 综合，可以得到指标的综合权重 $T = \{\tau_1, \tau_2, \cdots \tau_n\}$，其中 τ_i 为

$$\tau_i = \frac{\beta_i \cdot \gamma_i}{\sum\limits_{i=1}^{n} \beta_i \cdot \gamma_i} \quad (i=1,2,\cdots,n) \tag{3-12}$$

（6）理想解法（TOPSIS）。

理想解法（TOPSIS）适用于有限方案多目标决策问题，该方法通过构造问题的正理想解与负理想解，并根据评价对象接近理想解、远离负理想解的程度作为方案排序的依据。正理想解指假设的最好的解，该方案中每个指标值都处于所有方案对于指标值的最佳值；负理想解就是假设的最差的解，它的各个指标值处于所有方案中的最坏值。一般情况下，正理想解和负理想解是为了决策的需要而引入的虚拟的、不存在的值。在决策评价中，最理想的方案应该是与理想方案最靠近而与负理想解距离最远，但是在实际分析中，常常遇到某个方案与理想解最近，但却并不一定距离负理想解最远，此时需要采用相对贴近度函数来综合考虑这两种指标，以相对贴近度作为方案优劣的判定依据。

理想解法的基本计算步骤如下：

① 假设某决策问题中，$F = \{F_1, F_2, \cdots, F_n\}$ 为所有的备选方案集，$X = \{X_1, X_2, \cdots, X_n\}$ 为评价指标集，根据各个方案的评价指标值构造指标的决策矩阵 $Y = (y_{ij})_{m \times n}$。

② 规范化处理决策矩阵，可得规范化的决策矩阵 $E = (e_{ij})_{m \times n}$。

③ 假设 θ_j 是指标 j 的权重，构造加权规范矩阵 $A = (a_{ij})_{m \times n}$，其中 a_{ij} 为

$$a_{ij} = \theta_j e_{ij} \quad (i = 1, 2, \cdots, m; \ j = 1, 2, \cdots, n) \tag{3-13}$$

④ 确定正理想解 $B^+ = \{b_1^+, \cdots, b_i^+, \cdots, b_n^+\}$ 和负理想解 $B^- = \{b_1^-, \cdots, b_i^-, \cdots, b_n^-\}$。

若 j 为效益型指标：

$$b_j^+ = \max_i a_{ij}, \quad b_j^- = \min_i a_{ij} \tag{3-14}$$

若 j 为成本型指标：

$$b_j^+ = \min_i a_{ij}, \quad b_j^- = \max_i a_{ij} \tag{3-15}$$

⑤ 分别计算各个待评方案到正理想解、负理想解的距离。

$$d_i^+ = \sqrt{\sum_{j=1}^{m} (a_{ij} - b_j^+)^2} \quad (i = 1, 2, \cdots, m) \tag{3-16}$$

$$d_i^- = \sqrt{\sum_{j=1}^{m} (a_{ij} - b_j^-)^2} \quad (i = 1, 2, \cdots, m) \tag{3-17}$$

⑥ 计算各个方案与理想解的相对贴近度 C_i。

$$C_i = \frac{d_i^-}{d_i^+ + d_i^-} \quad (i = 1, 2, \cdots, m) \tag{3-18}$$

根据相对贴近度 C_j，可对待评方案进行排序，该值越大说明方案越接近于理想解，即方案越优。

传统的 TOPSIS 法通过构造问题的正理想解和负理想解，可以较方便地对方案进行排序，但是在实际运用中也存在一些缺陷。一方面，由于作为判定依据的正理想解和负理想解取决于待评方案的指标值集合，但待评方案数量发生变动时，有可能导致正、负理想解发生变化，而这一评价标准的改变则可能导致评价结果出现逆序问题；另一方面，由于 TOPSIS 法是基于数据本身的客观性分析，在铺架设备评价中，能够采用的有效统

计数据很有限,且存在不确定因素,若干数据波动性大,不具有典型的分布规律,直接采用数据进行评价也不能保证决策结果的准确性。

(7)灰色关联投影法。

灰色关联投影法是一种多目标系统决策分析方法,它把灰色系统理论和矢量投影原理有机结合起来,用于全面分析评价指标之间的相互关系,反映出了整个指标空间的影响程度,规避了单方向的偏差,最终根据待评方案在理想方案上的投影值确定出最优方案,该方法有理论基础支撑,原理简单,运算简便,可操作性强。

灰色关联投影法应用于多目标决策中的主要步骤如下:

① 根据待评方案和评价指标体系的集合确定原始决策矩阵;

② 规范化处理初始数据,建立规范化决策矩阵;

③ 确定理想方案;

④ 根据计算出的灰色关联矩阵和指标权重,建立加权灰色关联矩阵;

⑤ 计算各个待评方案在理想方案上的灰色关联投影值;

⑥ 灰色关联投影值越大,说明该待评方案越接近于理想方案,即该方案越优。依据灰色关联投影值,可对所有待评方案做出科学的评价。

根据灰色关联投影法进行多目标评价的基本原理,灰色关联投影值的实质是评价方案到理想方案的广义距离,灰色关联投影值越大,其广义距离越小。可以看出,灰色关联投影法仅考虑了各待评方案在理想优方案上的投影值,而并未考虑在理想劣方案上的投影值,因此存在一定缺陷。如图 3.14 所示,F_1 和 F_2 到理想优方案的广义距离相等,F_1 到理想劣方案的广义距离大于 F_2,此时如果采用灰色关联投影法则无法判断出两者的相对优劣,只有综合考虑待评方案到理想优方案与理想劣方案的广义距离才能给出准确的评价结果。因此,为提高评价的准确性,针对灰色关联投影法存在的不足,有必要进行相应的改进,以适应铺架设备综合评价的要求。

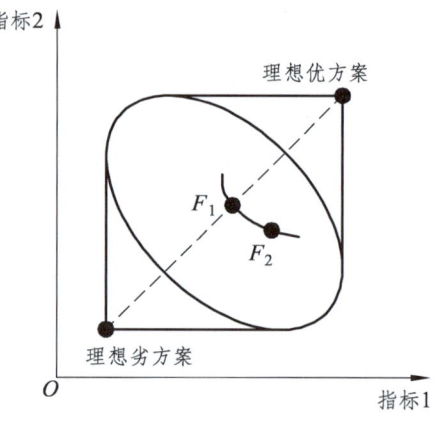

图 3.14 理想优方案和理想劣方案示意图

(8)基于 TOPSIS 的灰色关联投影评价模型。

TOPSIS 和灰色关联投影法虽然在一定条件下都是有效的多指标决策方法,但在实际操作中往往是单独使用,由于两种方法各有特点,单独使用均存在一定的局限性。TOPSIS 的基本原理通过构造问题的正理想解与负理想解,并根据评价对象接近理想解、远离负理想解的程度作为方案排序的依据,该方法很好地克服了灰色关联投影法中仅考虑评价方案到理想方案广义距离的缺陷。由于理想解法是基于数据本身,且在铺架设备综合评价中,能够利用的有效统计数据非常有限,加之存在不确定因素等,直接采用数据分析评价不能保证决策结果的准确性,而灰色关联投影法具有所需数据量小、易于挖掘数据规律等优势。因此,铺架设备评价中,可以将两者有机结合起来,充分利用各自的优点,实现扬长避短、优势互补。

基于 TOPSIS 的灰色关联投影评价模型计算步骤如下：

① 确定原始决策矩阵。

假设铺架设备的集合为 $F=\{F_1,F_2,\cdots,F_m\}$，评价指标的集合为 $X=\{X_1,X_2,\cdots,X_n\}$，铺架设备 F_i 对评价指标 X_j 的属性值为 $y_{ij}(i=1,2,\cdots,m;\ j=1,2,\cdots,n)$。因此，$m$ 个铺架设备的 n 个评价指标值构成了原始决策矩阵 Y。

$$\boldsymbol{Y}=(y_{ij})_{m\times n}=\begin{bmatrix} y_{11} & y_{12} & \cdots & y_{1n} \\ y_{21} & y_{22} & \cdots & y_{2n} \\ \vdots & \vdots & \ddots & \vdots \\ y_{m1} & y_{m2} & \cdots & y_{mn} \end{bmatrix} \tag{3-19}$$

② 规范化决策矩阵。

一般来说，不同评价指标具有不同的实际内涵和量纲，为消除这些不一致所导致的不能共同度量，在评价之前需进行指标的规范化处理，根据前文所述的评价指标数据的规范化方法，对矩阵 Y 进行规范化处理，可以得到规范化决策矩阵 E。

$$\boldsymbol{E}=(e_{ij})_{m\times n}=\begin{bmatrix} e_{11} & e_{12} & \cdots & e_{1n} \\ e_{21} & e_{22} & \cdots & e_{2n} \\ \vdots & \vdots & \ddots & \vdots \\ e_{m1} & e_{m2} & \cdots & e_{mn} \end{bmatrix} \tag{3-20}$$

③ 确定理想优、劣方案。

根据评价指标数据的规范化处理方法可知，e_{ij} 越大越好，且 $e_{ij}\in[0,1]$，因此可得理想优方案为 $F_0^+=\{1,1,\cdots,1\}$，理想劣方案为 $F_0^-=\{0,0,\cdots,0\}$。

④ 计算差序列、最大差和最小差。

在确定了规范化决策矩阵 E 后，通过计算待评铺架设备的数据列与理想铺架设备的数据列 $F_0^*=\{e_{01}^*,e_{02}^*,\cdots,e_{0n}^*\}$ 的对应指标的绝对值差值，即可得到绝对值差值序列 Δ^*。

$$\boldsymbol{\Delta}^*=(\Delta_{ij}^*)_{m\times n}=\begin{bmatrix} \Delta_{11}^* & \Delta_{12}^* & \cdots & \Delta_{1n}^* \\ \Delta_{21}^* & \Delta_{22}^* & \cdots & \Delta_{2n}^* \\ \vdots & \vdots & \ddots & \vdots \\ \Delta_{m1}^* & \Delta_{m2}^* & \cdots & \Delta_{mn}^* \end{bmatrix} \tag{3-21}$$

式中，$\Delta_{ij}^*=|e_{0j}^*-e_{ij}^*|\ (i=1,2,\cdots,m;\ j=1,2,\cdots,n)$。

绝对值矩阵中的最大数、最小数分别为最大差 $\Delta^*(\max)$、最小差 $\Delta^*(\min)$。

$$\Delta^*(\max)=\max_{1\leqslant i\leqslant m}\max_{1\leqslant j\leqslant n}\{\Delta_{ij}^*\} \tag{3-22}$$

$$\Delta^*(\min)=\min_{1\leqslant i\leqslant m}\min_{1\leqslant j\leqslant n}\{\Delta_{ij}^*\} \tag{3-23}$$

⑤ 正、负理想灰色关联决策矩阵。

根据灰色关联理论，在评价指标 $X_j(j=1,2,\cdots,n)$ 处，待评铺架设备 $F_i(i=1,2,\cdots,m)$ 对理想铺架设备 F_0^* 的灰色关联系数为

$$a_{ij}^* = \frac{\Delta^*(\min) + \xi\Delta^*(\max)}{\Delta_{ij}^* + \xi\Delta^*(\max)} \tag{3-24}$$

式中，ξ 为分辨系数，用来削弱 $\Delta^*(\max)$ 过大而使关联系数失真的影响，有 $0<\xi<1$，取 $0.1\sim0.5$ 为宜，这里取 0.5。

根据上式，可以计算出在评价指标 X_j 处，铺架设备 F_i 对理想优方案 F_0^+ 的灰色关联系数为 a_{ij}^+，对理想劣方案 F_0^- 的灰色关联系数为 a_{ij}^-。

显然，$a_{01}^+ = a_{02}^+ = \cdots = a_{0m}^+ = 1, a_{01}^- = a_{02}^- = \cdots = a_{0m}^- = 1$，即理想方案在各评价指标处对其自身的灰色关联度均为 1，$0 < a_{ij}^* < 1$，其值越大，表示该铺架设备的相应指标与理想方案越接近。

上述 $(m+1)\times n$ 个 a_{ij}^+ 组成的矩阵即为正理想灰色关联决策矩阵 $\boldsymbol{A}^+$。

$$\boldsymbol{A}^+ = (a_{ij}^+)_{(m+1)\times n} = \begin{bmatrix} a_{01}^+ & a_{02}^+ & \cdots & a_{0n}^+ \\ a_{11}^+ & a_{12}^+ & \cdots & a_{1n}^+ \\ \vdots & \vdots & \ddots & \vdots \\ a_{m1}^+ & a_{m1}^+ & \cdots & a_{mn}^+ \end{bmatrix} \tag{3-25}$$

上述 $(m+1)\times n$ 个 a_{ij}^- 组成的矩阵即为正理想灰色关联决策矩阵 $\boldsymbol{A}^-$。

$$\boldsymbol{A}^- = (a_{ij}^-)_{(m+1)\times n} = \begin{bmatrix} a_{01}^- & a_{02}^- & \cdots & a_{0n}^- \\ a_{11}^- & a_{12}^- & \cdots & a_{1n}^- \\ \vdots & \vdots & \ddots & \vdots \\ a_{m1}^- & a_{m1}^- & \cdots & a_{mn}^- \end{bmatrix} \tag{3-26}$$

⑥ FAHP-CRITIC 法确定评价指标权重。

在决策评价中，指标权重反映的是评价指标之间的相对重要程度，为了求取加权灰色关联决策矩阵，采用 FAHP-CRITIC 法确定评价指标权重，其结果记作 $O = \{\theta_1, \theta_2, \cdots, \theta_n\}$。

⑦ 加权灰色关联决策矩阵。

在铺架设备评价指标体系中，由于各个评价指标的重要程度不同，所以对灰色关联决策矩阵需要进行加权处理。将评价指标权重代入正、负理想灰色关联决策矩阵，可以分别得到加权灰色关联决策矩阵 $\boldsymbol{A}_O^+$ 和 $\boldsymbol{A}_O^-$。

$$\boldsymbol{A}_O^+ = \boldsymbol{O} \cdot \boldsymbol{A}^+ = (\theta_j a_{ij}^+)_{(m+1)\times n} = \begin{bmatrix} \theta_1 a_{01}^+ & \theta_2 a_{02}^+ & \cdots & \theta_n a_{0n}^+ \\ \theta_1 a_{11}^+ & \theta_2 a_{12}^+ & \cdots & \theta_n a_{1n}^+ \\ \vdots & \vdots & \ddots & \vdots \\ \theta_1 a_{m1}^+ & \theta_2 a_{m1}^+ & \cdots & \theta_n a_{mn}^+ \end{bmatrix} \tag{3-27}$$

$$\boldsymbol{A}_O^- = \boldsymbol{O} \cdot \boldsymbol{A}^- = (\theta_j a_{ij}^-)_{(m+1)\times n} = \begin{bmatrix} \theta_1 a_{01}^- & \theta_2 a_{02}^- & \cdots & \theta_n a_{0n}^- \\ \theta_1 a_{11}^- & \theta_2 a_{12}^- & \cdots & \theta_n a_{1n}^- \\ \vdots & \vdots & \ddots & \vdots \\ \theta_1 a_{m1}^- & \theta_2 a_{m1}^- & \cdots & \theta_n a_{mn}^- \end{bmatrix} \tag{3-28}$$

⑧ 正、负灰色关联投影值。

结合矢量投影原理，可将每一个铺架设备视作一个行向量（矢量），则称待评价铺

架设备 F_i 和理想线路质量方案 F_0^* 之间的夹角 α_i 为灰色关联投影角,如图 3.15 所示,其余弦值为

$$\cos\alpha_i = \frac{\overrightarrow{F_i} \cdot \overrightarrow{F_0^*}}{|\overrightarrow{F_i}| \cdot |\overrightarrow{F_0^*}|} = \frac{\sum_{j=1}^{n}[(\theta_j a_{ij}^*) \cdot \theta_j]}{\sqrt{\sum_{j=1}^{n}(\theta_j a_{ij}^*)^2} \cdot \sqrt{\sum_{j=1}^{n}(\theta_j)^2}} \quad (i=1,2,\cdots,m) \tag{3-29}$$

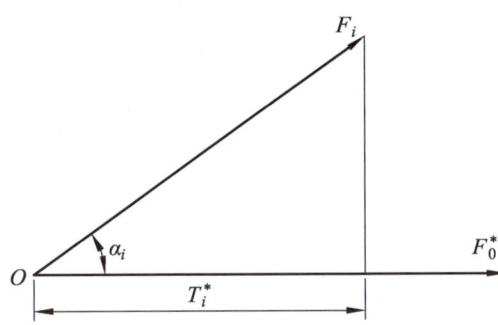

图 3.15　灰色关联投影角和灰色关联投影值

因此待评价铺架设备 F_i 在理想铺架设备 F_0^* 上的灰色关联投影值为

$$T_i^* = |\overrightarrow{F_i}|\cos\alpha_i = \frac{\overrightarrow{F_i} \cdot \overrightarrow{F_0^*}}{|\overrightarrow{F_i}|} = \frac{\sum_{j=1}^{n}[(\theta_j a_{ij}^*) \cdot \theta_j]}{\sqrt{\sum_{j=1}^{n}(\theta_j)^2}} = \sum_{j=1}^{n}\left[a_{ij}^* \frac{(\theta_j)^2}{\sqrt{\sum_{j=1}^{n}(\theta_j)^2}}\right] \quad (i=1,2,\cdots,m) \tag{3-30}$$

将权重进行归一化处理,可以得到灰色关联投影权重 λ_j。

$$\lambda_j = \frac{(\theta_j)^2}{\sqrt{\sum_{j=1}^{n}(\theta_j)^2}} \quad (i=1,2,\cdots,m) \tag{3-31}$$

因此 $T_i^* = \sum_{j=1}^{n}[a_{ij}^* \lambda_j]\,(i=1,2,\cdots,m)$。$T_i^*$ 反映了铺架设备 F_i 与理想铺架设备方案 F_0^* 的关联程度,T_i^* 越大,表示铺架设备 F_i 越接近铺架设备理想方案 F_0^*。

根据上述分析,可以得出铺架设备 F_i 在理想铺架设备优方案 F_0^+ 和理想铺架设备劣方案 F_0^- 上的灰色关联投影值 T_i^+、T_i^-。

$$T_i^+ = \sum_{j=1}^{n}[a_{ij}^+ \lambda_j] \quad (i=1,2,\cdots,m) \tag{3-32}$$

$$T_i^- = \sum_{j=1}^{n}[a_{ij}^- \lambda_j] \quad (i=1,2,\cdots,m) \tag{3-33}$$

将 T_i^+、T_i^- 分别称作正、负灰色关联投影值。T_i^+ 越大,表示铺架设备越接近理想优方案;T_i^- 越大,表示铺架设备越接近理想劣方案。

⑨ 灰色关联投影系数。

根据传统灰色关联投影法的分析可知,由于其只考虑了指标空间各个评价方案在理

想优方案上的投影值,而并未考虑在理想优劣案上的投影值,所以存在一定缺陷。因此本章所建立的基于 TOPSIS 的灰色关联投影评价模型需要综合考虑待评价方案与理想优方案、理想劣方案的广义距离,以得出科学合理的评价结果。

本章引入灰色关联投影系数 γ_i 来度量铺架设备 F_i 靠近理想优方案 F_0^+ 且远离理想劣方案 F_0^- 的程度,也就是说,铺架设备 F_i 灰色关联投影系数 γ_i 接近于理想优方案,且同时以灰色关联投影系数 $1-\gamma_i$ 接近于理想劣方案。

以灰色关联投影系数对铺架设备 F_i 进行评价时,方案 F_i 以 $\gamma_i \cdot T_i^+$ 的灰色关联投影值趋近于其理想优方案的灰色关联投影值 T_i^+,以 $(1-\gamma_i) \cdot T_i^-$ 的灰色关联投影值趋近于其理想劣方案的灰色关联投影值 T_i^-。根据最小平方和准则,可建立以下目标函数。

$$\min\{G(\gamma_i)\} = (\gamma_i \cdot T_i^+ - T_i^+)^2 + [(1-\gamma_i) \cdot T_i^- - T_i^-]^2 \tag{3-34}$$

根据 $\dfrac{\partial G(\gamma_i)}{\partial \gamma_i} = 0$ 可以推导出 $\gamma_i = \dfrac{(T_i^+)^2}{(T_i^+)^2 + (T_i^-)^2}$。

即铺架设备的灰色关联投影系数 γ_i 为

$$\gamma_i = \dfrac{(T_i^+)^2}{(T_i^+)^2 + (T_i^-)^2} \tag{3-35}$$

式中,$0 < \gamma_i < 1$。按照灰色关联投影系数 γ_i 的值从小到大排序,其结果就表示出了铺架设备的优劣顺序,γ_i 的取值越大,表明其对应的铺架设备越好。

综上所述,以 FAHP-CRITIC 客观赋权法确定权重,基于 TOPSIS 的灰色关联投影法评价模型的流程如图 3.16 所示。

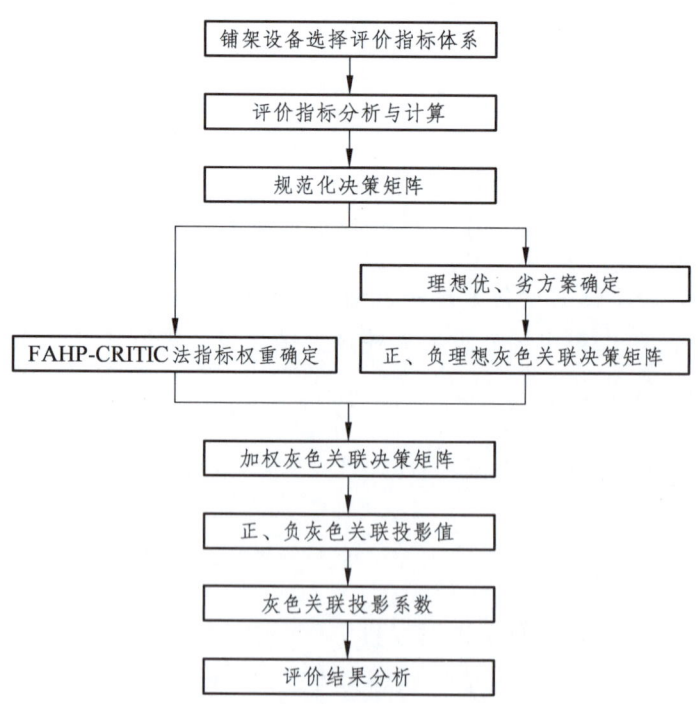

图 3.16 铺架设备选择评价流程

4. 铁路 T 型梁常用架桥机

目前,在速度 200 km/h 以下铁路中的桥梁以中小跨度桥梁为主,而我国跨度在 32 m 以内的常规铁路桥梁,几乎全部采用 T 型预应力钢筋混凝土梁。这种梁型所需架桥机的起重量一般在 160 t 以下。本章选取三种常用 T 型梁架桥机,根据具体施工需求,选取评价指标对每个架桥机进行评价,以比选出适宜实际施工的架设设备。

(1) TJ180 型步履式架桥机。

TJ180 型步履式架桥机为公铁两用架桥机,适用于架设铁路新建和旧线改造速度 200 km/h 及以下客货共线中 32 m 及以下混凝土 T 型梁(通桥 2101、通桥 2201、通桥 2109、道岔梁),专桥 9753、2051 梁,还可用于 25 m 轨排铺设,尤其是单双线并存、桥间转换频繁、多次调头等工况,最大额定起重量达 180 t。TJ180 型步履式架桥机主要由支撑装置(0#柱~3#柱)、吊梁装置(机臂、行车)、横移装置、操作装置等四大部分组成,整机尺寸为 58.2 m×4.1 m×8 m,自重 136 t,额定起重量 180 t,可架设 $R \geqslant$ 600 mm 的曲线桥,自行最大爬坡坡度 20‰,梁片最大横移量(左右各)$\geqslant$1 500 mm,架梁效率 12 片/8 h,铺轨排效率 1 km/8 h,允许通过最小曲线半径 $\geqslant$180 m。TJ180 型步履式架桥机构成如图 3.17 所示。

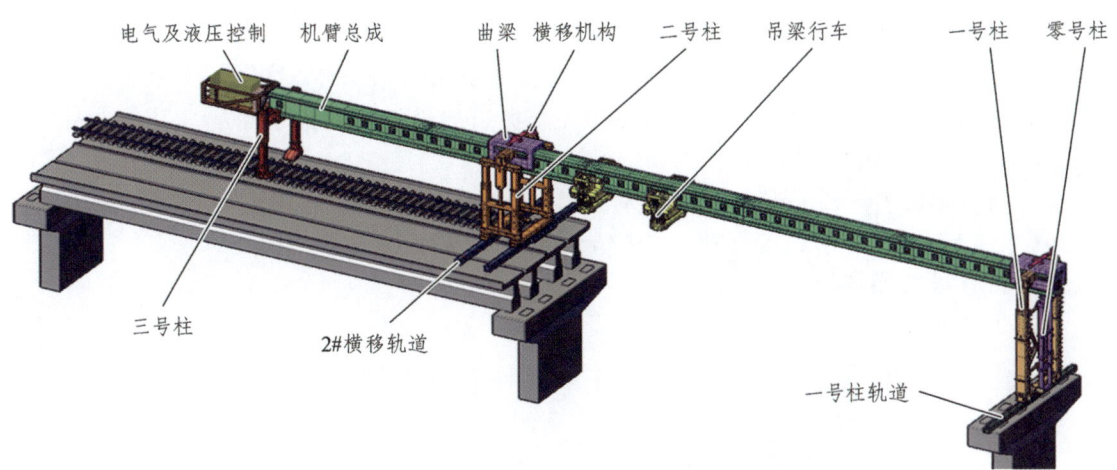

图 3.17　TJ180 型步履式架桥机构成

TJ180 型步履式架桥机工法特点如下:

① 可实现双线 T 梁一次架设,更加安全、高效。

可实现在吊梁状态下整机自动横移,落梁到达设计位置,一次完成双线桥梁单孔 4 片 T 梁架设,与墩顶顶推移梁法相比,更为安全、高效。

轨排铺设无须为保证边梁架设偏移铺设轨排,轨排可按照设计中线一次性铺设到位。

② 可采用多种运梁方式配合,多种铺架方式穿插使用,更加灵活多样。

运距较近,可采用多台轮轨式运梁车或汽车炮循环倒替的方式运梁、喂梁,运距较远则可采用 DL1 型平车组运梁,通过倒装龙门架倒装到运梁车后实现给架桥机喂梁。

双线架梁,可采用一次铺架双线 T 梁、轨排,也可视施工情况预留一侧线路为作业施工通道,一次架设双线 T 梁,仅铺设单侧轨排,无须对设备进行调整,直接实现。

③ 可进行灵活地调头、转场、过隧。

可实现架桥机无轨道自主调头,也可通过运梁车驮运调头,还可以使用汽车驮运完成调头，方式多种，使用范围广。

短距离转场可采用爬行、汽车炮驳运或运梁车驳运等方式，长距离转场可采用轮轨式运梁车驳运。

架桥机驾驶室可旋转，整机外形满足过隧需要，过隧时无须拆卸部件，可实现整机驮运过隧。

（2）TJ165型架桥机。

TJ165型架桥机用于铁路速度200 km/h以下客货共线T型梁（通桥2201梁）以及现行铁路所有混凝土梁的倒运和架设。铁路用梁为32 m及以下跨度且梁重小于165 t的预应力钢筋混凝土梁片。

TJ165型架桥机组由架桥机主机（见图3.18）、运梁车和倒装龙门架三部门组成。该机组可以完成铁路梁体片倒装、运输和架设的功能，是铁路架梁作业的成套设备。

架桥机实施吊梁过孔、落梁对位作业，运梁平车实施梁场与工作场地间的简支T梁运输作业，倒装龙门吊实施架梁现场运梁平车喂梁、捆梁进架桥机就位作业。

TJ165型架桥机采用自轮走行，单臂式，简支架梁，能实现全幅机械横移梁片，达到一次落梁到位，具有结构简单、质量小、安全可靠、一机多用、自动化程序高、运输方便的特点。

TJ165型架桥机作业条件如下：

① 架桥机作业面尺寸不小于64 m×4.8 m×7.36 m（长×宽×高）。

② 正常架设梁片的最小曲线半径600 m，拨道架设梁片的最小曲线半径300 m，通过最小曲线半径180 m。

③ 自行速度0～12 km/h，吊梁走行速度6 m/min，吊梁横移速度0.25 m/min，吊轨起升速度4.5 m/min，吊轨走行速度19.3 m/min，拖梁速度6 m/min。

④ 自行最大爬坡坡度16‰。

⑤ 工作海拔高度≤2 000 m。

图3.18　TJ165型架桥机主机

（3）DJ180型架桥机。

DJ180型公铁两用架桥机是180 t级T型梁架桥机，采用连续单主梁结构形式，结构简单，组装方便，整机可全幅横移，实现边梁一次落梁就位，适用于架设40 m及以下跨度公路预应力钢筋混凝土梁片和32 m及以下跨度铁路预应力钢筋混凝土梁片，铺设25 m铁路轨排。

DJ180型架桥机属单臂简支型单导梁架桥机，能实现全幅机械横移梁片，达到一次落梁到位，具有结构简单、质量小、运输组装方便、性能优良、自动化程度高的特点。跟传统轨行式铁路架桥机相比,该机型具有转场方便、架设双线 T 梁不需人工移梁等优点,但是也明显存在步履式架桥机过孔及铺轨效率较低,不适合单线长大线路施工的缺点。其特点如下:

① 运输快捷方便。采用公路运输和铁路货装运输均无超限。汽车运输半挂车 6~7 车,火车 3 个高梆或者 4 个平板车即可运走全部设备(包括主机、倒装门架、铁路运梁车)。

② 组装方便。可在轨排基地用一台 10 t 门吊完成整机组装,也可以用一台 20 t 汽车吊组装。

③ 铁路双线或者编组站多线架设无须人工移梁,均可一次就位。

④ 具有隧道口架梁的功能。并且在隧道口(出口 3 m、进口 1.5 m 处)架梁作业。

⑤ 转场、过隧便利。机臂下降 3 m,运梁车将整机驮运,无须解体,即可满足桥间转移,整机通过 $R \geqslant 350$ m 单线隧道。

⑥ 可自行调头。

5. 指标量化

(1)架桥机指标量化。

架桥机各指标参数如表 3.8 所示。

表 3.8 架桥机指标量化

类型		TJ180 型步履式公铁两用架桥机	TJ165 型走行式铁路专用架桥机	DJ180 型步履式公铁两用架桥机
适应性指标	轨排铺设	25 m 轨排,边架边铺	25 m 轨排,边架边铺	25 m 轨排,边架边铺
	适应梁型	≤32 m 跨度 T 梁	≤32 m 跨度 T 梁	≤32 m 跨度 T 梁
	作业坡度	≤2%	≤1.6%	≤2%
	曲线半径	$R \geqslant 600$ m 曲线桥,可通过最小曲线半径 180 m	$R \geqslant 600$ m 曲线桥,可通过最小曲线半径 180 m	$R \geqslant 350$ m 曲线桥,可通过最小曲线半径 350 m
	额定起重量	180 t	165 t	180 t
	作业场地限制	无超限	2 级超限	无超限
效用性指标	定量 架桥效率	6 片/d	8 片/d	5 片/d
	成本(机械、人工)	机械 450 万元 人工 3 000 元/d(20 人)	机械 890 万元 人工 5 400 元/d(36 人)	机械 620 万元 3 600 元/d(24 人)
	吊梁横移能力(速度、偏移量)	1.6 m/min, 1 500 mm	0.25 m/min, 1 150 mm	1.6 m/min, 750 mm
	吊梁纵移能力	5 m/min	6 m/min	5 m/min
	运梁速度	40 m/min	7 km/h	40 m/min
	定性 转场能力	0.7	0.5	0.7
	调头能力	0.8	0.6	0.8
	过孔能力	0.5	0.8	0.4
	过隧能力	0.8	0.4	0.7
	养护维修	0.4	0.8	0.6

注:定性指标已规范化。

根据式（3-2）、式（3-3）对架桥机定量效用性指标进行规范化，其结果如表3.9所示。

表3.9 架桥机定量效用性指标规范化

类型		TJ180型步履式公铁两用架桥机	TJ165型走行式铁路专用架桥机	DJ180型步履式公铁两用架桥式
架桥效率		0.75	1	0.625 0
成本	机械	1	0.505 6	0.725 8
	人工	1	0.555 6	0.833 3
吊梁横移能力	速度	1	0.156 3	1
	偏移量	1	0.766 7	0.5
吊梁纵移能力		0.833 3	1	0.833 3
运梁速度		0.342 8	1	0.342 8

6. 适应性评价

中铁十八局集团担负施工的渝黔铁路土建2标是渝黔铁路引入重庆枢纽的主要组成部分，新建、改建铁路12条57.087 km，国铁Ⅰ级双线铁路，正线设计速度200 km/h，联络线设计速度160 km/h以下，单线设计。铺架工程北至成渝代建童西联络线童西线路所，南至新白沙沱长江特大桥，线路长约38 km，涉及桥梁52座、路基60段、隧道10座，共制架梁2 017片、铺轨210.7 km。正线及联络线、动走线所架设梁体均为后张法预制混凝土简支T梁，采用重型轨道标准，有砟轨道，一次铺设跨区间无缝线路。其中，正线设计最高行车速度200 km/h，无声屏障梁采用通桥（2012）2201-Ⅰ、Ⅱ，有声屏障梁采用通桥（2012）2209-Ⅰ、Ⅱ；其他线路，无声屏障梁采用通桥（2012）2101-Ⅰ、Ⅱ，有声屏障梁采用通桥（2012）2109-Ⅰ；道岔梁采用速度160 km/h客货共线铁路预应力混凝土简支T形道岔梁（贰桥[07]2007），最大梁片自重160 t，全部为圆柱面钢支座。

铺架工程适应性指标如表3.10所示。

三种架桥机对于渝黔铁路土建2标铺架工程适应性指标取值如表3.11所示。

表3.10 铺架工程适应性指标

轨排铺设	适应梁型	作业坡度	曲线半径	起重量	作业场地限制
25 m轨排边架边铺	大量24 m、32 m跨T型简支梁极少>32 m连续梁	1.4%	通过最小曲线半径400 m	160 t	无

注：连续梁采用挂篮悬浇法施工，简支梁部采用预制场集中预制，架桥机整孔架设。

第3章 基于多目标粒子群优化算法的山区高速铁路大型枢纽铺架设备配套与施工关键技术研究

表 3.11 架桥机适应性评价

适应性指标	TJ180 型步履式公铁两用架桥机	TJ165 型走行式铁路专用架桥机	DJ180 型步履式公铁两用架桥机
轨排铺设	1	1	1
适应梁型	1	1	1
作业坡度	1	1	1
曲线半径	1	1	1
额定起重量	1	1	1
作业场地限制	1	1	1

可见,三种架桥机各适应性指标均为 1,因此通过适应性指标评价,可进行下一步效用性指标评价。

7. 效用性评价

(1) 指标权重。

① 主观权重。

渝黔铁路土建 2 标铺架工程,线路上下交叉,沿线桥梁密布,首尾铺至相邻标段,交叉作业多、交接手续复杂、接口界面多、协调工作量大、受制因素多,且线路多、转线调头频繁,导致线下工程进展缓慢,铺架工期保证困难。为了实现铺架工期总目标,结合现场实际,铺架设备的选择应着重考虑架桥效率、调头转场、过孔能力等对工期影响大的指标,并尽可能控制成本。经咨询多名专家意见,比较各个指标的相对重要度,确定模糊判断矩阵如表 3.12 所示。

表 3.12 效用性指标模糊判断矩阵

| | 架桥效率 | 成本 | | 横移能力 | | 吊梁纵移 | 运梁速度 | 转场 | 调头 | 过孔 | 过隧 | 养护维修 |
		机械	人工	速度	偏移量							
架桥效率	0.5	0.6	0.5	0.7	0.8	0.5	0.5	0.6	0.5	0.5	0.8	0.6
机械成本	0.4	0.5	0.4	0.6	0.7	0.4	0.4	0.5	0.4	0.4	0.7	0.5
人工成本	0.5	0.6	0.5	0.7	0.8	0.6	0.6	0.7	0.6	0.6	0.8	0.7
横移速度	0.3	0.4	0.3	0.5	0.7	0.5	0.4	0.5	0.4	0.4	0.7	0.5
横移偏移量	0.2	0.3	0.2	0.3	0.5	0.3	0.3	0.4	0.3	0.2	0.5	0.3
吊梁纵移	0.5	0.6	0.4	0.5	0.7	0.5	0.5	0.7	0.6	0.5	0.7	0.6
运梁速度	0.5	0.6	0.4	0.6	0.7	0.5	0.5	0.7	0.6	0.6	0.7	0.6
转场能力	0.4	0.5	0.3	0.5	0.6	0.3	0.3	0.5	0.5	0.4	0.6	0.5
调头能力	0.5	0.6	0.4	0.6	0.7	0.4	0.4	0.6	0.5	0.5	0.7	0.6
过孔能力	0.5	0.6	0.4	0.6	0.8	0.5	0.4	0.6	0.5	0.5	0.7	0.6
过隧能力	0.2	0.3	0.2	0.3	0.5	0.3	0.3	0.4	0.3	0.3	0.5	0.4
养护维修	0.4	0.5	0.3	0.5	0.7	0.4	0.4	0.5	0.4	0.4	0.6	0.5

采用模糊层次分析法（FAHP），根据式（3-4）计算得主观权重如表 3.13 所示，其结果满足一致性检验。

表 3.13　效用性指标主观权重

	效用性指标		主观权重
定量	架桥效率		0.091 7
	成本	机械	0.082 6
		人工	0.096 2
	吊梁横移能力	速度	0.080 3
		偏移量	0.066 7
	吊梁纵移能力		0.089 4
	运梁速度		0.090 2
定性	转场能力		0.078 0
	调头能力		0.087 1
	过孔能力		0.089 4
	过隧能力		0.068 2
	养护维修		0.080 3

② 客观权重。

采用 CRITIC 法，根据式（3-5）～（3-10）确定得到效用性评价指标的客观权重，其结果如表 3.14 所示。

表 3.14　效用性指标客观权重

	效用性指标		客观权重
定量	架桥效率		0.076 3
	成本	机械	0.079 9
		人工	0.074 7
	吊梁横移能力	速度	0.173 9
		偏移量	0.063 4
	吊梁纵移能力		0.040 9
	运梁速度		0.161 4
定性	转场能力		0.041 2
	调头能力		0.041 2
	过孔能力		0.084 7
	过隧能力		0.070 9
	养护维修		0.091 4

③ 综合权重。

采用 FAHP-CRITIC 法，将客观权重和主观权重有机结合，根据式（3-11）确定得到指标综合权重，如表 3.15 所示。

表 3.15 效用性指标综合权重

	效用性指标		综合权重
定量	架桥效率		0.083 5
	成本	机械	0.078 8
		人工	0.085 8
	吊梁横移能力	速度	0.166 8
		偏移量	0.050 5
	吊梁纵移能力		0.043 7
	运梁速度		0.173 7
定性	转场能力		0.038 4
	调头能力		0.042 9
	过孔能力		0.090 4
	过隧能力		0.057 7
	养护维修		0.087 7

（2）基于 TOPSIS 的灰色关联投影评价。

采用基于 TOPSIS 的灰色关联投影评价方法，针对渝黔铁路土建 2 标铺架工程，在 TJ180 型步履式公铁两用架桥机、TJ165 型走行式铁路专用架桥机和 DJ180 型步履式公铁两用架桥机中进行铺架设备比选，根据式（3-18）～（3-34）计算得各铺架设备灰色关联投影系数如表 3.16 所示。

表 3.16 铺架设备灰色关联投影系数

	TJ180 型步履式公铁两用架桥机	TJ165 型走行式铁路应用架桥机	DJ180 型步履式公铁两用架桥机
灰色关联投影系数	0.581 7	0.530 1	0.522 0

灰色关联投影系数越高表明该架桥机在铺架工程中的效用性越高，既能保证工期又能节省成本。由表 3.16 可见，TJ165 型走行式铁路专用架桥机和 DJ180 型步履式公铁两用架桥机的灰色关联投影系数较小，则 TJ180 型步履式公铁两用架桥机对于渝黔铁路土建 2 标铺架工程具有更高的效用性，应选择 TJ180 型步履式架桥机作为铺架设备。

由工程实际可知，三种架桥机均满足适应性指标，所以均能适用于该铺架工程，但该工程桥梁密布、调头转线频繁，严重影响工期，因此对架桥机过孔能力、架桥效率、调头转场提出了更高要求。TJ180 型架桥机性能略优于 DJ180 型架桥机，且成本更低；TJ165 型架桥机过孔能力、架桥效率均优于 TJ180 型架桥机，但调头转场能力弱于 TJ180 型架桥机，且成本远高于 TJ180 型架桥机。为保证工期兼顾成本，TJ180、TJ165、DJ180 三种架桥机效用性依次减小，应选择 TJ180 架桥机作为铺架设备，符合模型评价结果。因此，基于组合赋权-改进灰色关联法的架桥机评价模型符合工程实际，具有实际指导意义。

3.2.5 铺架计划

1．研究目的

轨道铺设计划是施工组织设计的中心，它是对工程概况和施工特性剖析，铺设程序和顺序施工的起点流向，以及铺轨、铺砟、铺设道岔等局部项工程的施工办法和施工机械的肯定。

一条铁路的轨道铺设，依其工作面的不同可分为单面铺设和多面铺设。单面铺设由线路的一端开端，以起点循序铺设至线路的终端；多面铺设是从线路的两端或线路中部展开的铺设。采用何种计划取决于线路位置，轨道资料供给条件和施工机械的装备状况。轨道铺设可选择在新建铁路与既有铁路的接轨点，大宗轨料和设备来源的通航港口或内河码头。在施工工期紧迫以及资料设备供给条件允许的情况下，可将全线分段同时展开铺设。

在线路交叉频繁的情况下，如采取一个铺架口，逐步推进的铺架模式，势必产生铺架设备频繁转场的局面。不排除其他因素的干扰，铺架单位投入的铺架设备的解体、转场、组装过程需耗费大量时间，因此造成工期延长，同时极易产生由于铺架通道不畅而导致全线铺架主线停顿的现象，缺乏对突发事件的缓冲能力。此外，由于铺架口单一，造成单位工作时间内的生产负荷大幅度提高。因此，需对指导性施工组织设计进行优化，开辟多个铺架口，降低单机的劳动强度，避免疲劳生产，消除安全隐患，提升对突发事件的缓冲能力，保障施工顺利开展。

采取跨铺、反向铺架等特种铺架方式，见缝插针，提高铺架设备的利用率。充分借助既有线运输能力，增大远程投送能力，发挥远程运输优势，增大大型铺架设备在各铺架口集中作业能力，多点开花，以铺架为主线，随后换铺长钢轨，上砟整道、分区间放散锁定单元轨节，最后形成总体施工方案。

制定合理的铺架计划，可以合理避开线下挡道，增加架梁工作面、转换架梁顺序、缓解线下及梁场施工压力，利用既有线实现架梁、铺轨目标方案，保证关键线路工期方案。

2．重庆枢纽改造铺架工程

（1）施工顺序。

渝黔铁路引入重庆枢纽铺架工程分铺轨与架梁两项内容，共涉及三大部分。

第一部分：童西线童家溪至重庆西客车联络线左线 LtD1K0＋000～LtD1K21＋262.632，右线 LtYDK0＋000～LtYD1K21＋262.632，歌乐山至双碑线路所左、右联络线 LnZDK0＋000～LnZDK0＋700、LnYDK0＋000～LnYDK0＋102.377。

第二部分：新白沙沱长江特大桥等。

第三部分：线下工程施工的 12 条铁路线共 210.7 km（含重庆西客站、动车所及客车整备场、中梁山站、梨树湾站），包括重庆西进站前梨树湾联络线改建，重庆西进站前既有歌乐山联络线改建，重庆西进站前既有襄渝线改建，童家溪至重庆西客车联络线，渝黔客车正线，预留渝昆线，渝昆动车左线，渝黔动车左线，渝黔动车右线，中梁山支线改建，米轨专用线还建，小梨线电气化改造，等。

具体架梁施工顺序如表 3.17 所示，架梁施工顺序见附图 5，施工顺序制约因素如表 3.18 所示。

表 3.17 铺架顺序及工期

序号	施工顺序		架梁片数	铺轨与架梁（双线作业）			
				天数/d	工效	开始时间	结束时间
1	渝黔客车正线及动走线部分	渝黔客车正线 DK13+460（张家湾 0#台）~白沙沱桥重庆端桥头 0#台	580	444	168	2.7	2015-11-11	2016-4-26
		渝黔客车正线张家湾双线大桥 0#台~纱帽石双线大桥 0#台		136	32	4.1	2016-4-27	2016-5-28
2	渝黔动车左线	后河左线特大桥 48#台~后河左线特大桥 23 号墩	50	50	12	4.2	2016-6-9	2016-6-20
3	渝黔客车正线、渝黔动车右线	重庆西站单、双线特大桥 48#~20#墩	168	168	28	6.0	2016-8-18	2016-9-15
4	渝昆动车左线	罗家湾大桥	10	10	2	6.0	2016-9-18	2016-9-20
5	渝黔客车正线、渝黔动车右线	重庆西单、双线特大桥 20~0 号台	120	120	21	6.0	2016-9-30	2016-10-20
6	渝黔客车正线	重庆西双线特大桥 48~63 号台	60	60	11	6.0	2016-10-23	2016-11-2
	渝黔客动车右线	重庆西单线特大桥 48~63 号台	30	30	5	6.0	2016-11-3	2016-11-8
7	渝黔动车左线	后河左线特大桥 23#墩~后河左线特大桥 0#台	46	46	7	8.0	2016-11-9	2016-11-15
8	中梁山支线	中梁山大桥至中梁山中桥	16	16	3	8.0	2016-11-18	2016-11-20
9	受动车所影响的渝黔正线，渝昆动车左线，渝黔动车左线，渝黔动车右线	渝黔客车正线纱帽石双线大桥至桂花屋基 1#双线特大桥	382	336	57	6.0	2016-12-1	2017-1-26
		渝昆动左天灯堡三线桥 3# 台至中梁山中桥		26	5	5.2	2017-3-22	2017-3-26
		渝黔动左天灯堡三线桥 0# 台至中梁山中桥		8	2	4.0	2017-3-27	2017-3-28
		渝黔动右天灯堡三线桥 0#台—中梁山右线大桥—中梁山右线中桥		12	3	4.0	2017-3-29	2017-3-31
10	童西线新双碑隧道进口至童西线路所	并行段田家园双线大桥至袁家堡双线中桥	555	418	67	6.2	2016-10-1	2016-12-6
		油谷沟左线大桥至童家溪 1 号渝黔左线大桥		84	13	6.5	2016-12-7	2016-12-19
		油谷沟右线大桥至童家溪车站渝黔右线大桥		20	4	5.0	2016-12-20	2016-12-23
		朝天嘴左线大桥		21	4	5.3	2016-12-24	2016-12-27
		朝天嘴双线中桥		12	2	6.0	2016-12-30	2016-12-31

表 3.18　施工顺序制约因素

序号	施工顺序		主要制约因素	备注
1	渝黔客车线及动走线部分	渝黔客车线 DK13+460（张家湾 0#台）~白沙沱桥重庆端桥头 0#台	无	已完工
		渝黔客车线张家湾双线大桥 0#台~纱帽石双线大桥 0#台	无	已完工
2	渝黔动车左线	后河左线特大桥 48#台~后河左线特大桥 23 号墩	无	已完工
3	渝黔客车正线、渝黔动车右线	重庆西站单、双线特大桥 48#墩~20#墩	无	龙门吊提梁上桥
4	渝昆动车左线	罗家湾大桥	无	龙门吊提架桥机下桥
5	渝黔客车线、渝黔动车右线	重庆西单、双线特大桥 20~0 号台	19 号墩受改移路影响，8 月 30 日承台完，9 月 25 日期墩完，预计 0~2 号墩受贯通东西线影响，本周迁改完	
6	渝黔客车线	重庆西双线特大桥 48~63 号台	53~55 受 6 kV 北机线影响，本周迁改完	龙门吊提梁上桥，需调头一次
	渝黔客动车右线	重庆西单线特大桥 48~63 号台	52~57 受 6 kV 北机线影响，本周迁改完	龙门吊提梁上桥
7	渝黔动车左线	后河左线特大桥 23#墩~后河左线特大桥 0#台	20 号墩计划 8 月底二次张拉，21 号门式墩 9 月 15 日施工完帽梁，10 月 20 日二次张拉完，10 月 25 日可过梁	自渝昆动车左线接渝黔动车左线 YQDZ2+900 上道铺架，襄渝西线跨玉仙路铁路桥已拆
8	中梁山支线	中梁山大桥至中梁山中桥	中桥 1 号墩需待 21 号门式墩 9 月底拆完架子方可施工	自罗家湾小里程路基调头
9	受动车所影响的渝黔正线，渝昆动车左线，渝黔动车左线，渝黔动车右线	渝黔客车线纱帽石双线大桥至桂花屋基 1#双线特大桥	动车所变更影响范围，8 月底出完桥及区间路基图	既有襄渝东西线上中梁山中桥和天灯堡三线大桥按保留一条通道，桥梁分次施工考虑，以减小对童溪线运梁通道影响，建设新桥工期 2 个月
		渝昆动左天灯堡三线桥 3#台至中梁山中桥	受童西线运梁通道影响，童西线桥梁架设完成后拆除既有襄渝东线上桥梁，建设中梁山中桥、天灯堡三线桥	
		渝黔动左天灯堡三线桥 0#台至中梁山中桥		
		渝黔动右天灯堡三线桥 0#台—中梁山右线大桥—中梁山右线中桥		
10	童西线新双碑隧道进口至童西线路所	并行段田家园双线大桥至袁家堡双线中桥		T 梁采用铁路运输至歌乐山站后，再经歌乐山站站内 3 线进入童西线田家园双线大桥完成上线，架桥调头考虑 3 天
		油谷沟左线大桥至童家溪 1 号渝黔左线大桥		
		油谷沟右线大桥至童家溪车站渝黔右线大桥		
		朝天嘴左线大桥		
		朝天嘴双线中桥		
	除新双碑隧道外长轨铺设完成			桥面系同步施作
	新双碑隧道长轨铺设完成			新双碑隧道无砟轨道 6 月底完成

（2）施工计划。

渝黔铁路引入重庆枢纽铺架工程按专业划分为架梁和轨道两部分。其中，架梁部分分为架梁、湿接缝及横向张拉、桥面系等 3 个施工单元；轨道部分分为底砟铺设、预铺面砟、轨排铺设、道岔（护轮轨）铺设、上砟整道、大机养护、长轨换铺、现场焊接、轨道粗调、放散锁定、钢轨打磨及轨道检测等 12 个施工单元。另外，正线还需布设 CPIII 网。

本标段桥隧间路基相对较短，大部分在 2 km 以内，双线桥梁并置，正线及动走线、改建线采用 1 台 TJ180 型铺架一体机（可一次架设双线 4 片梁），T 梁架设与 25 m 轨排铺设同步进行，随后换铺 500 m 长钢轨。路基道砟采用汽车预铺底层道砟的方式，桥梁预铺砟采取在铺架基地提前上砟的方式，上砟整道采用 5 次上砟、3 次大机捣的方法。桥梁湿接缝、上砟整道、换铺长轨、应力放散和锁定、轨道精调及路容整理在铺轨后随即进行，在铺轨完成后 3 个月完成上砟整道、换铺长轨、应力放散和锁定施工、轨道精调。站线及重庆西站进站联络线、道岔采用人工铺轨方法。

3．以路径规划建立铺架计划优化模型

路径规划是运动规划的主要研究内容之一。运动规划由路径规划和轨迹规划组成，连接起点位置和终点位置的序列点或曲线称之为路径，构成路径的策略称之为路径规划。路径规划问题（也叫做最优路径问题）源于运筹学，也是图论研究中的一个经典问题，旨在寻找由节点集和边集组成的图中两节点之间长度最短的路径。最优路径问题在大量学者的研究中得到不断发展，从最初建立在抽象网络模型（图论）上的算法研究，逐步转变到基于现实生活中的实际模型的算法研究。

路径规划在很多领域都具有广泛的应用。在高新科技领域的应用有机器人的自主无碰行动，无人机的避障突防飞行，巡航导弹躲避雷达搜索、防反弹袭击、完成突防爆破任务等。在日常生活领域的应用有 GPS 导航，基于 GIS 系统的道路规划，城市道路网规划导航等。在决策管理领域的应用有物流管理中的车辆问题（VRP）及类似的资源管理资源配置问题，通信技术领域的路由问题等。凡是可拓扑为点线网络的规划问题基本上都可以采用路径规划的方法解决。

铺架计划的制定需根据铺架线路具体位置、物料运输路径、物料供应量、铺架设备等多个方面，确定铺架口数量、铺架顺序及方向；一方面满足物料供应要求，另一方面需充分利用既有线避免线下挡道，从而实现工期目标。由于常用于工期优化的网络计划技术难以利用空间位置信息进行优化，因此难以适用于需利用大量空间位置信息进行铺架计划制定的优化模型。然而，铺架线路、既有线、物料运输路径构成的复杂路网可拓扑为带有各自属性的点线网络，从而可充分表征其位置及工程信息。并且，铺架线路顺序和物料配送顺序的制定相辅相成，其研究问题与车辆路径规划问题（VRP）类似，因此可采用路径规划的方法来解决铺架计划制定的问题。

以节点模拟各线路交叉点和铺架工程线路起终点，各节点具有方向属性。以链模拟各线路，根据工程量、施工效率、限制条件等进行属性量化，从而建立起铺架线路和物料运输的路网模型，利用其位置及属性信息进行以工期优化为目标的铺架口、铺架顺序、物料运输路径的规划求解。

(1) 图与路网结构。

最优路径问题源于图论，路径规划中的路网数据需要转换成图的形式进行存储。在图论中所研究的图，是由若干顶点以及连接这些顶点的边组成的，这种图在表示某些事物之间的关系时，顶点用来表示事物，边用来表示事物之间的关系。随着计算机技术的不断发展，图论已经渗透到诸如物理学、逻辑学、语言学、系统科学等领域，尤其是在数据结构、网络拓扑结构设计等方面的作用越来越显著。

① 图论基本概念。

图（Graph）通俗来说是一个用线（边）把顶点（节点）连接起来所构成的集合，是由有穷非空的顶点集合和顶点之间相连接边的集合所组成，记作

$$G = (V, A) \tag{3-36}$$

式中　G——表示一个图；

　　　V、$V(G)$——图 G 中顶点（也称为节点或点）的集合；

　　　A、$A(G)$——图 G 中的边（也称为弧或线）。

② 路网图。

用图论的方法来解决城市路网中路径规划问题，是图论应用中的基本问题和难点问题。在实际的研究应用中，可以根据不同的问题来将线路网络转换成不同结构的图形。在寻求最优路径的问题上，通常将实际的路网构造成一个赋权图。

用有向赋权图来描述路网结构，并将其标记为 $G=(V,A)$，其中标记 V 为线路交叉点和铺架工程线路起终点的集合，A 标记为路网中路段的集合。如图 3-19 所示，$V=\{v_1,v_2,v_3,v_4,v_5,v_6\}$，$A=\{a_1,a_2,a_3,a_4,a_5,a_6,a_7,a_8,a_9,a_{10}\}$。如果某路段（弧）$a_k$ 从点 v_i 指向点 v_j，则表示为 $a_k=(v_i,v_j)$，称 v_i 为 a_k 的起点，v_j 为 a_k 的终点。

将有向图 G 中箭头去掉便得到无向图，也就是基础图。在路网中，图中的节点表示线路的交叉点，连接节点之间的弧表示路段。在图的实际应用中，还需要标注线路属性指标，如工程量、工期、线路长度等属性，这种与弧有关的信息可根据不同的问题来赋予不同的含义，称之为权。图 $G=(V,A)$ 中，对于中的每一条弧 (v_i,v_j)，对应 $W_a=w_{ij}$，则图 G 连同各边上的权称为赋权图。路网是非常典型的赋权图。

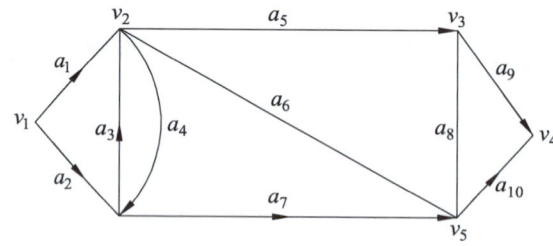

图 3.19　路网简化赋权图

③ 最短路径问题。

最优路径问题是在图论中求两点之间的最短路径问题上发展而来的。要解决最短路径问题，可以将道路网络抽象成有向带权图，给定一个有向图 $G=(V,A)$ 和权重函数 $w:\rightarrow R$。图中一条路径 $p=(v_0,v_1,\cdots,v_k)$ 的权重是构成该路径的所有边的权重之和 $w(p)$。

$$w(p) = \sum_{i=1}^{k} w(v_{i-1}, v_i) \qquad (3\text{-}37)$$

定义从节点 u 到节点 v 的最短路径权重如下：

$$\delta(u,v) = \begin{cases} \min\{w(p): u \xrightarrow{p} v\}, & \text{若存在一条节点 } u \text{ 到 } v \text{ 的路径} \\ \infty & \text{其他} \end{cases} \qquad (3\text{-}38)$$

从节点 u 到节点 v 的最短路径则定义为任何一条权重为 $w(p) = \delta(u,v)$ 从 u 到 v 的路径 p。

（2）路径规划步骤。

进行路径规划的基本思路是将距离最短、时间最少、费用最节省等问题，转化为最短路径问题。实质上，这个问题便是在不同权重的前提下，进行最短路径问题的求解。其求解过程可分为以下几个步骤。

① 道路网的抽象表示。

在进行路网抽象表示时，将铺架线路及运输路径抽象表示成线段，将路网中的线路交叉点和端点抽象表示为节点，将各线路工程属性和限制条件抽象成权重。如此，铺架工程结构便可以用图论中的有向图来抽象表示。

② 标定路段权重。

最优路径规划是以规划路线的权重最优为目的，选择的权重不同便可以得到不同的结果。时间、距离和综合权重是目前比较常用的三种线路权重。在实际的运用中，因为线路状态是实时变化的，所以单纯的选择时间最短或距离最少并不能反映出这种变化，也不能对各种突发状况做出应急措施，导致无效的引导。综合权重是考虑分析了各种状态，实现了智能的有效引导。

③ 选择算法求解最优路径。

算法的计算速度和求解质量是选择算法的主要考虑标准，但同时也不能忽略工程状态的实时变化对算法的影响，因此算法的实时性和稳定性也是一个很重要的选择标准。

④ 最优路径在实际中的还原。

根据路网抽象时的对应关系，将在有向图中计算出来的最优路径，在实际路网中查找并用一定方式表示出来。

（3）铺架路径模拟。

根据重庆枢纽改造铺架工程分段和分布情况（见附图 5），并考虑既有线、公路等对架桥机转场调头、物料运输等情况的影响，将整个铺架工程分为 11 段，并以节点模拟各线路交叉点和各段铺架工程线路起终点，其节点属性如表 3.19 所示。由于既有线和公路的布置情况直接影响到架桥机的走行转场和物料的运输，因此对铺架工程分布范围内的所有既有线和公路进行统计模拟，与铺架工程线路工程构成铺架网络，并以链模拟各铺架工程线路、既有线和公路，并对链进行编号，其对应工程信息如表 3.20 所示，从而建立起铺架线路和物料运输的铺架路网模型。其抽象铺架路网如图 3.20 所示。

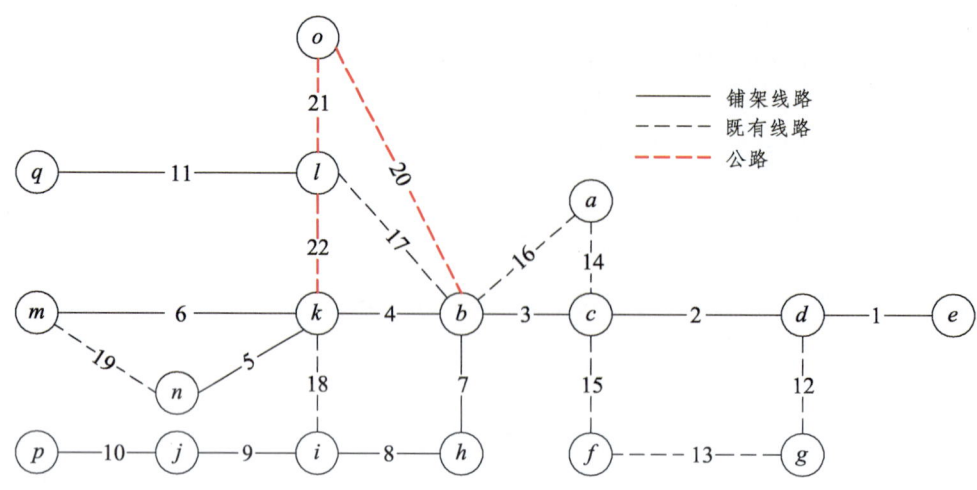

图 3.20 铺架连接图

表 3.19 节点属性

节　点	属　　性
a	铺架基地
b	铺架工程起终点/公路插入点/既有线插入点
c	铺架工程起终点/既有线插入点
d	铺架工程起终点/既有线插入点
e	铺架工程起终点
f	既有线连接点
g	既有线连接点
h	铺架工程起终点
i	铺架工程起终点/既有线插入点
j	铺架工程起终点
k	铺架工程起终点/公路插入点/既有线插入点
l	铺架工程起点/公路插入点/既有线插入点
m	铺架工程起终点/既有线插入点
n	铺架工程起终点/既有线插入点
o	公路连接点
p	铺架工程起终点
q	铺架工程起终点

表 3.20 链对应工程信息

	链	节点	节点	工程信息	
				线　路	桥　位
铺架工程	1	d	e	渝黔客车正线	张家湾 0#台～白沙沱桥重庆端桥头 0#台
	2	d	c	渝黔客车正线	张家湾双线大桥 0#台～纱帽石双线大桥 0#台
	3	c	b	渝黔客车正线	纱帽石双线大桥—桂花屋基 1 号双线特大桥
	4	b	k	渝黔动车左线	后河左线特大桥 48#台～23#台
	5	n	k	渝黔动车左线	后河左线特大桥 23#台～0#台
	6	k	m	中梁山支线	中梁山大桥—中梁山中桥
	7	b	h	渝黔客车正线、渝黔动车右线	天灯堡三线桥 0#台—中梁山右线大桥—中梁山右线中桥
	8	i	h	渝黔客车正线、渝黔动车右线	重庆西站单、双线特大桥 48#台～63#台
	9	i	j	渝黔客车正线、渝黔动车右线	重庆西站单、双线特大桥 48#台～20#台
	10	j	p	渝黔客车正线、渝黔动车右线	重庆西单、双线特大桥 20#台～0#台
	11	l	q	渝昆动车左线	罗家湾大桥
既有线	12	g	d		南疏Ⅰ线、Ⅱ线
	13	f	g		南疏Ⅰ线、Ⅱ线
	14	a	c		既有重庆西机务段线
	15	c	f		既有重庆西机务段线
	16	a	b		既有襄渝东线
	17	b	l		渝昆动车左线
	18	k	i		渝黔动车右线
	19	m	n		既有线
公　路	20	b	o		华玉路
	21	o	l		玉仙路
	22	l	k		玉仙路

（4）属性量化。

重庆枢纽改造工程具有枢纽内线路交错纵横、调头转线频繁、限制条件繁杂的特点，其工程的复杂性严重影响铺架工期目标的实现。因此，需对各段铺架工程的施工顺序和架桥机走行转场路径进行优化，一方面保证铺架通道的畅通，避免线下挡道和由于铺架通道不畅而导致全线铺架主线停顿的现象；另一方面能充分利用既有线进行物料运输，保证物料通道畅通，再者充分利用既有线进行架桥机的转场调头，尽可能减少解体、转场、组装的时间，以保证工期。因此，选择工期作为优化目标，选择与工期直接相关的各铺架工程工期、铺架工程工期限制因素、架桥机线路走行时间等影响因素作为链属性，选择调头、吊架桥机上下桥、吊梁上桥等工期影响因素作为点属性。其铺架网络属性量化如表 3.21 所示。

表 3.21 铺架网络属性量化

	链	节点	节点	里程/m	架梁片数	工期/d	走行时间/h	开工限制/d	备 注
铺架工程A	1	d	e	3 260.31	444	168	3.26		
	2	d	c	2 379.56	136	32	2.38		受动车所影响铺架方向限制
	3	c	b	3 378.35	216	57	3.78	316	受动车所变更影响
	4	b	k	2 000.00	50	12	2.00		铺架里程 0.8 km,既有线路 1.2 km
	5	n	k	765.85	46	7	0.77	300	受拆除工程影响,可在路基处调头
	6	k	m	1 600.00	16	3	1.60		铺架里程 0.6 km,既有线路 1 km
	7	b	h	1 046.87	166	10	1.05	376	受动车所变更影响
	8	i	h	496.09	90	16	0.50	287	受 6 V 北机影响提梁上桥,调头提架桥机上桥
	9	i	j	916.65	168	28	0.92		提梁上桥
	10	j	p	667	120	21	0.67	257	受改移线影响
	11	l	q	136	2	2	0.14		提交架桥机下桥
既有线B	12	g	d	3 631.7	—	—	0.73		
	13	f	g	4 234.5	—	—	0.85		
	14	a	c	330.1	—	—	0.07		
	15	c	f	3 048.3	—	—	0.61		
	16	a	b	2 691.35	—	—	0.54		
	17	b	l	2 913.52	—	—	0.58		
	18	k	i	525.43	—	—	0.11		
	19	m	n	1 572.34	—	—	0.31		
公路C	20	b	o	3 015.84	—	—	1.51		
	21	o	l	500	—	—	0.28		
	22	l	k	50	—	—	0.07		

(5)优化模型。

① 目标函数及约束。

整个铺架工程工期优化以 11 段铺架工程所需铺架时间、架桥机转场调头时间、资源调配时间三者和最小为目标,并满足某些铺架段因设计变更、拆迁、改移线等影响导致的开工时间限制要求和铺架方向限制。以此为目标,一方面对 11 段铺架工程顺序进行优化,另一方面对架桥机如何利用既有线进行转场调头的走行路径进行优化,即

$$U = \min \sum_{i=1}^{11} T(A_i) + \sum_{i=1}^{11}\left\{\left[\sum t_i(A) + \sum t_i(B) + \sum t_i(C)\right]/8\right\} + \sum_{1}^{10} M_i + 3n \quad (3\text{-}39)$$

$$s.t. \quad U(A_{i-1}) \geqslant LIMIT(A_i) \tag{3-40}$$

式中 A、B、C——分别为铺架线路、既有线路、公路；

$T(A_i)$——第 i 个铺架工程段的铺架时间；

M_i——第 i 个铺架工程段到第 $i+1$ 个铺架工程段转场的资源调配时间，根据铺架段距离远近排序进行计算，如第 $i+1$ 个铺架工程为第 i 个铺架工程段距离第 k 近的铺架段，则 $M_i = 0.3k$；

$\left\{\left[\sum t_i(A) + \sum t_i(B) + \sum t_i(C)\right]/8\right\}$——第 $i-1$ 个铺架工程段完成后到第 i 个铺架工程段的架桥机转场走向时间，以 8 小时为一天工作时间向上取整进行计算；

n——整个铺架工程架桥机调头次数，每次调头耗时以 3 天进行计算；

$U(A_{i-1})$——第 $i-1$ 个铺架工程段铺架完工并完成转场的时间；

$LIMIT(A_i)$——第 i 个铺架工程段的限制开工时间。

② 罚函数约束处理。

罚函数是指在求解最优化问题（无线性约束优化及非线性约束优化）时，在原有目标函数中加上一个障碍函数，从而得到一个增广目标函数，罚函数的功能是对非可行点或企图穿越边界而逃离可行域的点赋予一个极大的值，即将有约束最优化问题转化为求解无约束最优化问题。

利用罚函数的思想对工期约束条件进行处理，则铺架工程工期目标优化函数为

$$AU = U + 9999 \times \sum_{i=1}^{11} \max[LIMIT(A_i) - U(A_{i-1}), 0] \tag{3-41}$$

式中 AU——铺架工期；

9999——罚函数系数。

（6）路径规划常用求解算法。

路径规划问题具有较长的研究史，并且经过这几十年的不断更新、发展和改进，以及众多领域的学者专家们的研究，目前已经有相当多的算法都在不同程度上被用于求解这一类问题，并且取得了相当丰富的研究成果。这些算法按时代划分大概可分为早期的确定性算法和后来的启发式算法两类。

确定性算法又可以称之为精确算法，是指对于最优化问题的求解可以进行有限次数的计算，并最终能够取得最优解的算法。常用来研究和求解路径优化问题的确定性算法主要有动态规划法、分支定界法、割平面法等。虽然该类算法通常在复杂度不是很高的情况下能够求解出问题的精确解，但是随着问题的复杂度以及规模的增大，导致其因计算量过大而无法精确快速地求解。因此，该类算法通常只适用于求解规模较小的一般优化问题，而对于规模较大的问题的求解相对而言就较为吃力。

考虑到上类算法的不足之处，近来研究问题的主力军随之变成启发式算法。对于 NP 问题的求解一般很难找到精确解，而只能够找到接近精确解的最优解。由此才引起了研究人员们对启发式算法的不断重视，并将其广泛地应用到相关问题的研究和求解当中。启发式算法在解决路径优化问题时，通常由原始可行解开始对相邻区域进行搜索，并对

原始可行解进行改进。在满足可接受的限制（时间、空间等）条件下尽量求出极近于最优解的可行解，但是这个可行解与问题的最优解的近似程度则无法确定。启发式算法在求解规模较大、条件较为复杂的问题时展现出精度高、速度快、实现较为简单等特点。目前，用于求解路径优化类的问题所常用的启发式算法主要包括遗传算法（GA）、免疫算法（IA）、蚁群算法（ACA）、神经网络算法（NN）以及粒子群算法（PSO）等。

遗传算法（Genetic Algorithm，GA）是模拟自然界的生物种群进化过程的一种随机性优化方法。在每一代的候选解中，通过对染色体进行组合交叉、变异的方式来产生新一代的解集。利用该算法进行求解时通常不依赖于具体问题，并且具有强鲁棒性的特点，以及良好的局部搜索能力，因此遗传算法便被广泛地应用在各种类型的最优化求解当中。然而，该算法的全局寻优能力则相对较弱，容易出现早熟，即过早收敛的现象。

免疫算法（Immunity Algorithm，IA）是在遗传算法的基础上演变而来的，它是一种模拟生物机体中具有防御侵害功能的免疫系统而产生的算法。类似于生物机体的免疫系统，该算法也具有抗原识别、抗体产生、免疫细胞记忆以及免疫调节等功能。在免疫算法中，通常会使用亲和性的概念来表示免疫系统中抗体与抗原之间的匹配程度，而与之相对的，用排斥性的概念来表示抗体与抗体之间的相似程度，免疫算法通过基于对亲和力程度和排斥力程度的计算和评价其结果来选择较为合适的最佳抗体。免疫算法的收敛精度较高，并且具有非常不错的全局收敛性。另外，其所具备的抗体多样性这一特点可以有效地防止该算法在求解最优化问题时陷入局部最优解情况的出现，在一定程度上较好地弥补了遗传算法所存在的不足之处。然而免疫算法依然存在着许多缺点，如算法的收敛速度较慢，以及该算法对于免疫系统中产生的反馈信息的利用不够充足，因此，当问题求解到一定范围时，该算法可能会做大量的冗余迭代，从而导致其后期的求解效率降低。

蚁群算法（Ant Colony Optimization，ACO）是一种基于自然界生物群体行为的仿生类算法，该算法的思想来源于对蚂蚁在寻食的过程中，逐渐地发现正确可靠的路线并将其信息传递给其他同类的这一行为的模拟。该算法在求解最优路径问题上的缺点与免疫算法不尽类似，即同样较为容易出现陷入局部最优解的恶劣情况，以及其收敛速度也不够快。

神经网络算法（Neural Network Algorithm，NNA）是一种模拟人类大脑思维方式的算法。具有非线性动态结构以及能够初步地自适应、自组织问题等特点，能够对优化问题的求解具有很好的表现。在对问题的学习和数据集的训练过程中，神经网络算法可以通过不停地调整各个突触的权重系数值，以适应其周围环境的要求。该算法具有较高的并行性，但是却对问题的初始条件设定较为依赖，而且其求解过程较为容易陷入局部极值，在对数据规模较大的路径优化问题求解中，最终生成的最优路径不能一定保证其满足所有的约束条件。

粒子群算法（Particle Swarm Optimization，PSO）是一种模拟鸟群觅食行为中的迁徙和群聚行为的仿生算法。该算法具备全局随机快速搜寻的特性，它通过种群个体间的协同合作行为来寻求复杂解空间里的目标问题最优解。与遗传算法相比所不同的是，PSO并不是通过组合交叉和变异的进化策略来寻找最优解，而是通过一种以一定初始速度按一定规律移动的粒子，向其自身的历史最佳位置和与其邻近的其他粒子的历史最佳位置不断地靠拢聚集的方式来搜寻到最优路径，即优化问题的最优解。该算法具有较快的收敛速度，同时其对于群体间产生的反馈信息能够有效地利用起来，然而，与多数算法一样，粒子群算法极易产生局部极值。

上述算法中，粒子群算法参数少，计算效率高，对于复杂问题的求解具有很好的适用性。对于重庆枢纽改造铺架工程这样的路网错杂、限制条件复杂的最优铺架顺序、铺架方向、转场路径的铺架计划求解问题具有极高的适用性，因此选用粒子群算法作为模型求解算法。

4. 铺架计划优化模型的求解

求解铺架计划优化模型主要需求解两个问题，一是铺架段的最优铺架顺序，二是铺架段间的最优转场路径，从而使得铺架工程整体所需铺架时间、架桥机转场调头时间、资源调配时间三者之和最小。对于最优铺架顺序的求解，粒子群算法具有良好的适用性，因此以此算法为基础进行求解；对于与铺架顺序相辅相成的铺架段间转场路径的求解，需选取尽可能简明高效的最短路径算法与粒子群算法进行复合求解，以减少整体算法的复杂度。

（1）粒子群算法。

① 粒子群算法介绍。

粒子群算法[53]是由 Eberhart 和 Kennedy 等，于 1995 年提出的一种基于群体行为的演化而来的一种智能化计算方法。算法设计的思想来源于对鸟类群体觅食行为的仿生模拟和深入研究，通过采用鸟类群体中的个体之间的协同合作以及对觅食信息的资源共享等特征来搜寻目标问题的全局最优解。鸟群在觅食的过程中，个体鸟会通过与其他的鸟同伴共享已找到的食物所在位置的信息和自身所在的位置，不断地进行信息的交换，最终整个鸟群中的每只鸟都会精确地寻找到最佳的食物所在具体位置。

将如上所述的鸟群的觅食行为抽象为算法，则可以描述为，每只鸟对应于粒子群算法中的一个粒子，而整个鸟群所在的区域便相对应于算法的解集空间，鸟群中每只鸟其所在的位置则为算法的个体适应度值，鸟群要寻找的食物目标位置则相应地为满足目标函数的最优解。在粒子群系统中，通常情况下，用一组随机的无质量无体积的粒子代表的解作为粒子群的初始解，通过反复迭代来逐渐搜寻到问题的最优解。每个粒子的行为规则已经被预先规定好，如此便可使整个粒子群的群体运动呈现出复杂的搜寻态势，该方法便可被用来求解许多实际生活中常见的复杂化最优问题。PSO 具有的优点主要体现在，其概念简单易懂并且算法的实现过程相对较为容易，求解过程中能够保留个体的最优信息和全局的最优信息，并且算法的参数设置较少且易于调整。

② 粒子群算法原理。

在粒子群算法的实现中，优化问题的所有候选解就如同寻索食物位置的鸟群中的鸟，算法中将其称为粒子，可以理解为，每个粒子所处的位置本质上就是一个候选解。粒子群算法在开始求解计算时，会随机地初始化一群粒子，并赋予它们一定的初始状态，包括初始位置和初始速度，粒子可以根据自身的经验以及相邻粒子的移动经验来动态地调整自己的位置和速度。

可以用数学模型来描述粒子群算法的求解空间，在一个 D 维的目标搜索空间中，有 m 个粒子组成一个群落，其中第 i 个粒子表示为一个 D 维的向量 $\boldsymbol{X}_i = (X_{i1}, X_{i2}, \cdots, X_{iD})$，$i = 1, 2, \cdots, m$，即第 i 个粒子在 D 维的搜索空间中的位置。将 $\boldsymbol{X}_i$ 代入到目标函数中计算其适应度值,再根据其适应度值来对粒子进行评价。第 i 个粒子的移动速度同样为一个 D 维的向量,记为 $V_i=(V_{i1},V_{i2},\cdots,V_{iD})$, $i=1,2,\cdots,m$。

第 i 个粒子截止到目前代数所搜寻到的最优位置即为个体极值 P_i。

$$P_i=(P_{i1},P_{i2},\cdots,P_{iD}) \tag{3-42}$$

整个粒子群体截止到目前代数所搜寻到的最优位置即为全局极值 P_G。

$$P_G=(P_{G1},P_{G2},\cdots,P_{GD}) \tag{3-43}$$

在找到这两个最优值之后,可以根据式(3-44)和式(3-45)来更新粒子进化之后的速度和新位置。

$$V_{id}=w\times V_{id}+c_1\times rand()\times(p_{id}-X_{id})+c_2\times rand()\times(p_{Gd}-X_{id}) \tag{3-44}$$

$$X_{id}=X_{id}+V_{id} \tag{3-45}$$

式中　　w——惯性权值,为非负数;

c_1,c_2——加速因子,为非负常数,根据经验通常 $c_1=c_2=2$;

V_{id}——粒子的速度,$i=1,2,\cdots,m$, $d=1,2,\cdots,D$; $V_{id}\in[-v_{\max},v_{\max}]$, $v_{\max}$ 通常被设置为是常数,其具体值要由实际操作者在求解开始设定以限制粒子的速度;

p_i,p_G——分别表示的是粒子群中的粒子个体极值和群体全局极值;

$rand()$——表示为一个属于(0,1)区间的随机数。

③ 粒子群算法步骤与流程。

步骤 1:群体初始化。这个被初始化的群体即为优化问题最优解的候选解集。同时初始化群体中各个粒子的相关参数,包括该粒子的数量 m、粒子的位置 X_i^0 和速度 V_i^0,被初始化的每个粒子的位置即为其当前位置,根据当前位置和速度,计算并记录该粒子的适应度值,同时记录整个粒子群体中的最佳适应度值。

步骤 2:评价粒子。将每个粒子的当前适应度值和该粒子的历史最佳位置(p_{best})的适应度值进行比较,如果该粒子的当前适应度值优于其历史最优位置(p_{best})的适应度值,则将历史最优位置(p_{best})更新为当前位置。然后,将每个粒子的当前适应度值与群体的全局最佳位置(g_{best})的适应度值进行比较,如果粒子的当前适应度值优于群体的最佳位置(g_{best})的适应度值,则将群体的全局最优位置(g_{best})更新为当前这个粒子的位置。

步骤 3:更新位置和速度。根据式(3-44)和式(3-45)对粒子进行更新操作。

步骤 4:终止优化。如果当前的迭代次数已经达到了预先设定的最大迭代次数,又或者本次更新进化后所得到的最佳位置的适应度值,其增量小于算法预设的阈值,则停止优化过程,并输出结果,即为问题的最优解,否则跳转到步骤 2 继续迭代。

粒子群算法流程如图 3.21 所示。

④ 粒子群算法的特点。

粒子群优化算法具备寻优原理简单、可调整参数少、

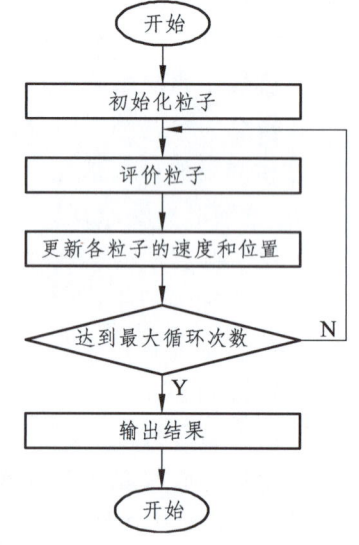

图 3.21　粒子群算法流程图

并行搜索和全局收敛的优点,在实际应用中被证明是有效的。但由于该算法是基于自然界中鸟群飞行觅食的行为而设计的,虽然目前针对粒子群算法的收敛情况并没有完备的证明,但很多学者针对这一问题已经进行了基于粒子群粒子运动轨迹拓扑结构的收敛性分析,并给出了保证算法全局收敛的相应定理。

粒子群算法虽然寻优原理简单、计算参数少,但如何选择不同的参数值对算法的性能的影响很显著。通常,针对粒子群算法的修改参数研究主要针对惯性权重 w、学习因子 C_1 和 C_2 等参数,通过研究对这些参数进行动态修改或静态赋值,可以有效地提高粒子群算法的寻优效率和跳出局部最优的能力。通过修改惯性权重在粒子群算法更新公式中的取值可以控制算法向未知解空间的探索能力和趋近于最优解的能力。采用递减的惯性权重值时,开始的惯性权重较大,则算法趋于全局搜索,即粒子向未知解空间的探索能力强;随着算法的不断进行,惯性权重值不断减小,则算法趋于局部搜索,即粒子趋近于最优解的能力逐渐增强。

粒子群算法在全局探索与局部改良之间存在着很好的平衡性,正是这个平衡性才决定了该算法优良的搜索性能,然而这个平衡性却严重依赖于算法的参数设置,包括种群规模、惯性权值、最大速度、速度增量等。与其他的启发式算法相比,粒子群算法所需要设置和调节的参数相对较少并且实现起来较为容易,可参考相关文献进行合理的参数选择设置。

综上所述,粒子群算法具有如下优点:

a. 算法的原理相对较为简单,并且较易于实现;

b. 算法的求解一般不依赖于具体的问题;

c. 算法具有粒子间协同搜寻的搜寻策略,群体中的粒子可以分享其个体的局部信息,并与群体的全局信息进行对照调节;

d. 由于粒子群算法是属于群体性搜寻方式,因此其搜索解的速度较为快速。

粒子群算法也存在如下缺点:

a. 算法对最优解的搜寻能力严重依赖于其参数的设置;

b. 因缺乏多样性而导致该算法的全局搜索能力较差,加上其快速的局部搜寻便很容易过早收敛,陷入局部极优值的情况,并且搜寻解的精度也不是很高。

(2) 离散粒子群算法。

在解决连续空间内的优化问题方面普通粒子群算法(Particle Swarm Optimization Algorithm,PSO)因其易实现、精度高、收敛快等特点被广泛应用和研究,如图像处理、函数优化、神经网络训练、生产调度、求解随机优化问题、求解最优控制问题等。由于基本的粒子群算法中的位置和速度公式都是针对实数值更新粒子状态,使粒子群算法只能用于解决连续优化问题。

离散粒子群算法[54](Discrete Particle Swarm Optimization Algorithm,DPSO)被用来解决位置和速度更新均为离散值的问题。1997 年,Kennedy 等人首次提出了基于二进制编码的离散粒子群优化(BPSO)算法。该算法中粒子速度和位置的更新公式与传统粒子群优化算法一致,位置采用二进制编码,速度采用[0,1]范围的实数编码,速度表示位置编码上取值为 1 的概率。2000 年,Clerc 提出了基于交换的 DPSO 算法,将速度定义为一组交换,这类离散粒子群优化算法通常用于求解排序优化问题,如旅行商问题,其中粒子位置表示一组城市的排序,粒子速度表示一组交换,每一个交换表示城市 a 与城市 b 在排序中位置的交换。基于解空间转换的 PSO 算法，其解编码和粒子位置定义不等价。位置和速度定义在实数上，粒子解码与位置向量之间需要根据问题设计解空间转换方式，目前，该算法主要应用于排列组合优化问题。

因此，要利用粒子群算法求解铺架顺序问题，必须对其进行适当离散化改造。尽管粒子群算法在连续优化问题应用中的研究日新月异，但对利用粒子群算法解决组合优化问题等离散问题的研究还相对较少。近年来不少学者提出了一种新的粒子群算法，引入了交换子和交换序的概念，其算法核心是把速度定义为点的交换集，位置加上速度的运算，则定义为依次交换交换集（速度）中所有的变换子。

离散粒子群算法采用整数序列编码，假设 $X = \{X_1, X_2, \cdots, X_N\}$（当对施工顺序优化时，$N$ 为施工铺架段数），则粒子 X 代表访问路径为 $X_1 \to X_2 \to \cdots \to X_N \to X_1$。

（3）粒子速度及位置定义。

① 粒子的位置。

每个粒子的位置向量表示一个解，它是一个 n 维的向量，设第 i 个粒子的位置为 $X_i = (X_{i1}, X_{i2}, \cdots, X_{in})$，其中 $X_{i1}, X_{i2}, \cdots, X_{in}$ 表示 n 个节点的编号。

② 粒子的速度。

速度 V 是改变粒子位置的一个调整序列，假设速度 $V = [(n_1, n_2), (n_3, n_4), \cdots, (n_{n-1}, n_n)]$，$n_1, n_2, \cdots, n_n$ 表示节点的编号，(n_{n-1}, n_n) 表示一对保留的交换节点。从单点调整中的思想可知，它是使用插入法来改变粒子的位置，比如某个粒子 $X = (1,2,3,4,5,6)$，其速度 $V = [(3,5)]$，那么最后通过速度更新出的位置为 $X = (1,2,3,5,4,6)$。

（4）常用 DPSO 算法更新公式。

常用 DPSO 算法中粒子速度和位置的更新公式如下：

$$V_{id} = w \otimes V_{id} \oplus r_1 \otimes (p_{best} - X_{id}) \oplus r_2 \otimes (g_{best} - X_{id}) \quad (3\text{-}46)$$

$$X_{id} = X_{id} \oplus V_{id} \quad (3\text{-}47)$$

定义 1：离散减法算子"−"，即个体最优解或者全局最优解 P_{best} 与个体 P 的减法"−"定义为在 P_{best} 中存在但是在个体 P 中不存在的边的集合，运算的结果相当于是粒子的速度。例如：设 $P_{best}=[4\ 1\ 6\ 5\ 2\ 3]$，$P=[4\ 3\ 1\ 5\ 6\ 2]$，则 P_{best} 的边有 $[(4,1),(1,6),(6,5),(5,2),(2,3),(3,4)]$，$P$ 的边有 $[(4,3),(3,1),(1,5),(5,6),(6,2),(2,4)]$，因此 $P_{best} - P = [(4,1),(1,6),(5,2),(2,3)]$。

定义 2：离散乘法算子"⊗"，表示为公式中的乘号，概率因子 r_1、r_2 和惯性系数 w 与速度相乘以后，得到一个新的速度也就是新的调整序列。

定义 3：离散加法算子"⊕"，个体 P 与速度 V 的 ⊕ 运算就是在个体 P 中依次加入速度 V 中的边的过程，边的加入通过基因片断的翻转来实现。

例如：个体 $P=[4\ 3\ 1\ 5\ 6\ 2]$，速度 $V = [(3,2),(4,5)]$。那么 $P \oplus V$ 就是要在个体 P 中依次加入边 $(3,2),(4,5)$，先加入 $(3,2)$，那么需要翻转 P 中的 "1562" 基因，变为 "2651"，于是 P 变为 $P=[4\ 3\ 2\ 6\ 5\ 1]$；然后加入边 $(4,5)$，需要翻转基因 "3265"，翻转为 "5623"，最后得到个体 $P=[4\ 5\ 6\ 2\ 3\ 1]$，也就是 $P \oplus V$ 的运算结果。

式（3-46）中"⊕"表示速度叠加，调整序列，"−"表示粒子当前位置与最优位置作用后，得到一个新的调整序列，即速度。

式（3-47）中"⊕"表示粒子的位置按照调整序列更新。

（5）优化 DPSO 算法更新公式。

标准粒子群算法的粒子更新加入了粒子的速度项，代表了粒子的全局搜索功能。在 DPSO 中，也可以给粒子随机生成一个速度项，但是这样可能会使得粒子进化进入一个过于盲目的状态，影响全局搜索的效率。

因此，可以构造一个 N 行（当对施工顺序优化时，N 为施工铺架段数）$N-1$ 列的排序矩阵。矩阵第 i 行记录了与第 i 个施工段由近到远的 $N-1$ 个施工段。可从矩阵中选取其前 m（$m<N-1$）列组成一个"短边库"，相当于是一个优秀基因库，随机从这个基因库中选取边组成粒子的速度，将会使得粒子在解空间的全局搜索更有效率和针对性。可以修改参数 m 的值来调整粒子的全局搜索广度。在迭代前期，要求粒子有较强的全局搜索能力，避免过早收敛，这时需要一个较大的 m；在迭代后期，则要求有较强的局部求精能力，以提高算法的效率，这时需要一个较小的 m。因此，设计 m 的值在 $N-1$ 和 4 之间的线性递减的策略为

$$m(t) = (N-1) - (N-5) \times t / \mathrm{MaxGen} \tag{3-48}$$

式中　t——当前迭代的代数；

　　　MaxGen——最大迭代代数。

基于以上新算子的定义和分析给出粒子更新公式[55]如下：

$$\begin{cases} X_i(t+1) = X_i(t) \oplus \{r_1 \otimes [P_i - X_i(t)]\} & [\mathrm{if}(r_3 < \alpha)] \\ X_i(t+1) = X_i(t) \oplus \{r_2 \otimes [P_g - X_i(t)]\} & [\mathrm{elseif}(r_4 < \beta)] \\ X_i(t+1) = X_i(t) \oplus [r_5 \otimes V_i(t)] & (\mathrm{else}) \end{cases} \tag{3-49}$$

式（3-49）中的变量说明如下：

① $i \in [1, 2, \cdots, N]$，其中 N 是粒子的个数，r_1、r_2、r_3、r_4、r_5 是 0 到 1 的随机数；

② P_i 是第 i 个粒子的历史最优解，P_g 是全局最优解；

③ $X_i(t)$ 是第 t 代，第 i 个粒子；

④ $V_i(t)$ 的边从一个排序矩阵的前 $m(t)$ 列随机选取。

从式（3-49）可以看出，粒子更新由 3 个部分组成，第一部分是粒子以概率 α 进行 ⊕ 操作的"认知"部分，表示粒子本身思考，从自身吸取经验的过程；第二部分是粒子以概率 $(1-\alpha)\beta$ 进行 ⊕ 操作的"社会"部分，表示粒子从群体中学习；第三部分是以概率 $(1-\alpha)(1-\beta)$ 进行 ⊕ 操作的速度项部分，相当于是粒子的"变异"部分。粒子的"认知"部分和"社会"部分代表了粒子的局部求精能力，而粒子的"变异"部分代表了粒子的全局搜索能力。可以通过调整参数 α、β 均衡算法的局部求精能力和全局搜索能力。实验证明 3 个部分的叠加对算法性能并无明显改善。因此，为了简化算法，提高效率，在粒子的迭代更新中并没有叠加这 3 个部分的操作，而是采用可控概率的随机选取某一部分来更新粒子。

（6）DPSO 算法流程。

步骤 1：设置粒子群大小 popsize，参数 α、β，最大迭代代数 MaxGen。随机生成粒子群 POP。

步骤 2：创建排序矩阵。

步骤 3：求出粒子群子代个体，

① 利用式（3-48）求出 $m(t)$；

② 从排序矩阵的前 $m(t)$ 列中随机生成若干条边，组成速度 $V_i(t)$；

③ 利用式（3-49）求出 $X_i(t+1)$；

④ 如果 $X_i(t+1)$ 比 P_i 更优，则更新 P_i。

步骤 4：遍历粒子群中所有粒子的历史最佳 $P_i(1 \leqslant i \leqslant N)$，如果比全局最佳个体 P_g 距离小，则替代全局最佳。

步骤 5：如果还没有满足结束条件或者还没到最大迭代代数，则转步骤 3，否则跳出循环，转步骤 6。

步骤 6：打印出收敛代数，收敛时间，全局最优个体及其距离，画出收敛曲线、路径图。

（7）最短路径算法。

最短路径是从图中的任一个顶点出发，沿着图的边到达另外一个顶点的所有路径中，各边权值加起来全值和最小的那一条路径。最短路径算法是研究图论问题一种经典的算法，它不仅可以解决无向图中的最短路径问题，同时也可以解决有向图中的最短路径问题。最短路径算法在轨道交通等各种领域得到广泛的运用，可用于解决许多具有实际意义的问题，在本章中求任意两铺架线路间的最短转场路径就需要用到最短路径相关算法。在实际问题中，广泛运用的最短路径算法有 Dijkstra、Floyd、KSP、SPFA 算法等。

① Dijkstra 算法。

Dijkstra 算法是由荷兰计算机科学家狄克斯特拉于 1959 年提出的，因此又叫狄克斯特拉算法。Dijkstra 算法是从一个顶点到其余各顶点的最短路径算法，解决的是有向图中最短路径问题。Dijkstra 算法的主要特点是以起始点为中心向外层层扩展，直到扩展到终点为止。

所谓单源最短路径问题（Single-Source Shortest Paths），是指对已知图 $G = (V, A)$，图中每边的权值是一个非负实数，给定一个原顶点 $s \in V$，找出 s 到图中所有其他顶点的最短路径长度。这里的长度是指路径上所有边的权值之和。

Dijkstra 算法基本原理为，每次扩展一个距离最短的点，并更新与其相邻的点的距离。当所有边的权值都为正时，由于可能存在一个距离更短的没有被扩展的点，所以该点的距离永远不会再被改变，因而保证了算法的正确性。但使用 Dijkstra 算法求最短路径的前提条件是图不能有负权值边，因为负权值边在扩展过程中会产生更短的距离，违背了已更新的点距离不发生改变的性质。

该算法首先将图中的所有顶点分成两组，第一组为已确定最短路径的顶点，第二组为未确定最短路径的顶点；然后按最短路径长度递增的顺序逐个将第二组中的顶点添加到第一组中，直到从 s 出发的所有可达顶点都添加进第一组中。在此过程中，必须保持从 s 到第一组的各个顶点的最短路径长度都不大于从 s 出发到第二组的任何顶点的最短路径长度。两组中的每个顶点都对应着一个距离，第一组顶点所对应的距离值是从 s 出发到该顶点的最短路径长度，第二组顶点对应的距离是从 s 出发到该顶点，并且仅以第一组中顶点为中间顶点的最短路径长度。

② Floyd 算法。

Floyd 算法是基于图论中的矩阵理论，可以求出任意一对顶点的最短路径，这种算法通过邻接矩阵来储存任意一对边的长度，并且通过最佳最路径的方式逐步求出最短路径，使用 Floyd 算法时不需关心边的权值是否为负数的问题。因此，近年来 Floyd 算法在各领域也得到广泛的运用，例如战争时机动路线的设计、城市路网的设计与优化以及火灾领域中高层建筑人员的疏散研究。假设在图中有 N 个顶点，对全部顶点之间的路径进行 N 次探索是 Floyd 算法的基本思想。比如在求顶点 j 与顶点 i 之间路径的长度时，刚开始让其中某一顶点如顶点 1 为路径中的中间顶点，然后比较 $(i,1,j)$ 与 (i,j) 的距离，并且两者中的较短距离为当前所得的最短路径的长度，通过对任意一对顶点的路径，都做前面叙述的试探，最后能够得出一个矩阵 $A(1)$，经过 N 次探索，可以得到所有顶点之间最短路径的邻接矩阵。

虽然 Floyd 算法在程序中可以任意实现和存储，但也存在一些缺点，如 Floyd 算法在求最短路径使用依赖节点序号的三重循环。虽较容易实现该算法程序，但其中间的处理结果无较大实际意义，且处理过程没有那么清晰，因此可以应用的附加功能比较少。此外，该算法时间的复杂度高，因此也不适于计算大量的数据。

③ KSP 算法。

20 世纪中后期，最短路径问题被霍夫曼和帕夫雷首次提出。K 最短路径问题分为两类，一类是不含有回路的有限制 K 最短路径问题，另一种是对最短路径问题没有限制的 K 最短路径问题。K 最短路径算法（K-Shortest Pathes，KSP）由 Yen 提出，因此也称作 Yen 算法，其运用递推法的偏离路径思想，该算法在文本处理、数列比对、物流中、移动商务中面向客户细分等领域中有广泛的运用。

KSP 算的基本思想如下：该算法一共分两步走。第一步，计算第一条最短路径 $P(1)$，并且逐步计算剩余的 $k-1$ 条最短路线，在计算 $p(i+1)$ 时，需要把 $p(i)$ 上所有的节点都看作偏离节点（终止节点除外）；第二步，求终止节点和偏离节点的最短距离与路径，通过把 $p(i)$ 上起始点和终止点的距离以及路径进行拼接得到最短偏离距离。由于 KSP 问题的复杂度比较高，采用并行化对 KSP 算法进行盖上可以降低算法时间复杂度。

KSP 算法同 Dijkstra 算法一样仅适用于非负权边的无环图，以及不存在权值小于 0 的边，最初的 K 最短路径算法主要解决静态、确定无环图中单源最短路径、算法时间复杂度比较高等问题，因此具有一定的局限性。

④ SPFA 算法。

SPFA 算法是求解单源最短路径问题的一种算法，由理查德·贝尔曼和莱斯特·福特创立的，有时候这种算法也被称为 Moore-Bellman-Ford 算法。SPFA 算法用数组 dis 记录每个结点的最短路径估计值，用邻接表或邻接矩阵来存储图 G。采取动态逼近法，即设立一个先进先出的队列用来保存待优化的结点，优化时每次取出队首结点 u，并且用 u 点当前的最短路径估计值对离开 u 点所指向的结点 v 进行松弛操作，如果 v 点的最短路径估计值有所调整，且 v 点不在当前的队列中，就将 v 点放入队尾。这样不断从队列中取出结点来进行松弛操作，直至队列空为止。由于带有负环的图没有最短路径，所以在执行算法的时候，要判断图是否带有负环。其方法有两种，一种在开始算法前，调用拓扑排序进行判断（一般不采用，浪费时间）；另一种规定，如果某个点进入队列的次数超过 N 次则存在负环（N 为图的顶点数）。

SPFA 算法的原理是对图进行 $V-1$ 次松弛操作，得到所有可能的最短路径。其优于 Dijkstra 算法的方面是边的权值可以为负数且实现简单，缺点是时间复杂度过高，高达 $O(VE)$。

⑤ 算法选取。

Dijkstra、Floyd、KSP、SPFA 算法复杂度比较如下（E 与 V 分别为边和顶点数目）：

Dijkstra 算法：适用于权值为非负的图的单源最短路径，用斐波那契堆的复杂度 $O(E+V\lg V)$。

Floyd 算法：适用于权值有负值，且没有负圈的情况，Floyd-Warshall 算法的时间复杂度为 $O(V^3)$，空间复杂度为 $O(V^2)$。

KSP 算法：仅适用于非负权边的无环图，时间复杂度为 $O(EV^2)$。

SPFA 算法：适用于权值有负值，且没有负圈的图的单源最短路径，其中的复杂度为 $O(kE)$，k 为每个节点进入队列的次数，且一般 $k \leqslant 2$，但此处的复杂度证明是有问题的，其实 SPFA 算法的最坏情况应该是 $O(VE)$。

综上所述，SPFA 算法适用于权值有负值，且没有负圈的图的单源最短路径，但为了避免最坏情况的出现，在正权图上应使用效率更高的 Dijkstra 算法。Floyd 算法求解最短路径的时候利用依赖节点序号的三重循环，过程中的处理结果无太大实际意义，且其处理过程也不是十分清晰，应用的附加功能也很少，同时 Floyd 算法的时间复杂度较高，不适于处理大量的数据。KSP 算法主要用于确定无环图中单源、解决静态最短路径，其算法的时间复杂度较高，并且同 Floyd 算法一样，其算法过程与 Dijkstra 算法相比较复杂，因此具有一定的局限性。因此，在众多最短路径算法中，Dijkstra 算法最具有代表性，其算法简明，有能力辨别负环路，是一种集中式的静态算法，且该算法通俗易懂，代码编写简单，因此 Dijkstra 算法在许多领域尤其在轨道交通领域得到了广泛的运用与发展。[56] 由于 Dijkstra 算法较其他算法更简明、复杂度更低，且适用于铺架工程转场路径其权值非负的单源最短路径问题，所以选取 Dijkstra 算法求解任意两铺架线路间的最短转场路径。

（8）Dijkstra 算法。

① 算法步骤。

初始时第一组只包含顶点 s，第二组包含其他所有顶点。s 对应的距离值为 0，第二组中顶点的距离值确定方法如下：如果图中有边 (s, V_i) 或者 $<S, V_i>$，则 V_i 距离为此边的权值，否则 V_i 距离为 ∞。接着逐次从第二组的顶点中选取个距离值最小的顶点 V_k 添加到第一组中。每往第一组加入新顶点 V_k 后，要对第二组各个顶点的距离值进行修正，也就是说，如果加入 V_k 做中间顶点，使从 s 到 V_i 的最短路径比不加 V_k 的路径短，则修改 V_i 的距离值。然后再选距离值最小的顶点加入第一组中，如此循环行下去，直到图中的所有顶点都被加入第一组中或者再没有可以加入第一组的顶点。

② 算法证明。

Dijkstra 算法可以通过数学归纳法进行证明。初始时对顶点进行两个组的划分以及各顶点的距离值的确定显而易见是正确的。下面证明每次向第一组加入顶点后，两个组的划分以及顶点距离值仍然是正确的。

a. 证明每次加入的 V_k 的距离就是从 s 到 V_k 的最短路径长度。

假设 V_k 的距离值不是从 s 到 V_k 的最短路径长度，则必有另一条从 s 经过第二组某些顶点到达 V_k 的路径，其长度比 V_k 的距离值小。设经过的第二组的第一个顶点是 V_x，那么 V_x 的距离值 < s 经过 V_x 到 V_k 的路径长度 < V_k 的距离值。

显然这与 V_k 为第二组中距离值最小的顶点的假设矛盾，所以每次加入的 V_k 的距离值就是从 s 到 V_k 的最短路径长度。

b. 证明每次加入的 V_k 就是第二组中最短路径最小的顶点。

设 V_x 是第二组中的任何其他顶点，由距离值的定义可知，如果从 s 到 V_x 的最短路径只包括第一组的顶点为中间顶点，则其路径长度一定不会小于从 s 到 V_k 的最短路径长度。如果从 s 到 V_x 的最短路径不只包括第一组的顶点为中间顶点，则设路径上的第一个第二组中间顶点为 V_Y，则 s 到 V_Y 的路径长度就是 V_Y 的距离值，并且该值大于或等于 s 到 V_k 的最短路径长度，则 s 到 V_x 的最短路径长度不会小于 s 到 V_k 的最短路径长度，所以每次加入的 V_k 就是第二组中最短路径最小的顶点。

③ 算法实现。

在有向图和无向图中都可以使用 Dijkstra 算法求最短路径问题，并且无向图中的每条边都可以看成是方向相反的两条边。如前文所述，使用 Dijkstra 算法求最短路径的前提是图中不允许存在权值为负数的边。

为描述 Dijkstra 算法的实现流程，设定 s 为源顶点，$w[u,v]$ 保存顶点 u 和顶点 v 之间的权值，计算所得结果保存在数组 $dist[]$ 中。具体流程如下：

步骤 1：初始化，源顶点的距离值 $dist[s]$ 赋值为 0，其他顶点的距离赋值为无穷大，同时将所有的顶点的状态都设置为未扩展。

步骤 2：循环 $n-1$ 次扩展结点。

a. 在状态为未扩展的顶点中选择距离最小的顶点 u，并将它的状态设为已扩展。

b. 对于每个与顶点 u 相邻的顶点 v，执行距离更新操作 $Relax(u, v)$。在此操作中，如果 $dist[u]+w[u,v]<dist[v]$，就把 $dist[v]$ 的值更新成 $dist[u]+w[u,v]$ 的值。更新后由源顶点 s 到顶点 v 的最短路径上，v 的前一个顶点为 u。

步骤 3：循环结束，对于图中任意的顶点 u，$dist[u]$ 就是原点 s 到顶点 u 的距离。

④ 实现方法。

Dijkstra 算法通常可以使用以下三种方法实现。

a. 直接实现。

直接实现是最简单的实现方法，即在每次扩展结点的大循环中，再用一个小循环查找距离最短的点，之后更新与其相邻的边的距离。使用这种方法实现，算法的时间复杂度显然为 $O(n^2)$。

在空间复杂度方面，如果仅需要求出距离，只要 n 的附加空间保存距离即可，距离小于当前距离的是已访问的顶点，距离相等的顶点可以比较编号或者进行特别处理。如果需要求出路径，就需要另外 $|V(G)|$ 空间保存前一个顶点，总计需要 $2n$ 的空间。

b. 二叉堆实现。

二叉堆（Binary Heap）是一种特殊的堆，它是完全二叉树或者是近似完全二叉树。二叉堆满足堆的特性，即父结点的键值总是大于或等于（小于或等于）任一子节点的键值，并且每个结点的左子树和右子树都是一个二叉堆（都是最大堆或最小堆）。简而言之，二叉堆是一种特殊的有序队列，和普通队列相比，普通的队列的特点是先入先出，而二叉堆是最小数先出。

使用二叉堆来保存未扩展过的顶点距离并维护其最小值，并在访问每条边的时候更新，可以把时间复杂度降低到 $O\{[|V(G)|+|A(G)|]\log|V(G)|\}$。

当边数远远小于顶点数的平方时，二叉堆实现 Dijkstra 算法具有很好的效果。但当边数 $|A(G)|=O[|V(G)|^2]$ 时，用二叉堆实现的 Dijkstra 算法反而会更慢，原因在于此种情况下的时间复杂度 $|A(G)|=O[|V(G)|^2]$ 已大于不用堆的实现的 $O(n^2)$ 的复杂度。

除此以外，用二叉堆实现 Dijkstra 算法还需要用邻接表保存边，以至于扩展边的总复杂度达到了 $O(|A|)$。空间复杂度方面，使用此种方法，首先要构建一个二叉堆和堆的反向指针，另外还需要保存距离值，因而所用空间复杂度为 $3|V(G)|$。如果要保存路径则空间复杂度为 $4|V(G)|$。

采用二叉堆实现 Dijkstra 算法的具体步骤为，首先将所有顶点插入堆，并将除原点外所有顶点的值赋为极大值（maxim 或者 maxlongint），将原点 s 赋值为 0，接着通过距离更新操作 $Relax(u,v)$ 来更新和扩展。

c. 斐波那契堆实现。

斐波那契堆（Fibonacci Heap）是计算机科学中最小堆有序树的集合。它和二项式堆有类似的性质，可用于实现合并优先队列。

使用斐波那契堆实现 Dijkstra 算法可以将时间复杂度降低到 $O[A(G)+|V(G)|\log|V(G)|]$，但缺点是实现起来较为烦琐。

⑤ 算法示例与基本思想。

Dijkstra 算法采用的是一种贪心的策略，声明一个数组 dis 来保存源点到各个顶点的最短距离和一个保存已经找到了最短路径的顶点的集合 T，初始时，原点 s 的路径权重被赋为 0（$dis[s]=0$）。若对于顶点 s 存在能直接到达的边 (s,m)，则把 $dis[m]$ 设为 $w(s,m)$，同时把所有其他（s 不能直接到达的）顶点的路径长度设为无穷大。初始时，集合 T 只有顶点 s，然后从 dis 数组选择最小值，则该值就是源点 s 到该值对应的顶点的最短路径，并且把该点加入到 T 中，此时完成一个顶点，然后需要看看新加入的顶点是否可以到达其他顶点，并且看看通过该顶点到达其他点的路径长度是否比源点直接到达短，如果是，那么就替换这些顶点在 dis 中的值。然后，又从 dis 中找出最小值，重复上述动作，直到 T 中包含了图的所有顶点。

a. 算法示例。

算法示例计算路径如图 3.22 所示。

使用二维数组 e 来存储顶点之间边的关系，初始值如图 3.23 所示。

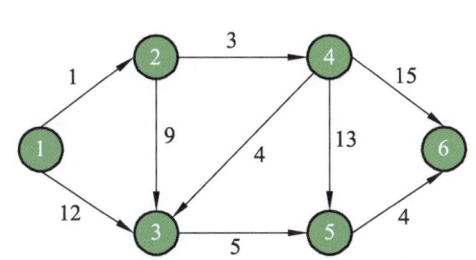

图 3.22　算法示例计算路径

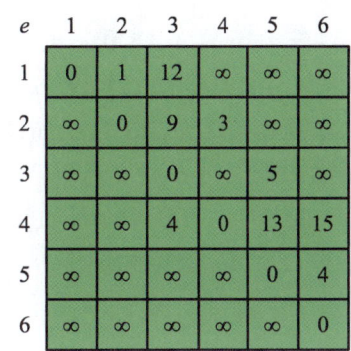

图 3.23　算法示例连接矩阵

用一个一维数组 dis 来存储 1 号顶点到其余各个顶点的初始路程,此时 dis 数组中的值称为最短路的估计值,如图 3.24 所示

求 1 号顶点到其余各个顶点的最短路程步骤如下:

步骤 1:首先找一个离 1 号顶点最近的顶点。通过数组 dis 可知当前离 1 号顶点最近的是 2 号顶点。当选择了 2 号顶点后,$dis[2]$ 的值就从估计值变为确定值,即 1 号顶点到 2 号顶点的最短路程就是当前 $dis[2]$ 值。

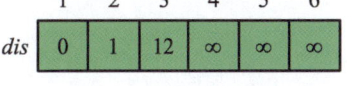

图 3.24　距离储存数组 dis

步骤 2:选定 2 号顶点后,讨论 2 号顶点连接边的估计值。

2 号顶点有 2-3 和 2-4 这两条边。先讨论通过 2-3 这条边能否让 1 号顶点到 3 号顶点的路程变短,即比较 $dis[3]$ 和 $dis[2]+e[2][3]$ 的大小。其中,$dis[3]$ 表示 1 号顶点到 3 号顶点的路程,$dis[2]$ 表示 1 号顶点到 2 号顶点的路程,$e[2][3]$ 表示 2-3 边的路程。所以 $dis[2]+e[2][3]$ 就表示从 1 号顶点先到 2 号顶点,再通过 2-3 这条边,到达 3 号顶点的路程。

由于 $dis[3]=12$,$dis[2]+e[2][3]=1+9=10$,$dis[3]>dis[2]+e[2][3]$,因此 $dis[3]$ 更新为 10。这个过程称为"松弛",即 1 号顶点到 3 号顶点的路程为 $dis[3]$,通过 2-3 这条边松弛成功。这便是 Dijkstra 算法的主要思想,即通过"边"来松弛 1 号顶点到其余各个顶点的路程。

同理,通过 2-4($e[2][4]$),可以将 $dis[4]$ 的值从 ∞ 松弛为 4($dis[4]$ 初始为 ∞,$dis[2]+e[2][4]=1+3=4$,$dis[4]>dis[2]+e[2][4]$,因此 $dis[4]$ 更新为 4)。

2 号节点松弛完毕之后 dis 数组如图 3.25 所示。

步骤 3:依次松弛其余节点。

接下来,继续在剩下的 3、4、5 和 6 号顶点中,选出离 1 号顶点最近的顶点。通过上面更新过 dis 数组,当前离 1 号顶点最近是 4 号顶点。此时,$dis[4]$ 的值已经从估计值变为了确定值。下面继续对 4 号顶点的所有出边(4-3,4-5 和 4-6)用刚才的方法进行松弛。松弛完毕之后 dis 数组如图 3.26 所示。

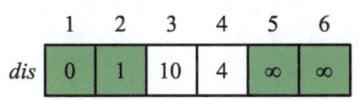

图 3.25　2 号节点松弛数组

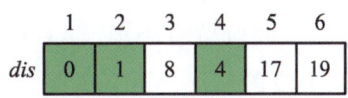

图 3.26　4 号节点松弛数组

继续在剩下的 3、5 和 6 号顶点中,选出离 1 号顶点最近的顶点,这次选择 3 号顶点。此时,$dis[3]$ 的值已经从估计值变为了确定值。对 3 号顶点的所有出边(3-5)进行松弛。松弛完毕之后 dis 数组如图 3.27 所示。

继续在剩下的 5 和 6 号顶点中,选出离 1 号顶点最近的顶点,这次选择 5 号顶点。此时,$dis[5]$ 的值已经从估计值变为了确定值。对 5 号顶点的所有出边(5-4)进行松弛。松弛完毕之后 dis 数组如图 3.28 所示。

最终 dis 数组如图 3.29 所示,这便是 1 号顶点到其余各个顶点的最短路径。

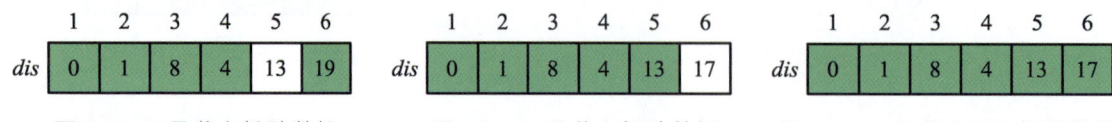

图 3.27　3 号节点松弛数组　　图 3.28　5 号节点松弛数组　　图 3.29　1 号节点最终松弛数组

b. 基本思想。

每次找到离源点(上面例子的源点就是 1 号顶点)最近的一个顶点,然后以该顶点为中心进行扩展,最终得到源点到其余所有点的最短路径。基本步骤如下:

步骤 1:将所有的顶点分为两部分,即已知最短路程的顶点集合 P 和未知最短路径的顶点集合 Q。最初,已知最短路径的顶点集合 P 中只有源点一个顶点,这里用一个 $book[i]$ 数组来记录哪些点在集合 P 中。例如对于某个顶点 i,如果 $book[i]$ 为 1,则表示这个顶点在集合 P 中;如果 $book[i]$ 为 0,则表示这个顶点在集合 Q 中。

步骤 2:设置源点 s 到自己的最短路径为 0 即 $dis=0$。若存在源点有能直接到达的顶点 i,则把 $dis[i]$ 设为 $e[s][i]$,同时把所有其他(源点不能直接到达的)顶点的最短路径为设为 ∞。

步骤 3:在集合 Q 的所有顶点中选择一个离源点 s 最近的顶点 u(即 $dis[u]$ 最小)加入到集合 P,并考察所有以点 u 为起点的边,对每一条边进行松弛操作。例如,存在一条从 u 到 v 的边,那么可以通过将边 $u-v$ 添加到尾部来拓展一条从 s 到 v 的路径,这条路径的长度是 $dis[u]+e[u][v]$。如果这个值比目前已知的 $dis[v]$ 的值要小,就可以用新值来替代当前 $dis[v]$ 中的值。

步骤 4:重复步骤 3,如果集合 Q 为空,算法结束。最终 dis 数组中的值就是源点到所有顶点的最短路径。

(9)基于离散粒子群算法的模型求解。

步骤 1:参数初始化。

① 根据铺架工程段数量,随机生成 N 个粒子的铺架施工顺序 AX_i,并将其作为铺架顺序粒子个体最优位置 AXP_i。

② 获取铺架施工顺序 AX_i 第 j 步铺架段的连接节点 V_{ij1} 和 V_{ij2}。

③ 建立铺架施工顺序 AX_i 的线路连接矩阵 G_i,若线路 A 连通,则线路 A 连接节点 V_{A1} 和 V_{A2} 在矩阵中的对应值为 1,即 $G_i(V_{A1},V_{A2})=1$,$G_i(V_{A2},V_{A1})=1$,并在计算第 $j-1$ 步铺架段到第 j 步铺架段的转场路径前对连接矩阵 G_i 进行更新,即 $G_i(V_{ij1},V_{ij2})=1$,$G_i(V_{ij2},V_{ij1})=1$,若该步铺架的铺架方向存在限制,则只对该方向连接矩阵进行更新,该步最短路径计算完成后再对另一方向进行更新。

④ 利用 Dijkstra 算法计算以铺架施工顺序 AX_i 第 $j-1$ 步铺架段的结束节点 BXV_{ij-1} 为起点，分别以节点 V_{ij1} 和节点 V_{ij2} 为第 j 步结束节点的最短路径和走行时间，判断两个最短路径是否能经行目标铺架段，若不能，则对其最短路径和走行时间进行修正，最后比较两者走行大小，其最大者作为铺架施工顺序 AX_i 第 $j-1$ 步到第 j 步的转场走行路径 BX_{ij} 和走行时间 BU_{ij}，对应结束节点作为第 j 步铺架段的结束节点 BXV_{ij}，由此依次确定施工顺序 AX_i 每步铺架转场走行路径和走行时间。

⑤ 将铺架施工顺序 AX_i 第 $j-1$ 步到第 j 步的转场走行路径 BX_{ij} 和走行时间 BU_{ij} 作为铺架顺序粒子个体最优位置 AXP_i 对应的转场走行路径 BPX_i 和时间 BPU_i。

⑥ 根据式（3-39）、式（3-41）计算铺架顺序 N 个粒子的目标值 U_i，找出其目标值 U_i 最小的粒子，将其铺架顺序位置作为铺架顺序全局最优位置 A，其走行路径和时间作为全局最优走行路径 B 和走行时间 BBU，其目标值作为全局最优目标值 U。

步骤 2：铺架顺序迭代。

① 根据式（3-50）～（3-52）对铺架顺序各粒子位置 AX_i 进行更新迭代。

$$\begin{cases} AX_i(t+1) = AX_i(t) \oplus \{r_1 \otimes [AXP_i - AX_i(t)]\} & (\text{if}(r_3 < \alpha)) \\ AX_i(t+1) = AX_i(t) \oplus \{r_2 \otimes [A - AX_i(t)]\} & (\text{elseif}(r_4 < \beta)) \\ AX_i(t+1) = AX_i(t) \oplus [r_5 \otimes V_i(t)] & (\text{else}) \end{cases} \quad (3\text{-}50)$$

$$V_i(t) = m(t) \otimes \boldsymbol{D}_A \quad (3\text{-}51)$$

$$m(t) = (N-1) - (N-5) \times t / \text{MaxGen} \quad (3\text{-}52)$$

式中　MaxGen——最大更新次数，此处取 100；

$\boldsymbol{D}_A$——n 个铺架段的走行距离排序矩阵（$\boldsymbol{D}_{An \times (n-1)}$），第 i 行记录了与第 i 个铺架段距离由近到远的 $n-1$ 个铺架段；

t——更新次数；

r_1、r_2、r_3、r_4、r_5——随机数，取 $\alpha = \beta = 0.4$。

② 转入步骤 1 ②～④重新对新的铺架顺序 AX_i 对应的最短走行路径 BX_i 和走行时间 BU_i 进行计算。

步骤 3：铺架顺序更新。

① 若 $U_i > U(AX_i, BX_i, BU_i)$，则将当前施工顺序 AX_i 位置赋给铺架顺序个体最优位置 AXP_i，其对应走行路径 BX_i 和走行时间 BU_i 赋给铺架顺序粒子个体最优位置 AXP_i 对应的转场走行路径 BPX_i 和时间 BPU_i，并对粒子个体最优目标值 U_i 进行更新。

② 若 $U > U(AXP_i, BXP_i, BPU_i)$，则将当前铺架顺序个体最优位置 AXP_i 赋给铺架顺序全局最优位置 A，其对应走行路径 BPX_i 和 BPU_i 赋给当前铺架顺序全局最优位置 A 下路径全局最优位置 B 和全局最优走行时间 BBU，并对全局最优目标值 U 进行更新。

③ 判断算法是否达到最大迭代次数，若达到则转步骤 2，否则转步骤 4。

步骤 4：输出。

输出铺架顺序全局最优位置 A，对应最优走行路径 B 和走行时间 BBU，以及全局最优目标值 U，算法结束。

混合离散粒子群算法流程如图 3.30 所示。

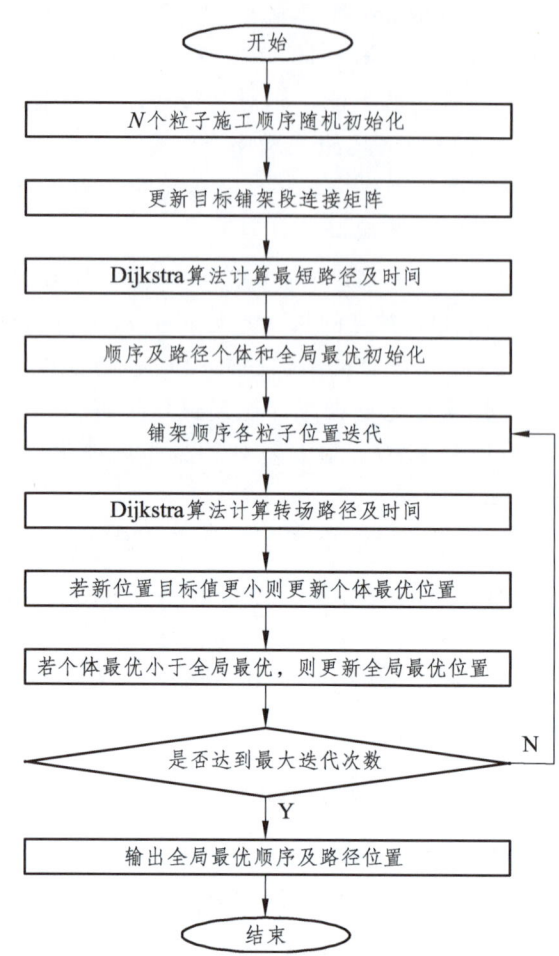

图 3.30　混合离散粒子群算法流程

5．案例分析

（1）数据准备。

分别建立铺架工期矩阵 T、工期限制矩阵 L、走行时间矩阵 ZT、节点连接矩阵 H、链距离优先顺序矩阵 D_A、既有线连接矩阵 G，分别如表 3.22～3.27 所示。

表 3.22　铺架工期矩阵 T

链编号	1	2	3	4	5	6	7	8	9	10	11
铺架工期矩阵 T	168	32	57	12	7	3	10	16	28	21	2

表 3.23　工期限制矩阵 L

链编号	1	2	3	4	5	6	7	8	9	10	11
工期限制矩阵 L	0	0	316	0	300	0	376	281	0	257	0

表 3.24 走行时间矩阵 ZT

链编号	1	2	3	4	5	6	7	8	9	10	11
走行时间矩阵 ZT	3.26	2.38	3.78	2.00	0.77	1.60	1.05	0.50	0.92	0.67	0.14
链编号	12	13	14	15	16	17	18	19	20	21	22
走行时间矩阵 ZT	3.63	4.23	0.33	3.05	2.69	2.91	0.53	1.57	3.02	0.50	0.05

表 3.25 节点连接矩阵 H

节点连接矩阵 H	a	b	c	d	e	f	g	h	i	j	k	l	m	n	o	p	q
a	0	16	14	0	0	0	0	0	0	0	0	0	0	0	0	0	0
b	16	0	3	0	0	0	0	7	0	0	4	17	0	0	20	0	0
c	14	3	0	2	0	15	0	0	0	0	0	0	0	0	0	0	0
d	0	0	2	0	1	0	12	0	0	0	0	0	0	0	0	0	0
e	0	0	0	1	0	0	0	0	0	0	0	0	0	0	0	0	0
f	0	0	15	0	0	0	13	0	0	0	0	0	0	0	0	0	0
g	0	0	0	12	0	13	0	0	0	0	0	0	0	0	0	0	0
h	0	7	0	0	0	0	0	0	8	0	0	0	0	0	0	0	0
i	0	0	0	0	0	0	0	8	0	9	18	0	0	0	0	0	0
j	0	0	0	0	0	0	0	0	9	0	0	0	0	0	0	10	0
k	0	4	0	0	0	0	0	0	18	0	0	22	6	5	0	0	0
l	0	17	0	0	0	0	0	0	0	0	22	0	0	0	21	0	11
m	0	0	0	0	0	0	0	0	0	0	6	0	0	19	0	0	0
n	0	0	0	0	0	0	0	0	0	0	5	0	19	0	0	0	0
o	0	20	0	0	0	0	0	0	0	0	0	21	0	0	0	0	0
p	0	0	0	0	0	0	0	0	0	10	0	0	0	0	0	0	0
q	0	0	0	0	0	0	0	0	0	0	0	11	0	0	0	0	0

表 3.26 链距离优先顺序矩阵 D_A

链编号	优先顺序									
	1	2	3	4	5	6	7	8	9	10
1	2	3	7	8	4	11	9	5	10	6
2	3	1	7	8	4	11	9	5	10	6
3	7	8	4	11	2	9	5	10	6	1
4	8	7	11	9	5	10	6	3	2	1
5	11	6	8	9	4	7	10	3	2	1
6	5	11	8	9	4	7	10	3	2	1
7	8	4	11	9	5	10	6	3	2	1
8	11	9	4	7	5	10	6	3	2	1
9	8	10	11	5	4	7	6	3	2	1
10	9	8	11	5	4	7	6	3	2	1
11	5	8	9	6	4	7	10	3	2	1

表 3.27 既有线连接矩阵 G

既有线矩阵	a	b	c	d	e	f	g	h	i	j	k	l	m	n	o	p	q
a	0	1	1	0	0	0	0	0	0	0	0	0	0	0	0	0	0
b	1	0	0	0	0	0	0	0	0	0	0	1	0	0	1	0	0
c	1	0	0	0	0	1	0	0	0	0	0	0	0	0	0	0	0
d	0	0	0	0	0	0	1	0	0	0	0	0	0	0	0	0	0
e	0	0	0	0	0	0	0	0	0	0	0	0	0	0	0	0	0
f	0	0	1	0	0	0	1	0	0	0	0	0	0	0	0	0	0
g	0	0	0	1	0	1	0	0	0	0	0	0	0	0	0	0	0
h	0	0	0	0	0	0	0	0	0	0	0	0	0	0	0	0	0
i	0	0	0	0	0	0	0	0	0	1	0	0	0	0	0	0	0
j	0	0	0	0	0	0	0	0	0	0	0	0	0	0	0	0	0
k	0	0	0	0	0	0	0	1	0	0	1	0	0	0	0	0	0
l	0	1	0	0	0	0	0	0	0	1	0	0	0	0	1	0	0
m	0	0	0	0	0	0	0	0	0	0	0	0	0	1	0	0	0
n	0	0	0	0	0	0	0	0	0	0	0	0	1	0	0	0	0
o	0	1	0	0	0	0	0	0	0	0	1	0	0	0	0	0	0
p	0	0	0	0	0	0	0	0	0	0	0	0	0	0	0	0	0
q	0	0	0	0	0	0	0	0	0	0	0	0	0	0	0	0	0

（2）计算结果。

通过离散粒子群算法求解得到铺架顺序方案如表 3.28 所示，铺架总工期均为 389 天。

表 3.28 铺架顺序对比

铺架顺序	1	2	3	4	5	6	7	8	9	10	11
方案	1	2	4	9	11	10	8	5	6	3	7

该方案铺架施工顺序及走向节点如表 3.29 所示，施工顺序如图 3.31 所示。铺架工程搭接网络如图 3.32 所示，对应的具体铺架工程施工顺序安排如表 3.30 所示。

表 3.29 施工顺序及走行节点

施工顺序	链编号	走行节点	走行时间/h	资源调配时间/d	是否调头
1	1	$a \to c \to f \to g \to d \to e$	14.5	0	是
2	2	$e \to d \to c$	5.64	0.3	否
3	4	$c \to a \to b \to k$	5.02	1.5	否
4	9	$k \to i \to j$	1.45	1.2	是
5	11	$j \to i \to k \to l \to q$	1.64	0.9	是
6	10	$q \to l \to k \to i \to j \to p$	2.31	2.1	是
7	8	$p \to j \to i \to h$	2.09	0.6	是
8	5	$h \to i \to k \to n$	1.80	1.5	否
9	6	$n \to m \to k$	3.17	0.6	否
10	3	$k \to b \to a \to c \to b$	8.80	2.4	否
11	7	$b \to h$	1.05	0.3	否

第3章 基于多目标粒子群优化算法的山区高速铁路大型枢纽铺架设备配套与施工关键技术研究

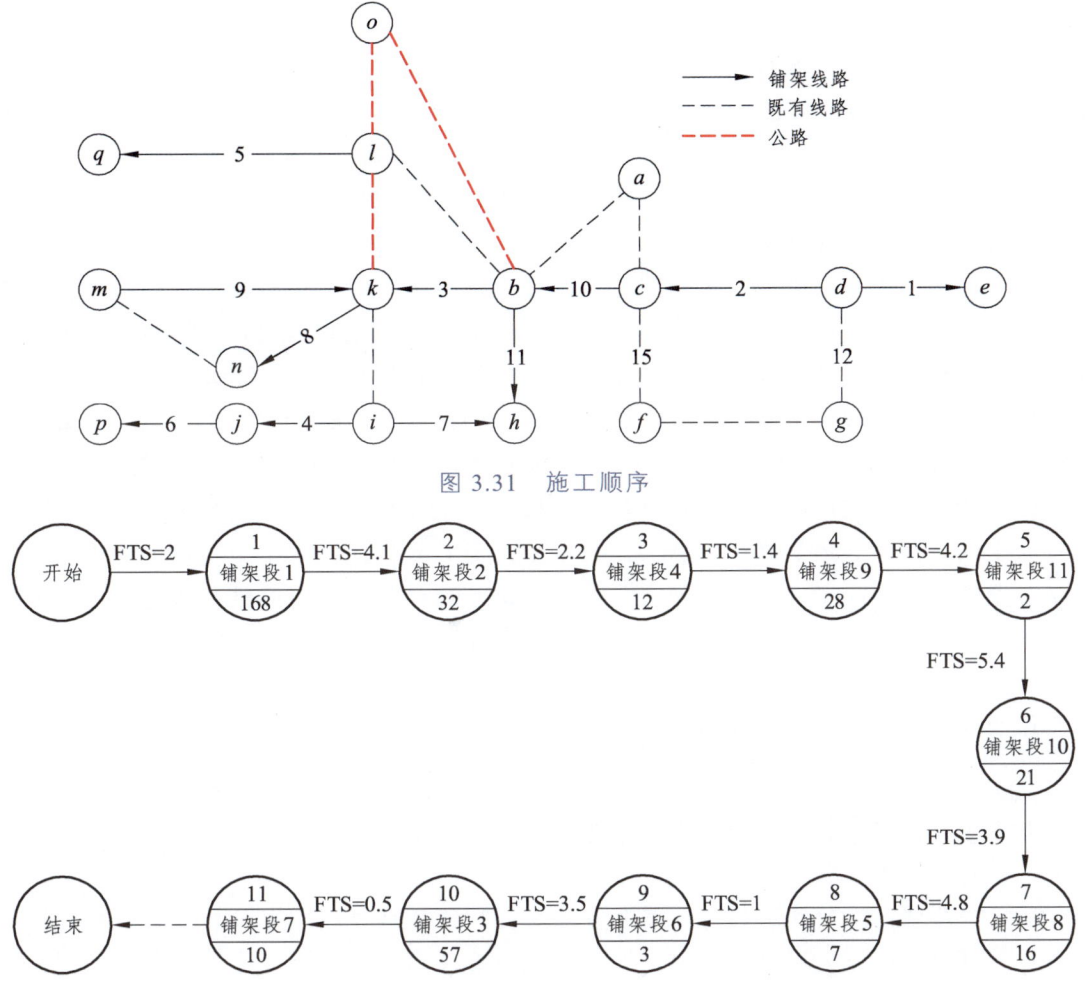

图 3.31 施工顺序

图 3.32 铺架工程搭接网络（天）

表 3.30 铺架工程施工顺序安排

铺架段	线 路	桥 位	工期/d	搭接时间/d
1	渝黔客车正线	张家湾 0#台～白沙沱桥重庆端桥头 0#台	168	2.0
2	渝黔客车正线	张家湾双线大桥 0#台～纱帽石双线大桥 0#台	32	4.1
4	渝黔动车左线	后河左线特大桥 48#台～23#台	12	2.2
9	渝黔客车正线、渝黔动车右线	重庆西站单、双线特大桥 48#台～20#台	28	1.4
11	渝昆动车左线	罗家湾大桥	2	4.2
10	渝黔客车正线、渝黔动车右线	重庆西单、双线特大桥 20#台～0#台	21	5.4
8	渝黔客车正线、渝黔动车右线	重庆西站单、双线特大桥 48#台～63#台	16	3.9
5	渝黔动车左线	后河左线特大桥 23#台～后河左线特大桥 0#台	7	4.8
6	中梁山支线	中梁山大桥—中梁山中桥	3	1.0
3	渝黔客车正线	纱帽石双线大桥—桂花屋基 1 号双线特大桥	57	3.5
7	渝黔客车正线、渝黔动车右线	天灯堡三线桥 0#台—中梁山右线大桥—中梁山右线中桥	10	0.5

(3) 结果分析。

由施工资料可知，渝黔铁路引入重庆枢纽范围铺架工程（除童西线铺架工程部分）施工开始时间为 2015 年 11 月 11 日，结束时间为 2017 年 3 月 31 日，项目总工期 506 d。但施工中途经受两次长时间停工（第一次长时间停工：2016 年 6 月 20 日—2016 年 8 月 18 日，共计 59 d；第二次长时间停工：2017 年 1 月 26 日—2017 年 3 月 22 日，共计 55 d），因此项目实际总工期 392 d。

基于混合离散粒子群模型求解铺架工程施工顺序指导现场实际施工，理论计算其铺架总工期为 389 d，与最后实际总工期 392 d 相比，在一定的误差允许范围内。通过分析发现，模型建立时考虑调头工期均为 3 d，且综合考虑人力组织、资源调配等施工准备时间影响因素，在架桥机走行速度上进行调整，并根据转场路径计算相邻顺序铺架段间转场时间，但相邻顺序铺架段间的工程实际施工时间间隔受工程复杂度、资源供应情况、人员组织情况、突发情况等因素影响，会与根据通常工程情况下确定的调头转场时间参数有所出入，从而导致最终铺架总工期的误差。但该项目优化工期比实际工期小，且计算相对误差为 0.8%，误差不大。因此，模型计算优化结果具有可靠性和可行性，可为实际工程的铺架段施工顺序、铺架方向、调头位置和转场最优路径提供实际理论指导，同时正线与既有线有机结合，减少了既有线影响，保证了铺架工期，为铺架工程的施工准备工作的提前进行和工期目标的优化和实现打下理论基础。

3.2.6 跨既有线、转线及龙门吊的应用

制定好合理铺架段施工顺序、铺架方向及走行转场路径后，需对其交叉线路的转线方案和跨既有线施工方案进行确定。对于交叉角度及高差较小地段可采取拨接和圆曲线进行过渡，对于交叉处高差过大地段则可采用龙门吊提梁架梁，绕开了线下未施工区段。

1. 跨、绕线方案

（1）绕行地段铺架方案。

单线绕行地段采取先铺设开通一条新线后，封锁既有线，然后铺设绕行新线的方案。双线绕行与既有线交叉角度及高差较小地段，采取分线拨接、分段开通新线、分线进行绕行段铺架的方案。双线绕行与既有线交叉角度较大，不宜采用拨接方案地段，采取反方向铺架方案。为减少铺架设备跨越既有线次数，采取在已铺新线上铺设临时道岔，转入另一条线进行铺架的双绕双铺方案。桥墩台联体的双线桥，采取架桥机单线对位，墩顶横移梁，一次架设双线桥的单铺双架方案。

（2）新旧线交叉地段铺架施工过渡方案。

新旧线交叉处高差不大时，采取平面曲线过渡，然后换边铺架。新旧线交叉处因高差较大，不具备平面曲线过渡条件时，采取铺架设备调头反向铺架或采取既有线区间岔线。

（3）平交跨铺、立交便梁跨铺施工方案。

既有线与新建线频繁交叉，且个别地段不具备便线绕行条件。针对此种情况，优

化后的施工组织设计为保证工程如期建成、进行铺架施工，提出采取跨既有线铺架施工方案。

2．龙门吊跨既有线施工

当采取跨既有线铺架施工方案，或走行转场中因交叉处高差过大难以采取平面曲线过渡时，可采用龙门吊提梁架梁，绕开了线下未施工区段，保证了铺架工期。

（1）施工技术的设计概况。

在平时的场地施工过程当中，根据场地的地形、桥面设计的具体要求以及预制梁场中的高度差、桥上运梁和桥上落梁的具体净空的要求，把所需要设计的龙门吊外观的净跨、净高等尺寸进行精准的测量，保障桥梁高腿和桥梁低腿之间高度差达到桥梁设计方案的标准。具体来说，龙门吊的整体系统都是由高、低支腿，工程梁，行走以及提升机构，小、大型车辆，桥梁施工过程中的车辆行走轨迹结构等共同组成的。在进行相关组件的拼装过程中，一般采用 N 型万能杆装置进行操作，并且依据双轨、双梁的结构进行设计。由于龙门吊的最大起吊质量只能达到 140 t 左右，所以在采用空车进行相关的车体移动过程当中，必须要采取重载静止的形式。在平时的起吊过程当中，由于会受到冲击力的影响，所以在运行和使用过程中，要对横移的小车辆进行强度校核。

场地受限时，在跨线桥梁的施工技术的行走以及提升机构设计过程中，由于桥梁高支腿的长度和细度都比较大，所以龙门吊的重心就会相对的靠近桥梁高支腿的侧面，因此，在桥梁的设计过程中，通常会采用双轨的设计以防止龙门吊的侧翻情况的发生。通常情况下，龙门吊一般采用摆线针轮减速机进行自力行走，其中值得强调的是，场地受限时跨线桥梁的施工技术的行走速度最大值一般是 13 m/min。就小车方面的情况来说，起重小车的起重小梁一般采用的是箱型梁，小车在行走方面一般利用摆线针轮式样的减速器，一般来说，行走速度是 5 m/min。提升卷扬机都是一台平均质量为 8 t 左右，并带有 10 个左右的门带车组，钢丝绳采用花穿法进行布置。

（2）架梁施工作业过程。

① 架梁主要作业程序。

采用主机定位架梁，机动平车转运，倒装龙门架倒装的作业程序。架桥机施工时，主机、机动运梁车、倒装龙门吊三部分平行作业。

② 倒装龙门架设立。

倒装龙门架应设在距桥头 300 m 左右的路基上，本段线路曲线约为 150 m，直线为 150 m，坡度为 2.2‰。倒装龙门架设立标准为，倒装龙门架支腿与线路中心线的距离保持一致，误差不超过 10 mm，两支腿在同一水平面上，误差不超过 4 mm。龙门架支承基础整平捣实，放三层枕木以分布压力，支腿垫平垫实；两龙门架之间的距离，根据梁的跨度、吊梁允许悬出长度和运梁转向架位置等安排两龙门架间中心距离 12 m；倒装龙门架设立完成后，进行空载试运转，保证运转正常。

③ 喂梁作业。

机车推送运梁列车到龙门吊处适当位置停下，利用 2 台 80 t 龙门吊起桥梁，然后拉出装梁用空平车，机动运梁车进入龙门吊吊起桥梁的下方对位，将梁倒装到机动运梁车上捆绑好，机动运梁车运梁至架桥机主机后部；装梁后检查梁上防水盖板、工具、材料等的高度是否超出挡砟墙顶，超过时及时处理，保证梁片能顺利通过架桥机的一、二号柱。

④ 架梁作业。

a. 喂梁、落梁就位。梁列运行至龙门吊处，龙门吊将梁提起，梁列向神池站方向行走，机动运梁车就位，龙门吊将梁体吊至机动运梁车，运梁车将梁体运至架桥机机臂下。桥梁的前端由拖梁小车运至机臂上第一部吊梁小车下，由吊梁小车将梁的前端吊起，再由机动运梁车上的千斤顶将梁顶起，同时将架桥机主机上的拖梁小车移至后端，千斤顶落下使梁落在拖梁小车上，继续拖运，梁后端到达第二部吊梁小车下时，第二部吊梁小车将梁的后端吊起，同时升高梁的高度，沿机臂前行运至桥位，将梁落下至墩顶临时支承上。吊梁对位下落过程中，梁的前后端落差不得大于 500 mm，严禁在下落过程中梁体碰擦机臂。在接近墩顶时，进行横移梁片并准确对位，如需少量人工斜拉时，要选择最低点进行，且斜拉距离不超过 400 mm。在落梁作业时应注意如下事项：落梁距支座 200～300 mm 时，要确认支座就绪后才能继续落梁；在桥梁对位时，严禁梁片碰撞 0 号柱；在桥梁落实前，要对梁端缝、梁体竖直度、支座安装尺寸及密贴情况全面检查，确认达到规范要求后，才能落梁就位；梁就位后应立即打好支撑。

b. 安装支座，调整梁位。支座底面中心线与墩台支承垫石顶面十字线重合，梁缝符合规定尺寸；梁片间隙符合规定；道砟槽顶宽不小于 4.9 m；支座固定端、活动端位置符合设计要求；支座底面与支承垫石顶面密贴，上座板与梁底之间无缝隙。如不能满足上述要求需调整，调整时遵循以下原则：梁跨与桥跨纵向有差值，其纵向误差以桥梁中心为准向两端平均分配，但梁的活动端最小空间保证不小于梁全长的 1/1 000；横向误差在保持梁片间隙能放置防水盖板、取出千斤顶的条件下，以桥梁中线为准向两片梁对称分配；调整以后的误差不超过支座安装允许偏差。

⑤ 横向连接施工。

桥梁的支座下座板间的焊接；整修因架设造成的梁体缺陷，因碰撞挤轧产生的破块裂痕；安装支座围板；灌注锚栓孔等。

3．重庆枢纽跨既有线施工应用实例

（1）龙门吊施工方案的必要性。

重庆枢纽改造工程标段铺架线路众多，且相互并行、交叉，受既有铁路关停、征地拆迁、动车所变更批复等因素影响，工程无法正常开展，施工进度严重滞后。但根据铁路总公司工管中心要求，渝黔铁路 2017 年底开通目标不变。为将铁路关停、征地拆迁、动车所变更等对工程进展的影响降低至最小，满足总体工期要求，铺架顺序必须适时动态调整。因此，根据铺架上道位置、现场实际进度，共同编排铺架顺序，优先架设不受动车所变更影响的正线、动走线部分，即渝黔正线张家湾大桥—纱帽石大桥—渝黔动左后河左线特大桥—渝昆动左罗家湾大桥—重庆西单双线特大桥，最后架设受动车所影响的正线、动走线桥梁。

但是，渝黔客车线张家湾大桥至纱帽石大桥铺架工程受渝黔动左后河左线特大桥 22#、21#、20# 三个门式墩地方道路改移，以及渝昆动左罗家湾大桥燃气管道迁改影响，导致实体工程将滞后 2 个月以上。若不及时调整铺架方案，梁场即将面临停工以及受制

梁、存梁数量限制的困境，导致总工期无法保证。线下工程仅重庆西单、双线特大桥48~20#墩并行段（单孔6片）已经完工，而该段桥梁无法直接从路基上线架设。

为了解决上线方法，增加铺架工作面，通过现场踏勘，发现后河左线特大桥48#台大里程路基与重庆西单、双线特大桥48~46#墩邻近，且高差不大，自梁场、铺架基地可通过既有襄渝东线到达此处。由此，可在重庆西站单、双线特大桥46~48#墩之间设置龙门吊提梁站，采取龙门吊提架桥机、轨排、T梁上桥，先向重庆西单、双线特大桥0#台方向架设288片（并行段、单孔6片），而后再架设渝昆动左罗家湾大桥、渝黔动左后河左线特大桥23~0#台段。一方面可有效消除征拆影响，缩短运梁距离约3 km（原计划自重庆西单、双线特大桥0#台后路基上线，向48#墩方向架设），另一方面可缓解梁场与线下施工压力，保证铺架总工期，同时也为后期受动车所影响部分桥梁铺架提供一条上线架梁通道。

（2）龙门吊施工方案可行性。

对龙门吊提梁站提梁架设方案的经济可行性进行分析，其费用增减如表3.31所示。

表3.31 龙门吊施工方案费用增减

	序号	名称	单位	数量	单价/元	合价/元	备注
节约费用	1	人员	工日	3 000	400	1 200 000	含工资、差旅、五金、劳保等
	2	架桥机	台·月	4	410 000	1 640 000	
	3	轨道车	辆·月	4	40 000	160 000	
	4	运梁车	辆·月	4	60 000	240 000	轮轨式
	5	运输车	辆·月	28	38 000	1 064 000	7辆
	6	罐车	辆·月	8	24 000	192 000	
	7	内燃机车	辆·月	4	696 600	2 786 400	
	8	平板车	辆·月	4	60 000	240 000	
	9	运输增运费	元	1	943 334	943 334	3.036×6×137×378=943 334
	10	其他	项	1	100 000	100 000	含发电机、小机具、工具
	合计					8 565 734	
增加费用	1	人员	工日	516	400	206 400	
	2	龙门吊	套	1	550 600	550 600	
	3	材料费	元	1	208 994	208 994	
	3	自卸车	台班	12	850	10 200	12 t
	4	吊车	台班	2	1 600	3 200	
	5	挖掘机	台班	6	800	4 800	
	6	装载机	台班	14	533	7 462	
	7	其他	项	1	20 000	20 000	小型机具等
	合计					1 011 656	
	总节约费用					7 554 078	

可见，经过增加提梁站，节约费用 7 554 078 元，减少了成本支出，提高了企业的经济效益。

通过现场考察、测量、放样，从工期、人员、机械、材料、运距等方面对设置提梁站与不设置提梁站方案进行比选分析，如表 3.32 所示。

表 3.32　龙门吊施工方案对比

序号	对比项目	安装双梁门式起重机		由重庆西站单双线 0#桥台进行架梁	
		内容	说明	内容	说明
1	铺架时间安排	铺架时间受制于门式起重机轨道基础及主体结构安装及调试，以及线路道岔铺设及临时线路的顺延，以及架桥机在后河左由第 48 跨架至第 24 跨的施工完成时间。此部分时间为本项目部可控因素，持续时间取决于本项目部管理水平及相关各方面投入，并且安装门式起重机可与架桥作业平行施工，互不干扰。项目部人员处于主动控制范围	工期可控	铺架时间受制于线下墩柱及高填方路基回填作业及征拆、改移路影响，施工间隔未知不可控，项目部管理人员处于被动地位	工期无法保证
2	工期	将提前工期至少 2 个月，由顺序作业改变为流水作业，由本来施组计划内遇见的施工间隔时间用作铺架重庆西站单双线特大桥 48 跨，共计 288 片梁，充分利用节点工期，为后续铺架及桥面系，铺轨施工留出足够的施工时间	按照施组工期推进	将会影响工期，顺序作业形式将会影响关键工作的持续时间，影响总工期，致使总工期滞后。按照以往架桥机工效，每天 6 片，将耗时 48 天，加上必要的机械时间，将会影响 4 个月	推迟 4 个月
3	人员投入	提梁机安装人员，提梁站人员，运梁车人员，架桥机人员	41 人	人员投入为架桥机原有固定人员 17 人，运梁车 8 人，无施工任务，人员、设备窝工至少 4 个月	25 人
4	材料投入	安装双梁门式起重机所必要的配合工具，如焊机、枕木、钢丝绳、经纬仪、水准仪等	消耗品费用	无额外的材料投入，材料投入为必要的架梁过程中的投入	0
5	机械设备投入	增加一台可达固定资产标准的双梁门式起重机，增加一台 25 t 吊车拼装组件，及 2 台 50 t 吊车拼装龙门吊上部结构，及增加一台装载机进项配合作业	设备租赁费用及机械消耗台班	不额外增加机械设备	0
6	运距	运距计算根据现场里程标进行计算，从九龙坡制梁场经由工程线运至重庆西站单双线特大桥第 48 跨，等同于后河左线特大桥第 48 跨桥头		按照原施组，铺架完成渝黔动车左线再掉头铺架西站双线特大桥，运距增加	运距增加 3 036 m
7	设备情况	投入 100 t 龙门吊 2 台，架桥机、铺轨机能够充分利用，按施组要求完成铺架		无设备增加，原架桥机、运梁车闲置 4 个月	
	优点	充分利用场地及设备优势，保证了架桥机、运梁车等设备的充分利用，节约了工期，降低了运梁车运距，同时也减小了线下工程施工压力		不额外增加材料机械设备的投入	
	缺点	增加了一定的设备投入。要求更高的现场施工管理水平，对安全管理和质量管理方面的人员及材料投入相应地增加		设备、人员造成前期窝工，后期赶工的现象，运梁运距增加，受线下征拆影响铺架工期无法保证，所有分部后期施工压力极大	

由此可见，采用龙门吊提梁站提梁架设方案相对于不设置提梁站方案，增加了铺架上线工作面，缓解了线下及梁场施工压力，在保证总体工期前提下，既不造成机械设备闲置、人员窝工，又避免了后期赶工产生的大额费用，特别针对大型枢纽工程线路多、影响因素繁杂的特点，可实现铺架顺序灵活转换。因此，该提梁站方案可带来巨大的经济效益、工期效益，选择该方案合理可行。

3.2.7 童西线运输方案

1．研究背景及目的

铁路枢纽建设在高速铁路快速发展、线路互联共通的背景下逐步走向大型化，使得其施工组织愈发困难。然而，铺架工程作为枢纽建设的重要环节，面对工程的大型性和复杂性，其施工组织尤为困难。物料供应作为限制铺架进度的关键因素之一，面对线路纵横交错、多铺架口同时施工、线下工程影响和既有线干扰的复杂工程条件，如何对物料运输路径进行合理规划，保证铺架进度，显得十分重要。

铺架承前启后，既要前方提供作业面，又要后方桥梁、轨排及相关配件等物资供应及时，不管是生产和运输哪个环节脱节，都对铺架进度有直接的影响。因此，要时刻关注和督促物资的生产运输，不能出现供不应求和构配件配送差错、漏供情况，必要时，铺架前方应储备部分不同型号的构配件。

根据铺架施工计划和铺架顺序要求，关注铺架通道上各线下工程施工及障碍物迁改等能否满足铺架通过的时间节点要求，及时沟通协调，不等不靠，协助研究优化措施，制定应急方案。增建二线因多与既有线存在交叉，二线铺架与既有线相互干扰，为使铺架通道畅通，需适时安排车站改造、关闭、加铺临岔或从安全线引出为铺架提供进出通道以保证铺架连续。

童西线重庆西客站至童西线路所线下工程由成渝代建，铺架及桥面系工程由渝黔土建2标施工，童西线起讫里程 LtDK0＋000～LtDK21＋176，歌乐山至双碑线路所左、右联络线 LnZDK0＋000～LnZDK0＋700、LnYDK0＋000～LnYDK0＋102.377。

铺架工程主要包括架设 T 梁 555 片（32 m T 梁 494 片、24 m T 梁 58 片、32 m 道岔梁 3 片），铺轨 42.858 km，铺道砟约 5.8×10^4 m³、轨枕约 6.8 万根。

梁型主要有单线 24 m、32 m 梁-通桥（2012）2101 型，双线 24 m、32 m 边梁和中梁-通桥（2012）2201 型，32 m 道岔梁-贰桥（07）2007-I 型。

由于童西线新双碑隧道因征拆原因无法按期贯通，导致童西线无法通过新双碑隧道进行物料运输，从而使得童西线无法按原铺架方向和时间正常开展。因此，需要重新制定物料运输方案，绕开新双碑隧道，确定新的运输路径，以提早完成童西线铺架工程，确保渝黔铁路的按期开通。

2．研究方法

（1）问题分析。

对于童西线物料运输路径的研究，其研究问题具有如下特点：

① 以九龙坡制梁场为唯一配送源点；
② 以童西线铺架段施工起点为物料配送唯一终点；
③ 在 2016 年 10 月 1 日至 2017 年 3 月 31 日计划运输时间内运输路径需绕行线下挡

道工程，避免对其他工程和线路的影响；

④ 尽可能利用既有线实现快速运输，保证童西线铺架。

可见，童西线物料运输路径的规划问题是一个单源最短路径问题，有两个限制条件。一是需减少对其他工程及线路影响，即绕行施工线路工程；二是要求运送时间最短，即运送路径最短。因此，可将童西线物料运输路径的规划问题看作一个将需绕行工程线路视为断路的路网条件下求解最短运输路径的单源最短路径问题。

（2）求解方法。

对于童西线物料运输最短路径的求解，首先需引入图论对路网进行抽象和量化，然后选取合适的算法在由节点集和边集组成的图中寻找两节点之间长度最短的路径。

最短路径是从图中的任一个顶点出发，沿着图的边到达另外一个顶点的所有路径中，各边权值加起来全值和最小的那一条路径。在实际问题中，广泛运用的最短路径算法有Dijkstra、Floyd、KSP、SPFA算法等。如前所述，Dijkstra算法最具代表性，算法简明，有能力辨别负环路，在四种算法中更适用于这种权值为非负的图的单源最短路径求解，因此采用Dijkstra算法求解童西线物料运输最短路径。

但是，由于工程的复杂性，枢纽内线路交错纵横，其运输转线走行所受限制影响多且复杂，对其他工程线路的影响情况也十分复杂，仅通过Dijkstra算法定量求解出童西线物料运输最短路径作为运输线路具有一定片面性，不能完全反应现场工程情况。因此，选择另一条较优方案做定性分析，选择出一条最优方案，从而保证童西线物料运输路径计算结果的准确性和全面性。

3. 路网模拟

在进行路网抽象表示时，将铺架线路及运输路径抽象表示为链，将路网中的线路交叉点和端点抽象表示为节点，将距离标定为链权重，可定义连接矩阵 G 表征链权重及可通行方向，如 $G(i,j)=d$ 表示节点 i 与节点 j 构成的链距离权重为 d，且表示节点 i 到节点 j 的链方向可通行，若该方向不可通行则取 $d=\infty$，其中公路链权重考虑公铁路的转换时间，按其距离的4倍进行计算。如此，童西线物料运输路网便可以用图论中的有向图来抽象表示，如图3.33所示，其运输路网属性如表3.33所示，连接矩阵 G 如表3.34所示。因此可求解配送中心九龙坡制梁场 a 到童西线铺架段施工起点 u 的最短路径。

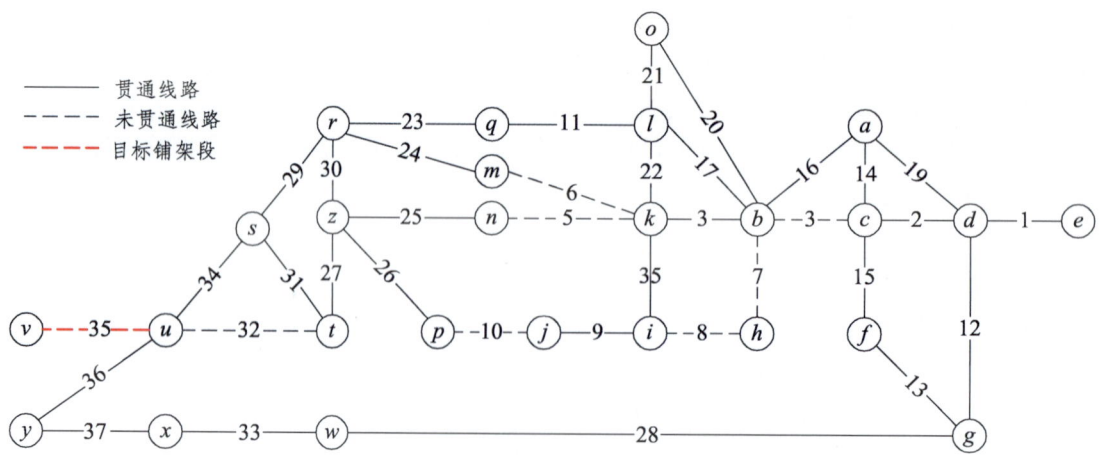

图 3.33　童西线运输路网模拟图

表 3.33 童西线运输路网属性表

链	节点	节点	线　路	里程/m	备　注
1	d	e	渝黔客车正线（张家湾 0#台～白沙沱桥重庆端桥头 0#台）	3 260.31	贯通
2	d	c	渝黔客车正线（张家湾双线大桥 0#台～纱帽石双线大桥 0#台）	2 379.56	贯通
3	c	b	渝黔客车正线（纱帽石双线大桥—桂花屋基 1 号双线特大桥）	3 778.35	未贯通
4	b	k	渝黔动车左线（后河左线特大桥 48#台～23#台）	2 000	贯通
5	n	k	渝黔动车左线（后河左线特大桥 23#台～后河左线特大桥 0#台）	765.85	未贯通
6	k	m	中梁山支线	1 600	未贯通
7	b	h	渝黔客车正线、渝黔动车右线（天灯堡三线桥 0#台—中梁山右线大桥—中梁山右线中桥）	1 046.87	贯通
8	i	h	渝黔客车正线、渝黔动车右线（重庆西站单、双线特大桥 48# 台～63#台）	496.09	未贯通
9	i	j	渝黔客车正线、渝黔动车右线（重庆西站单、双线特大桥 48# 台～20#台）	916.65	贯通
10	j	p	渝黔客车正线、渝黔动车右线（重庆西单、双线特大桥 20#台～0#台）	667	未贯通
11	l	q	渝昆动车左线（罗家湾大桥）	136	贯通
12	d	g	南疏Ⅰ线、Ⅱ线	3 631.7	贯通
13	g	f	南疏Ⅰ线、Ⅱ线	4 234.5	贯通
14	a	c	既有重庆西机务段线	330.1	贯通
15	c	f	既有重庆西机务段线	3 048.3	贯通
16	a	b	既有襄渝东线	2 691.35	贯通
17	l	b	渝昆动车左线	2 913.52	贯通
18	k	i	渝黔动车右线	525.43	贯通
19	a	d	南疏Ⅰ线	1 468.9	贯通
20	o	b	华玉路（公路）	12 063.36	贯通
21	o	l	玉仙路（公路）	2 000	贯通
22	l	k	玉仙路（公路）	200	贯通
23	r	q	罗家湾大桥桥头—重庆西站渝昆场东入口连接线	600	贯通
24	r	m	中梁山大桥桥头—重庆西站渝昆场东入口连接线	600	贯通
25	z	n	渝黔动车左线（后河左线大桥桥头—渝黔场岔线入口）	200	贯通
26	z	p	渝黔客车正线（重庆西站双线大桥桥头—渝黔场岔线入口）	400	贯通
27	t	z	重庆西站渝黔场	2 700	贯通
28	w	g	跳蹬站—白市驿	31 300	贯通
29	r	s	重庆西站渝昆场	3 400	贯通
30	r	z	重庆西站渝昆场东入口—重庆西站渝黔场东入口岔线	400	贯通
31	s	t	重庆西站渝昆场西入口—重庆西站渝黔场西入口岔线	1 300	贯通
32	u	t	新双碑隧道	10 200	未贯通
33	w	x	白市驿—团结村	17 300	贯通
34	s	u	原蔡东线—歌乐山站—歌双右线	23 400	贯通
35	u	v	童西线	21 176	目标铺架段
36	u	y	兴隆场—唐家沱—歌乐山站—歌双右线	62 700	贯通
37	y	x	团结村—兴隆场	8 200	贯通

表 3.34 襄西线运输路网连接矩阵 G

	a	b	c	d	e	f	g	h	i	j	k	l	m	n	o	p	q	r	s	t	u	v	w	x	y	z
a	∞	2 691	330	1 469	∞	∞	∞	∞	∞	∞	∞	∞	∞	∞	∞	∞	∞	∞	∞	∞	∞	∞	∞	∞	∞	∞
b	2 691	∞	∞	∞	∞	∞	∞	∞	∞	∞	2 000	2 914	∞	∞	6 031.68	∞	∞	∞	∞	∞	∞	∞	∞	∞	∞	∞
c	330	∞	∞	2 380	∞	3 048	∞	∞	∞	∞	∞	∞	∞	∞	∞	∞	∞	∞	∞	∞	∞	∞	∞	∞	∞	∞
d	1 469	∞	2 380	∞	3 260	∞	3 632	∞	∞	∞	∞	∞	∞	∞	∞	∞	∞	∞	∞	∞	∞	∞	∞	∞	∞	∞
e	∞	∞	∞	3 260	∞	3 260	∞	∞	∞	∞	∞	∞	∞	∞	∞	∞	∞	∞	∞	∞	∞	∞	∞	∞	∞	∞
f	∞	∞	3 048	∞	∞	∞	4 235	∞	∞	∞	∞	∞	∞	∞	∞	∞	∞	∞	∞	∞	∞	∞	∞	∞	∞	∞
g	∞	∞	∞	3 632	∞	4 235	∞	∞	∞	∞	∞	∞	∞	∞	∞	∞	∞	∞	∞	∞	∞	∞	31 300	∞	∞	∞
h	∞	∞	∞	∞	∞	∞	∞	∞	∞	916.7	∞	∞	∞	∞	∞	∞	∞	∞	∞	∞	∞	∞	∞	∞	∞	∞
i	∞	∞	∞	∞	∞	∞	∞	∞	∞	∞	525.4	∞	∞	∞	∞	∞	∞	∞	∞	∞	∞	∞	∞	∞	∞	∞
j	∞	∞	∞	∞	∞	∞	∞	916.7	∞	∞	∞	∞	∞	∞	∞	∞	∞	∞	∞	∞	∞	∞	∞	∞	∞	∞
k	∞	2 951	∞	∞	∞	∞	∞	∞	525.4	∞	∞	100	∞	∞	∞	∞	∞	∞	∞	∞	∞	∞	∞	∞	∞	∞
l	∞	2 914	∞	∞	∞	∞	∞	∞	∞	∞	100	∞	∞	∞	1 000	∞	136	∞	∞	∞	∞	∞	∞	∞	∞	∞
m	∞	∞	∞	∞	∞	∞	∞	∞	∞	∞	∞	∞	∞	∞	∞	∞	∞	600	∞	∞	∞	∞	∞	∞	∞	200
n	∞	∞	∞	∞	∞	∞	∞	∞	∞	∞	∞	∞	∞	∞	∞	∞	∞	600	∞	∞	∞	∞	∞	∞	∞	∞
o	∞	6 031.7	∞	∞	∞	∞	∞	∞	∞	∞	∞	1 000	∞	∞	∞	∞	∞	∞	∞	∞	∞	∞	∞	∞	∞	400
p	∞	∞	∞	∞	∞	∞	∞	∞	∞	∞	∞	∞	∞	∞	∞	∞	136	∞	∞	∞	∞	∞	∞	∞	∞	∞
q	∞	∞	∞	∞	∞	∞	∞	∞	∞	∞	∞	136	∞	∞	∞	∞	∞	600	∞	∞	∞	∞	∞	∞	∞	400
r	∞	∞	∞	∞	∞	∞	∞	∞	∞	∞	∞	∞	600	∞	∞	∞	600	∞	3 400	∞	∞	∞	∞	∞	∞	∞
s	∞	∞	∞	∞	∞	∞	∞	∞	∞	∞	∞	∞	∞	∞	∞	∞	∞	3 400	∞	1 300	23 400	∞	∞	∞	∞	∞
t	∞	∞	∞	∞	∞	∞	∞	∞	∞	∞	∞	∞	∞	∞	∞	∞	∞	∞	1 300	∞	∞	∞	∞	∞	∞	2 700
u	∞	∞	∞	∞	∞	∞	∞	∞	∞	∞	∞	∞	∞	∞	∞	∞	∞	∞	23 400	∞	∞	∞	∞	∞	62 700	∞
v	∞	∞	∞	∞	∞	∞	∞	∞	∞	∞	∞	∞	∞	∞	∞	∞	∞	∞	∞	∞	∞	∞	∞	∞	∞	∞
w	∞	∞	∞	∞	∞	∞	31 300	∞	∞	∞	∞	∞	∞	∞	∞	∞	∞	∞	∞	∞	∞	∞	∞	17 300	∞	∞
x	∞	∞	∞	∞	∞	∞	∞	∞	∞	∞	∞	∞	∞	∞	∞	∞	∞	∞	∞	∞	∞	∞	17 300	∞	8 200	∞
y	∞	∞	∞	∞	∞	∞	∞	∞	∞	∞	∞	∞	∞	∞	∞	∞	∞	400	∞	∞	62 700	∞	∞	8 200	∞	∞
z	∞	∞	∞	∞	∞	∞	∞	∞	∞	∞	∞	∞	∞	∞	∞	400	∞	∞	∞	2 700	∞	∞	∞	∞	∞	∞

4．计算结果

根据 Dijkstra 算法计算得童西线物料运输最短路径如表 3.35 所示，路径最短里程为 33.1 km。通过该路径进行童西线物料运输满足避免对线下工程和线路影响且运输时间最短的要求，能保证提前完成童西线铺架工程，确保渝黔铁路的按期开通。

表 3.35　童西线物料运输最短路径

经行节点	线　　路
a	九龙坡制梁场
b	既有襄渝东线
l	渝昆动车左线
q	渝昆动车左线（罗家湾大桥）
r	罗家湾大桥桥头—重庆西站渝昆场东入口连接线
s	重庆西站渝昆场
u	原蔡东线—歌乐山站—歌双右线
v	童西线

5．运梁路径定性分析

（1）较优运输路径方案。

选择以下两种较优运输路径方案做定性分析（运输路径见图 2.6），其运输路径对比如图 3.34 所示，其中第一条为根据 Dijkstra 算法计算得到的童西线物料运输最短路径，第二条为 Dijkstra 算法计算得到的童西线物料运输中较优且工程影响较小的路径。

① 由中铁十八局九龙坡制梁场—既有襄渝东线—渝昆动车左线—重庆西客站—原蔡东线（原重庆东至歌乐山）—芭蕉沟线路所 1# 道岔—井西联络线上行线—歌乐山站—歌双右线进入田家园大桥上童西线工程线铺架施工现场，向北架设完成，再调头架设至新双碑隧道进口。

② 由九龙坡制梁场经重庆西工程线进入跳蹬，利用国铁运输至歌乐山车站，再经歌乐山车站进入歌乐山至双碑线路所右线联络线进入童西线工程线铺架施工现场。

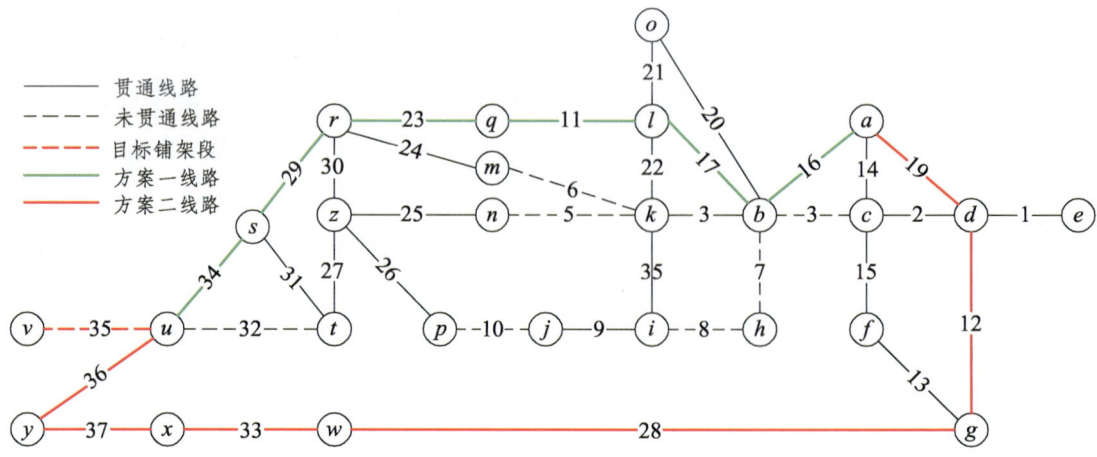

图 3.34　童西线运输方案对比

（2）运输方案评价。

选择线下施工影响、时间可靠性、运输成本、既有线影响等四个指标，根据具体现场工程情况对两种运输方案进行比较，如表 3.36 所示。

表 3.36　运输方案评价

方　案	线下施工影响	时间可靠性	运输成本	既有线影响
方案 1	大	大	小	小
方案 2	小	小	大	大

综合以往施工经验，方案 1 与方案 2 相比对铁路干扰相对较小，运输成本较小，但受线下施工影响，最快的情况是在 10 月 1 日能够实现 T 梁、路材、路料的运输，具有较高的时间可靠性，能保证提前完成童西线铺架工程，确保渝黔铁路的按期开通，且与根据 Dijkstra 算法计算得到的童西线物料运输最短路径相符。因此，根据路局及相关单位意见，拟采用第一条运梁路径进行运输。

6．运行段落划分

在运输 T 梁、路材和路料过程中，分为 3 个段落区间，其中 2 段为施工工程线，1 段为国有铁路运营管理。

由中铁十八局九龙坡制梁场—渝昆动车左线—重庆西客站渝昆场—原蔡东线（至井西联络线芭蕉沟线路所 1# 道岔岔后设置安全线道岔处）为运输通道的第一条区段，全长 15 km，该区段属工程线，命名为十八局九龙坡制梁场至歌乐山站工程线（平面图见图 2.7）。

井西联络线芭蕉沟线路所 1# 道岔（岔后设置安全线道岔处）—歌乐山站—歌乐山至双碑线路所右线联络线（十七局施工完成段落的车挡处）为第二区段，全长 12.5 km，该区段属国有铁路运营管理部分。

歌乐山车站至双碑线路所右线联络线（车挡后设置安全线道岔处）进入童西线工程线铺架施工现场为运输通道的第三区段，该区段属工程线，全长 5.57 km，命名为中铁十八局歌乐山站至童西线工程线（平面图见图 2.8）。

7．总体运输方案

预制梁与路料在梁场与铺架基地装车加固、列检后，采用铁路运输至歌乐山站后，再经歌乐山站站内 3 线进入童西线田家园双线大桥完成上线，为确保运营安全，拟利用歌乐山站 3 线引出的歌乐山至双碑线路所右线联络线在运输路材、路料过程中办理为工程线。

铁路 T 梁计划采用 DL1 型预制梁运输专用车运输，500 m 长轨采用 T11 长轨运输车运输，道砟采用道砟运输车运输。

8．童西线物料需求计划和基地供应量计划

（1）T 梁运输计划。

32 m 桥梁：机车＋DL1 型 24 辆（8 片）（首次拉运 6 片）。

24 m 桥梁：机车＋NX70 型 12 辆（8 片），预计发运车次 81 次。

（2）长钢轨运输计划。

T11 运输车一次最大运轨能力为 14 km 铺轨线路，结合现场情况，预计发运 T11 长轨车 4 次。

（3）道砟运输计划。

道砟采用铁路敞车或风动卸砟车结合汽车混合运输的方式，计划铁路发运道砟 80 000 m³，发运车次 80 次。

（4）轨排运输计划。

12.5 m 轨排采用 N70、NX71 系列 13 m 木地板平车，与 T 梁运输车进行连挂运输，计划发运 453 车，每次挂运 6 车，与 T 梁联挂运输。

（5）轨枕运输计划。

另一单线所需轨枕采用铁路专用敞车进行运输，由铺架基地经铁路直接运输至歌乐山车站，再牵引至童西线内。发运轨枕 14 000 根，计划发运 70 车。

（6）桥面附属材料运输计划。

童西线桥面附属所用主要材料数量：人行道角钢支架 779.367 t、人行道步板 33 600 块。计划采用铁路专平板车分批次运输至现场施工场地，角钢支架发运 13 车，人行道步板发运 56 车。

（7）工具轨回送。

由于工具轨需循环使用，考虑 1 次换铺长钢轨 14 km，最少由童西线运回工具轨 28 km，由童西线回送工具轨计划发运 45 车。

3.3 结 论

对于山区高速铁路大型枢纽铺架设备配套与施工关键技术的研究，本章从铺架方案、

铺设方法、铺架设备、铺架计划、跨既有线方案、童西线运输方案等六个方面，针对重庆枢纽扩能改造铺架工程的大型性和复杂性的特点，并结合工程实际，对其施工组织方案进行制定和优化，从而保证了工期目标的实现。研究成果及创新性成果如下：

（1）对比分析"边铺边架"与"先架后铺"铺架方案，"边铺边架"方案适用性高。

对比分析"边铺边架方案"与"先架后铺方案"两种铺架方案的特点，选择"边铺边架"作为最终铺架方案。重庆枢纽扩能改造工程，枢纽内线路繁多，可充分利用既有线进行铺架，适用于擅长利用既有线或靠近既有线施工的"边铺边架"的铺架方案。但由于"边铺边架"方案存在架梁方向单一、工作面少、施工周期长、铺架段落桥梁下部无法展开均衡施工的缺点，在施工顺序及铺架设备选择方面应着重以工期优化为目标。

（2）对比分析人工铺轨、换铺法、单枕连续法等铺设方法，选择以换铺为主人工为辅的铺设方法。

对比分析人工铺轨、换铺法、单枕连续法等常用铺设方法的工艺流程、工法特点、适用条件，最终选择换铺法作为重庆枢纽扩能改造工程的主要铺设方法。机械换铺法较单枕连续法和人工法，具有施工效率高、灵活性强、既有线干扰小的特点，且对"边铺边架"的铺架方案适应性强，成本较低；然而单枕连续法对铺架基地、施工设备及技术以及现场施工条件要求更高，从而施工成本更高，所以选择换铺法作为主要铺设方法。人工铺设灵活性强，能充分利用工作面缩短施工时间，因此结合人工铺设对小工程量专用线进行铺设，强化铺设的灵活性，缩短施工时间，从而保证铺设工程的快速完工。

（3）基于组合赋权-改进灰色关联法的架桥机配置评价模型选择TJ180型架桥机为最优设备。

首次建立起基于组合赋权-改进灰色关联法的架桥机配置评价模型，通过该模型选择TJ180型架桥机作为重庆枢纽扩能改造工程铺架设备。根据铺架工程架桥机限制因素和工期成本影响因素建立起架桥机选择的评价指标体系，通过适应性指标评价确定架桥机选择范围，进而采用FAHP-CRITIC组合赋权法对效用性指标进行赋权，建立起基于TOPSIS-灰色关联投影评价模型对备选设备效用性进行评价，从而确定最优设备方案。选择TJ180型、TJ165型、DJ180型三种常用T梁架桥机对模型进行应用，最后确定TJ180型架桥机为最优机型。结果满足实际工程桥梁密布、调头转线频繁的工程需求，保证了工期且兼顾了成本，表明该模型的可行性和可靠性，可为铁路枢纽铺架工程架桥机选择提供实际指导。

（4）通过基于离散粒子群算法的铺架方案优化模型求解最优铺架顺序和转场路径。

首次建立起基于离散粒子群算法的铁路枢纽铺架方案优化模型，求解铁路枢纽最优铺架顺序和转场路径。为指导线路错综复杂、工程限制条件繁杂的铁路枢纽铺架工程的顺利进行，根据线路交叉情况和工程限制情况对铺架段进行划分，利用图论和最短路径的思想对铺架线路网络进行抽象，以铺架段施工时间、调头时间、转场走行时间、资源调配时间之和为优化目标，建立起求解最优铺架顺序和走行路径的优化模型。通过建立距离优先矩阵、设置控制参数和分段更新的方法对离散粒子群算法进行改进，均衡算法的局部求精和全局搜索的能力。以改进后的离散粒子群算法求解最优铺架顺序，并结合Dijkstra最短路径算法求解最优转场路径。最后通过对重庆枢纽实际铺架工程进行应用，得到最优铺架顺序和转场路径，其预计工期与实际工期相差不大，结果表明该模型可为铺架顺序、铺架方向、调头位置、转场路径等铺架方案的制定提供理论指导。

（5）制定跨既有线及转线方案，合理利用龙门吊进行跨既有线施工。

对交叉线路的转线方案和利用龙门吊进行跨既有线施工的方案特点、适用条件进行分析总结，以便根据不同工程情况及时制定跨、绕行、转线施工方案。根据所需交叉地段角度、高差等特点所针对的跨既有线及转线进行分析，对于交叉角度及高差较小地段可采取平面曲线过渡；不具备平面曲线过渡条件时，采取铺设备调头反向铺架或采取既有线区间岔线；对于既有线与新建线频繁交叉，且个别地段由于不具备便线绕行条件，则可采用龙门吊提梁架梁，绕开线下未施工区段。此外，还对重庆枢纽跨既有线施工的龙门吊提梁站提梁架设方案与不设置提梁站方案进行了对比分析，分析发现针对线路交错、影响因素繁杂的大型枢纽工程，龙门吊提梁必要、可行，可实现铺架顺序的灵活转换，具有良好的经济效益和工期效益。跨既有线及转线方案的制定保证了工程的顺利推进，可为跨线、绕行、转线等施工方案的选择提供理论指导。

（6）基于 Dijkstra 算法和定性评价建立运输路径规划模型求解童西线运输路径。

通过建立铁路枢纽铺架物料运输路径规划模型求解最优运输路径。针对童西线物料运输路径规划的单源最短路径问题，引入图论对枢纽内交错纵横的路网进行抽象和量化，将因各种限制条件而需绕行的工程线路视为断路，通过 Dijkstra 算法定量求解出最短运输路径，并选择另一条较优方案，通过线下施工影响、时间可靠性、运输成本、既有线影响四个指标做定性对比分析，最终选择国铁路径运输路料，从而保证了童西线物料运输路径确定结果的准确性和全面性。该路径规划模型可为铁路枢纽铺架物料运输路径的规划和运输方案的确定提供指导和参照。

第 4 章　山区高速铁路大型枢纽工程成套关键施工技术研究

山区高速铁路大型枢纽工程施工技术复杂、施工风险高、组织管理困难，开展其成套关键施工技术研究，可加强施工管理，控制施工成本，降低施工风险，对提高工程效益，实现其综合交通枢纽的战略作用具有重要意义。

4.1　绪　论

新建重庆西站综合交通枢纽地处重庆市沙坪坝区及九龙坡区交界处，是西南地区最大的客运枢纽、最重要的核心枢纽之一。重庆西站铁路综合交通枢纽是重庆市规划的"三主两辅"客运枢纽中的"一主"（"三主"即重庆北站、重庆西站、重庆东站三个主要站，"两辅"即重庆站、沙坪坝站两个辅助站），是国家"八纵八横"高速铁路通道中包头至海口大通道的重要组成部分，是渝贵、渝昆、兰渝、襄渝、川黔以及重庆市规划的兰渝高铁、成渝中线高铁等干线铁路的始发终到站，战略意义极其重要。

重庆高铁枢纽北起襄渝线磨心坡站、遂渝线石子山站；南至川黔小岚垭站、渝黔线珞磺南站；东起渝怀线鱼嘴站、渝利线和渝万客专复盛站；西至成渝线黄磏站。现有成渝、川黔、襄渝、遂渝、渝怀、渝利等 6 条电气化铁路干线，新建成渝客专、兰渝线、渝万客专已通车运营，在建渝黔铁路、郑万客专等铁路，将与规划的渝昆、渝长、渝西、渝武客专、沿江铁路、渝柳铁路等铁路引入构成重庆铁路大枢纽。渝黔铁路开通运营后，北与兰渝铁路、成渝客专，南与沪昆、贵广高铁相衔接，重庆到贵阳的铁路旅行时间从 10.5 h 缩减至 2 h，到广州也将缩减至 8 h 以内，到昆明将由 18 h 缩短至 4 h 以内。因此，新建重庆高铁枢纽及改建渝黔铁路无论在国民经济还是路网中都有重要的意义和作用。

重庆高铁枢纽主要工程包括：新建重庆西客站、渝黔铁路改建、改建原重庆西站为动车所及客车整备场。山区高速铁路大型枢纽工程成套施工技术研究主要内容包括：山区高铁大型枢纽站场软土路基、高填路基施工技术方案研究；山区高铁大型枢纽站场边坡工程施工技术研究、施工风险控制研究；山区高铁大型枢纽工程土石方施工调配方案研究；山区高铁大型枢纽工程轨道施工技术研究；山区高铁大型枢纽轨道控制网CPⅢ测量技术研究；山区临近营业线铁路桥梁桩基施工技术方案研究；山区复杂干扰环境桥梁施工资源配置及风险研究等。

1．新建重庆西客站

重庆西客站（见图4.1）位于既有重庆东站，中心里程D2K1+542，起讫里程J1K0+000～J1K0+700，J2K0+000～J2K2+425（对应客车线里程 D2K0+000～D2K3+043.19 重庆西双线特大桥0#台），全长3.043 km。设计基本站台1座（550 m×20 m×1.25 m），中间站台10座（550 m×11.5 m×1.25 m，其中渝昆场4台11线，渝黔场6台12线），共15台31线，另外，预留渝长场4台8线。

站前工程主要包括路基、站台墙、涵洞等线下工程，以及轨道铺设线上工程。站前工程包括：设计土石方 4.79×10^6 m³、地基处理 5.1×10^5 m³，抗滑桩231根，通信信号缆线槽13.999 km，电力、接触网缆线槽6 km，过轨钢管14.135 km，排水槽11 655 km，边沟12.3 km；铺轨26.567 km、宽枕19 061根、道岔112组（高速44组）、道砟 8.3×10^4 m³；涵洞8座1 074.04 m；站台墙11.550 km；绿化灌木3 289株、小灌木317 493株。

站线轨道采用人工铺设宽枕及普枕，宽枕线路采用长轨直接推送入槽的方式，铺设普枕地段采用换铺法，即先人工铺设工具轨，再换铺长轨。道岔与站线精调委托重庆工务段进行。道岔使用情况汇总如下：

渝昆场：北咽喉设计道岔26组（高速10组，普速16组）；站房区域宽枕设计9 029根；南咽喉设计道岔27组（高速10组，普速17组）。

渝黔场：北咽喉设计道岔26组（高速10组，普速16组）；站房区域宽枕设计10 032根；南咽喉设计道岔33组（高速14组，普速19组）。

（a）

（b）

图4.1 新建重庆西客站

2．渝黔铁路改建

新建重庆至贵阳铁路扩能改造工程自重庆西引出，向南经綦江、桐梓、遵义、息烽至贵阳北站，线路总长432.190 km，设计速度200 km/h，国铁Ⅰ级双线铁路，路基、桥涵混凝土主体结构使用寿命不低于100年，无砟轨道使用寿命不低于60年。渝黔铁路改建区间如图4.2所示。

图4.2 渝黔铁路改建区间

中铁十八局集团担负施工的渝黔铁路土建2标，北接成渝代建新双碑隧道（铺架至童西线路所），南至新白沙沱长江特大桥，正线全长16.832 km，设计速度200 km/h，国铁Ⅰ级双线铁路。线路纵跨重庆沙坪坝、九龙坡、大渡口三个行政区。按动车所变更设计统计，新建、改建铁路12条57.4 km，新（改）建车站4座（重庆西站、动车所及客车整备场、中梁山站、梨树湾站），桥梁24座13.5 km，隧道2座（其中石梯沟单线隧道单洞2.1 km，华岩隧道明挖双洞385 m）、路基土石方9.7×10^6 m^3、制架梁2 017片、铺轨210.7 km（正线114.616 km、站线96.084 km）、铺道岔279组、道砟5.18×10^5 m^3。

线下工程共涉及12条铁路，包括重庆西进站前梨树湾联络线改建（1.094 km），重庆西进站前既有歌乐山联络线改建（1.146 km），重庆西进站前既有襄渝线改建（1.221 km），童家溪至重庆西客车联络线（0.086 km），渝黔客车正线（16.832 km），预留渝昆线（2.464 km），渝昆动车左线（5.614 km），渝黔动车左线（9.347 km），渝黔动车右线（5.827 km），中梁山支线改建（3.191 km），米轨专用线还建（2.108 km），小梨线电气化改造（8.156 km），共计57.087 km。

本线路纵跨重庆市沙坪坝区、九龙坡区、大渡口区，从成渝代建分界点LtDK21+176起，然后和渝黔正线起点（D2K0+000）相接进入重庆西站，出站后，设桥上跨预留渝昆通道（D2K4+200），设桥上跨襄渝铁路（D2K6+100、D2K6+558.4），设桥上跨预留渝湘通道（D2K7+065），然后与预留渝湘通道和动车存车场并行，设桥上跨华福路（DK12+248.7）至本标段终点（D1K16+268.18）。

3．动车所及客整场

拆除原有重庆西站，扩能改建为西南地区第一个动车及普速客车综合整备基地——动车所及客整场（见图4.3）。原重庆西站位于重庆市九龙坡区中梁山西铁二村，原名人和场站，为襄渝铁路终点站，重庆西站为二级四场单向横列式编组站，占地面积7.6×10^5 m^2，建筑面积6 476 m^2，编组场有25股道，其中编1至编5可直接发车，到达场9股道。既有重庆西站轨道总体拆除范围东西至既有重庆西站用地红线，即包含现有重庆西站范围内所有股道，南至重庆西站进站起点，对应南疏Ⅰ线里程N1SK1+700进站警冲标识处，北至重庆西站北侧进站起点，对应襄渝东线里程K834+990警冲标志处。拆除重庆西站范围内所有既有设备，为新建动车整备所提供场地。

图 4.3 动车所及客整场

4.2 山区高速铁路大型枢纽站场路基施工技术方案研究

4.2.1 研究背景及意义

重庆西站铁路枢纽工程于 2013 年 5 月开工建设，工期 5 年，竣工时间为 2017 年 12 月。该铁路枢纽工程包括重庆西客站站场、动车所及客车整备场、区间工程三大组成部分，其中重庆西站南北咽喉相距约 3.02 km，东西方向横向最宽处 300 m，动车所及客整场全长约 5.3 km，重庆西站与动车所及客整场的平均距离约为 10.2 km。重庆枢纽建设纵跨沙坪坝区、九龙坡区、大渡口区，标段内有区间路基、站场路基共约 40.58 km，其中涉及运用到大量的路基施工技术，如路堑施工技术、水泥搅拌桩施工技术、柱锤冲扩桩施工技术、高填路堤施工技术、复合地基处理施工技术等。

重庆西站铁路枢纽路基工程量大，交叉影响因素多，结合具体工点采用的施工技术在工程的质量、工期、成本、安全等方面进行分析和优化是有必要的。本章采用基于熵权理想点的方法对路基中的各单项工程施工技术方案进行研究，对同一工点几种技术方案进行多目标比选，从而得到较为理想、合理的施工技术方案，对施工过程具有指导和借鉴意义。

路基处理方案决策的影响因素具有模糊性及不确定性，因此要充分认识工程条件等因素的影响。考虑到理想点法可以运用欧氏距离等方法进行多目标的决策分析，书中采用熵权法来计算各评价指标的权重，建立基于熵权的理想点法的路基处理方案决策模型。实例分析表明，该方法计算简便，具有较强的识别评判能力，对其他工程决策的评价具有借鉴意义。

4.2.2 软土路基与加固施工技术

1. 软土的性质与软土路基特点

软土是近代水下沉积的饱和松软黏性土，尽管它们的成因、结构、形态各不相同，但都具有含水量大、强度低、压缩性、高透水性差的共同特点。物理特性方面，天然含水率 $w \geqslant 35\%$，呈流动状态，天然孔隙比有 $e \geqslant 1$，塑性指数 $I_p > 12$，饱和度 $S_r > 95\%$。力学性能方面，不排水剪 $\varphi_u < 5°$，$c_u < 25\ \text{kPa}$，十字板强度 $S_+ < 35\ \text{kPa}$，渗透系数 $k < 10^{-6}\ \text{cm/s}$，压缩系数 $a_{1-2} > 0.5\ \text{MPa}$，压缩模量 $E_s < 4\ \text{MPa}$，标准贯入击数 $N_{6.35} < 4$，静力触探贯入阻力 $p < 700\ \text{kPa}$。软土路基如图 4.4 所示。

图 4.4 软土路基

软土地基的处理主要需考虑三方面因素的影响。[57] 首先，需要考虑地基状况。土质条件和地基构成情况影响软土地基处理技术的选择。通常黏性土使用压实法，以尽量降低对地基的扰动，砂性土使用挤实砂桩法或者是振动压实法，以改善砂性土性能；其次，需要考虑铁路等级。等级越高，对施工质量的要求也越高，对软土地基处理措施的要求也就越高；再次，需要考虑周边环境。工程施工需要考虑施工时噪声、泥水散落、振动、地下水变化等对周边环境的影响。如果施工现场附近，尤其是路堤坡脚周边有民居等建筑时，必须控制总沉降量；最后，路基的形状、宽度、高度等也是需要考虑的重要因素，通常宽、低的路堤使用换填法可能会出现局部破坏，而较高且不稳定的路堤使用压重法也会受到限制。路堤的高度、宽度越大，引起黏土层发生沉降的可能性和程度也就越大。

2．软土路基处理与排水技术[58]

（1）换土。

以人工、机械或爆破方法将软土挖除，换填强度较高的黏性土或砂、砾石、碎石等渗水材料。该方法彻底改变了地基土的性质，效果较好。它适用于软土层较薄、无硬土覆盖的情况。若软土被水淹没，施工时可在路堤两侧筑以围堰，以便于施工，并使填土过程不受水的浸泡，保证填土质量。当软土的液性指数较大、水不易抽干时，可采用抛石挤淤的方法换填施工。直接抛石施工时，先抛中间部分，将淤泥挤向两侧，再向两侧抛石，挤出淤泥。当软土埋藏较深、厚度不大，换土施工困难或路堤较高、工期紧迫的情况下，可利用爆破法排除淤泥以加速施工。

（2）碎石桩。

碎石桩结构与砂桩相同，桩身由碎石填充，其加固机理与砂桩不同的是它不是挤密，而是置换。由于碎石桩的刚度大于地基中的软黏土，地基应力重分布，荷载大部分由碎石桩承担，桩土应力比值一般为3～5。碎石桩受荷后，产生径向变形，且引起周围土体产生被动抗力。如黏土强度过低，碎石桩得不到所需的径向支持力，就不能达到加固的目的。因此，天然地基的强度大小是形成复合地基的重要条件。根据经验，天然地基的抗剪强度大于 20 kPa 时，碎石桩加固地基才有较好效果。碎石桩的直径较大（常用80～90 cm），桩长设计方法与砂桩相同，当软土较厚桩身不贯穿软弱层时，复合地基可起垫层作用，将荷载扩散使应力分布均匀，提高地基的承载力以减少沉降量及沉降差。选用碎石桩材时若考虑级配，则形成的桩能起排水砂井的作用，因而它也能提高土的抗剪强度，增大路堤的稳定性。

（3）CFG 桩。

CFG 桩即水泥粉煤灰碎石桩，其结构与碎石桩相同，只不过其桩身是由水泥、粉煤灰、碎石、石屑或砂加水拌和而成，是一种高黏结强度的桩型。CFG 桩复合地基充分利用天然地基的承载能力，一般不配钢筋，水泥用量只有灌注桩的 50%～60%，而且桩径小、桩数少，在地基和基础之间设置有柔性垫层，使地基强度和变形较均匀，从而提高结构的承载能力。与预制桩和灌注桩相比，CFG 桩成本可分别降低 50% 和 30%，具有极佳的经济效益。在 CFG 桩地基中，由于桩体的材料强度比周围土体（软弱土）大得多，在荷载的作用下压缩性明显比桩间土小，因此，基础传给复合地基的附加应力，随着地层的变形逐渐集中于桩体上，出现应力集中的现象。大部分荷载将由桩体承受，桩间应力相应减小，于是复合地基承载力较天然地基显著提高，沉降量亦减小。

CFG 桩的设计主要是通过沉降计算确定其加固深度。CFG 桩复合地基的变形包括加固区的变形量和下卧层的变形量两部分。加固区的变形量计算采用复合模量法，将复合地基加固区中的桩和桩间土视为一个统一的整体，用复合压缩模量来评价其压缩性，采用分层总和法计算其压缩量；下卧层的变形量计算按天然地基情况采用分层总和法进行计算。

（4）生石灰桩。

生石灰桩是用直径 2～5 cm 的生石灰块填入软土孔眼中，形成生石灰桩地基，桩的平面布置与砂井相同。桩径通常为 20～40 cm，桩距为桩径的 3 倍左右，桩长视软土层的厚度而定，常在 10 m 以内。生石灰桩加固软土地基的机理是生石灰遇水反应成熟石灰，吸收占其重量 32% 的水，体积膨胀一倍，同时放出大量的热，使桩周土体含水量降低，土体压密；石灰与土之间的离子交换和胶凝反应使土的性质和结构得以改善，从而提高土的强度。由于石灰桩吸水膨胀，桩身含水量增加，桩的强度软化，而桩周土体被挤实压密，含水量降低，因而在桩周形成一圈较硬的土壳。为解决桩身强度的软化问题，可在生石灰桩中掺入砂料以堵塞石灰块间的空隙，改善桩身含水量及强度，而且这样更能充分发挥石灰的胀发力，挤密桩周土体。生石灰桩加固软弱地基，可大量减少沉降量，适合于对沉降要求严格的工程。软土路基桩基加固处理如图 4.5 所示。

（a）

（b）

图 4.5　软土路基桩基加固处理现场

（5）排水砂井。

砂井是由打桩机击入钢管，或用高压射水、爆破等方法在地基中形成按一定规律排列的孔眼（这些孔眼具有一定深度和直径），在其中灌以中粗砂而成。砂井顶面铺设厚度不大的砂垫层以连通砂井，构成完整的地基排水系统。软土地基设置砂井后，改善了地基的排水条件，在附加应力作用下，排水固结过程大大加快，地基强度迅速提高，因而增加了地基承载力与路堤的稳定性。砂井直径要能满足地基排水固结的要求，在地基的沉降过程中不至于被剪断和被细土粒淤塞。根据实践经验，井径采用 20～30 cm 为宜，并视打桩机的套筒尺寸而定。

井距直接关系着排水固结速度，井距越小，固结越快。井距应保证在给定的施工期限内达到要求的地基固结度，使路堤安全填筑。井距的大小用固结理论计算确定，一般为井径的 8～10 倍，常用 2～4 m。

用砂井加固软土地基时，路堤底部必须铺设砂垫层以连通砂井，将砂井中渗透出来的孔隙水引到路堤坡脚之外。垫层的厚度应保证地基沉降后不致错断和便于施工。垫层

和砂井的分布宽度应稍大于路堤底面宽度。

（6）袋装砂井。

袋装砂井是在合成材料编织袋内充填中粗砂构成的砂袋，装入地基孔内，以加速地基排水固结，其加固原理、设计方法与砂井完全相同。袋装砂井的直径按排水及施工工艺要求确定，一般采用 7～12 cm，我国目前较多采用 7 cm 直径。装砂的编织袋应具有良好的透水性，袋内的砂不易漏失，袋子的材料应有足够的强度，有一定的抗老化及耐地下水腐蚀的性能。与普通砂井相比，袋装砂井有如下优点：① 袋装砂井的直径小，用砂量少，其费用仅为普通砂井的 40%～50%，造价低廉；② 由于编织袋是一个整体，能保持砂井的连续性和密实性，不会因地基变形而切断，使用效果良好；③ 砂井直径细小，施工时对土层的扰动小；④ 由于砂井断面小，重量轻，减小了施工设备的重量，提高了施工效率。基于以上优点，袋装砂井已被普遍采用，几乎完全代替了普通砂井。

（7）排水砂垫层。

排水砂垫层是在路堤底部的地面上铺设一层砂垫层，其作用是在软土层顶面增加一个排水面。在填土过程中，软土中渗出的水就可从砂垫层中排出，加速地基固结，提高软土的强度，增强路堤稳定。排水砂垫层适用于施工期限不紧，路堤高度为极限高度的 1.5～2 倍，砂源丰富，软土地表面无隔水层的情况。当软土层较薄，或底层又有透水层时，效果更好。排水砂垫层施工简易，不增加占地面积，但工期要求较长，需控制填土速率，以使地基在排水固结过程中所增长的强度和路堤填筑高度相适应。

砂垫层厚度，以不致因沉降而发生错断影响其排水效果为原则，根据软土层厚度和高度而定，一般为 0.6～1.0 m。填土速率按单向固结理论计算，并根据施工中的沉降变形观测进行控制。

（8）桩板（网）结构路基技术。

桩板结构路基由下部钢筋混凝土桩与上部钢筋混凝土承载板组成，其主要工作机理是，通过承载板将上部荷载传递到桩体，桩体把荷载扩散到桩间土、下卧层或桩基底岩石层，从而达到控制路基沉降与变形的目的。从结构的形式看，桩板结构路基大致可分为独立墩柱式、托梁式、复合式三种。

在不同的荷载组合下，根据相应的力学模式，分析桩板结构路基的强度、稳定与变形，最终对列车运营安全性及舒适性进行综合评价。承载板可以按板、梁结构进行配筋设计计算，而桩基则可参考铁路桥梁和桩基规范，按照桩基础理论进行竖向承载力、侧向与纵向抗力及沉降变形计算。在进行桩板结构设计时，还应通过调整纵向和横向桩间距进行结构优化，找出最佳方案。

（9）软土路基排水固结技术。

排水固结是在软土中设置垂直井，地表铺设砂垫层，以缩短孔隙水的流程，加速土体固结的一类方法。这类方法对提高土体强度和地基承载力，增强路堤稳定性，效果十分显著，因而在国内外软基工程中广为采用。

4.2.3 基于熵权理想点法的站场软土路基施工方案研究

1. 熵与理想点法

熵的概念起源于德国物理学家 Clausius 所研究的热力学，后由美国数学家 Shannon 将其概念引用于信息论，用以表示系统的不确定性、稳定程度和信息量。信息是系统有序程度的一个度量，熵是系统无序程度的一个度量，两者的绝对值相等，符号相反。熵的概念现已在社会经济、工程技术等领域广泛应用。

当系统中每种状态 x_i 出现的概率为 $p(x_i)$，则熵定义为

$$H(x) = -C\sum_{i=1}^{m} p(x_i) \ln p(x_i) \tag{4-1}$$

理想点法主要借助多目标决策问题中的"正理想解"和"负理想解"去排序。其中，正理想解就是最优解，它的各个属性值都达到待选方案中的最优值；相反，负理想解就是最劣解，它的各属性值都达到各待选方案中最坏的值。这两个极端值，称之为正负理想点。通过计算出各待选方案与正、负理想点之间的"距离"大小，分析判断各待选方案的优劣，选取距离正理想点最近且距离负理想点最远的方案为最佳方案。理想点法的基本思路是通过构造多指标问题的理想解和负理想解，并以靠近理想解和远离负理想解两个基准作为评价各对象的判断依据，因此理想解法又称为逼近理想点法。

熵权理想点法是一种在没有专家权重的情况下，根据被评价对象的评价指标构成的特征值矩阵来确定指标权重的方法。当各被评价方案在指标上的值完全相同时，熵值达到最大值 1 的熵权为 0，这意味着该指标没有向决策者提供有用信息，可以考虑取消该指标；当各被评价方案在指标上的熵值较小、熵权较大时，说明该指标向决策者提供了较多的信息，同时还说明在该问题中，各方案在该指标上具有明显的差距，应重点考察。指标的熵权越大，则说明该指标越重要，反之亦然。

在软基处理方案决策评价[59]中，存在多个评价因素及多个方案，而这些评价因素往往具有模糊性及不确定性。层次分析方法虽可解决多目标决策问题，但往往因决策者的主观判断、个人偏好等对判断矩阵产生很大影响。理想点法是一种常用的多方案多目标决策分析法，该方法计算简便，决策评价结果较合理。因此，提出了基于熵权的理想点法对软基处理进行多目标决策分析，并得到合理结果。

2. 熵权理想点法

熵权理想点法可描述如下：设有 n 个方案，每个方案有 m 个指标，令 C_1, C_2, …, C_n 为 n 个方案，A_1, A_2, …, A_m 为 m 个指标，ω_j 为指标 A_j 的权重（$j=1, 2, …, n$）。其中，$\sum \omega_j = 1$，X_{ij} 表示方案 C_i 在指标 A_j 下的指标值（$i=1, 2, 3, …, m$；$j=1, 2, 3, …, n$）。由此得到一个多目标决策问题的决策矩阵 $\mathbf{A} = (X_{ij})_{m \times n}$（$i=1, 2, 3, …, m$；$j=1, 2, 3, …, n$）。

$$A = \begin{bmatrix} X_{11} & \cdots & X_{1n} \\ \vdots & \ddots & \vdots \\ X_{m1} & \cdots & X_{mn} \end{bmatrix} \quad (4-2)$$

(1)数据归一化。

假设有 n 个待评价的方案,每个方案用 m 个评价指标来描述,则方案的指标特征值矩阵 $A=(X_{ij})_{m\times n}(i=1,2,\cdots,m;j=1,2,\cdots,n)$。对特征值矩阵按照式(4-3)进行归一化得到相对优属度矩阵 $R=(r_{ij})_{m\times n}$。

$$r_{ij} = \frac{X_{ij} - \inf(X_{ij})}{\sup(X_{ij}) - \inf(X_{ij})} \quad (4-3)$$

式中,$\sup(X_{ij})$、$\inf(X_{ij})$ 分别为同一指标下不同方案的指标值 X_{ij} 中的最大值和最小值。

(2)指标信息熵。

按照信息论中信息熵的概念就可以定义指标的熵为

$$H_i = -\frac{\sum_{j=1}^{n} f_{ij} \ln f_{ij}}{\ln n} \quad (i=1,2,\cdots,m; j=1,2,\cdots,n) \quad (4-4)$$

其中

$$f_{ij} = -\frac{1+r_{ij}}{\sum_{j=1}^{n}(1+r_{ij})} \quad (i=1,2,\cdots,m; j=1,2,\cdots,n) \quad (4-5)$$

(3)指标熵权。

将第 i 个评价指标的熵权定义为

$$X_i = \frac{1-H_i}{\sum_{j=1}^{m}(1-H_i)} \quad (j=1,2,\cdots,m) \quad (4-6)$$

(4)理想点。

考虑指标熵权后的指标属性矩阵 Q 为

$$Q = \begin{bmatrix} q_{11} & \cdots & q_{1n} \\ \vdots & \ddots & \vdots \\ q_{m1} & \cdots & q_{mn} \end{bmatrix} = \begin{bmatrix} X_1 r_{11} & \cdots & X_1 r_{1n} \\ \vdots & \ddots & \vdots \\ X_m r_{m1} & \cdots & X_m r_{mn} \end{bmatrix} \quad (4-7)$$

理想点 $\tilde{q}$ 为 $\tilde{q}=(\widetilde{q_1},\widetilde{q_2},\cdots,\widetilde{q_m})$,其中 $\widetilde{q_l}$ 为 Q 中每行的最大值,即最优值。

(5)贴近度。

被评价对象与理想点 $\tilde{q}$ 的贴近度为

$$T_j = \frac{\sum_{i=1}^{m} q_{ij} \widetilde{q_l}}{\sum_{i=1}^{m} \tilde{q}_l^2} \quad (j=1,2,\cdots,n) \quad (4-8)$$

式中，$T_j \in [0,1]$，贴近度值 T_j 越大，说明评价方案越优。根据算出的 T_j 值，按照从小到大的顺序对个方案排序，就能得到各方案的优劣顺序。

3. 软土路基施工技术方案综合评价

重庆西高速铁路枢纽站场工程存在大量软土路基处理工程，[60]软基主要是含一定淤泥的淤泥质黏土、粉细砂，其中淤泥分布不均匀。为保证地基承载力与沉降满足设计要求，必须对软基进行加固处理。

根据软基的地理位置、工程地质条件、环境影响等因素，设计提出柱锤冲扩桩（方案1）、CFG桩（方案2）、置换垫层（方案3）、水泥搅拌桩（方案4）4种处理方案。每种方案考虑技术可行、经济合理、资源调配（工程地点气候、人、设备工具）、施工风险、施工工期、环境协调等6种因素。施工方案比选指标体系可以认为是一个有6个评价指标，4个评价对象的多目标决策问题。按照各个方案对每个因素的优劣比较，得出如表4.1的方案指标评价表。

表 4.1　方案指标评价

影响因素	方案 1	方案 2	方案 3	方案 4
技术难易	80	70	70	70
经济合理	80	70	60	80
资源调配	70	70	100	80
施工风险	85	85	60	85
施工工期	70	60	60	80
环境协调	80	80	70	70

由上述条件可以得到方案决策评价矩阵 A，代入公式（4-3）从而进一步得出相对优属度矩阵 $R = (r_{ij})_{m \times n}$。

$$A = \begin{bmatrix} 80 & 70 & 70 & 70 \\ 80 & 70 & 60 & 80 \\ 70 & 70 & 100 & 80 \\ 85 & 85 & 60 & 85 \\ 70 & 60 & 60 & 80 \\ 80 & 80 & 70 & 70 \end{bmatrix} \quad R = \begin{bmatrix} 1 & 0.5 & 0 & 0.25 \\ 0.5 & 1 & 0.5 & 0 \\ 1 & 0.33 & 0 & 1 \\ 1 & 0.67 & 0 & 0.33 \\ 0.5 & 0.25 & 1 & 0 \\ 0.33 & 0 & 1 & 0.67 \end{bmatrix}$$

由式（4-4）、式（4-5）计算指标的熵 H，由式（4-6）确定指标熵权 X，由式（4-7）得到考虑指标熵权后的指标属性矩阵 Q，结果如下所示。

$H = (0.9765763, 0.9795740, 0.9719245, 0.9772526, 0.9765763, 0.9772526)$

$X = (0.1663, 0.1450, 0.1993, 0.1615, 0.1663, 0.1615)$

$$Q = \begin{bmatrix} 0.1663 & 0.0832 & 0 & 0.0416 \\ 0.0725 & 0.1450 & 0.0725 & 0 \\ 0.1993 & 0.0658 & 0 & 0.1993 \\ 0.1615 & 0.1082 & 0 & 0.0533 \\ 0.0832 & 0.0416 & 0.1663 & 0 \\ 0.0533 & 0 & 0.1615 & 0.1082 \end{bmatrix}$$

理想点 $\tilde{q}=(\widetilde{q_1},\widetilde{q_2},\cdots,\widetilde{q_m})$，由贴近度公式（4-8）得到 4 个方案与理想解的贴近度 $T=$ (0.751434461，0.430097681，0.381918825，0.432289341)，由此可知 $T_1 > T_4 > T_2 > T_3$，因此采用方案 1，即柱锤冲扩桩施工技术为最优考虑方案。

4．小　结

运用熵权法给出待决策方案各指标的权系数，可以有效避免赋权计算的主观性，具有较高的客观性和可信度。基于熵权法的理想点多目标方案决策评价模型，计算简便、思路清晰，可以有效解决软土路基施工技术方案的优选问题。这种方法还可用于其他路基工程问题的评价中，具有较为广泛的适用性。

4.2.4　软土地基施工监测技术

由于软土地基的土质、地层结构、成层状况极为复杂，地质勘查和土工试验资料难以达到十分完整的程度，设计理论也不够完善，因此计算分析与实际情况之间有不同程度的差别是不可避免的。为了保证软基的稳定，施工中的监测控制工作具有特别重要的意义。[57] 施工监测的目的是了解填土过程中，地基土竖、横向位移及其发展趋势，填土高-沉降量-时间的变化关系，孔隙水压力的变化情况，科学掌握与分析填土过程中地基的固结及稳定状况，确定安全的填土速率。观测项目一般有以下三个方面。

1．路堤坡脚及坡脚外地表的横向变形和竖向变形观测

观测桩长 1～1.5 m，预先在路堤两侧坡脚外 2～10 m 范围内，顺线路方向埋设 1～3 排。施工期间随着路堤填土的加高，定时用全站仪量测观测桩的横向位移，用水准仪量测各桩顶的高程变化。

路堤填筑过程中，地基产生变形。如果变形量大，则有可能是坍滑前的预兆。变形与填土速率有直接关系，通常天然地基的横向位移量不得大于 20 mm/d，竖向位移不得大于 15 mm/d。采用加速固结措施以及用土工合成材料的加固的路基，根据实践经验，横向位移量可放宽到 20～40 mm/d。

2．地基竖向变形及横向变形观测

（1）地基的竖向变形观测。

地表沉降一般用沉降板或沉降水杯观测方法，地基中心沉降量的控制值为，天然地基下沉 20～30 mm/d；有加速固结措施及用土工合成材料加固的地基，下沉 25～40 mm/d。

（2）地基的横向变形观测。

地基横向变形用测斜仪量测。测斜仪类型较多，如电阻式和加速度式等，其基本原理是量测地基土中测斜管随土位移后的倾角变化，从而求得水平位移。

（3）地基深层沉降变形观测。

地基深层沉降观测目前大都采用电磁沉降仪，其工作原理是在测头内安装一电磁振

荡线圈，在振荡线圈接近埋设于土体内的铁环时，由于铁环中产生涡流损耗，大量吸收振荡电路的磁场能量，从而使振荡器功能减弱，直到停止振荡。此时，晶体音响便发出声音，声音发出一瞬间测尺上读数即为该深度处铁环的位置，并获得相应土层的压缩量。

3．孔隙水压力观测

地基中孔隙水压力的增长和减少，直接反映了地基土的固结程度，因此监测孔隙水压力的大小，可以了解地基任意时刻强度的增长情况，预测地基的变形，控制填土速率。孔隙水压力用孔隙水压力计量测，有钢弦式、水管式、电阻应变式等多种类型。观测方法是在填土前先在预定量测的位置钻孔，将孔隙水压力计埋入预定测点深度，量测时通过地面的装置，测得各点的孔隙水压力数值，用以分析地基的固结及强度增长，指导施工。

4.2.5　柱锤冲扩桩软基加固施工工法及应用

铁路客站柱锤冲扩桩软基加固施工工法是吸取土桩挤密、强夯置换等工法优点，利用冲击成孔、分层夯实原理发展起来的一种新型地基加固技术，兼有挤密、置换和振动的作用，其成孔、成桩方法可根据地质、施工机具不同多样选择。

1．工法工艺原理及优点

（1）工法工艺原理。

柱锤冲扩桩法是通过提升设备将柱锤（一般直径 30～50 cm、长 2～6 m、重 1～8 t 柱状锤，长径比 L/d 为 7～12）提升到距地基 5～10 m 高度后下落，反复冲击成孔到设计深度，在孔内分层填料、分层夯实形成桩体，通过对原状土的侧向挤密、强力夯实、动力固结、充填置换、物理化学反应等综合作用，以实现软基加固效果和目的。

（2）工法特点。

① 施工工艺简单、操作安全可靠。通过柱锤冲击成孔、分层填料成桩，工序简单、操作方便、人员设备投入少、施工快速安全。

② 适用范围广、加固效果显著。可适用于杂填土、粉土、黏性土、素填土、黄土、液化砂土等多种土层，柱锤对土体的冲击速度可达 25 m/s，单位面积夯击能是一般强夯的 10～20 倍，处理后的地基压缩模量显著提高，压缩变形量大为降低，地基承载力可提高 3～8 倍。

③ 施工速度快、节能环保。无须土方外运，不需钢材、水泥，无污水、泥浆，仅需碎石作主要填料，且孔内冲击成桩，振动小、噪声低，施工速度快，节能环保。

（3）适用范围。

柱锤冲扩桩法可适用于杂填土、粉土、黏性土、素填土、黄土、液化砂土等土层，处理深度 6～30 m，直径 0.6～2.5 m。

（4）关键技术。

① 利用柱锤上大下小的特殊形状，通过提升设备反复提落，形成强大冲击力，从而

达到侧向挤密、强力夯实、动力固结、充填置换、物理化学反应等综合作用。

② 根据不同地质可采用冲击、跟管和螺旋钻进等 3 种成孔方法,然后选取不同施工机具,采取孔内分层填料夯扩、逐步拔管填料夯扩、扩底填料夯扩、边冲孔边填料与柱锤强力夯实置换等 4 种成桩施工方法。

③ 原状土内冲孔、填料、夯实,无须土方外运,不需钢材、水泥,无污水、泥浆,仅需碎石作主要填料,且孔内冲击成桩,振动小、噪声低。

柱锤冲扩桩软基加固施工如图 4.6 所示。

图 4.6　柱锤冲扩桩软基加固施工

2. 柱锤冲扩桩工艺概述

(1) 工点概况。

渝黔铁路土建 2 标线路长度 57.087 km,由于沿线多处路基存在软弱地基,需对软弱地基进行加固处理。设计中结合现场实际情况确定了多种处理方式,其中重庆西站 J1K0+650~J2K0+085、J2K0+015~J2K0+210、J2K0+290~J2K0+850、J2K1+315~J2K1+510、J2K1+540~J2K1+710、J2K1+620~J2K1+720、J2K1+740~J2K1+830、J2K1+960~J2K2+020、J2K1+000~J2K1+050 采用柱锤冲扩桩加固,如表 4.2 所示。

表 4.2　重庆西站柱锤冲扩桩加固工点汇总

段落(重庆西站)		桩间距/m	桩长/m	ϕ0.6 m 柱锤冲扩桩		地基承载力
				长度/m	根数/个	
J1K0+650~J2K0+000	加固 D 区	1.6	4.5~9.0	2 887	535	不小于 150 kPa
J2K0+000~J2K0+085	加固 D 区	1.6	6.1~11.3	12 858	1 218	不小于 151 kPa
J2K0+015~J2K0+210	加固 E 区	1.4	4.0~11.3	30 664	4 041	不小于 180 kPa
J2K0+290~J2K0+850	加固 F 区	1.6	3.0~12.6	71 620	9 197	不小于 150 kPa
J2K1+315~J2K1+510	加固 K 区	1.6	4.0~11.1	20 150	2 206	不小于 150 kPa
J2K1+540~J2K1+710	加固 L 区	1.4	3.5~12.7	22 292	2 475	不小于 180 kPa
J2K1+620~J2K1+720	加固 M 区	1.6	4.0~8.6	5 302	1 065	不小于 150 kPa
J2K1+740~J2K1+830	加固 N 区	1.4	10.6~12.7	9 057	781	不小于 180 kPa
J2K1+960~J2K2+020	加固 P 区	1.6	4.0~6.2	3 498	743	不小于 150 kPa
J2K1+000~J2K1+050	加固 S 区	1.6	3.5~4.0	2 023	539	不小于 150 kPa

(2) 试桩施工设备配置。

根据工程设计和施工地层,为保证顺利施工,采用功率较大的 ZTJ-4 型步履式落锤载体桩机,主要设备配置如表 4.3 所示。

表 4.3 主要机械设备

序 号	设备名称	型 号	单 位	数 量	用电量/kW
1	步履式落锤载体桩机	ZTJ-4	台	1	37
2	集料斗	1 m³	个	1	
3	配电箱		个	1	
4	磅秤	200 kg	台	1	
5	电焊机	BX-200	台	1	17

(3)桩机人员配置。

① 机长 1 名,负责现场总体指挥与调度工作。

② 前台桩机操作工 2 名,负责柱锤冲扩桩桩机的操作并及时维护,保证其平稳运行,确保桩机能准确进行定位、冲孔、夯填及移位工作。

③ 后台填料 2 人,负责向孔内填料。

④ 技术员 1 名,负责现场检查、指导试桩的各种技术工作,确保按试桩方案进行。

⑤ 安全员 1 名,负责试桩过程中的各种安全、文明检查与指导工作,确保高空、地下及工作场面无障碍物与危险隐患,保证桩机施工环境安全、文明。

⑥ 专职记录员 1 名,负责试桩中需要详细记录的各种技术参数,确保其真实准确。

⑦ 发电机组运行与维护人员 1 名,电工 1 名、机修工 1 名,保证机组正常运行,不发生故障。

(4)试桩采用的参数。

碎石采用小南海水泥采石厂的碎石,锤的质量 4 t、落距 5 m(距地面 2 m 时,柱锤落锤距宜减小至 3 m,采用低能量夯击填充料成桩)、每 0.5 m 为一层,每层填料 0.1 m³(即 158 kg),其中 249-4、249-5、250-5 三根桩为一组,每层夯击次数 10 击,249-8、250-8、250-9 三根桩为一组,每层夯击次数 12 击,251-6、252-5、252-6 三根桩为一组,每层夯击次数 14 击。

3. 柱锤冲扩桩施工方案

采用 ZTJ-4 型步履式落锤载体桩机进行柱锤冲扩桩试桩施工,柱锤冲扩桩的施工顺序宜从中间向外围进行,或由一边向另一边的方式施工。施工步骤为:清理平整场地→布置桩位→施工机具就位→钻孔→钻孔检测→孔内填料→柱锤分层冲夯→成桩检测→施工机具移位→桩基检测,如图 4.7 所示。

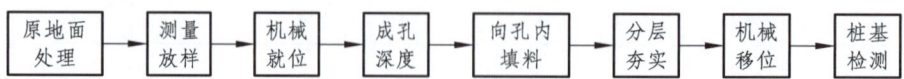

图 4.7 柱锤冲扩桩工艺流程

（1）施工准备。

平整场地，清除地面杂物及地上和地下的一切障碍物，特别是建筑垃圾及建筑物的基础构造。遇明沟、塘及场地低洼时应抽水和清淤，分层夯实回填黏性土料，不得回填杂填土或生活垃圾。将施工场地开挖到设计要求的宽度及预定的标高，用推土机推平，碾压密实，并做成向两侧 4% 的排水坡，路基两侧挖排水沟，建立完整的排水系统。碎石等材料经试验检验合格符合设计要求后运至施工现场。对参加施工的人员进行岗前培训、技术交底等工作。施工机具进场，对其进行维护、检修、调试并进行试运转，保证各部位正常工作。测量放样，准确确定桩位，并同时测量桩顶标高。

（2）施工工艺。

① 原地面处理：测量放样前，平整场地修筑临时排水沟，保证排水通畅。

② 测放桩位：按桩位布置图进行测放，每个桩位采用白灰洒线定位，标注明显、准确。

③ 桩机设备：根据轴线标出桩位并复测后，移动桩机至桩孔位置，完成桩机就位。桩机就位时，机身应平稳稳固，使冲锤对准孔中心，保持稳定，冲扩之前应设置隔振措施，一般以挖土沟为宜。当加固深度较深、柱锤长度不够时，也可以先挖一部分土，然后进行冲扩，并能自由地落入孔底，确保动能压强。

④ 成孔：考虑成孔效率，根据施工现场实际情况，成孔方法为柱锤冲孔方法成孔。柱锤冲扩桩宜用直径 500 mm，质量 2～3 t 的柱状锤进行施工。将柱锤提升一定高度，自动脱钩下落冲击土层，如此反复冲击，接近设计成孔深度时，可以在孔内填少量粗骨料继续冲击，直至孔底被夯密实。但难以成孔时，可采用填料冲击成孔、二次复打成孔或套管成孔、钻孔等方法；成孔直径 0.6 m。本段路基柱锤冲扩桩桩长 3～12.6 m，成孔前应在标注出相应的孔深位置，以保证成孔深度满足设计要求；成孔施工顺序为由外向里间隔分排施工，当施工遇到坍孔或缩颈时，可用硬骨料夯填消除塌孔影响。

⑤ 桩孔验收：夯填前检查成孔直径、深度、垂直度、孔内虚土和积水情况，并填写验收记录报监理工程师。

⑥ 成桩：当孔深度接近设计成孔深度要求时，在孔内填少量碎石继续冲击，直到孔底被夯密实，然后向孔内分层填入拌和好的填料，每填一层用柱锤夯实一层，直至桩顶设计标高以上至少 0.5 m，其上部桩孔用原土夯封。

成孔和填料夯实的施工顺序，间隔进行。柱锤冲扩桩在成桩过程中，用单击贯入度来控制分次填料和夯击次数，单击贯入度不大于 20 cm（距地面 1～2 m 时，柱锤落锤距宜适当减小，采用低能量夯击填充料成桩），填料量按不小于 0.4 m^3/m 控制，以形成直径不小于 ϕ0.6 m 的碎石或碎石夹砾砂冲扩桩。施工过程中应做好记录，并对发现问题及时进行处理。柱锤冲扩桩平面布置如图 4.8 所示。

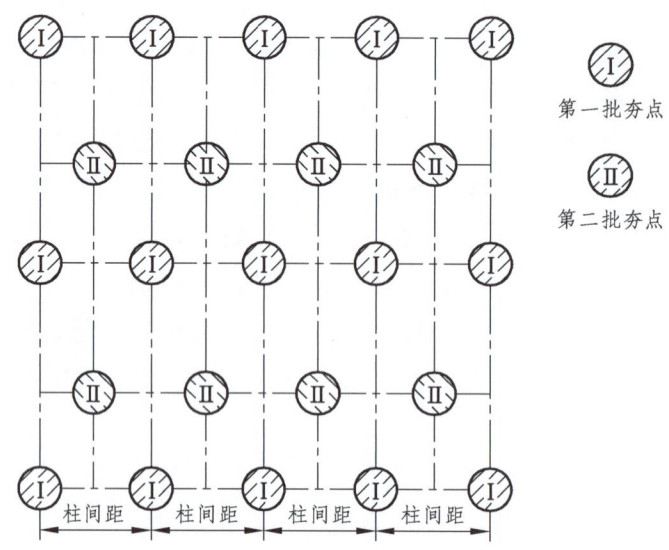

图 4.8 柱锤冲扩桩平面布置示意图

4．柱锤冲扩桩桩基检测

柱锤扩冲桩桩身采用碎石或碎石夹砾砂材料，粒径应满足设计要求，最大粒径不宜大于 50 mm，含泥量不大于 5%。当采用其他材料时，应通过试验确定其符合设计要求。同一产地、品种、规格且连续进场的碎石，每 3 000 m³ 为一批，不足 3 000 m³ 时也按一批计。施工单位每批抽样检验 1 次。监理单位按施工单位数量的 20% 见证检验，且不少于 1 次。在料场抽样检验含泥量试验和筛分试验。

柱锤冲扩桩施工结束 7~14 d 后应对桩间土的处理效果进行检验。在桩间形心点、成孔挤密深度范围内采用动力触探对桩间土的挤密效果进行检测，沿线路纵向每 50 m 抽样检验不少于 3 处。

柱锤冲扩桩承载力检验宜在成桩 28 d 后进行。采用复合地基载荷试验，检验桩数不小于总桩数的 2‰，并不少于 3 根。柱锤冲扩桩相关检验项目允许偏差如表 4.4 所示。

表 4.4 柱锤冲扩桩桩位、垂直度、有效直径的允许偏差

检验项目	质量标准和允许偏差	检验方法
桩垂直度	≤1.5%	
桩位	不大于桩间距的 5%	查测 XY 轴两方向最大值
桩径	不小于设计值	尺量检查，部分桩挖探抽检
上下桩对中	不大于 5 cm	
贯入试验	N63.5≥10	重型动力触探

5．柱锤冲扩桩试桩检验及结论

（1）桩间土处理效果检验。

如前所述，柱锤冲扩桩施工结束 7~14 d 后应对桩间土的处理效果进行检验。根据

试验报告，在桩间 3 处形心点、成孔挤密深度范围内采用动力触探对桩间土的挤密效果进行检测，分层锤击数 10 击的桩间土为 240 kPa，分层锤击数 12 击的桩间土为 250 kPa，分层锤击数 14 击的桩间土贯入度试验符合设计要求。

（2）复合地基承载力试验。

成桩 28 d 后，进行复合地基承载力试验，采用承重梁加配重反力装置，用千斤顶配合高压油泵施加反力的方法加载，如图 4.9 所示。试验后获得复合地基承载力和沉降量数据。

图 4.9　复合地基承载力试验

经检验，9 根桩的复合地基承载力均不小于 360 kPa，大于设计的 150 kPa，满足设计要求。

（3）参数确定及结论。

根据前述试桩参数进行试桩，结果如下：

分层夯击次数 10 击，贯入试验符合设计及验收标准；

分层夯击次数 12 击，贯入试验符合设计及验收标准；

分层夯击次数 14 击，贯入试验符合设计及验收标准；

28 d 后经过单桩复合地基承载力试验，9 根桩的极限抗压承载力均不小于 360 kPa，大于设计的 180 kPa，满足设计要求。以上试桩委托山东广信试验集团检测有限公司经反力加载检验复合地基承载力，合格率为 100%。

通过对以上试验结果进行经济对比分析，选定锤的质量为 4 t、落距为 5 m，每 0.5 m 为一层，每层填料 0.1 m³（即 158 kg），每层夯击次数 10 击，以此作为以后施工的控制参数。施工工艺采用试桩施工工艺能够满足设计及验标要求，可以在本标段大面积推广。

4.2.6　水泥搅拌桩软基加固工法及应用

渝黔铁路土建 2 标线路长度 57.087 km，由于沿线多处路基存在软弱地基，需对软弱地基进行加固处理。设计中结合现场实际情况确定了多种处理方式，其中 J1K0＋510～J1K0＋550、J1K0＋510～J1K0＋590、J1K0＋510～J1K0＋590、J2K0＋620～J2K0＋730 加固 G 区、J2K0＋620～J2K0＋730 加固 H 区、J2K0＋850～J2K1＋090、J2K0＋915～J2K1＋010、J2K1＋770～J2K1＋840、J2K2＋180～J2K2＋415.219、J2K0＋960～J2K1＋015、ZZDK1＋955～ZZDK2＋170、ZZDK2＋190～ZZDK2＋250、ZZDK2＋270～ZZDK2＋310 加固 A 区、ZZDK2＋270～ZZDK2＋310 加固 B 区段采用水泥搅拌桩加固。

水泥搅拌桩桩径 0.5 m，呈正三角形布置，其布置间距为 1 m、1.1 m、1.2 m、1.3 m 四种，要求桩长打入下卧层中不小于 0.5 m。

J1K0＋510～J1K0＋590、J1K0＋510～J1K0＋590、J2K0＋620～J2K0＋730、J2K0＋620～J2K0＋730 加固 G 区、J2K0＋850～J2K1＋090、J2K1＋770～J2K1＋840、J2K0＋960～J2K1＋015、ZDK1＋955～ZZDK2＋170、ZDK2＋270～ZZDK2＋310 加固 B 区段处理后复合地基承载力要求不小于 150 kPa，J1K0＋510～J1K0＋550、J2K0＋915～J2K1＋010、J2K0＋620～J2K0＋730 加固 H 区、J2K2＋180～J2K2＋415.219、ZZDK2＋190～ZZDK2＋250、ZZDK2＋270～ZZDK2＋310 加固 A 区段处理后复合地基承载力要求不小于 180 kPa。

水泥搅拌桩桩身水泥采用 P·O42.5 普通硅酸盐水泥，要求混凝土试块在标准养护条件下，28 d 立方体抗压强度平均值不小于 1.5 MPa，90 d 立方体抗压强度平均值不小于 1.8 MPa，水泥掺入量拟为被加固湿土质量的 15%～20%，粉煤灰掺入量为水泥用量的 20%，水泥浆水灰比为 0.45～0.55。

软土地段地层自上而下依次为人工填土、松软土、粉质黏土、泥岩夹砂岩等。

1．水泥搅拌桩软基加固试桩试验

（1）桩机人员配置。

① 机长 1 名，负责现场总体指挥与调度工作。

② 前台桩机操作工 2 名，负责搅拌桩机的操作并及时维护，保证其平稳运行，确保桩机能准确进行定位、钻进、提升搅拌及移位工作。

③ 后台制浆、注浆工 2 人，负责制浆、输浆工作、确保水泥浆液的水灰比准确、输浆压力满足要求、供浆量能与桩机搅拌协调同步。

④ 技术员 1 名，负责现场检查、指导试桩的各种技术工作，确保按试桩方案进行。

⑤ 安全员 1 名，负责试桩过程各种安全、文明检查与指导工作，确保高空、地下及工作场面无障碍物与危险隐患，保证桩机施工环境安全、文明。

⑥ 专职记录员 1 名，负责试桩中需要详细记录的各种技术参数，确保其真实准确。

⑦ 发电机组运行与维护人员 1 名、电工 1 名、机修工 1 名，保证机组正常运行，不发生故障。

（2）施工设备选用。

根据工程设计，施工地层，为保证顺利施工，采用功率较大的 SP-5A18 型深层水泥搅拌桩机和 UBJ-18 型灰浆泵，开动一台桩机，主要设备配置如表 4.5 所示。

表 4.5 主要机械设备

序号	设备名称	型号	单位	数量	用电量/kW	备注
1	搅拌桩机	SP-5A18	台	1	37	
2	灰浆泵	UBJ-18	台	1	4	
3	灰浆搅拌机	2001	台	1	3	
4	集料斗	1 m³	个	1		
5	配电箱		个	1		
6	磅秤	1 000 kg	台	1		
7	电焊机	BX-200	台	1	17	

严禁没有水泥用量计量装置的搅拌机投入使用，必须采用流量泵控制输浆进度。喷浆量及搅拌深度必须采用经国家计量部门认证的检测仪器进行自动记录。

（3）拟采用的参数。

水泥采用冀东壁山生产的 P·O42.5 普通硅酸盐水泥，本次拟采用的三种水泥掺入量分别为 15%、17%、20%，水泥用量分别为 47 kg/m、56 kg/m、63 kg/m，粉煤灰用量分别为 9.5 kg/m、11 kg/m、12.5 kg/m，水灰比为 0.5，每种掺入量各施工 3 根搅拌桩，试验总数量为 9 根，并分别进行抽芯和复合地基承载力试验。试桩拟采用的技术参数如表 4.6 所示。

表 4.6 试桩拟采用的技术参数

项目名称	水泥掺入量	粉煤灰掺入量	钻进速度	提升速度	喷浆压力	试桩数量
单位	kg/m	kg/m	m/min	m/min	MPa	根
数值	47	9.5	1.0～1.2	0.8～1.0	0.5～1.0	3
数值	56	11	1.0～1.2	0.8～1.0	0.5～1.0	3
数值	63	12.5	1.0～1.2	0.8～1.0	0.5～1.0	3

2．水泥搅拌桩施工工艺方案

采用 SP-5A18 型搅拌桩机进行搅拌桩试桩施工，水泥搅拌桩的施工顺序宜从中间向外围进行，或由一边向另一边的方式施工。采用两喷四搅步骤：桩机就位调平→搅拌钻进至设计深度→喷浆、搅拌提升→提升至停浆面→复搅下沉至设计深度→喷浆提升至停浆面→关闭搅拌机械→桩机移位→桩头处理→桩基检测。水泥搅拌桩工艺流程如图 4.10 所示。

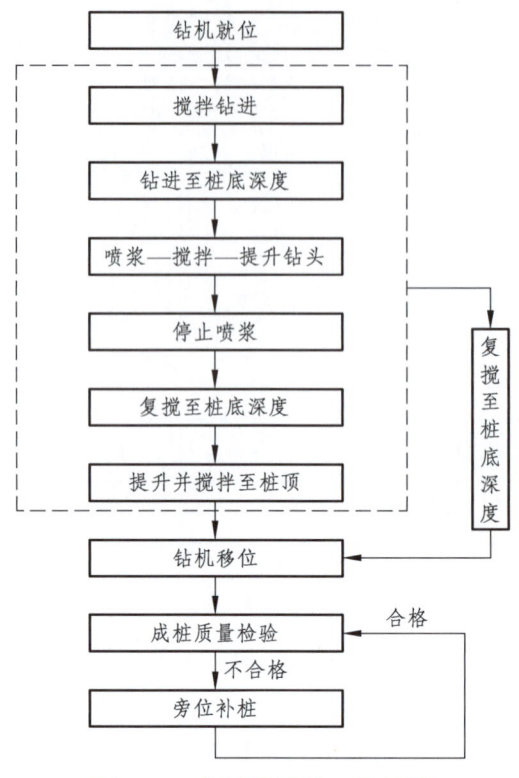

图 4.10 水泥搅拌桩工艺流程

（1）施工准备。

① 清理现场地下、地面及空中障碍物，修通便道，铺设电线，整理原地面，其顶面做成三角形，中心高出 0.2 m，两侧与地面平，其宽度不小于路堤加护道底宽，并碾压密实。测量放线定出桩位和标高，并钉上木桩。布置水泥浆制备及泵送系统，泵送距离小于 50 m。

② 水泥、粉煤灰等材料，要有产品质量合格证，经试验检验合格符合设计要求后运至施工现场。

③ 对参加施工的人员进行岗前培训、技术交底等工作。

④ 施工机具进场，对其维护、检修、调试并进行试运转，保证各部位正常工作。

⑤ 测量放样，准确确定桩位，并同时测量桩顶标高。

（2）施工工艺。

钻机就位：将钻机安置在设计的孔位上。使钻杆头对准孔位的中心，桩位对中偏差不超过 5 cm；钻机就位后对钻机进行水平校正，使其钻杆轴线垂直对准钻孔中心位置，施工时钻杆的倾斜度不大于 1%。钻机就位后，进行低压射水试验，检查喷嘴是否畅通，压力是否正常。

钻孔：钻机操作手负责钻机的下沉、提升、喷浆、停浆等，观察机械运转情况，做好维修保养并按技术交底施工。钻孔预搅至设计标高且进入持力层深度满足设计要求。钻进过程加强对地质情况复核，当与设计不符时，应该及时沟通设计单位与监理单位，并严格按设计要求进行施工。

制浆：① 配置浆液时，水要清洁、酸碱适中；② 浆液配合比选定后，首先将水加入桶内，再将水泥、粉煤灰等粉料倒入；③ 开动搅拌机搅拌，并经过筛选后放入灰浆池备用。

提升喷浆搅拌：搅拌机下沉到要求深度后，开启灰浆泵，钻头反转，搅拌头在原位喷浆搅拌约 1 min 后，以 0.8～1.0 m/min 速度反转提升，转速 60 r/min，喷浆压力控制在 0.5～1.0 MPa。当钻头提升到高于桩顶面约 0.5 m，喷浆系统停止喷射水泥浆。钻头正转，搅拌下沉至设计深度，再反钻提升到停浆面，完成成桩。在钻机移动前打印施工过程资料和成桩资料，严禁移机后补打资料。成桩资料打印由旁站监理监督。

重复上、下搅拌：① 搅拌机提升到加固深度的顶面高程时，集料斗中的水泥浆应正好排空；② 为使软土和水泥浆搅拌均匀，可再次将搅拌机边旋转、边沉入土中，至加固深度后，再将搅拌机提升出地面；③ 当复搅发生空洞或意外事故（如停电、灰管堵塞等）而影响桩体质量时，钻机提升后应立即回填素土，进行重新喷浆搅拌，或直接在邻近补打一根。

清洗：① 补浆完成后，提升钻杆及钻头，进行低压射水；② 向集料斗中注入适量的清水，开启灰浆泵，清洗全部管路中残存的水泥浆，管内、机内不留残存浆液；③ 将黏附在搅拌头的软土清洗干净。

移位：① 冲洗钻杆、喷嘴，整个作业结束；② 把钻机等机具设备移到新孔位上；③ 重复上述步骤，进行下一根桩的施工；④ 考虑到搅拌桩顶部与上部结构的基础或承台接触部分受力较大，因此，通常还可在桩顶，再增加一次输浆，提高桩强度。

桩头处理：混凝土达到设计强度的 70% 后，人工对搅拌桩的桩头超灌部分进行凿除，并清除现场多余土层，确保达到场平要求。在清运现场余土的过程中一定要注意对搅拌桩体的保护。

3．水泥搅拌桩桩基检验及结论

（1）水泥搅拌桩质量检验内容。

① 成桩 7 d 后，采用浅部开挖桩头，深度宜超过停浆面下 0.5 m，目测检查搅拌的均匀性，量测成桩直径，不少于 3 根。

② 成桩 28 d 后，采用双管单动取样器在桩径方向 1/4 处、桩长范围内垂直钻孔取芯，观察桩体完整性、均匀性，取不同深度的不少于 3 个试样作无侧限抗压强度试验，不少于 3 根，取芯后的孔洞采用水泥砂浆灌注封闭。

③ 复合地基承载力试验。成桩 28 d 后，进行复合地基承载力试验，采用承重梁加配重反力装置，用千斤顶配合高压油泵施加反力的方法加载。试验后获得复合地基承载力和沉降量数据。

④ 施工允许偏差（见表 4.7）。

表 4.7　水泥搅拌桩施工的允许偏差

序　号	项　目	允许偏差
1	间距（纵横向）	±50 mm
2	直径	不小于设计值
3	垂直度	1.5%
4	桩长	不小于设计值

（2）质量控制措施及注意事项。

① 施工现场事先予以整平，不得回填杂填土或生活垃圾。施工前检验机具性能和施工工艺各项技术参数，并进行实际标定，有关技术参数及时提供给现场监理工程师，以作为控制搅拌桩质量的依据。

② 施工到顶端 0.3～0.5 m 范围时，因上覆土压力较小，搅拌质量较差。因此，其场地整平标高应比设计确定的基底标高再高出 0.3～0.5 m，桩制作时仍施工到地面。

③ 所使用的水泥过筛，制备好的浆液不得离析，泵送必须连续。拌制浆液的罐数、水泥及粉煤灰掺入量以及泵送浆液的时间等由专人记录。

④ 为保证桩端施工质量，当浆液达到出浆口后，应喷浆座底 30 s，使浆液完全到达桩端。

⑤ 预搅下沉时不能冲水，当遇到较硬土层下沉太慢时，增加搅拌机自重，然后启动加压装置加压，或边输入浆液边搅拌钻进。

⑥ 当喷浆口到达桩顶标高时，停止提升，搅拌数秒，以保证桩头的均匀密实。

⑦ 施工时因故停浆，继续施工时必须重叠接桩，接桩长度不小于 0.5 m。若停机超过 3 h，在原桩位旁边进行补桩处理。

⑧ 喷浆量及搅拌深度采用经国家计量部门认证的监测仪器进行自动记录。

⑨ 段浆量的控制：段浆量为每米桩体所需喷浆量的体积。根据计算，水灰比为 0.50，15% 胶凝含量时段浆量为 47.74 L/m，18% 胶凝含量时段浆量为 54.58 L/m，20% 胶凝含量时段浆量为 64.1 L/m。据此，施工桩的总浆量＝段浆量×施工桩长度。按照配合比拌制浆液的罐数总量与施工的桩数量进行对比，以此来控制施工过程中桩身浆量总量。

⑩ 在施工部位 28 d 内禁止任何车辆通行碾压。

（3）试桩检验结果。

① 成桩 7 d 后，采用浅部开挖桩头，深度超过停浆面下 0.5 m，目测检查搅拌的均匀性，量测成桩直径。经开挖后观察和量测，试验桩质量均合格，观测结果如表 4.8 所示，开挖效果如图 4.11 所示。

表 4.8　试桩 7 天观测结果统计

桩　号	设计桩径/m	水泥掺量/%	水灰比	实测桩径	均匀性
89-42	0.5	20	0.5	0.52	均匀
89-43	0.5	20	0.5	0.55	均匀
89-44	0.5	20	0.5	0.54	均匀
89-45	0.5	17	0.5	0.55	均匀
89-46	0.5	17	0.5	0.53	均匀
89-47	0.5	17	0.5	0.55	均匀
89-48	0.5	15	0.5	0.56	均匀
89-49	0.5	15	0.5	0.53	均匀
89-50	0.5	15	0.5	0.54	均匀

图 4.11 开挖效果

② 成桩 28 d 后,采用双管单动取样器在桩径方向 1/4 处、桩长范围内垂直钻孔取芯,观察桩体完整性、均匀性,取不同深度的不少于 3 个试样作无侧限抗压强度试验。

根据试验报告,9 根试验桩每桩取一根芯样,观察桩体均完整、均匀;水泥掺量 15% 的桩体芯样无侧限抗压强度代表值为 1.7 MPa,水泥掺量 17% 的桩体芯样无侧限抗压强度代表值为 1.9 MPa,水泥掺量 20% 的桩体芯样无侧限抗压强度代表值为 2.0 MPa,均大于设计的强度值 1.5 MPa。

③ 复合地基承载力试验。成桩 28 d 后,进行复合地基承载力试验,采用承重梁加配重反力装置,用千斤顶配合高压油泵施加反力的方法加载。试验后获得复合地基承载力和沉降量数据。

经检验,9 根桩的复合地基承载力均不小于 360 kPa,大于设计的 180 kPa,满足设计要求。

(4)参数确定及结论。

① 水泥搅拌桩掺灰量选用:水泥为加固湿土重的 15%,水灰比 0.50。

② 机械控制参数:钻进速度为 1.0~1.2 m/min,提升速度为 0.8~1.0 m/min,泵压为 0.6~0.8 MPa,进入持力层电流值为 60 A 且呈稳定增长趋势,钻机下沉最后 30 s 电流值为 60~70 A。

根据对上述水泥搅拌桩的试验成果分析,总结如下:

89-42#、89-43#、89-44# 水泥掺入量为 15%,28 d 无侧限抗压强度分别为 1.7 MPa、1.7 MPa、1.7 MPa,符合设计及验收标准;

89-45#、89-46#、89-47# 水泥掺入量为 17%,28 d 无侧限抗压强度分别为 1.9 MPa、1.9 MPa、1.8 MPa,符合设计及验收标准;

89-48#、89-49#、89-50# 水泥掺入量为 20%,28 d 无侧限抗压强度分别为 2.0 MPa、2.1 MPa、1.8 MPa,符合设计及验收标准;

28 d 后做单桩复合地基承载力试验,9 根桩的极限抗压承载力均不小于 360 kPa,大于设计的 180 kPa,满足设计要求。以上试桩委托四川铁正建设经钻芯法验证其无侧限抗压强度,合格率为100%;经反力加载检验复合地基承载力,合格率为100%。

通过对以上试验结果进行经济对比分析,选定15%水泥掺量、水灰比0.50的施工配比;机械参数可以采用上述第②条中的施工参数,作为以后施工的控制参数;施工工艺采用试桩施工工艺能够满足设计及验标要求,可以在本标段大面积推广。

4.2.7 CFG桩软基加固工法及应用

1. 工程概况

(1)本标段CFG桩设计桩间距为1.5~1.8 m,桩径0.5 m,按正三角形布置,桩长3~16.5 m,桩顶铺设0.6 m厚加筋碎石垫层,夹两层双向拉伸土工格栅。每侧回折不小于2.0 m,抗拉强度不小于110 kN/m;CFG桩桩体采用无侧限抗压强度不低于15 MPa的混合料,混合料由普通硅酸盐水泥、粉煤灰、碎石组成,混凝土采用搅拌站集中搅拌。

(2)水泥采用P·O 42.5普通硅酸盐水泥,水泥掺量不大于200 kg/m³,施工前按审批的配合比对原材料进行检测,确定施工配合比。混合料采用泵送方式连续灌注。

(3)为保证施工质量,应隔排跳桩施工。施工桩顶标高宜高出设计桩顶标高不小于0.5 m。

(4)地震动参数:本标段地震动峰值加速度为0.05g,地震动反映谱特征周期0.35 s。

(5)本标段地基处理CFG桩工程数量如表4.9所示。

表4.9 渝黔铁路土建2标地基处理CFG桩工程数量

序号	线 路	起止里程	长度/m	位置	工 点	φ0.5 m CFG桩 长度/m	根数/根	方量/m³
1	动车所	J3K1+215~J3K1+326	110	基底	CFG桩	18 183	1 299	3 570.2
2		J3K0+453~J3K0+490	110	基底	CFG桩	1 191	183	233.9
3	合 计					19 374	1 482	3 804.1

2. 施工工艺及施工方法

(1)施工工艺。

施工机械采用长螺旋钻机,施工程序为:钻机就位→钻进至设计深度→停钻→泵送混合料→提升钻杆→泵送孔底混合料→边泵送边均匀拔管至桩顶→成桩→钻机移位。施工工艺流程如图4.12所示。

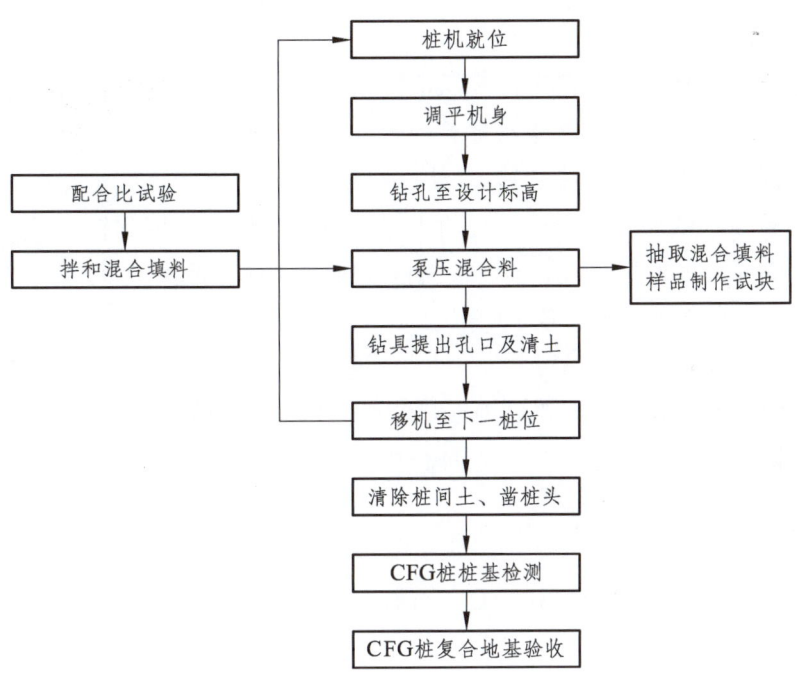

图 4.12　长螺旋钻管内泵压混合料灌注施工工艺流程

（2）施工方法。

① 钻机就位。

钻机就位后，应用钻机塔身前后左右的垂直标杆检查塔身导杆，校正位置，使钻机垂直对准桩位中心，钻孔控制采用在钻架上挂垂球的方法测量该孔的垂直度，也可采用钻机自带垂直度调整器控制钻杆垂直度。每根桩施工前现场工程技术人员进行桩位对中及垂直度检查，CFG 桩垂直度允许偏差≤1%，桩位允许偏差≤5 cm。满足要求后，方可开钻。

② 钻进成孔。

钻孔开始时，关闭钻头阀门，向下移动钻杆至钻头触及地面时，启动马达钻进。先慢后快，同时检查钻孔的偏差并及时纠正。在成孔过程中，发现钻杆摇晃或难钻时，放慢进尺，防止桩孔偏斜、钻杆位移、钻具损坏等。钻至基岩顶面，记录钻进深度，判定是否满足设计要求，满足要求后停钻。CFG 桩加固深度应穿透软弱土层（压缩层）到达基岩顶面。钻孔顺序如图 4.13 所示。

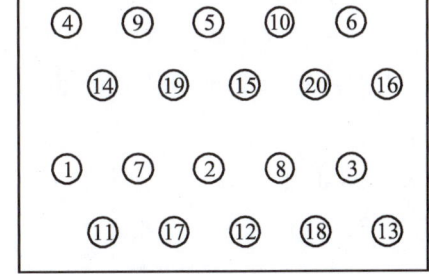

图 4.13　CFG 桩钻孔顺序示意图

③ 混合料搅拌。

混合料搅拌要求按配合比进行配料，计量要求准确，拌和时间不得少于 1 min。混合料加水量和坍落度（设计要求长螺旋钻管内泵压混合料法施工时，坍落度控制在 16～20 cm）根据采用的施工方法按工艺试验确定并经监理工程师批准的参数进行控制。在泵送前混凝土泵料斗应备好熟料。

④ 灌注及拔管。

成孔到达设计桩底，停止钻进，泵送混合料，当钻杆芯充满混合料后开始拔管，不可先拔管后泵料。混合料的泵送量与拔管速度相匹配，拔管速度控制在 1.2～1.5 m/min 左右，如遇淤泥或淤泥质土，拔管速度应当放慢。成桩过程须连续进行，施工中因其他原因不能连续灌注，须避开饱和砂土、粉土层停机。混凝土灌注到桩顶后用振动棒对桩顶以下 2.5 m 范围内进行振捣。施工桩顶高程高出设计桩顶不少于 0.5 m，桩长允许偏差不大于 10 cm，桩径不小于设计值。

⑤ 现场试验。

对于每车混凝土，试验人员都要进行坍落度的检测，合格后方可进行混凝土的投料，在成桩过程中随机抽样做混凝土试块，每台机械一天做 1 组（3 块）试块，测定其 28 d 抗压强度。

⑥ 清理。

CFG 桩施工完毕在其混合料初凝后，进行打桩弃土清运，清运时不可对设计桩顶标高以下的桩身造成损害；不可扰动桩间土；不可破坏工作面未施工的桩位。清运完毕后人工开挖其下 50 cm 保护土层，清运保护土层时不得扰动基底土，防止形成橡皮土。施工时严格控制标高，不得超挖。保护土层清除后，截除桩顶设计标高以上桩头，采用截桩机截桩。桩头截断后，用钢钎、手锤将桩顶从四周向中间修平至桩顶设计标高，桩顶允许偏差 0～20 mm。如果在基槽开挖和截桩头时造成桩体断至桩顶设计标高以下，必须接桩至设计桩顶标高，剔平凿毛桩顶，用与桩体材料、配比相同的混合料接桩，并超出桩周 200 mm。

⑦ CFG 桩桩基检测。

CFG 桩质量检验内容包括桩身完整性、均匀性、桩身强度，单桩或复合地基承载力等，检验要求如下：

a. CFG 桩身施工完毕，成桩 7 d 后，采用低应变检测桩身完整性，检查数量为施工总桩数的 10%，且不小于 3 根。

b. 成桩 28 d 后，应采用双管单动取样器在桩径方向 1/4 处，桩长范围内垂直钻孔取芯，观测桩体的完整性、均匀性，取不同深度的不少于 3 个试样作无侧限抗压强度试验，检测数量为总桩数的 2‰，且不小于 3 根。钻芯后的空洞采用水泥砂浆灌注封闭。

c. 28 d 后对 CFG 桩进行检测，检测单桩或复合地基承载力试验。检测数量取桩总根数的 2‰，且不小于 3 根。

施工单位应与检测单位保持信息通畅，并按附表格式提出报验计划，经监理工程师确认后，提前 24 h 通知检测单位进行现场检测。

3．施工保障措施

（1）施工设备配置（见表 4.10）。

表 4.10 每作业面机械设备配置表

序号	设备名称	数量/台	性能
1	长螺旋 CFG 桩机	1	良好
2	混合料输送泵	1	良好
3	混凝土罐车	2	良好
4	发电机	1	良好
6	冲击压路机	1	良好
7	振动压路机	1	良好

（2）人员配置（见表 4.11）。

表 4.11 每个作业工班人员配备表

人员配置	人数/人
负责人	1
技术主管	1
技术、质检、测量及实验人员	4
专职安全员	1
工班长	2
机长	4
普工	16
电工	1
挖土机司机	4
汽车司机	4
泵机操作手	8

注：负责人、工班长、技术人员、专兼职安全员必须由施工企业正式职工担任，并可根据工程情况适当配备若干劳务工人。

（3）质量控制措施。

① 测量桩位前应对施工现场原地面标高进行抄平测量，并用机械平整碾压后放出各桩的准确位置，将施工区域进行划分，并将各桩进行编号，定机定人进行管理。

② 布桩时，CFG 桩的数量、布置形式及间距必须严格按设计要求。并遵循从中心向外推进施工，或从一边向另一边推进施工的原则，不宜从四周转向内推进施工。

③ 所有进场施工的长螺旋钻机在开钻前应由施工技术人员对标尺、刻画进行复核，消除标识误差。使用反差大的反光贴条每 0.5 m 进行标识，粘贴在钻机导向架上，便于夜间记录人员识别读数。

④ 现场管理人员每根桩都要根据桩机上的垂球目测导向架垂直度，以保证桩身垂直度不大于 1%，确保桩体的正常受力。

⑤ 钻孔开始时，关闭钻头阀门，向下移动钻杆至钻头触及地面时，启动马达钻进，先慢后快。在成孔过程中，如发现钻杆摇晃或难钻时，应放慢进尺，否则容易导致桩孔偏斜、位移，甚至使钻杆、钻具损坏。

⑥ CFG 桩成桩过程由现场值班人员指挥，桩机操作手和地泵操作手密切配合，按

照先泵料后拔管的原则,防止先拔管后泵料,防止 CFG 桩成吊脚桩。

⑦ 严格控制拔管速率。拔管速率太快可能导致桩径偏小或缩颈断桩,而拔管速率过慢又会造成水泥浆分布不均,桩顶浮浆过多,桩身强度不足和形成混合料离析现象,导致桩身强度不足。

⑧ 整个施工过程中,应安排质检人员旁站监督,并做好施工原始记录。记录的内容主要有桩号、钻孔深度、瞬间电流值、孔深、拔管速度、单孔混合料灌入量、堵管及处理措施等。

⑨ 提钻泵送过程中,旁站人员要经常敲打输送管,确认管内混合料是否充实,以保证桩体密实。

⑩ 由于桩管垂直度的偏差,在拔管过程中若出现反插,容易使土与桩体材料混合,导致桩身掺土影响桩身质量,所以,施工中应避免反插。

⑪ 桩顶混凝土停灰面根据导向架上标识由值班人员判断,控制在桩顶标高以上 0.5 m 位置。

⑫ 控制好混合料的坍落度。混合料坍落度过大,会形成桩顶浮浆过多,从而影响桩体强度,坍落度控制在 160~200 mm,要求混凝土和易性好,桩顶浮浆控制在 20 cm 以内。

⑬ 设置保护桩长。在泵送混合料时,比设计桩长多加 0.5 m 的料。将钻杆拔出后,用插入式振捣棒对桩顶混合料加振 3~5 s,提高桩顶混合料密实度,上部用土封顶,以提高混合料抵抗周围土挤压的能力,避免因新打桩振动导致已打桩受振动挤压而出现混合料上涌使桩径缩小的情形。

⑭ 在截取桩头前应准确测量桩顶标高,并在纵横向挂线标示桩头水平位置。截取后的桩头面应是水平面。清理桩间土和截取桩头时,应采取相应的预防措施,防止造成桩顶标高以下桩身断裂和扰动桩间土。

⑮ CFG 桩施工完成 28 d 内不得有任何机械在上面行走。

(4)质量检验措施。

① 所用的水泥和粗细骨料品种、规格及质量应符合设计要求。

检验数量:同一产地、品种、规格、批号的水泥,每 500 t 为一批,不足 500 t 时也按一批计。同一产地、品种、规格且连续进场的粗、细骨料,分别每 400 m³ 为一批,当不足 400 m³ 时也按一批计。各种原材料每批抽样检验 1 组。

检验方法:检查产品质量证明文件。水泥抽样检验水泥强度、安定性、凝结时间,料场抽样检验粗细骨料含泥量、筛分试验颗粒级配。

② CFG 桩混合料坍落度按工艺性试验确定并经监理工程师批准的参数进行控制,施工单位每台班抽样检验 3 次。监理单位按施工单位检验数量的 10% 见证检验,检验方法为现场坍落度试验。

③ CFG 桩混合料强度应符合设计要求。

检验数量:施工单位每台班做一组(3 块)试块。监理单位按施工单位检验数量的 10% 平行检验。检验方法:每台班制作混合料试块,试件标准养护 28 d 进行抗压强度试验。

④ CFG 桩的数量、布桩形式应符合设计。检验数量:全部检查。检验方法:计数。

⑤ 每根桩的投料量不得少于设计灌注量。检验数量：每根桩检验。检验方法：料斗现场计量。

⑥ CFG 桩的有效长度应满足设计。检验数量：每根桩检验。检验方法：测量钻杆长度，并在施工中检查是否达到设计深度标志，施工后检查浮浆厚度，计算出桩的有效长度。

⑦ CFG 桩身施工完毕，成桩 7 d 后，采用低应变检测桩身完整性。检查数量为施工总桩数的 10%，且不小于 3 根。

⑧ 成桩 28 d 后，应采用双管单动取样器在桩径方向 1/4 处，桩长范围内垂直钻孔取芯，观测桩体的完整性、均匀性，取不同深度的不少于 3 个试样作无侧限抗压强度试验，检测数量为总桩数的 2‰，且不少于 3 根。

⑨ 28 d 后对 CFG 桩进行检测，检测单桩或复合地基承载力试验。检测数量取桩总根数的 2‰，且不小于 3 根。

⑩ CFG 桩的桩位、垂直度、有效直径的允许偏差应符合表 4.12 的规定。

表 4.12　CFG 桩施工允许偏差

序号	项　目	允许偏差	检验方法
1	桩位（纵横）向	50 mm	经纬仪或钢尺丈量
2	桩体垂直度	1%	经纬仪或吊线测钻杆倾斜度
3	桩体有效直径	不小于设计值	开挖 50～100 cm 深后，钢尺丈量

4.2.8　大型站场高填方路基施工组织方案

1. 施工流程及原则

高填方路基的施工顺序为：施工准备→测量放样→清表→地基处理→土石方填筑→检测→基床施工。为提高施工效率以及工期的要求，施工顺序一般安排以平行流水作业为基本形式，如图 4.14 所示。

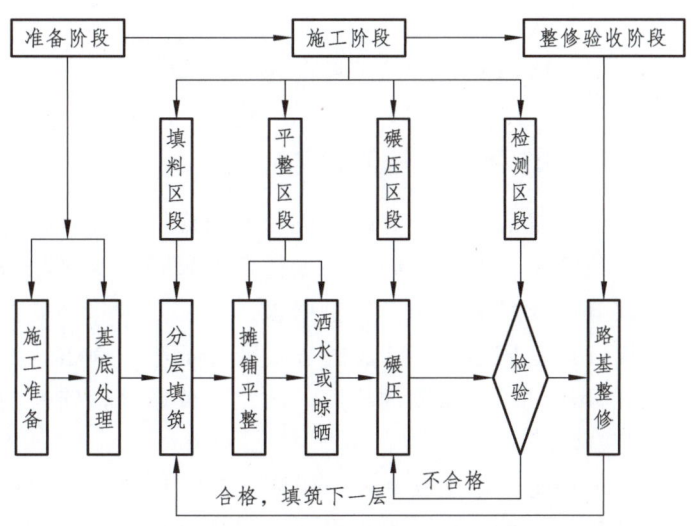

图 4.14　路基填筑碾压工艺流程

为保证施工顺利进行，应注意以下施工原则。

（1）统筹安排土石方调配，合理安排施工顺序、工序进度和关键工序的作业循环，做到装、运、卸、压等工序紧密衔接连续作业，尽量避免施工干扰。做到既保证质量和工期，又经济合理。

（2）尽量确保路基施工时与桥涵工程同步进行，尽量减少桥涵缺口。

（3）路基工程施工前，先行完善临时排水系统，确保排水畅通，无积水和浸泡路基现象。

2. 施工准备

（1）复核设计图纸，复核线路中线、水准点及横断面，设置中线桩及基础边桩，设置临时水准点。高填方路堤边坡设计如图4.15所示。

（2）施工负责人会同有关人员落实各项准备工作，搞好场内"三通一平"，调查好施工范围内地下管线埋设情况，联系有关部门进行改移或防护。

（3）配合有关部门进行征地拆迁工作。

（4）落实劳力、机具设备、电源等情况，调查料源，做好试验鉴定，根据设计图进行备料，保证各种材料及设备及时进场。

（5）对全体施工作业人员进行施工技术及安全培训，并考试合格后方可上岗。组织现场施工人员熟悉了解施工图纸和有关技术资料，认真做好技术交底工作，并对专业工进行短期技术培训，使全体人员做到"心中有数，手中有法"。

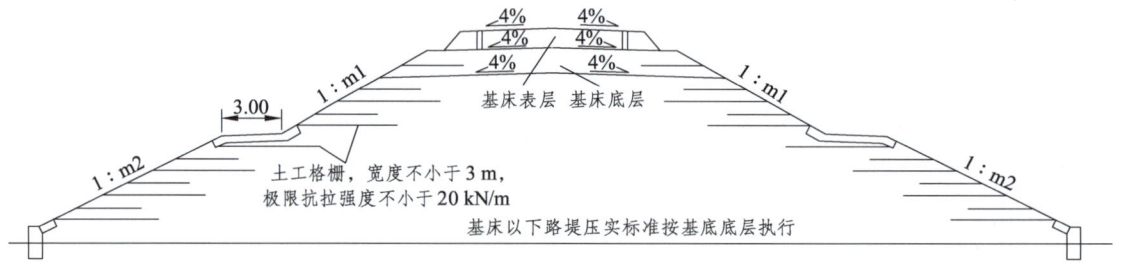

图4.15 高填方路堤边坡设计示意图

3. 施工地段地质检测与原地基的处理

场地清理完成后在现场就地取样，对样品进行各项指标的检测，对于不合格土质进行换填。另外，只有当路基中含水量大约达到最佳含水量时（变化范围不超过2%），方可进行碾压，以确保路基压实度满足施工质量要求。

（1）设计图纸和相关规范规定路堤基底的压实度应不小于90%。换填处理后的路堤碾压完成以后，利用灌砂法进行压实度的检测，压实数值越高，路基的密实性越好，路基的整体稳定性能越好。

（2）原地表清除表层杂土，挖走软基后，用满足施工质量要求的填料分层回填、压实。对于地下水，应按设计要求，采取有效导排措施后方可填筑路堤。设置排水渗沟以排除地下水，或填筑碎石、砾石等渗水性好的材料。

（3）高填方地基原地面横坡小于1∶5时，清除地表草皮、腐殖土后，可直接在天然地面上填筑路堤。地面横坡为1∶5～1∶2.5时，应挖台阶，台阶宽不小于2 m，台阶顶面做成2%～4%的内倾斜坡，台阶宽度一般要宽于压路机，以保证路基的碾压宽度。地面横坡大于1∶2.5地段的陡坡路堤，须验算路堤整体沿基底及基底下软弱层滑动的稳定性，并符合规范要求。

4．路基基底处理

在稳定斜坡上地面坡率缓于1∶10时，清除表层植被土，达到规定压实度时，路堤可直接填筑；地面坡率为1∶5～1∶2.5时，在原地面挖高度不大于0.6 m，宽度不小于2 m 的台阶，路堤沿横断面全宽，纵向分层填筑。从最低处开始分层填筑，由两边向中间填筑，路基边坡两侧超填宽为30 cm，分层填筑压实厚度不大于30 cm，分层填筑的最小分层厚度不小于10 cm，并做成向两侧4%的横向排水坡。

纵向填挖交界处应设置过渡段，过渡段挖方区路床为土质时应进行换填处理，过渡段填方区采用A组料进行填筑。

5．路堤及基床底层填筑碾压施工工艺及方案

路堤填筑常用推土机、平地机、挖掘机、装载机等机械按以下几种方法进行作业。

（1）对于性质不同的填料，应水平分层，分段填筑，分层压实。

（2）对潮湿和敏感性小的、强度高的填料应填筑在路基上层，在有地下水的路段，路基底部宜选用碎石、砾石等透水性良好的填料进行填筑。

（3）每一填筑层压实后的宽度应及时测量，防止路基宽度不够导致亏坡。填筑层边缘路基压实度也要满足图纸及规范的要求。

（4）路堤填筑时，应从路基的最底部开始，逐层填筑，逐层压实。当原地表纵坡大于0.12或者原地面横坡大于1∶5时，应按照设计图纸要求设置坡度大于4%、宽度大于2 m的台阶。

（5）施工时，在每层填料之后保证其存在2%～4%坡度的路基双向横坡，填实宽度要超出设计宽度的50 cm左右，以保证路基边缘也被压实到规定的压实度。

高填方路基工程具有处理面积大、土石方量大、工程场地松散不均匀、山坡地形陡峭等特点，如图4.16所示。实践证明，压实作为施工过程中的主要工序，路基在施工过程中进行科学、合理的压实，可以提高结构层的强度，增强整体稳定性，减少不均匀沉降。影响压实度的因素主要包括压实的遍数不够，压实机械与填料的性质、厚度不匹配，碾压的均匀度不够，局部出现漏压现象，填料的含水量过大或过小偏离最佳含水量。

（a） （b）

(c)   (d)

图 4.16 高填方路基施工现场

在高填方路堤压实施工中,应根据实际的施工环境,先选取试验路段进行现场试验,确定能达到最大压实干密度的松铺厚度、碾压机械型号、碾压机械组合、碾压速度及碾压遍数等参数,试验结果作为正式施工的依据。对产生"弹簧土"的部位,过湿土采取翻晒或掺加生石灰粉进行翻拌,等其含水量适宜后重新碾压,或直接挖除换填后重新碾压。具体工艺如下:

(1) 工艺流程。

按设计要求进行路基基底处理,路基基底处理合格后开始进行路基填筑,取土采用挖掘机挖装,自卸汽车运输,按放样宽度及松铺厚度控制卸土量,检查含水率,含水率适宜时装载机或者(推土机)摊铺初平,刮平机进行精平,松铺厚度及平整度符合要求后采用重型压路机碾压成型。

施工中采取横断面全宽、纵向分层填筑方法施工。填料采用挖掘机配合自卸汽车运输,推土机、平地机进行摊铺,分层填筑,振动压路机碾压,依据"三阶段、四区段、八流程"作业法组织各项作业均衡进行,合理安排施工顺序、工序进度和关键工序的作业循环,做到挖、装、运、卸、压等工序紧密衔接连续作业,避免施工干扰、交叉施工。

"三阶段、四区段、八流程"作业法中,"三阶段"为准备阶段、施工阶段、竣工阶段;"四区段"为填筑区、平整区、碾压区、检验区;"八流程"为施工准备→基底处理→分层填筑→摊铺平整→碾压夯实→检验签认→路面整形→边坡修整。按以往施工经验,碾压 4 遍后开始检查压实度,之后每增加碾压一遍即检查一次压实度,直至达到设计要求的压实度标准。

压实层纵向施工顺序:按设计要求进行原地面处理→布填料→摊铺初平→初压→复压→精平终压。

(2) 填料质量要求。

① 路基基床以下路堤为 A、B、C 组填料,基床表层为 A 组填料,基床底层为 B 组填料,填料的各项检验指标符合验标有关规定要求。

② 路基填料要求大小级配良好。

③ 路基施工必须加强全路段填料和填筑压实度的一致性控制,确保路基整体刚度的均匀性,以达到铁路行车平顺性要求。

④ 填筑前应对料源提前进行取样检验,检验合格后,将填筑料运到 A、B 组料加工厂进行加工,同时应对运至现场的填料进行抽样检验。当填料土质发生变化或更换取土场时应重新进行检验,检验的方法按《铁路工程土工试验规程》(TB 10102—2010)规

定进行试验。路基填料复查项目及频次如表 4.13 所示。

表 4.13　路基填料复查项目及频次

填料	试验项目、频次				
类别	颗粒级配	液塑限	击实试验	颗粒密度	大于 5 mm 颗粒的单位体积重
细粒土及粉砂黏砂	—	5 000~10 000 m³	5 000~10 000 m³	—	5 000 m³
粗粒土、碎石土	10 000 m³	—	—	10 000 m³	10 000 m³

（3）卸料控制。

填筑前首先放出线路中桩和填筑边线，每 50 m 钉出边线木桩，为保证路基边缘的压实度，边线应比设计边线每侧宽出 50 cm。按自卸汽车每车的方量和松铺厚度计算每个方格网的卸料车数，以达到控制松铺厚度的目的。

（4）摊铺整平。

首先检查填料的含水量，当填料含水量与其最佳含水量之差不超过 －3%~＋2% 时立即予以摊铺整平，填料的摊铺采用装载机或推土机初平，刮平机精平，保证每一填层的平整度及厚度的均匀，推平过程中采用在路基边坡插标尺挂钢丝绳控制松铺厚度。每一层填筑时均须形成 2%~4% 的人字形横坡。在相邻两区段上下两层填筑接头处须错开不小于 3 m 的距离。

（5）碾压。

摊铺平整后，松铺厚度、平整度和含水量符合要求即开始碾压。采用 20 t 振动压路机碾压密实。

碾压时采取从两侧向中心的顺序，纵向进退式碾压，沿线路纵向行与行之间压实重叠不小于 0.4 m，相邻两区段纵向重叠不小于 2 m，上下两层填筑接头应错开不小于 3 m，以保证无漏压、无死角，确保碾压的均匀性。

碾压方法为静压 1 遍，弱振碾压 1 遍，强振碾压 2~4 遍（同步检测结果定），最后再静压 1 遍消除轮迹，即：静压→弱振→强振→静压。碾压行驶速度开始用慢速（宜为 1~3 km/h），最大速度不超过 5 km/h。

（6）压实检测。

在每一填层碾压 4 遍后即开始检测（自碾压 4 遍后开始，纵向每 100 m 检测 6 个点），直至压实质量满足设计要求。

6．高填方路基施工方法

为解决站场施工中由于进行高填方所造成的路基失稳，采用强夯施工和加铺土工格栅的方法控制路基的施工质量。

（1）强夯施工。

高填方路基用强夯法进行施工，以更好地解决高填方路基施工过程中的质量控制难题。结合施工现场的具体实施情况，由技术人员编写强夯施工方案。每层填料填筑完成后，由技术人员标设第一遍强夯点位置，测量原地面高程和强夯前锤顶标高。然后将夯锤起吊到试验路段确定的预定高度，开启脱钩使夯锤脱钩自由下落，测量夯锤顶的高程，计算每次强夯后的沉降量并记录。

完成第一遍全部夯点的夯击之后，在规定的时间间隔后，依次完成主夯、副夯以及满夯的施工。副夯的夯击点穿插于主夯夯击点之间，而且在每遍的夯击点全部完成后，用装载机、自卸车对夯点用同样的材料进行回填、碾压，并对布置夯击点位置进行测量。施工现场如图4.17所示。

（2）格栅施工。

在填筑高度大于12 m的高填方路基中，一般需要在其路基底面和路床顶面各铺设3层土工格栅。每层强夯施工过后，首先由施工人员整平场地，然后铺设一层高强土工格栅，拉平并用桩固定，待铺设完成后，及时进行填料，避免格

图4.17 强夯法施工现场

栅受到阳光长时间的直接暴晒，另外在对土工格栅8 cm以内的路基进行填料时，填料最大粒径不得大于6 cm，施工过程中尽量避免损坏土工格栅。

（3）修整复测。

每完成一层强夯、格栅施工之后就要采用人工的方式进行整修处理，每填筑3层就要进行放样测量，而且在填筑中，还需要做好防护处理，以保证路基的稳定性。

7．施工经验总结

（1）高填方路堤施工，需集中力量连续快速施工，分层分段完成。

（2）高填方路堤基底及路堤每一层施工完成后，需将该层宽度、填筑厚度、压实厚度、逐桩标高和压实度等检测资料报监理工程师审查批准后，才能进行下一循环的施工。

（3）高填方路堤的基底承受的荷载较大，对于软弱地基如常规压实仍不能满足要求，应对地基进行地基加固处理。

（4）高填方路堤的地基土体，由于填筑体对其施加了较大的压力会产生压缩变形，填筑体在自重的作用下也会压密变形，这两个变形的完成都需要较长时间才能完成，并逐步达到稳定。因此为保证高填方路堤的工程质量，必须优先施工。

（5）严格控制填层厚度和填筑宽度。每层初平完成后，对填层厚度进行检查，确保每层填筑的厚度控制在规定范围之内，发现超厚现象及时采取相关措施减薄。推土机在初铺时，摊铺的宽度比设计宽度加大50 cm，以保证路基边部压实。

（6）严格控制填料质量，选择经试验合格的填料进行填筑，含有有害杂质及未经处理的劣质土不得使用。当填料为不同土质时，采取不同土质分别填筑的方式，每种填料连续填筑层累计厚度不小于60 cm。

（7）填料过干达不到最佳含水率，要洒水后压实；填料过湿也达不到最佳含水率，要翻晒后再压实。

（8）严格进行压实度的检测试验。每填完一层由试验室负责进行检测，并经常性地对压实薄弱环节进行抽检，发现压实度不合格的情况，及时采取适当的措施进行处理，

必要时采用强夯处理，确保路基的填筑压实符合规范要求。

（9）结合永久排水做好施工期间的临时排水工作。每层填筑时，在填层面做成2%的横向排水坡，并在路基两侧边坡处每隔10～20 m交错设置临时排水沟，以保持路基面不积水，且使雨水顺临时排水沟排入边坡坡脚，不致冲刷边坡。路堤坡脚及时做好临时或永久性排水沟，保证路基边坡排水通畅。

（10）严格控制路堤渗水部分的填筑材料，选取水稳性高及渗水性好的填料进行填筑，防止渗透水破坏路堤边坡的稳定。

4.2.9 小　结

1. 方法内容

在软基处理方案决策评价中，存在多个评价因素及多个方案，本节从技术可行、经济合理、资源调配（工程地点气候、人、设备工具）、施工风险、施工工期、环境协调等6种模糊性及不确定性因素角度出发，运用信息指标熵的方法进行各因素指标赋权；建立基于熵权法的理想点多目标方案决策评价模型，对柱锤冲扩桩、CFG桩、置换垫层、生石灰桩四种施工技术方案进行评价决策，结果合理，对施工过程具有指导意义。

2. 关键技术

柱锤冲扩桩与强夯、换填等施工方法相比，第一，从自身构造来讲，柱锤自重大、底面积小，对土体的冲击速度可达 1～25 m/s，柱锤底静接地压力值 100～500 kPa，而强夯锤底静接地压力值仅为 25～40 kPa，柱锤单位面积夯击能可达 600～5 000 kN·m/m^2，是一般强夯的10～20倍，强大的冲击速度、冲击力，使地基处理效果和效率明显提升，既可以解决强夯影响深度不够的问题，又可以避免橡皮土的出现，还可以解决承载力低以及地基刚度不均的难题；第二，柱锤冲扩桩较强夯受地层限制小，成孔、成桩方法多样，可用于多种土层施工，受季节、气候因素影响小，应用范围广，推广前景广阔；第三，柱锤冲扩桩可改变填料种类和成孔、成桩方法，以达到对原状土的侧向挤密、强力夯实、动力固结、充填置换、物理化学反应等综合作用，以实现软基加固效果和目的；第四，柱锤冲扩桩采用碎石作填料，可大量节约钢材、水泥、石灰等，较换填可节约投资 50%～70%，同时又减少土方外运，施工速度快（桩长13 m平均2小时1根），比其他地段采用水泥搅拌桩施工速度节约50%时间；采用孔内强夯，振动小、噪声低（70 dB以下），无污水、泥浆污染，节能环保效果显著；第五，柱锤冲扩桩采用散体桩形式，对局部有孤石处可免除开挖、回填、再打桩程序，大大缩短工期，应用领域正逐步扩大。

3. 科技创新

在路基处理技术方案的评价比选方法中，运用熵权法给出待决策方案各指标的权系数，可以有效避免赋权计算的主观性，具有较高的客观性和可信度；基于熵权法的理想点多目标方案决策评价模型，计算简便、思路清晰可以有效解决软土路基施工技术方案的优选问题。这种方法还可用于其他路基工程问题的评价中,具有较为广泛的适用性和创新性。

4. 解决难题与效果评价

运用基于熵权法的理想点多目标方案决策评价模型,从多个施工技术方案中比选最优方案,得到综合技术、经济、资源、风险、工期、环境等多种模糊性及不确定性因素的最优方案,减少了决策者个人因素等对施工方案选取的不利影响,具有客观性和科学性,解决了施工方案比选的烦琐过程,简单有效可行,经工程实践验证,该理论方法对提高工程效益,效果显著。

4.3 山区高速铁路大型枢纽边坡工程施工技术方案研究

4.3.1 研究背景及意义

我国山地面积约占全国陆地面积的 69%,山地城镇约占全国城镇总数的一半。伴随着科技进步,公路、铁路应运而生,因工程需要时常切割山体或穿越山体,再加上自然因素共同作用,导致山体崩塌滑坡事故不胜枚举。如何对挖方边坡进行合理的评价、科学的预测、即时的管理与控制,成为目前我国山区高速铁路建设中亟须解决的重大技术难题。

由于我国现阶段勘察设计周期一般较短,加之地质现象的隐蔽性、勘察手段的局限性,很难在边坡开挖前准确地探明坡体结构特征,并预测开挖后坡体的稳定性,短时间内完成高边坡的设计工作必然导致设计工作与地质条件一定程度地脱节。受上述勘察设计特点的限制,边坡的地质问题在勘察和设计阶段很难暴露出来,往往造成设计方案与地质条件不符。因此,应加强施工期地质复核与变形监测工作,在此基础上进行稳定性评价,对安全、高效、优质地建设铁路有重要的意义。

山区高速铁路工程与平原、丘陵地区相比,由于其独特的地形、地貌呈现独有的特征。山区高速铁路边坡工程多,特别是强风化岩质边坡与土质边坡开挖后,极易发生变形破坏,其稳定性较难控制。

山区高速铁路边坡工程与其他领域边坡工程相比又有其自身的特点。与水利、矿山、城市建设不同,山区高速铁路是线状工程,要穿越不同的地貌单元和岩层分布,其对应的高边坡使用年限长,属于永久边坡工程,涉及的边坡以点多、线长、类型多为主要特征。

4.3.2 山区高速铁路边坡开挖施工工艺

目前,铁路边坡开挖模式均采用逆做法,以尽可能减少边坡岩土体的施工损伤。开挖台阶高度根据边坡岩土体的软硬程度变化为 5～10 m。当边坡所处部位的地形坡度较大，且地表无重要居民、线路、水利等基础设施时，通常按坡率法进行边坡台阶设计，遵循从上到下逐级块施工步骤进行开挖，每级台阶的边坡坡角均不大于边坡岩土体破裂角。当边坡放坡受到一定限制，边坡坡角与边坡岩土体破裂角相近时，需在边坡表层设置锚钉，增强边坡的安全储备。当边坡放坡受到明显限制，边坡台阶高度较大、坡角显著超过岩土体破裂角时，需采用锚索格构予以加固，确保边坡的安全性。综合以上3种情况，提出铁路高边坡逆做法建设综合模式。

土质边坡开挖建设工艺是根据路堑深度和纵向长度确定，边坡开挖方法包括横挖法、纵挖法和混合法3种。[61]

1．横挖法

针对路堑整个横断面的宽度和深度，从一端或两端逐渐向前开挖的方式称为横挖法，包括一层横向全宽挖掘法和多层横向全宽挖掘法。用人力按横挖法挖掘路堑时，可在不同高度分几个台阶开挖，其深度一般宜为1.5～2.0 m。无论是自两端一次横挖到路堑标高还是分台阶横挖，均应设单独的运土通道及临时排水沟；用机械按横挖法挖路堑且弃土运距较远时，宜采用挖掘机配合自卸汽车进行，每层台阶高度可增加到3～4 m。

2．纵挖法

沿路延伸方向进行开挖的方法称为边坡纵挖法，分为分层纵挖法、通道纵挖法和分段纵挖法3类。

当采用分层纵挖法挖掘的路堑长度较短（不超过100 m），开挖深度不大于3 m，地面坡度较陡时，宜采用推土机作业。推土机作业时每一铲挖地段的长度能满足一次铲切达到满载的要求，一般为5～10 m，铲挖宜在下坡时进行，对于松土下坡坡度介于10%～15%范围；傍山卸土的运行道应设有向内稍低的横坡，但应同时留有向外排水的通道。

当采用分层纵挖法挖掘的路堑长度较长（超过100 m）时，宜采用铲运机作业。铲运机在路基上的作业距离不宜小于100 m。铲运机运土道，单道宽度不应小于4 m，双道宽度不应小于8 m，重载上坡纵坡不宜大于8%。铲运机卸土场的大小应满足分层铺卸的要求。

3．混合法

当路线纵向长度和挖深都很大时，宜采用横挖法和通道纵挖法相结合的混合法。先沿路堑纵向挖通道，然后沿横向坡面方向挖掘，以增加开挖坡面。

深挖路堑高边坡是否能够稳定，决定因素很多，最主要是边坡坡度大小。若坡度小、边坡平缓，则易于稳定；否则反之，同时与气候有关。实践表明，路堑边坡按照一定高度设平台与从上至下一面坡相比，虽然设平台的综合坡度与一面坡的坡度相同，但前者边坡较稳定。此外，分层设有平台还可以起到碎落台作用。机械施工的平台宽度要求不小于3 m，目的在于方便推土机施工。

土质深挖路堑边坡施工时，靠边坡3 m以内禁止采用炸药爆破。当边坡土质紧密，为加快施工进度，在距离边坡3 m以外准备采用爆破法施工时，应避免药量过多，致使爆破时将边坡上的土炸松，导致增强边坡的安全隐患。

石方边坡开挖建设工艺应根据岩石的类别、风化程度和节理发育程度等确定。[62] 对于软岩和强风化岩石，能用机械直接挖掘的应采用机械开挖，也可人工开挖。

石方开挖基本原则[63]：铁路石方开挖，应充分重视挖方边坡稳定，宜选用中小炮爆破法；开挖对于边坡不利的石方时，宜用小型排炮微差爆破；若岩层走向与路线走向基本一致，倾角大于 15°，且倾向铁路或者开挖边界线外有建筑物，爆破可能对建筑物产生不利影响时，应在开挖边界沿设计坡面打预裂孔，孔深同炮孔深度，孔内不装炸药和其他爆破材料；开挖层靠边坡的两列炮孔，特别是靠顺层边坡的一列炮孔，宜采用减弱松动爆破。

4.3.3 高边坡开挖施工方案

1. 工程概况

高边坡开挖工程主要集中于重庆西站、牵引变电所、米轨线，环境作用类别为化学侵蚀性环境时，水中硫酸根离子对混凝土有侵蚀性，侵蚀等级为 H1，在环境作用为氯盐环境时，水中氯离子对混凝土有侵蚀性，侵蚀等级为 L1。

对于土质边坡高度大于 20 m、小于 100 m 或岩质边坡高度大于 30 m、小于 100 m 的边坡，其边坡高度因素将对边坡稳定性产生重要作用和影响，其边坡稳定性分析和防护加固工程设计应进行个别或特别设计计算，这些边坡称为高边坡。边坡工程分布如表 4.14 所示，施工现场如图 4.18 所示。

表 4.14 工程分布汇总

序号	里程	左右侧	坡面高度/m	级数	防护类型
1	J1K0+180～J1K0+260	右侧	30～40	2～4	锚杆框架梁
2	J1K0+260～J1K0+280	右侧	40～45	3、4	锚杆框架梁
3	J1K0+280～J1K0+420	右侧	31～40	3	锚杆框架梁
4	J1K0+420～J2K0+450	右侧	31～38	3、4	锚杆框架梁、临时边坡
5	J2K0+450～J2K0+475	右侧	30～38	3、4	临时边坡
6	J2K0+475～J2K0+500	右侧	30～51	3～6	临时边坡
7	J2K0+500～J2K0+525	右侧	51～52	6	临时边坡
8	J2K0+525～J2K0+550	右侧	52～78	6～9	临时边坡
9	J2K0+550～J2K0+575	右侧	71～78	8、9	临时边坡
10	J2K0+575～J2K0+600	右侧	70～71	8	临时边坡
11	J2K0+600～J2K0+625	右侧	64～70	7、8	临时边坡
12	J2K0+625～J2K0+650	右侧	52～64	6、7	临时边坡

续表

序号	里程	左右侧	坡面高度/m	级数	防护类型
13	J2K0+650~J2K0+675	右侧	37~52	4~6	临时边坡
14	J2K0+675~J2K0+700	右侧	30~37	3、4	临时边坡
15	J2K0+700~J2K0+775	右侧	30	3	临时边坡
16	J2K0+775~J2K0+800	右侧	30~37	3、4	临时边坡
17	J2K0+800~J2K0+825	右侧	37~46	4、5	临时边坡
18	J2K0+825~J2K1+075	右侧	33~46	3~5	临时边坡
19	J2K1+075~J2K1+100	右侧	33~49	3~5	临时边坡
20	J2K1+100~J2K1+125	右侧	49~64	5、6	临时边坡
21	J2K1+125~J2K1+150	右侧	54~64	6	临时边坡
22	J2K1+150~J2K1+175	右侧	46~54	5、6	临时边坡
23	D2K3+975~D2K4+000	右侧	24	2	牵引变电所场坪
24	D2K4+000~D2K4+020	右侧	32	2	牵引变电所场坪
25	D2K4+020~D2K4+080	右侧	27	2	牵引变电所场坪
26	D2K4+080~D2K4+100	右侧	20	2	牵引变电所场坪
27	D2K4+100~D2K4+118	右侧	25	2	牵引变电所场坪
28	K1+725.088~K1+745.089	右侧	20~30	2	人字形截水骨架
29	K1+745.089~K1+755.089	右侧	27~30	2	锚杆框架梁
30	K1+755.089~K1+765.089	右侧	27	2	锚杆框架梁
31	K1+765.089~K1+785.089	右侧	27~31	2、3	锚杆框架梁
32	K1+785.089~K1+805.089	右侧	31	3	锚杆框架梁 人字形截水骨架
33	K1+805.089~K1+825.089	右侧	30、31	3	锚杆框架梁 人字形截水骨架
34	K1+825.089~K1+845.089	右侧	28.5~30	3	锚杆框架梁 液压喷播植草间植灌木
35	K1+845.089~K1+855.089	右侧	21.5~28.5	2、3	锚杆框架梁 液压喷播植草间植灌木
36	K1+855.089~K1+865.089	右侧	21.5	2	锚杆框架梁
37	K1+865.089~K1+875.089	右侧	20.5~21.5	2	液压喷播植草间植灌木
38	K1+875.089~K1+885.089	右侧	20.5	2	液压喷播植草间植灌木
39	K1+885.089~K1+925.089	右侧	20.5~24	2	液压喷播植草间植灌木 人字形截水骨架

(a)　　　　　　　　　　　　(b)

图 4.18　边坡工程施工现场

2．施工工艺及方法

高边坡路堑开挖施工流程如图 4.19 所示，主要施工方法如下：

（1）路堑土石方开挖前，必须先施工天沟，天沟沟壁不得高出原自然地面，并做好堑顶的渠道改移等工作。施工中应保证各种排水沟沟型及尺寸与设计吻合，沟底和沟帮必须放置在稳定的地层内，当天沟设置在软土、松软土或其他特殊岩土体上时，应进行垫层处理或必要的基底处理措施。若出现超挖时，应采用相同材料进行排水沟整体浇筑或砌筑，若采用回填，回填必须密实，保证今后不会发生不均匀沉降使排水沟开裂，再现浇天沟混凝土。天沟、排水沟纵向排水坡度不应该小于 2‰，必要时应增设横向排水沟引入自然沟渠或涵洞，不得直接排入农田。平台截水沟必须引入天沟或相邻排水设施，不得有集中水流对地表冲蚀。

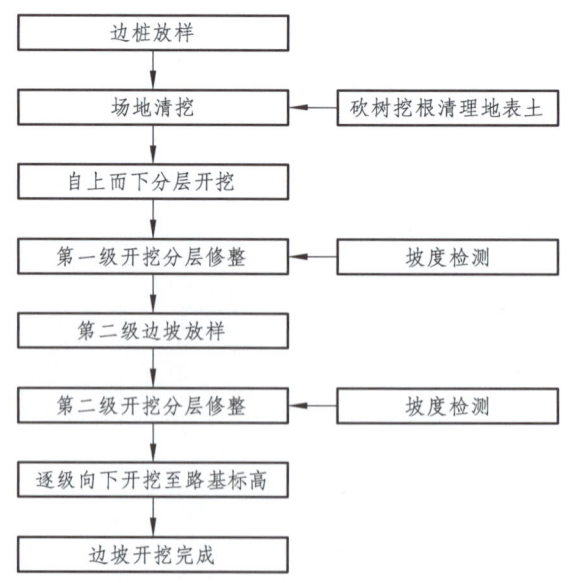

图 4.19　高边坡路堑开挖施工流程

（2）路堑开挖前应设置沉降观测点，开挖过程中测量班定期测量。根据地形情况采用挖掘机配合自卸汽车运输或装载机运输，对施工场地狭窄地段无法进入机械时采用人工配合小型机具施工。靠近基床底层表面及边坡辅以人工开挖。

（3）高边坡路堑采用"横向分层、纵向分段、阶梯掘进"的方式施工。合理安排运土通道与掘进工作面的位置及施工次序，做到运土、排水、挖掘、防护互不干扰，以确保开挖顺利进行。

（4）按设计边坡自上而下分层逐层开挖方式，开挖过程中经常检查边坡位置，防止边坡部位超挖和欠挖；边坡部位预留厚度不小于 20 cm 土层，采用人工配合机械进行边坡修整，并紧跟开挖进行；施工中及时测量，开挖至边坡平台时，预留不小于 20 cm 保护土层，待人工施作平台及其上截水沟时开挖，表面做成向外侧 4% 的排水坡，严禁积水，并且保持边坡平顺。

（5）每段开挖工作完成后，对边坡进行及时防护，当防护不能紧跟开挖进行，要暂时保留一定厚度的保护层，待做护坡时再刷坡。刷坡修整时随时检查堑坡坡度，避免因二次刷坡造成不必要的浪费。对坡面中出现的坑穴、凹槽杂物进行清理，嵌补平整。

（6）深挖路段安排先行施工。路基防护、排水工程与路基成型协调进行，深挖路堑开挖一阶、防护一阶，与路基成型平行流水作业，并紧随路基尽早完成。

（7）施工中保持坡面平整，严禁乱挖。若路堑边坡有变形迹象，立即研究对策、采取措施。

（8）当开挖接近路堑换填底面设计标高时，及时测量开挖面标高，当路堑开挖至基床底层上部的设计标高时，核查地质是否与设计资料相符，如设计与现场不符等技术问题，及时与相关单位联系解决；如与设计资料相符，按设计和规范要求进行地基处理施工，经检验合格后方可进行基床底层上部的填筑施工，其施工方法与路堤基床底层填筑施工相同。

（9）路堑地段的附属工程及时施作，并紧随路基成型尽早完成。

（10）路基相关配套工程与路基同步施工，并制订相应的保护措施，确保路基本体的整体性和密实性。

（11）严格执行"先挡后弃"原则，防止出现二次滑坡安全隐患。弃土至弃土场后，用推土机推平后，大致碾压平整，使之整齐、美观、稳定，周围砌筑防护设施，确保弃土堆周围及其上排水畅通，不对周围的建筑物、水源及其他任何设施产生干扰或损坏。

（12）高边坡开挖施工时，若机械施工困难需采用爆破施工。

3．设备及人员配置

根据工期、运距、挖方量拟开八个工作面，每个工作面设备配置及人员配置分别如表 4.15、表 4.16 所示。

表 4.15　每作业面机械设备配置

序　号	设备名称	数量/台	性　能
1	挖掘机	4	良好
2	推土机	2	良好
3	装载机	1	良好
4	自卸车	20	良好
6	潜孔钻机	4	良好
7	内燃空压机	2	良好
8	发电机	1	良好

表 4.16　每个作业工班人员配备

人员配置	人数/人
负责人	1
技术主管	1
技术、质检、测量及实验人员	4
专职安全员	1
工班长	2
普工	12
电工	1
挖掘机司机	4
自卸车司机	20
其他机械司机	5

注：负责人、工班长、技术人员、专兼职安全员必须由施工企业正式职工担任，并可根据工程情况适当配备若干劳务工人。

4．质量保障措施

（1）质量管理措施。

为保证施工质量，可通过加强质量教育，加强技术培训，建立全面质量管理及质量计划流程，积极开展 QC 小组活动，建立质量情报信息网络，强化企业质量自控能力等措施加强质量管理。

（2）质量控制与检验。

主控项目按以下要求进行质量控制与检验。

① 按照要求的质量检测项目、频率进行检验和控制。

② 路堑开挖过程中始终保持排水系统畅通。

③ 路堑基床换填宽度、深度必须满足设计要求。

④ 边坡坡面应平整且稳定无隐患，局部凹凸差不大于 15 cm。边坡防护封闭无变形、开裂。沿线路纵向每 100 m 抽样检验 5 处。采用观察、尺量检测方法。

⑤ 刷坡修整时随时检查堑坡坡度，采用吊线尺量计算或坡度尺量等检验方法，沿线

路纵向每 50 m 单侧边坡抽样检验 8 点（上、下部各 4 点）。

⑥ 路堑开挖至设计标高后，应核对路基面和边坡的水文地质和工程地质情况。当与设计不符时，应及时通知监理、设计、业主等单位，提出变更意见，并且严格按照设计变更进行施工；当与设计不符时，由勘察设计单位现场确认，对照设计文件核对并详细记录。

⑦ 路堑边坡变坡点位置、边坡及侧沟平台位置、宽度允许偏差按表 4.17 进行控制。

表 4.17 路堑边坡变坡点位置、边坡及侧沟平台的允许偏差

序号	检验项目	允许偏差	检验数量	检验方法
1	变坡点位置	±100 mm	沿线路纵向每 100 m 单侧边坡各抽样检验 6 点	水准仪测或尺量
2	平台位置	±100 mm		水准仪测或尺量
3	平台宽度	±50 mm		尺量

注：变坡点按路肩以上高度计，平台位置以平台顶面标高计。

4.3.4 基于 OWA 算子和可拓理论的山区边坡工程施工风险研究

山区地形起伏大，地质构造复杂，地壳活动强烈，土质高陡边坡极为常见。土质高陡边坡坡体具有脆弱性与不稳定性，在枢纽工程施工过程中，常常由于人为活动的原因，产生崩塌、滑坡等地质灾害，危及施工安全。铁路枢纽一旦施工过程受到地质灾害的影响，除了枢纽自身工程进度受阻，还会大幅延误关联线路的正常开通时间，造成巨大的经济损失。研究如何对铁路枢纽高陡土质边坡进行施工风险评价以指导高陡边坡防护施工，具有极大的实际意义。

为准确评价山区高速铁路枢纽土质高陡边坡的施工风险，及时有效识别风险源，保障山区高速铁路枢纽施工安全，本章基于 OWA（Ordered Weighted Averaging）算子和可拓理论，建立一种土质高陡边坡施工风险评价模型。首先，构建基于多层次指标的土质高陡边坡施工风险评价指标体系，并采用基于 OWA 算子的赋权方法确定各评价指标权值；其次，构造基于可拓理论的各评价指标的经典域、节域和相关性函数，以计算其等级相关度，得到土质高陡边坡的施工安全风险等级；最后，将该评价模型应用于重庆西站扩能改造工程中某土质高陡边坡工点的施工风险评价之中。结果表明，该模型评价结果与实际工程施工所遇风险符合，具有有效性和可行性，可为山区高速铁路枢纽土质高陡边坡施工风险管理提供参考和理论依据。

1. 边坡工程施工风险评价体系（以土质边坡为例）

土质高陡边坡是一个受多种因素影响、不确定性大且极为脆弱的动态系统，出于土体的复杂性和不确定性，许多因素无法准确获得，只能定性表示，这种定性与定量信息共存的情况必然会对土质高陡边坡稳定性评价结果的合理性产生不利影响。[64]近年来，国内外学者开始引入一些新的理论与方法应对定性与定量信息共存的情况，并取得了一定成果，如粗糙集理论、可拓理论、神经网络等。其中，可拓理论具有能高效处理定性、定量信息并存问题的优点，已在决策支持、故障检测、灾害评估等领域得到了应用。因

此,本节引入可拓理论展开对铁路枢纽土质高陡边坡施工风险评价的研究。

施工风险评价[65]指标作为反映了影响边坡施工安全的主要因素,其选择和确定是整个评价体系的基础。本节通过分析大量山区高速铁路土质高陡边坡技术经济资料,结合专家意见,选择地形地貌 Y_1、地质条件 Y_2、气候水文 Y_3、施工因素 Y_4 等 4 个一级指标,一级指标包含 8 个二级指标,如表 4.18 所示。

表 4.18 土质边坡施工风险评价指标

一级指标	二级指标
Y_1（地形地貌）	X_1（高度）
	X_2（坡度）
Y_2（地质条件）	X_3（内摩擦角）
	X_4（黏聚力）
	X_5（含水量）
Y_3（气候水文）	X_6（年降雨量）
Y_4（施工因素）	X_7（开挖几何形态）
	X_8（施工工艺）

2. 指标权值的确定

边坡工程施工风险影响指标的权值反映了不同因素对边坡施工安全的影响程度,因此确定不同指标的权重是进行边坡风险评价的第一步。

目前常用的赋权方法(德尔菲法、层次分析法等)大多依据专家的主观判断对不同指标的重要程度进行打分,其过程中不可避免地由于专家的主观偏好产生极值,若不对极值进行处理,势必会影响权重的公正性。针对该问题,本章基于 OWA 算子来计算土质高陡边坡施工风险指标权重。OWA 算子是一种群集结方法,可用于定量表示因素间的相互影响,将其引入与权重计算可降低由专家主观原因产生的极值对结果的影响,可使结果更合理、客观。

利用 OWA 算子计算权重的步骤如下:

(1)专家打分。

由 n 名专家对边坡稳定影响指标 X_i 的重要性进行打分,可得各指标分值($x_1, x_2, \cdots, x_n$),将所得分值按小到大排列,并从 1 开始进行编号,得到分值组 $y_1 \leqslant y_2 \leqslant \cdots \leqslant y_k \leqslant \cdots \leqslant y_n$。

(2)位置赋权。

根据排列组合数对各评价指标 X_i 分值组($y_1, y_2, \cdots, y_n$)赋权,得到权向量 α_k。

$$\alpha_k = \frac{c_{n-1}^{k-1}}{\sum_{i=0}^{n-1} c_{n-1}^i} = \frac{c_{n-1}^{k-1}}{2^{n-1}} \quad (k=1,2,3,\cdots,n) \tag{4-9}$$

其中,根据二项式定理可得

$$\sum_{i=0}^{n-1} c_{n-1}^i = 2^{n-1} \tag{4-10}$$

（3）确定绝对权重。

利用权向量 α_k 对分值组（y_1，y_2，$\cdots$，y_n）加权，得到边坡稳定影响指标 X_i 的绝对权值 w_i'。

$$w_i' = \sum_{k=1}^{n} \alpha_k y_k, k \in [1, n] \tag{4-11}$$

（4）确定相对权值。

根据指标 X_i 绝对权值 w_i' 其相对权值 w_i。

$$w_i = \frac{w_i'}{\sum_{i=1}^{m} w_i'} \quad (i = 1, 2, \cdots, 8) \tag{4-12}$$

根据以上步骤，可得各边坡施工风险指标权重。

（5）权值计算。

本次研究邀请了五位专家对边坡稳定性影响因素的重要程度进行打分。为了保证打分结果的规范与统一，令分值取值范围为 0～10，且是 0.5 的整数倍，分值越高则说明该专家认为该指标越重要，打分结果如表 4.19 所示。

表 4.19　各特征属性得分结果

指标序号	X_1	X_2	X_3	X_4	X_5	X_6	X_7	X_8
专家 1	6	6.5	8	9	5.5	7	4.5	5
专家 2	5	7	8.5	9	6	6	4	6
专家 3	5.5	6.5	8.5	8	5	7	4.5	5
专家 4	7	6	8	9.5	4.5	6.5	5.5	5.5
专家 5	6	7	7.5	9.5	5	6	5	4.5

由式（4-9）和式（4-11），计算得各评价指标绝对权值分别为 $w_1' = 5.875$，$w_2' = 6.625$，$w_3' = 8.125$，$w_4' = 9.094$，$w_5' = 5.156$，$w_6' = 6.500$，$w_7' = 4.656$，$w_8' = 5.156$。根据式（4-12）求得各指标权值如表 4.20 所示，其中一级指标权值为二级指标权值之和。

表 4.20　各指标权值

一级指标	二级指标	权值分配	
		一级指标	二级指标
Y_1（地形地貌）	X_1（高度）	0.244 2	0.114 8
	X_2（坡度）		0.129 4
Y_2（地质条件）	X_3（内摩擦角）	0.437 1	0.158 7
	X_4（黏聚力）		0.177 7
	X_5（含水量）		0.100 7
Y_3（气候水文）	X_6（年降雨量）	0.091 0	0.091 0
Y_4（施工因素）	X_7（开挖几何形态）	0.227 7	0.127 0
	X_8（施工工艺）		0.100 7

3. 指标量化处理

通过理论分析并结合前人研究成果（山区高速公路边坡工程施工总体风险评估），将不同工况下的土质边坡施工风险程度分为低度风险、中度风险、高度风险、极高风险四个等级。若指标实际值大于表中最大范围时，按值域范围最大值选取。各工况条件如表 4.21 所示。为了避免不同指标量纲对评价的影响，应把各指标数值进行标准化处理。对于指标值越大对施工风险规避越有利的指标，标准化公式为

$$q_{ij} = \frac{p_{ij} - \min(p_{ij})}{\max(p_{ij}) - \min(p_{ij})} \tag{4-13}$$

对于指标越大对边坡施工风险越不利的指标，标准化公式为

$$q_{ij} = \frac{\max(p_{ij}) - p_{ij}}{\max(p_{ij}) - \min(p_{ij})} \tag{4-14}$$

式中 q_{ij}——标准化处理后的指标值；

p_{ij}——指标原始值；

$\max(p_{ij})$，$\min(p_{ij})$—— p_{ij} 的最大值和最小值。

根据式（4-13）和式（4-14），对表 4.21 中的等级量值范围进行标准化处理，得到结果如表 4.22 所示。

表 4.21 指标等级量值

一级指标	二级指标	低度风险（Ⅰ）	中度风险（Ⅱ）	高度风险（Ⅲ）	极高风险（Ⅳ）
Y_1（地形地貌）	X_1（高度）/m	[0，20）	[20，25）	[25，35）	[35，100）
	X_2（坡度）/(°)	[0，25）	[25，35）	[35，45）	[45，60）
Y_2（地质条件）	X_3（内摩擦角）/(°)	[60，90]	[40，60）	[25，40）	[0，25）
	X_4（黏聚力）/kPa	[32，40]	[24，32）	[16，24）	[8，16）
	X_5（含水量）/%	[0，8）	[8，18）	[18，30）	[30，45）
Y_3（气候水文）	X_7（年降雨量）/mm	[0，600）	[600，1 200）	[1 200，1 800）	[1 800，2 400）
Y_4（施工因素）	X_7（开挖几何形态）	[0，1)（开挖边坡与天然边坡比值）	[1，1.5)（开挖边坡与天然边坡比值）	[1.5，2)（开挖边坡与天然边坡比值）	[2，2.5)（开挖边坡与天然边坡比值）
	X_8（施工工艺）/m	[0，2)（横、纵挖每阶高）	[2，4)（横、纵挖每阶高）	[4，6)（距边坡 3 m 外爆破或横、纵挖每阶高）	[6，8)（距边坡 3 m 内爆破或横、纵挖每阶高）

表 4.22 评价指标的等级量值范围（无量纲）

一级指标	二级指标	低度风险（Ⅰ）	中度风险（Ⅱ）	高度风险（Ⅲ）	极高风险（Ⅳ）
Y_1（地形地貌）	X_1（高度）/m	[1, 0.8)	[0.8, 0.75)	[0.75, 0.65)	[0.65, 0)
	X_2（坡度）/(°)	[1, 0.75)	[0.75, 0.42)	[0.42, 0.25)	[0.25, 0)
Y_2（地质条件）	X_3（内摩擦角）/(°)	[1, 0.67]	[0.67, 0.44)	[0.44, 0.28)	[0.28, 0)
	X_4（黏聚力）/kPa	[1, 0.75)	[0.75, 0.5)	[0.5, 0.25)	[0.25, 0)
	X_5（含水量）/%	[1, 0.82)	[0.82, 0.6)	[0.6, 0.33)	[0.33, 0)
Y_3（气候水文）	X_7（年降雨量）/mm	[1, 0.75)	[0.75, 0.5)	[0.5, 0.25)	[0.25, 0)
Y_4（施工因素）	X_7（开挖几何形态）	[1, 0.6)	[0.6, 0.4)	[0.4, 0.2)	[0.2, 0)
	X_8（施工工艺）	[1, 0.75)	[0.75, 0.5)	[0.5, 0.25)	[0.25, 0)

4．二级指标可拓评价

可拓理论是最早由蔡文提出的新方法，用以解决各种矛盾问题。将物元作为其基本逻辑，以个体名称 N、特征 C 以及特征值 V 作为基本因素，并用 $\boldsymbol{R}=\{N, C, V\}$ 描述事物个体。为了减少信息不确定性对土质边坡评价结果的干扰，确保评价准确性，本章采用依次进行二级指标和一级指标的可拓评价的两层可拓评价，得到边坡稳定性评价结果。

（1）经典域、节域：依照上述评价标准，将边坡工程施工风险程度分为 d 个等级（$d=1, 2, \cdots, e$），其经典域和节域可表示为

$$\boldsymbol{R}_{0d} = (N_{0d}, C_l, V_{0dl}) = \begin{bmatrix} N_{0d} & C_1 & <a_{0d1}, b_{0d1}> \\ & C_2 & <a_{0d2}, b_{0d2}> \\ & \vdots & \vdots \\ & C_3 & <a_{0d3}, b_{0d3}> \end{bmatrix} \quad (4\text{-}15)$$

$$\boldsymbol{R}_k = (N_k, C_l, V_{kl}) = \begin{bmatrix} N_k & C_1 & <a_{k1}, b_{k1}> \\ & C_2 & <a_{k2}, b_{k2}> \\ & \vdots & \vdots \\ & C_m & <a_{km}, b_{km}> \end{bmatrix} \quad (4\text{-}16)$$

式中　$\boldsymbol{R}_{0d}$——经典域；

N_{0d}——稳定性等级；

C_l——各土质边坡稳定性评价指标；

$V_{0dl}=<a_{0dl}, b_{0dl}>$——对应等级的评价指标量值范围；

$\boldsymbol{R}_k$——节域；

N_k——边坡个体；

$V_{kl}=<a_{kl}, b_{kl}>$——评价指标等级量值范围的最小值到最大值，即

$<a_{0dl}, b_{0dl}> \subset <a_{kl}, b_{kl}>$（$l=1, 2, \cdots, n$）。

（2）待评价土质边坡工程：得到待评价土质边坡 N_i 关于指标 C_i 的值 V_i，边坡 N_i 的表示方式为

$$\boldsymbol{R}_i = (N_i, C_i, V_i) = \begin{bmatrix} N_i & C_1 & v_1 \\ & C_2 & v_2 \\ & \vdots & \vdots \\ & C_m & v_m \end{bmatrix} \qquad (4\text{-}17)$$

（3）单指标相关度：为表征同类中不同事物间的差异，在可拓理论中，规定 x_0 为区间长度，以 $\rho(x, x_0)$ 为距表示 x 与区间 $x_0 = [a, b]$ 之间的距离。

$$\rho(x, x_0) = \left| x - \frac{a+b}{2} \right| - \frac{a-b}{2} = \begin{cases} a - x, & \left(x \leqslant \dfrac{a+b}{2}\right) \\ x - b, & \left(x \geqslant \dfrac{a+b}{2}\right) \end{cases} \qquad (4\text{-}18)$$

单指标相关度，即土质边坡 N_i 第 i 个评价指标与等级 s 的相关性函数为

$$u_d(v_i) = \begin{cases} \dfrac{\rho[v_i(d), v_{0dl}]}{\rho[v_i(d), v_{kl}] - \rho[v_i(d), v_{0dl}]} & (\rho[v_i(d), v_{kl}] - \rho[v_i(d), v_{0dl}] \neq 0) \\ -\rho[v_i(d), v_{0dl}] - 1 & (\rho[v_i(d), v_{kl}] - \rho[v_i(d), v_{0dl}] = 0) \end{cases} \qquad (4\text{-}19)$$

（4）综合相关度和等级相关度：待评价土质边坡 N_i 与等级 s 的综合相关度为

$$v_d(N) = \sum_{i=1}^{m} w_i u_d(V_i) \qquad (4\text{-}20)$$

式中，w_i 为各指标权重，满足 $\sum_{i=1}^{m} w_i = 1$。

此外，为了便于比较及消除评价指标量值范围的不对等所造成的影响，需要将 $u_s(N)$ 进行标准化处理得到等级相关度为

$$\overline{u_d}(N) = \frac{u_d(N) - \min[u_s(N)]}{\max[u_d(N)] - \min[u_d(N)]} \qquad (4\text{-}21)$$

若 $\overline{u_{d0}}(N) = \max\{\overline{u_d}(N)_{t=1,2,\cdots,s}\}$，则待评价土质边坡 N_i 等级为 d_0。

（5）等级指标值 $\overline{d}$：二级指标的等级指标值为

$$\overline{d} = \sum_{d=1}^{e} \frac{d\,\overline{u_d}(N)}{\overline{u_d}(N)} \qquad (4\text{-}22)$$

5．一级指标的可拓评价

将二级指标可拓评价所得到的等级特征值 $\overline{d}$ 作为进行一级指标可拓评价的取值，一级指标的施工风险等级仍为 d 个，取值范围均匀划为（1，2），（2，3），…，（d，d+1），若指标值超出范围，则取最大值。其余计算与二级指标评价步骤相同。得出一级指标计算单指标相关度、综合相关度及等级相关度后，便可确定边坡工程的施工风险程度。

4.3.5 基于 OWA 算子和可拓理论的山区边坡工程施工风险评价应用

1. 工程概况

该边坡高程 300～380 m，自然坡度为 25°～46°，局部较陡。滑坡所处地区为丘陵地貌，地表第四系覆盖层主要为第四系全新统冲积层的粗圆砾土、砂质黄土、块石土以及第四系上更新统的风积砂质黄土，厚度为 15～20 m。根据现场试验与观察，坡体上部土体结构松散，植被发育，有利于地表水向地下水下渗补给，坡体土含水量为 18.77%，内摩擦角约为 12°，黏聚力约为 8 kPa，重庆地区属亚热带季风气候，年均温约 18 °C，年降雨量大于 1 000 mm。重庆西站位于重庆市沙坪坝区，开挖方式为横纵混合开挖，距边坡 3 m 外部分区域使用爆破施工技术，开挖坡脚 35°，该土质边坡各评价指标值如表 4.23 所示。

表 4.23 边坡施工风险评价指标取值

一级指标	二级指标	取值（无量纲）
Y_1（地形地貌）	X_1（高度）	0.200
	X_2（坡度）	0.589
Y_2（地质条件）	X_3（内摩擦角）	0.133
	X_4（黏聚力）	0.200
	X_5（含水量）	0.812
Y_3（气候水文）	X_6（年降雨量）	0.200
Y_4（施工因素）	X_7（开挖几何形态）	0.783
	X_8（施工工艺）	0.455

2. 二级指标可拓评价的应用

二级指标单指标相关度、综合相关度、等级相关度及一级指标值如表 4.24 所示。

表 4.24 二级指标可拓评价结果

一级指标	二级指标	单指标相关度 Ⅰ级	Ⅱ级	Ⅲ级	Ⅳ级	等级特征值
Y_1（地形地貌）	X_1（高度）	−0.750	−0.733	−0.714	−0.692	3.389
	X_2（坡度）	−0.242	−0.147	−0.049	0.054	
	多指标相关度	−0.117	−0.103	−0.088	−0.073	
	等级相关度	0.000	0.313	0.652	1.000	
Y_2（地质条件）	X_3（内摩擦角）	−0.798	−0.734	−0.597	−0.218	4.371
	X_4（黏聚力）	−0.750	−0.667	−0.500	0.000	
	X_5（含水量）	0.068	−0.060	−0.530	−0.687	
	多指标相关度	−0.348	−0.326	−0.300	−0.104	
	等级相关度	0.000	0.067	0.143	0.736	
Y_3（气象水文）	X_6（年降雨量）	−0.350	−0.073	0.085	−0.277	2.661
	多指标相关度	−0.032	−0.007	0.008	−0.025	
	等级相关度	0.200	0.700	1.000	0.340	
Y_4（施工因素）	X_7（开挖几何形态）	−0.377	−0.173	0.264	−0.173	3.155
	X_8（施工工艺）	−0.75	−0.67	−0.5	0	
	多指标相关度	−0.038	−0.017	0.027	−0.017	
	等级相关度	0.000	0.323	1.000	0.323	

3. 一级指标可拓评价的应用

由以上计算可得，地形地貌 Y_1、地质条件 Y_2、气候水文 Y_3、施工因素 Y_4 的一级评价指标值分别为 3.389、4.371、2.661 和 3.155。依照前述标准，将一级指标评价中的土质边坡稳定性分为 5 个等级，取值范围分别是 [1，2)，[2，3)，[3，4)，[4，5)，[5，6)。其余步骤与二级指标评价的步骤一致，由此可得出该土质边坡一级指标的单指标相关度、综合相关度和等级相关度，如表 4.25 所示。

表 4.25 一级指标可拓评价结果

一级指标	单指标相关度			
	Ⅰ级	Ⅱ级	Ⅲ级	Ⅳ级
Y_1（地形地貌）	-0.368	-0.140	0.195	-0.204
Y_2（地质条件）	-0.593	-0.457	-0.186	0.295
Y_3（气候水文）	-0.285	0.256	-0.285	-0.500
Y_4（施工因素）	-0.349	-0.067	0.078	-0.282
多指标相关度	-0.485	-0.275	-0.075	0.043
等级相关度	0.000	0.395	0.773	1.000

由表 4.25 可知，该土质边坡施工风险程度与Ⅳ级相关度最大，即该边坡工程施工风险等级处于Ⅳ级，为高度风险状态，这与后期现场施工过程所面临的风险情况的一致。现场施工监测分析该土质边坡在施工过程中出现了诸多不稳定因素，为避免施工风险具体采取了以下防护和加固措施，[65-67] 确保施工安全。

（1）削坡放缓：削坡放缓是针对高陡土质边坡减载的一种方式，通常为辅助措施。削坡放缓主要是减少边坡的角度和滑坡体积。一定角度的放缓填筑，有利于路基稳定性，但需要占用大量的土地面积来实现，因此该方法的使用以及放缓的高度及角度直接影响路基的稳定性，同时增加了工程成本。

（2）挡土墙：土墙是通常设置于边坡坡脚部位，用于抵抗坡体产生的水平位移。挡土墙的结构形式种类较多，这里主要使用有重力式挡墙，重力式挡土墙主要依靠挡土墙自身重力作用抵抗坡体下滑。

（3）抗滑桩：抗滑桩是穿越滑坡体在一定深度的滑床内部锚固的结构，主要是通过滑床内的被动抗力和锚固端力来抵抗坡体下滑的作用力。在坡面或者坡脚处设置一定范围的抗滑桩，可以依靠抗滑桩的受荷段与桩背土体以及桩侧阻力之间的土拱效应，防止滑坡体从抗滑桩之间滑出。抗滑桩通常造价较高，因此抗滑桩的设置间距及抗滑桩的尺寸设计应该合理。

（4）排水系统：疏干排水主要考虑降雨入渗因素对边坡稳定性产生的影响，是一种最为常见的稳定边坡的方法。将流入边坡的地面径流在短时间内排走，因此对边坡排水系统的设计提出了更高的要求，需要充分考虑地区降雨时长和汇水面积大小对排水系统的影响。排水系统主要以截水沟、边沟和排水沟为主，渗沟、盲沟和深层打斜孔方法为辅。

通过以上的防护和加固措施，边坡开挖后的稳定性得到了有效提高，施工质量得到了保障。但与此同时施工成本也相应地增加约 20%，如果施工前未对该边坡工程进行施工风险评估，施工方的施工全过程管理以及成本、质量控制难度将会增加。因此，该模型具有针对边坡工程施工风险的提前预判作用，对施工成本控制和施工全过程管理具有参考和借鉴意义。

4.3.6 山区高速铁路边坡锚索工程施工方案

1．工程概况

（1）水文地质特征。

水文为含有大量 HCO_3^-、SO_4^{2-}、Ca^{2+}、Mg^{2+} 或 SO_4^{2-} Ca^{2+}、HCO_3^- Ca^{2+}、Na^+ 等离子水质。地下水及地表水对混凝土无侵蚀性。施工前应对段内水质及施工用水进行复查，不得使用有侵蚀性水作为施工用水，若水质与施工设计图不符，应通知相关单位。

（2）工程分布及主要工程量。

锚索结构主要分布在重庆西站和渝黔动车线两段路基上，如表 4.26 所示。

表 4.26　锚索结构工程分布

起讫里程	长度/m	结构类型	框架梁			ϕ15.2 钢绞线/(m/kg)	ϕ110 钻孔/(孔/m)	ϕ130 钻孔/(孔/m)
			C40 混凝土/m³	HRB335 钢筋/kg	HRB400 钢筋/kg			
J1K0+250～J1K0+290	40	锚索框架梁	70.96	2 005	6 865	3 096/3 409	36/756	—
D1K15+766.25～D1K15+833.75	67.5	锚索桩	—	554	—	3 420/3 765	—	18/249

（3）主要设计参数。

锚索采用高强度、低松弛 ϕ15.2 mm 钢绞线制作，钢绞线强度为 1 860 MPa，其规格应满足现行国家标准《预应力混凝土用钢绞线》（GB/T 5224—2014）的规定。锚索锚具、夹片、连接器的性能均应符合现行国家标准《预应力筋用锚具、夹具和连接器》（GB/T 14370—2015）的规定。

框架梁采用正方形，框架梁及封头混凝土现场立模施工。节点锚索为 4 束时，锚索节点采用 I 型节点，截面尺寸为 0.5 m×0.5 m；节点锚索为 6 束时，锚索节点采用 II 型节点，截面尺寸为 0.6 m×0.6 m；在土质、软质岩坡面地段必须采用人工挖槽方式嵌入坡面中；弱风化硬质岩路堑地段，框架梁置于坡面外，并采用 M7.5 浆砌片石找平排水层。

一般环境和碳化环境下，注浆材料所用水泥采用 P·O 42.5 普通硅酸盐水泥，注浆材料选用 M35 水泥砂浆；氯盐环境、化学侵蚀环境下，根据环境作用等级注浆材料选用 M35 水泥砂浆加抗侵蚀外加剂或一定数量粉煤灰。

（4）地震动参数。

测区地震动峰值加速度等于 $0.05g$，地震动反应谱特征周期为 0.35 s。

2. 施工准备

（1）内业技术准备。

在开工前，技术主管组织现场技术人员认真学习实施性施工组织设计、作业指导书等相关内容。审核施工图纸，充分理解设计意图和有关技术要求，熟悉规范和技术标准。制定施工安全质量保证措施，有充分的技术准备工作。技术主管对施工人员进行技术交底，并就施工过程中质量控制、试验检测工作进行针对性的学习和培训，确定现场技术的分工合作，对参加施工人员进行上岗前技术培训。

（2）外业技术准备。

详细调查现场施工作业环境，结合现场条件，合理布置施工队伍驻地、施工便道、材料堆放场，配齐生活、办公设施，满足主要管理人员和技术人员进场生活、办公需要。此外，还需进行以下技术准备。

① 对千斤顶、高压油泵、压力表作标定，并绘制压力表读数-张拉力关系曲线，以指导现场张拉作业。

② 安装空压机、灌浆泵，铺设供风管、灌浆管。

③ 施工前须按工作锚索数的 3% 在现场作锚固试验，且不少于 3 根，以确定相关技术参数。

3. 施工工艺及方法

边坡锚索施工流程如图 4.20 所示，施工方法如下：

（1）坡面修整。

锚索施工前应先开挖堑顶排水沟，然后用人工及时按照从上而下的顺序分层修坡，即开挖一级，防护一级。开挖至锚索格梁边坡时，每层开挖高度为锚索上下横梁间距大小，严格控制超挖，直至开挖至下级平台，然后再开挖格梁基础并施作锚索。完成每层坡面开挖后，若为土质坡，及时用彩条布覆盖，防止雨水冲刷边坡。

（2）测量定位。

按照设计施工图纸、施工总体施工计划安排及施工顺序，利用全站仪准确定出锚索位置，并要布设木桩或钢筋桩标出桩位；布设桩位以后再与设计图纸进行比较是否符合设计，如有变化及时与设计单位反馈，以便进行设计方案调整。

（3）搭设钻机平台。

搭设工作平台进行施工，平台须坚固稳定，能承受施工作业时所有静、活荷载，同时考虑施工设备能安全进、退场。

（4）钻孔。

预应力锚索孔道采用钻孔法成孔，钻机就位前先检查已预埋在桩上的钢管位置、倾角，符合要求后把钻机牢固安置在作业平台上。

钻孔应采用干钻，严禁采用水钻，以确保锚索施工不至于恶化边坡岩体工程地质条件和确保孔壁黏结性能。坍塌体、地层松散，破碎时采用跟管钻进技术，以使钻孔完整不坍。若遇坍孔，应立即停钻，进行固壁灌浆添加碎石处理，待水泥砂浆初凝后，重新扫空钻进；同时钻孔时应注意观察和记录锚孔（尤其是锚索锚固段）岩性，若与设计图出入较大，应及时通知相关单位进行处理。

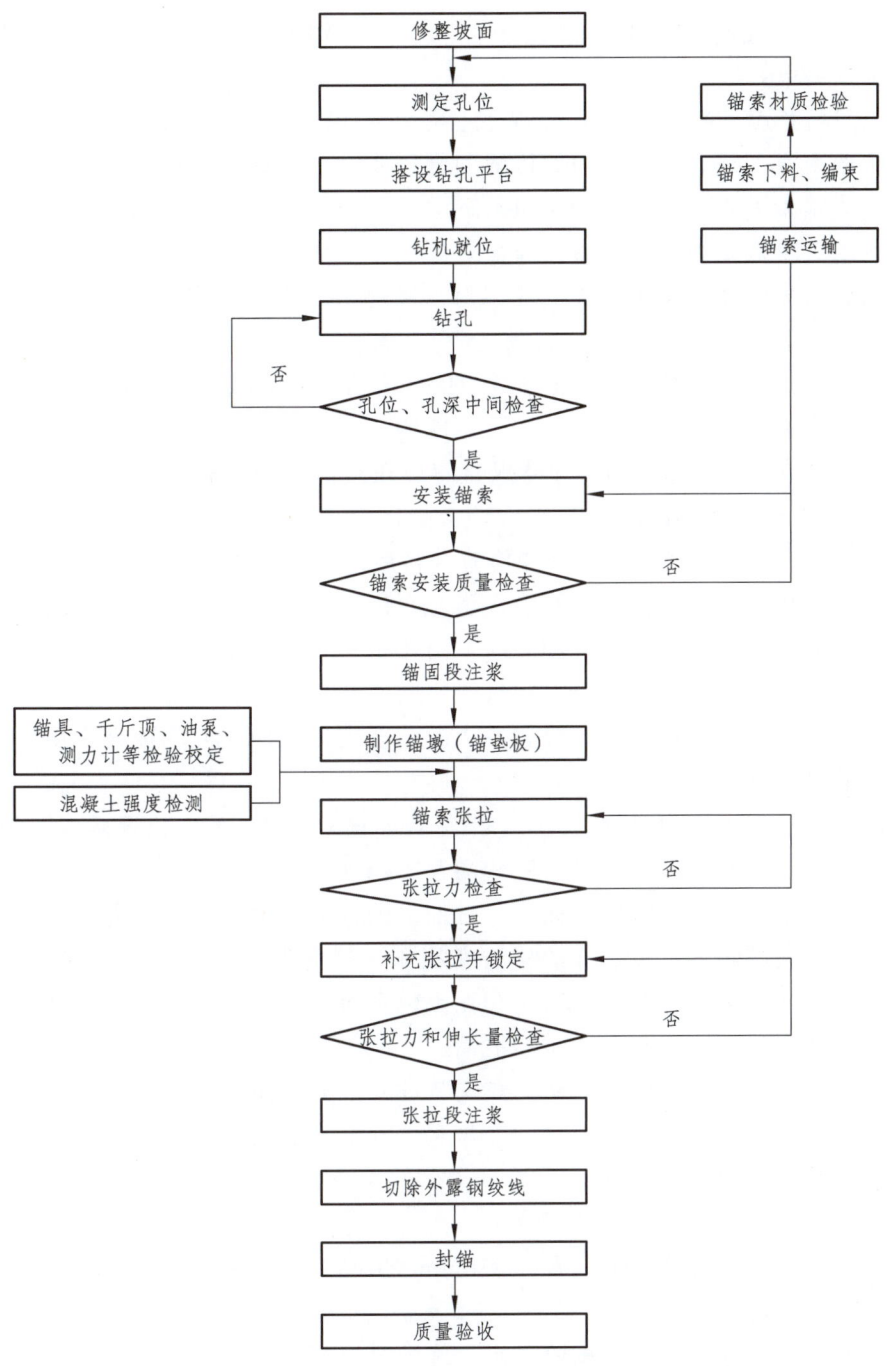

图 4.20　边坡锚索施工流程

钻孔时应定段检查孔洞前方的偏移情况，以便及时采取措施，确保孔位正确，记好钻入孔内的钻杆数量，以便核对钻孔深度。

钻进达到设计深度后，不能立即停钻，要求稳钻 1～2 min，确保达到设计孔径。钻孔孔壁不得有沉渣及水体黏滞，必须清理干净，在钻孔完成后，使用高压风（风压 0.2～0.4 MPa）将孔内岩粉及水体全部清除出孔外，以免降低水泥砂浆与孔壁岩土体的黏结强度。除相对坚硬完整的岩体锚固外，其余均不得采用高压水冲洗锚孔。若遇锚孔中有承压水流出，待水压、水量变小后方可安装锚索与注浆，必要时在周围适当部位设置排水孔处理。如果要求处理锚孔内部积聚水体,一般采用灌浆封堵二次钻进等方法处理。

(5)锚索编束。

钢绞线下料长度计算须符合锚索的设计尺寸及张拉工艺操作需要。

钢绞线选用施工规定的高应力低松弛的钢绞线。由于锚索体长而重,并且只能用人工运送,所以锚索编束作业场地应尽量靠近安装现场,以减少运索困难。

钢绞线用砂轮机切割。锚索编束前,要确保每一根钢绞线排列均匀、平直、不扭不叉,有死弯、机械损伤及锈蚀严重的应剔出,轻度锈蚀的要除锈。

(6)安装锚索。

锚索垂直运输时,须根据索体在吊运中的状态合理设置吊点,其间距不得大于 3 m,入孔前除主吊点外,其余吊点能快速、安全脱钩。

施工现场待安装的锚索,须按序号顺直存放在距地面 20 cm 以上的承索架(台)上,并采取必要的防雨、防污染措施。

锚孔钻孔结束后,须经监理工程师检验合格后,方可安装锚索。锚索采用人工安装,在安装前,应检查孔道是否阻塞,查看孔道是否清理干净,并检查锚索体质量。锚索用人力肩扛运输时,运输过程中应互相照应,防止锚索触地擦伤。

锚索穿入锚孔时,可能受地形限制只能侧向弯曲插入,并且插入时还要逐根接长灌浆管连同锚索一起插入孔内,因此锚索插入时,要前后照应,互相配合,用力均匀,专人指挥,防止破坏钻孔。

在推送锚索过程中用力要均匀一致,不得转动锚索体,并不断检查排气管和灌浆管,以确保锚索体推送至预定深度后排气管和灌浆管畅通。

当推送锚索困难时,应将锚索抽出,对抽出的锚索应进行检查,并对配件安放固定的有效性、防护层的损坏程度、孔的清洁度及排气管和灌浆管进行观察,发现锚索体配件有移动、脱落或锚索体上黏附的粉尘和泥土较多时,应加强配件的固定并对其他钻孔清洁度进行检查,必要时应对钻孔重新清洁。

岩土体锚索须一次放索到位,避免在安装过程中反复拖拽索体。

有防护套管的岩土体锚索,须将套管与索体固定牢靠后再进行安装,采取缓慢均匀推进,防止索体与套管相互搓动。

(7)锚固段灌浆。

灌浆管:锚孔全长的灌浆管一般为 ϕ38 mm 的 PVC 管。灌浆管从锚索对中架中间穿入,随锚索插入孔底。

浆液配制:浆液配合比通过试验确定,施灌时按规定制备浆体试件,锚索孔灌浆一般采用不低于 M35 水泥砂浆,水胶比 0.4~0.5;水泥砂浆采用高速搅拌机制浆,搅拌时间不低于 5 min;水泥砂浆要随拌随用,超过初凝时间的浆液要废弃。

灌浆:灌浆前要将孔道内冲洗干净,排干孔内积水;锚孔灌浆采用从孔底返浆法进行,灌浆压力为 0.6~0.8 MPa,由孔底向上返浆,孔内空气顺锚索孔排出,随锚孔灌浆体外长度的增长而逐步将灌浆管抽拔出孔外,再拆除孔口外的单节灌浆管,然后将灰浆泵的软管与孔内灌浆管接好再继续灌浆,直至把锚固段孔灌完。灌浆浆液温度要保持在 5~35 ℃ 之间。当冬季日平均气温低于 5 ℃ 时,要对制浆系统、灌浆机械和输浆管进行保温。高温季节锚索孔道灌浆要采取降温措施,确保浆液温度在 35 ℃ 以下。

锚固段灌浆质量检测：下索时在锚固段尾部钢绞线上系一导线，并用绝缘胶布使导线和钢绞线分离绝缘，导线随锚索伸出孔外接在万用表正极上，万用表负极接到孔外钢绞线上，万用表调到欧姆挡，当砂浆灌到锚固段尾部时，导线和钢绞线通过砂浆形成通路，万用表表针转动，即证明锚固段孔已灌满。另外，将计算锚固段所需砂浆和实际灌注量进行比较来确定锚固段灌浆量。

（8）制作锚墩。

锚固段灌浆后，随即进行锚墩施工，先用风镐把锚固桩预留孔周围 0.65 m×0.64 m 范围内桩身凿毛，用高压水冲洗干净，按施工图标示尺寸现灌锚墩，墩与钻孔轴线垂直。然后装模安放钢筋，灌注混凝土。外锚板连同 OVM 锚垫板、孔口定位铁板和钢垫板、排气铁一起灌注，板身顶面必须与孔轴身垂直。

（9）张拉锁定。

张拉前须清除张拉施工区与张拉作业无关的材料、设备及其他障碍物；检查或搭设张拉作业所需的工作平台、脚手架，并固定牢靠，设置安全防护设施，挂警示牌。张拉机具就位后，先进行空载试运转，检查其运行状态及可靠性。

岩土体岩锚的内锚段及无黏结锚索、缓黏结锚索张拉段浆体及锚墩混凝土强度须达到设计要求，方能进行锚索张拉。张拉作业须采用以张拉力为主，伸长值校核的双控操作方法。

当岩土体锚索张拉实测伸长值与理论伸长值偏差超过＋10% 或小于－5% 时，混凝土结构锚索张拉实测伸长值超出理论计算伸长±6% 时，须停机检查，待查明原因并采取相应措施后，方可恢复张拉。

除设计有明确规定外，一般须先进行单根预应力钢绞线预紧，使锚索各股预应力钢绞线的应力均匀后，再进行整索张拉。张拉加载及卸载应缓慢平稳，加载速率每分钟不得超过 $0.1\sigma_{con}$，卸载速率每分钟不得超过 $0.2\sigma_{con}$。

锚索张拉至设计应力待压力表稳定后锁定，持荷稳压时间不得小于 10 min。锚索张拉每级加载后须同步量测其伸长值，锁定后须量测预应力钢绞线的内缩量。锚索张拉完毕后 48 h 内，如发现锚索锁定力低于设计张拉力的 10% 时，须进行补偿张拉。锚索张拉锁定后夹片错牙不得大于 2 mm，否则须退锚重新张拉。

锚索张拉过程中如遇到预应力钢绞线断丝、夹片出现可视裂纹、千斤顶严重漏油、油泵压力表反应异常等情况之一，须停机检查处理。

（10）张拉段灌浆。

张拉段灌浆与锚固段相同，从锚具口灌浆，排气管排气，直至排气管流出与灌注端浓度相同白浆液即可封口。浆体未达到施工图标示强度 70% 时，不得在锚索端悬挂重物或碰撞外锚头，张拉时锚固端浆体强度不低于施工图标示强度。封锚灌浆要在锚索张拉锁定后 3 d 内进行。

（11）封锚。

一般按照设计要求须将外锚头（钢垫板）用混凝土保护起来。

用手提式切割机把锚头外露钢绞线切掉，留长 5～8 cm，锚头部分涂刷防腐剂；然后支模（在钢绞线外露部分按施工图布设一层钢筋网与其连接，增强锚头的牢固性）。锚板、预应力钢绞线及其周围必须清理干净，结构物表面凿毛并清洗干净后浇筑混凝土。

4．资源配置

（1）材料计划。

根据总体进度安排分批报物资设备部进场水泥 17 t、外加剂、ϕ15.2 钢绞线 7 174 kg、锚具、夹片等材料。

（2）设备配置（见表 4.27）。

表 4.27　每个作业工点主要施工机械设备配置

序号	名称	型号	单位	数量	备注
1	潜孔钻机	QZ-100K	台	1	实际施工中根据钻孔数量确定钻机配备数
2	空压缩机	WY12/7	台	2	实际施工中根据带钻机数量配备
3	灌浆泵	ZSNS	台	1	
4	双筒搅拌机	YT-350	台	1	
5	千斤顶	ZPE18	台	1	
6	千斤顶	YCW100-200	台	1	
7	高压油泵	ZB4-500	台	1	
8	电焊机	BXI-300	台	1	
9	砂轮切割机		台	1	
10	振捣棒	插入式	台	1	
11	风镐		台	1	
12	氧气焊机		台	1	
13	发电机	120 kW	台	1	备用电源

（3）人员配置（见表 4.28）。

表 4.28　每个作业面人员配备

序号	资源配置	人员类别	数量/人	工作内容
1	管理人员配置	施工负责人	1	负责总体施工组织协调
2		技术、质量负责人	2	负责技术质量指导与监督
3		专兼职安全员	1	负责安全防护与监督
4	单机作业人员配置	工班长	1	负责现场施工组织协调、技术质量标准控制
5		钻进组	6	操作钻机、维修保养
6		编束、灌浆组	6	锚索编束，抬运下索，灌浆，灌注锚墩及安装锚垫板等
7		张拉工	4	张拉
8		电焊工	1	电焊
9		维修工	2	操作空压机和灌浆泵，维修保养；电源管理及维护
10		普工	2	配合作业
	合计		26	

4.3.7 山区高速铁路边坡工程锚杆、钢筋混凝土框架梁施工方案

1. 工程概况

渝黔铁路土建 2 标线路长度 57.087 km，由于沿线多处路基存在高边坡，需对边坡进行防护处理。设计中结合实际情况确定了多种防护方式，其中采用锚杆框架梁防护的边坡数量如表 4.29 所示。

表 4.29　锚杆框架梁工程数量

序号	起止里程	长度/m	位　置	第 N 级边坡
1	DK13+003.4～DK13+391	387.6	右侧	1
2	DK13+003.4～DK13+027	23.6	右侧	2
3	DK13+073～DK13+210	137	右侧	2
4	DK13+449.7～DK13+511.25	61.55	左侧	1
5	DK13+449.7～DK13+502.5	52.8	左侧	2
6	DK13+806.95～DK13+890	83.05	右侧	1
7	DK13+806.95～DK13+850	43.05	右侧	2
8	DK14+721.5～DK14+964	242.75	左侧	1
9	DK14+760～DK14+926.5	166.5	左侧	2
10	DK14+881～DK14+910	29	左侧	3
11	DK15+090～D1K14+690	97.59	左侧	1
12	D1K14+615～D1K14+663	48	左侧	2
13	D1K15+670～D1K15+840	170	左侧	1
14	D1K15+982～D1K16+024.71	42.71	左侧	1
15	YQDYK3+975～YQDYK4+120	145	右侧	1
16	YQDYK3+985～YQDYK4+020	35	右侧	2
17	YKDZK4+870～YKDZK4+890	20	左侧	1
18	J1K0+110～J1K0+470	360	右侧	2
19	J1K0+120～J1K0+148	28	右侧	3
20	J1K0+130～J1K0+470	340	右侧	1
21	J1K0+230～J1K0+250	20	右侧	3
22	J1K0+250～J1K0+290	40	右侧	3
23	J1K0+250～J1K0+290	40	右侧	4
24	J1K0+250～J1K0+270	20	右侧	5
25	J1K0+290～J1K0+310	20	右侧	3
26	J1K0+370～J1K0+450	80	右侧	3
27	ZZDK1+370～ZZDK1+870	500	右侧	1
28	ZZDK1+470～ZZDK1+594	124	右侧	2
29	YQDZK2+950～YQDZK2+990	40	右侧	1
30	YQDZK3+025～YQDZK3+040	15	右侧	1
31	YQDYK3+139～YQDYK3+274	135	右侧	1
32	重庆西牵变所场坪（D2K3+968～D2K4+125）	157	场坪右侧	1
33	重庆西牵变所场坪（D2K3+980～D2K4+010）	30	场坪右侧	2
34	重庆西牵变所场坪（D2K4+070～D2K4+125）	55	场坪右侧	2

其中，D1K14+615～D1K14+663 段左侧锚杆框架梁工程数量如下：挖基 114 m³，C30 混凝土框架梁 42.2 m³，HPB335 钢筋 3 436 kg，锚杆 HRB400 钢筋 5 330 kg，M35 水泥砂浆 2.0 m³，ϕ110 mm 钻孔 245 m。

锚杆成孔直径为 110 mm，每根锚杆采用 ϕ32 螺纹钢筋，长度 8 m，与水平面夹角为 20°。锚杆框架梁纵、横混凝土截面尺寸为 40 cm×40 cm，框架梁嵌入深度 30 cm，框架梁内三维土工网垫客土植草。锚杆框架梁主筋采用 ϕ20 螺纹钢筋；箍筋采用 ϕ8 圆钢，间距 20 cm；钢筋保护层厚度 65 mm。

2．边坡工程锚杆施工

锚杆框架梁施工流程如图 4.21 所示，施工方法如下：

（1）测量放样。

人工修整边坡符合设计图纸要求后，测量队用全站仪根据计算好的孔位进行施工放样，每个锚杆孔进行放样、定位，然后人工搭设钢管支架平台、用吊车配合人工将潜孔钻吊装至平台上，准备钻孔。

（2）机械钻孔。

采用空压机供风，潜孔钻无水干钻成孔，以确保锚杆施工中不至于恶化边坡岩体工程地质条件及保证孔壁的黏结性能，使用钻头直径不得小于设计孔径。钻孔自上而下逐层施工，钻孔速度应根据使用钻机性能和锚固地层严格控制，防止钻孔扭曲和变径，造成下锚困难或其他意外事故。施工过程中还应注意下列情况，及时采取相应措施。

① 遇地层松散、破碎时，则采用套管跟进钻孔技术；如遇塌孔、缩孔现象，立即停钻，及时进行固壁注浆处理（注浆压力 0.1～0.2 MPa），待浆液初凝后即可重新扫孔钻进，以使钻孔完整，当采用注浆护壁时，在浆液中可掺入适当剂量的速凝剂（初凝时间控制在 3～8 min）。

② 遇锚孔中有承压水流出，待水压、水量变小后方可下安锚筋与注浆，必要时在周围适当部位设置排水孔处理，或采用注浆封堵二次钻进等方法处理锚孔内部积聚水体。

（3）锚孔清孔。

钻进达到设计深度后，不能立即停钻，要求稳钻 1～2 min，将孔内岩粉及水体全部清除出孔外，以免降低水泥砂浆与孔壁岩土体的黏结强度，清孔完成后，应将孔口暂时封堵，避免碎屑杂物进入孔内。

（4）安装锚杆。

锚孔成孔结束后，经监理工程师检验合格后，方可进行下道工序施工。锚杆杆体采用 ϕ32 螺纹钢筋，沿锚杆轴线方向每隔 2.0 m 设置一个对中器（定位支架），以保证锚杆有足够的保护层。锚筋尾端防腐采用刷漆、涂油等防腐措施处理。施工时，若锚杆与地梁钢筋、箍筋相干扰，可局部调整钢筋、箍筋地间距，竖、横主筋交叉点必须绑扎牢固。安装前，要确保每根钢筋顺直，除锈、除油污，安装锚杆体前再次认真核对锚孔编号，人工缓缓将锚杆体放入孔内，用钢尺量出孔外露出的钢杆长度，计算孔内锚杆长度（误差控制在±50 mm 范围内），确保锚固长度。

（5）注浆。

注浆材料采用 M35 的水泥砂浆，采用注浆泵进行注浆，注浆压力不低于 0.4 MPa。

在注浆时，把注浆软管放入锚杆孔底 30～50 mm，在注浆时保持压力，缓慢地进行注浆，边注浆边缓慢地拔管，然后以锚杆孔口流出水泥砂浆为标准来确定注浆满孔，当孔内浆液初凝后，应及时进行二次补浆，使浆液饱满。注浆结束后，将注浆管、注浆枪和注浆套管清洗干净，同时做好注浆记录。

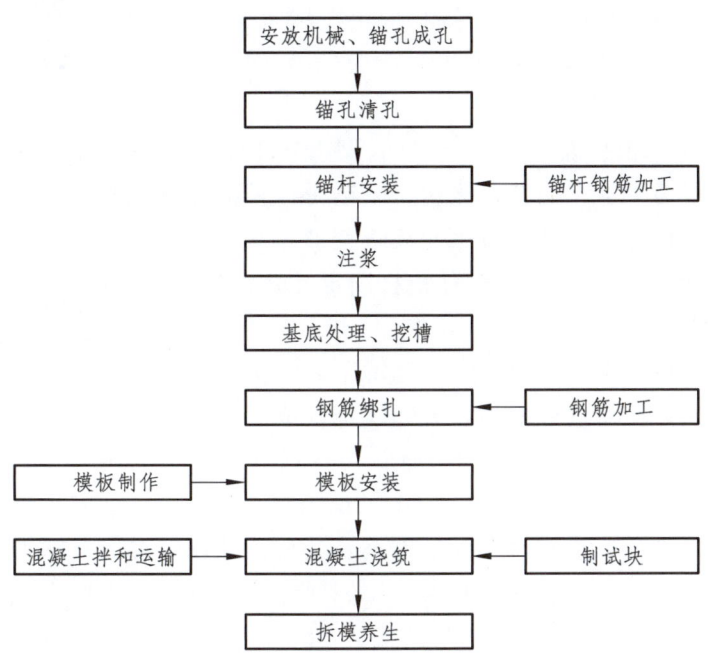

图 4.21　锚杆框架梁施工流程

3．边坡钢筋混凝土框架梁施工

（1）测量放样。

在锚杆施工完成后立即进行测量放样，根据路堑设计开挖坡面放出基坑开挖边线和边坡平台位置。

（2）基底处理。

测量放样完成后，对于边坡欠挖部分，采用人工开挖的方法进行，开挖时注意要使开挖断面垂直于路堑边坡坡面，遇边坡有局部超挖较大架空处采用 M7.5 浆砌片石嵌补。基底用 2～5 cm 厚水泥砂浆找平。找平后的基础底面较框架梁宽 50 mm，作为立模的基面。

（3）钢筋加工及安装。

① 在框架梁基础上弹出控制线，按施工图要求将钢筋排列标记做好，以保证成型钢筋绑扎规则、美观。

② 钢筋在加工场地按设计及规范要求加工成型后，运送至框架梁处进行绑扎。

③ 钢筋焊接前，必须根据施工条件进行试焊，合格后方可正式施焊。焊工必须持焊工证上岗。

④ 钢筋采用焊接时，单面焊缝长度不小于 $10d$，双面焊焊缝长度不小于 $5d$，主筋接头位置不应位于同一平面上，应交错分开，上下错开的距离满足大于 $35d$，且不小于 0.50 m。

⑤ 受力钢筋焊接或绑扎连接应设置在内力较小处，并错开布置，对于绑扎接头，两

接头间距不小于 1.3 倍的搭接长度。对于焊接接头,在接头长度区段内,同一根钢筋不得有两个接头,配置在接头长度区段内的受力钢筋,其接头的截面面积占总截面面积的百分率须符合设计与规范要求。

(4) 模板安装。

① 模板采用小块钢模板,用短锚杆固定在坡面上。

② 模板安装应当与钢筋安装工作配合进行,妨碍钢筋绑扎的模板应待钢筋安装完毕后安设。

③ 模板组模时,模板要具有一定强度、刚度和稳定性。每块模板在组模前进行模板表面清理,保持板面平整、顺直、光洁。安装时,模板加固不与脚手架发生联系,以免在脚手架上运存材料和工人操作时引起模板变形。

④ 为防止模板变形,模板用对称拉杆固定,并在外侧适当设立支撑固定。

(5) 混凝土浇筑。

混凝土采用拌和站集中拌和,混凝土罐车运输至施工现场,用汽车泵泵送混凝土入模浇筑,用插入式振捣器进行振捣,分二次浇筑成型。

① 用插入式振捣器进行振捣,移动间距不应超过振捣器作用半径的 1.5 倍,与侧模应保持 50～100 mm;插入下层混凝土 50～100 mm,每一处振动完毕后应边振动边徐徐提出振动棒,并避免振捣棒碰撞模板、钢筋及其他预埋件。对每一振动部位必须振捣至该部混凝土密实为止。密实的标志是混凝土表面停止下沉,不再冒出气泡,表面平坦、泛浆。

② 混凝土的施工应连续进行,因故间断时,间断时间应小于前层混凝土的初凝时间或能重塑时间。

③ 混凝土施工完成后,对混凝土裸露面应及时进行修整、抹平,待定浆后再抹两遍并压光。

④ 混凝土浇筑完后,混凝土顶面用土工布覆盖并派专人洒水保持湿润,以达到保湿养生的效果。养护时间至少延续 7 d,脱模后的框架梁采用薄膜或彩条布袋覆盖浇水养护。在养生期间,不得使其承受行人等荷载。

⑤ 根据《混凝土结构工程施工规范》(GB 50666—2011)要求,在混凝土抗压强度超过 2.5 MPa 时方可拆除模板。

混凝土施工现场如图 4.22 所示。

(a)　　　　　　　　　　　　　　　(b)

图 4.22　混凝土框架梁施工

4．边坡施工过程控制方法

（1）钻孔应采用干钻，特别是在土层或风化层中钻孔时，严禁采用水钻，以防坍孔、缩孔。

（2）拌和水的水质应符合现行行业标准《混凝土用水标准》（JGJ 63—2006）的相关规定，拌和水中酸、有机物和盐类等对水泥浆体和杆体有害物质的含量不得超标，不得影响水泥正常凝结和硬化。

（3）锚杆孔灌浆前应采用高压风清孔，排出孔内杂物和积水，然后将灌浆管插入距孔底 300～500 mm 处，浆液自上而下连续灌注，随着浆液的灌进，慢慢拔出注浆管。灌浆压力不小于 0.4 MPa，中途不得停浆，在初凝前要进行补浆，必须做到浆液均匀填满钢筋与孔壁间的空隙。

（4）锚杆孔灌浆后，至少养护 7 d，养护期间严禁敲击、摇动锚杆或在杆体上悬挂重物。待锚杆孔内砂浆强度达到设计强度的 70% 后，进行框架梁和封头施工。

（5）当节点应用于最上及端部时，可根据实际情况进行截断，钢筋接长宜采用焊接。当分段施工时预留钢筋，连接面按施工缝处理。

（6）加强施工过程中的信息反馈，若地质发生变化或其他特殊情况应及时反映，以便采取相应措施。

（7）施工期间严禁在垫顶边缘及边坡平台上大量堆积集中荷载。

（8）截水沟、骨架、镶边和平台混凝土每隔 15～20 m 设置伸缩通缝，严禁设置假缝；不同地基上的排水结构之间的连接处应设置沉降缝。伸缩缝或沉降缝缝宽 2 cm，用沥青麻筋填塞。

（9）天沟、排水沟纵向排水坡度不应小于 2‰，必要时应增设横向排水沟引入自然沟渠，平台截水沟必须引入天沟或相邻排水设施。

（10）每 3 个框架在框架中部设伸缩缝一道，间距 0.02 m，缝内塞沥青麻筋。

4.3.8 截排水工程施工

1．截水沟施工

（1）施工技术要点。

① 截水沟一般包括边坡坡顶截水沟、滑坡坡顶截水天沟、滑坡坡体截水沟（常设置为横向、纵向、树枝状等）。

② 边坡坡顶截水沟施工应在路基边坡开挖施工前先行进行。截水沟砌筑后，在坡体上方一侧的砌体与山坡土体连接处，坡面地表水容易产生渗漏，应严格进行夯实和防渗处理。特别是对于地质不良、土质松软、透水性大或岩石裂隙较多的地段，截水沟应采取沟底、沟壁、出水口加固措施，以防止顺山坡下来的地表水渗入而影响坡体稳定。

③ 基坑开挖根据土质、地形等条件，可采用机械开挖、人工开挖成型。如采用机械开挖，应防止超挖，留出 5～10 cm 左右富余，人工成型，确保截水沟的边坡平整、稳定，严禁贴坡。基坑开挖后，需进行沟体高程复测。

④ 截水沟施工采用浆砌时,圬工砌体的砌筑应采用先铺底,再砌筑两侧墙体的砌筑工艺,严禁先砌两边墙体,再铺底的施工顺序。有坡度的沟底应按台阶方式砌筑。

⑤ 截水沟采用预制块施工时,预制块须满足设计强度要求,且干净无污染;砌筑前,预制块均需用水浸泡饱和;砌筑时,应先铺砂浆垫层,上层砌筑应与下层砌筑错缝咬合,砂浆饱满,不能有通缝,砌筑应分层砌筑。

⑥ 截水沟顶面应略低于自然坡面,若遇冲沟应设缺口将水导入截水沟;截水沟的出水口,宜设置排水沟、急流槽或跌水等,与其他排水设施平顺衔接。

⑦ 截水沟水流一般不应引入边沟,当必须引入时,应切实做好防护措施,如设置截水墙或消能池等设施,以免出水口在水流作用下冲毁;排水系统应完善,不得随意排放或直接冲刷边坡。

⑧ 截水沟长度一般不宜超过 500 m,当截水沟长度超过 500 m 时,应选择适当的地点设置出水口,将水引至山坡侧的自然沟中或桥涵进水口。

(2) 施工工艺流程。

坡体截水沟施工主要工序包括截水沟位置放样、坑槽开挖、坑槽夯实和修整、防水土工膜铺设、沟体浆砌片石砌筑(或预制块砌筑)、勾缝等处理及沟体的养护等。

工艺流程为：施工放样→坑槽开挖→夯实处理→沟体修正→防水土工膜铺设→沟体砌筑→嵌缝、勾缝、抹面→砂浆养护。

(3) 施工注意事项。

① 截水沟的测量放样应适当加密,确保沟体线形美观,达到线形顺直、圆滑,并按设计要求设置沉降缝。

② 截水沟应先施工,并依照实际地形选择合适的位置将地面水和地下水排导入路基边沟,并与自然水系相衔接。

③ 截水沟应按设计要求进行防渗处理及加固处理。

④ 砌筑用砂浆配合比准确,砌缝砂浆均匀饱满,勾缝密实。

⑤ 基础设有伸缩缝时,应与墙身伸缩缝对齐,填缝材料饱满。

⑥ 浆砌片石工程,嵌缝均匀、饱满、密实;勾缝平顺无脱落、密实、美观;缝宽均衡协调;砌体咬扣紧密;抹面平整、压光、顺直,无裂缝、空鼓。

⑦ 水泥混凝土预制块的强度符合设计要求,砌体平整,勾缝整齐牢固。

⑧ 施工砌筑砂浆需采用砂浆搅拌机拌制砂浆,人工挂线浆砌施工,砌筑完毕,用土工膜覆盖,洒水养护。

⑨ 排水设施要求纵坡平顺、沟底平整、排水畅通;外观要求线形美观、平顺、圆滑。

⑩ 基坑开挖土方应堆置在路堑边坡顶一侧,并予以夯实或运出场外,禁止堆放在排水沟外侧,影响场地的外观及排水效果,或回流至排水沟内影响正常排水。

2. 急流槽施工

(1) 施工技术要点。

① 急流槽一般设置在边坡坡面,主要是为了及时排除边坡坡面、平台的地表汇水,并通过平台排水沟和坡面设置的急流槽引排至路基边沟。对于长大边坡,需设置多道急流槽,其间距一般设计为 50～100 m。在公路运营养护阶段,急流槽可兼作踏步,便于

养护人员上下，以及对边坡进行检查和维修。

② 急流槽通常用浆砌片（块）石砌筑或混凝土浇筑。台阶高度应按设计或根据地形、地质等条件确定；多级台阶的各级高度可不同，其高度与长度之比应与原地面坡度相适应，台阶高度应不大于 0.6 m；不同级坡面急流槽应上下对齐。

③ 急流槽的基础应嵌入地面以下，其底部应按设计要求砌筑抗滑平台，并设置端护墙。

④ 进水槽和出水槽底部应按设计要求进行铺砌。特殊情况应在下游铺设厚 0.2～0.5 m、长 2.0 m 的防冲刷铺砌层。

⑤ 长急流槽应分段砌筑，分段长度宜为 5～10 m，接头处须用防水材料填缝，填缝应密实无空隙。

⑥ 急流槽宜砌成粗糙面，或嵌入约 10 cm×10 cm 坚石块，以消能减小流速。

⑦ 对于汇水面积较大的路堑高边坡急流槽，应考虑加大、加深急流槽尺寸，并在底部设消能设施后，导入路基排水系统。

（2）施工工艺流程。

急流槽施工工序主要包括急流槽位置放样，坡面急流槽坑槽开挖和修整，墙体砌筑和养护，等。施工工艺流程为：施工放样→坑槽开挖→墙体砌筑→砌体养护。

（3）施工注意事项。

① 基槽采用人工开挖。基坑槽的部位、尺寸、形状和埋置深度均按设计要求进行施工，开挖后的基底应平整夯实，并与设计的排水沟、截水沟等顺接。

② 基坑挖至设计要求深度后不得长时间暴露、扰动；基坑开挖完成后，应放线复验，确认位置无误并经监理工程师签认后，方可进行急流槽施工。

③ 急流槽底部需设置消力池，可采用浆砌片石砌筑或混凝土浇筑。混凝土及砌筑砂浆强度应满足设计要求；配合比准确，浆砌缝隙砂浆饱满，槽内抹面平整、顺直。

④ 急流槽口汇集水流设施、出口消力槛等设施应砌筑牢固，不得有裂缝空鼓现象。槽内抹面平顺无裂纹，设置坡度顺直，无折坡现象。

3．边沟施工

（1）施工技术要点。

① 边沟是指路基边坡坡脚下部的排水沟，设置于路面顶面以下。根据埋置情况不同，有明沟式和盖板暗沟式，其为路基排水系统的重要组成部分。路基边沟形式有浆砌片石砌筑、预制块拼装及混凝土浇筑等。

② 路基排水应按设计及规范要求施工，并依照实际地形选择合适的位置将地面水和地下水排导出路基外，并与自然水系相衔接。

③ 边沟基坑开挖至设计高程时应预留 5～10 cm，由人工修整成型，确保边沟、排水沟的边坡平整、稳定，严禁贴坡。基坑开挖后，需进行沟底高程复测，确保沟底纵坡衔接平顺。

④ 边沟采用浆砌片石砌筑时，片石规格、强度和砂浆应符合设计要求，砂浆应饱满，沟身应不漏水，沟底抹面应平整压光；采用预制块拼装施工时，其预制构件强度应满足设计要求，构件拼装砂浆强度应满足设计要求，砌筑应饱满。

⑤ 边沟砌筑完成后，应洒水养护，要求砂浆砌缝无裂纹、无裂缝，确保砌体整体牢固。施工阶段永久性排水应与临时排水相结合，防止雨水冲刷。

⑥ 为防止边沟水流满溢或冲刷，应尽可能地利用当地的有利地形条件，采取相应措施，在边沟水流分段设置出水口以排出路基外。三角形边沟每段长度不宜超过 200 m，多雨地区梯形边沟每段长度不宜超过 300 m。

（2）施工工艺流程。

路基边沟施工工序主要包括边沟位置放样、坑槽开挖、坑槽夯实和修整、沟体砌筑（或混凝土浇筑）、沟体养护及伸缩缝处理等，其施工工艺流程为：施工放样→基坑开挖→沟体砌筑→养护→伸缩缝处理。

（3）施工注意事项。

① 边沟砌筑时，采用的石料在施工前应浇水湿润，表面如有泥土、水锈应清洗干净；砌筑基础的第一层砌块时，如基底为岩层，应先将基底表面清洗、湿润，再坐浆砌筑；如基底为土质，可直接坐浆砌筑。

② 路基边沟采用场工砌体先铺底，再后砌两边墙体的砌筑工艺，严禁先砌两边墙体，再铺底的施工顺序。有坡度的沟底应按台阶方式砌筑。

③ 砌体应分层砌筑，各砌层应先砌外圈定位行列，然后砌筑里层，外圈砌块与里层砌块交错连成一体。砌体里层应砌筑整齐，里外应一致，各砌层的砌块应安放稳固，砌块间应砂浆饱满、黏结牢固。

④ 边沟、排水沟施工放样通常以两个结构物之间的长度为一个单元，以确保边沟、排水沟与结构物的进出水口顺利连接。

⑤ 边沟纵坡应与曲线前后沟底纵坡平顺衔接，不允许曲线内侧有积水或外溢现象；曲线外侧边沟深度应适当加深。

4．渗沟、盲沟施工

（1）施工技术要点。

① 渗沟是为降低地下水位或拦截地下水，并沿沟把水排到指定地点的地下排水设施的统称。盲沟是指在路基、边沟下部设置的充填碎、砾石等粗粒材料，并铺以反滤层（有的其中埋设透水管）的排水、截水暗沟。渗沟、盲沟是一种地下排水渠道，用以排出地下水，降低地下水位。

② 边坡工程中，在地下水位深、流量不大、引水不长的地段可布设盲沟，其深度不宜超过 3 m，宽度一般为 0.7~1.0 m；设置盲沟主要是为了截流和引排边坡坡脚以下一定深度内的地下水，降低地下水水位，提高坡脚岩土体强度，防止地下水对路基的影响。

③ 地下水埋藏较深或引水较长的地段，可设置渗沟。其设置深度应位于滑动面以下，设置深度可达 5~6 m。各类渗沟均应设置排水层、反滤层和封闭层。渗沟主要设置于边坡（滑坡）地下水水位较高、坡面较缓的坡体。通过设置渗沟可有效地引排坡体地下水，并降低其水位，从而提高岩体强度，并起到支撑坡体的作用。

④ 渗沟、盲沟的基坑开挖宜自下游向上游进行，应随挖随支撑或回填；暴露时间不

宜超过 7 d，以免造成坍塌；支撑渗沟应间隔开挖。

⑤ 渗沟开挖深度超过 6 m 时，需选用框架式支撑。在开挖时自上而下随挖随支撑，施工回填时应自下而上逐步拆除支撑。

⑥ 渗沟埋置深度应满足渗水材料的顶部（封闭层以下）不得低于原有地下水位的要求。当需排除层间水时，其底部应低于最下层的不透水层。

⑦ 渗沟须设置反滤层和隔渗层。沟底设置于不透水层上时，反滤层设置于迎水侧，隔渗层设置于背水侧；当沟底设置在含水层时，两侧沟壁及沟底均应设置反滤层，反滤层的结构及材料级配应符合设计要求。反滤层应层次分明，出水口应排水通畅。

⑧ 渗沟的出水口宜设置端墙，端墙下部应留出与渗沟排水通道大小一致的排水沟，端墙排水孔底面距排水沟沟底的高度不宜小于 0.2 m。端墙出口的排水沟应进行加固，防止冲刷。

⑨ 填石盲沟宜用于渗流不长的地段，且纵坡坡度不能小于 1%，宜采用 5%。出水口底面高程应高出沟外最高水位 0.2 m。

⑩ 支撑渗沟施工时，开挖基础应置于滑动面 0.5 m 以下的稳定地基上。基底纵向为台阶式，每级台阶长度不小于 4 m，放坡系数控制在 0.05 以内。其基础砌筑宜每隔 1~3 m 设置 1 个牙石凸排，可采用 100~200 mm 填料片石；沟壁砂砾石反滤层厚度不应低于 150 mm。

（2）施工工艺流程。

渗沟、盲沟施工工序主要包括沟体位置的测量放样，沟体坑槽开挖（含沟体临时支护），沟体隔水层、反滤层设置，沟体排水层填筑及封闭层的施工等。其施工工艺流程为：施工放样→基坑开挖→反滤层设置→排水层设置→封闭层施工。

（3）施工注意事项。

① 渗沟内用于集水和排水的填充料要经过筛选和清洗，级配应满足设计要求。

② 沟内填筑时，其底部和中部用较大碎石或卵石（粒径 30~50 mm）填筑，在碎石或卵石的两侧和上部，按一定比例分层（层厚约 150 mm）较细颗粒的粒料（如中砂、粗砂、砾石），做成反滤层，逐层的粒径比例按 4∶1 递减。颗料粒径小于 0.15 mm 的含量不应大于 5%。顶部封闭层施工时，应选用防渗材料铺设，夯实黏土防水层厚度不小于 0.5 m。

③ 当采用无纺土工布作反滤层时，应先在底部及两侧沟壁铺好就位，并预留顶部覆盖所需的土工布。拉直平顺紧贴下垫层，所有纵向或横向的搭缝应交替错开，搭接长度均不小于 30 cm。

④ 渗沟的封闭层可采用浆砌片石、干砌片石水泥砂浆勾缝和黏土夯实。黏土层下部铺设双层土工布或草皮。

5．仰斜式排水孔施工

（1）施工技术要点。

① 仰斜式排水孔，仰角约 5°~15°，又称为排水平孔，常用于引排边坡内的地下水，长度应伸至地下水富集部位或潜在滑动面，并宜根据边坡渗水情况成排或成群分布。仰

斜式排水孔排出的水宜引入路堑边沟排除。

② 钻孔的孔深、倾斜度应按设计要求进行严格控制。其钻孔孔位误差应小于 5 cm，钻孔倾斜误差小于 1°；有效孔深的超深不小于 20 cm，且每钻进 5 m 用测斜仪校正机身一次，保证孔位达到设计和规范要求。

③ 在施工过程中，应将施工揭露的地层及含水状态等实际情况及时报告项目业主、监理和设计代表，必要时调整孔位、孔数和孔深，排水孔正常出水率达 50% 以上为宜。

④ 钻孔达到设计孔深后应用高压风洗孔，孔内不应有石粉和石渣等。钻孔结束后，必须经监理工程师验收后，才能够进行安放排水管的工作。

⑤ 排水管的安装应平顺推进，接头要求采用标准配件及黏固材料，确保接头密封稳固。排水孔出口常设 1～2 m 的排水段，排水段周边与孔壁空隙要求用黏土封塞密实，并在孔口设置有效措施将仰斜排水孔引入相应排水设施。

（2）施工工艺流程。

仰斜式排水孔施工工序主要包括排水孔位置及高度测量放样、排水孔钻孔施工、钻孔检测、排水孔制作和安装，其施工工艺流程为：施工放样→钻孔施工→排水孔（制作）安装。

（3）施工注意事项。

① 仰斜式排水孔施工常采用 8 mm 钢管脚手架搭设钻孔操作平台，确保钻孔平台有足够的稳定性和安全性，并按设计要求严格控制钻孔的孔位、孔径、孔深和倾斜度等。

② 排水管直径一般为 50～100 mm，使用时，其上应设置渗水孔，渗水孔呈梅花形布置，渗水孔直径一般为 10～12 mm，纵向间距为 60～80 mm，沿管周分三排均布排列，一排设于管顶，其余两排设于管两侧，顶部与侧部圆孔交错排列。

③ 排水管渗水段应包裹 1～2 层无纺土工布，防止渗水孔堵塞，并要求将里端封闭。出水段孔口 1 m 左右范围内一般不应设置渗水孔，并在孔周采用黏土填塞封闭。

4.3.9 边坡工程变形监测方案（以重庆西站北咽喉为例）

1. 工程概况

重庆西站北咽喉高边坡（见图 4.23）背靠中梁山山脉，位于渝黔铁路新双碑隧道出口至重庆西站方向的右侧，渝贵线里程为 K21+540～K21+960，全长 420 m。该边坡为挖方岩质，采用机械开挖分阶放坡，开挖时间持续一个月。最大边坡等级为六级边坡，垂直高度最大达到 50 m，坡比最大为 1∶1。边坡支护采用锚杆和人字形骨架两种方式，每两阶之间设 1～4 m 宽平台，坡面采用植草护坡。其中 K21+650～K21+820 一级边坡采用重力式挡墙进行支挡。

结合现场实际情况，在施工工程中和施工完毕后进行布点监测，以确保边坡变形稳定在可控范围内。

第4章 山区高速铁路大型枢纽工程成套关键施工技术研究

图 4.23　重庆西站北咽喉高边坡

2．边坡监控管理内容

每级边坡平台上每隔 80 m 左右布置沉降观测点（位移观测点共用），从一级台阶往上，从小里程开始依次编号，共布点 21 个，编号 BP-1～BP-21，做好标识标牌。监测点位布置如图 4.24 所示。

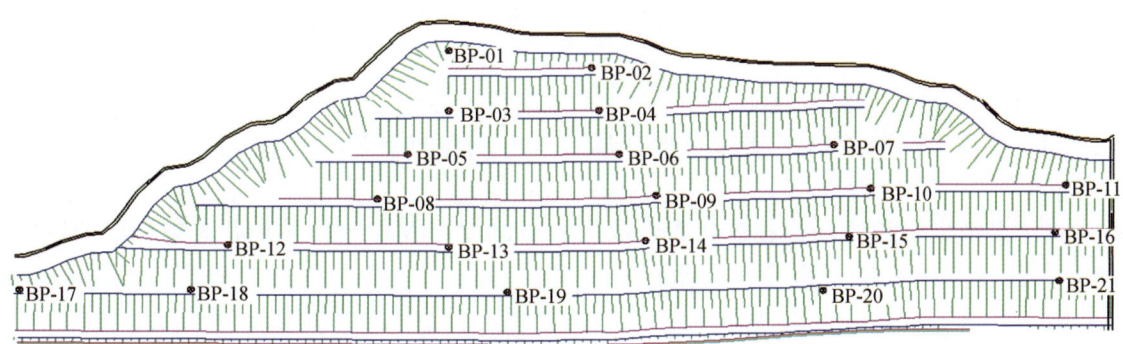

图 4.24　重庆西站北咽喉边坡监测点位布置图

3．监测方法和精度

（1）水平位移监测。

水平位移基准网可以采用 GPS 网、边角网、导线网的形式。水平位移基准点及工作基点应埋设在受施工影响范围以外的稳定区域，每个地方应至少埋设 3 个稳固可靠的基准点，相邻点之间应通视良好。现场通视条件差，场地内施工干扰较大时，可采用自由设站的方式布设基准网。在变形区域内自由设站，通过观测在变形区域以外稳定的基准点确定测站坐标和完成定向。定期应对基准点及工作基点进行检校，以保持精度的可靠性和稳定性。水平位移的监测网，宜采用重庆市独立坐标系统，起算数据可通过网络 RTK 进行测量或利用施工控制点进行联测。水平位移监测控制网主要技术要求应符合《建筑变形测量规范》（JGJ 8—2016）中的相关规定，监测等级不低于二级，如表 4.30 所示。

表 4.30　水平位移监测控制网主要技术要求

级别	边长中误差/mm	平均边长/m	测角中误差/(″)	最弱边相对中误差
一	±1.0	200	±1.0	≤1/200 000
二	±3.0	300	±1.5	≤1/100 000

竖向位移基准点与水平位移基准点共用点位。水平位移和竖向位移共用点采用测角精度不低于1″、测距精度不低于1 mm±1 ppm的全站仪在基准点和工作基点上设站，水平位移按《建筑变形测量规范》(JGJ 8—2007)中二级水平位移监测精度要求对监测点采用极坐标法或测小角法进行观测，竖向位移按以上规范中电磁波测距三角高程测量的要求进行观测。

通过各期变形观测点二维平面坐标值，计算各期阶段变形量、阶段变形速率和累计变形量等数据。

观测点稳定性分析原则如下：

① 观测点的稳定性分析基于稳定的基准点进行的平差计算成果。

② 相邻两期观测点的变动分析通过比较相邻两期的最大变形量与最大测量误差（取两倍中误差）来进行，当变形量小于最大误差时，可认为该观测点在这两个周期内没有变动或变动不显著。

③ 对多期变形观测成果，当相邻周期变形量小，但多期呈现出明显的变化趋势时，应视为有变动。

测点埋设及技术要求如下：

① 基准点按规范要求埋设为具有强制对中标志的观测墩或者采用对中误差小于0.5 mm的光学对中装置。

② 水平位移和竖向位移监测点一般采用监测专用棱镜、反射片和对中标志的监测点，具体按照图4.25规格进行埋设。

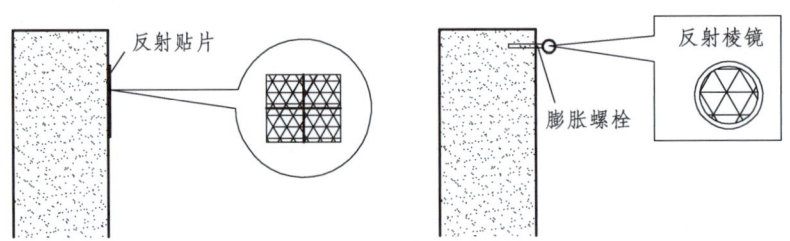

图 4.25　水平位移、竖向位移监测点

（2）沉降监测。

沉降监测基准网按照《建筑变形测量规范》(JGJ 8—2007)中二级监测精度的要求，采用几何水准的方法，应组成附合或者闭合路线，在监测中应定期对基准点进行检测，发现不稳定的水准基准点应另行补设，具体技术要求如表4.31、表4.32所示。

表 4.31　沉降监测基准网主要技术要求

级别	观测站测站高差中误差/mm	往返较差、附合或环线闭合差/mm	检测已测高差之较差/mm
二	±0.5	±1.0$\sqrt{n}$	±1.5$\sqrt{n}$

注：n 为测站数。

表 4.32　水准观测主要技术要求

级别	仪器型号	水准尺	视线长度/m	前后视距差/m	前后视距累计差/m	视线离地面最低高度/m	基、辅分划所测读数所测高差较差/mm
二	DS05	因瓦	≤50	≤2.0	≤3.0	0.3	≤0.7

沉降监测按照《建筑变形测量规范》（JGJ 8—2007）中二级监测精度要求进行观测。每次观测时，必须按附合水准路线至少联测两个水准基点，以保证有必要的检核条件，减少测量误差的发生。当部分监测点无法用直接水准进行观测时，可采用光电测距三角高程方法进行观测。

数据处理及分析：观测记录采用电子水准仪自带记录程序进行，观测完成后形成原始电子观测文件，通过数据传输处理软件传输至计算机，检查合格后使用专用水准网平差软件进行平差，得出各点高程值。应使用稳定的基准点为起算，并检核独立闭合差及与2个以上的基准点相互附合差满足精度要求条件，确保起算数据的准确。通过变形观测点各期高程值计算各期阶段沉降量、阶段变形速率、累计沉降量等数据。

测点埋设及技术要求：沉降监测点基准点应按规范要求埋设为地标或者墙标。建（构）筑物竖向位移监测点埋设采用"L"形螺纹钢，钢筋直径宜为18～22 mm，外露端顶部宜加工成球形；标志宜采用钻孔埋入的方式，周边空隙用锚固剂回填密实，标志点的高度宜位于地面以上300 mm；螺纹钢外露端顶部与建（构）筑物外表面的距离宜为30～40 mm，螺纹钢埋入结构长度宜为墙体厚度的1/3～1/2。标志的埋设应避开如雨水管、窗台线、电器开关等有碍设标与观测的障碍物，并应视立尺需要离开墙（柱）面和地面一定距离。如图4.26所示。

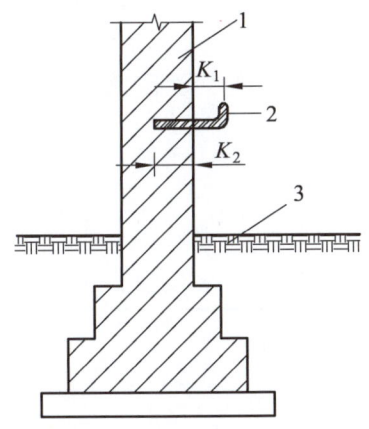

1—砖墙或钢筋混凝土结构；2—监测点；3—地面；
K_1—监测点与建（构）筑物外表面距离；K_2—监测点埋入结构深度。

图 4.26　建（构）筑物沉降监测点

对于道路上的地表沉降监测点按以下步骤进行埋设。

① 采用适当手段（土地采用洛阳铲，柏油路面及水泥路面采用水钻）开孔至原状土层，孔径与保护筒直径一致，柏油路面及水泥路面要求穿透道路表层结构。

② 然后将直径14 mm的螺纹钢标志点在所开孔中间位置竖直砸入原状土层。

③ 最后用砂土与木屑的混合填料隔离层将四周填满。另外，道路、地表沉降监测测点应埋设平整，防止由于高低不平影响人员及车辆通行，同时测点埋设稳固，做好清晰

标记，方便保存。

沉降监测点的埋设如图 4.27 所示。

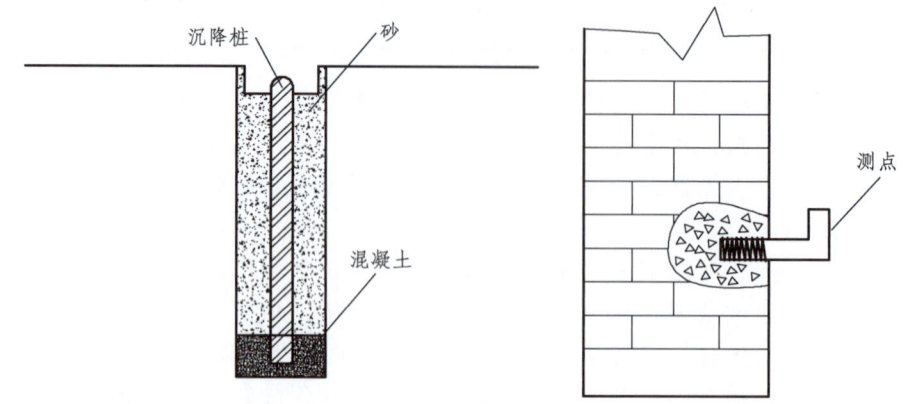

图 4.27　沉降监测点埋设示意图

4．监测周期及频率

（1）基准网复测。

为了确保监测成果的可靠性，必须定期或不定期地对基准网进行复测。基准点复测周期根据基准点稳定情况和变形观测的精度需要来确定。在基准网建成后，每年复测一次；工作基点的复测周期原则上应为每月至少一次。实施过程中根据基准点的稳定性调整复测周期，遇监测数据异常及时复测，也可根据实际需要，仅进行局部复测。

（2）监测频率。

每周监测一次，对个别点变化异常的加大监测频率，直到变形速率趋缓。

5．监测控制值及预警

监测控制值参照相关规范和设计，控制值如表 4.33 所示。

表 4.33　监测控制值

监测对象	监测项目	控制值	
		累计值	变化速率
重庆西站北咽喉高边坡	边坡水平位移	35 mm	3 mm/d
	边坡沉降	35 mm	3 mm/d

为确保边坡水平位移及边坡沉降符合控制值，还需进行监测三级预警，如表 4.34 所示。

当监测数据异常或达到预警时，我方将加大监测频率，指派专人跟踪实时掌握变形情况，全过程跟踪数据的发展变化，为决策单位提供及时有效的监测数据；待监测数据稳定并经参建各方共同确认后，预警方能解除，并形成闭合存档。

表 4.34 监测三级预警

预警等级	状态描述	监测管理	施工状态
黄色预警	$U = (0.7 \sim 0.85)U_0$ 且 $S = (0.7 \sim 0.85)S_0$ $U = (0.85 \sim 1)U_0$ 或 $S = (0.85 \sim 1.0)S_0$	一般的监测管理，监测和施工单位应增加监测频率，加强对风险源的监测和观测	可正常施工
橙色预警	$U = (0.85 \sim 1)U_0$ 且 $S = (0.85 \sim 1.0)S_0$ $U \geq 1.0U_0$ 或 $S \geq 1.0S_0$ $U \geq 1.0U_0$ 且 $S \geq 1.0S_0$，但整体工程未出现不稳定迹象	重视管理，加强观测、分析原因、增加量测频率、检查量测设备，应继续加强上述监测、观察、检查和处理外，施工单位应根据预警状态的特点进一步完善针对该状态的预警方案。应对施工方案、开挖进度、支护参数、工艺方法等做检查和完善，在获得设计、业主、建设单位同意后执行	应加强支护
红色预警	$U \geq 1.0U_0$ 且 $S \geq 1.0S_0$，还出现下列情况之一：U 或 S 出现急剧增长；基坑出现滑移、坍塌，支护结构出现较严重的渗漏、底鼓、基底隆起等；围（支）护结构出现过大变形、较大裂缝、断裂、严重渗漏，锚杆索出现松弛、脱落或拔出的迹象；周边地表出现突然沉降或较严重的突发裂缝、坍塌；墩柱、桥梁等周边环境出现危害结构安全的过大沉降、倾斜、裂缝；周边管线变形突然明显增长或出现裂缝、泄漏等	重要管理，加强现状检查、观察，增加量测频率，增加测点，立即向有关单位报警外还应立即采取补强措施。施工单位应采取特殊措施，并经设计、监理、业主和建设单位分析和认定后，改变施工程序或设计参数，必要时应立即停止开挖，进行施工处理	应采取特殊措施

注：（1）U、U_0 分别为累计变化量及其控制值；S、S_0 分别为变化速率及其控制值；
　　（2）判定变化速率是否需要预警以连续两天的数据为依据。

6．监测组织机构、人员及设备

监测组成立以项目总工为组长，测量工程师为成员的监测小组，共 4 人，采用徕卡全站仪（2″级）和水准仪进行监测。相关监测组织机构如图 4.28 所示，主要器具配置如表 4.35 所示。

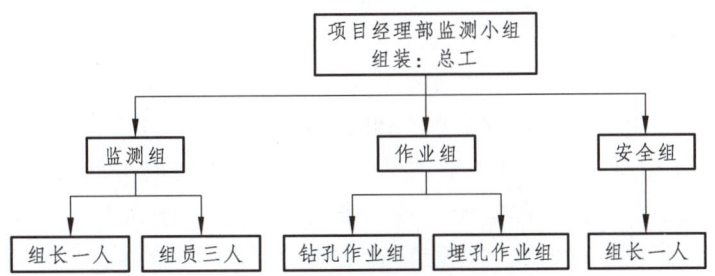

图 4.28 监测组织机构

表 4.35 主要器具配置计划

序号	名 称	型 号	单 位	数 量
1	全站仪	徕卡 TS-06	台	1
2	水准塔尺		把	2
3	水准仪	Trimble DINI03	台	1
4	钢卷尺		把	3
5	棱镜对中杆	徕卡	架	2
6	三脚架	徕卡	架	2

4.3.10 小　结

1. 方法内容

基于 OWA 算子和可拓理论，建立一种用于土质高陡边坡施工风险评价的模型。首先，构建基于多层次指标的土质高陡边坡施工风险评价指标体系，并采用基于 OWA 算子的赋权方法确定各评价指标权值；其次，构造基于可拓理论的各评价指标的经典域、节域和相关性函数，以计算其等级相关度，得到土质高陡边坡的施工安全风险等级；最后，将该评价模型应用于重庆西站扩能改造工程中某土质高陡边坡工点的施工风险评价之中。

2. 关键技术

施工风险评价指标作为反映了影响边坡施工安全的主要因素，其选择和确定是整个评价体系的基础。本章通过分析大量山区高速铁路土质高陡边坡技术经济资料，结合专家意见，选择确定了地形地貌 Y_1、地质条件 Y_2、气候水文 Y_3、施工因素 Y_4 四个一级指标，以及一级指标所包含的 8 个二级指标。首先运用 OWA 算子的方法对各一级、二级指标赋权，确定指标权重，然后对各指标进行量化处理，运用可拓理论进行二级可拓评价，最后进行一级可拓评价，从而确定风险程度。

3. 科技创新

基于 OWA 算子和可拓学理论对铁路枢纽土质边坡工程施工风险评价模型的研究，得到了以下结论。

（1）考虑地形地貌、地质条件、气候水文和施工因素 4 个方面的指标，选定土质边坡施工风险评价的 8 个指标建立评价体系，该指标体系可以较好地描述土质边坡施工风险特征，评价指标体系较为完整。

（2）采用基于 OWA 算子的赋权方法，计算过程简便，且减少了由于专家偏好导致的极值对结果产生的不利影响，使评价结果更加客观。

（3）将该模型应用至重庆西站扩能改造工程中某土质边坡工点的施工风险评价之中，所得结果与后期施工遇到的实际情况一致，证明了模型的有效性，可以推广到其他山区高速铁路枢纽土质边坡工点的施工风险评价之中。

4. 解决难题与效果评价

以风险评估结论为参考，采取相应的施工工程措施，边坡开挖时的稳定性得到了有效提高，施工质量得到了保障。若评估结论显示风险较高，则施工难度和施工成本可能相应增加，对施工前的准备有指导意义。因此，该模型具有针对边坡工程施工风险的提前预判作用，对施工成本控制和施工全过程管理具有参考和借鉴意义。

实际施工过程表明，该模型评价结果与实际工程施工所遇风险符合，具有有效性和可行性，可为山区高速铁路枢纽土质高陡边坡施工风险管理提供参考和理论依据。

4.4 山区高速铁路大型枢纽工程土石方施工调配方案研究

4.4.1 研究背景及意义

土石方调配计算及优化的合理性与准确性将直接影响到工程项目的概预算、招投标及施工过程的计量费用等。[68] 土石方调运是道路工程招投标、设计以及施工过程中的一项细致甚至烦琐的工作，在调运过程中既要充分考虑土石方的合理利用问题，又要考虑运输的可能性和经济性。由于道路为带状构筑物，基于工程设计和地形地貌的要求，调配难以实现平衡。合理的土石方调配方案既要求节省工程造价，又要求最大限度地降低对生态环境的不利影响。因此，研究探讨出一种合理的土石方调运优化方法，对缩短工程工期，节省工程费用，增加工程投资效益和最大限度地保护环境等，都具有极其重要的意义。

由于土石方调配的实际情况复杂，影响因素很多，仅从追求最小运量为出发点来确定最优调配基线还不能完全解决实际问题。建立土石方调配模型，在吸收累计曲线调配法优点的基础上，对土石方调配问题进行全新的探讨。以累计曲线法为调配原则，运用蚁群算法进行计算，能准确高效地完成土石方调配任务。

4.4.2 山区高速铁路大型枢纽土石方工程施工

1. 土石方工程概况

重庆西站铁路枢纽工程于 2013 年 5 月开工建设，工期 5 年，竣工时间为 2017 年 12 月。该铁路枢纽工程包括重庆西客站站场、动车所及客车整备场、区间工程三大组成部分，其中重庆西站南北咽喉相距约 3.02 km，东西方向横向最宽处 300 m，动车所及客整场全长约 5.3 km，重庆西站与动车所及客整场的平均距离约为 10.2 km。重庆枢纽建设纵跨沙坪坝区、九龙坡区、大渡口区，标段内有区间路基、站场路基共约 40.58 km，土石方开挖量巨大，共计弃碴约 4.752×10^6 m^3；区间路基弃碴约 1.338×10^6 m^3；重庆西站土石方弃碴约 2.713×10^6 m^3；客车整备场及动车所弃碴约 5.005×10^5 m^3。

2. 重庆西站土石方施工

（1）重庆西站土石方概况。

经施工方实地测算与实验论证，重庆西站土石方工程总量约 3.646×10^6 m^3，其中约 6.428×10^5 m^3 可作为填料进行站内回填，约 1.782×10^6 m^3 可作为其他路基工点回填料或者选择弃碴，剩余 1.221×10^6 m^3 为必须弃碴。

经当地调查，各项费用指标如下：可用的弃碴场距离重庆西站主体工程 16 km；可用的弃碴场距离动车所及客车整备场 6 km；借、弃土场地使用费按照市级包干资金标准 7.6 万元/亩；重庆西站设计弃土场征地费用 45 万元/亩；动车所及客车整备场设计弃土场征地费用 30 万元/亩；平均每万立方米借土场、弃碴场需用地 2.19 亩，重庆西站主体工程需弃土场面积约 450～475 亩，动车所及客整场弃土场面积 110～120 亩；土石方运输费用为 1.8 元/（m^3·km）。

社会弃碴场费用如下：社会弃碴场收费 15 元/m^3；运输费为 7 km 以内费用为 2.5 元/（m^3·km）；7 km 以外费用为 2 元/（m^3·km）。

（2）施工工艺流程。

土方边坡开挖施工，主要工序包括边坡征地界限、坡顶及各级坡面坡口、边坡坡脚位置等范围的量测，坡顶截水沟施工，边坡开挖刷方，边坡高度、坡率等指标复核量测，坡面防护工程施工，开挖下级边坡并进行防护工程施工，平台、坡面排水系统施工等。

（3）施工注意事项。

① 边坡土石方开挖应自上而下进行，且应开挖一级防护一级。不得乱挖、超挖，严禁掏底开挖，无因开挖不当而造成的堑坡塌滑现象。

② 边坡开挖应与装运作业相互错开进行，严禁双层作业。松动的土、石块应及时清除，弃土下方和滚石危及范围内的道路，应设警示标志。

③ 在滑坡处理前，禁止在滑坡体上增加荷载，严禁在滑坡体前缘减载。

④ 雨季施工，应做好防洪、防水、排水工作。对于土质渗水路堑、截水沟、排水沟，应及时铺砌或采取其他防洪措施，保证边坡稳定，起到排水防洪作用；对于施工人员，应配备雨季作业劳动保护用品，并对职工进行雨季施工和防洪抢险教育，制订应急预案。

⑤ 边坡与滑坡治理工程的设计、施工应采用信息化动态管理，施工单位应及时上报边坡开挖、建设情况等信息，便于设计单位加强动态设计。边坡开挖揭露地层、地下水等因素与设计不符时应及时上报监理、设计和项目业主，便于设计单位综合分析坡体稳定性，及时调整防护形式。

⑥ 边坡工程施工阶段应做好边坡动态变形监测，边坡动态变形监测应与工程施工同步进行。

3．动车所以及客车整备场土石方施工

客车整备场及动车所土石方工程总量约 $2.74×10^6$ m^3，其中约 $2×10^5$ m^3 可作为填料进行站内回填，约 $2.04×10^6$ m^3 需进行借方或者从其他工点远距离调配，约 $5.005×10^5$ m^3 为必须弃碴。

动车所及客车整备场设计弃土场征地费用 30 万元/亩；平均每万立方米借土场、弃碴场需用地 2.19 亩，重庆西站主体工程需弃土场面积约 450～475 亩，动车所及客整场需弃土场面积 110～120 亩；土石方运输费用为 1.8 元/m^3·km。

社会弃碴场费用如下：社会弃碴场收费 15 元/m^3；运输费为 7 km 以内费用为 2.5 元/m^3·km；7 km 以外费用为 2 元/m^3·km。

4.4.3　土石方调配理论与方法——累计曲线法

1．累计曲线法

累计曲线法是一种有用的线形工程的土石方调运的图形方法，它适合于手工设计，

虽然在图上作业并不能实现优化调配,但可以利用其调配思想来构建计算模型。

纵向调运的最大距离,应满足调运经济运距的要求,其值按式(4-23)计算。

$$L_{经} = \frac{B}{T} + L_{免} \qquad (4-23)$$

式中　B——借土单价(元/m³);

　　　T——远运运费单价(元·m⁻³·km⁻¹);

　　　$L_{免}$——免费运距(km)。

由此可知,经济运距是确定借土或调运的限界,当调运距离小于经济运距时,采取纵向调运是经济的;反之,则可考虑就近借土。

2. 土石方累计曲线及其性质

土石方累计曲线,是根据各桩号间土石方横向利用后的净土石方填缺与挖余累加并绘制而成的。横坐标表示路线里程桩号,纵坐标表示土石方累计体积,如图 4.29 所示。

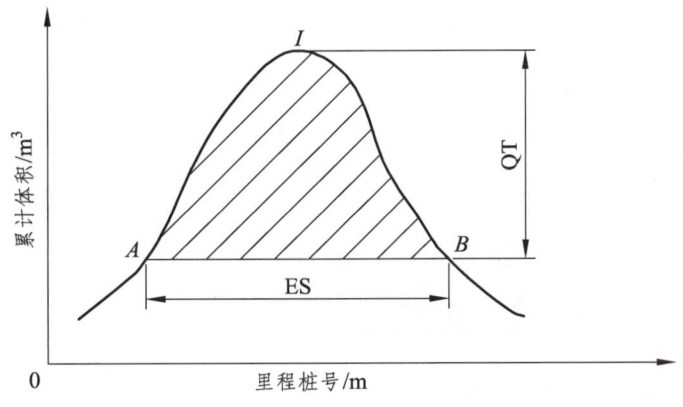

图 4.29　土石方累计曲线

土石方累计曲线具有如下性质:

(1) 曲线上升段 AI 为填方,曲线下降段 BI 为挖方,极值点 I 即为填、挖分界点。

(2) 曲线上两桩号间纵坐标之差表示两桩间的土石方数量。

(3) 曲线与任何一条水平线相交的两点间的填方与挖方相等,这条水平线称为调配基线。

(4) 曲线极值点的纵坐标与调配基线纵坐标之差为该调配段的调运方量 QT,曲线与调配基线所包围的面积为该调运段的全运量 MAS。

(5) 曲线与调配基线的交点之间的距离为该调运段的最大运距 ES。

(6) 曲线在调配基线上方,土石方向后运送;曲线在调配基线下方,土石方向前运送。

3. 土石方调配基线最佳位置的确定

用累计曲线进行土石方调配,一般来说,所有曲线的极值点处均可以调配,最优的调配基线位置应符合经济运距的原则。

（1）如图 4.30 所示，使 $AB=CD=EF=L$（L 为经济运距，下同）若各线互不重叠时，AB、CD 及 EF 即为最优调配线。

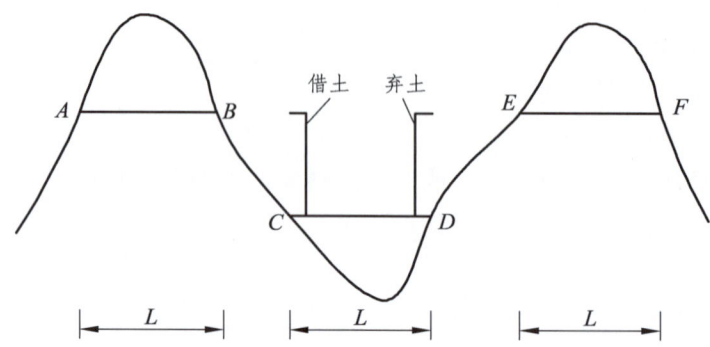

图 4.30　确定调配线位置之一

（2）如图 4.31 所示，使 $AB=BC$，$DE=EF$ 即为调配线最佳位置。

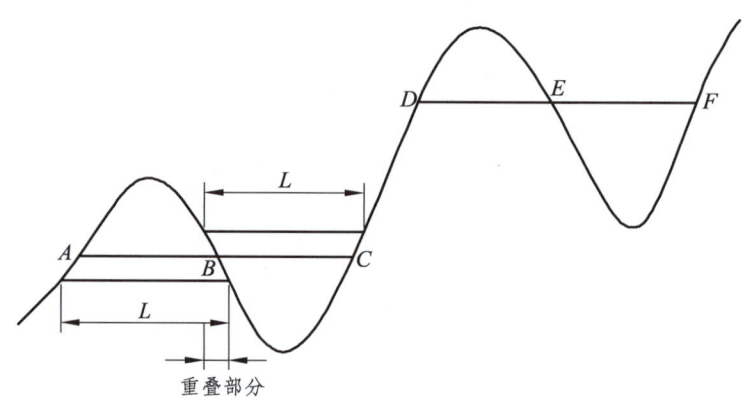

图 4.31　确定调配线位置之二

（3）如图 4.32 所示，使 $GH+KL=HK+LM$ 的调配线为最佳位置。

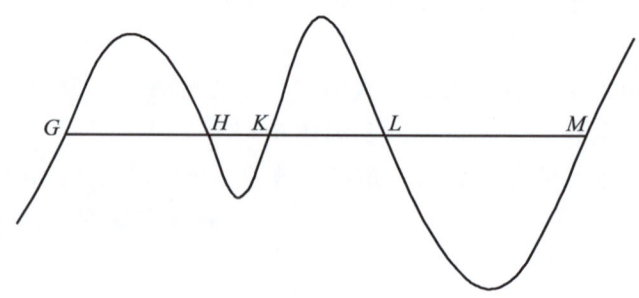

图 4.32　确定调配线位置之三

（4）如图 4.33 所示，使 $AB+CD-BC=L$ 时的调配线为最佳位置。

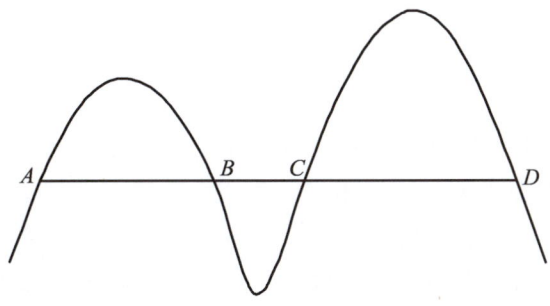

图 4.33　确定调配线位置之四

综上所述，可总结如下：

（1）对于单独波形的土方累积曲线，以调配线长度等于经济运距时为最经济，如图 4.30 所示。

（2）对于连续波形数为偶数的，如 2 或 4 个波形以单号波形内调配线长度之和等于双号波形内调配线长度之和为最经济，如图 4.32 所示。

（3）对于连续波形数为奇数的，如 3 或 5 个波形者，以其中单号波形调配线长度之和减去双号波形调配线长度之和等于经济运距时为最经济，如图 4.33 所示。

最佳调配基线确定的总原则是尽可能使土石方的总运量最少。

4．调配步骤

土石方调配在土石方数量计算完成后进行。采用累计曲线法进行调配，一般有以下主要步骤。

（1）进行调配分段，确定纵向调运时不做跨越调运的大沟、河流等桩号。

（2）计算本桩利用和各桩的填缺与挖余（所谓本桩和各桩，指该桩和上一相邻桩号间的路段，属工程中的习惯用法，下同）。

（3）将各桩的净土石方累加，形成土石方累计曲线。

（4）根据不同的施工方法和各种运输方式的经济运距确定一个最远调运距离。

（5）根据土石方累计曲线的波形、波数以及和经济运距、最大运距的关系，逐段确定并调整调配基线、计算各段的调运方、运量以及借方、弃方数量和位置，直至全线或调配路段（分段调配时）土石方调配完成。

（6）进行闭合核算。

（7）合计千米运量，并计算全线调配的平均运距。

（8）若平均运距不理想，则调整允许最大运距，返回步骤（5），重新进行土石方调配，通过这种调配方案的反复调整，以求得理想的平均运距，使全线的土石方利用尽可能合理。

（9）调配完毕，打印土石方调配表、每千米土石方及运量表，绘制土石方调配曲线图。

从累计曲线图可以发现，两条水平线（调配基线）之间的曲线段，两两相邻的曲线段一定是方向互为相反的两个坡段（一个上坡段、一个下坡段，即一个余方段、一个欠方段）。因此，整个曲线上，上升段（欠方段）总段数 N_s 与下降段（余方段）N_x 的总段数，满足如下关系。

$$-1 \leqslant N_s - N_x \leqslant 1 \tag{4-24}$$

两个水平线所夹的曲线范围，上升段与下降段的土方量相等（假定已经考虑了土方压实系数）。因此，下降段的余方量向相邻的两个上升段之一调运，恰好填满欠方段的欠方量；或者，上升段的欠方量从相邻的两个余方段之一运来，恰好将此上升段的欠方量填满。因此，土石方调配过程是一个离散的过程，各个调运段可以视为离散系统中的一个独立的结点。

采用累计曲线法进行土石方调配，是因为它具有比较直观的优点，但同时它也存在调配时依赖设计者经验，无法考虑借弃土方等缺点。因此使用 GIS 作为工具，在彰显累计曲线法调配优点的同时，尝试克服其缺点，使调配的成果更为科学、精确。

5. 经济运距的选取

土石方调配中，本桩利用及近距离挖方运输利用当然是一种最为合理及经济的调配方法，该种调配不需要进行计算可直接做出判断，但由于在实际工程中不可能完全实现本桩利用，必然会产生远运或者借土，究竟是远运调配还是借土调配更为合理，即哪种调配更为经济，需要通过具体情况具体分析判断。

（1）远运可以减少弃方，同时避免随弃，如进行借土，除增加取土场资源外，尚需考虑弃土场的使用，因此在条件允许的情况下，应尽量利用土方，不能随弃随取。

（2）如借土及弃土条件情况允许，即在经济运距范围内存在取弃土场或荒地劣地，在经过经济比较后确实经济且对环境不造成危害的情况下，则优先在远运距的情况下选择借土。但即使借土及弃土条件允许，在何种距离下采用远运调配或者借土调配更为合理，则首先需通过计算经济运距来进行分析。

经济运距即为调运和借土之间的限度距离，因此在实际调配中，计算适用于纵向调运或就近路外借土的经济运距，其关系可通过如下理论平衡公式确定。

$$T \times B_y = T \times B_j + Z \tag{4-25}$$

式中　T——填缺工程数量；

　　　B_y——相应距离远运运输的价格（元/m³）；

　　　B_j——借土挖方和相应距离运输的价格（元/m³）；

　　　Z——土场地费用（元）。

根据式（4-25）可以在远运距离一定或借土距离一定的情况下，反算出各自的经济运距。

4.4.4　基于经济运距的重庆西站铁路枢纽土石方调配方案

1. 工程概述

重庆西站铁路枢纽工程包括重庆西客站站场、动车所及客车整备场、区间工程三大组成部分，标段内有区间路基、站场路基共约 40.58 km，土石方开挖量巨大，共计弃碴约 4.752×10^6 m³；区间路基弃碴约 1.338×10^6 m³；重庆西站土石方弃碴约

$2.713×10^6$ m³；客车整备场及动车所弃碴约 $5.005×10^5$ m³。

2．土石方信息汇总

重庆西站土石方工程总量约 $3.646×10^6$ m³，其中约 $6.428×10^5$ m³ 可作为填料进行站内回填，约 $1.782×10^6$ m³ 可作为其他路基工点回填料或者选择弃碴，剩余 $1.221×10^6$ m³ 为必须弃碴。客车整备场及动车所土石方工程总量约 $2.74×10^6$ m³，其中约 $2×10^5$ m³ 可作为填料进行站内回填，约 $2.04×10^6$ m³ 需进行借方或者从其他工点远距离调配，约 $5.005×10^5$ m³ 为必须弃碴。

经当地调查，各项费用指标如下：可用的弃碴场距离重庆西站主体工程 16 km；可用的弃碴场距离动车所及客车整备场 6 km；借、弃土场地使用费按照市级包干资金标准 7.6 万元/亩；重庆西站设计弃土场征地费用 45 万元/亩；动车所及客车整备场设计弃土场征地费用 30 万元/亩；平均每万立方米借土场、弃碴场需用地 2.19 亩，重庆西站主体工程需弃土场面积约 450～475 亩，动车所及客整场弃土场面积 110～120 亩；土石方运输费用为 1.8 元/m³·km。

社会弃碴场费用如下：社会弃碴场收费 15 元/m³；运输费为 7 km 以内费用为 2.5 元/m³·km；7 km 以外费用为 2 元/m³·km。

3．经济运距基础条件

汇总上述各项经济指标得到计算基础条件如表 4.36 所示。

表 4.36　计算基础条件

项　目		单　位	单　价
借、弃土远运	15 t 以内自卸车每增加 1 km（平均运距 10 km 以内）	元/m³	2.5
	15 t 以内自卸车每增加 1 km（平均运距 10 km 以外）	元/m³	1.8
社会弃碴	15 t 以内自卸车每增加 1 km（平均运距 7 km 以内）	元/m³	2.5
	15 t 以内自卸车每增加 1 km（平均运距 7 km 以外）	元/m³	2
	弃碴费	元/m³	15
占地费用	不含复垦	元/亩	76 000
	复垦及其他	元/亩	44 000
征地费用	永久使用	万元/亩	30～45

在实际调配中，计算适用于纵向调运或就近路外借土的经济运距，其关系还可通过如下理论公式确定。

$$T×(L_s×B_s+S)=T×L_j×B_j+Z \tag{4-26}$$

式中　T——填缺工程数量（m³）；

　　　B_s——相应距社会弃碴运输的价格（元·km⁻¹·m⁻³）；

L_s——相应社会弃碴运输距离（km）；

S——相应社会弃碴费用（元）；

B_j——弃土挖方相应距离运输的价格（元·km^{-1}·m^{-3}）；

L_j——弃土挖方相应距离运输的距离（km）；

Z——土场占地费用（元）。

4. 重庆西站主体弃方工程经济运距分析

考虑到前期土石方量计算可能出现的计算误差，考虑到土石方计算 4% 的误差允许范围，分别选取弃方量为 $1.2×10^6$ m^3、$1.225×10^6$ m^3、$1.25×10^6$ m^3 进行经济运距的计算，以此减小土石方量计算误差对经济运距选取的影响。

当弃碴土场地面积选取为最小（弃碴场容量使用饱和时），即取为 450 亩时，计算所得理论经济运距如表 4.37 所示；当弃碴土场地面积选取为 465 亩时，计算所得理论经济运距如表 4.38 所示；当弃碴土场地面积选取为 480 亩时，计算所得理论经济运距如表 4.39 所示。

表 4.37　运距相对弃碴土场为 450 亩的理论经济运距　　单位：km

社会弃碴运距	27	28	29	30	31	32	33
弃方量为 $1.2×10^6$ m^3 时经济运距	11.39	12.50	13.61	14.72	15.83	16.94	18.06
弃方量为 $1.225×10^6$ m^3 时经济运距	11.90	13.01	14.12	15.23	16.34	17.45	18.57
弃方量为 $1.25×10^6$ m^3 时经济运距	12.39	13.50	14.61	15.72	16.83	17.94	19.06

表 4.38　运距相对弃碴土场为 465 亩的理论经济运距　　单位：km

社会弃碴运距	27	28	29	30	31	32	33
弃方量为 $1.2×10^6$ m^3 时经济运距	10.56	11.67	12.78	13.89	15.00	16.11	17.22
弃方量为 $1.225×10^6$ m^3 时经济运距	11.08	12.19	13.30	14.42	15.53	16.64	17.75
弃方量为 $1.25×10^6$ m^3 时经济运距	11.59	12.70	13.81	14.92	16.03	17.14	18.26

表 4.39　运距相对弃碴土场为 480 亩的理论经济运距　　单位：km

社会弃碴运距	27	28	29	30	31	32	33
弃方量为 $1.2×10^6$ m^3 时经济运距	9.72	10.83	11.94	13.06	14.17	15.28	16.39
弃方量为 $1.225×10^6$ m^3 时经济运距	10.27	11.38	12.49	13.60	14.71	15.82	16.93
弃方量为 $1.25×10^6$ m^3 时经济运距	10.79	11.90	13.01	14.12	15.23	16.34	17.46

由以上表格可以得出结论，当弃土场位于距重庆西站 16 km 处时，可接受的社会弃碴运距为 31~32 km，若平均社会弃碴运距超过 32 km 则选择使用弃土场进行土石方远运弃土更为合理经济；当平均社会弃碴运距低于 31 km 时，则选择使用社会弃碴进行土石方远运弃土更为合理经济；当平均社会弃碴运距为 31~32 km 时，应进一步考虑误差对计算结果的影响。

5. 动车所及客车整备场弃方经济运距分析

若选用弃土场弃土方案,动车所及客整场的原设计弃土场根据实际情况须永久征用,所需费用为 30 万/亩。考虑到前期土石方量计算可能出现的计算误差,考虑到土石方计算 4% 的误差允许范围,分别选取弃方量为 $4.95\times10^5\ m^3$、$5.05\times10^5\ m^3$、$5.15\times10^5\ m^3$ 进行经济运距的计算,以此减小土石方量计算误差对经济运距选取的影响。

当弃碴土场地面积选取为最小(弃碴场容量使用饱和时),即取为 105 亩时,计算所得理论经济运距如表 4.40 所示;当弃碴土场地面积选取为 110 亩时,计算所得理论经济运距如表 4.41 所示;当弃碴土场地面积选取为 115 亩时,计算所得理论经济运距如表 4.42 所示。

表 4.40　运距相对弃土场为 105 亩的理论经济运距　　　单位:km

社会弃碴运距	27	28	29	30	31	32	33
弃方量为 $4.95\times10^5\ m^3$ 时经济运距	1.04	2.15	3.26	4.37	5.48	6.59	7.70
弃方量为 $5.05\times10^5\ m^3$ 时经济运距	1.74	2.85	3.96	5.07	6.18	7.29	8.40
弃方量为 $5.15\times10^5\ m^3$ 时经济运距	2.41	3.52	4.63	5.74	6.85	7.96	9.07

表 4.41　运距相对弃土场为 110 亩的理论经济运距　　　单位:km

社会弃碴运距	27	28	29	30	31	32	33
弃方量为 $4.95\times10^5\ m^3$ 时经济运距			1.57	2.69	3.80	4.91	6.02
弃方量为 $5.05\times10^5\ m^3$ 时经济运距		1.20	2.31	3.42	4.53	5.64	6.75
弃方量为 $5.15\times10^5\ m^3$ 时经济运距			1.90	3.01	4.12	5.23	6.35	7.46

表 4.42　运距相对弃土场为 115 亩的理论经济运距　　　单位:km

社会弃碴运距	27	28	29	30	31	32	33
弃方量为 $4.95\times10^5\ m^3$ 时经济运距				1.00	2.11	3.22	4.34
弃方量为 $5.05\times10^5\ m^3$ 时经济运距				1.77	2.88	3.99	5.10
弃方量为 $5.15\times10^5\ m^3$ 时经济运距				1.39	2.51	3.62	4.73	5.84

由以上表格可以得出结论,当弃土场位于距动车所及客整场 6 km 处时,可接受的社会弃碴运距为 30~32 km,若平均社会弃碴运距超过 32 km 则选择使用弃土场进行土石方远运弃土更为合理经济;当平均社会弃碴运距低于 30 km 时,则选择使用社会弃碴进行土石方远运弃土更为合理经济;当平均社会弃碴运距为 30~32 km 时,应进一步考虑误差对计算结果的影响。

6. 土石方调配方案优选

对周边社会弃碴场进行调查和统计,重庆西站新选社会碴场共计 6 个,分别为重庆双德固体废弃物处理有限公司(江津区双福街道长岭津马路九龙三岔口向江津方向 300 m),运距 35 km;重庆万天建筑工程有限公司(重庆市九龙坡区巴福镇五根村三社),运距 23 km;重庆市渝玫丽农业有限公司(重庆市九龙坡区陶家镇插旗山),运距 27 km；重庆佬百兴农业开发有限公司（重庆市九龙坡区石板镇观音河），运距 23 km；重庆市北碚区蔡家岗镇三溪村碴场，运距 32 km；重庆金凤碴场废弃物处理有限公司（大渡口区福隆路湾塘村），运距 17 km，汇总社会碴场具体信息如表 4.43 所示。

表 4.43　重庆西站新选社会碴场信息

序　号	名　　称	运距/km	容量/($\times 10^4$ m³)
1	重庆双德固体废弃物处理有限公司	35	100
2	重庆万天建筑工程有限公司	23	25
3	重庆市渝玫丽农业有限公司	27	30
4	重庆佬百兴农业开发有限公司	23	11
5	重庆市北碚区蔡家岗镇三溪村渣场	32	9.5
6	重庆金凤渣场废弃物处理有限公司	17	6

动车所及客车整备场社会碴场共计 3 个，分别为重庆双德固体废弃物处理有限公司，运距 39 km；龙洲湾街道沿河村建筑垃圾消纳场（重庆市巴南区龙洲湾沿河村 7 社），运距 31 km；重庆市北碚区蔡家岗镇三溪村碴场，运距 36 km，受动车所内征拆滞后的影响，结合动车所施工组织安排，动车所挖除弃方优先弃于动车所及客车整备所 J4K0＋400～J4K0＋700 左侧既有环到线范围空地，运距 2.0 km。汇总以上碴场具体信息如表 4.44 所示。

表 4.44　动车所及客整场弃碴场信息

序　号	名　　称	运距/km	容量/($\times 10^4$ m³)
1	重庆双德固体废弃物处理有限公司	39	100
2	龙洲湾街道沿河村建筑垃圾消纳场	31	25
3	重庆市北碚区蔡家岗镇三溪村渣场	36	9.5
4	动车所及客车整备所 J4K0＋400～J4K0＋700 左侧既有环到线范围空地	2	15

根据以上重庆西站、动车所及客车整备场周边社会弃碴场信息汇总情况，结合施工顺序、当地城市、人口、交通、场地高程等方面的具体情况，拟定重庆西站社会弃碴方案、动车所及客车整备场弃碴方案分别如表 4.45、表 4.46 所示。

表 4.45　重庆西站社会弃碴方案

名　称	运距/km	容量/($\times 10^4$ m³)	社会弃碴量/($\times 10^4$ m³)
重庆双德固体废弃物处理有限公司	35	100	52.50
重庆万天建筑工程有限公司	23	25	22.11
重庆市渝玫丽农业有限公司	27	30	27.99
重庆佬百兴农业开发有限公司	23	11	9.03
重庆市北碚区蔡家岗镇三溪村渣场	32	9.5	5.57
重庆金凤渣场废弃物处理有限公司	17	6	5.12

表 4.46　动车所及客整场弃碴方案

名　称	运距/km	容量/($\times 10^4$ m^3)	弃碴量/($\times 10^4$ m^3)
重庆双德固体废弃物处理有限公司	39	100	0
龙洲湾街道沿河村建筑垃圾消纳场	31	25	23.99
重庆市北碚区蔡家岗镇三溪村渣场	36	9.5	0
动车所及客车整备所 J4K0+400～J4K0+700 左侧既有环到线范围空地	2	15	14.73

经计算，重庆西站社会弃碴方案平均运距为 29.22 km，小于重庆西站主体弃方经济运距 31 km，因此选择社会弃碴场进行重庆西站的土石方调运更为合理经济；动车所及客车整备场弃碴方案平均运距为 19.97 km，小于动车所及客车整备场弃方经济运距 30 km，因此选择社会弃碴场进行动车所及客车整备场的土石方调运更为合理经济。

将上述所得的基础条件数据代入构建的蚁群算法优化模型中，进行迭代计算最终得到土石方调配优化方案。经初步计算，该方案较使用弃土场弃土方案节省成本 861.36 万元，是经济、合理、可行的。动车所及客车整备场、重庆西客站主体工程土石方工程弃碴具体调运量及路线方案如下：

（1）动车所及客车整备场。

受动车所内征拆滞后的影响，结合动车所施工组织安排，动车所挖除弃方优先弃于动车所及客车整备所 J4K0+400～J4K0+700 左侧既有环到线范围空地，运距 2.0 km。其余弃方根据弃土协议，弃于龙洲湾街道沿河村建筑垃圾消纳场（社会碴场），运距 31 km；根据施工组织安排，重庆西动车所及客车整备所主体工程弃方 3.122×10^5 m^3 及附属工程弃方 7.49×10^4 m^3，共计 3.872×10^5 m^3 弃碴分别运往以下碴场。

① 重庆西动车所及客车整备所主体工程弃方 7.24×10^4 m^3 及附属工程弃方 7.49×10^4 m^3，共 1.473×10^5 m^3，弃于 J4K0+400～J4K0+700 左侧既有环到线范围空地内，弃碴运输主要路线为场内道路，运距 2.0 km。弃碴场如图 4.34 所示。

图 4.34　重庆西动车所及客车整备所空地弃碴场

② 重庆西动车所及客车整备所主体工程弃碴 2.398×10^5 m^3，弃于龙洲湾街道沿河村建筑垃圾消纳场，弃碴运输主要路线有 2 条，线路 1：场内道路→田西路→323 县道→华福大道→金建路→西城大道→箭河路→高职城大道→百正路→龙洲湾街道沿河村建筑垃圾消纳场，弃碴运距为 31 km；线路 2：从场内道路→田西路→323 县道→华福大道→

华凤大道→福茄路→西城大道→箭河路→高职城大道→百正路→龙洲湾街道沿河村建筑垃圾消纳场，弃碴运距为 29 km。由于铁路工程施工期间线路 2 地方道路改建，不允许渣土车通行，因此选择线路 1 进行弃碴外运。运输线路及弃碴场如图 4.35、图 4.36 所示。

图 4.35　重庆动车所至龙洲湾街道沿河村建筑垃圾消纳场运输线路

图 4.36　龙洲湾街道沿河村建筑垃圾消纳场卫星航拍

（2）重庆西客站主体工程。

重庆西客站主体工程 $1.172×10^6$ m^3、附属工程 $5.12×10^4$ m^3 弃碴分别运往以下社会碴场。

① 重庆西站挖方弃碴 $2.211×10^5$ m^3（协议弃碴容量 $2.5×10^5$ m^3）弃于重庆万天建筑工程有限公司，弃碴运输主要路线为：从场内道路→清水溪支路→华玉北路→华玉路→龙门针大道→华龙大道→华福大道→白彭路→重庆市九龙坡区巴福镇五根村碴场，弃碴运距为 23 km。运输线路及弃碴场如图 4.37、图 4.38 所示。

② 重庆西站挖方弃碴 $2.799×10^5$ m^3（协议弃碴容量 $3×10^5$ m^3），弃于重庆市渝玫丽农业有限公司，弃碴运输主要路线为：从场内道路→清水溪支路→华玉北路→华玉路→龙门阵大道→华龙大道→华福大道→白彭路→铝城大道→创业路→重庆市九龙坡区陶家镇插旗山，弃碴运距为 27 km。运输路线及弃碴场如图 4.39~4.41 所示。

图 4.37　重庆西客站至重庆市九龙坡区巴福镇五根村碴场运输线路

图 4.38　重庆市九龙坡区巴福镇五根村碴场

图 4.39　重庆西客站至重庆市九龙坡区陶家镇插旗山碴场运输线路

图 4.40　重庆市九龙坡区陶家镇插旗山碴场卫星航拍

图 4.41　重庆市九龙坡区陶家镇插旗山碴场

③ 重庆西站挖方弃碴 $9.03×10^4$ m³（协议弃碴容量 $1.1×10^5$ m³），弃于重庆佬百兴农业开发有限公司，弃碴运输主要路线为：从场内道路→清水溪支路→华玉北路→华玉路→龙门阵大道→华龙大道→华福大道→重庆市九龙坡区石板镇观音河，弃碴运距为 23 km。运输线路及弃碴场如图 4.42、图 4.43 所示。

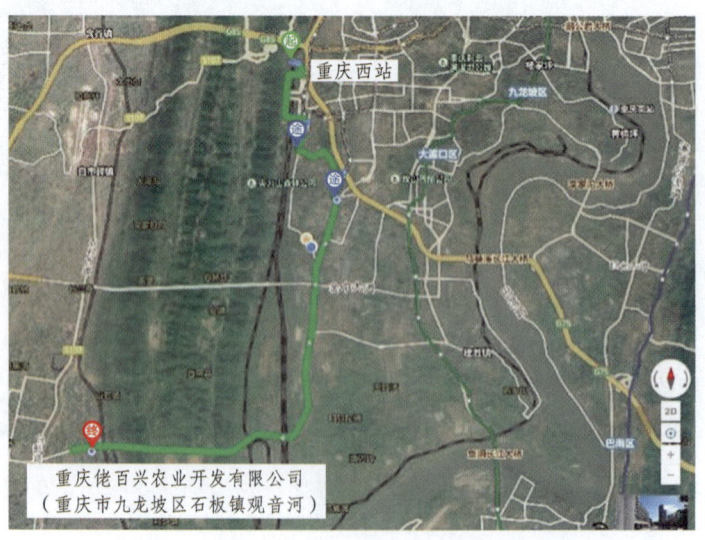

图 4.42　重庆西客站至重庆佬百兴农业开发有限公司碴场运输线路

图 4.43 重庆佬百兴农业开发有限公司碴场

④ 重庆西站挖方弃碴 5.57×10^4 m³（协议弃碴容量 9.5×10^4 m³），弃于重庆市北碚区蔡家岗镇三溪村渣场，弃碴运输主要路线有 2 条，线路 1：从场内道路→南循环道→新区大道→凤中立交→内环快速→成渝环线高速→内环快速→兰海高速→通康路→同兴北路→重庆市北碚区蔡家岗镇三溪村渣场，弃碴运距为 32 km；线路 2：从场内道路→南循环道→新区大道→凤中立交→内环快速→杨公桥立交下内环快速→渝碚线→平安大道→同兴南路→同兴北路→重庆市北碚区蔡家岗镇三溪村碴场，弃碴运距为 32 km。由于线路 2 穿越居民及学校密集区域（重庆市树人中学、重庆六十八中），不允许碴土车通行，因此选择线路 1 进行弃碴外运。运输线路如图 4.44 所示。

图 4.44 重庆西客站至重庆市北碚区蔡家岗镇三溪村碴场运输线路

⑤ 重庆西站挖方弃碴 5.12×10^4 m³（协议弃碴容量 6×10^4 m³），弃于重庆金凤碴场废弃物处理有限公司，弃碴运输主要路线为：从场内道路→清水溪支路→华玉北路→华玉路→龙门阵大道→华龙大道→华福大道→跳蹬街→福隆路→重庆金凤碴场废弃物处理有限公司，弃碴运距为 17 km。运输路线及弃碴场如图 4.45、图 4.46 所示。

图 4.45　重庆西客站至重庆金凤碴场废弃物处理有限公司运输线路

图 4.46　重庆金凤渣场废弃物处理有限公司碴场卫星航拍

⑥ 重庆西站挖方弃碴 5.25×10^5 m³（协议弃碴容量 1×10^6 m³），弃于重庆双德固体废弃物处理有限公司，弃碴运输主要路线为：从场内道路→华玉北路→华玉路→龙门阵大道→华龙大道→华福大道→九江大道→津马大道→S107 省道→重庆双福德固体废弃物处理有限公司碴场，弃碴运距为 35 km。运输路线及弃碴场如图 4.47～4.49 所示。

第4章 山区高速铁路大型枢纽工程成套关键施工技术研究

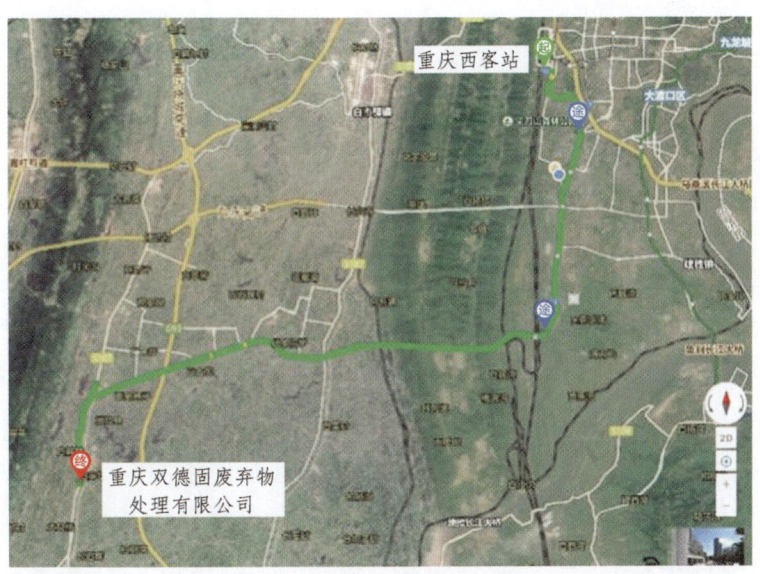

图 4.47 重庆西客站至重庆双德固体废弃物处理有限公司碴场运输线路

图 4.48 重庆双德固体废弃物处理有限公司碴场卫星航拍

图 4.49 重庆双德固体废弃物处理有限公司碴场

4.4.5 小 结

1. 方法内容

本节基于经济运距的累计曲线法，通过远距离调运与社会弃渣的限度确定经济运距，以经济运距为基础结合累计曲线图的方法得到的土石方调运方案具有经济合理高效的优点，能够节约工程成本，增加施工效益。

2. 解决难题与效果评价

本节模型方法的应用很好地解决了重庆西站土石方调配中遇到的问题和困难，节约了工程成本，保证了施工质量以及工期要求。在弃土场无法顺利征用的困难条件下，通过该算法模型的优化找到了土石方调运的最优路径，顺利完成了施工目标，该方法模型具有较好的适用性与合理性。

4.5 山区高速铁路大型枢纽工程轨道施工技术研究

4.5.1 研究背景及意义

新建重庆至贵阳铁路扩能改造工程自重庆西引出，向南经綦江、桐梓、遵义、息烽至贵阳北站，正线总长 345.4 km，设计速度 200 km/h，国铁Ⅰ级双线铁路，路基、桥涵混凝土主体结构使用寿命不低于 100 年，无砟轨道使用寿命不低于 60 年。

本标段线路纵跨重庆市沙坪坝区、九龙坡区、大渡口区，从成渝代建分界点 LtDK21+176 起，然后和渝黔正线起点（D2K0+000）相接进入重庆西站，出站后，设桥上跨预留渝昆通道（D2K4+200），设桥上跨襄渝铁路（D2K6+100、D2K6+558.4），设桥上跨预留渝湘通道（D2K7+065），然后与预留渝湘通道和动车存车场并行，设桥上跨华福路（DK12+248.7）至本标段终点（D1K16+270.59）。

本标段共涉及 12 条铁路，包括重庆西进站前梨树湾联络线改建，重庆西进站前既有歌乐山联络线改建，重庆西进站前既有襄渝线改建，童家溪至重庆西客车联络线，渝黔客车正线，预留渝昆线，渝昆动车左线，渝黔动车左线，渝黔动车右线，中梁山支线改建，米轨专用线还建，小梨线电气化改造，共计 57.087 km。

铺架（含制架梁、铺轨、桥面系）工程包括以上 12 条线路，以及童西线童家溪至重庆西客车联络线 LtD1K0+000～LtD1K21+176 段，右线 LtYDK0+000～LtYD1K5+260 段，歌乐山至双碑线路所左、右联络线 LnZDK0+000～LnZDK0+700、LnYDK0+000～LnYDK0+102.377 段，新白沙沱长江特大桥等。

1. 主要技术指标

(1) 渝黔客车正线。

铁路等级：国铁 I 级。正线数目：双线。设计行车速度：200 km/h。最小曲线半径：3 500 m，重庆、贵阳枢纽梯级分布。限制坡度：9‰，加力坡 18.5‰（客车线 20‰）。牵引种类：电力。到发线有效长度：850 m，双机地段 880 m。列车控制方式：自动控制。行车指挥方式：调度集中。

(2) 其他线路。

其他线路主要技术标准如表 4.47 所示。

表 4.47　线路主要技术标准

序号	线路名称	起讫里程	线别	线路总长 /km	最大坡度 /‰	速度目标值 /（km/h）
1	童家溪至重庆西客车联络线	LtDK0+000～LtD1K21+261.553	双线	21.261	20	200～120
2	重庆西进站前既有歌乐山联络线改建	GLgK17+770.00～GLgK18+916.27	单线	1.146	6	120
3	重庆西进站前既有襄渝线改建	GXYK827+200～GXYK828+421.16	单线	1.221	6	120～80 递减
4	小梨线电气化改造	XLK5+540.6～XLK13+700	单线	8.156	客车：20 重车方向：18.5 轻车方向：6	60
5	中梁山支线改建	ZZDK0+000～ZZDK3+190.76	单线	3.191	20	80
6	渝黔动车左线	YQDZK0+0000～YQDZK9+347.02	单线	9.347	20	60
7	渝黔动车右线	YQDYK0+0000～YQDYK5+826.78	单线	5.827	20	60
8	渝昆动车左线	YKDZK0+000.00～YKDZK5+613.70	单线	5.614	20	60
9	预留渝昆线	YKAK0+000～YKAK2+464	双线	2.464	9，双机 18.5	120

2. 工程特点

(1) 气候特点：重庆境内冬暖春早，夏热秋凉，四季分明，无霜期长；空气湿润，降水充沛，多云雾，少霜雪；每年 5～9 月为雨季，10 月至次年 4 月为旱季。

(2) 工程地质特征：沿线地层主要为侏罗系红层，为砂、泥页岩碎屑岩层。北北东向构造体系，顺层现象比较普遍。

4.5.2　长钢轨、高速道岔铺设施工工艺及方案

1. 长钢轨铺设施工方案

(1) 总体施工程序。

总体施工工艺如图 4.50 所示。

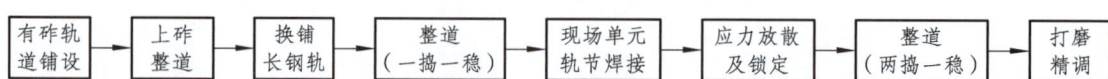

图 4.50　总体施工工艺

有砟轨道铺设方法如下：

① 底层道砟预铺：采用自卸车运输道砟，挖掘机摊铺，机械碾压，厚度一般控制在 150 mm。

② 轨排铺设：轨排在铺架基地进行组装，由运输机车牵引，平板车运输至现场，公铁两用架桥机铺设轨排。

③ 人工铺轨：在铺轨基地或者现场锚固轨枕的螺旋道钉（锚固过程控制好硫黄砂浆熬制的温度，采用锚固架进行锚固确保锚固质量），然后采用平板车将轨料散布在即将铺设的线路两旁，用吊车、挖掘机等设备配合人工将轨枕放置在线路上，连接钢轨，方枕上扣件。

④ 上砟整道：风动卸砟车由内燃机车牵引进行补砟，补砟分 3 次进行，前 2 次各完成需要砟量的 1/2～2/3，第 3 次补足全部道砟，每次补砟完毕进行机车捣固、上动力稳定车，通过 3 次补砟起道，基本达到设计标高。

⑤ 换铺长钢轨：通过补砟，待基床稳定，使用长轨换铺机，采用换铺法换铺长钢轨。

现场单元轨节焊接施工：对待焊钢轨全部及轨头后方 10 m 范围内扣件拆除，检查钢轨表面是否符合质量要求，检查完毕后对钢轨端头进行打磨处理，待打磨完毕后焊机对位并确保焊接作业过程中不会发生溜车现象，焊接完成后对焊接部位进行推凸处理，正火完成后对焊缝进行打磨，打磨至符合要求后对焊缝进行探伤，对不合格品进行返工处理。

无缝线路应力放散与锁定施工：钢轨焊联成单元轨后，对单元轨进行应力放散，并在设计锁定轨温范围内将单元轨锁定。

（2）长轨铺设施工工艺流程。

长轨铺设施工工艺流程如图 4.51 所示。

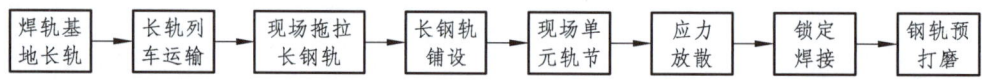

图 4.51　长轨铺设施工工艺流程

（3）施工准备。

施工复测铺设长轨前，轨道工程道床主体应基本完工，检验合格。钢轨移动闪光焊接型式试验出现下列情况之一时应进行型式检验。

① 焊轨组织初次焊接铁路钢轨。

② 调整工艺时。

③ 钢轨生产厂、钢轨型号、钢轨牌号、钢轨交货状态等发生改变，首次焊接时。

④ 生产检验结果不合格。

⑤ 停产一年后，恢复生产前。

型式检验的项目及试件数量如表 4.48 所示。

表 4.48 型式检验的项目及试件数量

外观	超声波探伤	落锤		静弯		疲劳	拉伸	冲击	硬度		显微组织	断口
		移动式闪光焊	轨头受压	轨头受拉					焊缝硬度	软化区宽度		
全部试件	全部试件/个	15	12	3	3	1	1	1	1	1	1 利用硬度试件	15 利用落锤试件

型式检验要点如下：

① 型式检验受检试件用钢轨的生产厂、型号、牌号、交货状态应与焊接生产用钢轨相同，受检试件应是相同工艺焊接的接头。

② 不同牌号钢轨之间的焊接，焊接接头的质量要求按照强度级别较低的钢轨执行；热轧钢轨与热处理钢轨之间的焊接，焊接接头的质量要求按照热轧钢轨执行。

③ 型式检验结果的试件为合格试件。静弯受检试件、疲劳受检试件应连续试验合格。一次型式检验中，应在各检验项目全部合格后，方可判定本次型式检验合格。型式检验合格后方可批量生产。

④ 型式检验报告中，应明示以下内容：焊轨组织名称、焊接材料的型号及生产厂、主要焊接操作人员姓名及操作许可证编号、钢轨生产厂、钢轨型号、钢轨牌号、钢轨交货状态、检验设备、详细的检验结果等。

2．长轨换铺法铺设施工工艺

（1）长钢轨运输：长钢轨运输时，运输速度控制在 30～40 km/h，在高路基和反向曲线处，运输速度控制在 30 km/h 以内，并设领车员。

（2）长钢轨换铺法施工方法：正线有砟轨道施工采用"换铺法"进行长钢轨铺设。采取换铺法施工时，首先将长钢轨采用拖卸法进行卸车，轨道车牵引换轨小车前进，人工用撬棍将标准轨拨向道心，然后再用撬棍将长轨一端拨入承轨台，后组织卸砟车进行卸补砟，采用大型机械化养路作业车组进行捣固、稳定、整形施工作业。道床达到初稳后，先采用移动闪光焊焊成单元轨条后，现场进行应力放散、锁定形成无缝线路，最后再进行两遍机械化养路作业，精细整道，轨道整理达到验交程度。

（3）长钢轨换铺施工工艺流程如图 4.52 所示。

（4）准备工作：根据长轨铺设需要备齐各种施工机具、设备及检测量具；检查长钢轨卸车设备及附属机具状态是否良好；500 m 长轨根据左右股进行配轨装车完毕后采用 T11 运输车运送到施工现场。

（5）运输车：按前分轨小车前轮中心线距已铺好钢轨末端约 350 mm，并停好就位。

（6）卷扬机拖拉钢轨：旋转间隔铁手柄，将所有隔铁方向朝下，松开要拖拉的一对钢轨锁定装置与安全挡板。如拖拉上层钢轨，首先还需预先将升降滚轮架调整到合适高度。将分轨导框调到与抽拉钢轨位置相应的宽度，用牵引车上的卷扬机钢丝绳（带夹轨器）到长钢轨运输列车的第一辆平车上拉钢轨，当钢轨通过分轨导框后，将分轨导框位置恢复到 1 435 mm 轨距位置，钢轨至轨条夹钳处，卸掉夹轨器，将轨头与钢轨拖拉机构锁固好。

（7）垫滚筒、牵引车拖拉钢：在轨道的承轨槽上方，每隔 10 m 放置一对滚轮，牵引车前行拖拉钢轨。

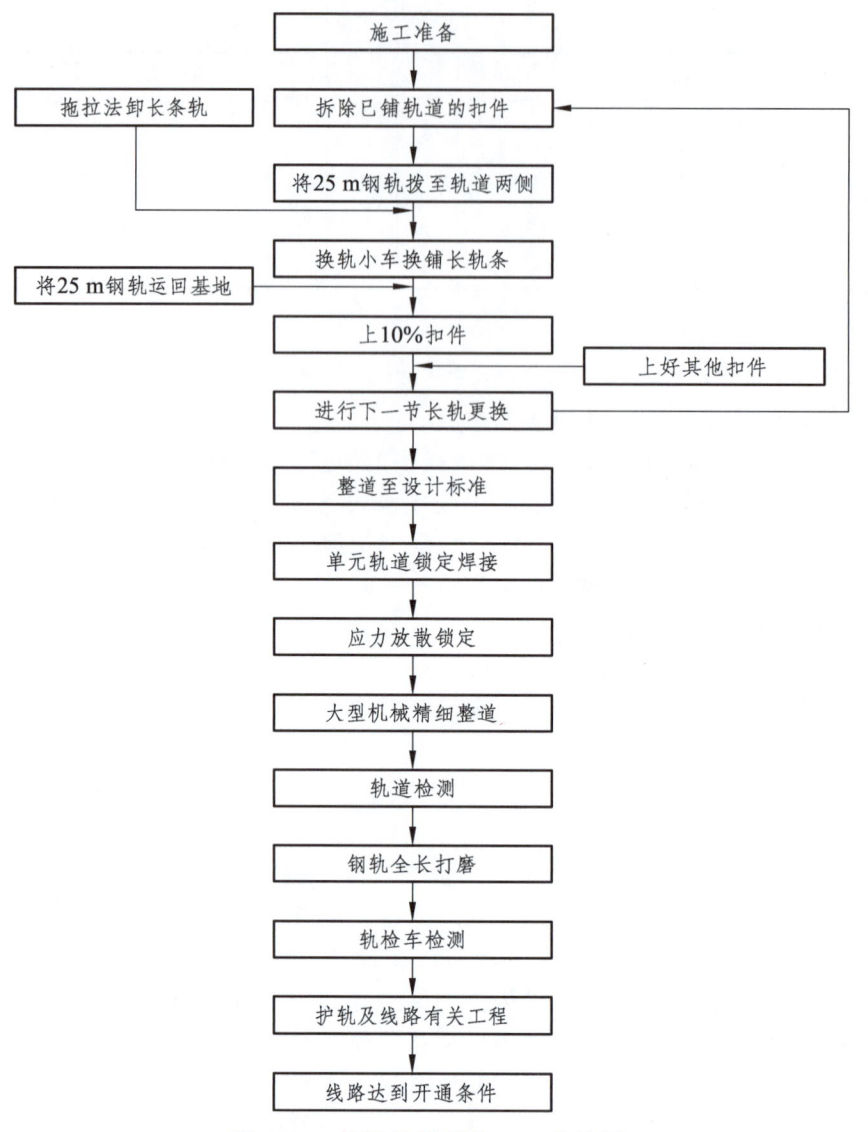

图 4.52 长钢轨换铺施工工艺流程

（8）长钢轨拖拉就位：铺轨列车在施工地段运行限速 5 km/h，离末端还有 10 m 时，拖拉机降速至 0.5 km/h，钢轨末端滑下前分轨小车滑槽时立即停车。对位时，要在钢轨上划出停车标记，并派专人安放铁鞋和止轮器。用拉轨器把钢轨拖拉到位，位置要准确，拖拉要平稳，与已铺好的轨道连接，安装钢轨夹轨器。

（9）起轨，取滚筒：采用液压式起轨机抬起钢轨，两台运输小平车在前后两段依次收取辊轮，按顺序码放在滚轮箱中。

（10）钢轨连接，紧部分扣件：长钢轨落槽后，采用专用钢轨接头连接器将前后两根长轨临时连接，宜每隔 5~8 根枕安装一组扣件，接头前后两根枕扣件应安装齐全。

（11）收滚筒：铺完一对 500 m 长的钢轨后，将拖拉机上的空滚轮箱吊放到道床上，将装满滚轮的滚轮箱吊装至钢轨拖拉机上，抬起运输小平车横向放在道床中央，并将空滚轮箱安放在运输小平车上，铺轨列车以不大于 3 km/h 的速度推进，并按相关规定对位，进行下一对长钢轨的拖拉放送。

3. 新铺长轨铺设工艺

（1）有砟线路新铺长轨采用换铺法施工时，新长轨上道前必须采用工具轨过渡，防止钢轨塑性变形、硬弯、损伤。

（2）有砟线路初整到位，线路中线及轨面高程与设计偏差必须符合相应施工规范、验收标准的规定。

（3）线路枕下道床预铺厚度满足不小于 250 mm 的要求，同时道床断面尺寸及密实度满足相关设计、施工规范和验收标准要求。

（4）施工单位、监理单位、工务段、建设单位已共同签字确认上道条件。

（5）为保证待换铺长轨地段道床密实度和线路高低、方向及顺坡良好，砟面需平整压实，砟面中间不凸起；换铺长轨前施工单位必须至少安排大机捣固稳定一遍。

（6）禁止带孔焊接。

（7）无缝线路铺设锁定前提前设好位移观测桩（标）；实施长轨铺设及应力放散必须每 5～10 m 垫支滚筒。应力放散须每百米设置临时位移观测点，确保放散均匀，并以每百米位移量反算轨温的平均值作为该单元轨条的实际锁定轨温；低温铺设无缝线路，用拉伸器张拉单元轨节时，必须采取措施确保单元轨节张拉均匀，并准确记录拉伸量及换算轨温；使用拉伸机作业完毕待轨条稳定后再锁定，并如实记录每个百米点的实际位移量，确认是否按计划位移量放散到位。

4. 道岔铺设施工工艺

（1）道岔出场前试铺阶段。

需要注意的问题：每组道岔出厂前，均应派人到道岔厂参与厂内试铺工作，严格检测道岔各部分尺寸和几何形位，消除因加工和制造误差超限产生的质量缺陷，及时更换零部件；参与安装电务转换和锁闭装置，进行道岔工务和电务系统的联合调试，发现问题及时进行处理；整组道岔组装完成后，仔细检查道岔标识是否齐全、正确。

① 道岔组装基本检查项点。

道岔组装基本检查项点如表 4.49 所示。

表 4.49 道岔组装基本检验项点

序号	检测项目	偏差要求/mm	特性分类
1	道岔铺架（设）水平、高低	水平≤1，导曲线不得有反超高，高低用 10 m 弦量≤1	B
2	道岔方向	目视成直线，用 10 m 弦量≤1	B
3	道岔始端轨距	±1	B
4	尖轨尖端轨距	±1	A
5	直线尖轨轨头切削起点处轨距	±1	A
6	直尖轨第一牵引点前与曲基本轨密贴	间隙≤0.2	A
7	直尖轨其余部分与基本轨密贴	间隙≤0.5	B
8	直尖轨工作边直线度	密贴段≤0.2	A
9	直尖轨与曲基本轨间顶铁	间隙≤0.5	C
10	直尖轨轨底与滑床台	间隙≤0.5，不得连续出现间隙	B
11	曲尖轨第一牵引点前与直基本轨密贴	间隙≤0.2	A
12	曲尖轨其余部分与基本轨密贴	间隙≤0.5	B
13	曲尖轨与基本轨间顶铁间隙	间隙≤0.5	C

续表

序号	检测项目	偏差要求/mm	特性分类
14	曲尖轨轨底与滑床台	间隙≤0.5，不得连续出现间隙	B
15	转辙器部分最小轮缘槽	≥65	A
16	尖轨限位器两侧间隙偏差	±0.5	B
17	直尖轨固定端支距	±1	B
18	曲尖轨固定端支距	±1	B
19	直尖轨跟端支距	±1	B
20	尖轨跟端直股轨距	±1	B
21	尖轨跟端曲股轨距	±1	B
22	可动心轨辙叉趾端开口距	±1	C
23	可动心轨辙叉咽喉宽	±1	B
24	心轨尖端至第一牵引点处密贴（直）	间隙≤0.2	A
25	其余部位心轨与翼轨密贴（直）	间隙≤0.5	B
26	心轨尖端至第一牵引点处密贴（曲）	间隙≤0.2	A
27	其余部位心轨与翼轨密贴（曲）	间隙≤0.5	B
28	叉跟尖轨尖端（100 mm）与短心轨密贴	间隙≤0.2	B
29	叉跟尖轨其余部位与短心轨密贴	间隙≤0.5	C
30	心轨轨底与台板间隙	间隙≤0.5，不得连续出现间隙	B
31	心轨直股工作边直线度	0.3/1 m，心轨尖端前后各1 000 mm范围内不允许抗线	B
32	长心轨轨腰与顶铁的间隙	≤0.5	C
33	短心轨轨腰与顶铁的间隙	≤0.5	C
34	叉跟尖轨轨腰与顶铁的间隙	≤0.5	C
35	可动心轨尖端前1 m轨距	±1	B
36	可动心轨固定端轨距	±1	B
37	护轨轮缘槽宽度	+1 / −0.5	B
38	查照间隔	≥1 391	A
39	导曲线部分轨距（尖轨跟端至导曲线终点或辙叉趾端总长的1/4、1/2、3/4共3处）	±1	C
40	辙叉跟端轨距	±1	B
41	辙叉趾端轨距	±1	B
42	尖轨各牵引点处开口值	±1	B
43	可动心轨辙叉第一牵引点处开口值	±1	B
44	道岔全长	18号道岔±10，其余道岔±20	C
45	18号道岔岔枕铺架（设）相对于直股的垂直度	牵引点两侧和心轨部分±2，其余±5	C
46	岔枕位置偏差	牵引点两侧±2，其余±5	B
47	标记正确齐全		C
48	转换杆件沿线路纵向偏移量	≤3 mm	B
49	转辙机外壳边缘与基本轨直线距离偏差	≤3 mm	B
50	转换时间	≤指标要求	A

续表

序号	检测项目	偏差要求/mm	特性分类
51	动作电流	≤额定工作电流	A
52	转换阻力	≤设计指标要求	A
53	牵引点密贴	<4 mm	A
54	牵引点间密贴	<5 mm	A
55	单线串电阻 54 Ω	正常启动	A
56	尖轨第一牵引点外锁闭量	≥35 mm	A
57	心轨第一牵引点外锁闭量	≥35 mm	A
58	其余牵引点外锁闭量	≥20 mm	A
59	外锁闭锁闭量	两侧相差≤2 mm	A

项点分类	判定规则	项点总数	合格项点数	合格率
A 类项点	合格率 100%			
B 类项点	合格率 95%			
C 类项点	合格率 90%			

注：① 计算合格率时，检查项点中某一项点若有多处时，按多个项点计；
② 出厂时，承包人应对产品零部件的正确性和完整性进行检验，检验应有可证实记录。

② 道岔产品分解。

道岔出厂前预组装、调试合格后，应对道岔各部件做出对号标记，进行道岔分解，分解方式以满足火车运输为原则，道岔钢轨组件为主。

尖轨与基本轨、可动心轨辙叉的技术状态在出厂时已经组装调整到位，为保持其质量状态良好，分解为组装件整体装卸、运输，并安装临时固定零件。

连接钢轨（配轨）应按钢轨接头编号相对集中装运，厂内已安装胶结接头的钢轨不得分解。

道岔扣件拆解后，须按编号、类型等分别装箱运输。螺栓、螺母、橡胶垫板等易散落零部件应以袋装、捆扎方式包装后再装箱。

电务转换设备为精密零件，应根据设备特性分解为若干单元件后装箱运输。电务设备运抵后由电务施工单位点验、接收。

（2）道岔运输。

道岔采用铁路运输，利用现有铁路将道岔从道岔厂运至九龙坡铺轨基地暂时存放，轨道铺通后利用工程列车运输至施工现场。

18 号道岔全长 69 m，为便于运输，在工厂组装调试合格后进行拆分，分别装到铁路平板车（见图 4.53）上。一组道岔需占用 5 辆，其中尖轨部分占用 2 辆平板跨装，在每辆平板车中心安装一个转向架，一个为固定端，另一个为活动端，两转向架上安装支撑梁，将转辙器整体部分（渡线钢轨、道岔连接轨及辙叉部分钢轨等）装在支撑梁上，并加固；转辙机及道岔扣件系统装在一辆车上，其余 2 辆车装道岔岔枕及渡线轨枕。

① 厂内道岔装车。

利用两平板车跨装道岔转辙器、道岔连接轨及渡线钢轨，跨装货物另一端挂游车一辆，两平车各安装转向架一个，转向架上放由 4 个 32 的工字钢组成的支撑梁，支撑梁上每 5 m 放一 6 mm×6 mm 垫木，将钢轨放在垫木上。钢轨上层放每 3 m 放一 6 mm×6 mm 垫木，将转辙器部分整体放在垫木上。在转辙器整体部分上每 2 m 垫一根 2.5 m 标准长度枕木，将辙叉心放在枕木上，每组道岔共装 5 个平板车上（18 号道岔）。

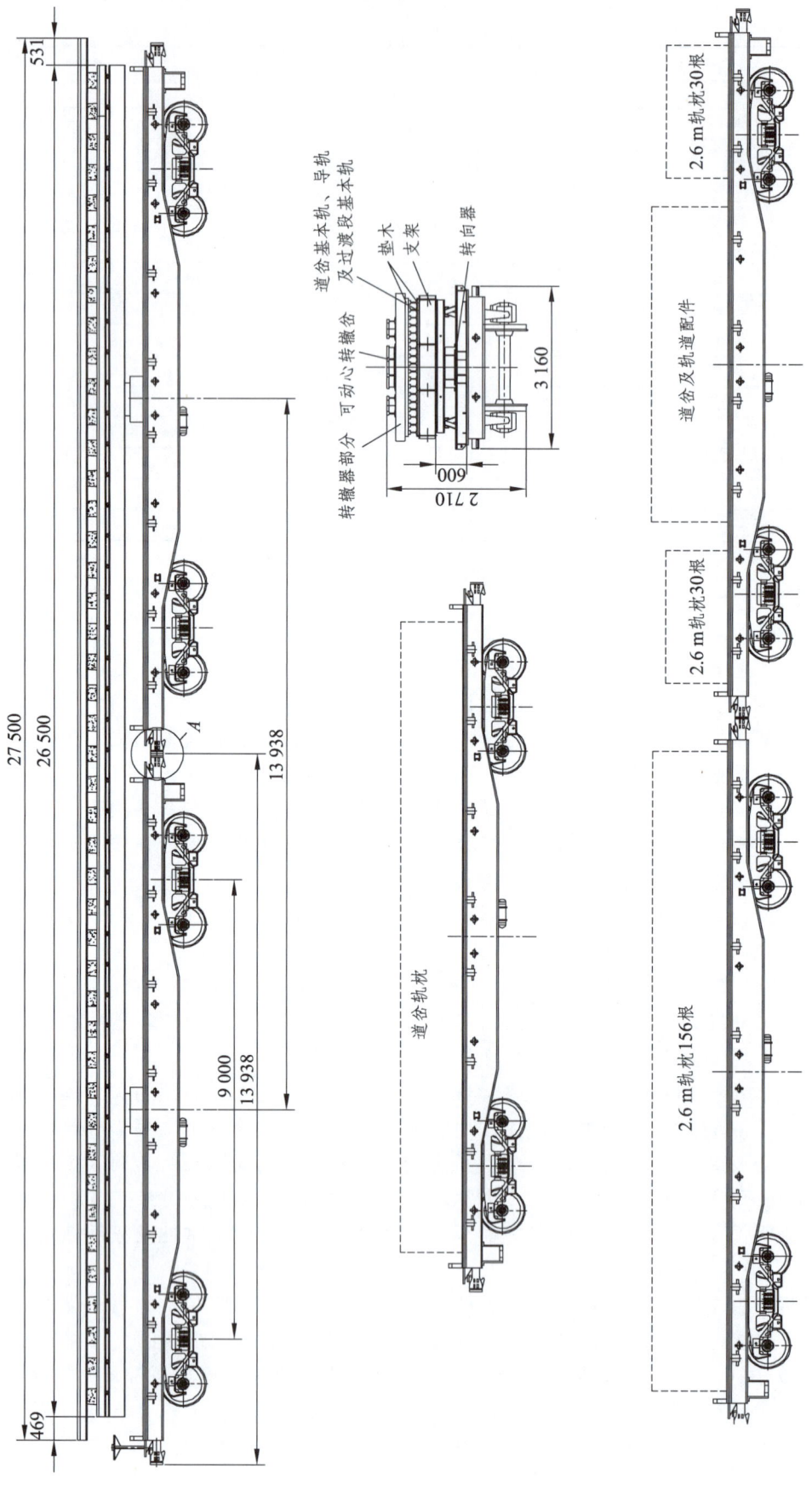

图 4.53 铁路平板运输车

② 包装、运输。

转辙器部分组装完成后，用夹具将尖轨与基本轨固定在一起（尖轨和一牵引点附近、35～50 mm 断面、70 mm 断面），其余用铁丝捆扎；可动心辙叉组装完毕后，将可动心辙叉与铁垫板组件包装，心轨拨至直股开通方向，用楔形块逼紧心轨，第二牵引点以后用铁丝捆扎。装车采用龙门吊吊装，每龙门吊采用多点起吊，防止钢轨在起吊过程中发生变形。装车后根据货物运输加固的有关规定进行加固，并请运输部门有关人员进行检查，确认加固合格后由路局机车将装有道岔的平车运至铺轨基地。

铺轨基地至施工现场的运输采用在平板车上安装简易支架，将道岔轨枕及钢轨装在平板上，然后由内燃机车运至施工现场的方法。

③ 道岔产品装卸。

道岔轨料装卸作业时，应轻起慢放，减小起落冲击，防止道岔产生损伤变形。道岔尖轨与基本轨组装件、可动心轨辙叉组装件、长度大于 15 m 的配轨及箱装零件等道岔轨料，在铺轨基地采用两台 10 t 龙门吊进行装卸；为了避免轨件出现摇晃、倾倒、翻转等情况，采用"单车多点柔性吊运"方式，如图 4.54 所示。起吊时应缓缓起落，防止工件碰摔。

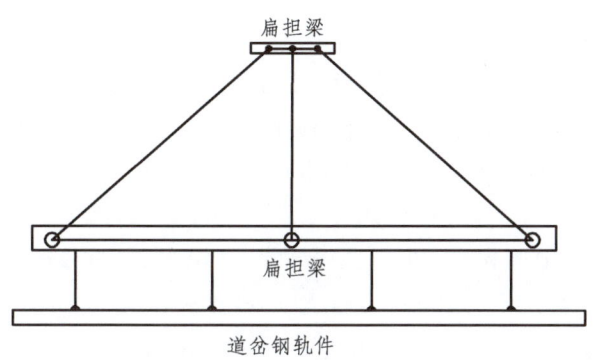

图 4.54　单车多点柔性吊运示意图

道岔装卸时应轻吊慢放，避免互相碰撞，发生磕角、掉块、碰伤或折断等现象。尖轨与基本轨组装件、可动心轨辙叉组装件，落地点必须是工件的底平面，防止工件侧面先着地致使工件变形。

④ 道岔轨料存放。

道岔轨料存放场地应平整，地面设支垫材料。存放场地位置尽量靠近道岔铺设现场，并设专人看守，存放场地布置如图 4.55 所示。

钢轨件严格按规定存放，不得随意堆放，以免产生变形，造成较大质量变化。出厂时临时固定零件不得随意拆除。如需堆码，堆码层数不得超过厂家规定，每层构件间应设垫木，支点位置正确。尖轨与基本轨组装件、可动心轨辙叉组装件不得堆码存放。

岔枕存放场地应坚固平整。混凝土岔枕按长短顺序码垛，长枕在下、短枕在上，每层岔枕间应有两块垫木，上下层的垫木竖直对齐，应在一条竖线上，码垛层数不宜超过 4 层。岔枕运输、装卸、堆放时，套管和支撑螺栓孔须加盖临时封闭，防止落入泥土等杂物。

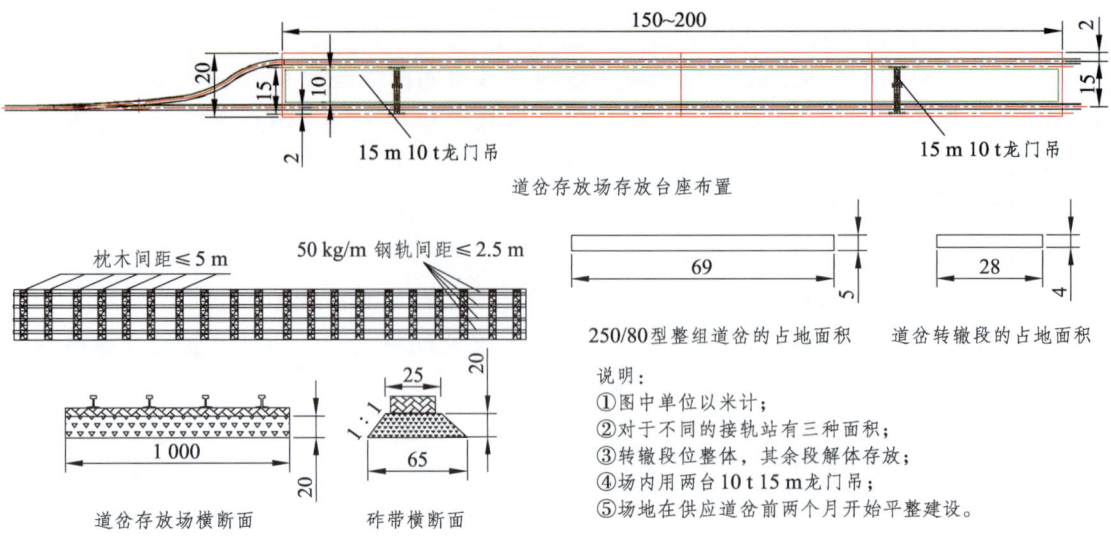

图 4.55 存放场地布置示意图

岔枕运输、装卸、堆放时，套管和支撑螺栓孔必须采取可靠的措施进行封闭（不得采用透明胶封闭等临时措施），防止落入泥土等杂物。

（3）道岔轨料进场前复检。

道岔零部件进场前必须进行质量复检。清点复检后道岔零部件数量，须确保合格产品入库数量与要求数量一致。丢失或复检不合格的零部件型号、数量须经收货单位与交货单位共同签字确认，并由交货单位提供补充措施。

① 道岔钢轨件。

基本轨、配轨采用中国标准 60 kg/m 钢轨，并满足《250 km/h 客运专线 60 kg/m 钢轨暂行技术条件》（铁科技函〔2005〕298 号）的要求。

尖轨和可动心轨跟端锻压成中国标准 60 kg/m 钢轨断面，过渡段长度不小于 150 mm、中国标准 60 kg/m 钢轨成型段长度不小于 450 mm；跟端钢轨无扭曲或硬弯。

道岔辙岔区设侧向防磨护轨。

基本轨、尖轨、长心轨、短心轨、叉跟尖轨、配轨、翼轨的踏面不允许有深度大于 0.2 mm/1 m 的校直压痕；其他工作面允许有 2 处以下，深度小于 0.2 mm/1 m 的不平顺，并同时应符合 EN 13232-5 的规定。

尖轨的断面形状、尺寸偏差、平直度和扭曲应符合《客运专线 60AT 钢轨暂行技术条件》（铁道部科技基〔2005〕101 号）的规定。

② 联结零部件。

联结零部件中的紧固件、扣压件等应进行防腐处理。

③ 岔枕。

岔枕混凝土表面无掉块、桁架钢筋无脱焊、变形、锈蚀。扣件螺栓套管及钉孔尺寸须按岔枕出厂检验要求进行抽检。

（4）道岔现场铺组装阶段。

在线路（不含道岔区）整道两遍后，且底砟厚度应在 300 mm 以上时，再适时安排道岔的换铺作业施工。

① 预组装道岔的吊装作业。

用轨道吊或汽车吊将道岔铺换机组上位机吊装到预组装好的道岔直股上，按计算好的位置排开；上位机就位后，把各部上位机的钩子卡住直股钢轨底部并加压，然后上好链子；将上位机支撑臂横向外移到合适的位置，在每个支腿下垫平一块枕木头（应确保两侧枕木顶面基本上在同一水平面上），然后落下支腿，架起预组装好的道岔；拆除道岔组装平台；遥控下位机驶入预组装好的道岔下面，注意各部下位机应在上位机的正下方，即重心应重合；上位机与预组装好的道岔一起落在下位机上，收起支腿，完成预组装道岔的吊装作业。

② 预组装道岔的运输。

预组装道岔的运输应视道岔组装平台、铺设线路等情况而定，一般有两种情况，线路单线铺通、道岔组装平台设在欲铺换道岔位置的两侧时，其运输则通过上位机自身的举升、下降、纵横移等功能将预组装好的道岔移动到已铺通线路轨道上或欲铺换的道岔位置上；线路双线铺通、双线道岔已铺设、道岔组装平台设在临线上时，其运输直接通过遥控控制下位机道岔将预组装好的道岔运输到欲铺换道岔的线路上（欲铺换道岔位置的后端）或施工方案确定的其他地点待命。

③ 道岔位置测量。

道岔铺换前，应会同铺架主体单位对车站范围内及前后一定距离的所有CPⅢ点进行联测、复测，确认其精度满足有砟道岔施工测量要求。

道岔位置的测量，应以站场测量控制网为基准，根据站场设计图进行中线和高程控制测量。确认无误后进行道岔桩位放样。道岔区测量的主要技术要求应符合《客运专线铁路工程测量暂行规定》。道岔桩位放样除测设四大桩（岔前、岔心及两个岔尾桩）外，还应在道岔前后50~100 m范围测放线路中线桩，以便控制线路同道岔平顺连接。

④ 临时道岔（钢轨）拆除、平整道床。

调度人员应提前与铺架主体单位协调要点，线路封锁后，立即拆除临时道岔或钢轨。根据测量的高程数据，将道砟扒至（道砟不足时进行人工补砟）设计高程，并对底砟进行整平、压实。

⑤ 铺设辅助轨道。

底砟整平、压实后，将辅助轨沿道岔直股方向从一端向另一端逐一进行铺设，辅助轨的引轨顶面应与既有轨顶面保持一致，并联结加固。

⑥ 道砟落位。

遥控铺换机组的下位机沿辅助轨一端驶入铺设位置；伸出上位机两端支腿落在已铺平的枕木上，架起预组装好的道岔，遥控下位机按原路线返回。拆掉辅助轨连接端的引轨，由下位机将辅助轨沿一端拉出；根据测量的道岔桩位，利用上位机进行纵横向移动道岔进行对位准确后落下道岔。

道岔就位后，立即用小型捣固机对该组道岔进行初步整道两次，或立即用道岔捣固机对该组道岔进行初步和精确整道，然后相继完成锁定轨温下的钢轨焊接锁定和电务设备的安装调试。

⑦ 上砟整道。

a. 应必须保证测量资料正确无误，石砟充足均匀。第一层补砟整道在铺岔后及时完成。

b. 大机整道作业队必须定期对捣固车进行标定。

c. 制定各机械的标准化操作规程，整道作业人员必须按照操作规程操作。

d. 大型养路机械进行线路整修作业应配备施工质量监督员，对当天作业的线路进行检测并做好记录。发现超限地段立即通知施工负责人安排返工。

⑧ 道岔整细。

a. 调整轨距、支距。使尖轨检测点支距和导曲线支距允许偏差符合设计要求。

b. 调整尖轨、可动心轨密贴和顶铁间隙。保证密贴段密贴良好、间隙值不超限。

c. 整组道岔调试完毕应对弹条螺栓、岔枕螺栓、限位器螺栓、翼轨间隔铁螺栓、长短心轨间隔铁螺栓进行复拧，复拧扭矩达到设计值。

⑨ 道岔应力放散。

a. 基本要求。

道岔的中心和辙叉咽喉（或辙叉理论交点）的位置必须保持不变；直曲基本轨应力放散做到彻底、均匀，重新锁定轨温准确；辙叉部分固定不动，辙叉前后的钢轨扣件拆除放散应力；放散应力时保证限位器的子母块居中。

b. 设置位移观测桩。

在道岔范围内设置位移观测桩如图 4.56、图 4.57 所示，位移观测桩距砟脚距离大于 30 cm，距路肩距离大于 30 cm，埋入深度大于 1.7 m（冻土深度 1.2 m 加上 0.5 m），位移观测点略高于轨面 5 cm。

设置位移观测桩处人工挖孔（挖孔不要太大），挖除表面的级配碎石，接着挖除其下面的填土，直至不方便挖孔为止，剩余没有挖到位部分用大锤将钢管桩打入至设计深度，回填土，管内用混凝土浇筑。

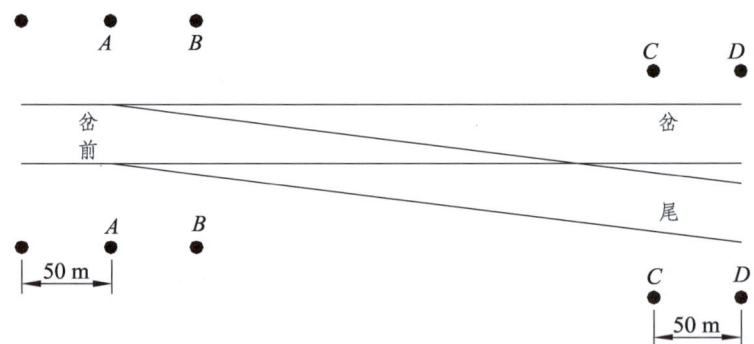

图 4.56　单组道岔位移观测桩设置图

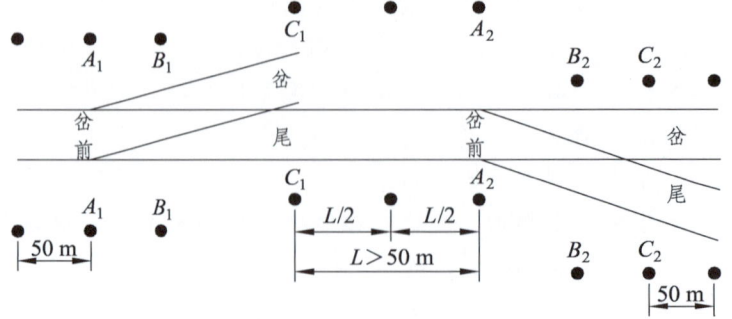

图 4.57　多组焊连道岔位移观测桩设置图

说明：图中"·"表示位移观测桩，A、B、C 分别表示岔头、限位器、岔尾的对应位置设置位移观测桩，当 $L \leqslant 50 \text{ m}$ 时，可不在中间设位移观测桩。

c. 道岔铺设质量检测。

按照《有砟轨道质量检验评定标准》《大号码道岔铺设、养护、维修、焊连技术条件》《道岔铺设图》等规范对道岔的几何尺寸、道砟密度、道床纵横向阻力及刚度、各处密贴与缝隙、道岔内部焊接等进行检测，确保道岔达到验收标准，并与电务进行联系，确保电务设备安装调试无误，进行道岔内胶接绝缘轨的绝缘性能测试。

d. 单元轨结划分。

以一组道岔为一个放散施工单元，左右股同时放散，道岔锁定轨温按 25 ℃ 考虑，道岔放散后，同时放散相邻道岔的连线不少于 100 m。

e. 应力放散方法。

为减少岔轨的位移量，道岔放散时以岔心为中心向两头进行应力放散，并用聚四氟乙烯滑块代替放散滚轮，具体顺序如下：若已安装电务设备，放散施工前拆除电务设备；在岔前、尖轨尖端、尖轨跟端、胶接绝缘轨位置、辙叉前后趾、岔尾等处设置临时位移观测点；卸除道岔前后的临时连接，保证道岔轨料能前后位移；用起道机或撬棍将道岔钢轨顶起，每隔 6 根轨枕在钢轨与橡胶垫板间垫一摩擦对；用撞轨器反复撞击道岔，使道岔内部应力放散均匀，观测各临时观测点的位移，验证道岔位移是否呈线性变化，每点的放散量是否与估算放散量一致；应力为零后立刻去除钢轨与橡胶垫板间的摩擦对，安装连接系统。

f. 道岔锁定焊接。

道岔放散后，根据焊接工艺，对道岔与线路焊连，使得道岔与区间线路形成无缝线路。此时轨缝不满足要求时不强行拉轨，可用不少于 6 m 的短轨进行调整。标记位移观测"零点"，按照要求的频率对道岔进行位移观测。应力放散与锁定后，对道岔进行一次全面的质量检测，以确保道岔铺设质量。

无缝道岔内部钢轨焊接及锁定应符合下列规定：道岔内焊头焊接及锁定焊接必须在设计锁定轨温范围焊接和锁定，并准确记录实际锁定轨温；道岔内采用铝热焊时，应先调整好道岔全长及各焊缝，道岔全长允许偏差±10 mm，各焊缝宽度允许偏差±2 mm；焊接及锁定过程中应采取措施始终保持限位器子、母块位置居中，尖轨方正；道岔与两端无缝线路焊接应在轨面高程、轨向和水平已达到设计标准时，方可施焊；无缝道岔侧线应按设计要求焊接和锁定。

（5）新铺道岔技术措施。

① 严禁在设计锁定轨温范围之外将无缝道岔与前后线路焊联；道岔与两端无缝线路钢轨焊接前在轨面高程、轨向和水平达到设计标准后，方可施焊，并准确记录实际锁定轨温。

② 设计直向最高行车速度小于或等于 200 km/h 的道岔。

a. 道岔在设计锁定轨温时施行锁定焊，使限位器子、母块居中，两侧间隙允许偏差为 1 mm；否则须根据计算确定限位器子、母块位置。

b. 焊接轨温：道岔内各接头焊接要在设计锁定轨温范围内；若有困难，进行尖轨跟、辙叉前接头焊接前，先使前后钢轨（尖轨、辙叉）处于自由状态进行应力释放，根据计算确定限位器子、母块位置（实现当轨温达到锁定轨温时，使限位器子、母块居中的目的），并须在工务段现场监控下方可实施；其他岔内接头的焊接可不受设计锁定轨温控制，但高、低温季节焊接应避开高、低温时段。

③ 锁定焊完毕后，不在道岔区进行温度放散。道岔区两端与无缝线路的锁定焊接位置距道岔不小于 24 m。

④ 道岔钢轨焊接先焊道岔内焊缝，后焊接道岔外焊缝；道岔内钢轨焊接顺序要符合设计要求；道岔前后钢轨焊接顺序先岔前、再岔后，先直股、再曲股。

⑤ 无缝道岔与相邻单元轨节的锁定轨温差不大于 5 ℃。

⑥ 焊接时，对焊接影响范围内道岔零部件及道床板等加装防护，防止焊渣烧蚀。

⑦ 道岔钢轨焊接和打磨时不得拆除尖轨与基本轨组件。

⑧ 禁止带孔焊接。

⑨ 道岔与区间钢轨焊接前安装转换设备，进行联合调试，道岔状态满足相关规定。

⑩ 在满足上述规定的同时，必须严格执行部颁有关设计、施工规范及验收标准。

5．现场单元轨节焊接工艺

现场钢轨焊接工艺流程如图 4.58 所示，具体施工方法如下：

（1）拆扣件、安放滚筒。

拆除待焊轨头前方长钢轨全部及轨头后方 10 m 范围内的扣件，并校直钢轨；根据轨枕和扣件类型适当垫高待焊轨头后方的钢轨，以保证焊头轨顶平直度；待焊轨头前方长钢轨下每隔 10 m 安放一个滚筒，以便钢轨可以纵向移动焊机。

（2）钢轨焊前检查。

检查钢轨表面质量，应符合规定；检查左右股单元轨节接头相错量，不宜超过 100 mm，对超出部分在焊接前进行锯轨。

（3）轨端打磨。

松开扣件，当轨缝太大时用液压拉轨器拉轨。将钢轨头部用垫木支垫，对钢轨端面和轨腰钳口夹持处进行打磨，轨腰打磨位置为距轨端 100～350 mm 范围内，经打磨的表面见金属光泽，没有锈斑。如此范围内有凸出的厂标、字母等符号必须用砂轮机磨平。

（4）焊机对位。

每班由调车员联系和协调，将移动式焊轨机和工班作业人员运抵焊接作业区；根据轨枕和扣件类型，在钢轨下加楔子将两焊接轨端抬起一定高度，便于焊机对位夹轨；推进移动焊轨车初定位，载有移动式焊轨机的平板车第一个轮对距焊接位置 3.2 m 左右，并由设置在该车底板上的四

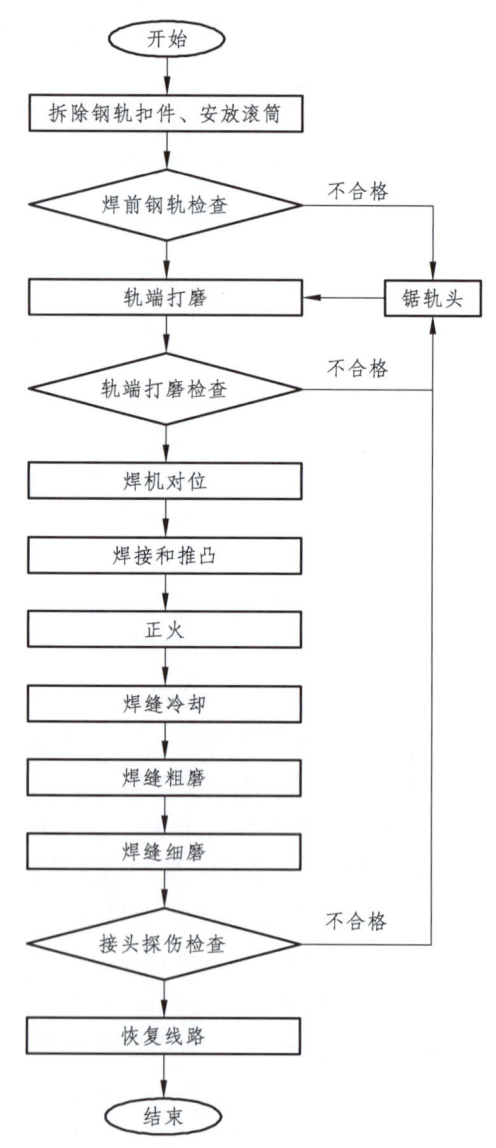

图 4.58 现场钢轨焊接工艺流程

个液压油缸将整车顶起，使其车轮离开约 150～220 mm；移动式焊机对位完成后，作业人员应迅速打好车辆止轮器，并应保证在焊接作业完成中车辆不会发生溜车现象。

（5）焊接和推凸。

焊前必须检查焊机的供电电压，供电电压值必须在规定的允许范围内，在生产过程中也应随时检查；严格按焊轨机安全操作规程进行焊轨作业。待焊钢轨进入焊机后，对中时首先要保证钢轨顶面和工作面平顺。对中后，作用面错位偏差不大于 0.5 mm，非作用面错位偏差不大于 1 mm，焊缝中心不偏离焊机钳口中心；焊机夹紧钢轨并自动对正，焊机自动焊接钢轨、顶锻并推除焊瘤；焊机监控人员应认真观察焊接记录，分析每个焊接接头曲线，与型式试验通过时的焊接曲线仔细对比，发现异常及时汇报给有关部门，不得擅自变更焊机的技术参数；焊接结束后，应立即检查焊机钳口部位及钢轨钳口接触处有无打火烧伤、被钳口烧伤的焊接接头应判为不合格，如发现焊接接头存在表面烧伤、严重错位、推瘤推亏、裂纹等缺陷都应判为不合格；焊机的导电钳口表面必须光洁、平整，发生烧伤时应及时处理，必要时更换，更换后方可再进行焊接。每焊完一个焊接接头应对钳口清理，不得留有尘渣；每班前应该对焊接设定的参数进行核实，确认无异常后方可进行下一步的作业。

（6）正火。

待焊缝温度冷却到 500 °C 以下，对焊缝进行正火处理。正火温度为 850～900 °C。正火温度采用红外线测温仪进行测量控制，同时做好正火记录。

调节瓶装氧气的输出压力在 0.5 MPa；调节瓶装乙炔的输出压力在 0.15 MPa；乙炔流量在 4.6～4.8 格（m^3/h），氧气流量在 3.5～3.6 格（m^3/h）。

（7）焊缝打磨。

待焊缝正火完成后，温度降低到 300 °C 以下时，对钢轨进行调直，要求在焊缝两侧各 500 mm 范围内，水平及垂直方向的作用面直线度每米不大于 0.3 mm。利用仿形打磨机打磨焊接接头的轨顶面、各侧面。轨头、轨底上圆角在 1 m 范围内应圆顺，不允许横向打磨，母材打磨深度不超过 0.3 mm。

焊头在轨底上表面焊缝两侧各 150 mm 范围内及距两侧轨底角边缘各为 35 mm 的范围内应打磨平整。焊缝两侧各 100 mm 范围内不得有明显压痕、碰痕、划伤缺陷，焊头不得有电击伤。

打磨时不能使钢轨"发蓝"。打磨时若温度过高，要适当暂停打磨，待温度适宜时再进行打磨。

（8）焊缝探伤。

钢轨冷却到 50 °C 以下对钢轨焊头进行探伤。焊缝探伤分为目测和仪器检测。焊缝表面的缺陷主要有电击伤、划伤、碰伤，可以通过目测判断；焊缝内部的缺陷主要有过烧、灰斑、夹杂、未焊透等，通过仪器进行探伤。

探伤前，首先对工件表面进行处理，使其达到表面无锈蚀、斑点、氧化层、油和焊接溅射物等污物存在，表面光洁度通常要求在 ▽6 以上，这样可以保证探伤的准确度，并保护探头。

（9）焊缝验收。

平直度要求：轨头工作面 1 m 长度平直度允许的最大偏差应符合表 4.50 的规定。

表 4.50　平直度允许的最大偏差

线路设计速度 v/(km/h)	轨顶面垂直方向最大偏差/mm		轨头侧面工作边水平方向最大偏差/mm	
	a_1	a_2	b_1	b_2
$v \leq 120$	0.3	0	0.4	0.4
$120 < v \leq 200$	0.3	0	0.3	0.3
$v > 200$	0.2	0	0.3	0

注：① a_1、a_2 分别代表测量长度范围高出、低于钢轨母材轨顶基准面最大允许偏差；
② b_1、b_2 分别代表测量长度范围轨头内侧工作面凹进、凸出钢轨母材基准最大允许偏差。

表面质量要求：① 焊接接头的轨头工作面经过外形精整后的表面不平度应满足：在焊缝中心线两侧各 100 mm 范围内，表面不平整度不大于 0.2 mm。轨顶面及轨头侧面工作边母材打磨深度不应超过 0.5 mm。② 焊接接头及其附近钢轨表面不应有裂纹、明显压痕、划伤、碰伤、电极灼伤、打磨灼伤等伤损。

6. 无缝线路放散与锁定施工工艺

钢轨焊联成单元轨后，对单元轨进行应力放散，并在设计锁定轨温范围内将单元轨锁定。单元轨节锁定焊接除区间两端与道岔相接的接头采用铝热焊外，均采用移动闪光焊接方式。

（1）轨道状态检测。

在应力放散前全面对轨道进行检测，检测项目有轨道几何尺寸、轨面标高、线路中线位置、横向阻力、焊接质量等，通过全面的质量检测，确认线路已达到初步稳定，方可准备进行线路锁定施工。

（2）近期轨温调查。

通过调查，了解当地轨温的变化规律，确定锁定施工时间。具体各条线路锁定轨温如表 4.51 所示。

表 4.51　线路锁定轨温

序号	线路名称	设计锁定轨温	备注
1	小梨线电气化改造	（34±5）℃	
2	渝昆动车左线	（34±5）℃ 或（37±3）℃	分区段
3	渝黔动车左线	（34±5）℃ 或（37±3）℃	分区段
4	渝黔动车右线	（34±5）℃ 或（37±3）℃	分区段
5	重庆西站渝昆预留通道	（34±5）℃	
6	中梁山支线改建	（34±5）℃	
7	重庆西进站歌乐山联络线改建	（34±5）℃	
8	重庆西进站襄渝线联络线改建	（34±5）℃	
9	渝黔客车线	（34±5）℃	
10	童西线	（34±5）℃ 或（29±5）℃ 或（24±5）℃	分区段

(3) 位移观测桩设置。

位移观测桩采用混凝土预制桩，就近利用接触网基础，单元轨节起终点的位移观测桩与单元轨节焊接接头对应，纵向相错量不得大于 30 m。

(4) 标记临时位移观测点。

根据设置好的位移观测桩，在钢轨上标记，并根据现场条件适当加密观测点，每 100 m 设 1 处临时位移观测点，作为钢轨应力放散时的临时位移观测点，通过对钢轨位移的观测，以判定应力放散是否彻底。

(5) 卸扣件、顶起钢轨。

在放散单元轨节和上一单元轨节 100 m 范围内，每隔 10 m 置一滚筒，将钢轨扣件卸除，用起道机顶起钢轨落于滚筒上，钢轨顶面高于承轨面 5 cm 左右。

(6) 串轨、临时位移观测。

由于铺设长轨与正在进行的作业轨温不一致，弹条卸除、钢轨顶起后，钢轨的束缚解除，钢轨将产生位移，使钢轨自由伸缩，此时钢轨内部应力仍不为零。

(7) 记录轨温、拉轨。

钢轨内部应力为零，此时作业轨温低于锁定轨温，单元轨节起点端用拉轨器固定，终点端用拉轨器拉伸钢轨长度 $L = \alpha \times (l_1 + l_2) \times (t_1 - t_2)$（$\alpha$ 为钢轨的线膨胀系数，取 0.0118；l_1 为本次放散单元轨节长度；l_2 为上一单元轨节伸缩区长度，取 100 m；t_1 为设计锁定轨温；t_2 为拉轨时轨温），拉轨到位后用拉轨器固定。

(8) 落轨、上扣件锁定。

钢轨内部应力为零，轨温正处于锁定轨温范围或单元轨节拉伸至锁定轨温范围内时，由放散起点向终点方向依次去除滚筒，将钢轨落到轨枕上，上好扣件，紧固钢轨，记录轨温和拉伸量。

(9) 标记钢轨位移零点。

钢轨锁定后，立即进行位移零点的标记。在设有位移观测桩处的左右股钢轨轨头外侧面胶粘一段小钢尺，小钢尺刻度为 0~50 mm，零刻度与位移观测桩拉线竖向重合。

(10) 锁定焊接。

采用接触焊接工艺，将本次放散单元轨节与上一放散单元轨节焊连起来。

(11) 位移观测。

单元轨节放散的第一个月内每星期观测一次钢轨位移，以后每月观测一次，当钢轨位移超出允许范围时，要查找原因，并重新放散锁定钢轨位移超标区段。为提高钢轨焊接质量。现场采用移动式焊轨车组负责工地单元轨节焊接。

无缝线路放散锁定采取先放散锁定区间单元轨节，再放散锁定站内正线和到发线及无缝道岔，在设计锁定轨温允许范围内将无缝道岔与区间线路进行合龙锁定焊接，最后形成跨区间无缝线路的施工方案。

无缝道岔铺设后，对道岔进行精调，保证道岔始端和尖轨尖端，方正差不得大于 4 mm；限位器两侧缝隙偏差不得大于 1.5 mm；尖轨尖端、直线尖轨刨切起点处轨距为（1 435±1）mm，其余部位的轨距也为（1 435±1）mm；直、曲尖轨跟端支距偏差为 ±1 mm，其余部位的支距偏差为 ±2 mm；尖轨尖端的缝隙不大于 0.2 mm，尖轨其余部位不大于 0.8 mm，心轨尖端的缝隙不大于 0.5 mm，其余部位不大于 0.1 mm，顶铁与尖轨、心轨的轨腰间隙不得大于 1 mm。

道岔内钢轨及锁定焊接采用铝热焊接，铝热焊接具体施工工艺见成渝客专长枕埋入式无砟道岔铺设作业指导书。应力放散时，由于心轨辙叉部分整体刚度很大，且较短，不进行应力放散，锁定时将道岔与其前后的短轨一起放散锁定并焊接，使道岔处于固定区。

为确保道岔区位于固定区，锁定前设置好位移观测桩，锁定后立即标识并按规定进行位移观测（最高温和最低温）和相对位移记录（尖轨和基本轨，心轨和翼轨）位移观测桩设置于尖轨尖端、限位器、心轨尖端、岔尾跟端，以及岔区前后 50 m。

道岔放散锁定在设计锁定轨温范围内，采取等温锁定，先锁定尖轨部分，再锁定基本轨。焊接时先焊接岔内锁定焊接头，再焊接岔外锁定焊接头。

7. 现场铝热焊施工工艺

道岔现场钢轨焊接和道岔与区间相接的部分采用铝热焊接方法，施工流程如图 4.59 所示。

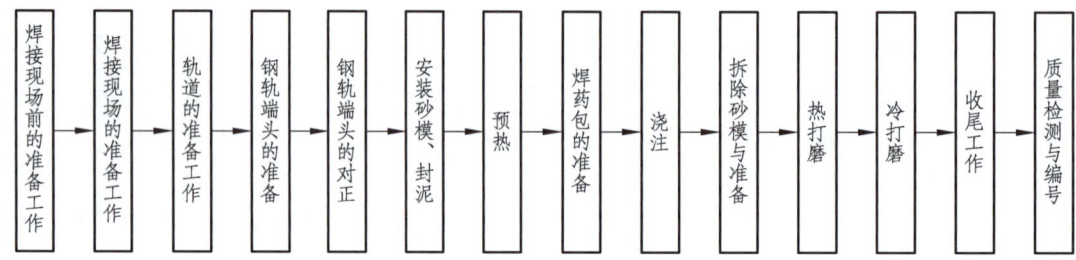

图 4.59 现场铝热焊施工工艺流程

施工工艺说明及操作要点如下：

（1）在焊接现场的准备工作。

再一次对物品类型及数量进行清点，并进行机械设备的调试。

轨道的准备工作：当焊头距离轨枕边缘小于 100 mm 或在轨枕上，应挪开轨枕直至不影响立模为止，再扒开轨枕盒内的道砟，深度 100 mm，如果预计在施工过程中钢轨伸缩量较大或温度剧烈变化时，使用拉轨器锁定轨端 15 m 范围内的线路，松开线路上待焊头处附近三根轨枕的扣件，若是曲线地段适当多松几根轨枕扣件。

（2）钢轨端头的准备。

用电动钢丝刷或者打磨机清理待焊钢轨接头端面及距轨端 150 mm 范围内全部断面，以除去氧化物，待焊轨头两端面和轨底边缘必须严格保证干燥清洁。

检查端部尺寸，并确认端头钢轨无裂纹、压塌、飞边、补焊等缺陷。如有轨头有压塌现象，应先进行锯轨。锯轨时应注意：保证钢轨断面垂直，不能内斜，确保浇注时钢水能灌满轨缝；将 1 m 直靠尺靠在钢轨顶面上，用塞尺塞缝确定应锯掉钢轨的长度，将轨头压塌部分完全锯掉，避免焊头成马鞍形。

（3）钢轨端头的对正。

使用两个对轨架对钢轨焊头进行接头校正，不准用铁锤撞击钢轨或强行对正。对正架的位置应放在离焊头 2～3 根的轨枕上。调整时应使两接头保持规定间距，水平纵向对直，不得扭转。

（4）间隙调整。

轨端间隙必须在 23～27 mm 之间。在焊接过程中必须保持间隙不变，从对轨开始禁止在两端 50 m 范围内松动扣件、起拨动线路，直至焊接完毕。在焊接之前，应进行尖点对正，即两端钢轨向上应有一交点，这样就不会因为焊完后的冷却造成焊头凹陷，并能保证留有一定的凸出余量供打磨，如图 4.60 所示。

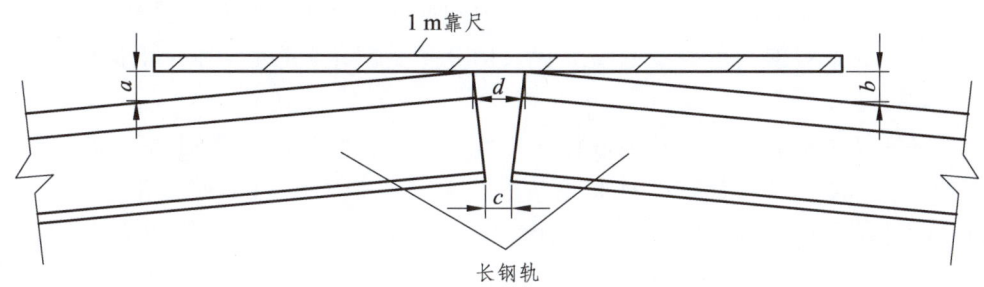

注：$(a+b)/2=1.6$ mm，23 mm $\leqslant c < d \leqslant 27$ mm

图 4.60　尖点对正示意图

（5）水平对正。

用直尺规分别检查钢轨对接尺寸的一段钢轨轨头、轨腰和轨底，如果两根钢轨不一样宽，将两端钢轨的中心线对齐，差异均分。

（6）安装砂模、封泥。

砂模安装前应在钢轨上轻轻摩擦，以使其与钢轨结合得更紧密，所有影响砂模精确定位的断面缺陷（如毛刺等）必须去除，砂模的中心线与钢轨接头的轴线必须在同一条直线上。

先安装底板（底板安装后，复查钢轨轨缝、拱度、方向有无变化），后安装侧模，再用砂模固定夹将砂模定位，用防尘罩盖住砂模上口，防止污物掉入砂模内腔。

（7）用封箱泥封箱、安装渣盘。

在砂模的出料口及夹具螺纹处抹上防漏泥，使砂模与钢轨之间严实密封，防止浇注时"跑火"，把装有少量干砂土的渣盘置于砂模开口处，将渣盘与砂模间的连接处密封。

（8）预热。

为消除砂模中残余湿气和提高钢轨及砂模的温度，焊接之前要进行预热。将点温计置于钢轨上，随时观测钢轨温度。

预热操作方法：使用调节器增大压力，直至丙烷压力为 0.07 MPa，氧气压力为 0.49 MPa，然后关掉钢瓶；将加热器装于支架上，调整喷嘴对准砂模的中心，并将分流塞放在砂模的边缘上，将加热器从支架上拿开，点燃喷火嘴；调整丙烷气的压力（0.07 MPa）和氧气的压力（0.49 MPa）及混合比，以得到最佳火焰，火焰长度（蓝色部分）约 12 mm；预热时间从火焰调节好之后计起，用跑表严格控制，预热时间根据轨型选定（60 kg/m 钢轨为 5 min）；预热完成后，先关掉丙烷气，后关掉氧气将预热器拿出，操作时注意不要将砂模壁碰坏，预热时要注意观察各缝隙上的防漏泥是否有裂纹或掉下，并采取相应的措施。

（9）浇筑。

预热完毕后，将坩埚迅速放在模具上，并对准位置，迅速点燃火柴，插入焊剂中心 25 mm 深。从预热完成至点燃焊料不得超过 30 s。当废渣停止流动时开始计时，5 min 后可将坩埚、废渣盘移去并弃置防火弃渣坑内。

（10）拆除砂模与推瘤。

在浇注 5 min 后，移走废渣盘和一次性坩埚，拆除砂模；在浇注 6.5 min 后，将多余的焊料切除掉，轨基处凸出的焊料打弯，以便打磨机打磨焊头；放上推瘤机，迅速推除焊瘤，推瘤时应进行双向推瘤。除瘤后残余部分不大于 1.5 mm，也不得小于 0.5 mm。

（11）热打磨。

在线路恢复通车前，焊头必须进行热打磨；在热打磨时，应在钢轨踏面上保留至少高出钢轨 0.8 mm 的焊头金属；打磨焊头的内侧及外侧与钢轨的两侧平齐；在浇注完 15 min 后去掉楔子或钢轨对正架，以便让焊头冷却至常温；若使用起轨器降低钢轨端头，可在浇注完成 30 min 后将其撤除。

（12）冷打磨。

冷打磨是除去焊接生成的几何不连续凸棱。冷打磨应在浇注完成 1 h 后进行，先拆除轨基抬高器，目测尖点，对钢轨表面进行冷打磨使其整体平齐，严禁打磨过度而造成钢轨淬火。

（13）清理。

对焊缝区焊带边缘进行清理，除去毛刺及凸棱，并清理焊接现场。

8．高速道岔铺设施工方案

道岔作为轨道结构最薄弱的环节，其铺设质量会严重影响道岔平顺性，从而限制速度，影响行车舒适性和安全性。特别高速铁路的高平顺性要求使道岔铺设质量要求更为严苛，因此高速道岔铺设技术一直是轨道施工的重难点。然而山区高速铁路枢纽轨道铺设更是受到地势起伏、运输条件、组装场地、线路繁杂等诸多因素的影响，使道岔铺设质量难以得到保证。因此，在山区高速铁路枢纽复杂工程条件下，应选择更加合理的铺设方案和技术实现高速道岔快速铺架，保证铺设质量和工期。

重庆西站铁路枢纽扩能改造工程，线路纵跨重庆沙坪坝、九龙坡、大渡口三个行政区，新（改）建车站 4 座，内设制存架铺一体化基地。正线设计速度 200 km/h，采用重型轨道标准，有砟轨道，铺设 60 kg/m 新轨，跨区间无缝线路，标段内铺设 18 号高速道岔 88 组。枢纽内线路繁多，线路上下交叉，转线调头频繁。

（1）铺设方案。

高速道岔铺设方案的选择与道岔的组装方式紧密相关，目前常用的铺设方案有道岔分段长途运输铺设和现场组装短途运输铺设两种铺设方案。

在工厂进行组装分段，再长途运输的铺设方案，虽然有更高的组装精度，可以提高道岔铺设质量。但其对运输设备和运输条件要求较高，使得铺设成本较高。特别是对于全长 69 m 的 18 号高速道岔，在场地严重受限的山区极难满足运输条件，因此对该铺设方案不予考虑。

在现场组装道岔短距离运输的铺设方案，又可分为附近集中组装、道岔一侧组装和原位组装三种。其中，由于道岔原位组装铺设法占有线路时间长，对施工运输影响大，因此不予考虑。附近集中组装和道岔一侧组装铺设方式一般有跨座式铺设机铺设、道岔横移铺设机铺设、门吊铺设三种铺设方案。

① 跨座式铺设机方案。

跨座式铺设机方案可利用站场闲置线路设与正线衔接的长约 250 m 的组装平台，小车和吊机进行道岔运输，利用一段辅助轨完成铺设，如图 4.61 所示。该方案具有良好的组装场地条件，可以保证组装进度，且可避免偏载运输，道岔运输重心低，使道岔运输铺设变形小，从而保证铺设质量。另外，其设备小巧灵活，运输作业受场地限制小，对邻线影响小，铺设效率高。

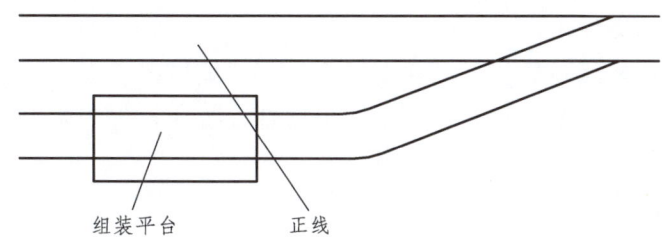

图 4.61 跨座式铺设机方案

② 道岔横移铺设机方案。

道岔横移铺设机方案需在铺设位置一侧就近完成现场道岔预装，并用横移铺轨机将道岔横移至铺设位置。该方案无须设置特殊组装场地，施工组织灵活，且占用既有线时间短，对行车运输影响小。但就近选择组装场地容易受地形因素影响，可能增加平整场地工作量，且设备数目多，运输工作量较大。

③ 门吊铺设方案。

门吊铺设方案需在铺设位置一侧设组装平台，利用门吊卸车协助道岔组装，因此道岔组装十分便捷。然而门吊间互不干涉，避免了装配内力和永久变形的产生，从而保证铺设质量。但门吊铺设所需门吊设备数量多，且门吊所需组装时间长，运输麻烦，使得整体铺设效率降低。

（2）方案选择。

跨座式铺设机铺设、道岔横移铺设机铺设、门吊铺设三种铺设方案均能满足高速道岔铺设质量标准。但重庆西站铁路枢纽扩能改造工程，枢纽内线路繁多，线路上下交叉，转线调头频繁，工程条件极其复杂。站场内的线路改造需利用既有线完成大量物料运输工作，而道岔横移铺设机方案和门吊铺设方案均具有设备数量大、运输麻烦的特点，大大增加了运输难度。并且，门吊铺设方案设备运输组装耗时长，使得整体铺设效率降低，铺设工期难以保证。虽然道岔横移铺设机方案施工组织灵活，对既有线行车运输影响小，但是重庆西站枢纽扩能改造工程地处山区，地形起伏较大，就近选择组装场地受地形限制大，使得平整场地工作量大大增加。然而，重庆西站铁路枢纽设有大型制存架铺一体化基地，可在基地设置道岔组装平台，采用跨座式铺设机方案进行高速道岔铺设，一方面更好的组装条件和运输条件保证了铺设质量，另一方面其对邻线影响小、铺设效率高保证了铺设工期。因此，选择跨座式铺设机方案作为重庆西站山区高速铁路枢纽扩能改造的高速道岔铺设方案。高速道岔铺设方案对比如表 4.52 所示。

表 4.52　高速道岔铺设方案对比

	跨座式铺设机铺设	道岔横移铺设机铺设	门吊铺设
铺设质量	最高	较高	较高
场地限制	较小	较大	较大
运输难度	小	大	大
铺设效率	高	一般	较低
线路影响	小	较小	较小

（3）高速道岔铺设技术。

山区高速铁路枢纽线路繁多，线路上下交叉，受地形限制大，加剧了铺设难度，因此对出厂前试铺阶段、分解运输存放阶段、组装铺设阶段，每一阶段每一环节进行更为严格的管理，从而保证高速道岔铺设质量。

① 出厂前试铺阶段。

道岔出厂前试铺阶段是保证道岔铺设工作按期顺利进行的重要保障。道岔出厂前，均应到道岔厂进行道岔试铺，对道岔各部分尺寸和几何形位进行严格检测，及时发现道岔因加工和制造误差而产生的超限，发现其质量缺陷并及时更换零部件。此外，参与安装电务转换和锁闭装置，对道岔工务和电务系统进行联合调试，并在组装完成后检查道岔标识正确性。通过上述工作及时发现问题，避免耽误工期。

② 分解运输存放阶段。

分解运输：山区地形起伏大，货物运输应更加强调运输的平稳性，避免道岔应运输不当产生变形和损坏，直接影响道岔铺设质量。道岔组装调试合格后，应以满足火车运输要求为原则，按部件标记分解，并按编号进行固定、包装、装箱。为便于长大道岔运输，将一组 18 号道岔拆分装在 5 辆铁路平板车上。其中，尖轨部分跨装 2 辆平板车，如图 4.62 所示。一个平板车中心安装固定转向架，另一个中心安装活动转向架。转向架上安置支撑梁，由四个工字钢组成。支撑梁上每 5 m 放置一个 6 mm×6 mm 垫木，其上放置钢轨；钢轨上每 3 m 放一个 6 mm×6 mm 垫木，其上放置转辙器；转辙器上每 2 m 垫一根标准长度枕木，其上放置辙叉心。跨装平板车布置如图 4.63 所示。道岔岔枕及渡线轨枕分装在另外两辆平板车上。为避免起吊装车过程中钢轨变形，每台龙门吊应多点起吊。货物按规定加固后由路局机车将平板车运至铺架基地。

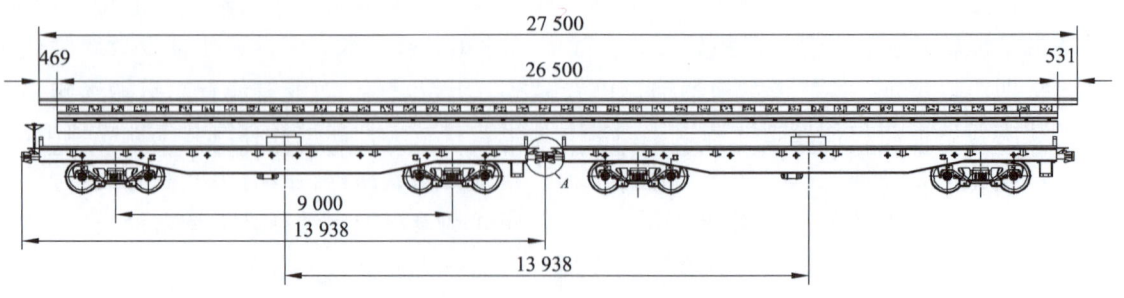

图 4.62　跨装平板车

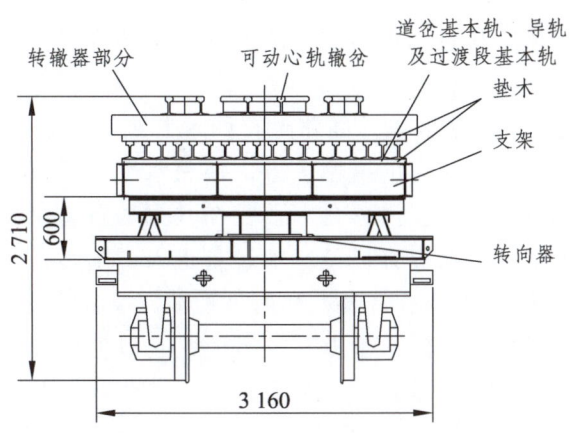

图 4.63 跨装平板车布置

装卸存放:道岔装卸以防止道岔损伤变形为原则,尽可能轻起慢放,避免装卸时出现摇晃、倾倒、翻转、磕碰等情况。对于尖轨、基本轨组件、辙叉组件、长度大于 15 m 的配轨等道岔轨料应采用两台 10 t 龙门吊以"单车多点柔性吊运"方式(见图 4.54)进行装卸,且其装卸应以工件底平面作为落地点,避免侧面着地产生变形。道岔轨料进场前应进行质量和数量复检,存放场地应坚固平整,地面放置支垫材料,按顺序整齐放置管理,不得随意堆放,以免变形造成质量问题。

③ 组装铺设阶段。

根据重庆西站山区高速铁路枢纽的工程特点宜采用跨座式铺设机方案进行 18 号高速道岔的换铺,其工艺流程如图 4.64 所示。

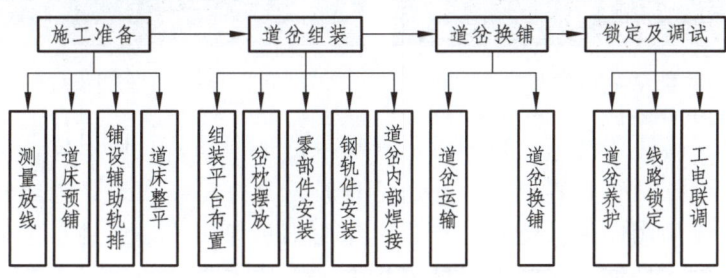

图 4.64 高速道岔铺设工艺流程

(4)施工步骤。

① 施工准备。

道岔换铺前应联测和复测所有 CPⅢ 点,确定道岔位置,对道岔四大桩及道岔前后 50~100 m 范围内线路中线桩进行测量放样,以控制道岔及道岔与线路连接处的平顺度。根据设计高程进行道床预铺,底砟碾压密实满足换铺作业要求。其后拆除临时道岔,铺设辅助轨,并保证其引轨轨面与既有轨一致。

② 道岔组装。

在基地搭设组装平台,设立龙门吊协助道岔组装及整组道岔的吊装。横跨正线和到发线搭建三轨平台并进行细整道,以保证道床稳定性。组装平台安装完成后,按设计图将轨枕放入调整装置进行粗调,并进行扣件、轨枕螺栓、垫板等零部件的安装。然后进行基本轨、尖轨、辊轮、辙叉等钢轨件的摆放及安装,并完成道岔的粗、精调。在道岔整体组装完毕后在设计锁定轨温范围内进行道岔内部铝热焊接。

③ 道岔换铺。

道岔运输：在换铺前对道岔区以外线路进行两遍整道，使底砟厚度达到 300 mm。利用龙门吊将上部小车吊放至组装好的道岔上方，调整水平、垂直支脚至合适位置，并在道岔下方插入滑轨。在滑轨上放置滑移台车，且在其上放置道岔并固定，利用卷扬机拖拉台车至正线。上部小车将道岔提升以便运输设备进入，随后拆除台车和滑轨，实现道岔吊装至铺架设备，如图 4.65 所示。最后利用贯通线路将整组道岔运输至铺设现场。

道岔换铺：同线换铺时，上部小车提升整组道岔，以便撤离运输设备以及下部小车进入道岔下方。上部小车将道岔放置在下部小车上后，收起支脚，上部小车与道岔一并由下部小车运至铺设位置，如图 4.66 所示。然后，上部小车放置支脚，提升高度，以便下部小车撤离。最后拆除辅助轨，上部小车下移完成换铺。异线换铺时，利用上部小车横向支腿进行道岔横移，将其横移至铺设位置完成铺设。

图 4.65 道岔吊装至铺架设备

图 4.66 下部小车运送道岔

锁定及调试：高速道岔铺设完毕后，需对道岔平顺性、几何形位、道砟密度、内部焊接质量等情况进行检查和养护，保证道岔直股正常行车。在设计锁定轨温下按岔前、直股、岔后、曲股的顺序进行道岔与相邻线路的铝热焊接。最后进行工电联调，安装锁闭装置和转辙机，对转换设备和道岔铺设状态进行检查和调试。

4.5.3 小 结

本节对区间无缝线路及高速道岔铺设成套技术进行了总结，为线路的快速铺设及工期目标的实现提供了技术支撑。研究成果如下：

（1）总结区间无缝线路铺设施工管理标准和成套技术。

无缝线路铺设工艺繁杂，涉及装卸运输、换铺、焊接、应力放散及锁定众多环节，山区高速铁路枢纽线路繁多，线路上下交叉，受地形限制大，更加剧了铺设难度，为保证无缝线路铺设质量，应对每一工艺环节进行更细致的操作和更严格的管理，使每一环节都达到验收标准，从而使道岔整体铺设满足质量验收标准。

（2）选择跨座式铺设机方案作为山区高速铁路枢纽高速道岔铺设方案。

对常用道岔铺设方案进行对比分析，最后选择跨座式铺设机方案作为山区高速铁路枢纽高速道岔铺设方案。山区高速铁路枢纽线路繁多，线路上下交叉，地形限制大，其高速道岔铺设难度大，高速道岔铺设方法应因地制宜地进行选择，从运输难度、线路影响、铺设质量及效率、限制因素等方面进行分析，跨座式铺设机方案不仅受场地限制小、对邻线影响小，且良好的组装运输条件和高铺设效率，能进一步保证铺设质量和工期，因此适用于山区高速铁路枢纽高速道岔的铺设。本次研究总结了山区高速铁路枢纽高速道岔铺设成套技术，进一步保证了铺设质量和工期，可为以后山区高速铁路枢纽高速道岔铺设提供实际参考。

4.6　山区高速铁路大型枢纽轨道控制网 CPⅢ 测量技术研究

4.6.1　研究背景及意义

标段线路纵跨重庆市沙坪坝区、九龙坡区、大渡口区，从成渝代建分界点 LtDK21+176 起，然后和渝黔正线起点（D2K0+000）相接进入重庆西站，出站后，设桥上跨预留渝昆通道（D2K4+200），设桥上跨襄渝铁路（D2K6+100、D2K6+558.4），设桥上跨预留渝湘通道（D2K7+065），然后与预留渝湘通道和动车存车场并行，设桥上跨华福路（DK12+248.7）至本标段终点（D1K17+098.35），童家溪至重庆西客车联络线（21.261 km），速度 200 km/h。

标段含有砟、无砟铁路。其中，渝黔客车线 17.098 km（有砟铁路），童家溪至重庆西联络线 21.148 km（其中 9.328 km 为无砟铁路、11.82 km 为有砟铁路），共计 38.246 km，需布设 CPⅢ 控制网。

4.6.2　CPⅢ 控制网设计

1. CPⅢ 控制点元器件

由于 CPⅢ 控制网网点间的相对精度高达毫米级，而且 CPⅢ 控制网的服务期限从无砟轨道段的轨道板施工开始，到线路竣工时的全线轨道线形竣工测量，以及竣工后线路运营期间的轨道维护。因此，CPⅢ 控制网的测量标志必须达到以下要求：具有强制对中、能够长期保存、不变形、体积小、结构简单、安装方便、价格适中，以及重复安置精度满足同一套测量标志在同一点重复安装的空间位置偏差应满足表 4.53 的要求。

表 4.53　CPⅢ 标志棱镜组件安装精度要求

CPⅢ 标志	重复性安装误差/mm	互换性安装误差/mm
X	0.4	0.4
Y	0.4	0.4
H	0.2	0.2

CPⅢ控制点预埋件（见图4.67），埋设时一般按横埋方式，特殊情况下也可采用竖埋方式。棱镜（见图4.68）通过平面观测外插式连接杆（见图4.69）与预埋件进行连接。在进行精密水准测量时，则采用高程观测连接杆（见图4.70），在高程观测连接杆球头立尺进行精密水准测量，棱镜高程为观测高程减去球头半径。

图4.67　CPⅢ预埋件

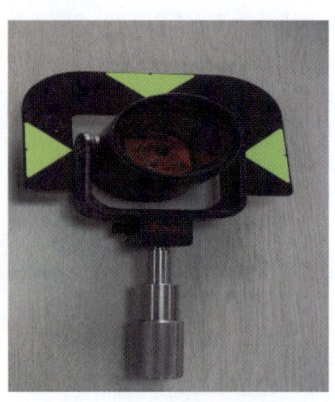

图4.68　棱镜组件

图4.69　平面观测外插式棱镜连接杆

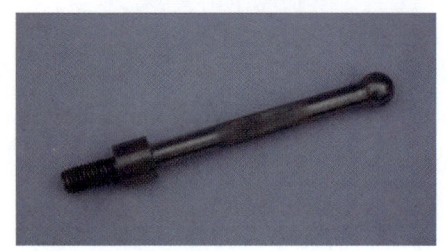

图4.70　高程观测连接杆

2. CPⅢ控制点埋设

CPⅢ控制网布设的技术要求如表4.54所示。

表4.54　CPⅢ控制网布网要求

控制网级别	测量方法	纵向网点间距	备　注
CPⅢ	自由测站边角交会	50~70 m一对	横向点间距10~20 m

（1）一般路基地段宜布置在接触网基础CPⅢ立柱上，浇筑接触网杆基础时连同CPⅢ立柱一起浇筑，以保证CPⅢ点的稳定性。如图4.71~4.73所示。

（2）桥梁上一般布置在桥梁固定支柱端上方防撞墙顶端。

直接在防撞墙顶面成对开凿铅垂方向的安装孔（孔径30 mm，孔深60 mm），然后使用云石胶埋设CPⅢ预埋件，相邻两对CPⅢ点在里程上相距约60 m，预埋件埋设完成后，外露部分不高于基桩顶面2 mm。

特殊桥跨的CPⅢ点埋设方法如下：

① 80 m以内的连续梁跨中可以不埋设CPⅢ点。

② 80~120 m的连续梁在跨中应埋设一对CPⅢ点；120~180 m的连续梁在跨中应埋设两对CPⅢ点，以此类推。

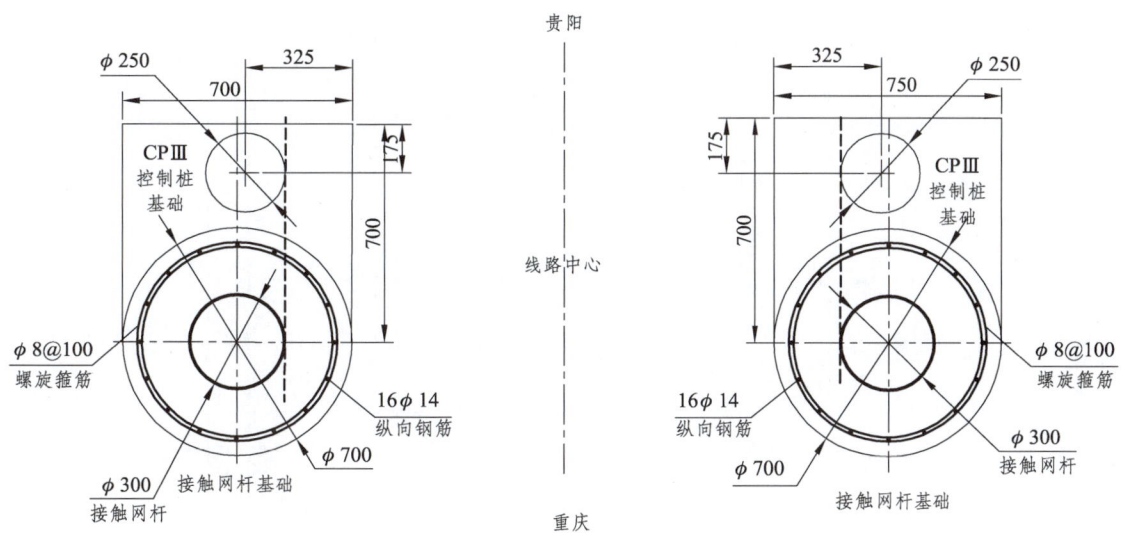

图 4.71 路基上 CPⅢ立柱布置图

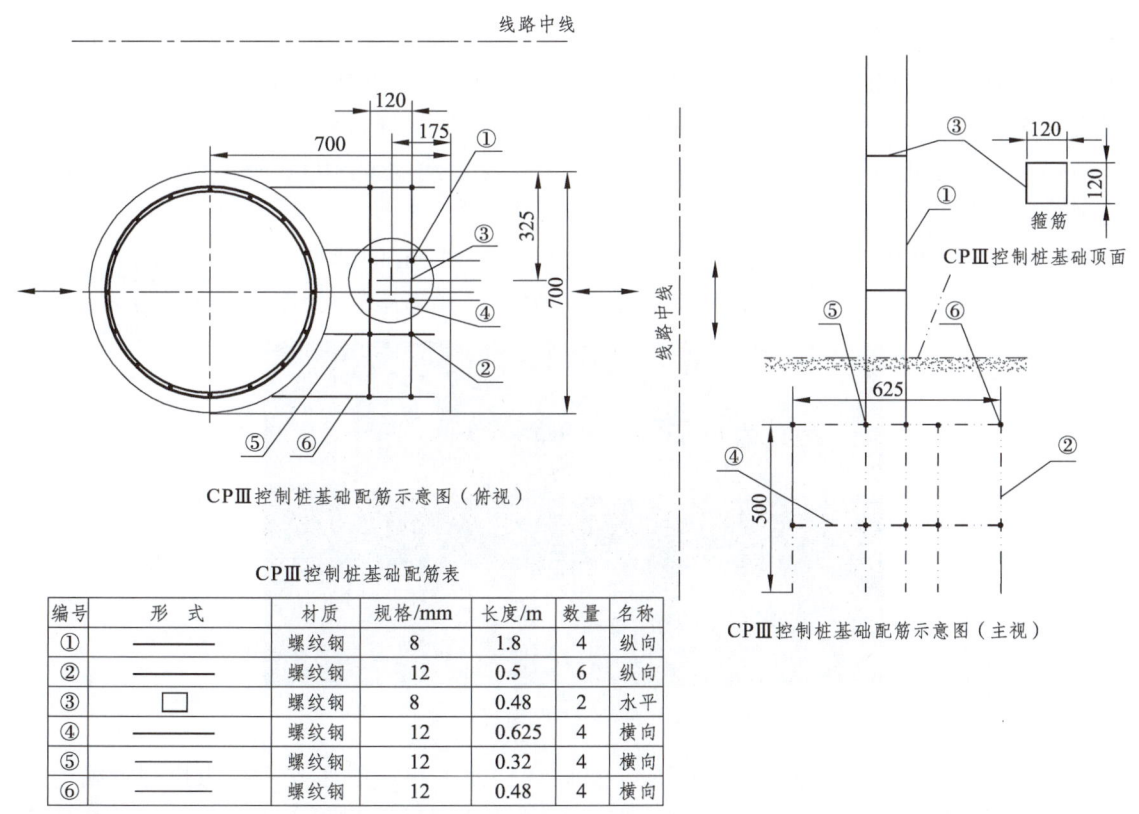

图 4.72 路基上 CPⅢ立柱基础配筋示意图

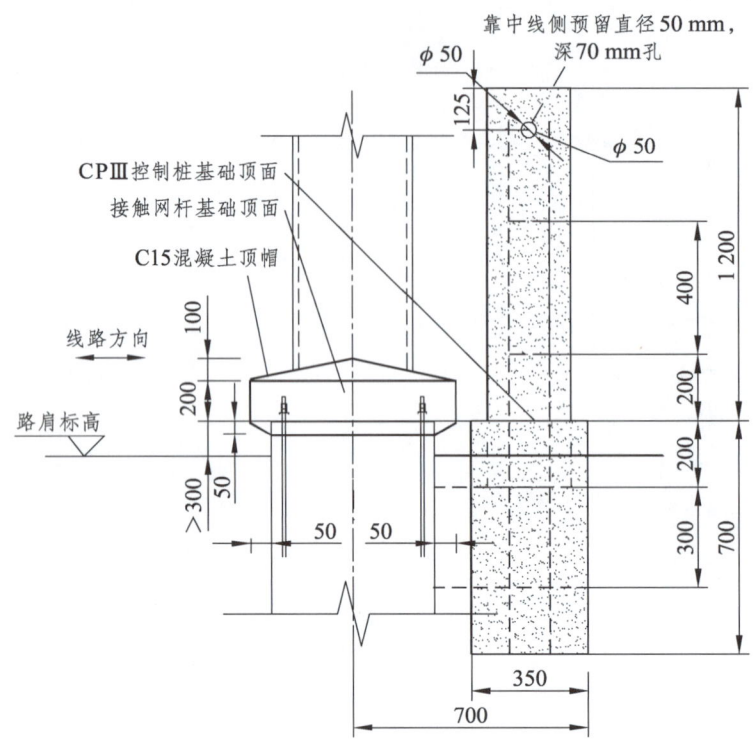

图 4.73 路基上 CPⅢ 立柱正视图

跨中埋设有 CPⅢ 点对时，应在同一片连续梁上的固定端埋设 CPⅢ 点，此 CPⅢ 点的埋设套筒应与防撞墙的顶面平齐，防撞墙的顶面应水平，通过特制连接装置以方便安装全站仪。连续梁跨中埋设两对及以上 CPⅢ 点时，左右线的 CPⅢ 点应分别在同一观测视线上。

（3）隧道 CPⅢ 控制点应布置在电缆槽上方 30～50 cm 的隧道边墙上。

（4）站内贯通线一般埋设在站台廊檐上（埋设横插基座），如图 4.74 所示。

图 4.74 车站 CPⅢ 埋设示意图

CPⅢ 控制点应设置在稳固、可靠、不易破坏和便于测量的地方。CPⅢ 控制点编号应清晰、明显地标在 CPⅢ 控制点基桩上、桥梁防撞墙内侧或隧道边墙上，同一隧道点号标志高度应统一。点号标志字号应采用统一规格字模，字高为 6 cm 的正楷字体刻绘，并用白色油漆抹底，黑色油漆喷写编号。点号铭牌白色抹底规格为 40 cm×30 cm，黑色油漆应注明 CPⅢ 编号、工程线名简称、施测单位简称。

3．CPⅢ控制点编号

CPⅢ点采用 7 位数编号方式，前四位为公里数，公里数不足四位的用 0 补充，CPⅢ点号按照公里数递增进行编号，其编号反映里程数。所有处于里程增大方向左侧的标记点编号为奇数，处于里程增大方向右侧的标记点编号为偶数，在有长短链地段应注意编号不能重复。CPⅢ点编号如表示 4.55 所示。

表 4.55　CPⅢ点编号

点编号	含　义	数字代码	在里程内点的位置
0036301	表示线路里程 DK036 范围内线路前进方向左侧的 CPⅢ第 1 号点，"3" 代表 "CPⅢ"	0036301	（轨道左侧）奇数 1、3、5、7、9、11 等
0036302	表示线路里程 DK036 范围内线路前进方向右侧的 CPⅢ第 1 号点，"3" 代表 "CPⅢ"	0036302	（轨道右侧）偶数 2、4、6、8、10、12 等

CPⅢ测量过程中的自由设站点编号根据连续里程和测站号等相关信息来进行编制，如 036C01。前 3 位为里程，第 4 位 C 代表初次建网测量（B 代表补测，F 代表复测），第 5 位和第 6 位代表测站编号（各标段自行分配，标段连接处相邻标段应进行协调，保证 CPⅢ测站编号不重复），01～99 号数循环。

4.6.3　CPⅢ平面控制网测量

1．平面定位精度要求

CPⅢ平面控制网测量控制点的定位精度要求如表 4.56 所示。

表 4.56　控制点的定位精度要求

控制点	测量方法	可重复性测量精度	相对点位精度
无砟段 CPⅢ平面网	自由测站边角交会测量	3 mm	1 mm
有砟段 CPⅢ平面网	自由测站边角交会测量	4.5 mm	1.5 mm

2．仪器要求

采用的全站仪精度要求如下：

（1）角度测量精度：≤±1″；

（2）距离测量精度：≤±1 mm＋2 ppm；

（3）同时应具有马达驱动、自动照准和数据自动记录功能。

3．测量方法

（1）CPⅢ平面网的主要技术要求应符合表 4.57 的规定。

表 4.57　CPⅢ平面网的主要技术要求

控制网名称	测量方法	方向观测中误差	距离观测中误差	相邻点的相对中误差
无砟段 CPⅢ 平面网	自由测站边角交会	±1.8″	±1.0 mm	±1.0 mm
有砟段 CPⅢ 平面网	自由测站边角交会	±2.5″	±1.5 mm	±1.5 mm

（2）CPⅢ平面控制网在观测中其观测环境需气象稳定、避免阳光直射、避免雨雾天气、避免其他工序的施工干扰，以保证CPⅢ建网的观测精度。

（3）CPⅢ控制网应采用自由测站边角交会法施测。CPⅢ平面网应附合于CPⅠ或CPⅡ控制点上，每500 m左右应联测一个CPⅠ或CPⅡ控制点，采用固定数据平差。当CPⅡ点位密度和位置不满足CPⅢ联测要求时，应按同精度内插方式加密CPⅡ控制点。

（4）自由测站的测量，从每个自由测站，将以2×6个CPⅢ点为测量目标，每次测量应保证每个点测量3次，测量方法如图4.75所示。

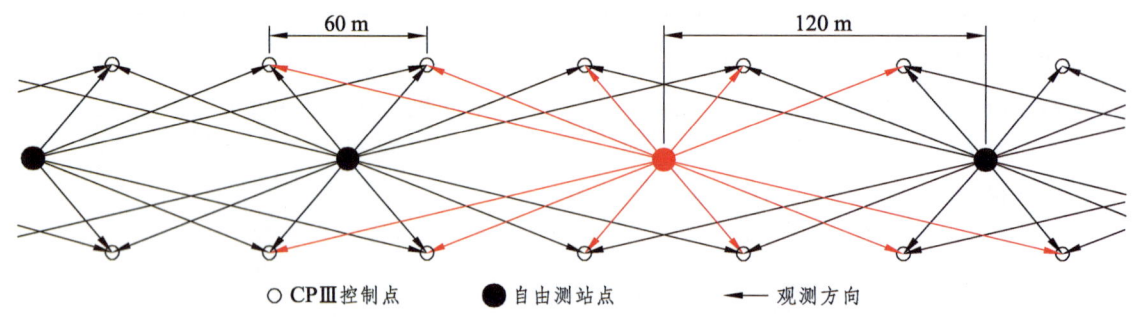

图 4.75　测站间距为 120 m 的 CPⅢ平面网观测网形示意图

CPⅢ控制点对间距离为60 m左右，且不应大于80 m，CPⅢ施测时自由设站点距CPⅢ控制点距离一般应小于120 m，最大不超过180 m，距高等级已知点最大不宜超过300 m。

因遇施工干扰或观测条件稍差时，CPⅢ平面控制网可采用如图4.76所示的构网形式，平面观测测站间距为60 m左右，每个CPⅢ控制点应有四个方向交会。

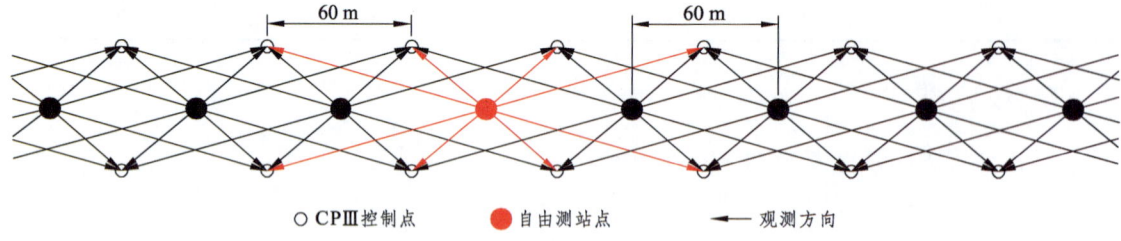

图 4.76　测站间距为 60 m 的 CPⅢ平面网构网形式

（5）每次测量开始前在全站仪初始行中输入起始点信息并填写自由测站记录表。水平角测量的精度应按如下要求进行。

① CPⅢ控制网水平方向应采用全圆方向观测法进行观测。当观测方向较多时，也可以采用分组全圆方向观测法。全圆方向观测应满足表4.58的规定。

表 4.58　CPⅢ平面网水平方向观测技术要求

控制网名称	仪器等级	测回数	半测回归零差	不同测回同一方向 2C 互差	同一方向归零后方向值较差
无砟段 CPⅢ 平面网	0.5″	2	6″	9″	6″
	1″	3	6″	9″	6″
有砟段 CPⅢ 平面网	1″	2	9″	15″	9″

② 观测时边长必须进行温度、气压改正，温度量测精度应为 0.2 ℃，气压量测精度应为 0.5 hPa。

③ 距离的观测应与水平角观测同步进行，并由全站仪自动进行。CPⅢ平面网距离测量应满足表 4.59 的规定。

表 4.59　CPⅢ平面网距离观测技术要求

控制网名称	测回	半测回间距离较差	测回间距离较差
无砟段 CPⅢ 平面网	≥2	±1 mm	±1 mm
有砟段 CPⅢ 平面网	2	±2 mm	±2 mm

注：距离测量一测回是全站仪盘左、盘右各测量一次的过程。

当 CPⅢ平面网外业观测的水平方向和距离施测不满足以上技术要求时，该测站外业观测值应部分或全部重测。

④ 平面测量可以根据施工需要分段测量，其测量范围内 400～800 m 应与 CPⅠ或 CPⅡ控制点联测。与上一级 CPⅠ、CPⅡ控制点联测时，应通过 2 个或 3 个线路上的自由测站进行联测，如图 4.77 所示。

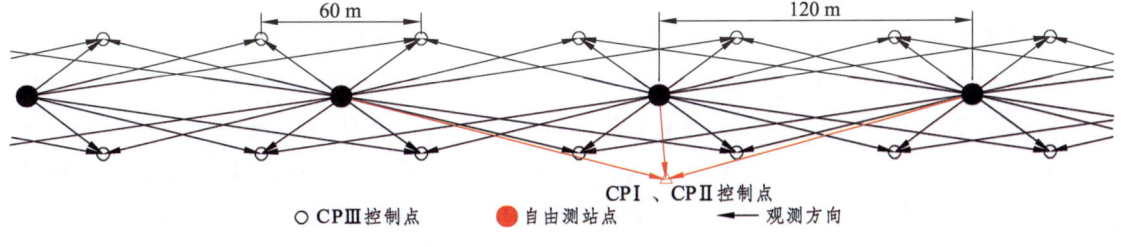

图 4.77　与已知点联测示意图

⑤ 为了使相邻重合测段能够满足 CPⅢ控制网的测量高均匀性和高精确度，每个重合测段至少重复观测 6 对 CPⅢ点（约 300 m）进行平差，每个测段一般为 4～8 km，最短不宜小于 3 km。

⑥ 各 CPⅢ平差测段首尾必须封闭，且保证每个 CPⅢ点被相邻自由设站点观测三次。

4．数据处理

（1）CPⅢ平面控制网平差应采用铁道部主管部门评审鉴定通过的专业处理软件，必须进行 CPⅢ网的外业观测数据与网平差计算的精度检核。CPⅢ控制网精度指标如下：

① CPⅢ平面自由网平差后应满足表 4.60 的规定。

表 4.60　CPⅢ平面自由网平差后的方向和距离改正数限差

控制网名称	方向改正数	距离改正数
无砟段 CPⅢ平面网	±3″	±2 mm
有砟段 CPⅢ平面网	±4.5″	±3 mm

② CPⅢ平面网约束平差后的精度，应满足表 4.61、表 4.62 的规定。

表 4.61　CPⅢ平面网约束平差后的主要精度指标

控制网名称	与 CPⅠ、CPⅡ联测		与 CPⅢ联测		点位中误差
	方向改正数	距离改正数	方向改正数	距离改正数	
无砟段 CPⅢ平面网	±4.0″	±4 mm	±3.0″	±2 mm	±2 mm
有砟段 CPⅢ平面网	±6.0″	±6 mm	±4.5″	±3 mm	±3 mm

表 4.62　CPⅢ平面网平差计算取位

控制网名称	水平方向观测值/(″)	水平距离观测值/mm	方向改正数/(″)	距离改正数/mm	点位中误差/mm	坐标、高程/mm
CPⅢ平面网	0.1	0.1	0.01	0.01	0.01	0.1

（2）CPⅢ网分段与测段衔接：CPⅢ可以根据施工需要分段测量，分段测量的测段长度不宜小于 4 km。无砟轨道测段间应重复观测不少于 6 对 CPⅢ点，作为分段重叠观测区域以便进行测段衔接。有砟轨道测段间应重复观测不少于 4 对 CPⅢ点，作为分段重叠观测区域以便进行测段衔接。

测段之间衔接时，无砟轨道前后测段独立平差重叠点坐标差值应满足≤±3 mm。满足该条件后，后一测段 CPⅢ网平差，应采用本测段联测的 CPⅠ、CPⅡ控制点及重叠段前一区段的 2～6 个 CPⅢ点进行约束平差。再次平差后，其他未约束的重叠点在两个区段分别平差后的坐标差值不应大于 1 mm，若坐标差值大于 1 mm 时，应查明原因，确认无误后，未约束的重叠点坐标应采用后一区段 CPⅢ网的平差结果，并在新提交成果中备注栏注明为"更新成果"。

有砟轨道前后测段独立平差重叠点坐标差值应满足≤±4.5 mm。满足该条件后，后一测段 CPⅢ网平差，应采用本测段联测的 CPⅠ、CPⅡ控制点及重叠段前一区段的 2～6 个 CPⅢ点进行约束平差。再次平差后，其他未约束的重叠点在两个区段分别平差后的坐标差值不应大于 1.5 mm，若坐标差值大于 1.5 mm 时，应查明原因，确认无误后，未约束的重叠点坐标应采用后一区段 CPⅢ网的平差结果，并在新提交成果中备注栏注明为"更新成果"。

（3）坐标换带处 CPⅢ平面网计算时，应分别采用相邻两个投影带的 CPⅠ、CPⅡ坐标进行约束平差，并分别提交相邻投影带两套 CPⅢ平面网的坐标成果。提供两套坐标的 CPⅢ区段长度不应小于 800 m。

4.6.4 CPⅢ高程控制网测量

CPⅢ高程控制点与平面控制点共桩，在进行棱镜中心高程水准测量时，只需直接将水准测量轴插入套筒内即可测量。通过减去水准轴球形半径差值即可获得球形棱镜中心所代表的测量点的精确高程。

1. 高程控制网精度要求

无砟轨道段 CPⅢ高程控制网测量按照精密水准测量精度执行，有砟轨道段 CPⅢ高程控制网测量按照三等水准测量精度执行。

（1）水准测量精度要求如表 4.63 所示。

表 4.63 水准测量精度要求　　　　　　　　　　　　　　　单位：mm

水准测量等级	每千米水准测量偶然中误差（M_Δ）	每千米水准测量全中误差（M_W）	限差			
			检测已测段高差之差	往返测不符值	附合路线或环线闭合差	左右路线高差不符值
精密水准	≤2.0	≤4.0	$8\sqrt{R_i}$	$8\sqrt{K}$	$8\sqrt{L}$	$6\sqrt{K}$
三等水准	≤3.0	≤6.0	$20\sqrt{R_i}$	$12\sqrt{K}$	$2.4\sqrt{n}$	$12\sqrt{L}$

注：① K 为测段水准路线长度（km）；L 为水准路线长度（km）；R_i 为检测测段长度（km）。
② 结点之间或结点与高级点之间，其路线的长度，不应大于表中规定的 0.7 倍。

（2）水准测量的主要技术要求如表 4.64、表 4.65 所示。

表 4.64 水准测量的主要技术要求

附合路线长度/km	水准仪等级	水准尺	观测次数	
			与已知点联测	附合或环线
≤3	DS1 及以上	因瓦	往返	往返/单程闭合环

表 4.65 水准观测主要技术要求

等级	两次读数所测高差之差/mm	两次读数之差/mm	视距/m	前后视距差/m	测段的前后视距累积差/m	视线高度/m
精密水准	0.7	0.5	≤60	≤2.0	≤6.0	≤2.8 且 ≥0.45
三等	1.5	1.0	≤100	≤3.0	≤6.0	≥0.35

（3）CPⅢ控制点水准测量应对相邻 4 个 CPⅢ点构成的水准闭合环进行环闭合差检核，无砟轨道段相邻 CPⅢ点的水准环闭合差不得大于 1 mm，有砟轨道段相邻 CPⅢ点的水准环闭合差不得大于 2 mm。

2. 仪器设备要求

水准测量采用满足精度要求的数字水准仪（数字水准仪每千米水准测量高差中误差为 ±0.3 mm），配套因瓦尺。使用仪器设备必须在鉴定有效期内，每年必须对测量仪器精确度进行一次校准。水准观测第一周每天作业前应采用仪器自带的软件进行检验和校准，若检验指标满足要求并稳定，后续作业前可不进行该项检验，但应每月进行仪器指标检验。水准仪视准轴与水准管轴的夹角不应超过 15″。

观测读数和记录的数字取位：使用 DS05 或 DS1 级仪器应读记至 0.05 mm 或 0.1 mm，使用数字水准仪应读记至 0.01 mm。

3．CPⅢ水准观测

CPⅢ控制点高程测量应附合于线路水准基点，符合路线长度不大于 3 km。CPⅢ高程控制水准测量应按《铁路工程测量规范》（TB 10101）有关水准测量要求按矩形法施测，如图 4.78 所示。

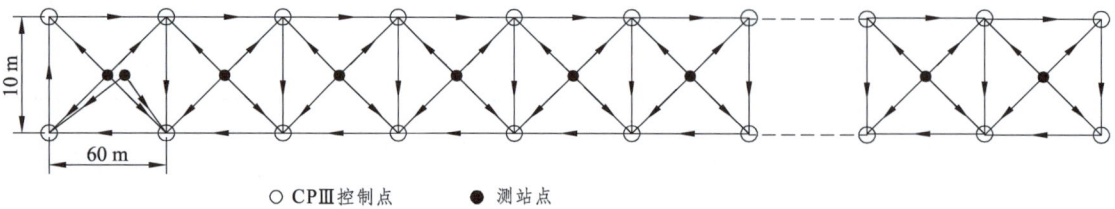

图 4.78　矩形法 CPⅢ水准测量示意图

CPⅢ点间的水准路线，宜采用如图 4.79 所示的水准路线形式进行。这样的水准路线，可保证每相邻的四个 CPⅢ点之间都构成一个闭合环。

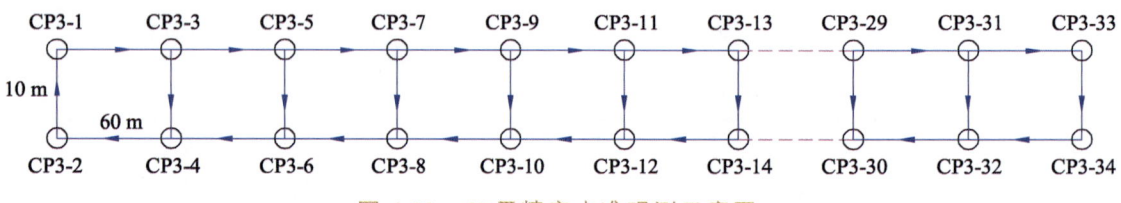

图 4.79　CPⅢ精密水准观测示意图

采用中间设站光电测距三角高程方法测量时，外业观测应符合表 4.66 的规定。仪器与棱镜的距离一般不大于 100 m，最大不得超过 150 m，前、后视距差不应超过 5 m。前后视必须是同一个棱镜且观测时棱镜高度不变。

表 4.66　中间设站三角高程测量外业观测技术要求

垂直角测量				距离测量			
测回数	两次读数差/(″)	测回间指标差互差/(″)	测回差/(″)	测回数	每测回读数次数	四次读数差/mm	测回差/mm
4	5.0	5.0	5.0	4	4	2.0	2.0

中间设站光电测距三角高程传递应进行两组独立观测，两组高差较差应不大于 2 mm，满足限差要求后，取两组高差平均值作为传递高差。

4．数据处理

在数据存储之前，必须对观测数据作各项限差检验。检验合格时，进行必要顺序整理，计算与检核者签名后进行存储。检验不合格时，对不合格测段整体重测，至合格为止。

水准测量作业结束后,每条水准路线应按测段往返测高差不符值计算偶然中误差 M_Δ;当水准网的环数超过 20 个时,还应按环线闭合差计算 M_W。M_Δ 和 M_W 应符合相应等级水准测量精度的要求,否则应对较大闭合差的路线进行重测。M_Δ 和 M_W 应按下列公式计算:

$$M_\Delta = \sqrt{\frac{1}{4n}\left(\frac{\Delta\Delta}{L}\right)} \quad (4\text{-}27)$$

$$M_W = \sqrt{\frac{1}{N}\left(\frac{WW}{L}\right)} \quad (4\text{-}28)$$

式中 Δ——测段往返高差不符值(mm);

L——测段长(km);

n——测段数;

W——经过各项修正后的水准环线闭合差(mm);

N——水准环数。

CPⅢ控制点高程测量应使用 CPⅢ专用软件进行严密平差,平差时采用线路水准基点进行固定数据严密平差,平差后各项精测指标应满足表 4.67 的规定。数据处理及平差计算取位按表 4.68 的规定执行。

表 4.67 CPⅢ高程网平差后的精度指标

等级	高差改正数	高程中误差	平差后相邻点高差中误差
精密水准	≤1 mm	≤2 mm	±0.5 mm
三等水准	≤2 mm	≤3 mm	±1.0 mm

表 4.68 水准测量计算取位

往(返)测距离总和/km	往(返)测距离中数/km	各测站高差/mm	往(返)测高差总和/mm	往(返)测高差中数/mm	高程/mm
0.01	0.1	0.01	0.01	0.1	0.1

5. 区段接边处理

CPⅢ高程测量分段方式与 CPⅢ平面测量分段方式一致,每段长度不宜少于 4 km,前后段接边时应联测另外一段至少 2 对 CPⅢ点。区段之间衔接时,无砟轨道前后区段独立平差重叠点高程差值应≤±3 mm,有砟轨道前后区段独立平差重叠点高程差值应≤±4.5mm。满足该条件后,后一区段 CPⅢ控制网平差,应采用本区段联测的线路水准基点及重叠段前一区段连续 2 对 CPⅢ控制点高程成果进行约束平差,平差后采用本次测量成果。

4.6.5 CPⅢ控制网维护与复测

由于 CPⅢ网布设于桥梁上或由于线下工程的稳定性等原因的影响,为确保 CPⅢ

点的准确性，建议在使用 CPⅢ点进行后续轨道安装测量时，应定期与周围其他点进行校核，特别是要与地面上布设的稳定的 CPⅠ、CPⅡ点进行校核，以便及时发现和处理问题。

CPⅢ平面网复测采用的网形和精度指标应与原测相同。无砟轨道 CPⅢ点复测与原测成果 X、Y 坐标较差不应大于 3 mm，且相邻点的复测与原测坐标增量 ΔX、ΔY 较差不应大于 2 mm。有砟轨道 CPⅢ点复测与原测成果 X、Y 坐标较大不应大于 4.5 mm，且相邻点的复测与原测坐标增量 ΔX、ΔY 较差不应大于 3.0 mm。

CPⅢ高程网复测采用的精度指标应与原测相同。无砟轨道 CPⅢ点复测与原测成果的高程较差不应大于 3 mm，且相邻点的复测成果高差与原测成果高差较差不应大于 2 mm。有砟轨道 CPⅢ点复测与原测成果的高程较差不应大于 5 mm，且相邻点的复测成果高差与原测成果高差较差不应大于 3.0 mm。

较差超限时应分析判断超限原因，确认复测成果无误后，应对超限的 CPⅢ点采用同精度内插方式更新成果。

4.7 山区高速铁路邻近营业线桥梁桩基施工方案比选研究

4.7.1 研究背景及意义

邻近铁路营业线施工是铁路施工建设领域的重要组成环节，其施工建设包括桥梁、隧道、路基等主要项目，铁路营业线附近施工往往场地受限，大型设备进场困难，沿线涉及地形地质复杂、安全风险众多，为保障邻近铁路营业线项目施工建设的顺利完成，选择合理有效的施工方案尤为重要。桥梁工程作为铁路项目施工的关键环节，影响着整个工程的进度，作为桥梁关键部位的桥梁桩基础，其施工技术的选择与桩基质量的优劣关系整座桥梁的工程质量。

山区高速铁路建设面临地形地质复杂、环境多变的严峻挑战，邻近既有营业线建设对桥梁桩基础施工带来巨大难度。桩基础施工方法众多，不同桩基础施工方法难易程度不同，适应的地形地质情况不同，其施工成本、工期以及对环境带来的影响均有所差异，因此如何比选不同桩基施工方案，实现低风险、高效率，并且满足工程建设质量，最大化降低建设成本，对于山区邻近营业线铁路桥梁桩基工程建设具有重要的实用价值和研究意义。

通过结合山区高速铁路邻近营业线渝黔铁路引入重庆枢纽工程，选择四种常见桩基施工方案进行比选，即高强预应力管桩、泥浆护壁钻孔灌注桩、水磨钻挖孔灌注桩、内夯沉管灌注桩，建立桥梁桩基施工方案的模糊综合评价比选模型，利用离差最大法确定指标权重，通过比选最优的施工方案，科学合理地选择邻近营业线铁路桥梁桩基础施工方案，实现高质量、高速度、高效益地完成桥梁建设任务。

4.7.2 工程概况

山区高速铁路邻近营业线渝黔铁路引入重庆枢纽工程位于成渝代建新双碑隧道至白沙沱长江特大桥之间，线路纵跨重庆沙坪坝、九龙坡、大渡口三个行政区。沿线既有铁路纵横交错，地层多为泥岩夹砂岩，山区地势陡峭、场地狭窄，周边居民众多且房屋结构老旧，桥梁桩基施工条件受限，市区爆破施工手续办理困难，紧邻营业线又无法爆破开挖。桥位处地势艰险，大型钻机进场困难，无法设置泥浆池，连续作业噪声扰民，加之实际开挖岩体完整、强度坚硬，人工配合风镐功效低下。因此，渝黔铁路引入重庆枢纽工程范围内桥梁桩基础面临施工难度大、施工方案选择困难的双重挑战，本次研究针对该案例进行桥梁桩基施工方案比选，选择最优施工方案指导桥梁桩基施工。

4.7.3 桥梁桩基施工方案影响因素分析

通过分析山区高速铁路邻近营业线建设施工面临的复杂情况，总结出影响桥梁桩基础施工方案选择的因素，主要根据施工方案的技术经济、施工场地的地形地质条件以及施工造成的影响而定。结合"因地质制宜"（考虑邻近营业线项目施工难易程度、地形地质条件等），"因机械制宜"（考虑施工机械设备的作业效率及设备费用），"因环境制宜"（考虑桩基施工过程中对环境的影响），"因造价制宜"，"因工期制宜"等 5 种制约因素进行施工方案比选。因此，在山区高速铁路邻近营业线桥梁桩基施工方案比选研究中，从技术准则、经济准则、环境准则等 3 大准则共计 10 项指标进行桩基施工方案比选研究，具体指标如图 4.80 所示。

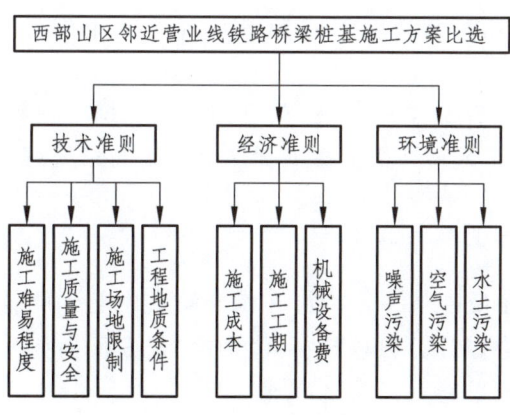

图 4.80 桥梁桩基施工方案评价指标

在收集相关文献资料及对施工现场调查的基础上，逐一分析 4 种桥梁桩基施工方案各项评价指标（见表 4.69 所示），为构建模糊评价矩阵提供参考依据。

表 4.69 桥梁桩基施工方案指标对比

对比项目	高强预应力管桩	泥浆护壁钻孔灌注桩	水磨钻挖孔灌注桩	内夯沉管灌注桩
施工难易程度	施工简单	施工复杂	施工简单	施工简单
施工质量与安全	容易断桩，单桩承载力高	容易缩颈、夹泥，单桩承载力高	质量可靠、易于保证，单桩承载力高	容易缩颈、夹泥，单桩承载力低
施工场地限制	不宜在人口密集的城区施工	适合在建筑密集的市区施工	在困难狭窄地区能够成孔	不宜在人口密集的城区施工
工程地质条件	不适用于坚硬的夹层	基本能适合各种地层	不适用于砂土层和淤泥质土层	不适用于坚硬的夹层
施工成本	施工造价高	施工造价高	施工造价较低	施工造价低
施工工期	施工速度快，工期短	施工速度慢，工期长	施工速度较快，工期较快	施工速度快，工期短
机械设备费	机械设备费用高	机械设备费用高	设备简单，费用低	设备简单，费用低
噪声污染	噪声污染大	噪声污染小	噪声污染小	噪声污染大
空气污染	空气污染大	空气污染小	空气污染小	空气污染小
水土污染	水土污染小	水土污染大	水土污染小	水土污染小

4.7.4 模糊综合与离差最大评价方法

1. 模糊综合评价法

步骤 1：根据模糊综合评价法原理，建立 n 个评价指标的因素集 $U=\{u_1,u_2,\cdots,u_n\}$，m 个评语的评语集 $V=\{v_1,v_2,\cdots,v_m\}$。

步骤 2：对每一因素集 u_i 做单因素评判，确定单因素评判矩阵 $\boldsymbol{R}=[r_{ij}]$，其中 $i=1,2,\cdots,n$；$j=1,\cdots,m$；r_{ij} 表示 u_i 因素对决策等级 v_j 的的隶属度。

步骤 3：通过每个因素对目标不同的贡献程度，求解 n 个评价指标的权重向量 $\boldsymbol{A}=[a_1,a_2,\cdots,a_n]$。

步骤 4：对单因素评判矩阵 $\boldsymbol{R}=[r_{ij}]$ 进行模糊变换，得到评判向量 $\boldsymbol{B}=\boldsymbol{A}\cdot\boldsymbol{R}=[b_1,b_2,\cdots,b_m]$，$b_i$ 为该评价对象对第 i 个评语的隶属程度。[69]

2. 离差最大化法

权重向量的取值直接反映了各项指标在综合决策中起到的重要程度，离差最大化法作为一种客观赋权法，通过计算各项指标间"距离"来表征指标间的变异程度，指标的取值离差越大，则该指标权重越大，反之亦然。

对于经归一的标准化矩阵，由离差最大化法构造偏差函数 $D(A)$，计算出指标权重 $\boldsymbol{A}=[a_1,a_2,\cdots,a_n]$。

$$D(A)=\sum_{j=1}^{n}D_j(A)\sum_{j=1}^{n}\sum_{i=1}^{m}\sum_{k=1}^{m}d(b_{ij},b_{kj})a_j \tag{4-29}$$

$$a_j = \frac{\sum_{i=1}^{m}\sum_{k=1}^{m}d(y_{ij},y_{kj})}{\sum_{j=1}^{n}\sum_{i=1}^{m}\sum_{k=1}^{m}d(y_{ij},y_{kj})} \quad (j=1,\cdots,n) \tag{4-30}$$

4.7.5 基于离差模糊的桥梁桩基施工方案比选研究

1. 确定评价指标集和决策评语集

根据影响桥梁桩基施工方案选择的因素,选取 10 项评价指标,分别为施工难易程度、施工质量与安全、施工场地限制、工程地质条件、成本降低量、工期提前量、机械设备费、噪声污染、空气污染、水土污染。确定评价指标集 $U=\{u_1,u_2,\cdots,u_{10}\}$。评语集为表征事物不同优劣程度评价的集合,将评语集 $V=\{v_1,v_2,\cdots,v_5\}$ 划分为 5 个等级,分别表示优秀、良好、中等、及格、差,评语等级及其对应的分值如表 4.70 所示。

表 4.70　评语等级及其分值

评语等级	优秀	良好	中等	及格	差
分值	90	80	70	60	50

2. 构建标准化评价矩阵

邀请 N 位专家学者对方案的各项指标分别打分,x_{ij} 为第 j 个决策者对指标 u_i 的评分值,得到评分集 X。对评分集 X 进行标准化处理得到标准化矩阵 $Y=[y_{ij}]$,其标准化公式为

$$y_{ij}=\frac{x_{ij}-\min\{x_{ij}\}}{\max\{x_{ij}\}-\min\{x_{ij}\}} \tag{4-31}$$

3. 确定指标权重和建立模糊评价矩阵

对标准化矩阵 $Y=[y_{ij}]^{\mathrm{T}}$ 计算评价指标的权重,从而得到 10 项指标的权重向量 $A=[a_1,a_2,\cdots,a_{10}]$。根据评语集,利用梯形分段函数隶属图(见图 4.81)确定不同分数对各评语等级的隶属度,得到不同评分值的隶属函数,求得模糊评价矩阵 $R=[r_{ij}]$。

$$r_{ij}(v_m)=\begin{cases} \dfrac{x-a}{b-a}, & a\leqslant x\leqslant b \\ 1, & b\leqslant x\leqslant c \\ \dfrac{d-x}{d-c}, & c\leqslant x\leqslant d \\ 0, & \text{其他} \end{cases} \tag{4-32}$$

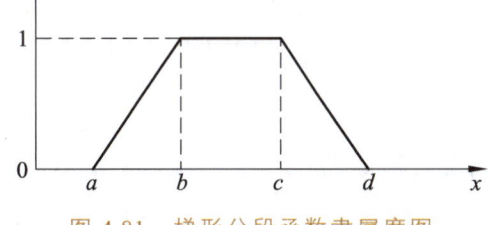

图 4.81　梯形分段函数隶属度图

式中,$r_{ij}(v_m)$ 为第 i 个指标的得分值相对于评语集的隶属度,则这 5 个等级的隶属函数分别为

$$r_{ij}(v_1)=\begin{cases}\dfrac{x-35}{50}, & 35\leqslant x\leqslant 85\\ 1, & 85\leqslant x\leqslant 95\\ \dfrac{145-x}{50}, & 95\leqslant x\leqslant 145\\ 0, & \text{其他}\end{cases};\quad r_{ij}(v_2)=\begin{cases}\dfrac{x-35}{40}, & 35\leqslant x\leqslant 75\\ 1, & 75\leqslant x\leqslant 85\\ \dfrac{125-x}{40}, & 85\leqslant x\leqslant 125\\ 0, & \text{其他}\end{cases};\quad r_{ij}(v_3)=\begin{cases}\dfrac{x-35}{30}, & 35\leqslant x\leqslant 65\\ 1, & 65\leqslant x\leqslant 75\\ \dfrac{105-x}{30}, & 75\leqslant x\leqslant 105\\ 0, & \text{其他}\end{cases};$$

$$r_{ij}(v_4)=\begin{cases}\dfrac{x-35}{20}, & 35\leqslant x\leqslant 55\\ 1, & 55\leqslant x\leqslant 65\\ \dfrac{85-x}{20}, & 65\leqslant x\leqslant 85\\ 0, & \text{其他}\end{cases};\quad r_{ij}(v_5)=\begin{cases}\dfrac{x-35}{10}, & 35\leqslant x\leqslant 45\\ 1, & 45\leqslant x\leqslant 55\\ \dfrac{65-x}{10}, & 55\leqslant x\leqslant 65\\ 0, & \text{其他}\end{cases}$$

(4-33)

4. 计算评价综合结果

由模糊评价法得到评判向量 $\boldsymbol{B}=\boldsymbol{A}\cdot\boldsymbol{R}=[b_1,b_2,\cdots,b_5]$，将结果进行归一化处理。

$$b'_j=\dfrac{b_j}{\sum b_j}\quad (j=1,2,3,4,5) \tag{4-34}$$

求出各方案的综合得分为

$$S=\sum_{j=1}^{5}b'_j v_j \tag{4-35}$$

4.7.6 计算分析

1. 专家评价

根据渝黔铁路引入重庆枢纽工程，通过邀请 5 位专家学者（包括 2 名施工经验丰富的高级工程师，2 名从事桥梁施工技术研究的高校专家，以及 1 名从事桥梁施工设计的设计院专家代表，）作为决策者，对 4 种桥梁桩基施工方案进行逐一打分，打分结果如表 4.71 所示。

表 4.71 指标得分

评价指标\施工方案	高强预应力管桩					泥浆护壁钻孔灌注桩					水磨钻挖孔灌注桩					内夯沉管灌注桩				
施工难易程度	85	88	78	89	82	74	75	67	69	73	86	89	85	80	86	81	88	79	83	80
施工质量与安全	74	68	76	71	70	68	71	65	72	69	77	79	81	78	78	64	68	73	65	67
施工场地限制	73	76	69	78	75	85	87	92	86	88	83	81	85	82	86	77	74	72	79	81
工程地质条件	58	60	62	56	59	88	84	87	81	82	80	83	81	79	85	61	63	60	68	67
施工成本	68	63	65	72	71	70	71	67	65	69	83	77	85	79	85	79	83	85	81	89
施工工期	88	91	86	85	89	69	74	72	76	70	78	81	74	84	82	83	80	78	84	87
机械设备费	68	72	73	65	69	63	68	61	60	69	80	83	79	85	78	84	82	87	85	79
噪声污染	63	68	59	67	64	81	76	81	82	77	84	81	83	85	80	71	69	72	74	68
空气污染	72	74	71	75	78	84	86	82	89	85	82	80	90	85	87	83	81	86	84	82
水土污染	92	89	88	90	91	72	74	75	73	77	86	84	85	83	88	90	91	89	88	92

2. 建立标准化评价矩阵

以高强预应力管桩施工方案为例,计算标准化评价矩阵。高强预应力管桩施工方案的评价矩阵 Y_1 为

$$Y_1 = \begin{bmatrix} 0.636 & 0.909 & 0 & 1 & 0.364 \\ 0.75 & 0 & 1 & 0.375 & 0.25 \\ 0.444 & 0.778 & 0 & 1 & 0.667 \\ 0.333 & 0.667 & 1 & 0 & 0.5 \\ 0.556 & 0 & 0.222 & 1 & 0.889 \\ 0.5 & 1 & 0.167 & 0 & 0.667 \\ 0.375 & 0.875 & 1 & 0 & 0.5 \\ 0.444 & 1 & 0 & 0.889 & 0.556 \\ 0.143 & 0.429 & 0 & 0.571 & 1 \\ 1 & 0.25 & 0 & 0.5 & 0.75 \end{bmatrix}$$

3. 确定指标权重

根据标准化矩阵计算高强预应力管桩施工方案各项指标的权重为

$$A_1 = [0.1028\ 0.1010\ 0.0943\ 0.0943\ 0.1077\ 0.1010\ 0.1010\ 0.0988\ 0.0981\ 0.1010]$$

同理求得其他三种桥梁桩基施工方案的权重分别为

$$A_2 = [0.1039\ 0.0962\ 0.0905\ 0.1075\ 0.0990\ 0.1018\ 0.1100\ 0.1056\ 0.0905\ 0.0950]$$
$$A_3 = [0.0860\ 0.0916\ 0.1059\ 0.1018\ 0.1120\ 0.0977\ 0.1047\ 0.1059\ 0.0967\ 0.0977]$$
$$A_4 = [0.0948\ 0.0948\ 0.1038\ 0.1117\ 0.0975\ 0.0993\ 0.0965\ 0.1015\ 0.0986\ 0.1015]$$

4. 构建模糊评价矩阵

将各项指标得分的平均值分别代入隶属函数,求出高强预应力管桩施工方案的模糊评价矩阵为 R_1。同理求得泥浆护壁钻孔灌注桩、水磨钻挖孔灌注桩、内夯沉管灌注桩 3 种施工方案的模糊评价矩阵 R_2、R_3、R_4。

$$R_1 = \begin{bmatrix} 0.988 & 1 & 0.687 & 0.03 & 0 \\ 0.736 & 0.92 & 1 & 0.66 & 0 \\ 0.784 & 0.98 & 1 & 0.54 & 0 \\ 0.48 & 0.6 & 0.8 & 1 & 0.6 \\ 0.656 & 0.82 & 1 & 0.86 & 0 \\ 1 & 0.93 & 0.573 & 1 & 0 \\ 0.688 & 0.86 & 1 & 0.78 & 0 \\ 0.584 & 0.73 & 0.973 & 1 & 0.08 \\ 0.78 & 0.975 & 1 & 0.55 & 0 \\ 1 & 0.875 & 0.5 & 0 & 0 \end{bmatrix}; \quad R_2 = \begin{bmatrix} 0.732 & 0.915 & 1 & 0.67 & 0 \\ 0.68 & 0.85 & 1 & 0.8 & 0 \\ 1 & 0.935 & 0.58 & 0 & 0 \\ 0.988 & 1 & 0.687 & 0.03 & 0 \\ 0.668 & 0.835 & 1 & 0.83 & 0 \\ 0.744 & 0.93 & 1 & 0.64 & 0 \\ 0.584 & 0.73 & 0.973 & 1 & 0.08 \\ 0.888 & 1 & 0.853 & 0.28 & 0 \\ 1 & 0.995 & 0.66 & 0 & 0 \\ 0.784 & 0.98 & 1 & 0.54 & 0 \end{bmatrix};$$

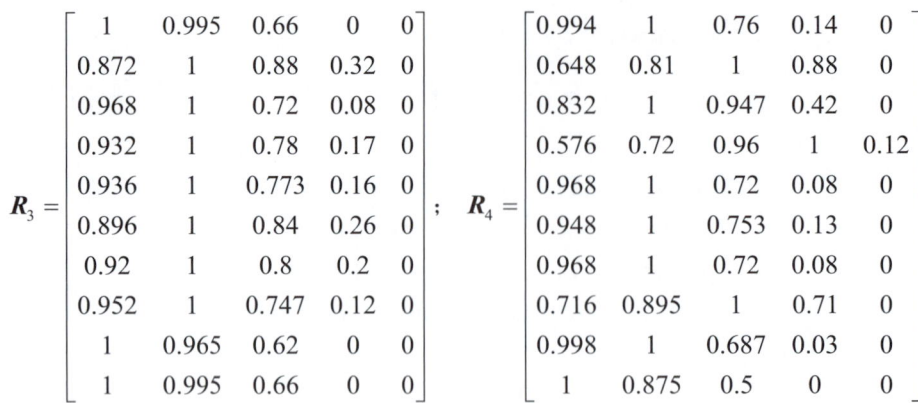

5. 求解评价结果

根据模糊矩阵求得 4 种施工方案的模糊评价结果。

$$B_1 = A_1 \cdot R_1 = [0.249 \quad 0.281 \quad 0.275 \quad 0.174 \quad 0.021]$$

$$B_2 = A_2 \cdot R_2 = [0.260 \quad 0.296 \quad 0.284 \quad 0.157 \quad 0.003]$$

$$B_3 = A_3 \cdot R_3 = [0.335 \quad 0.353 \quad 0.265 \quad 0.047 \quad 0]$$

$$B_4 = A_4 \cdot R_4 = [0.289 \quad 0.313 \quad 0.273 \quad 0.120 \quad 0.005]$$

同时求出 4 种桥梁桩基施工方案的综合得分，高强预应力管桩的综合得分为 75.63 分，泥浆护壁钻孔灌注桩为 76.53 分，水磨钻挖孔灌注桩为 79.76 分，内夯沉管灌注桩为 77.61 分。因此，推荐水磨钻挖孔灌注桩作为渝黔铁路引入重庆枢纽工程的桥梁桩基施工方法。

4.7.7 应用实例

中铁十八局担负施工的渝黔铁路土建 2 标位于成渝代建新双碑隧道至白沙沱长江特大桥之间，其间有重庆东站、重庆西编组站、中梁山站、跳蹬站四个既有车站，襄渝东线、襄渝西线、小梨线、米轨线等既有铁路，线路纵跨重庆沙坪坝、九龙坡、大渡口三个行政区，房屋拆迁 1.06×10^6 m^2，正线全长 16.832 km，新建、改建铁路 12 条 57.087 km，与既有铁路交叉并行，桥梁 23 座、路基 44.6 km，桥梁、路基桩基均为嵌岩桩，桩径为 1.25~3 m，桥梁桩为圆形、路基桩为方形，地层为泥岩夹砂岩地层，岩层完整、坚硬，抗压强度近 90 MPa，沿线地质陡峭，最大高差可达 20 m。

工程自 2013 年 10 月份开工以来，水鸭田双线特大桥、水泥厂路双线特大桥、杭陶小学双线中桥、八角湾双线大桥，以及渝黔客车线区间路基等 5 个单位工程中，有 86 根路基防护桩、152 根桥梁桩基先后采用水磨钻施工工法，至 2015 年 6 月结束，均安全、快速成孔，一次顺利灌注完成，经第三方检测，全为 I 类桩。施工过程中，未发生任何因噪声扰民引起的环保纠纷事件，未发生一起影响营业线运营的安全事故。实践证明，水磨钻挖孔施工工法对于山区高速铁路临近营业线施工是成功、可靠的，极大地减少了对营业线的运营干扰，避免了噪声、水污染等环保问题，是特殊环境或条件下值得推广和应用的一种桩基成孔施工新工艺。

4.7.8　小　结

1．水磨钻施工技术应用优势

（1）有效保证施工目的。采用水磨钻技术施工，在开挖取芯、分裂岩石等方面将更加精确，减小施工误差，保证工程顺利完工。

（2）增加施工的安全性。水磨钻施工技术对岩体的扰动和破坏性小，既保证了施工安全，又减轻了对周边环境的影响。

（3）有效降低施工产生的噪声音量。使用水磨钻技术时，施工噪声主要来源于钻取岩体时磨切的声音，对施工地周边的环境和居民生活影响小。

（4）保证施工进度。采用水磨钻施工技术进行施工时，既不需要使用其他附加材料，也不受天气及周边环境的影响，可有效减少影响施工的客观因素，确保施工进度。

（5）提高成孔质量。水磨钻技术施工，在开挖、成孔、取芯方面更加精确，能有效减少超挖欠挖现象，降低混凝土的超灌概率，提高成孔质量，减小损失。

2．关键技术及效果评价

（1）山区高速铁路邻近铁路营业线桥梁桩基础面临施工难度大、施工方案选择困难的问题，分析桥梁桩基施工方案的影响因素，结合技术准则、经济准则、环境准则等3大准则共计10项指标建立模糊综合评价矩阵，利用离差最大化法确定指标权重，最后根据模糊综合评价结果对山区高速铁路邻近营业线桥梁桩基施工方案排序。该方法结合决策专家经验和客观的数学模型进行比选，具有很强的针对性和可操作性。

（2）通过比选分析，水磨钻挖孔灌注桩方案最优，从工程实践来看，水磨钻施工对岩体不会造成扰动，有利于保证邻近营业线的安全性和稳定性，且施工噪声低，环境影响小，取得较好的社会效益。该方案不仅能保证施工进度和施工安全与质量，同时能给施工单位带来可观的经济效益。水磨钻挖孔施工工法对于山区高速铁路邻近营业线桥梁桩基施工是成功的，值得广泛推广和应用。

4.8　山区高速铁路复杂干扰环境下桥梁施工资源配置及安全管理研究

4.8.1　研究背景及意义

重庆西站至重庆西动车所及客车整备所新建铁路范围内，涉及包括中梁山支线、渝昆动车左线、渝黔动车左线、渝黔动车右线以及渝黔客车正线在内的5条新建线路，同时存在既有铁路襄渝线、小梨线，既有公路危专路、玉仙路、华玉路，该段范围内多为桥梁工程施工，在同一相近地理位置处常汇集多座桥梁，主要包括中梁山大桥、中梁山中桥、罗家湾大桥、后河左线特大桥、重庆西站单线特大桥、重庆西站双线特大桥、桂花屋基1号双线特大桥、渝黔动车右线中梁山大桥共8座桥梁施工，如图4.82所示。

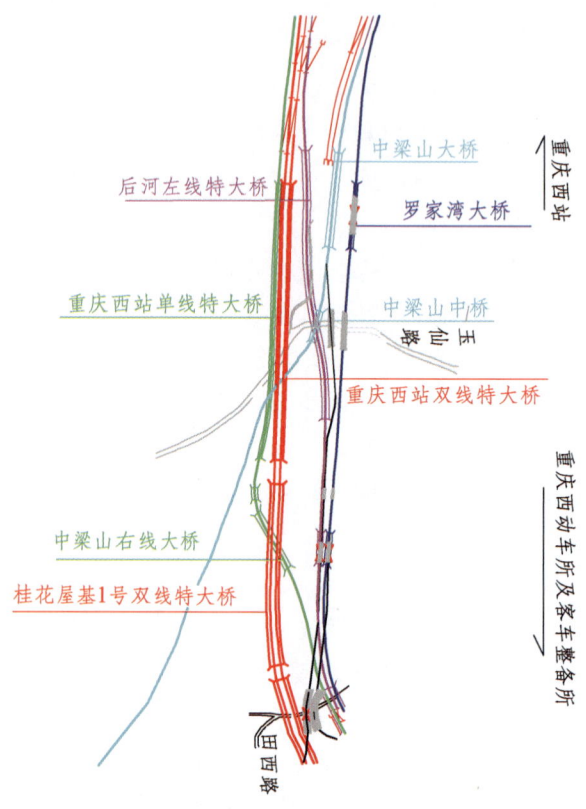

图 4.82　复杂干扰环境下重庆西站桥梁工程

渝黔铁路引入重庆枢纽工程位于重庆市主城山区，沿线线路交错纵横，地质地形复杂，施工组织实施困难，该段范围内的所有桥梁均面临邻近既有线或上跨既有线施工的困难情况，桥梁与既有线路关系、桥梁与桥梁的交叉关系都给铁路线路的施工带来巨大挑战。复杂干扰环境桥梁施工组织困难，施工安全风险高，施工难度大，为保证线路的正常运营以及施工安全和工期目标实现，本节主要从以下4个方面进行复杂干扰环境下桥梁施工的资源配置及安全管理研究。

（1）复杂干扰环境桥梁关系分析：新建桥梁与既有线的关系、桥梁与桥梁的地理位置空间交叉关系。

（2）复杂干扰环境下桥梁施工影响因素分析：分析影响桥梁施工干扰的主要因素。

（3）复杂干扰环境下桥梁施工资源配置研究：基于云模型理论分析同时施工时各桥梁的重要度值，进而对桥梁工程建设进行资源配置研究，以保证施工组织方案的科学性、合理性，以及工期目标的顺利完成。

（4）复杂干扰环境下桥梁施工风险评价研究：通过建立基于Vague集的复杂干扰环境下桥梁施工风险评价模型，科学合理地评价各桥梁同时施工时的安全风险等级，提出相应的风险控制措施，进而控制风险保证桥梁施工的质量及安全。

4.8.2 复杂干扰环境桥梁关系分析

1. 桥梁属性

重庆西站至重庆西动车所及客车整备所该段新建铁路范围内主要包括 8 座桥梁，其中中桥 1 座，大桥 3 座，特大桥 4 座，各桥梁属性如表 4.72 所示。

表 4.72 桥梁属性

桥梁名称	对应线路	桥梁里程	桥梁长度/m
中梁山大桥	中梁山支线	ZZDK0+740.76～ZZDK1+030.19	289.43
中梁山中桥	中梁山支线	ZZDK1+398.80～ZZDK1+475.20	76.4
罗家湾大桥	渝昆动车左线	YKDZK0+809.50～YKDZK0+945.25	135.75
后河左线特大桥	渝黔动车左线	YQDZK0+805.25～YQDZK2+394.45	1 589.2
重庆西站单线特大桥	渝黔动车右线	YQDYK1+006.3～YQDYK3+086.04	2 079.74
重庆西站双线特大桥	渝黔客车正线	D2K3+043.19～D2K5+121.13	2 077.94
桂花屋基 1 号双线特大桥	渝黔客车正线	D3K5+403.41～D3K6+064.2	660.79
渝黔动车右线中梁山大桥	渝黔动车右线	YQDYK3+622.14～YQDYK3+781.95	159.81

2. 单项桥梁工程资料分析

（1）中梁山大桥。

中梁山支线中梁山大桥，桥梁中心里程为 ZZDK0+855.50，起止里程 ZZDK0+740.76～ZZDK1+030.19，全桥长 289.43 m，最大墩高 17.7 m，孔跨结构为 1×24 m＋7×32 m＋1×24 m，桩基础采用 ϕ1.25 m 钻孔桩基础（桩长 8～17 m），桥墩采用圆端型实体桥墩（墩高 4～10 m），桥台采用 T 形桥台，本桥位于圆曲线及缓和曲线上。施工平面布置如图 4.83 所示。

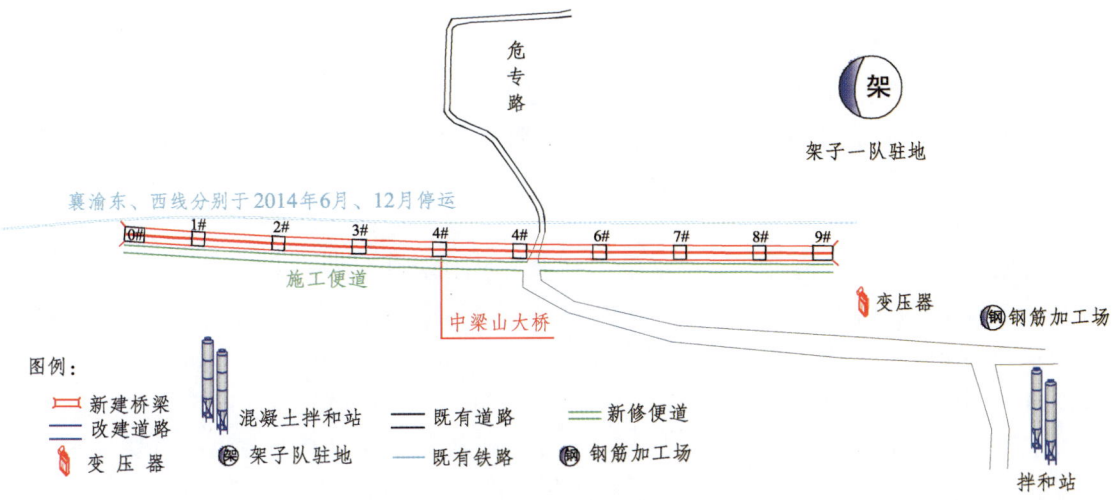

图 4.83 中梁山大桥施工平面布置图

本桥处于重庆市九龙坡区内，临近危专路。沿线地层从上至下主要有软黏性土、粉质黏土、强风化泥岩夹砂岩、弱风化泥岩夹砂岩。本桥桥位处地震峰动值加速度等于 0.05g，地震动反应谱特征周期为 0.35 s；所处环境类别为碳化环境 T1、T2 级。

按照标段总体计划，计划主体工程开工日期为 2014 年 12 月 15 日，计划完工日期为 2015 年 7 月 4 日，计划总工期为 201 d。

（2）中梁山中桥。

中梁山支线中梁山中桥，桥梁中心里程为 ZZDK1＋437.00，起止里程 ZZDK1＋398.8～ZZDK1＋475.2，全桥长 76.4 m，最大墩高 8.5 m，孔跨结构为 2×32 m，桩基础采用 ϕ1.25 m 钻孔桩和挖孔桩基础（桩长 8～13.5 m），桥墩采用圆端型实体桥墩（墩高 8.5 m），桥台采用 T 形桥台，本桥位于缓和曲线上。施工平面布置如图 4.84 所示。

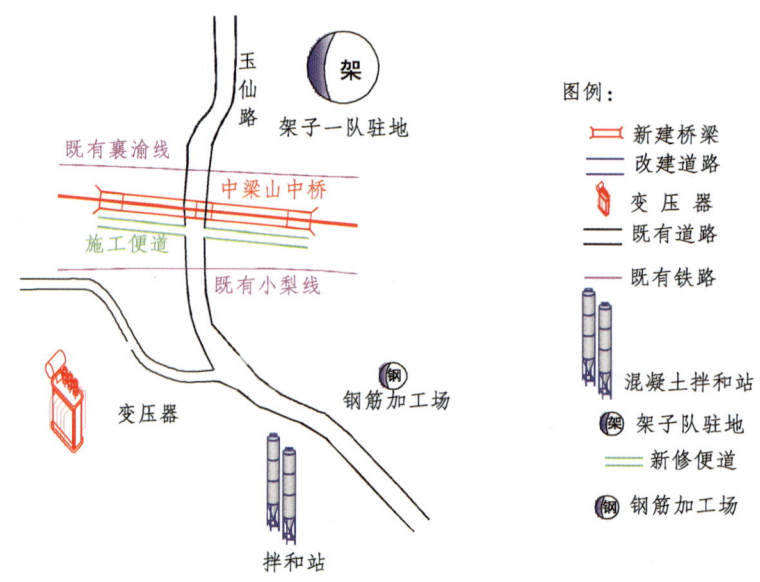

图 4.84 中梁山中桥施工平面布置图

本桥处于重庆市九龙坡区内，临近玉仙路。沿线地层从上至下主要有软黏性土、粉质黏土、强风化泥岩夹砂岩、弱风化泥岩夹砂岩。本桥桥位处地震峰动值加速度等于 0.05g，地震动反应谱特征周期为 0.35 s；所处环境类别为碳化环境 T1、T2 级。

按照标段总体计划，计划主体工程开工日期为 2014 年 12 月 15 日，计划完工日期为 2015 年 3 月 30 日，计划总工期为 105 d。

（3）罗家湾大桥。

渝昆动车左线罗家湾大桥，桥梁中心里程为 YKDZK0＋878.00，起止里程 YKDZK0＋809.5～YKDZK0＋945.25，全桥长 135.75 m，最大墩高 12.5 m，孔跨结构为 5×24 m，桩基础采用 ϕ1.25 m 钻孔桩基础（桩长 8.5～14 m），桥墩采用圆端形桥墩（墩高 7～12.5 m），桥台采用 T 形桥台，本桥位于直线上。施工平面布置如图 4.85 所示。

本桥处于重庆市九龙坡区内，临近危专路。沿线地层从上至下主要有软黏性土、粉质黏土、强风化泥岩夹砂岩、弱风化泥岩夹砂岩。本桥桥位处地震峰动值加速度等于 0.05g，地震动反应谱特征周期为 0.35 s；所处环境类别为碳化环境 T1、T2 级。

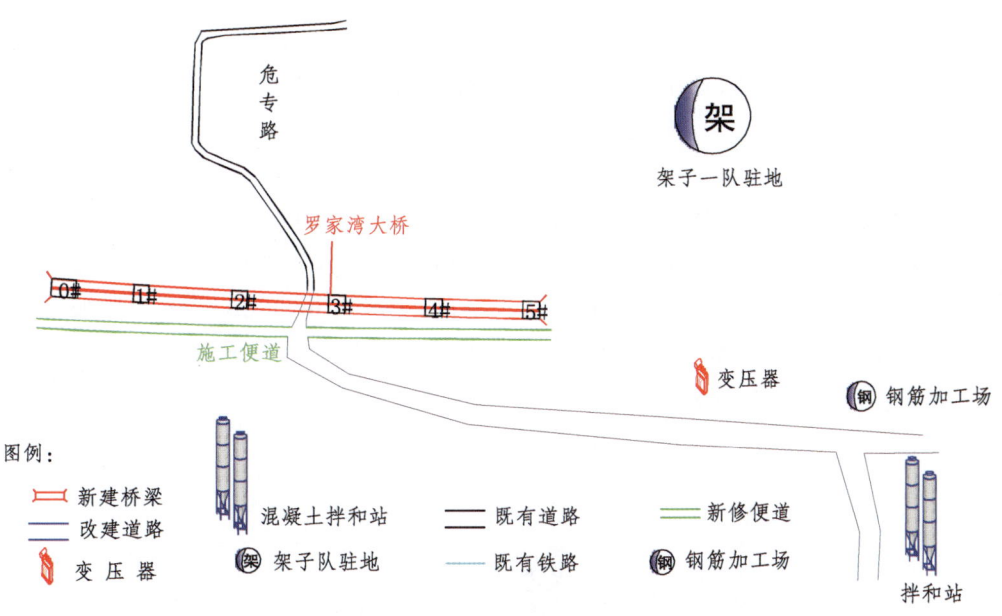

图 4.85　罗家湾大桥施工平面布置图

按照标段总体计划，计划主体工程开工日期为 2014 年 12 月 15 日，计划完工日期为 2015 年 5 月 2 日，计划总工期为 138 d。

（4）后河左线特大桥。

渝黔动车左线后河特大桥，桥梁中心里程为 YQDZK1＋604.05，起止里程 YQDZK0＋805.25～YQDZK2＋394.45，全桥长 1 589.20 m，最大墩高 17.7 m，孔跨结构为 48×32 m，桩基础采用 ϕ1.25 m 和 ϕ1.5 m 钻孔桩基础（桩长 6～16.5 m），桥墩采用圆端型实体桥墩（墩高 2.5～20.5 m），桥台采用矩形空心桥台，本桥位于缓和曲线及直线上。施工平面布置如图 4.86 所示。

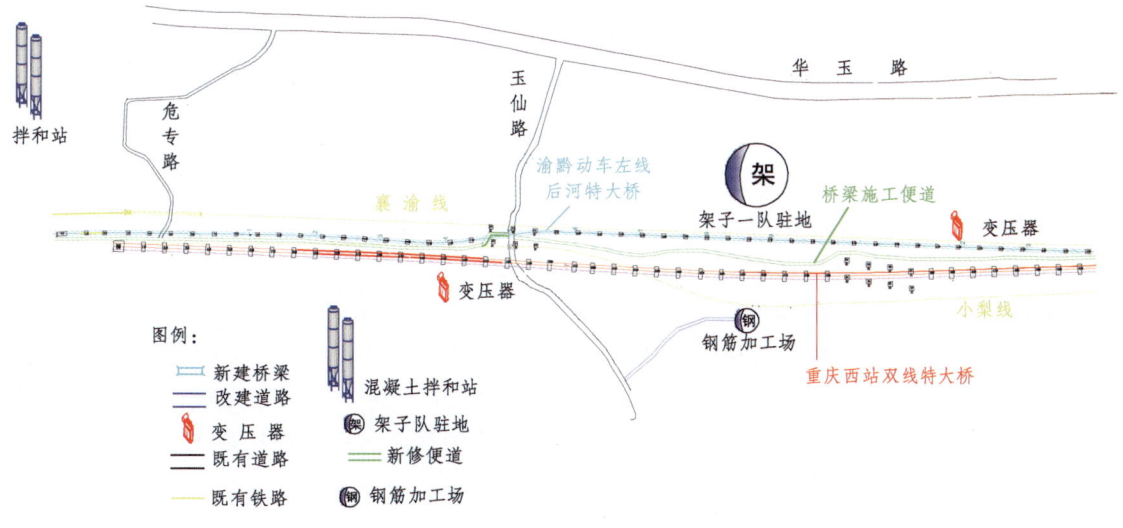

图 4.86　后河左线特大桥施工平面布置图

本桥处于重庆市九龙坡区内，临近玉仙路。沿线地层从上至下主要有软黏性土、粉质黏土、强风化泥岩夹砂岩、弱风化泥岩夹砂岩。本桥桥位处地震峰动值加速度等于

0.05g，地震动反应谱特征周期为 0.35 s；所处环境类别为碳化环境 T1、T2 级。

按照标段总体计划，渝黔动车左线后河特大桥计划 2014 年 4 月 15 日开工，桥梁下部工程 2015 年 4 月 1 日完工，下部结构工期 351 d。

（5）重庆西站单线特大桥。

渝黔动车右线重庆西站单线特大桥，桥梁中心里程为 YQDYK2+094.86，起止里程 YQDYK1+006.3～YQDYK3+086.04，全桥长 2 079.74 m，最大墩高 18 m，孔跨结构为 63×32 m，桩基础采用 ϕ1.25 m 和 ϕ1.5 m 钻孔桩基础（桩长 6～20.5 m），桥墩采用圆端型实体桥墩（墩高 2.95～18 m），桥台采用 T 形桥台，本桥位于圆曲线、缓和曲线及直线上。施工平面布置如图 4.87 所示。

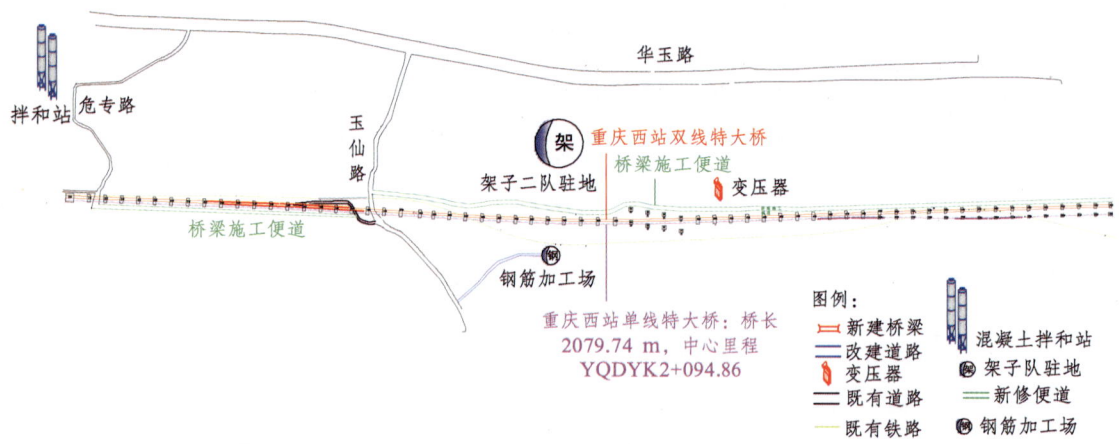

图 4.87　重庆西站单线特大桥施工平面布置图

本桥处于重庆市九龙坡区内，临近玉仙路。沿线地层从上至下主要有软黏性土、粉质黏土、强风化泥岩夹砂岩、弱风化泥岩夹砂岩。本桥桥位处地震峰动值加速度小于 0.05g，地震动反应谱特征周期为 0.35 s；所处环境类别为碳化环境 T1、T2 级。

按照标段总体计划，重庆西站单线特大桥计划 2013 年 11 月 15 日开工，桥梁下部工程 2014 年 10 月 15 日完工，下部结构工期 334 d。本单位施工范围于 2013 年 11 月 20 日开始征地拆迁工作，征地范围为重庆西站双线特大桥 18#～48# 墩，可以施工墩台为 18#～21#、26#～48# 墩，23#、24# 墩施工要侵占铁路既有线，22#、25# 墩需既有小梨线、米轨专用线停运后施工，其余墩台位置后续征拆工作随即展开。

（6）重庆西站双线特大桥。

渝黔客车线重庆西站双线特大桥，桥梁中心里程为 D2K4+86.48，起止里程 D2K3+043.19～D2K5+121.13，全桥长 2 077.94 m，最大墩高 17.7 m，孔跨结构为 63×32 m，桩基础采用 ϕ1.25 m 和 ϕ1.5 m 钻孔桩基础（桩长 6～20.5 m），桥墩采用圆端型实体桥墩（墩高 2.7～19.5 m），桥台采用矩形空心桥台，本桥位于缓和曲线及直线上。施工平面布置如图 4.88 所示。

本桥处于重庆市九龙坡区内，临近玉仙路。沿线地层从上至下主要有软黏性土、粉质黏土、强风化泥岩夹砂岩、弱风化泥岩夹砂岩。本桥桥位处地震峰动值加速度小于 0.05g，地震动反应谱特征周期为 0.35 s；所处环境类别为碳化环境 T1、T2 级。

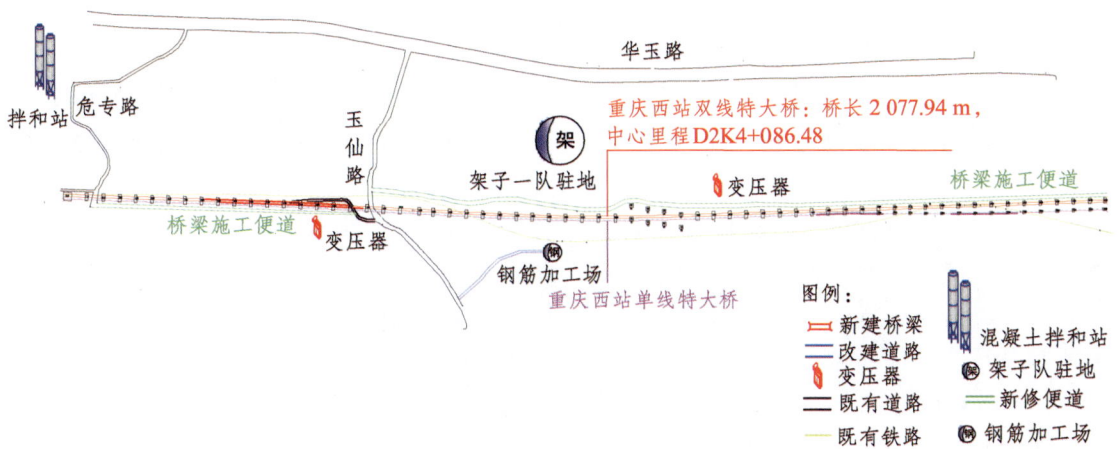

图 4.88　重庆西站双线特大桥施工平面布置图

按照标段总体计划，重庆西站双线特大桥计划 2013 年 11 月 15 日开工，桥梁下部工程 2014 年 12 月 1 日完工，下部结构工期 381 d。本单位施工范围于 2013 年 11 月 20 日开始征地拆迁工作，征地范围为重庆西站双线特大桥 18#～48# 墩，可以施工墩台为 18#～21#、26#～48# 墩，23#、24# 墩施工要侵占铁路既有线，22#、25# 需既有小梨线、米轨专用线停运后施工，其余墩台位置后续征拆工作随即展开。

（7）桂花屋基 1 号双线特大桥。

渝黔客车正线桂花屋基 1 号双线特大桥，桥梁中心里程为 D3K5+723，起止里程 D3K5+403.41～D3K6+064.2，全桥长 660.79 m，最大墩高 20 m，孔跨结构为 19×32 m +1×24 m（简支 T 梁），桩基础采用 ϕ1.5m 钻孔桩基础（桩长 8～16 m），10#、11#、18# 桥墩采用门式墩，其余桥墩采用圆端型实体桥墩（墩高 3.5～20 m），桥台采用双线 T 形空心桥台。

本桥处于重庆市九龙坡区华岩镇管区内，临近田西路，沿线地层从上至下主要有软黏性土、粉质黏土、强风化泥岩夹砂岩、弱风化泥岩夹砂岩。本桥桥位处地震峰动值加速度等于 0.05g，地震动反应谱特征周期为 0.35 s；所处环境类别为碳化环境 H1、L1 级。

按照标段总体计划，桂花屋基 1 号双线特大桥计划 2016 年 8 月 8 日开工，桥梁下部工程 2017 年 1 月 5 日完工，总工期 150 d。

（8）渝黔动车右线中梁山大桥。

渝黔动车右线中梁山大桥，桥梁中心里程为 YQDYK3+719，起止里程 YQDYK3+622.14～YQDYK3+781.95，全桥长 159.81 m，最大墩高 11 m，孔跨结构为 24 m+3×32 m+24 m（简支 T 梁），桩基础采用 ϕ1.5 m 钻孔桩基础（桩长 8～10.5 m），桥墩采用圆端型桥墩（墩高 3.5～11 m），桥台采用直（曲）线 T 形桥台，全桥位于直线和缓和曲线上。

本桥处于重庆市九龙坡区华岩镇管区内，临近田西路，沿线地层从上至下主要有人工填土、松软土、粉质黏土、强风化泥岩夹砂岩、弱风化泥岩夹砂岩，本桥桥位处地震峰动值加速度为 0.05g，地震动反应谱特征周期为 0.35 s；所处环境类别为化学侵蚀环境 H1、L1 级。

按照标段总体计划，渝黔动车右线中梁山大桥计划 2016 年 7 月 25 日开工，桥梁下部工程 2016 年 11 月 25 日完工，总工期 122 d。

3. 桥梁与线路关系分析

（1）中梁山大桥位于中梁山支线上，罗家湾大桥位于渝昆动车左线，两座桥梁左侧均紧邻既有襄渝东线，桥梁上跨危专路，沿桥梁线路方向右侧修筑施工便道进行施工作业。

（2）中梁山中桥位于中梁山支线上，桥梁左侧紧邻既有襄渝东线，右侧紧邻既有小梨线，且上跨玉仙路，沿桥梁线路方向右侧修筑施工便道进行施工作业。

（3）后河左线特大桥位于渝黔动车左线上，桥梁左侧紧邻既有襄渝东线，右侧紧邻渝黔客车正线重庆西站双线特大桥，桥梁上跨既有小梨线，桥梁上跨危专路和玉仙路，0#～17#墩利用危专路进入施工区域，沿桥梁线路方向右侧修筑施工便道，18#～48#墩施工便道利用玉仙路进入施工区域，沿桥梁线路方向右侧修筑施工便道。

（4）重庆西站单线特大桥位于渝黔动车右线上，桥梁左侧紧邻渝黔客车正线重庆西站双线特大桥，桥梁上跨既有小梨线，桥梁上跨危专路和玉仙路，且与中梁山支线有交叉，1#～17#墩利用危专路进入施工区域，沿桥梁线路方向右侧修筑施工便道，19#～63#墩施工便道利用玉仙路进入施工区域，沿桥梁线路方向左侧修筑施工便道，在18#墩处利用乡村路连通全桥施工便道。

（5）重庆西站双线特大桥位于渝黔客车正线处，桥梁左侧紧邻渝黔动车左线后河左线特大桥，右侧紧邻渝黔动车右线重庆西站单线特大桥，桥梁上跨既有小梨线，桥梁上跨危专路和玉仙路，且与中梁山支线有交叉，1#～17#墩利用危专路进入施工区域，沿桥梁线路方向右侧修筑施工便道，19#～63#墩施工便道利用玉仙路进入施工区域，沿桥梁线路方向左侧修筑施工便道，在18#墩处利用乡村路连通全桥施工便道。

4. 桥梁与桥梁关系分析

（1）中梁山中桥与后河左线特大桥交叉。

中梁山中桥位于中梁山支线上，后河左线特大桥位于渝黔动车左线上，中梁山中桥与后河左线特大桥交叉在里程为ZZDK1+437.00处相交，其桥梁交叉如图4.89所示。

图4.89 两座桥梁相交处

（2）桂花屋基1号双线特大桥与渝黔动车右线中梁山大桥交叉。

桂花屋基1号双线特大桥位于渝黔客车正线上，中梁山大桥位于渝黔动车右线上，桂花屋基1号双线特大桥与渝黔动车右线中梁山大桥在里程为YQDYK3+700处相交，其桥梁交叉如图4.90所示。

图4.90 两座桥梁相交处

4.8.3 复杂干扰环境下桥梁施工影响因素分析

渝黔铁路引入重庆枢纽工程在全国铁路枢纽改造难度中居首，工程实施难度大、不可控因素多、线路交错布置，构筑物类型多、新铺线路多、物流组织难、施工工序繁，交叉干扰大、安全风险高，面对在如此复杂干扰环境下的桥梁工程建设，通过研究既有线如何干扰桥梁施工，以及施工中各座桥梁是如何相互干扰，分析其施工干扰影响因素从而实现高质量、高速度、高效益地完成桥梁建设任务，同时为类似复杂环境桥梁工程建设提供指导借鉴意义。

（1）邻近既有线路施工。

受既有铁路、公路影响的桥梁在其施工过程中不仅要满足既有线的运营安全，又要保证大桥的施工安全及进度，施工中面临既有线路安全防护和拆迁难度大、地形条件复杂、跨越限制条件多等诸多因素的影响，受这些特点和因素的综合制约，决定了受既有线路影响的大桥施工过程中存在巨大安全风险问题，因此在复杂干扰环境下的桥梁工程建设中，邻近既有线路施工作为主要干扰因素影响着桥梁的安全施工。

（2）上跨铁路、公路施工。

该桥梁工程施工区域内线路交错纵横，需上跨铁路、公路施工，其中铁路包括小梨线、中梁山支线，公路主要包括危专路、玉仙路、华玉路，上跨铁路、公路桥梁项目不仅需要保障下行车辆撞击桥墩造成结构破坏的风险，还要严禁发生高空坠物现象，影响下行线路车辆通车，造成不必要的安全隐患。上跨铁路、公路桥梁项目任务重，工作强度高，建设时间有严格的要求，给整个项目的施工组织协调、安全控制与管理带来巨大挑战。

（3）交叉处桥梁施工。

该区域内主要有两处桥梁（中梁山中桥与后河左线特大桥，桂花屋基 1 号双线特大桥与渝黔动车右线中梁山大桥）在同一位置相交，需采用门式墩上跨进行桥梁建设，门式墩横梁跨度大，桩基及承台施工距既有线路近，对支架、脚手架以及防护的搭设要求更高，交叉处桥梁施工应更加重视施工安全，保证交叉位置桥梁工程建设的顺利完成。

（4）复杂地形地质情况。

重庆被茅以升桥梁委员会于 2005 年认定为中国唯一的"桥都"，其桥梁数量和密度远远超过中国其他城市，建设密度和施工难度世所罕见，重庆地区地形地貌以丘陵、山地为主，坡地面积较大，地势陡峭，山地地形占 70%，有"山城"美誉之称，地层多为软黏性土、粉质黏土、强风化泥岩夹砂岩、弱风化泥岩夹砂岩等类型。复杂艰险的地形地质环境严重影响干扰着重庆西站至重庆西动车所及客车整备所新建铁路范围内桥梁工程的建设，给桥梁施工技术、地质灾害处理、施工组织及安全管理等方面将带来不小的难度。

（5）施工场地空间限制。

正是由于重庆山区复杂艰险的地形地质环境，且该区域内线路交错，桥梁密度大，距离相近，桥梁施工场地狭窄，大型机械设备进场困难，安放位置受限，如何在有限空间场地内调整好施工各项内容，做好工程机械穿插，组织协调好人员、机械、材料，保证工程施工进度，并且将周边环境影响最小化将尤为重要。

（6）施工组织协调及安全管理。

桥梁工程不仅周期长，还要求密切的合作，桥梁工程的施工在较长的时间内需占用、消耗大量的资源，因此在施工的各阶段，应严格计划，科学管理，做好施工组织协调安排，使各环节紧密相扣。复杂干扰环境下桥梁工程建设面临施工环境恶劣、施工工艺复杂、技术含量高、施工难度大等特点，同时可变因素多，因分部分项工程、工序、施工方法的不同，现场作业环境、状况和不安全因素都在变化中，桥梁建设一直属于高风险工程，其要求项目的组织管理对安全生产具有高度的适应性和灵活性，通过科学的施工组织协调和周密的安全管理，使工程施工安全得以控制，从而达到技术经济效益和社会效益最佳。[70]

4.8.4　复杂干扰环境下桥梁施工资源配置研究

复杂干扰环境下桥梁工程施工环境条件复杂，桥梁之间相互干扰，施工空间受限，对交叉既有线路影响较大，施工组织实施困难，严重影响物料运输及其他线下工程的正常进行，不仅使桥梁建设整体工期难以得到有效保证，同时对桥梁工程建设的质量以及施工过程中的安全提出非常高的要求。为保证桥梁工程施工的工期、质量以及安全，分析各桥梁同时施工时桥梁间的相互影响，以及各桥梁对其他线下工程的影响和施工难度，建立复杂干扰环境桥梁工程重要度评价体系，根据各桥梁工程工期、质量及安全的重要度大小进行资源配置,加大对困难桥梁的资源投入,以保证工程的顺利施工和工期目标的实现。

1. 云模型理论

云模型是中国工程院院士李德毅在结合概率统计理论和模糊数学理论的基础上提出的一种实现定性概念和定量值之间的不确定性转换的数学模型,利用云数字特征考虑隶属度计算的模糊性和随机性,改进传统的隶属函数只考虑模糊性这一缺点,统一刻化了不确定性语言值和精确数值之间的随机性和模糊性,能够更好地刻画人类语言以及思维中的灵活性和柔和性,更接近自然语言和人类思维的过程。目前,云模型理论不仅已成功应用于水库诱发地震的综合评价、隧道的围岩稳定性分类、道路震害风险评估等工程领域,还在计算机数据挖掘、航空航天的目标威胁与识别、土地利用评价、网络信息安全评估、射击精度评估等方面有着广泛运用。

复杂干扰环境下桥梁工程重要度评价是一个多层次多因素的评价问题,其评价结果具有一定的客观性,所涉及的评价问题有一定的随机性和模糊性,云模型是一种专门用于处理不确定性的方法,构建定性与定量间的映射,利用云模型理论将评价指标的重要性语言值和评价语言值转换为云的数字特征,再通过云的算术运算规则得出系统顶层指标的定量评价值,最后将其转换为符合人习惯的定性评价,实现了对桥梁工程重要度评价问题的指标定性评价与定量数值之间的转换。

在复杂干扰环境桥梁工程重要度评价中建立基于云模型理论的算法模型,充分考虑到评价过程中出现的模糊因素和随机因素,准确计算各桥梁工程评价指标的确定度值,让评价结果更加准确可靠,切实可行。

(1)云的基本概念。

定义1:设 U 是一个精确数值表示的定量论域,C 是 U 上的定性概念,若定量值 $x \in U$,且 x 是定性概念 C 的一次随机实现,x 对 C 的确定度 $\mu(x) \in [0,1]$ 是有稳定倾向的随机数 $\mu: U \to [0,1]$,$\forall x \in U \ x \to \mu(x)$,则 x 在论域 U 上的分布称为云(Cloud),每一个 x 称为一个云滴。

从云的定义可以看出,能够将云滴 x 的隶属度理解为该云滴能够代表某个定性概念的程度大小。云滴 x 对概念 C 的确定度越小,则 x 离概念 C 的距离越远,越不能体现该定性概念的整体特征;反之,云滴 x 对概念 C 的确定度越大,则 x 离概念 C 的距离越近,就越能体现该定性概念的整体特征。同时,云模型确定度与传统模糊数学中的模糊隶属度函数的区别在于,传统模糊隶属度函数中的元素与其隶属度之间是一对一的关系,而云模型中论域 U 上的概念 C 从论域 U 到区间 $[0,1]$ 的映射是一对多的关系,即论域中某一元素与它对概念 C 的隶属度之间的映射是一对多的关系,一个定性概念对应的是多个 0 到 1 之间的数。

定义2:若 x 满足 $x \sim N(Ex, Enn^2)$,其中 $Enn \sim N(En, He^2)$,且 x 对 C 的确定度满足

$$\mu(x) = e^{-\frac{(x-Ex)^2}{2Enn^2}} \tag{4-36}$$

则 x 在论域 U 上的分布称为正态云。

采用正态分布生成的云叫作正态云,正态云是云最基本的表现形式,这是由于正态分布是最基本、运用最广泛的函数形式。一个定性概念可利用云的期望 Ex、熵 En 和超熵 He 等三个数值来整体定量描述,这三个数值叫作云模型的数字特征。云模型的三个数字特征是定性语言的定量化描述,也是进行云模型计算、产生虚拟云及完成云变换的理论基础。

(2)云的数字特征。

云的数字特征是反映云概念的整体性和定性知识的定量特性,其对定性概念的理解有着非常重要的意义。常用三个数字特征(期望 Ex、熵 En 和超熵 He)来整体表征一个云概念,如图 4.91 所示。

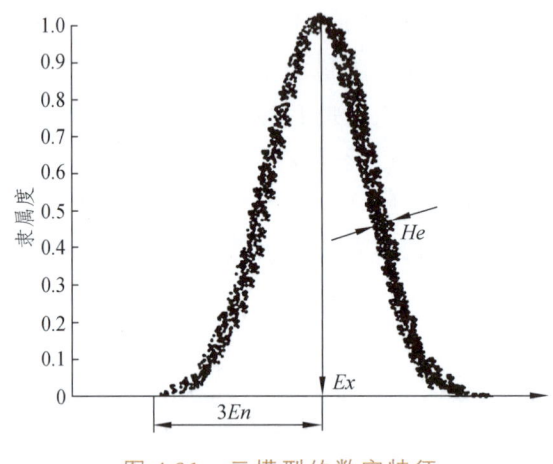

图 4.91 云模型的数字特征

期望 Ex:表示定性概念量化为云滴群的中心点,是最能够代表该定性概念的取值,期望 Ex 的确定度为 1,即该点完全隶属于上述定性概念。

熵 En:反映了云滴群分布的不确定性,由概念的模糊性及随机性共同决定。这种不确定性表现在:① 熵取值的大小表示在数域中能够利用定性概念 C 接受的云滴范围大小,也就是定性概念 C 定量化后云滴群的范围,即模糊度;② 熵值的大小表示云滴可以代表该定性概念的概率取值,即反映定性概念定量化后云滴群分布的随机性特征;③ 熵还可以反映模糊性和随机性的关联性,即熵不是简单的表示模糊性和随机化,而是两者关联性的反映,模糊性中有随机性,随机性中也含模糊性。熵值越大,定量化后云滴群分布的随机性就越大,概念所能接受的数值范围也就越大,此时概念就更加模糊。

超熵 He:进一步表征定性概念量化为云滴群的离散性,超熵的大小能够反映云的厚度,超熵 He 越大,定性概念定量化时云滴的隶属度具有更大的随机性,云滴将向更为离散的方向发展,云的凝聚性就越小。

(3)云发生器。

云模型发生器的主要功能是进行定性概念与定量数值的转换映射,云模型发生器是由正向云发生器、逆向云发生器、X 条件云发生器和 Y 条件云发生器组成。其中,正向云发生器主要将定性概念转换为定量数值,而逆向云发生器则主要将定量数值转换为定性概念。云发生器主要功能与算法模型如下:

① 正向云发生器。

通过云的三个数字特征(Ex,En,He)随机生成云滴,如图 4.92 所示。

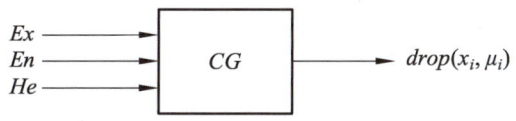

图 4.92 正向云发生器

正向云发生器算法步骤为：

步骤 1：生成期望 En、方差 He^2 的正态随机数 $Enn \sim N(En, He^2)$；

步骤 2：生成期望 Ex、方差 Enn^2 的正态随机数 $x_i \sim N(Ex, Enn^2)$；

步骤 3：计算 $\mu_i = e^{-\frac{(x_i - Ex)^2}{2Enn^2}}$，$(x_i, \mu_i)$ 构成论域中的任意一个云滴；

步骤 4：重复步骤 1～步骤 3，产生满足条件的 N 个云滴。

② 逆向云发生器。

将一定数量的已知数据用以数字特征（Ex，En，He）的定性概念表示，其主要通过概率论知识求得，如图 4.93 所示。

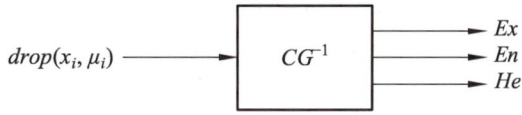

图 4.93 逆向云发生器

逆向云发生器算法步骤为：

步骤 1：根据已知样本数据 $x_1, x_2, \cdots, x_m$，计算样本均值 $\overline{X} = \frac{1}{m}\sum_{i=1}^{m} x_i$，样本方差 $S^2 = \frac{1}{m-1}\sum_{i=1}^{m}(x_i - \overline{X})^2$；

步骤 2：计算云滴期望值 $Ex = \overline{X}$；

步骤 3：计算云滴的熵 $En = \sqrt{\frac{\pi}{2}} \times \frac{1}{m}\sum_{i=1}^{m}|x_i - Ex|$；

步骤 4：计算云滴的超熵 $He = \sqrt{S^2 - En^2}$。

③ 条件云发生器。

在已知云的三个数字特征 Ex、En、He 和特定的数值 x_0 的条件下，生成对应于 x_0 的确定度为 μ_i 的云滴 $drop(x_0, \mu_i)$ 的云发生器称为 X 条件云发生器。给定云的三个数字特征 Ex、En、He 和特定的确定度值 μ_0 的条件下，生成对应于确定度值 μ_i 的特定数值 y_0 的云滴 $drop(y_0, \mu_i)$ 的云发生器称为 Y 条件云发生器。如图 4.94 所示。

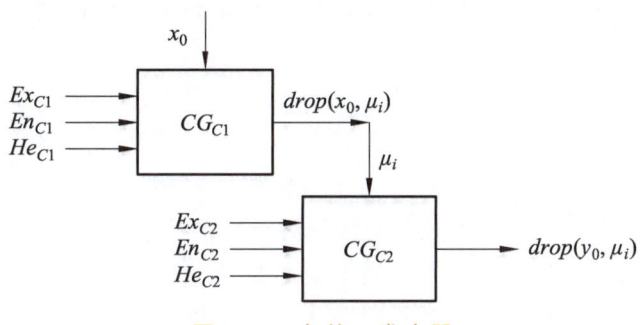

图 4.94 条件云发生器

2. 资源配置研究现状

资源管理的目的就是为了在保证工程项目正常履约的情况下,通过对资源本身特性、资源的配置方法以及资源的集成模式进行研究,优化管理措施,提高资源的使用效率,从而达到节约成本、保证工程进度的目的。因此,从这方面上来讲,可以把资源的管理理论分为三大模块,第一大模块主要是研究如何对资源进行优化配置,主要侧重于研究资源配置的技术和方法;第二大模块是针对资源本身的特性研究如何提高资源自身的效率等,侧重于研究资源本身控制程序和制度的建立和控制,涉及的是具体资源管理的内容;第三大模块是研究不同单位、实体之间资源的集成方式。

在资源的管理方面,不少学者都提出资源是作为对施工进度计划影响的重要因素,并提出了多种方法与构想用于有效的资源管理。在国外,资源管理的研究主要集中在利用数学算法优化资源的分配。Padillaand Carr 开发了一个仿真模型可自动分配施工活动资源,通过将成本和时间作为随机变量,模拟项目在决策过程中的资源分配的不同策略,以此来分析对项目工期与成本的影响。Chan 等提出的模型表明基于模型的资源均衡和资源受限的工期优化有助于缩短工期。Moonseo Park 为了在动态建设过程中能提供准确资源用量,提出建设一个基于模型的动态施工资源管理,通过工业数据,量化项目资源影响范围和政策实施来模拟模型的动态资源管理。Kastor 和 Sirakoulis 认为 CPM 虽然广泛应用于项目管理,但其基于有无限资源假设的前提,不能提供有效的资源管理计划,为此根据软件内置的优先规则,利用资源调配可解决资源冲突。

国内的资源管理主要依靠经验与起辅助作用的管理软件,大量的资源管理研究主要集中在通过网络图对施工工期的优化,以及施工资源的优化配置理论、要素、方法与途径。众多学者以及书籍中,主要是通过结合实际经验,阐述资源管理过程中各管理要素（人力、材料、施工机械设备、资金）的重要性、管理原则、计算方法,以及提出一些纲领性意见与措施用于指导资源管理。在资源的优化配置方面,利用启发式算法、遗传算法、蚁群算法等各种算法法则对施工过程中的资源进行优化配置,并与 Microsoft Project、P3 等资源管理软件优化结果进行对比。天津大学的张连营等基于网络中的作业不能分割作业的假设,借助 Matlab 软件编程,采用遗传算法就"资源有限、工期最短""工期固定、资源平衡""单资源与多资源平衡"等问题,对施工过程的资源优化反复进行试验与研究,找出关键路径中的资源优化方案。徐华通过对基于并行的资源平衡优化启发式算法进行改进,将若干资源选择规则应用于该算法,来解决动态联盟项目管理资源的平衡优化问题。张绍阳利用基于 Petri 网的资源强度柔化方法,对资源进行局部与整体优化,其建模方法可深入到网络图工序内部建模,可及时调整实际与计划进度不符时的资源用量,实现资源的事中控制。

目前使用的资源管理方法主要是依靠二维项目管理软件,在其编制的进度计划中关联资源信息,并基于内置优先规则的启发式算法使资源均衡,但这些软件并不提供关于该算法细节的其他信息,例如它的调度方案或优先规则使用等,而且资源计划和优化模型与工程的实际情况差异较大。在做资源计划时,一般考虑资源在作业周期内是均衡的、平均分配的,但是实际过程中资源很难达到这种均衡状态,这造成了理论计算与实际之间存在较大的误差。在项目的实际实施过程中,资源配置的影响因素很多,比如设备资源的投入会严重受到邻近工程施工组织的影响,但做资源计划时一般仅仅考虑时间因素,对其他因素考虑得较少,由此导致计划难以指导实际。

特别是对于桥梁复杂干扰环境下,邻近、交叉待架桥梁工程间的相互干扰,待架桥梁与既有铁路、公路之间的交叉干扰、待架桥梁工程对线下工程、后续工程、物料运输的影响及待架桥梁施工的难度,严重影响了资源在同时施工桥梁间的分配,使得资源计划的制订极为困难,利用常规只考虑时间因素的模型和软件,难以制订出符合复杂工程实际的资源计划。因此,有必要对复杂干扰环境下的桥梁工程资源配置进行分析研究,分析影响桥梁工程施工工期、质量及安全的关键因素,建立复杂干扰环境桥梁工程重要度评价体系,并基于云模型理论计算各桥梁的重要度值,根据重要度值评价各座桥梁的重要度情况,加大对困难桥梁的资源投入,保证桥梁工程建设的顺利完成和整体工期目标的实现。

3. 建立复杂干扰环境桥梁工程重要度评价体系

通过查阅相关文献,结合本项目资料以及在前人对复杂干扰环境下桥梁施工影响研究的基础上,深入考虑影响复杂干扰环境下桥梁工程施工中的工期、质量以及安全等影响因素,选取建设规模、桥梁干扰程度、工程影响程度、施工难度4项指标作为桥梁重要度评价指标,如图4.95所示。

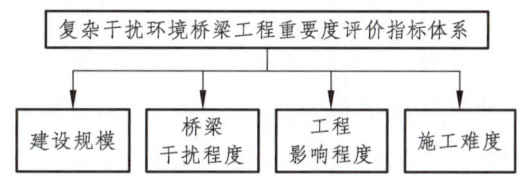

图 4.95 复杂干扰环境桥梁工程重要度评价指标体系

(1)建设规模。

将桥梁长度作为衡量桥梁建设规模的依据,当多个桥梁同时施工时,建设规模越大,则需配置资源越多。

(2)桥梁干扰程度。

当多个桥梁同时施工时,其空间位置的分布会严重影响各桥梁施工的顺利进行,其位置越邻近或者交叉,则其施工组织空间重叠度越高,其施工组织间的干扰也就越高,就需投入更多的资源进行协调,保证各桥梁施工的顺利进行。

(3)工程影响程度。

若待架桥梁与既有铁路、公路存在交叉,则桥梁施工会对交叉线路的使用产生影响,若该交叉线路需作为物料运输通道,则会严重影响线下工程和后续工程的顺利施工。若待施工桥梁后续工程开工时间较早,则该待施工桥梁工期的保证显得尤为重要。因此,为减小对交叉线路、线下工程和后续工程的影响,保证整体工程工期的实现,对桥梁对其他工程的影响程度进行评价,对工程影响程度大的桥梁分配更多的资源。

(4)施工难度。

若待架桥梁施工工艺较为复杂,或施工空间受限程度高,如有邻近工程同时施工或桥梁其他线路存在交叉,施工场地严重受限,则需分配更多资源以保证该桥梁施工的顺利进行，保证工期目标的实现。

对每项评价指标具体量化为 3 个等级，由等级Ⅰ依次到等级Ⅲ，等级越高表示重要程度越高，同时表示该桥梁对整体工程工期的保证越困难，需要分配更多的资源，以保证施工的顺利进行，具体量化指标体系如表 4.73 所示。

表 4.73　桥梁工程重要度评价指标体系

评价指标	指标量化	重要度等级
建设规模	单跨孔径 $L_k >$ 150 m 或桥梁总长 $L >$ 1 000 m	等级Ⅲ
	单跨孔径 40 $\leq L_k \leq$ 150 m 或桥梁总长 100 $\leq L \leq$ 1 000 m	等级Ⅱ
	单跨孔径 $L_k <$ 40 m 或桥梁总长 $L <$ 100 m	等级Ⅰ
桥梁干扰程度	桥梁间施工相互交叉干扰影响	等级Ⅲ
	桥梁间施工紧邻干扰影响	等级Ⅱ
	桥梁间无干扰影响（一般区域）	等级Ⅰ
工程影响程度	对后续工程、既有线影响程度高	等级Ⅲ
	对后续工程、既有线影响程度中等	等级Ⅱ
	对后续工程、既有线影响程度低	等级Ⅰ
施工难度	施工工艺复杂，施工场地受限程度高	等级Ⅲ
	施工工艺成熟，施工场地受限程度中等	等级Ⅱ
	施工工艺简单，施工场地受限程度低	等级Ⅰ

4．确定云数字特征

将每项评价指标具体量化为 3 个等级，等级由高到低变化时重要度依次减弱，为确定云模型数字特征，将重要度等级量化为分数区间，按照分数越高重要度越大的原则，将重要度等级依次量化为三个不同的区间，即等级Ⅲ[7,10]，等级Ⅱ[3,7]，等级Ⅰ(0,3)。

由云模型理论可知，对每一个重要度等级区间 $[C_{\min},C_{\max}]$，其相应的云数字特征（Ex，En，He）为

$$\begin{cases} Ex = (C_{\min} + C_{\max})/2 \\ En = (C_{\max} - C_{\min})/3 \\ He = k \end{cases} \quad (4\text{-}37)$$

式中，k 为常数，反映主观评定的随机性和语言的模糊性，取值不宜过大，取 $k = 0.3$。

通过云模型的数字特征率定准则（见表 4.74）计算得到不同重要度等级的云数字特征值（见表 4.75）。当云数字特征值确定后，通过正向云发生器，可生成评价指标不同重要度等级对应的云模型如图 4.96 所示，从左到右依次为等级Ⅰ、等级Ⅱ、等级Ⅲ，图中横坐标表示各评价指标重要度分值，纵坐标表示该指标对应的确定度 u。

表 4.74　云模型的数字特征率定准则

重要度等级	期望 E_x	熵 E_n	超熵 He
等级Ⅲ	$E_{x1} = c$	$E_{n1} = (c-b)/3$	k
等级Ⅱ	$E_{x2} = (a+b)/2$	$E_{n2} = (b-a)/3$	k
等级Ⅰ	$E_{x3} = 0$	$E_{n3} = (a-0)/3$	k

注：表中的 a，b，c 分别代表各重要度等级的边界值。

表 4.75　各重要度等级对应的云数字特征值

重要度等级	期望 E_x	熵 E_n	超熵 He
等级Ⅲ	$E_{x1}=10$	$E_{n1}=1$	0.3
等级Ⅱ	$E_{x2}=5$	$E_{n2}=1.33$	0.3
等级Ⅰ	$E_{x4}=0$	$E_{n3}=1$	0.3

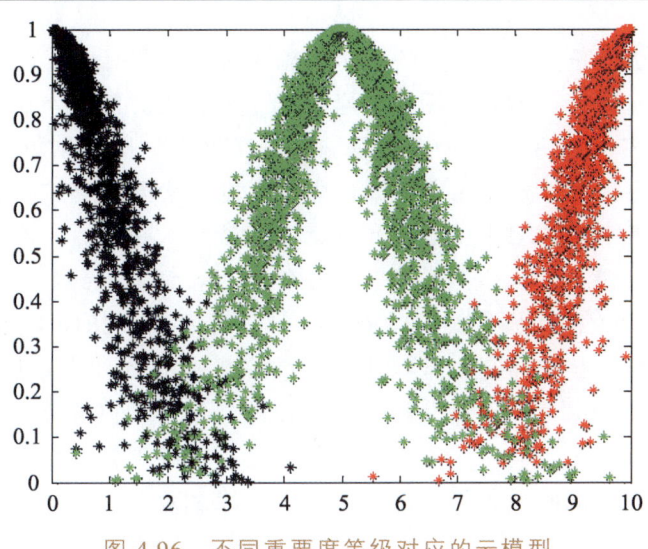

图 4.96　不同重要度等级对应的云模型

5．构建复杂干扰环境桥梁工程资源配置算法步骤

步骤 1：确定复杂干扰环境下桥梁工程重要度评价指标，并构建各重要度等级具体量化的各项评价指标体系。

步骤 2：计算不同重要度等级对应的云数字特征（Ex，En，He），并生成云模型图。

步骤 3：根据云发生器，计算第 i 座桥梁中第 j 项评价指标隶属于不同重要度等级云模型的确定度 u_{ij}，计算确定度值 u_i。

$$u_i = \sum_{j=1}^{n} u_{ij} \quad (j=1,2,3,4) \tag{4-38}$$

步骤 4：计算桥梁 i 综合重要度分数 P_i。

$$P_i = u_i(\text{Ⅲ}) \times 50 + u_i(\text{Ⅱ}) \times 30 + u_i(\text{Ⅰ}) \times 20 \tag{4-39}$$

式中，50、30、20 分别为重要度等级Ⅲ、Ⅱ、Ⅰ对应分数值。

步骤 5：根据综合重要度分数 P_i，计算桥梁 i 的资源配置比例 R_i。

$$R_i = \frac{P_i}{\sum_{i=1}^{m} P_i} \tag{4-40}$$

式中，m 为同一时间段桥梁施工个数。

步骤 6：工期影响性检查。

对各桥梁资源配置后的工期变化进行分析，检查其工期变化是否会影响紧后工程及其他桥梁工程最早开工时间,若不影响则通过影响性检查,若有影响则按不影响紧后工程最早开工时间的工期进行资源配置,并对影响性检查通过的桥梁的资源按综合重要度分数比例进行扣减,再重新对资源扣减桥梁进行影响性检查,如此循环直至所有分析桥梁工期影响性检查通过。

6. 实例分析

根据渝黔铁路引入重庆枢纽项目桥梁工程施工组织编制计划,可知重庆西站至重庆西动车所及客车整备所新建铁路范围内 8 座桥梁工程施工时间以及施工总工期,桥梁施工计划工期安排如表 4.76 所示,桥梁工程施工进度计划如图 4.97 所示。通过对施工进度计划分析得知,该工程主要在 3 个时间段内有多座桥梁同时施工,第一时间段:2014 年 4 月—11 月,重庆西站单线特大桥、重庆西站双线特大桥、后河左线特大桥 3 座桥梁同时施工;第二时间段:2014 年 12 月—2015 年 4 月,后河左线特大桥、中梁山中桥、罗家湾大桥、中梁山大桥 4 座桥梁同时施工;第三时间段:2016 年 8 月—12 月,渝黔动车右线中梁山大桥、桂花屋基 1 号双线特大桥等 2 座桥梁同时施工。因此,本节主要对以上 3 个同时施工的时间段进行分析,运用云模型理论计算每座桥梁的综合重要度分值,从而对复杂干扰环境下同时施工的桥梁工程进行资源配置,合理运用工程建设所需资源,保障施工工期,同时取得可观的社会效益和经济效益。

表 4.76 桥梁施工计划工期

桥梁名称	施工时间段	总工期/d
重庆西站单线特大桥	2013 年 11 月 15 日—2014 年 10 月 15 日	334
重庆西站双线特大桥	2013 年 11 月 15 日—2014 年 12 月 1 日	381
后河左线特大桥	2014 年 4 月 15 日—2015 年 4 月 1 日	351
中梁山中桥	2014 年 12 月 15 日—2015 年 3 月 30 日	105
罗家湾大桥	2014 年 12 月 15 日—2015 年 5 月 2 日	138
中梁山大桥	2014 年 12 月 15 日—2015 年 7 月 4 日	201
渝黔动车右线中梁山大桥	2016 年 7 月 25 日—2016 年 11 月 25 日	123
桂花屋基 1 号双线特大桥	2016 年 8 月 8 日—2017 年 1 月 5 日	150

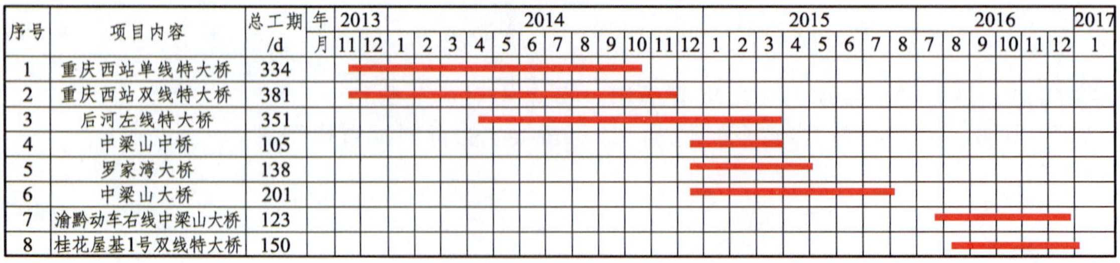

图 4.97 桥梁工程施工进度计划

(1)第一时间段桥梁工程资源配置分析。

第一时间段桥梁工程施工时间主要集中在 2014 年 4 月—11 月,同时包括重庆西站单线特大桥、重庆西站双线特大桥、后河左线特大桥等 3 座桥梁的施工，分析 3 座桥梁同时建设时的施工干扰影响因素，同时分析桥梁与线路的关系以及桥梁与桥梁的关系，得到包括建设规模、桥梁干扰程度、工程影响程度、施工难度等 4 项评价指标的桥梁重要度分值，如表 4.77 所示。

表 4.77 各项评价指标重要度分值

桥梁名称	建设规模	桥梁干扰程度	工程影响程度	施工难度
重庆西站单线特大桥	9	4	6	7
重庆西站双线特大桥	9	6	9	8
后河左线特大桥	8	3	8	6

① 计算分析。

根据基于云模型的复杂干扰环境下桥梁工程资源配置算法模型，运用云发生器计算各评价指标隶属于不同重要度等级的确定度 u_{ij}，如表 4.78～4.80 所示。

表 4.78 隶属于等级Ⅲ的确定度值

桥梁名称	建设规模	桥梁干扰程度	工程影响程度	施工难度
重庆西站单线特大桥	0.551 4	0.000 1	0.005 2	0.028 7
重庆西站双线特大桥	0.547 0	0.004 9	0.557 3	0.159 5
后河左线特大桥	0.161 7	0.000 0	0.154 6	0.004 9

表 4.79 隶属于等级Ⅱ的确定度值

桥梁名称	建设规模	桥梁干扰程度	工程影响程度	施工难度
重庆西站单线特大桥	0.023 1	0.723 5	0.723 8	0.316 3
重庆西站双线特大桥	0.023 5	0.721 2	0.024 0	0.095 0
后河左线特大桥	0.098 4	0.314 8	0.094 0	0.725 7

表 4.80 隶属于等级Ⅰ的确定度值

桥梁名称	建设规模	桥梁干扰程度	工程影响程度	施工难度
重庆西站单线特大桥	0.000 0	0.003 8	0.000 1	0.000 0
重庆西站双线特大桥	0.000 0	0.000 1	0.000 0	0.000 0
后河左线特大桥	0.000 0	0.034 9	0.000 0	0.000 1

根据基于云模型的复杂干扰环境下桥梁工程资源配置算法步骤 3、步骤 4，可得到每座桥梁隶属于不同重要度等级的综合确定度值 u_i 及综合重要度分数 P_i，如表 4.81 所示。

表 4.81 综合重要度分数结果

桥梁名称	综合确定度值 u_i			综合重要度分数 P_i
	u(Ⅲ)	u(Ⅱ)	u(Ⅰ)	
重庆西站单线特大桥	0.585 4	1.786 7	0.003 9	82.95
重庆西站双线特大桥	1.268 6	0.863 7	0.000 1	89.34
后河左线特大桥	0.321 2	1.232 9	0.035 0	53.75

② 资源配置分析及工期影响性检查。

根据基于云模型的复杂干扰环境下桥梁工程资源配置算法步骤 5 进行资源配置分析，得到第一时间段内 3 座桥梁工程资源配置比例结果如表 4.82 所示，因此在 2014 年 4 月—11 月施工期内对该项目的人、材、机等现有资源按 36%、40%、24% 比例进行资源分配，若遇工程特殊情况可对各桥梁资源分配情况进行相应调整。

表 4.82　桥梁工程资源配置结果

桥梁名称	资源配置比例
重庆西站单线特大桥	36%
重庆西站双线特大桥	40%
后河左线特大桥	24%

对重庆西站单线特大桥、重庆西站双线特大桥、后河左线特大桥各桥梁资源配置后的工期变化进行检查，其工期变化均不会影响紧后工程及其他桥梁工程最早开工时间，工期影响性检查通过。

（2）第二时间段桥梁工程资源配置分析。

第二时间段桥梁工程施工时间主要集中在 2014 年 12 月—2015 年 4 月，同时包括后河左线特大桥、中梁山中桥、罗家湾大桥、中梁山大桥等 4 座桥梁施工，分析 4 座桥梁同时建设时的施工干扰影响因素，同时分析桥梁与线路的关系以及桥梁与桥梁的关系，得到包括建设规模、桥梁干扰程度、工程影响程度、施工难度等 4 项评价指标的桥梁重要度分值，如表 4.83 所示。

表 4.83　各项评价指标重要度分值

桥梁名称	建设规模	桥梁干扰程度	工程影响程度	施工难度
后河左线特大桥	8	9	6	8
中梁山中桥	2	8	6	6
罗家湾大桥	3	2	4	2
中梁山大桥	4	3	4	3

① 计算分析。

根据基于云模型的复杂干扰环境下桥梁工程资源配置算法模型，运用云发生器计算各评价指标隶属于不同重要度等级的确定度 u_{ij}，如表 4.84～4.86 所示。

表 4.84　隶属于等级Ⅲ确定度值

桥梁名称	建设规模	桥梁干扰程度	工程影响程度	施工难度
后河左线特大桥	0.157 4	0.553 8	0.005 5	0.156 2
中梁山中桥	0.000 0	0.157 3	0.005 1	0.005 2
罗家湾大桥	0.000 0	0.000 0	0.000 1	0.000 0
中梁山大桥	0.000 1	0.000 0	0.000 1	0.000 0

第 4 章　山区高速铁路大型枢纽工程成套关键施工技术研究

表 4.85　隶属于等级 Ⅱ 的确定度值

桥梁名称	建设规模	桥梁干扰程度	工程影响程度	施工难度
后河左线特大桥	0.097 3	0.021 2	0.730 3	0.098 5
中梁山中桥	0.096 6	0.098 7	0.721 3	0.726 7
罗家湾大桥	0.312 2	0.100 8	0.729 0	0.094 0
中梁山大桥	0.728 9	0.314 1	0.727 4	0.317 5

表 4.86　隶属于等级 Ⅰ 的确定度值

桥梁名称	建设规模	桥梁干扰程度	工程影响程度	施工难度
后河左线特大桥	0.000 0	0.000 0	0.000 1	0.000 0
中梁山中桥	0.160 7	0.000 0	0.000 1	0.000 1
罗家湾大桥	0.032 0	0.163 0	0.004 7	0.162 8
中梁山大桥	0.005 0	0.031 2	0.005 2	0.032 6

根据基于云模型的复杂干扰环境下桥梁工程资源配置算法步骤 3、步骤 4，可得到每座桥梁隶属于不同重要度等级的综合确定度值 u_i，以及综合重要度分数 P_i，如表 4.87 所示。

表 4.87　综合重要度分数结果表

桥梁名称	综合确定度值 u_i			综合重要度分数 P_i
	$u(Ⅲ)$	$u(Ⅱ)$	$u(Ⅰ)$	
后河左线特大桥	0.872 9	0.947 3	0.000 1	72.07
中梁山中桥	0.167 7	1.643 3	0.160 8	60.90
罗家湾大桥	0.000 1	1.236 0	0.362 6	44.34
中梁山大桥	0.000 2	2.087 9	0.074 0	64.13

② 资源配置分析及工期影响性检查。

根据基于云模型的复杂干扰环境下桥梁工程资源配置算法步骤 5 进行资源配置分析，得到第二时间段内 4 座桥梁工程资源配置比例结果如表 4.88 所示，因此在 2014 年 12 月—2015 年 4 月施工期内对该项目的人、材、机等现有资源按 30%、25%、18%、27% 比例进行资源分配，若遇工程特殊情况可对各桥梁资源分配情况进行相应调整。

表 4.88　桥梁工程资源配置结果

桥梁名称	资源配置比例
后河左线特大桥	30%
中梁山中桥	25%
罗家湾大桥	18%
中梁山大桥	27%

对后河左线特大桥、中梁山中桥、罗家湾大桥、中梁山大桥各桥梁资源配置后的工期变化进行检查，其工期变化均不会影响紧后工程及其他桥梁工程最早开工时间，工期

影响性检查通过。

（3）第三时间段桥梁工程资源配置分析。

第三时间段桥梁工程施工时间主要集中在 2016 年 8 月—12 月，同时包括渝黔动车右线中梁山大桥、桂花屋基 1 号双线特大桥等 2 座桥梁施工，分析 2 座桥梁同时建设时的施工干扰影响因素，同时分析桥梁与线路的关系以及桥梁与桥梁的关系，得到包括建设规模、桥梁干扰程度、工程影响程度、施工难度等 4 项评价指标的桥梁重要度分值，如表 4.89 所示。

表 4.89　各项评价指标重要度分值

桥梁名称	建设规模	桥梁干扰程度	工程影响程度	施工难度
渝黔动车右线中梁山大桥	3	8	7	4
桂花屋基 1 号双线特大桥	6	9	8	6

① 计算分析。

根据基于云模型的复杂干扰环境下桥梁工程资源配置算法模型，运用云发生器计算各评价指标隶属于不同重要度等级的确定度 u_{ij}，如表 4.90～4.92 所示。

表 4.90　隶属于等级Ⅲ的确定度值

桥梁名称	建设规模	桥梁干扰程度	工程影响程度	施工难度
渝黔动车右线中梁山大桥	0.000 0	0.157 5	0.031 6	0.000 1
桂花屋基 1 号双线特大桥	0.004 4	0.558 5	0.155 8	0.005 2

表 4.91　隶属于等级Ⅱ的确定度值

桥梁名称	建设规模	桥梁干扰程度	工程影响程度	施工难度
渝黔动车右线中梁山大桥	0.313 5	0.093 1	0.314 9	0.723 2
桂花屋基 1 号双线特大桥	0.729 1	0.024 8	0.096 3	0.724 2

表 4.92　隶属于等级Ⅰ的确定度值

桥梁名称	建设规模	桥梁干扰程度	工程影响程度	施工难度
渝黔动车右线中梁山大桥	0.032 5	0.000 0	0.000 0	0.005 4
桂花屋基 1 号双线特大桥	0.000 1	0.000 0	0.000 0	0.000 1

根据基于云模型的复杂干扰环境下桥梁工程资源配置算法步骤 3、步骤 4，可得到每座桥梁隶属于不同重要度等级的综合确定度值 u_i，以及综合重要度分数 P_i，如表 4.93 所示。

表 4.93　综合重要度分数结果

桥梁名称	综合确定度值 u_i			综合重要度分数 P_i
	$u(Ⅲ)$	$u(Ⅱ)$	$u(Ⅰ)$	
渝黔动车右线中梁山大桥	0.189 2	1.444 7	0.037 9	53.56
桂花屋基 1 号双线特大桥	0.723 9	1.574 4	0.000 2	83.43

② 资源配置分析及工期影响性检查。

根据基于云模型的复杂干扰环境下桥梁工程资源配置算法步骤 5 进行资源配置分析，得到第三时间段内两座桥梁工程资源配置比例结果如表 4.94 所示，因此在 2016 年 8 月—12 月施工期内对该项目的人、材、机等现有资源按 39%、61% 比例进行资源分配，若遇工程特殊情况可对各桥梁资源分配情况进行相应调整。

表 4.94 桥梁工程资源配置结果

桥梁名称	资源配置比例
渝黔动车右线中梁山大桥	39%
桂花屋基 1 号双线特大桥	61%

对渝黔动车右线中梁山大桥、桂花屋基 1 号双线特大桥各桥梁资源配置后的工期变化进行检查，其工期变化均不会影响紧后工程及其他桥梁工程最早开工时间，工期影响性检查通过。

4.8.5 复杂干扰环境下桥梁施工风险研究

复杂干扰环境下桥梁工程施工环境条件复杂，施工组织实施困难，作业安全风险高居不下，一直以来是行业安全监管的重点环节。在施工阶段建立安全风险评估制度，通过定性或定量的施工安全风险估测，能够增强安全风险意识，改进施工措施，规范预案预警预控管理，有效控制施工安全风险，减少重特大事故的发生，降低人员伤亡和经济损失，保障复杂干扰环境下桥梁工程建设的安全。

桥梁工程风险评估是根据项目施工组织设计内容，辨识和评价该工程施工过程中可能存在的风险源的种类和程度，提出合理可行的安全对策措施及建议，其基本目的是贯彻"安全第一、预防为主、综合治理"的方针，为复杂干扰环境下桥梁工程施工阶段的安全管理提供科学依据，确保建设项目施工期间实现安全生产，降低事故和危害引起的损失。同时，对复杂干扰环境铁路桥梁施工项目安全风险管理的研究，能够使相应的铁路运输单位、铁路设备管理单位、铁路系统内部或外部的项目建设单位和参建单位认识到复杂环境铁路桥梁施工项目安全风险所在，并对安全风险进行有效评估，进而采取更加有效的预防措施，加强复杂干扰环境铁路桥梁施工项目的安全风险管理工作，防止或减少铁路行车安全事故和施工安全事故的发生。

本节通过将现代风险管理的基本理论应用到渝黔铁路引入重庆枢纽桥梁工程施工项目之中，通过历史数据得出项目常见的安全风险事故，识别出该项目存在的具体风险因素，利用风险评价方法对该项目的风险做出评价，最后通过评价得出的安全风险等级，制定出具体的风险应对措施及风险控制策略，确保该工程项目的有序推进。

1. 复杂干扰环境桥梁施工风险特点

（1）复杂干扰环境桥梁施工项目安全风险存在的客观性、普遍性。

风险无处不在，无时不有，在渝黔铁路引入重庆枢纽桥梁施工项目的施工过程中也不例外。在施工过程中，作为项目的安全风险管理人员，无法消除项目施工过程中的安全风险，只能通过相应的技术措施和管理措施等手段应对安全风险，尽可能减小安全风险发生的概率，进而降低对铁路运输安全和人身安全所造成的各种损失。同时，由于本项目的施工作业内容繁多，且大部分施工作业内容位于铁路线路范围内或邻近铁路线路，桥梁施工与铁路行车相互干扰，存在着大量的风险因素，因此，其安全风险是普遍存在的。

（2）复杂干扰环境桥梁施工项目安全风险的相对特殊性。

复杂干扰环境桥梁施工项目安全风险的特殊性，体现在项目临近铁路营业线的特殊性上，在普通桥梁施工过程中可能发生的安全事故，如高处坠落、机械伤害、物体打击、中毒和触电等安全事故，在本项目施工过程中，均有可能发生。与一般桥梁的施工安全风险不同的是，本项目铁路范围内和邻近铁路的施工作业，均会对铁路线路设备、供电设备、通信和信号设备以及铁路车辆（动车组）设备造成影响，引发铁路设备故障，干扰铁路运输正常运输秩序，影响铁路行车安全，导致铁路行车安全事故。同时，本项目中邻近铁路营业线的施工作业，会受到铁路运行的影响，并有可能发生人员接触网触电或列车撞人等事故。因此，本项目施工过程中的安全风险具有一定的特殊性。

（3）复杂干扰环境桥梁施工项目安全风险的相对可控性。

复杂干扰环境桥梁施工项目安全风险虽然有多种表现形式，但是由于铁路桥梁的施工管理，需严格遵循中国铁路总公司、成都铁路局有限公司及其相应业务处室的相关文件规定和要求，且铁路运输过程中涉及的车、机、工、电、辆、供电等系统，其相应的铁路行车安全规定均有相关的安全风险管理要求，所以在项目施工过程中，其安全风险控制的基本原理是相对比较稳定，危及铁路行车安全和普通桥梁施工安全的风险源和风险因素也是可以识别的，因而也是相对可以控制的。同时，临近铁路营业线的桥梁施工项目已有相应的安全风险历史统计数据，可以根据历史统计资料，通过有关方法来判断某种风险发生的概率与造成的不利影响的程度。这样就可以通过适当的技术和方法，对本项目可能产生的风险及风险发生的时间、范围、程度进行预测和把握，识别风险的来源，进而评估风险发生的可能性和严重程度，采取适当方式来控制风险、规避风险或降低风险产生的损失。现代科学技术的发展为风险辨识与风险控制提供了理论、技术和方法，只要认真学习和运用就可以把复杂干扰环境桥梁施工项目中存在的风险列入可控、能控、在控的范围。

（4）复杂干扰环境桥梁施工项目安全风险因素众多。

由于复杂干扰环境桥梁施工项目在进行土建施工过程中，除了一般桥梁的施工安全风险之外，还涉及对铁路通信、信号、电力、接触网、牵引变电以及机务供电等铁路技术设备产生影响甚至破坏，施工过程面临施工与营业线的交叉影响及天气等复杂的施工环境，而且铁路范围内的施工时间短，邻近铁路的施工对铁路正常的运输秩序影响较大，这使得复杂干扰环境桥梁施工项目面临着众多的安全风险因素。例如，地下电缆探挖不准确、铁路路基下沉、施工人员和机具侵限、高空坠物和施工触电等。

（5）复杂干扰环境桥梁施工项目所导致的损失严重。

近年来，铁路对行车安全的要求越来越高，邻近铁路营业线桥梁施工项目的施工与铁路行车相互干扰的现象越来越严重，施工安全压力也进一步加大。邻近铁路营业线桥梁施工项目一旦发生安全事故，不仅可能给项目建设单位和项目参建单位带来经济损失和人员伤亡，而且对行车安全具有极大的威胁，轻则导致列车晚点，重则导致铁路列车出现脱轨等重大行车事故，造成旅客伤亡和巨大的经济损失，后果十分严重。[71]

2．风险因素识别

风险因素识别是针对复杂干扰环境桥梁安全生产基础状况开展的系统查找和识别风险的工作，为风险控制、风险评估提供依据，风险识别的流程主要包括资料整理及确定风险源、认知风险危害、分析风险原因、分析风险的影响程度、建立风险识别数据库等5个阶段的工作。

（1）资料整理及确定风险源。

为了准确识别风险，先要编制活动表，其内容包括工作内容、工作场地、使用设备、工作人员及作业程序。对工程施工内容进行整理分析，确定工程中的不确定性。

（2）认知风险危害。

要根据复杂干扰环境桥梁施工作业活动的流程顺序或风险承受的对象，逐项、逐阶段、逐岗位地识别与各项业务活动有关的主要危害，包括危害对象及危害方式。

（3）分析风险原因。

分析复杂干扰环境桥梁施工风险事故主要是由何种因素造成的，进一步对该因素背后的直接、间接和根本原因进行探索。

（4）分析风险的影响程度。

要分析风险可能造成的是人员损失、财务损失还是时间进度损失，或者是综合损失。风险识别是一项制度性、系统性的持续工作，是风险管理成功的关键。

（5）建立风险识别数据库。

采用信息化管理手段，与企业管理信息系统有机结合。对风险识别结果进行动态维护，保证数据真实、完整。

在目前国内外学者已有研究的基础上，通过收集相关数据资料及历史资料，结合复杂干扰环境桥梁工程的施工特点及安全风险特点，确定渝黔铁路引入重庆枢纽工程桥梁施工项目的安全风险因素，主要包括人员因素、材料设备因素、环境因素和组织管理因素等四大类风险因素，共计18个小类因素，43个具体风险因素，得出项目的安全风险清单如表4.95～4.98所示。

① 人员因素：包括安全意识、人员配备、身体及精神意识、专业技能和工作技能，共5个小类因素，11个具体风险因素。

② 材料设备因素：包括材料准备、材料堆放、机具设备准备、机具设备维修保养和机械设备施工作业，共5个小类因素，11个具体风险因素。

③ 环境因素：包括自然环境、铁路设施设备环境、现场空间布局、社会治安环境和施工现场作业环境，共5个小类因素，13个具体风险因素。

④ 组织管理因素：包括安全管理、施工组织和沟通协调，共3个小类因素，8个具体风险因素。

表 4.95 具体安全风险清单（人员因素）

安全风险因素分类	小类安全风险因素	具体安全风险因素
人员因素	安全意识	违章操作
		违章指挥
		工作态度
	人员配备	施工安全防护人员配备数量
		施工安全管理人员配备数量
	身体及精神意识	施工人员铁路施工安全意识
		施工人员工作精神状态
	专业技能	防护人员的专业技术水平
		施工人员的施工技术水平
		所接受的施工技术培训
	工作技能	施工人员对施工的了解程度

表 4.96 具体安全风险清单（材料设备因素）

安全风险因素分类	小类安全风险因素	具体安全风险因素
材料设备因素	材料准备	施工安全防护用品的配备和使用情况
		重点部位的消防警示牌、负责人标识设置情况
	材料堆放	线路材料堆码情况
		天窗施工后的材料清理情况
	机具设备准备	施工工具的质量合格程度
		起重机械部件对既有线施工安全的影响程度
		施工设备的备件和燃料配备情况
	机具设备维修保养	施工设备维修和保养情况
		施工安全工具进行定期检查和试验情况
	机械设备施工作业	起重吊装"十不准"的执行情况
		天窗施工后的机具清理情况

表 4.97 具体安全风险清单（环境因素）

安全风险因素分类	小类安全风险因素	具体安全风险因素
环境因素	自然环境	天气、气候影响
	铁路设施设备环境	铁路路基的地质状况
		铁路管线设备的分布情况
		铁路供电网设备与新建桥梁的位置关系
	现场空间布局	工作面及人员集中程度
		现场施工区域布置的合理性
		高危物体的距离
	社会治安环境	天窗点外，外部人员侵入铁路线路
		物理隔离防护设施被毁
	施工现场作业环境	施工现场照明、采光条件
		施工现场噪声情况
		施工现场通风条件
		营业线行车对施工的干扰

表 4.98　具体安全风险清单（组织管理因素）

安全风险因素分类	小类安全风险因素	具体安全风险因素
组织管理因素	安全管理	安全技术专项方案的针对性
		施工安全技术交底情况
		开工前施工人员的施工安全培训情况
		安全管理制度的完善程度和执行情况
	施工组织	对施工安全管理规定的执行情况
		施工作业计划的科学性、合理性和执行情况
	沟通协调	与设计、监理和建设单位的沟通配合情况
		与铁路设备管理单位的沟通配合情况

3. 桥梁工程风险研究现状

随着桥梁优化设计以及建造技术的日趋成熟，其发展趋势逐渐向大跨径、轻体化、多样化转变，施工难度陡增，施工安全事故频发，严重影响着生命财产安全以及社会稳定，桥梁工程施工安全越来越引起建筑行业以及学术界的重视，国内外学者基于不同的理论对桥梁施工风险做了大量研究。风险管理在桥梁工程中的应用与研究，始于 20 世纪 80 年代，由船撞问题的研究开始，至今已有 30 多年的历史。

1983 年 6 月，由国际桥梁与结构工程协会组织的以"船只与桥梁和离岸结构的撞击"为主题的学术会议在丹麦哥本哈根召开，该会议明确了运用风险方法处理桥梁船撞问题的总体思路，形成了比较系统地基于风险的桥梁船撞问题的研究体系。但由于没有深入探讨事故后果的量化方法，导致在工程应用中，风险的定量评价有一定的困难。Khan 等学者运用概率风险分析方法对扇形索面斜拉桥进行脆弱性分析来确定结构在地震作用下的失效概率，并通过工程实例进行验证，得出了地震频率、延性比、不确定因素的变异系数等因素对结构失效概率的影响；Hassan Hashemi 提出了一种新的综合方法，通过应用非参数的重新取样技术和区间计算进行风险分析，尤其对于桥梁施工期的风险分析；Louis Briaud 等学者提出了建立一个桥梁基础的可靠性设计过程以预防冲刷的危害，并将桥梁冲刷的风险进行量化分析并与其他的工程风险做比较，进而得出可接受的风险建议的结论。

我国对于风险研究起步较晚，20 世纪 80 年代，大量的外资项目在中国开展，将风险管理的思想带入中国，应用到工程实际中去，取得了很好的效果，引起了政府和企业的重视，国内较多学者在桥梁施工项目安全风险管理方面已有了相应的研究。国内学者娄峰于 2010 年首次构建了我国公路桥梁施工安全总体风险评估指标体系，但 2010 年之前，国内对于桥梁施工安全风险评估的研究，仍无具体可参考的标准或指南。2010 年，为指导公路桥梁工程初步设计及施工图设计阶段的设计安全风险评估工作，交通运输部发布了《公路桥梁与隧道工程设计安全风险评价指南》，在该指南中，把桥梁工程安全风险评估的一般步骤分为：① 确定工程风险源；② 估测风险源风险发生概率和风险损失；③ 确定风险源风险等级；④ 采取相应的风险控制措施。在《公路桥梁与隧道工程设计安全风险评价指南》的基础上，交通运输部于 2011 年 5 月发布了《公路桥梁和隧道工程施工安全风险评估指南（试行）》，提出了公路桥梁施工阶段的安全风险评估方法和程序，并建立了可供参考的风险评估指标体系。

4. 风险评价方法

基于复杂干扰环境的桥梁施工风险评价体系所涉及的指标之间既相互独立，又存在某种联系。目前许多评价方法已日趋成熟稳定，有基于运筹学和其他数学方法的评价方法，例如层次分析法、模糊综合评判法；有新型评价方法，如灰色综合评价法、人工神经网络；此外还有几种方法混合的评价方法。

（1）层次分析法。

层次分析法（Analytic Hierarchy Process）简称 AHP 评价法，是 20 世纪 70 年代美国运筹学家 T. L. Satty 等学者提出的一种定性与定量相结合的多准则决策方法。这种方法是将所决策的问题的内容进行深入分析，在分析其影响因素相互关系的基础上，对决策问题与影响因素进行层次化处理，将决策目标的相关要素分为目标、准则、方案等层次，结合专家意见，使用一定标度构建判断矩阵，以此计算特征根与特征向量，得出权值并逐层分析。层次分析法的计算和系统分析简单，更适用于各评价指标间相互独立的情况，桥梁施工风险评价体系相关指标间存在不同的联系，若运用此方法进行评价，效果不佳。

（2）人工神经网络评价法。

人工神经网络评价法（Artificial Neural Network）也称为 ANN 评价法，是一种模仿生物神经网络的经验模型。通过以输入信息建立神经元，对学习规则或自组织等过程建立非线性数学模型，并不断修正，使输出结果与实际值差距不断缩小。基于此方法的评价方法通过利用神经网络的自我学习、自适应能力建立评价体系，这种方法接近人的思维模式，优点在于既可以模拟专家，将专家意见以连接权方式添加于网络，又可以避免评价中产生的人为误差。但对于桥梁施工风险评价，该方法评价过程过于复杂，针对不同评价指标，需要构建多个神经网络进行分析，通用性不高。

（3）数据包络分析。

数据包络分析（Data Envelopment Analysis）简称 DEA 方法，是运筹学家 A. Charnes 和 W.W. Copper 提出的处理多目标决策的方法，以多指标投入与多指标产出对相同类型目标问题进行相应有效性评价的分析方法。该方法以相对概率为基础，使用线性规划与凸分析来进行评价，在金融投资、资源配置、医院学校等领域范围具有良好的应用。通过输入输出数据的分析，DEA 方法可逐一得出单个决策单元综合效率的数量指标，重新排列后得到有效决策单元为决策人员提供关键信息。这种方法对于评价部门（单位）相对有效性具有很好的效果，也可以做出比较合理的效益评价，但对于桥梁施工风险评价体系而言，该方法并不适合，主要原因在于桥梁施工风险评价体系指标间联系相对复杂，无法从单一效益角度考量评价。

（4）灰色综合评价法。

灰色综合评价法（Grey Comprehensive Evaluation）。人们常用"黑""白""灰"分别表示无信息、完全信息、部分信息已知部分信息未知三种情况，灰色评价理论的研究对象是部分信息已知，部分未知的情况，这种方法常用关联度分析作为主要方法，依据系统行为的数据列计算出关联程度，评价出与理想对象的接近次序，即评价出灰色关联度最大的评价对象为最佳。由上可知，此方法是一种适用于样本量少、信息缺乏的数据分析方法，对于桥梁施工风险评价体系而言，由于基于复杂干扰环境的桥梁施工风险评价的诸多要素具有经验性，所以此方法并不完全适合评价。

（5）Vague 集评价法。

1993 年，Gau Buehrer 提出 Vague 集是 Zadeh 模糊集的拓展形式，Vague 集和直觉模糊集类似，Vague 集自提出以来，已被广泛应用于人工智能的各个分支，如机器学习、决策分析、知识获取以及模式匹配等方面。Vague 集是对模糊集的扩展，模糊集把隶属概念扩大到了[0, 1]区间，而 Vague 集的思想则认为每个元素的隶属都可以分成支持和对立两个方面，也就是由真隶属度和假隶属度构成。Vague 集概念的特点是在隶属度的基础上考虑了犹豫度，能同时给出支持和反对的证据，因而能更为全面地表达模糊信息，在处理不确定性问题时，Vague 集具有更明显的优势。

基于复杂干扰环境的桥梁施工，施工组织困难，工期难以保证，如何根据复杂干扰环境的桥梁施工风险影响因素，确定施工风险等级，进行风险控制以最大限度地减少风险，保证工期目标的实现，给决策者和指挥者提供决策具有重要的意义。然而基于复杂干扰环境的桥梁施工风险评价是多因素的综合评价问题，存在复杂性、模糊性和不确定性，大多数成果在确定指标权重的过程中主观因素的影响较大，现有的评价方法大都基于复杂的运算和精度极高的设备，只考虑到了正面信息的影响，未能考虑到反面信息的影响，应用的广泛性不强。以 Vague 集为基础，同时考虑反面信息及犹豫信息的影响，将风险偏好引入了决策，建立基于 Vague 集的复杂干扰环境的桥梁施工风险评价模型，可使决策的结果更加客观、合理、可靠。

5．Vague 集的基本概念

U 作为论域，u 是该论域中的任一元素，U 中 Vague 集 A 包括真隶属度和假隶属度，真隶属函数 t_A 和一个假隶属函数 f_A 可以表示 A，从支持 u 的证据导出 u 的隶属度下界为 $t_A(u)$，从不支持 u 的证据所导出的 u 的否定隶属度下界为 $f_A(u)$，$\Pi_A(u)=1-t_A(u)-f_A(u)$ 为 u 对于 A 的犹豫度，若 $\Pi_A(u)$ 值越大，则说明 u 相对于 A 的不确定性信息越多，称 $[t_A(u), 1-f_A(u)]$ 闭区间。

为 Vague 集 A 在点 u 的 Vague 值。$t_A(u)$ 与 $f_A(u)$ 把区间 $[0,1]$ 的实数与 u 的全部元素联系到一起，即 $t_A:U\rightarrow[0,1]$，$f_A:U\rightarrow[0,1]$，且 $0 \leq t_A(u)+f_A(u) \leq 1$。

当 u 是连续的时候，Vague 集 A 可表示为

$$A = \int_u [t_A(u), 1-f_A(u)]/u\mathrm{d}u, u \in U \tag{4-41}$$

当 u 是离散的时候，Vague 集 A 可表示为

$$A = \sum_{t=1}^{m}[t_A(u), 1-f_A(u)]/u, u \in U \tag{4-42}$$

式中，$t_A(u)+f_A(u)<1$，若 $t_A(u)=1-f_A(u)$，则 Vague 集退化为 Fuzzy 集。

对 Vague 集的解释：例如 $v_A(u)=[0.5, 0.8]$，则 $t_A(u)=0.5, f_A(u)=1-0.8=0.2$，同时，

$\Pi_A(u) = 1 - t_A(u) - f_A(u) = 0.3$，此时可解释为元素 u 属于 A 的程度是 0.5，不属于 A 的程度是 0.2，u 对 A 的犹豫程度是 0.3。用投票模型来解释为赞成 5 票，反对 2 票，弃权 3 票。

6. 建立 Vague 集的复杂干扰环境桥梁施工风险评价模型

（1）风险评价指标。

根据渝黔铁路引入重庆枢纽工程复杂干扰环境桥梁施工风险因素识别原则，选择人员因素、材料设备因素、环境因素和组织管理因素等四类风险因素作为风险评价指标建立桥梁施工风险评价体系，如图 4.98 所示。

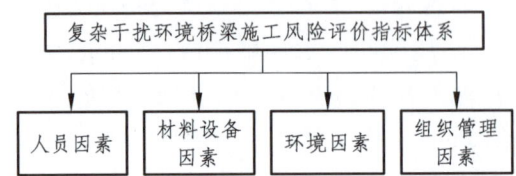

图 4.98 复杂干扰环境桥梁施工风险评价指标

（2）权重确定。

区间层次分析法（Interval Analytic Hierarchy Process，IAHP）把区间数和层次分析法相结合，用区间判断矩阵替代层次分析法中的判断矩阵，是对层次分析法的一种创新，该方法把专家意见中的不确定性表现出来，提高了判断的准确性。区间数判断矩阵计算方法有很多种，比较常见的是特征根法、梯度特征向量法、最优传递矩阵法等，其中区间特征根法相比于其他方法计算比较简单、结果比较可靠，其赋权重的基本步骤如下：

步骤 1：给定区间数判断矩阵。

$\boldsymbol{E}_i(e_{ij})_{n \times n} = [\boldsymbol{E}_i^-, \boldsymbol{E}_i^+]$，其中 e_{ij} 为一个区间数，$\boldsymbol{E}_i^- = (e_{ij})_{n \times n}^-$，$\boldsymbol{E}_i^+ = (e_{ij})_{n \times n}^+$，求 $\boldsymbol{E}_i^-, \boldsymbol{E}_i^+$ 的 $\lambda_{\max}$ 及相应归一化特征向量 $\boldsymbol{x}_i^-, \boldsymbol{x}_i^+$。

$$\begin{cases} \boldsymbol{x}_i^- = \dfrac{1}{\sum\limits_{j=1}^{n} e_{ij}^-} e_{ij}^- \\ \boldsymbol{x}_i^+ = \dfrac{1}{\sum\limits_{j=1}^{n} e_{ij}^+} e_{ij}^+ \end{cases} \tag{4-43}$$

步骤 2：求权重向量。

$$\boldsymbol{w}_i = [\boldsymbol{w}_i^-, \boldsymbol{w}_i^+] = [\boldsymbol{x}_i^-, \boldsymbol{x}_i^+] \tag{4-44}$$

求得的权重向量 $\boldsymbol{w}_i$，取其平均值作为各指标的权重，即 $\boldsymbol{W}_i = (\boldsymbol{w}_i^- + \boldsymbol{w}_i^+)/2$，则相应各评价指标的权重向量为 $\boldsymbol{W}_i = [W_{i1}, W_{i2}, \cdots, W_{in}]^{\mathrm{T}}$。

步骤 3：参照 AHP 评价法的矩阵一致性检验方法，衡量区间矩阵的一致性。

$$CR = \dfrac{CI}{RI} \tag{4-45}$$

式中 CR——一致性比率；

CI——一致性指标，$CI = (\lambda_{\max} - n)/(n-1)$，$\lambda_{\max}$ 为判断矩阵的最大特征值，n 为矩阵阶数；

RI——平均随机一致性指标，其取值如表 4.99 所示。

表 4.99 RI 的值

n	1	2	3	4	5	6	7	8	9	10
RI	0	0	0.58	0.90	1.12	1.24	1.32	1.41	1.45	1.49

当 $CR < 0.1$ 时，认为判断矩阵的一致性是可以接受的，否则应重新确定判断矩阵。

（3）Vague 集评价模型。

步骤 1：确定各个风险因素相应的评语集，将风险评价指标分为五级，即 $V = \{$一级，二级，三级，四级，五级$\}$，对应的风险等级为$\{$高风险，较高风险，中等风险，较低风险，低风险$\}$。

步骤 2：基于区间层次分析法确定风险评价指标权重。

步骤 3：构造 Vague 集评价矩阵。令 $C_i(i=1,2,\cdots,n)$ 为风险评价指标，$V_k(k=1,2,3,4,5)$ 为风险等级评语集，建立风险评价指标集 C 和 V 之间的 Vague 集风险评价矩阵 $\boldsymbol{R}$。

$$\boldsymbol{R} = \begin{bmatrix} r_{11} & r_{12} & \cdots & r_{1k} \\ r_{21} & r_{22} & \cdots & r_{2k} \\ \vdots & \vdots & \ddots & \vdots \\ r_{n1} & r_{n2} & \cdots & r_{nk} \end{bmatrix} \quad (4\text{-}46)$$

式中，$r_{nk} = [t_{nk}, 1-f_{nk}]$，其中 t_{nk} 表示第 i 个风险评价指标对第 k 个评语等级的支持程度，f_{nk} 表示第 i 个风险评价指标对第 k 个评语等级的反对程度。

步骤 4：计算综合评价结果，根据权重 $\boldsymbol{W}_i$ 和评价矩阵 $\boldsymbol{R}$ 进行综合评价。

$$\boldsymbol{P} = \boldsymbol{W}_i \otimes \boldsymbol{R} \quad (4\text{-}47)$$

最终得到 Vague 集评价向量 $\boldsymbol{P} = (p_1, p_2, p_3, p_4, p_5)$，Vague 集的排序规则为：设 $a = [a^-, a^+]$，$b = [b^-, b^+]$，如果 $[a^-, a^+]/2 \leqslant [b^-, b^+]/2$，则 $a \leqslant b$，则可以根据隶属度原则得到总体综合评价结果，进而确定桥梁施工风险等级。

7. 实例分析

与复杂干扰环境桥梁施工资源配置选取实例相同，本节选取桥梁同时施工 3 个时间段进行施工风险评价，通过区间层次分析法确定权重，构造 Vague 集评价矩阵，计算综合评价结果等过程，得到 3 个时间段内桥梁施工总体风险等级，为后续风险控制提供理论参考依据。

（1）权重确定。

根据区间层次分析法（IAHP）求解风险评价指标权重，首先邀请行业专家对风险评价指标体系中的风险因素（人员因素 C_1、材料设备因素 C_2、环境因素 C_3 和组织管理因素 C_4）进行两两比较，然后整理分析专家意见，建立风险评价指标的区间数判断矩阵 $\boldsymbol{E}$，并检查矩阵的一致性。

$$E = \begin{array}{c} \\ C_1 \\ C_2 \\ C_3 \\ C_4 \end{array} \begin{pmatrix} C_1 & C_2 & C_3 & C_4 \\ [1,1] & [5,6] & \left[\dfrac{1}{3},\dfrac{1}{2}\right] & [4,5] \\ \left[\dfrac{1}{6},\dfrac{1}{5}\right] & [1,1] & \left[\dfrac{1}{7},\dfrac{1}{5}\right] & \left[\dfrac{1}{3},\dfrac{1}{2}\right] \\ [2,3] & [5,7] & [1,1] & [3,4] \\ \left[\dfrac{1}{5},\dfrac{1}{4}\right] & [2,3] & \left[\dfrac{1}{5},\dfrac{1}{3}\right] & [1,1] \end{pmatrix}$$

将区间判断矩阵 E 拆分为两个矩阵 E^- 和 E^+，分别为

$$E^- = \begin{array}{c} \\ C_1 \\ C_2 \\ C_3 \\ C_4 \end{array} \begin{pmatrix} C_1 & C_2 & C_3 & C_4 \\ 1 & 5 & 1/3 & 4 \\ 1/6 & 1 & 1/7 & 1/3 \\ 2 & 5 & 1 & 3 \\ 1/5 & 2 & 1/5 & 1 \end{pmatrix}, \quad E^+ = \begin{array}{c} \\ C_1 \\ C_2 \\ C_3 \\ C_4 \end{array} \begin{pmatrix} C_1 & C_2 & C_3 & C_4 \\ 1 & 6 & 1/2 & 5 \\ 1/5 & 1 & 1/5 & 1/2 \\ 3 & 7 & 1 & 4 \\ 1/4 & 3 & 1/3 & 1 \end{pmatrix}$$

由 Matlab 软件运行结果可知：

矩阵 E^- 的归一化特征向量为 $x_i^- = [0.3390, 0.0612, 0.4915, 0.1083]$；

矩阵 E^+ 的归一化特征向量为 $x_i^+ = [0.3225, 0.0603, 0.5013, 0.1159]$；

风险评价指标的权重向量为 $w_i = [w_i^- + w_i^+]/2 = [0.3308, 0.0608, 0.4964, 0.1121]$；

一致性检验结果为 $\lambda_{\max} = 3.6628$，$RI = 0.9$，$CI = \dfrac{\lambda_{\max} - n}{n-1} = -0.1124$，$CR = \dfrac{CI}{RI} = -0.1249$

< 0.1，说明满足一致性检验。

（2）构造 Vague 集评价矩阵。

① 第一时间段：2014 年 4 月—11 月（重庆西站单线特大桥、重庆西站双线特大桥、后河左线特大桥等 3 座桥梁同时施工），根据相关专家对第一时间段内 3 座桥梁同时施工的 4 类风险评价指标给出的评语集选择，得到人员因素 C_1、材料设备因素 C_2、环境因素 C_3 和组织管理因素 C_4 评价指标的 Vague 集值，如表 4.100 所示。

表 4.100 第一时间段各风险评价指标的 Vague 值评语

风险评价指标	高风险	较高风险	中等风险	较低风险	低风险
人员因素	[0.3, 0.4]	[0.3, 0.4]	[0.2, 0.3]	[0.1, 0.2]	[0, 0.1]
材料设备因素	[0.2, 0.4]	[0.2, 0.4]	[0.3, 0.5]	[0, 0.2]	[0.1, 0.3]
环境因素	[0.2, 0.3]	[0.4, 0.5]	[0.2, 0.3]	[0.1, 0.2]	[0, 0.1]
组织管理因素	[0.3, 0.4]	[0.3, 0.4]	[0.1, 0.2]	[0.1, 0.2]	[0.1, 0.2]

② 第二时间段：2014 年 12 月—2015 年 4 月（后河左线特大桥、中梁山中桥、罗家湾大桥、中梁山大桥等 4 座桥梁同时施工），根据相关专家对第二时间段内 4 座桥梁同时施工的 4 类风险评价指标给出的评语集选择，得到人员因素 C_1、材料设备因素 C_2、环境因素 C_3 和组织管理因素 C_4 评价指标的 Vague 集值，如表 4.101 所示。

表 4.101　第二时间段各风险评价指标的 Vague 值评语

风险评价指标	高风险	较高风险	中等风险	较低风险	低风险
人员因素	[0.3, 0.4]	[0.3, 0.4]	[0.2, 0.3]	[0.1, 0.2]	[0, 0.1]
材料设备因素	[0.3, 0.4]	[0.3, 0.4]	[0.1, 0.2]	[0.1, 0.2]	[0.1, 0.2]
环境因素	[0.1, 0.3]	[0.3, 0.5]	[0.3, 0.5]	[0.1, 0.2]	[0, 0.2]
组织管理因素	[0.4, 0.5]	[0.2, 0.3]	[0.2, 0.3]	[0.1, 0.2]	[0, 0.1]

③ 第三时间段：2016 年 8 月—12 月（渝黔动车右线中梁山大桥、桂花屋基 1 号双线特大桥等 2 座桥梁同时施工），根据相关专家对第三时间段内 2 座桥梁同时施工的 4 类风险评价指标给出的评语集选择，得到人员因素 C_1、材料设备因素 C_2、环境因素 C_3 和组织管理因素 C_4 评价指标的 Vague 集值，如表 4.102 所示。

表 4.102　第三时间段各风险评价指标的 Vague 值评语

风险评价指标	高风险	较高风险	中等风险	较低风险	低风险
人员因素	[0.1, 0.3]	[0.2, 0.4]	[0.3, 0.5]	[0.1, 0.3]	[0.1, 0.3]
材料设备因素	[0.1, 0.2]	[0.4, 0.5]	[0.2, 0.3]	[0.1, 0.2]	[0.1, 0.2]
环境因素	[0.1, 0.3]	[0.1, 0.3]	[0.3, 0.5]	[0.3, 0.5]	[0, 0.2]
组织管理因素	[0, 0.1]	[0.2, 0.3]	[0.4, 0.5]	[0.1, 0.2]	[0.2, 0.3]

（3）计算综合评价结果。

由计算得到的风险评价指标的权重向量 W_i 与 Vague 评价矩阵 R 相乘，进而对复杂干扰环境桥梁工程施工风险等级作出综合评价。

① 第一时间段：2014 年 4 月—11 月（重庆西站单线特大桥、重庆西站双线特大桥、后河左线特大桥等 3 座桥梁同时施工），综合评价向量 P_1 为

$$P_1 = (0.3308, 0.0608, 0.4964, 0.1121) \cdot \begin{pmatrix} [0.1,0.3] & [0.2,0.4] & [0.3,0.5] & [0.1,0.3] & [0.1,0.3] \\ [0.1,0.2] & [0.4,0.5] & [0.2,0.3] & [0.1,0.2] & [0.1,0.2] \\ [0.1,0.3] & [0.1,0.3] & [0.3,0.5] & [0.3,0.5] & [0,0.2] \\ [0,0.1] & [0.2,0.3] & [0.4,0.5] & [0.1,0.2] & [0.2,0.3] \end{pmatrix}$$

$$= ([0.2443,0.3504],[0.3436,0.4497],[0.1949,0.3010],[0.0939,0.2],[0.0173,0.1234])$$

按照 Vague 集的排序规则可知，"较高风险" 的隶属度最大，"高风险" 的隶属度次之，即表明第一时间段内桥梁施工总体风险为高风险等级。

② 第二时间段：2014 年 12 月—2015 年 4 月（后河左线特大桥、中梁山中桥、罗家湾大桥、中梁山大桥等 4 座桥梁同时施工），同理可得综合评价向量 P_2 为

$$P_2 = ([0.2120,0.3616],[0.2888,0.4385],[0.2436,0.3932],[0.1,0.2497],[0.0061,0.1557])$$

按照 Vague 集的排序规则可知，"较高风险" 的隶属度最大，"中等风险" 的隶属度次之，即表明第二时间段内桥梁施工总体风险为较高风险等级。

③ 第三时间段：2016 年 8 月—12 月，（渝黔动车右线中梁山大桥、桂花屋基 1 号双线特大桥等 2 座桥梁同时施工），同理可得综合评价向量 P_3 为

$$P_3 = ([0.0888,0.2715],[0.1625,0.3453],[0.3052,0.4879],[0.1993,0.3820],[0.0616,0.2443])$$

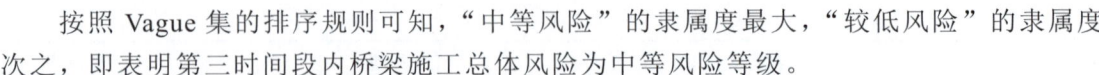

按照 Vague 集的排序规则可知,"中等风险"的隶属度最大,"较低风险"的隶属度次之,即表明第三时间段内桥梁施工总体风险为中等风险等级。

8. 桥梁施工项目安全风险控制

风险控制是指风险管理者采取各种措施和方法,消灭或减少风险事件发生的各种可能性,或风险控制者减少风险事件发生时造成的损失,为减少事故损失,项目安全风险管理机构在进行项目安全风险的识别和评价后,需选择安全风险控制方法和技术。针对复杂干扰环境桥梁工程项目同时施工,在制定安全风险控制措施时,从两方面考虑,一是从大类风险因素即人员因素、材料设备因素、环境因素和组织管理因素分析,施工单位应意识到这 4 类风险因素对项目安全进行的重要性;二是根据 Vague 集理论评价的风险等级,对桥梁不同时间段同时施工对应具体的风险等级有针对性地提出相应的风险控制措施。[72]

(1)大类风险因素的控制措施。

利用区间层次分析法(IAHP)计算评价指标权重可知,每个因素对安全的影响比重不同,人员因素、材料设备因素、环境因素和组织管理因素所占有的权重分别为 0.330 8,0.060 8,0.496 4 和 0.112 1,其中环境因素对安全的影响比重最大,其次是人员因素,接下来依次是组织管理因素和材料设备因素,因此针对不同的风险因素制定相应的风险控制措施。

① 环境因素的控制措施。

渝黔铁路引入重庆枢纽改造工程沿线既有铁路交错纵横,地层多为泥岩夹砂岩,山区地势陡峭、场地狭窄,桥位处地势艰险、桥梁桩基施工条件受限,且跨越位置处的铁路管线设备较多,铁路供电网设备与桥梁的距离较近,需要在既有铁路线间开挖土体,桥梁施工和铁路营业线行车相互干扰,桥梁与既有线路的复杂关系以及桥梁与桥梁的交叉关系都给铁路线路的修建带来巨大挑战。同时,项目周边是主城城区,存在不稳定的社会治安环境,在项目施工前,为减小环境的因素所导致的安全事故,项目安全管理机构应针对项目的工程环境特点,制定相应的对策,邀请相关铁路设备管理部门对铁现场路设备进行全面调查,并制定相应的安全防护措施,以保障复杂干扰环境桥梁工程施工的顺利建设。

② 人员因素的控制措施。

人员在项目施工过程中,具有较强的主观能动性,对于复杂干扰环境桥梁工程的施工,人的因素对于安全事故的发生也起着决定性的影响。在本项目施工过程中,需严格按照铁路桥梁施工安全管理的相关规定进行施工,现场应配备防护员和铁路设备管理单位的监督员,针对人员违章操作、违章指挥等安全意识方面的安全风险因素进行严格监控;同时,现场的防护人员、施工管理人员应均参与过大型铁路桥梁施工,有丰富的铁路桥梁施工经验,对复杂环境下铁路桥梁相关施工过程有深入的了解,相关人员必须经施工技术培训和安全培训合格后,方可上岗作业。

③ 组织管理因素的控制措施。

组织管理是导致安全事故发生的根本原因,桥梁施工建设单位应认识到组织管理的重要性,在安全技术专项方案、施工安全技术交底、营业线施工安全培训、安全管理制度和行车安全故障时的应急处理能力等方面均应该具备丰富的安全管理经验,在项目施工过程中需与铁路设备管理单位有着良好的沟通配合。同时，需严格执行铁路营业线施工安全管理的相关文件，施工作业计划需经过参建各方和铁路设备管理单位组织研讨后确定，不能凭经验任意制定，各技术方案的制定应具有一定的科学性和合理性。

④ 材料设备因素的控制措施。

在复杂干扰环境桥梁施工过程中，材料的准备和材料的堆放可能影响到铁路行车安全，而机具设备准备、机具设备维修保养和机具设备施工作业对于铁路设备和铁路行车安全，将是更加直接的影响。相比起人的因素和组织管理的因素，材料设备的因素与人和组织管理紧密联系，其直接原因是人的因素导致的，而其根本原因是组织管理的原因。在现场的安全管理工作中，应避免机械维修保养不当、机械侵入铁路限界、材料和机具堆放不合理，以及施工后材料和机具没有及时清出铁路范围等情况的发生，消除铁路行车安全隐患和施工人身安全隐患。

（2）高等级安全风险的控制措施。

① 施工人员技术水平方面的控制措施。

本项目在项目管理层下设项目施工架子队，作为项目的直接生产单位。根据项目施工作业内容，分别设箱梁施工架子队、跨铁路防电棚施工架子队、跨铁路临时钢便桥施工架子队和桥梁拆除施工架子队。在与施工架子队签订施工作业劳务合同前，需对架子队进行深入调研，综合考察其施工人员的施工技术能力，并优先选用施工技术水平较高的架子队。施工前，由技术管理人员、安全管理人员和专业施工员，组织项目施工技术交底，确保每位施工人员清楚现场的施工作业内容，熟悉施工技术要求，并能掌握施工技术控制措施。在施工期间，项目安全风险管理机构需配备专业的施工员和安全员，负责对施工现场的施工安全和质量进行监督，并对架子队的施工作业情况进行记录，每月由项目安全风险管理机构对各施工架子队的施工技术水平进行考核。

② 施工技术培训方面的控制措施。

对于施工技术，需要施工人员能够熟悉掌握，更需要安全风险管理机构和项目管理人员深入钻研。对于现场施工技术水平较低的施工人员，应由班组长组织相应的施工技术培训，确保其能熟悉掌握相关的施工工法。对于项目管理人员，应由项目的技术负责人统筹，项目的安全负责人协助，组织全员的技术培训，让项目的管理人员，尤其是项目的技术人员，全面熟悉项目的技术管理工作，包括施工工法的培训、施工技术措施、施工安全措施、施工技术工作的管理思路和方法等。

③ 工作技能方面的控制措施。

工作技能方面，包括施工人员对铁路桥梁施工的了解程度，在施工前，需对架子队进行深入调研，考察其近五到十年内参加过上跨或下穿铁路营业线的桥梁施工作业情况，同时，考察其相应的施工人员是否了解铁路桥梁施工安全的相关规定。通过这种方式，可以在施工前期阶段，排除掉部分没有铁路桥梁施工经验的施工架子队，消除一部分引发风险事故的根源，减少致损事故发生的概率。同时，在施工进场后，需结合项目的施工特点和安全风险特点，组织全员进行铁路桥梁施工安全风险教育培训，并组织相应的考核。经考核合格的人员，方可参加铁路桥梁施工，以确保施工人员能够熟悉上跨或下穿铁路营业线的桥梁施工的特殊性以及相关的安全规定。

④ 安全技术措施方面的控制措施。

针对本项目的既有桥梁拆除、新建桥梁施工和临时跨铁路结构的施工，制定有针对性的安全技术专项方案。其中，既有桥梁拆除施工的安全技术措施，应以确保铁路供电网设备安全作为重中之重；新建桥梁施工，一方面需将铁路路基、铁路管线和供电网设备作为控制重点，另一方面应针对施工中可能出现的高处坠落、起重伤害和施工中毒等事故，制定相应的施工安全技术措施。同时，施工前应进行详细的安全技术交底，如铁路营业线施工安全技术交底、邻近铁路营业线施工安全技术交底、邻近电气化铁路施工安全交底等，确保施工作业人员在施工过程中对于施工安全"应知应会"熟悉并掌握。

⑤ 完善和执行安全管理制度方面的控制措施。

在项目施工生产过程中，应建立安全生产保证体系，制定并完善安全生产检查制度、安全生产教育培训制度、重大危险源标识和监控制度等安全管理制度，以项目经理作为项目安全管理的第一责任人，强化项目经理在安全管理过程中的核心地位。同时，铁路桥梁施工安全管理，除了熟悉相关文件要求，还需结合项目的实际，制定适合本项目的安全管理制度，如铁路营业线封锁施工安全管理制度、邻近既有线施工安全管理制度、行车安全故障时的应急处理制度和铁路栅栏门管理制度等，确保铁路行车安全。为确保制度的落实，每月对安全管理人员进行安全考核，将项目安全生产管理责任与安全管理人员的奖惩进行挂钩，确保安全生产管理制度的有效执行。

（3）中等级安全风险的控制措施。

① 身体及精神意识方面的控制措施。

身体及精神意识包含了施工人员铁路桥梁施工安全意识和施工人员工作精神状态。施工人员跨铁路施工安全意识对于施工人员作业过程中的人身安全保障和铁路行车安全的保障起着重要的作用。人员一旦缺乏跨铁路施工的安全意识，将有可能提高各类风险事件发生的概率。

项目安全风险管理机构可通过加大铁路桥梁施工安全的宣传，采用形式多样的影像宣传，使得作业人员能够清醒意识到铁路桥梁施工安全的重要性。同时，在施工过程中，针对屡次发生违反铁路桥梁施工安全规定的施工人员，将进行脱产教育培训，经教育培训后，仍违反相关规定的施工人员，将勒令其退场。

项目安全风险管理机构需对每次参加施工作业的人员名单进行登记，对于已参加白天施工或身体患有某些疾病的施工人员，禁止其施工作业。同时，项目安全风险管理机构需丰富施工人员的文化生活，创造职工参与文娱活动的条件，关注职工的身体健康。

② 施工组织和沟通协调方面的控制措施。

施工组织的合理性和科学性，不仅决定了能否完成项目施工工期，而且对于确保铁路行车安全和人身安全也起着重要作用。同时，铁路营业线施工有一套专门的文件规定，从铁路营业线施工手续的办理，到施工安全协议的签订，以及现场的施工安全管理，对施工作业过程中的安全管理工作进行规范。这就要求所有参与项目管理的人员，要能够全面熟悉并掌握铁路营业线施工安全管理的相关要求，并且在施工过程中，均需严格执行营业线施工安全管理的相关规定。

从项目建设管理的角度上讲，施工过程中，需与建设单位、设计单位和监理单位进行沟通配合。一方面，项目施工单位应严格按照施工管理程序，与各参建单位沟通配合，有序推进项目的施工；另一方面，建设单位和政府安全质量监督单位均非铁路系统内部的单位，施工单位应主动与其进行沟通，当出现工期进度滞后，应及时汇报项目进度，争取建设单位和政府安全质量监督单位的理解，避免因赶工期进度，导致人身安全事故或铁路行车安全事故。

③ 机具设备施工作业方面的控制措施。

本项目施工过程中的机具设备施工作业，主要是涉及汽车吊和架桥机等大型起重机械的作业。同时，在天窗时间点进入铁路线路范围内进行施工时，涉及各类的小型机械。因此，在进行机械设备施工作业过程中，需重点进行控制。

本项目在进行起重吊装施工过程中，一方面，有可能导致出现起重伤害事故；另一方面，因项目上跨铁路营业线，有可能导致被吊物脱钩，进而影响铁路供电网设备的安全。因此，在起重吊装施工作业时，需严格执行"十不准"的作业要求。天窗施工后，一旦出现施工机具设备遗留在线路上，将会带来极大的铁路行车安全隐患。因本项目天窗施工作业时间集中在夜间，在施工结束前半个小时，需对施工作业所涉及的机具设备进行清点，并将其搬离铁路线路。施工现场防护员和铁路设备管理人员需共同检查线路，确保所有机具设备均已撤离铁路范围，方可开通线路。

9. 小　结

复杂干扰环境桥梁施工组织困难，施工安全风险高，施工难度大，为保证线路的正常运营以及施工安全和工期目标实现，对渝黔铁路引入重庆枢纽工程重庆西站至重庆西动车所及客车整备所该段新建铁路范围内的桥梁施工进行资源配置研究以及安全管理研究，主要进行复杂干扰环境桥梁关系分析，复杂干扰环境桥梁施工影响因素分析，复杂干扰环境桥梁施工资源配置研究，以及复杂干扰环境桥梁施工风险评价研究。

通过资料收集、文献研究以及咨询施工单位项目技术负责人，运用包括多目标决策理论、云模型理论、风险评价理论和 Vague 集理论等方法进行研究。通过分析影响复杂干扰环境桥梁施工的主要因素（包括邻近既有线路施工，上跨铁路、公路施工，交叉处桥梁施工，复杂地形地质情况，施工场地空间限制，施工组织协调及安全管理），并在资源配置研究中基于云模型理论分析同时施工时各桥梁的重要度值，进而对桥梁工程建设进行资源配置研究。构建基于 Vague 集的复杂干扰环境桥梁施工风险评价模型，通过评价桥梁施工风险安全等级控制风险从而保证施工的质量及安全。

4.9　结　论

（1）研究山区高速铁路路基工程施工方案比选，构建基于熵权理想点法的多目标决策评价模型，通过模型决策得出合理施工方案进行软土路基加固处理。

在软基处理方案决策评价中，存在多个评价因素及多个方案，本章从技术可行、经济合理、资源调配、施工风险、施工工期、环境协调等 6 种模糊性及不确定性因素角度出发，运用信息指标熵的方法进行各因素指标赋权；建立基于熵权法的理想点多目标方案决策评价模型，对多种施工技术方案进行评价决策，结果合理，对施工过程具有指导意义，经工程实践验证，该理论方法对提高工程效益效果显著。

（2）山区高速铁路软土路基加固技术中首次运用的柱锤冲扩桩施工技术，吸取了土桩挤密、强夯置换等工法优点，是利用冲击成孔、分层夯实原理发展起来的一种新型地基加固技术。

该施工工艺工法兼有挤密、置换和振动的作用，其优点为通过柱锤冲击成孔、分层填料成桩，人员设备投入少，施工快速安全，施工工艺简单，操作安全可靠；适用范围广，加固效果显著，可适用于杂填土、粉土、黏性土、素填土、黄土、液化砂土等多种土层，柱锤对土体的冲击速度可达 1～25 m/s，单位面积夯击能是一般强夯的 10～20 倍，处理后的地基压缩模量显著提高，压缩变形量大为降低，地基承载力可提高 3～8 倍；施工速度快、节能环保，无须土方外运，不需钢材、水泥，无污水、泥浆，仅需碎石作主要填料，且孔内冲击成桩，振动小、噪声低。

（3）在山区高速铁路枢纽工程边坡工程中，基于 OWA 算子和可拓理论建立一种土质高陡边坡施工风险评价模型。

构建基于多层次多指标的土质高陡边坡施工风险评价指标体系，采用基于 OWA 算子的赋权方法确定各评价指标权值，再构造基于可拓理论的各评价指标的经典域、节域和相关性函数，以计算其等级相关度，得到土质高陡边坡的施工安全风险等级；最后将该评价模型应用于重庆西站高铁枢纽工程中某土质高陡边坡工点的施工风险评价之中，该模型评价结果与实际工程施工所遇风险符合，具有有效性和可行性，可为山区高速铁路枢纽土质高陡边坡施工风险管理提供参考和理论依据，可以应用于其他山区高速铁路枢纽土质边坡工点的施工风险评价。以风险评估结论为参考，采取相应的施工措施，边坡开挖时的稳定性得到了有效提高，施工质量得到了保障。若评估结论显示风险较高，则施工难度和施工成本可能相应增加，对施工方施工前的准备也有指导意义，对施工成本控制和施工全过程管理具有参考和借鉴价值。

（4）在山区高速铁路枢纽土石方工程中，构建基于经济运距理论的大型枢纽工程土石方调配模型，得到重庆西枢纽工程最优土石方调配方案。

以经济运距理论和累计曲线图为基础，通过建立数学模型，对土石方调配问题进一步优化分析，最终确定生成调配方案，达到最优施工效果。该方法的应用很好地解决了重庆西站土石方调配中遇到的问题和困难，节约了工程成本，保证了施工质量以及工期要求。在弃土场无法顺利征用的困难条件下，通过该方法模型的优化找到了土石方调运的最优路径，顺利完成施工目标，该方法具有较好的适用性与合理性。

（5）对区间无缝线路及高速道岔铺设成套技术进行总结，为线路的快速铺设及工期目标的实现提供技术支撑；总结区间无缝线路铺设施工管理标准和成套技术；在多方案高速道岔铺设的优选中选择跨座式铺设机方案作为道岔铺设方案。

无缝线路铺设工艺繁杂，涉及装卸运输、换铺、焊接、应力放散及锁定众多环节，山区高速铁路枢纽线路繁多，线路上下交叉，受地形限制大，更加剧了铺设难度，为保证无缝线路铺设质量，应对每一工艺环节进行更细致的操作和更严格的管理，从而使道岔整体铺设满足质量验收标准。高速道岔铺设方法因地制宜地选择，从运输难度、线路影响、铺设质量及效率、限制因素等方面进行分析，跨座式铺设机方案不仅受场地限制小、对邻线影响小，且良好的组装运输条件和高铺设效率，能进一步保证铺设质量和工期，因此适用于山区高速铁路枢纽高速道岔的铺设，从而保证铺设质量和工期，为以后山区高速铁路枢纽高速道岔铺设提供实际参考。

（6）研究山区高速铁路邻近营业线桥梁桩基施工方案比选，构建基于离差最大化法的模糊综合评价模型，选择水磨钻挖孔灌注桩方案进行桥梁桩基施工。

通过技术准则、经济准则、环境准则等3大准则共计10项指标建立评价矩阵，对高强预应力管桩、泥浆护壁钻孔灌注桩、水磨钻挖孔灌注桩、内夯沉管灌注桩等4种桥梁桩基施工方案进行比选。水磨钻挖孔灌注桩施工工法对于山区高速铁路邻近营业线施工是成功且可靠的，极大地减少了对营业线的运营干扰，避免了噪声、水污染等环保问题，是特殊环境或条件下值得推广和应用的一种桩基成孔施工新工艺，因此验证了基于离差最大化法的模糊综合评价模型具有科学合理性和较强的实用性。

（7）研究山区高速铁路复杂干扰环境桥梁施工资源配置及桥梁施工风险，构建基于云模型理论的桥梁施工资源重要度模型以及基于Vague集的桥梁施工风险评价模型。

在桥梁资源配置研究中，根据各桥梁对保证整体工程工期、质量及安全的重要度大小进行资源配置，加大对困难桥梁的资源投入，以保证工程的顺利施工和工期目标的实现；在复杂干扰环境桥梁施工风险研究中，通过辨识包括人员因素、材料设备因素、环境因素和组织管理因素等四大类风险因素，通过Vague集评价模型最大隶属度原则得出施工安全风险等级，并制定出具体的风险应对措施及风险控制策略，确保该工程项目的有序推进。山区高速铁路复杂干扰环境桥梁施工资源配置及施工风险研究对保证工期目标实现、减少施工风险以及为决策者和指挥者提供决策支持具有非常重要的意义。

山区高速铁路大型枢纽工程成套施工技术，运用在新建重庆西站、渝黔铁路改建、动车所及客整场工程施工中，针对枢纽工程规模大、接口多、单位多，工程量大、交叉干扰大等特点，通过统筹安排、科学组织，重点从方案选择、施工顺序、物流组织、运输通道、工序交接、资源配置等方面为突破口，研究解决站场路基、边坡工程、土石方工程、轨道铺设工程、CPⅢ测量、桥梁桩基、桥梁施工资源配置等专业施工难题，圆满地完成了施工任务，积累了丰富的大型枢纽站场施工经验，实践证明该技术运用是成功的，为同类工程施工提供了良好借鉴。

参考文献

[1] 董世艳. 铁路大型枢纽站场改造工程施工方案优化研究[J]. 城市建设理论研究（电子版），2018（07）：183-184.

[2] 刘鹏涛. 铁路站场改造施工要点过渡方案的制订原则和方法[J]. 铁道建筑，2008（03）：78-80.

[3] 李鼎波. 铁路站场改造工程施工方案优化研究[D]. 长沙：中南大学，2009.

[4] 崔志刚. 站场改造施工的难点及施工方案的优化[J]. 煤炭技术，2003（09）：84-85.

[5] 王振华，乔文俊. 优化施工组织方案,做到运输和施工双兼顾[J]. 铁道标准设计，1998（11）：18-20.

[6] 藏晓炜. 沧州西站站场改造施工及过渡方案研究[D]. 石家庄：石家庄铁道大学，2015.

[7] 王其藩. 系统动力学[M]. 北京：清华大学出版社，1994.

[8] 钟永光，贾晓菁. 系统动力学[M]. 北京：科学出版社，2009.

[9] 屠益民，张良政. 系统动力学理论与应用[M]. 台北：智胜文化事业，2010.

[10] 常金贵. 基于系统动力学的建设项目工期控制模型研究[J]. 西安建筑科技大学学报（自然科学版），2015，47（01）：147-154.

[11] 陈琳. 基于系统动力学的铁路隧道工程成本动态控制研究[D]. 南昌：华东交通大学，2016.

[12] 赵军. 基于系统动力学的线路提速改造施工质量风险控制研究[D]. 成都：西南交通大学，2015.

[13] 徐晔. 达成铁路扩能改造铺架施工方案优化[D]. 成都：西南交通大学，2010.

[14] 夏祥斗. 桥梁施工现场预制梁场选址与设计研究[D]. 合肥：合肥工业大学，2008.

[15] 刘思峰. 灰色系统理论的产生与发展[J]. 南京航空航天大学学报，2004（02）：267-272.

[16] 刘健. 基于关联度的多属性决策及聚类方法研究[D]. 厦门：厦门大学，2009.

[17] 贺春民，张要锋，赵永坤. 灰色系统在结核病预测的应用[J]. 医学信息（中旬刊），2011，24（09）：4653-4654.

[18] 王君. 信息不完全的灰色模糊多准则决策方法研究[D]. 长沙：中南大学，2007.

[19] 刘旺盛，兰培真. 系统布置设计——SLP法的改进研究[J]. 物流技术，2006（10）：82-85.

[20] 张阿龙. 大型预制梁场台座规模及梁场布局优化研究[D]. 兰州：兰州交通大学，2017.

[21] 兰金陵. 预应力小箱梁台座优化设计及预制技术研究[D]. 重庆：重庆交通大学，2016.

[22] 曲福友. 现浇预应力连续箱梁施工作业指导书[J]. 建筑安全,2011,26(08):21-24.
[23] 纪江涛. 编制专项施工方案的一点体会[J]. 中小企业管理与科技(下旬刊),2013(02):94-95.
[24] 王立军. 铁路客运专线大吨位预制箱梁制、移、运、架施工技术研究[D]. 上海:同济大学,2007.
[25] 卢庆练. TJ180步履式架桥机架设铁路T梁施工技术[J]. 施工技术,2016,45(S2):282-286.
[26] 徐俊刚. 浅谈大型养路机械在大秦铁路施工中的应用[J]. 山西科技,2014,29(03):134-136.
[27] 李宁. 巴达铁路铺架方案研究[D]. 成都:西南交通大学,2012.
[28] 李彪. 铁路无缝线路应力放散与锁定技术研究[J]. 科技与创新,2014(03):3-4.
[29] 邱常廷. 铁路工程建设铺架基地设置方案选择分析[J]. 铁路工程造价管理,2012,27(05):6-8+12.
[30] 夏春凤. 施工现场平面布置与管理[J]. 中小企业管理与科技(上旬刊),2014(06):120-121.
[31] 苏超. 物流中心功能区布局规划研究[D]. 成都:西南交通大学,2010.
[32] 齐红军. 高速铁路大吨位整孔简支箱梁预制技术研究[D]. 西安:长安大学,2009.
[33] 徐庆. 大型桥梁工程预制梁场设计及生产优化研究[D]. 合肥:合肥工业大学,2008.
[34] 洪文刚,王和欢. 客运专线箱梁快速预制技术[J]. 铁道标准设计,2013(07):57-60.
[35] 那傲霜. 浅析施工工艺流程[J]. 黑龙江交通科技,2012,35(07):21.
[36] 陈娟. 基于SLP方法的钢铁物流园区平面布置规划[D]. 武汉:武汉理工大学,2009.
[37] 沈春光,党耀国,裴玲玲. 混合型多指标灰靶决策模型研究[J]. 统计与决策,2010(12):17-20.
[38] 杨晓春. 浅析济青高铁存轨基地方案比选[J]. 科技创新与应用,2017(03):6-8.
[39] 褚盼盼,王晓晶,呼凤兰. 灰色系统理论及其在南瓜产量相关性状方面的研究进展[J]. 蔬菜,2013(07):22-24.
[40] 张文基,刘喜元,岳建平. 新建桥梁的静载试验方法研究[J]. 测绘通报,2002(07):29-31.
[41] 国家发展改革委,交通运输部,中国铁路总公司. 中长期铁路网规划[Z]. 国家发展改革委,2016.
[42] 陈天宇. 论有砟铁路铺架方案选择的影响因素及分析[J]. 铁路工程技术与经济,2017,32(01):37-40.
[43] 陈天宇. 长大铁路干线铺架方案选择探讨[J]. 铁路工程技术与经济,2018,33(06):13-17.
[44] 刘美云. 有砟轨道长钢轨铺设方法经济比选[J]. 科技创新与应用,2016(32):90-92.
[45] 刘文军. 长轨直铺法铺轨方案及优化经济分析[J]. 科技与创新,2018(10):86-87.
[46] 焦国敏,赵科渊,徐格宁,等. 基于层次分析法的新型架桥机结构设计优化决策[J]. 中国工程机械学报,2017,15(06):497-503.
[47] 李志南,刘永生,杨春镇,等. 隧道口桥梁吊装施工中架桥机的选择与使用[J]. 工程机械与维修,2017(02):76-78.

[48] 王军, 张建超, 汪西应. 我国铁路架桥机的发展及其典型结构[J]. 筑路机械与施工机械化, 2011, 28 (01): 7-10.

[49] 中国机械工业联合会. 架桥机通用技术条件: GB/T 26470—2011[S]. 北京: 中国标准出版社, 2011.

[50] 肖礼谆. 城市群城际铁路线网规划评价研究[D]. 成都: 西南交通大学, 2016.

[51] 马涛. 灌区运行状况及可持续发展评价研究[D]. 沈阳: 沈阳农业大学, 2008.

[52] 王昆, 宋海洲. 三种客观权重赋权法的比较分析[J]. 技术经济与管理研究, 2003 (06): 48-49.

[53] 常丽燕. 基于粒子群算法的工程项目多目标均衡优化研究[D]. 兰州: 兰州交通大学, 2017.

[54] 黎书文, 张成龙, 周知进. 基于改进粒子群算法的离散制造车间柔性调度优化[J]. 组合机床与自动化加工技术, 2018 (11): 150-152.

[55] 邓伟林, 胡桂武. 一种求旅行商问题的离散粒子群算法[J]. 计算机与现代化, 2012, 199 (3): 1-4.

[56] 赵卫绩, 巩占宇, 王雯, 等. 几种经典的最短路径算法比较分析[J]. 赤峰学院学报 (自然科学版), 2018 (12): 47-49.

[57] 徐泽中. 公路软土地基路堤设计与施工关键技术[M]. 人民交通出版社, 2007.

[58] 马建林. 土力学[M]. 中国铁道出版社, 2011.

[59] 陈学贤, 柳世辉, 张明. 基于熵权理想点法的铁路线路方案优选研究[J]. 铁道标准设计, 2018, 62 (02): 29-33.

[60] 赵海明, 董秀坤. 基于熵权的理想点法在软基处理方案决策中的应用[J]. 华东公路, 2009 (04): 65-66.

[61] 王洪涛. 高速公路边坡建设管理与实践[M]. 人民交通出版社, 2018.

[62] 付宏渊. 公路边坡工程[M]. 人民交通出版社, 2008.

[63] 高鹏飞. 公路边坡防护技术[M]. 人民交通出版社, 2010.

[64] 陈洪凯, 唐红梅, 崔志波, 等. 公路高边坡地质安全与减灾[M]. 科学出版社, 2003.

[65] 轩宁, 赖应良. 某高速公路路堑高边坡施工安全总体风险评估的应用[J]. 价值工程, 2018, 37 (11): 49-52.

[66] 刘兴远. 边坡工程设计监测鉴定与加固[M]. 中国建筑工业出版社, 2007.

[67] 邹昌敏. 公路土质路堤高边坡稳定性分析及加固措施研究[D]. 长沙: 长沙理工大学, 2017.

[68] 李益小. 公路设计中路基土石方合理调配的计算方法浅析[J]. 西部交通科技, 2017 (11): 14-16.

[69] 王炜, 陈建平, 余亚东, 等. 熵权模糊综合评价法在竖井施工方案比选中的应用[J]. 铁道科学与工程学报, 2016, 13 (09): 1776-1781.

[70] 吕晓楠. 新建铁路下穿既有高速铁路桥梁施工风险评价研究[D]. 成都: 西南交通大学, 2018.

[71] 吴柱. 某跨铁路营业线桥梁施工项目安全风险管理研究[D]. 北京: 北京交通大学, 2018.

[72] 孔金霞. 建设工程项目全寿命周期成本风险管理研究[D]. 郑州: 华北水利水电大学, 2018.

附录 混合离散粒子群算法 MATLAB 代码

```matlab
function [Bp,UU,A,B]=DPSO2(H,L,G,T,D1,ZT,M,alpha,beta)
% 铺架顺序优化离散粒子群程序
% H 为连接矩阵
% L 为铺架工程工期限制矩阵
% T 为铺架工程工期矩阵，列数为铺架工程段数
% A 为铺架顺序
% B 为走行路径
% D1 为链距离排序矩阵，D2 为节点距离排序矩阵
% ZT 为走行时间矩阵
% M 为迭代次数
% G 既有线矩阵
    function [U,dt]=fitness(T,Z,BU,AX,L,D1)%目标函数
    %Z 为走行顺序，T 为工期矩阵，BU 为路径适应度
        nu=length(T);
        dt=zeros(1,nu);
        ZH=zeros(1,nu);
        for i1=1:nu-1
            C=D1(AX(i1),:);
            ZH(i1+1)=0.2*find(C==AX(i1+1));
        end
    %转场资源调配时间
        zn=0;
        for i1=1:nu
            if isempty(Z{1,i1})==1
                zn=zn+1;
            end
        end
        if zn==0
            for i1=1:nu-1
                if Z{1,i1+1}(2)==Z{1,i1}(end-1)
                    dt(i1)=1;%是否调头
                end
            end
            dt(nu)=0;
            for i1=1:nu
                TA(i1)=T(AX(i1));
```

```
                end
            Ua=zeros(1,nu);
            for i1=1:nu
                Ua(1,i1)=sum(TA(1:i1))+ceil(sum(BU(1:i1))/8)+3*sum(dt(1:i1))+
                    ceil(sum(ZH(1:i1)));%工期
            end
            ua=[0,Ua(1:nu-1)];
            U=Ua(nu);
            for i1=1:nu
            U=U+99999*max(L(AX(i1))-ua(i1),0);%适应度函数
            end
    else
            for i1=1:nu
                TA(i1)=T(AX(i1));
            end

            Ua=zeros(1,nu);
            for i1=1:nu
                Ua(1,i1)=sum(TA(1:i1))+ceil(sum(BU(1:i1))/8)+ceil(sum(ZH(1:i1)));%工期
            end
            ua=[0,Ua(1:nu-1)];
            U=Ua(nu)+999999*zn;
            for i1=1:nu
            U=U+99999*max(L(AX(i1))-ua(i1),0);%适应度函数
            end
        end
end

function [mydistance,mypath]=mydi(a,sb,db)%Dij 最短路径算法
%输入：a——邻接矩阵;a(i,j)——i 到 j 之间的距离，可以是有向的
%sb——起点的标号,db——终点的标号
%输出:mydistance——最短路的距离,mypath——最短路径
%初始化
    nn=size(a,1); u=sb;
    parent(1:nn)=0; visited(1:nn)=0;
    distance(1:nn)=inf;
    distance(sb)=0;
    visited(sb)=1;
        for ii=1:nn-1
            id=find(visited==0);
                for v = id%这里的 u 更新的是路径的末端
                    if distance(u)+a(u,v)<distance(v)%由于 distance(u)是当
                        前的最短的所以用来更新别的点
```

```matlab
                            distance(v) = distance(u)+a(u,v);
                            parent(v)=u;%parent 存的是前驱节点
                    end
                end
            temp=distance;
            temp(visited==1)=inf;%已经标号的距离换成无穷
            [~,u]=min(temp);%找到标号值最小的顶点
            visited(u)=1;%标记已经标号的顶点
        end
%上面的循环得到的是起始点到其他点的最短路径
%下面的程序用来提取起点到你想要的终点的最短路径
    mypath = [];
    if parent(db)~=0%如果存在路
        mypath =[db];
        t=db;
        while t~=sb
            pp=parent(t);
            mypath=[pp,mypath];
            t=pp;
        end
    end
    mydistance=distance(db);
end

function GH=gh(G,H,ZT)
%由既有线矩阵得连接矩阵
    [g,h]=size(G);
    for u=1:g
        for kt=1:h
            if G(u,kt)==1
            GH(u,kt)=ZT(H(u,kt));
            else
                GH(u,kt)=inf;
            end
        end
    end
    for u=1:g
        GH(u,u)=0;
    end
end

function JIA=jia(X,V)%加运算
    if V==0
```

```matlab
            JIA=X;
        else
            [VN,~]=size(V);
            for ii=1:VN
            a1(ii)=find(X==V(ii,1));
            b1(ii)=find(X==V(ii,2));%找到交换起末位置
            end
            JIA=X;
            for ii=1:VN
                aa=b1(ii);
                for jj=(a1(ii)+1):b1(ii)
                    JIA(jj)=X(aa);
                    aa=aa-1;
                end
                X=JIA;
            end%交换顺序
        end
end
function JIAN=jian(P,X)%减运算
    pn=length(P);
    xn=length(X);
    if P==X
        JIAN=[];
    else
        for tt=1:pn-1
            pp(tt,1)=P(tt);
            pp(tt,2)=P(tt+1);
        end
         for jj=1:xn-1
            xx(jj,1)=X(jj);
            xx(jj,2)=X(jj+1);
        end
      ptt=1;
      for tt=1:(pn-1)
            for jj=1:xn-1
                if (pp(tt,1)==xx(jj,1)&&pp(tt,2)==xx(jj,2))||(pp(tt,1)
                        ==xx(jj,2)&&pp(tt,2)==xx(jj,1))
                    ptt=ptt+1;
                end
            end
      end
      pp(ptt,:)=[];
       JIAN=pp;
```

```matlab
                    JIAN=pp;
            end
        end
        function CHENG=cheng(r,v)%乘运算
            if v==0
                CHENG=[];
            else
                [v1,~]=size(v);
                vv=ceil(r*v1);
                tt=randperm(v1,vv);
                CHENG=zeros(vv,2);
                for rr=1:vv
                    CHENG(rr,:)=v(tt(rr),:);
                end
            end
        end

        function DCHENG=dcheng(m3,D,n3)
        %速度产生函数
        %m3 为抽取列数,D 为距离矩阵,n3 为节点数目
            DN=(D~=0);
            DNN=sum(DN,2);%每个节点连接节点数
            for it=1:n3
                if m3>DNN(it,1)
                    at(it)=DNN(it,1);%可抽取节点数
                else
                    at(it)=m3;
                end
            end
            for it=1:n3
                DCHENG(it,1)=it;
                DCHENG(it,2)=D(it,randperm(at(it),1));
            end
        end
N=300;%种群数量
[~,n]=size(T);%铺架工程段数目
for i=1:N
    a=randperm(n);%随机顺序
    AX(i,:)=a(:);%顺序位置初始化
end
for j=1:n
    for i=1:N
        [ar,br]=find(H==AX(i,j));
```

```
            r(i,j)=ar(1,1);
            c(i,j)=br(1,1);% 铺架工程起终节点
        end
    end%铺架工程起终节点
    GG=G;
    for i=1:N
        a(i,1)=1;
        for j=1:n
            [p,q]=find(H==AX(i,j));
            if AX(i,j)==2
                G(4,3)=1;%限制 2 号链的铺架方向
            else
            G(p(1,1),q(1,1))=1;
            G(p(2,1),q(2,1))=1;
            end
            [BUa(i,j),BXa]=mydi(gh(G,H,ZT),a(i,j),c(i,j));
            [BUb(i,j),BXb]=mydi(gh(G,H,ZT),a(i,j),r(i,j));
            if isempty(BXa)==1
                BXaa=BXa;
                bb1=c(i,j);
            else if    BXa(end-1)~=r(i,j)
                    BXaa=[BXa,r(i,j)];
                    BUa(i,j)=BUa(i,j)+ZT(H(c(i,j),r(i,j)));
                    bb1=r(i,j);
                else
                    BXaa=BXa;
                    bb1=c(i,j);
                end
            end
            if isempty(BXb)==1
                BXbb=BXb;
                bb2=r(i,j);
            else if BXb(end-1)~=c(i,j)
                    BXbb=[BXb,c(i,j)];
                    BUb(i,j)=BUb(i,j)+ZT(H(r(i,j),c(i,j)));
                    bb2=c(i,j);
                else
                     BXbb=BXb;
                     bb2=r(i,j);
                end
            end
                    if BUa(i,j)>BUb(i,j)
                        BU(i,j)=BUa(i,j);
```

```matlab
                                BX{i,j}=BXaa;
                                a(i,j+1)=bb1;
                        else
                                BU(i,j)=BUb(i,j);
                                BX{i,j}=BXbb;
                                a(i,j+1)=bb2;
                        end
                G(p(1,1),q(1,1))=1;
                G(p(2,1),q(2,1))=1;
        end
        G=GG;
end
%个体最优路径初始化
for i=1:N
        U(i)=fitness(T,{BX{i,:}},[BU(i,:)],[AX(i,:)],L,D1);%目标个体最优初始化
end
        axp=AX;
        Bp=BX;
        Bpu=BU;
UU=fitness(T,{BX{1,:}},[BU(1,:)],[AX(1,:)],L,D1);
A=axp(1,:);B={Bp{1,:}};BUU=Bpu(1,:);%目标全局最优初始化
for i=2:N
    if fitness(T,{B{1,:}},BUU,A,L,D1)>fitness(T,{BX{i,:}},[BU(i,:)],[AX(i,:)],L,D1)
        UU=fitness(T,{BX{i,:}},[BU(i,:)],[AX(i,:)],L,D1);%目标全局最优初始化
        A=AX(i,:);%顺序位置全局最优初始化
        B={BX{i,:}};%路径全局最优初始化
        BUU=BU(1,:);
    end
end
for m=1:M
    for i=1:N
            if rand<alpha
                AX(i,:)=jia(AX(i,:),cheng(rand,jian(axp(i,:),AX(i,:))));
            else if rand<beta
                    AX(i,:)=jia(AX(i,:),cheng(rand,jian(A,AX(i,:))));
                else
                    mm=ceil((n-1)-(n-5)*m/M);%V 从距离矩阵中的抽取列数
                    AX(i,:)=jia(AX(i,:),cheng(rand,dcheng(mm,D1,n)));
                end
            end
        for j=1:n
          [ar,br]=find(H==AX(i,j));
          r(i,j)=ar(1,1);
```

```
    c(i,j)=br(1,1);
end%铺架工程起终节点
a(i,1)=1;%记录起终节点
    for j=1:n
        [p,q]=find(H==AX(i,j));
    if AX(i,j)==2
        G(4,3)=1;
    else
    G(p(1,1),q(1,1))=1;
    G(p(2,1),q(2,1))=1;
        end
[BUa(i,j),BXa]=mydi(gh(G,H,ZT),a(i,j),c(i,j));
[BUb(i,j),BXb]=mydi(gh(G,H,ZT),a(i,j),r(i,j));
if isempty(BXa)==1
        BXaa=BXa;
        bb1=c(i,j);
else if    BXa(end-1)~=r(i,j)
            BXaa=[BXa,r(i,j)];
            BUa(i,j)=BUa(i,j)+ZT(H(c(i,j),r(i,j)));
            bb1=r(i,j);
         else
            BXaa=BXa;
            bb1=c(i,j);
        end
end
if isempty(BXb)==1
    BXbb=BXb;
    bb2=r(i,j);
else if BXb(end-1)~=c(i,j)
            BXbb=[BXb,c(i,j)];
            BUb(i,j)=BUb(i,j)+ZT(H(r(i,j),c(i,j)));
            bb2=c(i,j);
        else
            BXbb=BXb;
            bb2=r(i,j);
        end
end
            if BUa(i,j)>BUb(i,j)
                BU(i,j)=BUa(i,j);
                BX{i,j}=BXaa;
                a(i,j+1)=bb1;
            else
                BU(i,j)=BUb(i,j);
```

```matlab
            if isempty(Z{1,i1})==1
                zn=zn+1;
            end
        end
        if zn==0
            for i1=1:nu-1
                if Z{1,i1+1}(2)==Z{1,i1}(end-1)
                    dt(i1)=1;%是否调头
                end
            end
            dt(nu)=0;
            for i1=1:nu
                TA(i1)=T(AX(i1));
            end
            
            Ua=zeros(1,nu);
            for i1=1:nu
                Ua(1,i1)=sum(TA(1:i1))+ceil(sum(BU(1:i1))/8)+3*sum(dt(1:i1))+
                    ceil(sum(ZH(1:i1)));%工期
            end
            ua=[0,Ua(1:nu-1)];
            U=Ua(nu);
            for i1=1:nu
            U=U+99999*max(L(AX(i1))-ua(i1),0);%适应度函数
            end
        else
            for i1=1:nu
                TA(i1)=T(AX(i1));
            end
            
            Ua=zeros(1,nu);
            for i1=1:nu
                Ua(1,i1)=sum(TA(1:i1))+ceil(sum(BU(1:i1))/8)+sum(ZH(1:i1));%工期
            end
            ua=[0,Ua(1:nu-1)];
            U=Ua(nu)+999999*zn;
            for i1=1:nu
            U=U+99999*max(L(AX(i1))-ua(i1),0);%适应度函数
            end
        end
end
```

```matlab
                        BX{i,j}=BXbb;
                        a(i,j+1)=bb2;
                    end
            G(p(1,1),q(1,1))=1;
            G(p(2,1),q(2,1))=1;
            end
            G=GG;
        if U(i)>fitness(T,{BX{i,:}},[BU(i,:)],[AX(i,:)],L,D1)

            U(i)=fitness(T,{BX{i,:}},[BU(i,:)],[AX(i,:)],L,D1);%目标个体最优更新
            axp(i,:)=AX(i,:);%顺序个体最优更新
            for kk=1:n
            Bp{i,kk}=BX{i,kk};%路径个体最优更新
            end
            Bpu(i,:)=BU(i,:);%路径个体最优适应度
        end
    [UU1,UN]=min(U);%目标个体最优更新
    if UU1<UU
        UU=UU1;
        A=axp(UN,:);%顺序全局最优更新
        for hh=1:n
        B{1,hh}=Bp{UN,hh};
        end
        %路径全局最优更新
        BUU=Bpu(UN,:);
    end
    end
end
end
function [U,dt,ZH]=fitness(T,Z,BU,AX,L,D1)%目标函数
    %Z 为走行顺序,T 为工期矩阵,BU 为路径适应度
    %考虑资源调配
        nu=length(T);
        dt=zeros(1,nu);
        zn=0;
            ZH=zeros(1,nu);
            for i1=1:nu-1
                C=D1(AX(i1),:);
                ZHN=find(C==AX(i1+1));
                ZH(i1+1)=0.2*ZHN;
            end
        %转场资源调配时间
        for i1=1:nu
```